中华传世藏书

图文珍藏版

# 国学经典文库

邹博⊙主编

线装书局

图书在版编目（CIP）数据

医学经典／邹博主编 .-- 北京：线装书局，
2011.7(2022.3)
（国学经典文库）
ISBN 978-7-5120-0378-1

I. ①医… II . ①邹… III . ①中国医药学 IV.
① R2

中国版本图书馆CIP数据核字（2011）第122924号

# 国学经典文库

主　　编：邹　博
责任编辑：崔建伟　高晓彬
出版发行：线装书局
　　地　址：北京市丰台区方庄日月天地大厦 B 座 17 层(100078)
　　电　话：010-58077126(发行部)010-58076938(总编室)
　　网　址：www.zgxzsj.com
经　　销：新华书店
印　　制：北京彩虹伟业印刷有限公司
开　　本：787×1092 毫米　1/16
印　　张：336
字　　数：3800 千字
版　　次：2022 年 3 月第 1 版第 2 次印刷
印　　数：3001-9000 套

定　　价：4680.00 元(全十二卷)

线装书局官方微信

国学经典文库

图文珍藏版

邹博⊙主编

綫裝書局

# 卷首语

如今,一个不争的事实是,许多人面对中医所依赖的中国古代哲学体系和中医思维方法时,普遍感到迷茫,更是弄不通《黄帝内经》等中医典籍中深邃的中国文化思想。若想解决上述问题,必须回归经典。

我国的医学经典是中医药学的理论渊源和学术精粹所在。中医理论是古人经过漫长的生存实践对人类疾病(健康认识)进行自然观察而总结出的规律,它运用阴阳五行、气化论等中国固有的文化理论来对人体的病因病机、治疗原则进行了深刻的阐述和高度的总结,是后世医家认识和诊疗疾病所要遵循的根本法则。

纵观中国中医发展史,大家不难从其中提取出"伟人的思想是如何微妙,且从生活入手提取而最终运用于生活的",这就是伟大思想的伟大之处。本卷《医学经典》作为中华国学文化的重要组成部分,充满了文史哲的"味道"。这里有个关键词叫"觉悟"。读经典常常使人顿悟,找到深入中医之精髓的窍门;同时,读经典要能"思求经旨,演其所知"。这里,"演"的内涵包括了推演、扩大、发展、延续的意思,使个人有限的知识拓展开来,使中医学不断发扬光大。

# 目　　录

# 黄帝内经

【导语】

《黄帝内经》简称《内经》，包括《素问》和《灵枢》两部分，各十八卷、各八十一篇。《黄帝内经》之名最早见于《汉书·艺文志·方技略》。该书以黄帝和岐伯等人对话的形式写成，作者似乎就是黄帝和岐伯等人。

《黄帝内经》是我国现存最早的医学典籍，但其内容又不仅限于医学，而与中国古代的哲学、天文、地理等学科密切相关，是一部关于哲学和自然科学的综合著作。在现代学术分类的视野下，医学作为以治疗疾病，维护人体健康为目的的学科，归属于自然科学的范畴。但医学在其本性上并不仅属于自然科学，它更蕴含着社会科学的内容。所以西方有的医学家认为与其说医学是自然科学，不如说是社会科学更为合适；与人有关的学科就不仅是自然科学所能涵盖，必然蕴含着社会文化的内容。我国古代的医学家从来没有把医学看成是孤立的为医学专家所垄断的专门学问，而是把它放在天地自然和社会文化的大视野中来思考的。所谓“道者，上知天文，下知地理，中知人事，可以长久”(《素问·气交变大论》)。《黄帝内经》医学著述写作于诸子百家学术争鸣的年代，与诸子之学相互唱和，对诸子学多有吸收，并深受其影响。从《黄帝内经》文本看，黄老道家、《周易》与《黄帝内经》关系最紧密。如老子的无为思想，庄子的真人、至人、圣人、贤人人格，在《黄帝内经》的很多篇章中出现，《黄帝内经》多处引用《老子》《庄子》中的语言。可以说，在价值观上，《黄帝内经》与黄老道家是一致的，有的学者将《黄帝内经》看成是黄老学派的著作是不无道理的。这也是《黄帝内经》托名黄帝的内在根源。《周易》的“象数”思维是《黄帝内经》理论体系的核心方法。脏象学说、十二经脉理论与《周易》有着渊源关系。《周易》的观象论、制器尚象论导出了医学上的脏象学说。《周易》对阴阳的太少划分、八卦的三爻论及天地人三才论，成为医学三阴三阳、十二经脉理论的依据。《周易》对《黄帝内经》论述运气学说的七篇大论影响更为明显。《天元纪大论》与《周易》的乾坤两卦的《彖传》有着明显的渊源承袭关系。可以说，运气学说的理论框架深受《周易》的理论框架的影响。另外，儒家的中庸、中和，有诸

黄帝像

内必形诸外以及重"本"的观念等也都是《黄帝内经》医学的重要观念。

《黄帝内经》的医学理论之所以与诸子百家之学有着如此密切的关系,是因为中国古代的学术是一个一以贯之的统一整体。虽然在今天看来,医学与诸子学分属于科学与哲学两个截然不同的领域,但在中国古代并没有这种分别。中国古代的学问并不像源自西方的现代学术那样有着明显的学科划分,而是存在着一个普遍的大道贯穿于一切学术之中。不同的学术都是这同一大道的显现。另外,从中国古代的宇宙观来看,古人把包括人在内的整个宇宙看成是一个大生命的流行发育过程,一切学问都是对这大生命流行发育的揭示,医学与其他学术之间并不是外在的关系,而是内在统一的,都是关于生命的学问。

阅读中国文化的经典,首先要排除现代思维定式的干扰,进入古人的思维之中,才可能理解经典的本来意蕴。借用当年公乘阳庆传授仓公医术时,让其尽弃其旧学的方法,请读者朋友先把我们已形成的思想观念悬搁起来,摆脱其束缚,倾听古人的声音。

# 素　　问

## 上古天真论篇

**【题解】**

《内经》在自然观、价值观上接受了道家思想,认为人类的道德是一个退化的过程。上古是人类道德水平最高和生活最合乎理想的时期,那时的人类完全取法于自然之道而生活,能够享尽天赋百年寿命,而当世的人们因违背了养生之道,难获天赋之年。号召人们遵循道家自然无为的态度,合乎养生之道去生活。养生的核心要义在于保持"形与神俱"的形神统一状态。"天真"即天赋予人的真精真气,上古懂得养生之道的人明白保养天真的重要意义,故以《上古天真论》名篇。本篇还依据女七、男八的自然节律论述了人体生理变化的规律,以指导养生实践。最后,论述了真人、至人、圣人和贤人四等养生成就所达到的境界。本篇名言:"行不欲离于世,举不欲观于俗。"

**【原文】** **昔在黄帝①,生而神灵,弱而能言,幼而徇齐②,长而敦敏③,成而登天。**

**【注释】** ①黄帝:传说中的古代帝王。学者认为黄帝为中华民族始祖,古代许多文献,常冠以"黄帝"字样,以示学有根本。②徇齐:此指思维敏捷,理解事物迅速。徇,通"睿",迅疾。齐,敏捷。《荀子·修身》:"齐以便利,即节之以动止。"③敦敏:敦厚,勤勉。

**【译文】** 古代的轩辕黄帝,生来就异常聪明,小时候就善于言辞,很小的时候就对事物有着敏锐的洞察力,长大后,敦厚朴实而又勤勉努力,到了成年就登上了天子位。

**【原文】** **乃问于天师曰①:余闻上古之人,春秋皆度百岁②,而动作不衰;今时之人,年半百而动作皆衰者。时世异耶?人将失之耶?**

**岐伯对曰:上古之人,其知道者③,法于阴阳④,知于术数⑤,食饮有节,起居有常,不妄**

**作劳，故能形与神俱[⑥]，而尽终其天年[⑦]，度百岁乃去。今时之人不然也，以酒为浆，以妄为常，醉以入房，以欲竭其精，以耗散其真[⑧]。不知持满，不时御神[⑨]，务快其心，逆于生乐，起居无节，故半百而衰也。**

**【注释】** ①天师：黄帝对岐伯的尊称。②春秋：指人的年龄。③知道：懂得养生的道理。④法：取法，效法。阴阳：天地变化的规律。⑤术数：古代称各种技术为术数，包括类似于今天的科学技术及各种技艺等方面的内容。因为在"术"中有"数"的规定，故称"术数"。⑥形与神俱：形体与精神活动一致。形神是中国哲学及中国医学的重要范畴。古人认为人是形与神的统一体，形体来源于地的阴气，精神来源于天的阳气，二者结合化生为人，二者的分离就是人的死亡。因此，养生的要义就是要保证形与神的统一。⑦天年：人的自然寿命。⑧精：精气。真：真气。⑨御神：控制精神过度思虑，以免过度消耗精气。

**【译文】** 黄帝问岐伯道：我听说上古时代的人，年龄都超过了百岁，但行动没有衰老的迹象；现在的人，年龄到五十岁，动作就显得衰老了。这是时代的不同呢？还是人们违背了养生之道的缘故呢？

岐伯回答说：上古时代的人，大都懂得养生之道，取法天地阴阳的变化规律，用保养精气的方法来调和，饮食有节制，起居有规律，不过分劳作，所以形体和精神能够协调统一，享尽自然的寿命，度过百岁才离开世间。现在的人就不同了，把浓酒当作甘泉般地贪饮，把任意妄为当作生活的常态，醉后还勉强行房，纵情声色，以致精气衰竭，真气耗散。不懂得保持精气的盈满，不明白节省精神，一味追求感官快乐，违背了生命的真正乐趣，起居没有规律，所以五十岁左右就衰老了。

**【原文】 夫上古圣人之教也[①]，下皆为之。虚邪贼风[②]，避之有时，恬惔虚无[③]，真气从之，精神内守，病安从来？是以志闲而少欲，心安而不惧，形劳而不倦。气从以顺，各从其欲，皆得所愿。故美其食[④]，任其服，乐其俗，高下不相慕，其民故曰朴。是以嗜欲不能劳其目，淫邪不能惑其心。愚智贤不肖不惧于物[⑤]，故合于道。所以能年皆度百岁而动作不衰者，以其德全不危故也。**

**【注释】** ①圣人：古代指道德修养极高的人。各个学派有不同的理解，儒家认为圣人是道德修养的最高境界，是与天合德的人；而道家关于道德修养成就的说法比儒家多，有真人、至人、圣人、贤人等不同说法，而且圣人也不是道德修养的最高境界。②虚邪贼风：四时不正之气。虚邪，中医把一切致病因素称为邪。四时不正之气乘人体气虚而侵入致病，故称"虚邪"。贼风，中医认为风为百病之长，因邪风伤人，故称"贼风"。③恬惔虚无：清静安闲，无欲无求。语源《庄子·刻意》。④美其食：以下五句，语源《老子·八十章》："甘其食，美其服，安其居，乐其俗。邻国相望，鸡犬之声相闻。民至老死不相往来。"⑤不惧于物：即"不攫于物"，不追求酒色等外物。

**【译文】** 上古时期，对通晓养生之道的圣人的教诲，人们都能遵守。对于四时不正之气，能够及时回避，思想上清静安闲，无欲无求，真气深藏顺从，精神持守于内而不耗散，这样，疾病怎么会发生呢？所以他们心志闲淑，私欲很少，心情安宁，没有恐惧，形体虽然劳动，但不过分疲倦。真气从容和顺，每个人的希望和要求，都能满足。无论吃什么

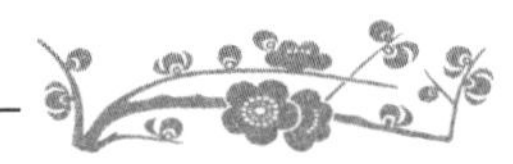



都觉得甜美，穿什么都觉得漂亮，喜欢社会习俗，互相之间也不羡慕地位的高低，人们日渐变得自然朴实。所以过度的嗜好，不会干扰他的视听，淫乱邪说也不会惑乱他的心志。无论愚笨聪明有能力无能力的，都不追求酒色等身外之物，所以合于养生之道。因而他们都能够度过百岁而动作不衰老，这是因为他们的养生之道完备而无偏颇的缘故。

**【原文】　帝曰：人年老而无子者，材力尽邪①？将天数然也②？**

**岐伯曰：女子七岁，肾气实，齿更发长。二七而天癸至，任脉通③，太冲脉盛④，月事以时下，故有子。三七，肾气平均，故真牙生而长极⑤。四七，筋骨坚，发长极，身体盛壮。五七，阳明脉衰⑥，面始焦，发始堕。六七，三阳脉衰于上⑦，面皆焦，发始白。七七，任脉虚，太冲脉衰少，天癸竭，地道不通，故形坏而无子也。**

**【注释】**　①材力：筋力。②天数：天赋之数，即天癸之数。指自然的生理变化规律。③任脉：奇经八脉之一，循行路线为人体前正中线，从百会穴至会阴穴。主调月经，妊育胎儿。任，接受的意思，受纳经络之气血，任脉受纳一身阴经之气血，故名任脉。④太冲脉：奇经八脉之一，能调节十二经的气血，主月经。冲脉之“冲”大概源于老子。《老子》云：“万物负阴而抱阳，冲气以为和也。”又：“道冲而用之或不盈。”冲意为虚。气无形，其性虚，故称“冲气”。中医认为冲脉为十二经之海，气血大聚于此，故称冲脉。⑤真牙：智齿。⑥阳明脉：指十二经脉中的手阳明、足阳明经脉，这两条经脉上行于头面发际，如果经气衰退，则不能营于头面而致面焦发脱。⑦三阳脉：指会于头部的手足太阳、手足阳明、手足少阳六条经脉。

**【译文】**　黄帝问道：人年老了，就不能再生育子女，是筋力不足呢？还是自然的生理变化规律，就是这样的呢？

岐伯回答说：女子到了七岁，肾气开始充实，牙齿更换，头发生长。到了十四岁时，天癸发育成熟，任脉畅通，冲脉旺盛，月经按时而来，所以能够孕育子女。到了二十一岁，肾气平和，智齿生长，身高长到最高点。到了二十八岁，筋骨坚强，毛发长到了极点，身体非常强壮。到了三十五岁，阳明经脉开始衰微，面部开始枯槁，头发也开始脱落。到了四十二岁，三阳经脉之气从头部开始都衰退了，面部枯槁，头发变白。到了四十九岁，任脉空虚，太冲脉衰微，天癸枯竭，月经断绝，所以形体衰老，不能再生育儿女。

**【原文】　丈夫八岁，肾气实，发长齿更。二八，肾气盛，天癸至，精气溢，阴阳和①，故能有子。三八，肾气平均，筋骨劲强，故真牙生而长极。四八，筋骨隆盛，肌肉满壮。五八，肾气衰，发堕齿槁。六八，阳气衰竭于上，面焦，发鬓颁白。七八，肝气衰，筋不能动。八八，天癸竭，精少，肾脏衰，则齿发去，形体皆极②。肾主水，受五脏六腑之精而藏之，故脏腑盛，乃能泻。今五脏皆衰，筋骨解堕，天癸尽矣，故发鬓白，身体重，行步不正，而无子耳。**

**【注释】**　①阴阳和：此处阴阳指男女。和，和合，交媾。②形体皆极：形体衰弱至极。

**【译文】**　男子八岁时，肾气开始充实，头发生长，牙齿更换。到了十六岁时，肾气盛满，天癸发育成熟，精气充满，如男女交合，就能生育子女了。到了二十四岁，肾气平和，筋骨强劲，智齿生长，身高也长到最高了。到了三十二岁，筋骨粗壮，肌肉充实。到了四

十岁，肾气开始衰退，头发开始脱落，牙齿干枯。到了四十八岁，人体上部阳明经气衰竭了，面色憔悴，发鬓斑白。到了五十六岁，肝气衰，筋脉迟滞，手足运动不灵活了。到了六十四岁，天癸枯竭，精气少，肾脏衰，牙齿头发脱落，身体感到为病所苦。人体的肾脏主水，它接受五脏六腑的精华以后贮存在里面，所以脏腑旺盛，肾脏才有精气排泄。现在年龄大了，五脏皆衰，筋骨无力，天癸竭尽，所以发鬓斑白，身体沉重，走路不稳，不能再生育子女。

**【原文】** **帝曰：有其年已老而有子者何也？**

**岐伯曰：此其天寿过度[1]，气脉常通，而肾气有余也。此虽有子，男不过尽八八，女不过尽七七，而天地之精气皆竭矣[2]。**

**【注释】** ①天寿：先天禀赋，即上文之“天年”。②天地：指男女。

**【译文】** 黄帝问道：有人年纪已很大，还能生育子女，是什么道理？

岐伯说：这是因为他的先天禀赋超过了常人，气血经脉还畅通，而肾气有余。虽然能够生育，但在一般情况下，男子不超过六十四岁，女子不超过四十九岁，到这个岁数男女的精气都穷尽了。

**【原文】** **帝曰：夫道者年皆百数，能有子乎？**

**岐伯曰：夫道者，能却老而全形，身年虽寿，能生子也。**

**【译文】** 黄帝问：养生有成的人，年纪都达百岁，能不能生育呢？

岐伯说：善于养生的人，能够推迟衰老，保全身体如壮年，所以即使年寿很高，仍然能生育。

**【原文】** **黄帝曰：余闻上古有真人者[1]，提挈天地[2]，把握阴阳。呼吸精气[3]，独立守神，肌肉若一。故能寿敝天地，无有终时。此其道生。**

**【注释】** ①真人：至真之人。谓养生修养最高的一种人。②提挈天地：把握住自然的变化规律。③呼吸精气：吐故纳新，汲取天地精气的导引行气方法。

**【译文】** 黄帝说：我听说上古时代有真人，他能与天地阴阳自然消长变化的规律同步，自由地呼吸天地之间的精气，来保守精神，身体与精神合而为一。所以寿命就与天地相当，没有终了之时。这就是因得道而长生。

**【原文】** **中古之时，有至人者[1]，淳德全道，和于阴阳[2]。调于四时[3]，去世离俗。积精全神，游行天地之间，视听八达之外。此盖益其寿命而强者也。亦归于真人。**

**【注释】** ①至人：指修养高，次于真人的人。②和于阴阳：符合阴阳变化之道。③调于四时：适应四时气候的往来。

**【译文】** 中古时代有至人，他道德淳朴完美，符合天地阴阳的变化。适应四时气候的变迁，避开世俗的喧闹。聚精会神，悠游于天地之间，所见所闻，能够广及八方荒远之外。这是能够延长寿命，身体强健的人。这种人也属于真人。

**【原文】** **其次有圣人者，处天地之和，从八风之理[1]，适嗜欲于世俗之间，无恚嗔之心[2]。行不欲离于世，举不欲观于俗。外不劳形于事，内无思想之患。以恬愉为务[3]，以自得为功。形体不敝，精神不散，亦可以百数。**

**【注释】** ①八风：指东、南、西、北、东南、西南、西北、东北八方之风。②恚嗔：生气。

③恬愉:清静愉悦。

**【译文】** 其次有圣人,能够安居平和的天地之间,顺从八风的变化规律,调整自己的爱好以适合世俗习惯,从来不生气。行为不脱离世俗,但举动又不仿效世俗而保有自己独特的风格。在外不使身体为事务所劳,在内不使思想有过重负担。以清静愉悦为本务,以悠然自得为目的。所以形体毫不衰老,精神也不耗散,年寿也可以达到百岁。

**【原文】 其次有贤人者,法则天地,象似日月。辩列星辰[①],逆从阴阳[②]。分别四时,将从上古。合同于道,亦可使益寿而有极时。**

**【注释】** ①辩:通“辨”,分辨。②逆从阴阳:顺从阴阳升降的变化。逆从,偏义复词,意偏于从。

**【译文】** 其次有贤人,能效法天地的变化,取象日月的升降。分辨星辰的运行,顺从阴阳的消长。根据四时气候的变化来调养身体,追随上古真人,以求合于养生之道,这样,也可以延长寿命而接近自然的天寿。

## 四气调神大论篇

**【题解】**

四气,春温、夏热、秋凉、冬寒的四时之气。调神,调理精神情志。人作为天地之气化生的产物,人的生命活动时时离不开自然,与自然之气相通。同时,人作为万物之灵,精神是其生命活动的主宰。因此,在天地四时之气的变化中调摄好精神情志是养生的关键,本篇对此问题做了专门的论述。所以名为《四气调神大论》。本篇首先论述了依据四时之气的变化而调摄形神的具体方法;其次论述了异常的气候变化对生命活动的消极影响;指明违逆四时养生原则所造成的伤害。最后,提出了“阴阳四时者,万物之终始也,死生之本也”的命题,指出了“春夏养阳,秋冬养阴”的养生原则和“治未病”的积极思想。

**【原文】 春三月[①],此谓发陈[②]。天地俱生,万物以荣[③]。早卧早起,广步于庭。被发缓形[④],以使志生。生而勿杀,予而勿夺,赏而勿罚[⑤]。此春气之应,养生之道也。逆之则伤肝,夏为寒变[⑥]。奉长者少。**

**【注释】** ①春三月:指农历的正、二、三月。按节气为立春、雨水、惊蛰、春分、清明、谷雨。②发陈:推陈出新。③万物:古人常指草木。物,本意为杂色牛,在古代文献中,多引申为有生命之物。泛指一切存在之物是近代以来的事。④被发:披散开头发。被,同“披”。缓形:松解衣带,使身体舒缓。⑤“生而”三句:“生”“予”“赏”,象征顺应春阳生发之气的神志活动,“杀”“夺”“罚”,指与春阳生发之气相悖的神志活动。⑥寒变:夏月所患寒性疾病之总名。

**【译文】** 春季三个月,是万物复苏的季节。大自然生机勃发,草木欣欣向荣。适应这种环境,应当夜卧早起,在庭院里散步。披开束发,舒缓身体,以使神志随着生发之气而舒畅。神志活动要顺应春生之气,而不要违逆它。这就与春生之气相适应,是养生的方法。违背了这个方法,会伤肝,到了夏天就要发生寒变。这是因为春天生养的基础差,供给夏天成长的条件也就差了。

**【原文】** **夏三月[①]，此谓蕃秀[②]。天地气交，万物华实。夜卧早起，无厌于日。使志无怒，使华英成秀[③]。使气得泄，若所爱在外。此夏气之应，养长之道也。逆之则伤心，秋为痎疟[④]。奉收者少。**

**【注释】** ①夏三月：指农历的四、五、六月。按节气为立夏、小满、芒种、夏至、小暑、大暑。②蕃秀：草木繁茂，华美秀丽。秀，华美。③华英：这里指人的容貌面色。华，古"花"字，花乃后起之俗字。英，草之花。④痎疟：疟疾的总称。

**【译文】** 夏季三个月，是草木繁茂秀美的季节。天地阴阳之气上下交通，各种草木开花结果。适应这种环境，应该夜卧早起，不要厌恶白天太长。心中没有郁怒，使容色秀美。并使腠理宣通，如有为所爱之物吸引一样，使阳气疏泄于外。这就是与夏长之气相应，是养长的方法。如果违背了这个道理，会损伤心气，到了秋天就会患疟疾。这是因为夏天长养的基础差，供给秋天收敛的能力也就差了。

**【原文】** **秋三月[①]，此谓容平[②]。天气以急，地气以明。早卧早起，与鸡俱兴。使志安宁，以缓秋刑。收敛神气，使秋气平。无外其志，使肺气清。此秋气之应，养收之道也。逆之则伤肺，冬为飧泄[③]。奉藏者少。**

**【注释】** ①秋三月：指农历的七、八、九月。按节气为立秋、处暑、白露、秋分、寒露、霜降。②容平：草木到秋天已达成熟阶段。荣，为草木之形态。平，成，成熟。③飧泄：完谷不化的泄泻。飧，本意为夕食，引申有水浇饭之意。

**【译文】** 秋季三个月，是草木自然成熟的季节。天气劲急，地气清明。适应这种环境，应当早卧早起，和鸡同时活动。保持意志安定，从而舒缓秋天劲急之气对身体的影响。精神内守，不急不躁，使秋天肃杀之气得以平和。不使意志外驰，使肺气清和均匀。这就是与秋收之气相应，是养收的方法。如果违背了这个方法，会损伤肺气，到了冬天就要生飧泄病。这是因为秋天收敛的基础差，供给冬天潜藏之气的能力也就差了。

**【原文】** **冬三月[①]，此谓闭藏[②]。水冰地坼，无扰乎阳。早卧晚起，必待日光。使志若伏若匿，若有私意。若已有得，去寒就温。无泄皮肤，使气亟夺[③]。此冬气之应，养藏之道也。逆之则伤肾，春为痿厥[④]。奉生者少。**

**【注释】** ①冬三月：指农历的十、十一、十二月。按节气为立冬、小雪、大雪、冬至、小寒、大寒。②闭藏：密闭潜藏。指万物生机潜伏。③气：指"阳气"。亟：频繁，多次。夺：被耗伤。④痿厥：四肢枯痿，软弱无力。

**【译文】** 冬季三个月，是万物生机潜伏闭藏的季节。寒冷的天气，使河水结冰，大地冻裂。这时不能扰动阳气。适应这种环境，应该早睡晚起，一定等到太阳出来时再起床。使意志如伏似藏，好像心里很充实。好像已经得到满足，还要避开寒凉，保持温暖。不要让皮肤开张出汗，而频繁耗伤阳气。这就是与冬藏之气相应，是养藏的方法。如果违背了这个道理，会损伤肾气，到了春天，就要得痿厥病。这是因为冬天闭藏的基础差，供给春季生养的能力也就差了。

**【原文】** **天气，清净光明者也，藏德不止，故不下也。天明则日月不明[①]，邪害空窍[②]。阳气者闭塞，地气者冒明。云雾不精[③]，则上应白露不下。交通不表，万物命故不施[④]，不施则名木多死。恶气不发，风雨不节，白露不下，则菀槁不荣[⑤]。贼风数至，暴雨数**

**起，天地四时不相保[6]，与道相失，则未央绝灭。唯圣人从之，故身无奇病。万物不失，生气不竭。**

【注释】 ①天明：张景岳："惟天藏德，不为自用，故曰往月来，寒往暑来，以成阴阳造化之道。设使天不藏德，自专其明，是则大明见则小明灭，日月之光隐矣，昼夜寒暑之令废，而阴阳失其和矣，此所以大明之德不可不藏也。所喻之意，盖谓人之本元不固，发越于外而空窍疏，则邪得乘虚而害之矣。"②空窍："空"与"孔"通，即孔窍。③不精："精"与"晴"通，即不晴。④不施：不得生长。⑤菀槁不荣：生气蕴积不通而枯槁失荣。⑥"天地"之句：春、夏、秋、冬不能保持阴阳变化的正常规律。

【译文】 天气是清净光明的，天气潜藏着清净光明的生生之德，永远无尽，所以万物能长久生存而不会消亡。如果天德不藏，显露他的光明，日月就没有了光辉，如同外邪乘虚侵入孔窍，酿成灾害一样。流畅的阳气，就会闭塞不通，沉浊的地气，反而遮蔽光明。云雾弥漫不晴，那么，地气不得上应天气，甘露也就不能下降了。天地之气不能交流，万物的生命不得成长，这样名果珍木多亡。草木就枯槁，而不会茂盛了。邪气潜藏而不得散发，风雨失节，白露不降，草木枯槁不荣。邪风时时侵袭，暴雨不断袭击，春、夏、秋、冬不能保持相互间的平衡，与正常的规律相违背，这样的话，万物在生长的中途便都夭折了。只有圣人能够顺应自然变化，注意养生，所以身体没有重病。如果万物都不失保养之道，那么它的生命之气是不会衰竭的。

**【原文】 逆春气，则少阳不生[1]，肝气内变。逆夏气，则太阳不长，心气内洞[2]。逆秋气，则少阴不收，肺气焦满。逆冬气，则太阴不藏，肾气独沉[3]。夫四时阴阳者[4]，万物之根本也。所以圣人春夏养阳，秋冬养阴[5]，以从其根。逆其根，则伐其本，坏其真矣[6]。故阴阳四时者，万物之终始也，死生之本也。逆之则灾害生，从之则苛疾不起。是谓得道。道者，圣人行之，愚者背之。从阴阳则生，逆之则死，从之则治，逆之则乱。反顺为逆，是谓内格[7]。**

【注释】 ①少阳：指春季。根据阴阳学说春季为少阳，夏季为太阳，秋季为少阴，冬季为太阴。②内洞：内虚。洞，空，虚。③独沉：衰惫。④四时阴阳：指春温、夏热、秋凉、冬寒的四季变化和一年阴阳变化规律。⑤春夏养阳，秋冬养阴：春夏保养心肝，秋冬保养肺肾。⑥坏其真："真"有"身"义，即坏其身。⑦内格：古病名。即关格，临床表现为水谷不入（关闭），二便不通（阻格）。

【译文】 如果违背了春天之气，那么少阳之气就不能生发，会使肝气内郁而发生病变。如果违背了夏天之气，那么太阳之气就不能生长，会使心气内虚。如果违背了秋天之气，那么少阴之气就不能收敛，会使肺热叶焦而胀满。如果违背了冬天之气，那么太阴之气不能潜藏，会使肾气衰弱。四时阴阳的变化，是万物生长收藏的根本。所以圣人顺应这个规律，在春夏保养心肝，在秋冬保养肺肾，以适应养生的根本原则。假如违背了这一根本原则，便会摧残本元，损坏身体。所以四时阴阳的变化，是万物生长收藏的由来，死生的本源。违背它，就要发生灾害；顺从它，就不会得重病。这样才可以说掌握了养生规律。不过这个养生规律，只有圣人能够奉行，愚昧的人却会违背。如果顺从阴阳变化的规律，就会生存，违背阴阳变化的规律，就会死亡；顺从这个规律就会安定，违背了，就

要发生祸乱。如果不顺从阴阳四时的变化而违逆，就会生病，病名叫关格。

**【原文】　是故圣人不治已病治未病，不治已乱治未乱，此之谓也。夫病已成而后药之，乱已成而后治之，譬犹渴而穿井，斗而铸兵，不亦晚乎？**

【译文】　所以圣人不治已发生的病而倡导未病先防；不治理已形成的动乱，而注重在未乱之前的疏导。假如疾病形成以后再去治疗，动乱形成以后再去治理，这就好像口渴才去挖井，发生战斗才去铸造兵器，那不是太晚了吗？

## 生气通天论篇

**【题解】**

生气，是人体生命活动的动力；天是自然界。中医认为，人体生命之气时时与自然相通，这就是天人相应的思想。人体内的五味、五气等都取之于自然界；而五味、五气失于正常，又能伤害人体。本篇具体讨论了这些问题，故以《生气通天论》名篇。本篇提出的重要思想有：一、"阳气者若天与日，失其所则折寿而不彰"，成为后世重视阳气的温补学派的理论渊薮。二、"阴平阳秘，精神乃治；阴阳离决，精气乃绝"，阐明了阴阳的平秘对于生命活动的重要意义，成为中医学认识人体生命的最高原理和养生治疗的最高价值追求。

**【原文】　黄帝曰：夫自古通天者，生之本，本于阴阳。天地之间，六合之内[①]，其气九州、九窍、五藏、十二节[②]，皆通乎天气。其生五[③]，其气三[④]。数犯此者，则邪气伤人。此寿命之本也。**

【注释】　①六合：四方上下为六合。②九州：古指冀、兖、青、徐、扬、荆、豫、梁、雍为九州。九窍：上七窍：耳二、目二、口一、鼻孔二；下窍二：前阴、后阴。十二节：四肢各有三大关节，上肢：腕、肘、肩；下肢：踝、膝、髋，共十二节。③其生五："其"指天之阴阳，"五"指金、木、水、火、土五行。④其气三：指阴阳之气各有三，即三阴三阳。

【译文】　黄帝说：自古以来人的生命活动与自然界的变化就是息息相通的，这是生命的根本，生命的根本就是阴阳。在天地之间，四方上下之内，无论是地之九州，还是人的九窍、五脏、十二节，都与自然之气相通。天之阴阳化生地之五行之气，地之五行又上应天之三阴三阳。如果经常违反阴阳变化的规律，那么邪气就会伤害人体。所以说阴阳是寿命的根本。

**【原文】　苍天之气[①]，清净则志意治[②]，顺之则阳气固。虽有贼邪[③]，弗能害也。故圣人传精神[④]，服天气而通神明[⑤]。失之则内闭九窍，外壅肌肉[⑥]，卫气散解[⑦]，此谓自伤，气之削也。**

【注释】　①苍天：天空，天气。②治：平和调畅。③贼邪：贼风邪气，泛指外界致病因素。④传：通"抟"，专一，集中。⑤神明：指阴阳的变化。⑥壅：阻塞。⑦卫气：属于阳气的一种，如同保卫于人体最外层的樊篱，所以称卫气。

【译文】　自然界的天气清净，人的意志就平和，顺应这个道理，阳气就固密。即使有贼风邪气，也不能侵害人体。所以善于养生的圣人，能够聚集精神，呼吸天地精气，而

与天地阴阳的神明变化相统一。如果违背这个道理，在内会使九窍不通，在外会使肌肉壅阻，卫阳之气耗散，这是自己造成的伤害，而使阳气受到削弱。

【原文】 **阳气者若天与日，失其所则折寿而不彰[①]。故天运当以日光明，是故阳因而上，卫外者也。**

【注释】 ①折寿：短寿。不彰：不明。彰，明，著。

【译文】 人体的阳气，就像天上的太阳一样，太阳不能在其轨道上正常运行，万物就不能生存；人体的阳气不能正常运行于人体，就会缩短寿命而不能使生命成长壮大。所以天体运行不息，是借着太阳的光明，同理人体健康无病，是依赖阳气的轻清上浮保卫于体表。

【原文】 **因于寒，欲如运枢[①]，起居如惊[②]，神气乃浮。因于暑，汗，烦则喘喝，静则多言[③]，体若燔炭，汗出乃散。因于湿，首如裹[④]，湿热不攘[⑤]，大筋緛短[⑥]，小筋弛长[⑦]，緛短为拘[⑧]，弛长为痿。因于气，为肿，四维相代[⑨]，阳气乃竭。**

【注释】 ①运枢：因天寒，当深居周密，如枢纽之内动，不应烦扰筋骨，使阳气发泄于皮肤，而为寒邪所伤。②惊：妄动。③"烦则"两句：指阳证热证的一种表现。喝，是指喘促而发出的一种声音。④首如裹：头部沉重不爽，如有物蒙裹。⑤攘：排除。⑥緛短：收缩。⑦弛：松懈。⑧拘：踡缩不伸而拘挛。⑨四维：古人认为天由四柱支撑，称作"四维"。这里指人的四肢。

【译文】 人感受了寒邪，阳气就会像门户的开阖一样相应抗拒，起居不宁；如果起居妄动，神气浮越，阳气就不能固密了。如果感受暑邪，就会多汗，烦躁，甚至喘促，喝喝有声；及至暑邪伤气，即使不烦喘时，也会多言多语，身体发热如炭烧，必须出汗，热才能退。如果伤于湿邪，头部就会沉重，如同裹着东西，如果湿热不能及时排除，就会出现大筋收缩不伸，小筋弛缓无力。大筋收缩不伸叫拘，小筋弛缓无力叫痿。如果气被风邪所缚，发为气肿，四肢交替肿痛不休，这是阳气已衰竭了。

【原文】 **阳气者，烦劳则张[①]，精绝[②]，辟积于夏[③]，使人煎厥[④]。目盲不可以视，耳闭不可以听，溃溃乎若坏都[⑤]，汩汩乎不可止[⑥]。阳气者，大怒则形气绝，而血菀于上[⑦]，使人薄厥[⑧]。有伤于筋，纵，其若不容[⑨]。汗出偏沮[⑩]，使人偏枯[⑪]。汗出见湿，乃生痤疿[⑫]。高梁之变[⑬]，足生大疔，受如持虚。劳汗当风，寒薄为皶，郁乃痤。**

【注释】 ①张：亢盛而外越。②精绝：是指水谷精气衰竭。因阳气亢盛而导致阴精伤耗。③辟积：病久积累。辟，通"襞"，裙褶。这里引申为累积。④煎厥：病名。因这种厥的发生不是偶然的，而有其一定的原因，如物之煎熬而然，因此称煎厥。⑤溃溃：溃决。都：水泽所聚之处。⑥汩汩：象声词，形容水势汹涌而不可遏止。⑦血菀于上：血淤于头部。菀，蕴淤。⑧薄厥：即"暴厥"，发病急骤之厥证。⑨不容：肢体不能随意运动。⑩汗出偏沮：汗出偏于身体半侧。⑪偏枯：半身不遂。⑫痤：小疮疖。疿：汗疹。⑬高：同"膏"，指肥甘之味。梁：同"粱"，即细粮、精米。

【译文】 人体的阳气，由于过度烦劳，就会亢盛外越，导致阴精耗竭，病拖延到了夏天，就容易使人发生煎厥病。主要症状是眼睛昏蒙看不清东西，耳朵闭塞听不见声音，病势危急，就像湖水溃决，流速迅急，不可遏止。人体的阳气，大怒时会造成形与气隔绝，血

郁积头部，使人发生暴厥。大怒之后不发暴厥之证的，那就会伤筋。筋受伤，会弛缓不收，肢体行动不自由。半身汗出的，会发生偏枯病。汗出以后感受湿邪，会发生小疖和汗疹。多吃肥甘厚味，能够使人生大疽，发病就像拿着空器皿盛东西一样容易。劳动之后，汗出当风，寒气阻遏于皮肤，会成为粉刺，郁积不解，可成为疮疖。

**【原文】 阳气者，精则养神，柔则养筋。开阖不得，寒气从之，乃生大偻[①]。营气不从，逆于肉理，乃生痈肿。陷脉为瘘[②]，留连肉腠[③]。俞气化薄[④]，传为善畏，及为惊骇。魄汗未尽[⑤]，形弱而气烁[⑥]，穴俞以闭，发为风疟。**

【注释】 ①大偻：曲背。②陷脉：邪气深入脉中。瘘：凡日久成脓溃漏，都叫作瘘。③留连：留滞。肉腠：肌肉纹理。④俞：通“腧”，经络的孔穴。⑤魄汗：自汗。魄，本意是与人体同时存在的生理本能，如目视耳听。熟语有“体魄”一词。这里的“魄”可理解为“体”，魄汗，即体汗、自汗。⑥气烁：气消。

【译文】 人体的阳气，养神则精微，养筋则柔软。如果腠理开阖失调，寒邪乘机侵入，就会发生背部屈曲的大偻病。如果寒气入于经脉，营气不能顺着经脉走，阻滞在肌肉之中，会发生臃肿。邪气留滞在肌肉纹理，日久深入血脉，可以形成瘘疮。外邪从背部腧穴侵及脏腑，会出现善畏和惊骇之证。汗出不透，形体衰弱，阳气消耗，腧穴闭塞，就会发生风疟。

**【原文】 故风者，百病之始也，清静则肉腠闭，阳气拒，虽有大风苛毒[①]，弗之能害。此因时之序也。**

【注释】 ①苛毒：厉害的毒邪。

【译文】 风是引发各种疾病的始因，但是，只要精神安静，意志安定，腠理就能闭密，阳气就能卫外，即使有大风苛毒，也不能造成伤害。这是顺应四时气候变化规律来养生的结果。

**【原文】 故病久则传化[①]，上下不并[②]，良医弗为。故阳畜积病死[③]，而阳气当隔，隔者当泻，不亟正治，粗乃败亡[④]。故阳气者，一日而主外，平旦阳气生，日中而阳气隆，日西而阳气已虚，气门乃闭[⑤]。是故暮而收拒，无扰筋骨，无见雾露。反此三时[⑥]，形乃困薄。**

【注释】 ①传：病邪传入其他经络或脏腑。化：变生其他病证。②上下不并：上下之气不相交通。③畜：同“蓄”，蓄积。阳气蓄积之后就乖隔不通，所以说“阳气当隔”。④粗：粗工，技术低下的医生。⑤气门：汗孔。中医认为肺主气，司呼吸，外合于皮毛。故皮肤的汗孔称为气门。⑥三时：指平旦、日中、日暮。

【译文】 所以病的时间长了，就会传导变化，发生其他症候；如果病人上下之气不能交通，再高明的医生，也无能为力了。人的阳气过分蓄积，也会致死，因为阳气蓄积，隔塞不通，应该用泻法。如果不赶紧治疗，水平低下的医工就会败亡人体正气而致病人死亡。人身的阳气，白天都运行于人体外部，日出时人体的阳气开始生发，中午阳气最旺盛，到日落时阳气衰退，汗孔也就关闭了。这时，就应当休息，阳气收藏于内而拒邪气于外，不要扰动筋骨，不要冒犯雾露，如果违反了平旦、日中、日暮阳气的活动规律，形体就会为邪气所困，而日趋衰弱。

**【原文】 岐伯曰：阴者，藏精而起亟也[①]；阳者，卫外而为固也。阴不胜其阳，则脉流**

**薄疾[2]，并乃狂；阳不胜其阴，则五脏气争，九窍不通。是以圣人陈阴阳[3]，筋脉和同，骨髓坚固，气血皆从。如是则内外调和，邪不能害，耳目聪明，气立如故。**

【注释】 ①藏精而起亟：张景岳："亟即气也。"体内贮藏的阴精是气的来源。②薄疾：急迫而快速。薄，迫，冲击。③陈：陈列得宜，不使偏胜。

【译文】 岐伯说：阴是把精气蓄藏于体内，而不断充养阳气；阳是保卫人体外部而坚固腠理的。如果阴不胜阳，那么经脉往来流动就会急迫快速，而发为狂病；如果阳不胜阴，那么五脏之气就会不调，以致九窍不通。所以圣人调整阴阳，使之各安其位，才能筋脉舒和，骨髓坚固，气血畅通。这样内外阴阳之气调和，邪气不能侵害，耳聪目明，真气运行正常。

**【原文】 风客淫气[1]，精乃亡[2]，邪伤肝也[3]。因而饱食，筋脉横解[4]，肠澼为痔[5]。因而大饮，则气逆。因而强力，肾气乃伤，高骨乃坏[6]。**

【注释】 ①客：邪气从外面侵入，如客从外来。淫：渐渐侵害元气。②亡：损耗。③伤肝：《阴阳应象大论》："风气通于肝。"所以说伤肝。④横解：横逆弛缓。解，通"懈"。⑤肠澼：泻脓血，即痢疾。⑥高骨：腰间脊骨。

【译文】 风邪侵入人体，渐渐损害元气，精血就要消亡，这是由于邪气伤害了肝脏。这时，如果再过饱，会使胃的筋脉横逆弛缓，而形成下泻脓血的痢疾，进而引发痔疮。如果饮酒过度，肺气就会上逆。如果勉强入房，就要损伤肾气，使脊椎骨损坏。

**【原文】 凡阴阳之要，阳密乃固。两者不和[1]，若春无秋，若冬无夏。因而和之，是谓圣度[2]。故阳强不能密，阴气乃绝；阴平阳秘，精神乃治；阴阳离决，精气乃绝。**

【注释】 ①不和：指阴阳偏胜。和，平衡协调。②圣度：最好的养生方法或治疗方法。

【译文】 大凡阴阳的关键，在于阳气固密于外，阴气才能持守于内。如果阴阳失去平衡和谐，就像一年当中，只有春天没有秋天，只有冬天没有夏天一样。因此，调和阴阳，是最好的养生方法。如果阳气过于亢盛，不能固密，阴气就要亏耗而衰竭；阴气和平，阳气周密，精神就会旺盛；如果阴阳分离而不相交，那精气也就随之而耗竭了。

**【原文】 因于露风[1]，乃生寒热。是以春伤于风，邪气留连，夏乃为洞泄[2]；夏伤于暑，秋为痎疟；秋伤于湿，冬逆而咳，发为痿厥；冬伤于寒，春必病温。四时之气，更伤五脏。**

【注释】 ①露：露水。这里引申其意，作动词，有"触冒"之意。②洞泄：急泻。

【译文】 如果触冒风邪，就会发生寒热。所以，春天被风邪所伤，邪气留滞不去，到了夏天，就会生洞泄病；夏天被暑邪所伤，潜伏于内，到了秋天，就会发生疟疾；秋天被湿邪所伤，到了冬天，就会气逆而痰咳，进而发展为痿厥病；冬天被寒邪所伤害，到了春天，必然发生温热病。风寒暑湿这些四时邪气，会交替伤害五脏。

**【原文】 阴之所生，本在五味[1]，阴之五宫[2]，伤在五味。是故味过于酸，肝气以津[3]，脾气乃绝；味过于咸，大骨气劳，短肌[4]，心气抑[5]；味过于甘，心气喘满，肾气不衡；味过于苦，脾气濡[6]，胃气乃厚[7]；味过于辛，筋脉沮弛[8]，精神乃央[9]。是故谨和五味，骨正筋柔，气血以流，腠理以密，如是则骨气以精。谨道如法，长有天命。**

**【注释】** ①五味：酸、苦、甘、辛、咸。这里指饮食的五味。②五宫：五脏。③津：渡口。这里引申为“聚集”。④短肌：皮肤干枯，不润泽。⑤气抑：气郁滞不舒。⑥濡：濡滞。⑦厚：反训为“薄”。⑧沮：败坏，衰败，⑨央：通“殃”，受伤。

**【译文】** 阴精的产生，来源于饮食五味的营养，但是，贮藏精血的五脏，又因为过食五味而受伤害。所以过食酸味，会使肝气集聚，脾气就会衰弱；过食咸味，会使骨气受伤，肌肉枯槁，心气也就郁滞了；过食甜味，会使心气喘闷，肾气就衰弱了；过食苦味，会使脾气濡滞，胃气也就薄弱了；过食辛味，会使筋脉渐渐衰败，精神也就颓废了。所以谨慎地调和五味，使得骨骼正直，筋脉柔和，气血流通，腠理固密，这样，就会气精骨强了。谨慎地按照养生之道的法则去做，就可以享受自然的寿命。

## 金匮真言论篇

**【题解】**

金匮，金属制成的藏书柜，用来收藏重要的书籍。真言，真理之言。本篇论述了“五脏应四时”的理论。根据五行学说，中医学建立了以五行为内核，四时（五时）、五方为间架，五脏为中心，配合以人的五窍、五体、五华、五志等及外界的五色、五味、五音、五畜、五谷等，形成了一个相互联系统一的医学宇宙观。这就是“五脏应四时”的理论。这部分内容是中医学的理论核心之一，所以用《金匮真言论》名篇。该篇还论述了外邪触犯人体的发病规律和特点，对阴阳学说也有初步的论述，并且提出了“精者，身之本”的重要命题，对保精养生具有重要指导意义。

**【原文】** **黄帝问曰：天有八风，经有五风①，何谓？**

**岐伯对曰：八风发邪，以为经风，触五脏，邪气发病。所谓得四时之胜者②，春胜长夏③，长夏胜冬，冬胜夏，夏胜秋，秋胜春。所谓四时之胜也。**

**【注释】** ①五风：指肝风、心风、脾风、肺风、肾风。②胜：克制。③长夏：夏秋两季之间，相当于农历六月。

**【译文】** 黄帝问道：天有八方之风，人的经脉有五脏之风，是指什么呢？

岐伯回答说：八风会产生致病的邪气，侵犯经脉的风邪，触动人的五脏，因而发病。所说的感受四时季节相克的情况是指，春胜长夏，长夏胜冬，冬胜夏，夏胜秋，秋胜春。这就是所说的四时季节相克。

**【原文】** **东风生于春①，病在肝②，俞在颈项③；南风生于夏，病在心，俞在胸胁；西风生于秋，病在肺，俞在肩背；北风生于冬，病在肾，俞在腰股④；中央为土，病在脾，俞在脊。**

**【注释】** ①东风生于春：马莳：“春主甲乙木，其位东，故东风生于春。”南风、北风、西风可以类推。②病在肝：根据五行学说春季与东方及人的肝脏对应，东风成为致病邪气则伤肝，所以说病在肝。其他，在心、在肺、在脾、在肾可以类推。③俞在颈项：俞，通“腧”，腧穴。“腧”与“输”为同源字，有运输气血的意思。腧穴既是气血积聚处，也是外邪侵入人体的通道。④股：大腿。

**【译文】** 东风生于春季，病变多发生在肝经，而表现于颈项；南风生于夏季，病变常

发生在心经，而表现于胸胁；西风生于秋季，病变常发生在肺经，而表现于肩背；北风生于冬季，病变常发生在肾经，而表现于腰股；中央属土，病变常发生在脾经，而表现于脊背。

【原文】 **故春气者病在头[①]，夏气者病在脏[②]，秋气者病在肩背，冬气者病在四支[③]。**

【注释】 ①气：外界气候。②脏：内脏。此处指心。③四支：即四肢。

【译文】 所以春气为病，多在头部；夏气为病，多在心；秋气为病，多在肩背；冬气为病，多在四肢。

【原文】 **故春善病鼽衄[①]，仲夏善病胸胁，长夏善病洞泄寒中[②]，秋善病风疟，冬善病痹厥[③]。**

【注释】 ①鼽：鼻流清涕。衄：鼻出血。②寒中：寒气在中，指里寒证。③痹厥：手足麻木逆冷。

【译文】 所以春天多生鼻流清涕和鼻出血的病，仲夏多生胸胁病，长夏多生里寒洞泄病，秋天多生风疟病，冬天多生痹病。

【原文】 **故冬不按跻[①]，春不鼽衄，春不病颈项，仲夏不病胸胁，长夏不病洞泄寒中，秋不病风疟，冬不病痹厥、飧泄而汗出也。**

【注释】 ①按跻：按摩导引。这里指扰动筋骨的过度活动。

【译文】 所以冬天不做剧烈运动而扰动潜伏的阳气，春天就不会发生鼽衄，不发生颈项病，夏仲也不会发生胸胁病，长夏不会发生里寒洞泄病，秋天不会发生风疟病，冬天也不会发生痹证、飧泄、汗出过多的病。

【原文】 **夫精者[①]，身之本也。故藏于精者，春不病温。夏暑汗不出者，秋成风疟。**

【注释】 ①精：饮食所化之精华，人类生殖之原质都叫精。

【译文】 精对人体就如同树木的根，是生命的源泉。所以冬季善于保养精气的，春天就不易得温病。夏天暑热之时，应该汗出而不出汗，到了秋天就会得风疟病。

【原文】 **故曰：阴中有阴，阳中有阳。平旦至日中[①]，天之阳，阳中之阳也；日中至黄昏[②]，天之阳，阳中之阴也；合夜至鸡鸣[③]，天之阴，阴中之阴也；鸡鸣至平旦[④]，天之阴，阴中之阳也。故人亦应之。**

【注释】 ①平旦至日中：清晨至中午，即六至十二时。②日中至黄昏：中午至日落，即十二至十八时。③合夜至鸡鸣：日落至半夜，即十八至二十四时。④鸡鸣至平旦：半夜至清晨，即零时至六时。

【译文】 所以说：阴中有阴，阳中有阳。从清晨至中午，自然界的阳气是阳中之阳；从中午至黄昏，自然界的阳气是阳中之阴；从日落到半夜，自然界的阴气是阴中之阴；从半夜到清晨，自然界的阴气是阴中之阳。所以人的阴阳之气也是如此。

【原文】 **夫言人之阴阳，则外为阳，内为阴。言人身之阴阳，则背为阳，腹为阴。言人身之脏腑中阴阳，则脏者为阴，腑者为阳。肝心脾肺肾五脏皆为阴，胆胃大肠小肠膀胱三焦、六腑皆为阳。所以欲知阴中之阴、阳中之阳者，何也？为冬病在阴，夏病在阳；春病在阴，秋病在阳。皆视其所在，为施针石也[①]。故背为阳，阳中之阳，心也；背为阳，阳中之阴，肺也；腹为阴，阴中之阴，肾也；腹为阴，阴中之阳，肝也；腹为阴，阴中之至阴[②]，脾也。此皆阴阳、表里、内外、雌雄相输应也[③]。故以应天之阴阳也。**

**【注释】** ①针：针刺。石：砭石。②至阴：根据中医理论，脾属土。古人认为天为最大的阳，地为最大的阴，即至阴。所以脾为至阴。③阴阳、表里、内外、雌雄：这些相对的名词都是用来取象比类说明阴阳的。输应：阴阳、表里、内外、雌雄发生相互对应、呼应的关系。

**【译文】** 就人体阴阳来说，外部为阳，内部为阴。单就身体部位来说，背为阳，腹为阴。就脏腑来说，脏属阴，腑属阳。肝、心、脾、肺、肾五脏都属阴；胆、胃、大肠、小肠、膀胱、三焦、六腑都属阳。为什么要知道阴中有阴、阳中有阳的道理呢？这因为冬病发生在阴，夏病发生在阳；春病发生在阴，秋病发生在阳。都要根据疾病所在部位来进行针刺或砭石治疗。所以说，背部为阳，阳中之阳为心；背部为阳，阳中之阴为肺；腹部为阴，阴中之阴为肾；腹部为阴，阴中之阳为肝；腹部为阴，阴中之至阴为脾。这些都是人体阴阳、表里、内外、雌雄的相应关系。它们合于自然界的阴阳变化。

**【原文】** **帝曰：五脏应四时，各有攸受乎[1]？**

**岐伯曰：有。东方青色，人通于肝。开窍于目，藏精于肝，故病在头。其味酸，其类草木，其畜鸡，其谷麦。其应四时，上为岁星[2]，是以知病之在筋也。其音角[3]，其数八[4]，其臭臊。**

**【注释】** ①攸受：所用。攸，助词，所。受，发生作用。②岁星：木星。③角：五音之一。宫、商、角、徵、羽为五音，分别与五行相配，角属木、徵属火、宫属土、商属金、羽属水。④其数八："八"为"木"的成数。根据易理，数生五行：天一生水，地六成之；地二生火，天七成之；天三生木，地八成之；地四生金，天九成之；天五生土，地十成之。肝属木，所以说"其数八"。

**【译文】** 黄帝说：五脏与四时相对应，都各有所用吗？

岐伯答：有。东方青色，和肝相应。肝开窍于目，精华藏于肝脏，它发病多在头部。比象来说，在五味中为酸，在植物中为木，在五畜中为鸡，在五谷中为麦，在四时中上应于岁星。所以肝病多发生在筋。在五音中为角，在五行生成数中为八，在五气中为腥臊。

**【原文】** **南方赤色，人通于心。开窍于舌，藏精于心，故病在五脏。其味苦，其类火，其畜羊，其谷黍。其应四时，上为荧惑星[1]。是以知病之在脉也。其音徵，其数七，其臭腥。**

**【注释】** ①荧惑星：火星。

**【译文】** 南方赤色，和心相应。心开窍于舌，精华藏在心，发病多在五脏。比象来说，在五味中为苦味，在五行里为火，在五畜中为羊，在五谷中为黍。在四时中上应于荧惑星，所以心病多发生在血脉。在五音中为徵音，在五行生成数中为七，在五气中为腥。

**【原文】** **中央黄色，入通于脾。开窍于口，藏精于脾，故病在脊。其味甘，其类土，其畜牛，其谷稷。其应四时，上为镇星[1]。是以知病之在肉也。其音宫，其数五，其臭香。**

**【注释】** ①镇星：即土星。

**【译文】** 中央黄色，和脾相应。脾开窍于口，精华藏在脾脏，发病多在脊部。比象来说，在五味中为甘味，在五行中为土，在五畜中为牛，在五谷中为稷。在四时中上应于土星。所以脾病多发生在肌肉。在五音中为宫音，在五行生成数中为五，在五气中为香。

【原文】 西方白色，入通于肺。开窍于鼻，藏精于肺，故病在背。其味辛，其类金，其畜马，其谷稻。其应四时，上为太白星[1]，是以知病之在皮毛也。其音商，其数九，其臭腥。

【注释】 ①太白星：金星。

【译文】 西方白色，与肺相应。肺开窍于鼻，精华藏在肺脏，发病多在背部。比象来说，在五味中为辛味，在五行中为金，在五畜中为马，在五谷中为稻。在四时中上应金星。所以病多发生在皮毛。在五音中为商音，在五行生成数中为九，在五气中为腥。

【原文】 北方黑色，入通于肾。开窍于二阴，藏精于肾，故病在谿[1]。其味咸，其类水，其畜彘[2]，其谷豆。其应四时，上为辰星[3]，是以知病之在骨也。其音羽，其数六，其臭腐。

【注释】 ①谿：指肘膝腕踝。②彘：猪。③辰星：水星。

【译文】 北方黑色，与肾相应。肾开窍于二阴，精华藏在肾脏，发病多在四肢。比象来说，在五味中为咸味，在五行中为水，在五畜中为猪，在五谷中为豆。在四时中上应于水星，所以肾有病会发生在骨骼。在五音中为羽音，在五行生成数中为六，在五气中为腐。

【原文】 故善为脉者[1]，谨察五脏六腑，逆从，阴阳、表里、雌雄之纪，藏之心意，合心于精。非其人勿教，非其真勿授，是谓得道。

【注释】 ①为脉：诊脉。

【译文】 所以说善于诊脉的医生，小心地审察五脏六腑的气血逆顺以及阴阳、表里、雌雄的所以然，把这些道理牢记心中，用心精思以知常处变，灵活运用。这样的脉学是宝贵的，但不要传授给不适当的人，不是真正的医学理论也不要向人传授，这才是医学传授之道。

## 阴阳应象大论篇

【题解】

该篇是《内经》阐述中医学基本理论的最重要的篇章，所以称为“大论”。该篇首先给出了阴阳的概念，论述了阴阳对整个自然界万事万物发生发展消亡的重要意义。进而详细地论述了阴阳水火，精气味形之间相互转化的关系，阴阳偏盛偏衰所造成的疾病及依照阴阳学说确立的养生原则。“象”指万物之现象。根据《周易》的原理，纷繁的万象可以归结为不同的种类。《周易》之八卦即是八种象，五行就是五种象，而最基本的象就是阴阳之象，所谓“阴阳应象”就是把纷繁的万象归属于阴阳。该篇实际上又结合五行学说，把万象分属于五行。建立了以五方、五脏为核心的天人一体的整体医学宇宙观。

古人认为天人都由一气所化，遵循共同的生化规律和运动法则，天地万物与人类可以通过“气”和“象”联通起来。“象”是“气”的显现，同样的“气”有同样的“象”，彼此之间具有感应亲和关系，所谓“同气相求”“同类相动”。古人所理解的“象”并不是固定不变的形象，更重要的是功能之象，即功能相同或相通的事物具有相同的“象”，所以才能通

过“象”把外形不同,但功能相关的事物联系成一个以阴阳五行为内在结构的整体网络系统,这个系统的各部分相互作用、相互关联构成一个动态平衡的开放体系。这成为古人认知世界的基本模式,具有极其重要的理论价值。最后该篇根据阴阳学说论述了人体的生理特点、早期治疗的意义,针刺、诊病及治疗的基本原则。本篇名言:“智者察同,愚者察异。”“阴在内,阳之守也;阳在外,阴之使也。”

【原文】 **黄帝曰:阴阳者,天地之道也,万物之纲纪①,变化之父母②,生杀之本始③,神明之府也④,治病必求于本⑤。故积阳为天,积阴为地。阴静阳躁,阳生阴长,阳杀阴藏。阳化气,阴成形⑥,寒极生热,热极生寒。寒气生浊,热气生清。清气在下,则生飧泄。浊气在上,则生䐜胀⑦。此阴阳反作,病之逆从也⑧。**

【注释】 ①纲纪:有纲领的意思。总的为纲,分支为纪。②变化之父母:万物生长变化的根源。父母,有根源、起源的意思。③生:生长。杀:杀伐,消亡。本始:根本。④神明:变化不测谓之神,品物流行谓之明。推动万物生成和变化的力量称为神明。⑤本:根源,根本。这里指阴阳。⑥阳化气,阴成形:这里的气指能力、力量。形,指形体、物质。⑦䐜胀:上腹部胀满。⑧逆:病的异常称逆证。从:病的正常称顺证。

【译文】 黄帝说:阴阳,是天地间的普遍规律,是一切事物的纲领,是万物发展变化的起源,是生长毁灭的根本,是万物发生发展变化的动力源泉,因此,治病必须寻求治本的方法。清阳之气,积聚上升,就成为天;浊阴之气,凝聚下降,就成为地。阴主静,阳主动,阳主发生,阴主成长,阳主杀伐,阴主收藏。阳能化生力量,阴能构成形体。寒到极点会转化生热,热到极点会转化生寒。寒气的凝聚,能产生浊阴,热气的升腾可产生清阳。清阳之气在下,如不得上升,就会发生飧泄。浊阴之气在上,如不得下降,就会发生胀满。这是违反了阴阳运行规律,因此疾病也有顺证和逆证的不同。

【原文】 **故清阳为天,浊阴为地。地气上为云,天气下为雨。雨出地气,云出天气。故清阳出上窍①,浊阴出下窍②。清阳发腠理,浊阴走五脏。清阳实四支,浊阴归六腑。**

【注释】 ①上窍:指眼耳口鼻七窍。②下窍:指前后二阴。

【译文】 在自然界,清阳之气变为天,浊阴之气变成地。地气上升就成为云,天气下降就变成雨。雨虽从天气下降,却是地气所化;云虽形成于地气,却赖天气的蒸发。这些都是由于阴阳相互转化造成的。同样,在人体的变化中,清阳出于上窍,浊阴出于下窍。清阳发散于腠理,浊阴注入于五脏。清阳使四肢得以充实,浊阴使六腑能够相安。

【原文】 **水为阴,火为阳。阳为气①,阴为味②。味归形,形归气③。气归精④,精归化⑤。精食气⑥,形食味⑦。化生精,气生形⑧。味伤形,气伤精⑨。精化为气,气伤于味⑩。**

【注释】 ①气:指功能或活动能力。②味:泛指一切食物。③形:指形体,包括脏腑、肌肉、血脉、筋骨、皮毛等。归:生成、滋养。④气归精:真气化生精。⑤精归化:精血充盛,又可化生真气。化,化生。⑥精食气:精仰赖气化而成。食,仰求、给养或依赖。⑦形食味:形体有赖食物的营养。⑧化生精,气生形:气化、生化的作用,促进了精的生成,同时又充养了形体。⑨味伤形,气伤精:味和气也能伤害人体的形和精。⑩精化为气,气伤于味:精可以化生气,产生功能,饮食五味失调也可以伤气,损伤功能。

【译文】 水属于阴,火属于阳。阳是无形的气,而阴则是有形的味。饮食五味进入身体中的胃腑,胃能够腐熟蒸化出水谷中的清气。清气进入五脏与五脏中的精气结合,而化生人体生命的营养物质。精仰赖水谷清气的补养,形体仰赖饮食五味的补给。饮食经过生化生成精,精气化后来充养形体。饮食不节,也能伤害形体,气偏盛,也能损伤精。精血充足,又能够化而为气,气也能被五味太过所伤害。

【原文】 **阴味出下窍,阳气出上窍。味厚者为阴[1],薄为阴之阳。气厚者为阳,薄为阳之阴。味厚则泄,薄则通。气薄则发泄,厚则发热。壮火之气衰[2],少火之气壮[3]。壮火食气[4],气食少火[5]。壮火散气,少火生气。气味,辛、甘发散为阳,酸、苦涌泄为阴。**

【注释】 ①味厚者为阴:根据中医药学理论,药物之性包括四气五味。四气源于一年四季寒热温凉的变化,所以药气分为温、热、凉、寒四大类。五味源于地气,分为酸、苦、甘、辛、咸五大类。因四气源于天所以属阳,五味源于地所以属阴。但气味又有厚薄的不同。气厚的为纯阳,味厚的为纯阴,气薄的为阳中之阴,味薄的为阴中之阳。②壮火:过于亢盛的阳气,这种火实质上已经不是生理性的而是病理性的邪火了。③少火:微少的阳气,这种火属于生理性的,是人体生命活动的动力。④壮火食气:壮火侵蚀,消耗元气。⑤气食少火:元气依赖于少火的充养。

【译文】 味属阴,所以趋向下窍;气属阳,所以趋向上窍。五味之中,味厚的属于纯阴,味薄的属于阴中之阳。气厚的属于纯阳,气薄的属于阳中之阴。味厚的有泄下作用,味薄的有疏通作用。气薄的能够向外发泄邪气,气厚的能助阳发热。亢阳能使元气衰弱,微阳能使元气旺盛。因为亢阳会侵蚀元气,而元气有赖于微阳的煦养。亢阳耗散元气,微阳却使元气增强。气味之中,辛甘而有发散作用的属阳,酸苦而有涌泄作用的属阴。

【原文】 **阴胜则阳病,阳胜则阴病。阳胜则热,阴胜则寒。重寒则热,重热则寒。寒伤形,热伤气。气伤痛,形伤肿。故先痛而后肿者,气伤形也;先肿而后痛者,形伤气也。风胜则动,热胜则肿,燥胜则干,寒胜则浮[1],湿胜则濡泻[2]。**

【注释】 ①浮:浮肿。②濡泻:湿泻。

【译文】 阴气偏胜,阳气就会受病;阳气偏胜,阴气也会受病。阳气偏胜会生热,阴气偏胜会生寒。寒到极点,会出现热象;热到极点,又会出现寒象。寒邪会损伤人的形体,热邪会损伤人的真气。真气受伤会产生疼痛,形体受伤会发生肿胀。凡是先疼后肿的,是因为真气先伤而影响到形体;先肿后痛的,则是形体先伤而影响真气。风邪太过,就会发生痉挛动摇;热邪太过,肌肉就会发生红肿;燥邪太过,津液就会干涸;寒邪太过,就会发生浮肿;湿邪太过,就会发生泄泻。

【原文】 **天有四时五行,以生长收藏,以生寒暑燥湿风。人有五脏化五气[1],以生喜怒悲忧恐。故喜怒伤气,寒暑伤形;暴怒伤阴,暴喜伤阳。厥气上行[2],满脉去形。喜怒不节,寒暑过度,生乃不固。故重阴必阳,重阳必阴。故曰:冬伤于寒,春必温病;春伤于风,夏生飧泄;夏伤于暑,秋必痎疟;秋伤于湿,冬生咳嗽。**

【注释】 ①五气:五脏之气,由五气而生五志,即喜怒悲忧恐。②厥气:逆行之气。

【译文】 自然界有春夏秋冬四时的推移、五行的变化,形成了生长收藏的规律,产生了寒暑燥湿风的气候。人有五脏,五脏化生五气,产生喜怒悲忧恐五种情志。所以过

喜过怒可以伤气,寒暑外侵,会损伤形体;大怒会伤阴气,大喜会伤阳气。如果逆气上冲,血脉阻塞,也会神气浮越,离形体而去。因此,不节制喜怒,不调适寒暑,生命就不会稳固。阴气过盛会转化为阳,阳气过盛也会转变为阴。所以说:冬天感受寒气过多,到了春天就容易发生热性病;春天感受风气过多,到了夏天就容易发生飧泄;夏天感受暑气过多,到了秋天就容易发生痎疾;秋天感受湿气过多,到了冬天就容易发生咳嗽。

**【原文】** **帝曰:余闻上古圣人,论理人形,列别脏腑①;端络经脉②,会通六合③,各从其经;气穴所发,各有处名;谿谷属骨④,皆有所起;分部逆从,各有条理;四时阴阳,尽有经纪。外内之应,皆有表里。其信然乎?**

**岐伯对曰:东方生风,风生木,木生酸,酸生肝,肝生筋,筋生心。肝主目。其在天为风,在地为木,在体为筋,在藏为肝,在色为苍,在音为角,在声为呼,在变动为握,在窍为目,在味为酸,在志为怒。怒伤肝,悲胜怒;风伤筋,燥胜风;酸伤筋,辛胜酸。**

**【注释】** ①列别:分别,分辨。②端络经脉:审察经脉的相互联系。端络,作动词解。③六合:四方上下为六合。另十二经脉的阴阳配合也称六合。这里包含这两个意思。联系自然界的四方上下六合来排比十二经脉的阴阳六合。④谿谷:两山之间的夹道或流水道称"谷"。山间的河沟为"谿",同"溪"。中医借用来指肌肉会聚之处。因肌肉会聚处肌腱交迭而形成凹陷似"谿谷"。属骨:骨相连之处。

**【译文】** 黄帝问道:我听说古代圣人,谈论人体的形态,排列辨别脏腑的阴阳;联系会通四方上下六合,来审察十二经脉阴阳六合的起止循行与络属关系;气穴各有它所发的部位和名称;连属于骨骼的"谿谷",都有它们的起止点;皮部浮络的属阴属阳,为顺为逆,也各有条理;四时阴阳变化,有一定规律;外在环境与人体内部的对应关系也都有表有里。真是这样吗?

岐伯回答说:东方属春,阳气上升而生风,风能滋养木气,木气能生酸,酸味能养肝,肝血又能养筋,筋又能养心。肝气上通于目。它的变化是在天为六气里的风,在地为五行里的木,在人体中为筋,在五脏中为肝,在五色中为苍,在五音中为角,在五声中为呼,在人体的变动中为握,在七窍中为目,在五味中为酸,在情志中为怒。怒能够伤肝,但悲伤能够抑制怒;风气能够伤筋,但燥能够抑制风;过食酸味能够伤筋,但辛味又能够抑制酸味。

**【原文】** **南方生热,热生火,火生苦,苦生心,心生血,血生脾。心主舌。其在天为热,在地为火,在体为脉,在脏为心,在色为赤,在音为徵,在声为笑,在变动为忧,在窍为舌,在味为苦,在志为喜。喜伤心,恐胜喜;热伤气,寒胜热;苦伤气,咸胜苦。**

**【译文】** 南方属夏,阳气大盛而生热,热能生火,火气能产生苦味,苦味能养心,心能生血,血能养脾。心气上通于舌。此时阴阳变化,在天为六气中的热,在地为五行中的火,在人体中为血脉,在五脏中为心,在五色中为赤,在五音中为徵,在五声中为笑,在人体的变动中为忧,在七窍中为舌,在五味中为苦,在情志中为喜。过喜能伤心,但恐可以抑制喜;热能伤气,但寒气可以抑制热;苦味能伤气,但咸味可以抑制苦味。

**【原文】** **中央生湿,湿生土,土生甘,甘生脾,脾生肉,肉生肺。脾主口。其在天为湿,在地为土,在体为肉,在藏为脾,在色为黄,在音为宫,在声为歌,在变动为哕,在窍为**

口，在味为甘，在志为思。思伤脾，怒胜思；湿伤肉，风胜湿；甘伤肉，酸胜甘。

【译文】 中央属长夏，蒸发而生湿，湿能使土气生长，土能产生甘味，甘味可滋养脾气，脾气能够滋养肌肉，肌肉健壮能使肺气充实。脾气通于口。它的变化，在天为六气中的湿，在地为五行中的土，在人体中为肌肉，在五脏中为脾，在五色中为黄，在五音中为宫，在五声中为歌，在人体的变动中为干哕，在七窍中为口，在五味中为甘，在情志中为思。思虑可以伤脾，但怒可以抑制思虑；湿气能伤肌肉，但风气可以抑制湿气；过食甘味能伤肌肉，但酸味可以抑制甘味。

**【原文】 西方生燥，燥生金，金生辛，辛生肺，肺生皮毛，皮毛生肾。肺主鼻。其在天为燥，在地为金，在体为皮毛，在脏为肺，在色为白，在音为商，在声为哭，在变动为咳，在窍为鼻，在味为辛，在志为忧。忧伤肺，喜胜忧；热伤皮毛，寒胜热；辛伤皮毛，苦胜辛。**

【译文】 西方属秋，天气劲急而生燥，燥能使金气旺盛，金能产生辛味，辛味能够直通肺气，肺气能够滋养皮毛，皮毛润泽又能滋生肾水。肺气通于鼻。它的变化，在天为六气中的燥，在地为五行中的金，在人体中为皮毛，在五脏中为肺，在五色中为白，在五音中为商，在五声中为哭，在人体的变动中为咳，在七窍中为鼻，在五味中为辛，在情志中为忧。忧能伤肺，但喜可抑制忧；热能伤皮毛，但寒可以抑制热；辛味能伤皮毛，但苦味可以抑制辛味。

**【原文】 北方生寒，寒生水，水生咸，咸生肾，肾生骨髓，髓生肝。肾主耳。其在天为寒，在地为水，在体为骨，在脏为肾，在色为黑，在音为羽，在声为呻，在变动为栗，在窍为耳，在味为咸，在志为恐。恐伤肾，思胜恐；寒伤血，燥胜寒；咸伤血，甘胜咸。**

【译文】 北方属冬，阴凝而生寒，寒气能使水气旺，水能产生咸味，咸味能滋养肾气，肾气能滋养骨髓，骨髓充实又能养肝。肾气联通于耳。它的变化在天为六气中的寒，在地为五行中的水，在人体中为骨髓，在五脏中为肾，在五色中为黑，在五音中为羽，在五声中为呻吟，在人体的变动中为战栗，在七窍中为耳，在五味中为咸，在情志中为恐。恐能伤肾，但思可以抑制恐；寒能伤骨，但燥可以抑制寒；咸能伤骨，但甘味可以抑制咸。

**【原文】 故曰：天地者，万物之上下也；阴阳者，血气之男女也[①]；左右者，阴阳之道路也[②]；水火者，阴阳之征兆也[③]；阴阳者，万物之能始也[④]。故曰：阴在内，阳之守也；阳在外，阴之使也。**

【注释】 ①血气之男女：借用男女气血来说明阴阳的相对关系。②“左右者”两句：古人认为，阴气右行，阳气左行。③征兆：即是象征。④能始：变化生成之开始。

【译文】 所以说：天地上下是负载万物的区宇；阴阳是化生气血，形成雌雄生命体的动源；左右是阴阳运行的道路；而水火则是阴阳的表现；总之，阴阳的变化，是一切事物生成的原始。再进一步说：阴阳是相互为用的。阴在内，有阳作为它的卫外；阳在外，有阴作为它的辅助。

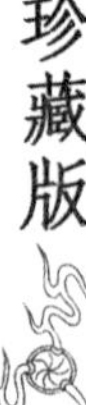

**【原文】 帝曰：法阴阳奈何[①]？**

**岐伯曰：阳胜则身热，腠理闭，喘粗为之俯仰。汗不出而热，齿干以烦冤，腹满死。能冬不能夏[②]。阴胜则身寒，汗出，身常清[③]，数栗而寒，寒则厥，厥则腹满死。能夏不能冬。此阴阳更胜之变，病之形能也[④]。**

【注释】 ①法:取法,运用。②能:音义同“耐”。③清:同“清”,寒。④能:通“态”。

【译文】 黄帝说:人怎样取法阴阳呢?

岐伯回答说:阳气太过,身体就会发热,腠理紧闭,喘息急迫,呼吸困难,身体俯仰摆动。手脚厥冷汗出不来并且发热,牙齿干燥,并且心里烦闷,再有腹部胀满,就是死证。患者耐受得冬天,而耐受不得夏天。阴气太过,身体就会恶寒,出汗,身上时常觉冷,甚或时常打寒战,寒重就会出现手足厥冷,手足厥冷之后再有腹部胀满,就是死证。患者耐受得夏天,而耐受不得冬天。这就是阴阳偏胜,所引起疾病的症状。

**【原文】 帝曰:调此二者,奈何?**

**岐伯曰:能知七损八益[1],则二者可调;不知用此,则早衰也。年四十,而阴气自半也,起居衰矣;年五十,体重,耳目不聪明矣;年六十,阴痿,气大衰,九窍不利,下虚上实,涕泣俱出矣。故曰:知之则强,不知则老,故同出而名异耳。智者察同,愚者察异[2]。愚者不足,智者有余。有余则耳目聪明,身体轻强,老者复壮,壮者益治。是以圣人为无为之事,乐恬惔之能,从欲快志于虚无之守,故寿命无穷,与天地终。此圣人之治身也。**

【注释】 ①七损:女子月事贵在时下。因女性以七年为生命节律变化周期。八益:男子精气贵在充满。因男性以八年为生命节律变化周期。②“智者”两句:聪明人在未病之时注意养生。愚蠢的人,发病之后才知道调养。同,指健康。异,指疾病衰老。

【译文】 黄帝问:怎样调和阴阳呢?

岐伯回答说:能够知道七损八益的道理,就可以调和阴阳;不知道这个道理,就会早衰。人到四十岁,阴气已经减损了一半,起居动作显得衰退了;到五十岁,身体笨重,耳不聪,目不明;到六十岁,阴痿,气大衰,九窍功能减退,下虚上实,流鼻涕、淌眼泪等衰老现象都出现了。所以说:懂得养生的人,身体就强健,不懂得养生的人,身体就容易衰老,因此,同时出生,来到世上生活,最后的结果名称却不相同。聪明人,在没病时,就注意养生;愚蠢的人,在发病时,才知道调养。愚蠢的人,常感到体力不足,聪明的人却感到精力有余。精力有余,就会耳聪目明,身体轻捷强健,即使年老了,还显得健壮,强壮的人就更加强健了。所以明达事理的人,顺乎自然而不做无益于养生的事,以恬静的心情为快乐,持守虚无之道,追寻心志的快乐与自由,因此,他的寿命无穷尽,与天地长存。这就是圣人的养生方法。

**【原文】 天不足西北,故西北方阴也,而人右耳目不如左明也。地不满东南,故东南方阳也,而人左手足不如右强也。**

**帝曰:何以然?**

**岐伯曰:东方阳也,阳者其精并于上[1],并于上则上明而下虚,故使耳目聪明而手足不便也[2]。西方阴也,阴者其精并于下,并于下则下盛而上虚,故其耳目不聪明而手足便也。故俱感于邪,其在上则右甚,在下则左甚,此天地阴阳所不能全也,故邪居之。**

【注释】 ①并:聚合。②便:便利,灵巧,自如。

【译文】 天气在西北方不足,所以西北方属阴,而人与天气相应,右边的耳目也就不如左边的聪明。地气在东南方是不满的,所以东南方属阳,人左边的手足也就不如右边灵活。

黄帝问道：这是什么道理？

岐伯回答说：东方属阳，阳气的精华聚合在上部，聚合在上部，上部就旺盛了，而下部就必然虚弱了，所以会出现耳聪目明，而手足不便利的情况。西方属阴，阴气的精华聚合在下部，聚合在下部，下部就旺盛，上部就必然虚弱了。所以就会出现耳不聪目不明，而手足却便利的情况。所以，同样感受外邪，如果在上部，那么身体右侧严重，如果在下部，那么身体左侧严重，这是由于天地阴阳之气的分布不均衡，而在人身也是如此，身体阴阳之气偏虚的地方，就是邪气滞留的所在。

**【原文】 故天有精，地有形。天有八纪①，地有五里②。故能为万物之父母。清阳上天，浊阴归地。是故天地之动静，神明为之纲纪。故能以生长收藏，终而复始。惟贤人上配天以养头，下象地以养足，中傍人事以养五脏③。天气通于肺，地气通于嗌④，风气通于肝，雷气通于心，谷气通于脾⑤，雨气通于肾。六经为川⑥，肠胃为海，九窍为水注之气。以天地为之阴阳，人之汗，以天地之雨名之；人之气，以天地之疾风名之。暴气象雷⑦，逆气象阳⑧。故治不法天之纪，不用地之理，则灾害至矣。**

**【注释】** ①八纪：立春、立夏、立秋、立冬、春分、秋分、夏至、冬至八个大节气。②五里：指东、南、西、北、中央五方。③人事：日常饮食和情志。④嗌：喉下之食管处，即咽。⑤谷气：两山间通水之道路称"谷"。人体肌肉与肌肉之间也称"谷"。张志聪："谷气，山谷之通气也。"⑥六经：即太阳、阳明、少阳、太阴、少阴、厥阴，为气血运行的道路。张介宾："三阴三阳也。同流气血，故为人之川。"即是指十二经脉。⑦暴气：愤怒暴躁之气。⑧逆气象阳：比喻气之有升无降，有阳无阴。

**【译文】** 所以天有精气，地有形质。天有八节的气序，地有五方的布局。因此，天地能成为万物生长的根本。清阳上轻升于天，浊阴下降归于地。所以天地的运动和静止，是由阴阳的神妙变化而决定的。因而能使万物春生、夏长、秋收、冬藏，循环往复，永不休止。只有圣贤之人，对上与天气相配合来养护头；对下与地气相顺来养护足；居中，则依傍人事来养护五脏。天气与肺相通，地气与咽相通，风气与肝相通，雷气与心相通，谷气与脾相通，雨气与肾相通。六经好像大河，肠胃好像大海，九窍好像水流。如果以天地的阴阳比喻人身的阴阳，那么，人的汗，就好像天地间的雨；人的气，就好像天地间的疾风。人的暴怒之气，就好像雷霆；人的逆气，就好像久晴不雨。所以养生不取法于天地之理，那么疾病灾害就要发生了。

**【原文】 故邪风之至，疾如风雨，故善治者治皮毛，其次治肌肤，其次治筋脉，其次治六腑，其次治五脏。治五脏者，半死半生也。故天之邪气，感则害人五脏；水谷之寒热，感则害于六腑；地之湿气，感则害皮肉筋脉。**

**【译文】** 外界邪风到来，迅猛如急风暴雨，所以善于治病的医生，能在病邪刚侵入皮毛时，就给以治疗；医术稍差的，在病邪侵入到肌肤时才治疗；更差的，在病邪侵入到筋脉时才治疗；再差的，在病邪侵入到六腑时才治疗；最差的，在病邪侵入到五脏时才治疗。病邪侵入到五脏，治愈的希望与死亡的可能各占一半。如果感受了天的邪气，就会伤害五脏；如果感受了饮食的或寒或热，就会伤害六腑；如果感受了地的湿气，就会伤害皮肉筋脉。

**【原文】** **故善用针者，从阴引阳，从阳引阴[1]。以右治左，以左治右。以我知彼[2]，以表知里，以观过与不及之理。见微得过，用之不殆。**

**【注释】** ①“从阴”两句：取阴经之穴，以治阳经之病；取阳经之穴以治阴经之病。②以我知彼：用正常人与病人比较，来推测病变情况。我，指正常人。彼，指病人。

**【译文】** 所以善于运用针刺的人，有时要从阴引阳，有时要从阳引阴。取右边穴以治左边的病，取左边穴以治右边的病。用自己的正常状态比较病人的异常状态；从在表的症状去了解在里的病变，这是为了观察病人的太过和不及的原因。发现病人的细微变化，就能够诊断疾病，用来指导治疗实践就不会有危险了。

**【原文】** **善诊者，察色按脉，先别阴阳。审清浊，而知部分；视喘息[1]，听音声，而知所苦；观权衡规矩[2]，而知病所主；按尺寸[3]，观浮沉滑涩，而知病所生。以治无过，以诊则不失矣。**

**【注释】** ①喘息：指呼吸的气息和动态。②权衡规矩：指四时不同脉象，即春弦中规，夏洪中矩，秋毛中衡，冬沉中权。③尺：尺肤。寸：寸口。

**【译文】** 善于治病的医生，看病人的面色，按病人脉象，首先要辨别疾病属阴还是属阳。审察浮络的五色清浊，从而知道何经发病；看病人喘息的情况，听病人发出的声音，从而知道病人的痛苦所在；看四时不同的脉象，从而知道疾病在哪一脏腑；切按尺肤和寸口，了解脉象浮沉滑涩，从而知道疾病所在部位。这样，在治疗上，就可以没有过失；在诊断上就不会有什么失误了。

**【原文】** **故曰：病之始起也，可刺而已；其盛，可待衰而已。故因其轻而扬之[1]，因其重而减之[2]，因其衰而彰之[3]。形不足者，温之以气；精不足者，补之以味。其高者，因而越之[4]；其下者，引而竭之[5]；中满者[6]，泻之于内；其有邪者，渍形以为汗[7]；其在皮者，汗而发之；其慓悍者，按而收之[8]；其实者，散而泻之。审其阴阳，以别柔刚[9]。阳病治阴，阴病治阳。定其血气，各守其乡，血实宜决之，气虚宜掣引之。**

**【注释】** ①轻：病邪轻浅，病在表。扬：用轻宣疏散方法驱邪外泄。②重：病邪重深，病在里。减之：以攻泻方法祛除病邪。③衰：正气衰弱。彰之：给予补益之剂。④越之：使用涌吐方法。⑤引而竭之：使用通便方法。⑥中满：胸腹胀满。⑦渍形以为汗：即“清以为汗”，用辛凉解肌之法。⑧其慓悍者，按而收之：病情发越太过，可用抑收法。⑨柔刚：柔剂、刚剂。即药性平和或骏猛的药剂。

**【译文】** 所以说：病刚发生时，用针刺就可治愈；若邪气盛时，必须等到邪气稍退时再去治疗。所以治病要根据病情来采取相应的措施：在它轻的时候，要加以宣泄；在它重的时候，要加以攻泻；在病邪衰退正气也虚的时候，要以补益正气为主。病人形体羸弱的，应用气厚之品补之；精不足的，应用味厚之品补之。如病在膈上，可用吐法；病在下焦，可用通便之法；胸腹胀满的，可用攻泻之法；如感受风邪的，可用辛凉发汗法；如邪在皮毛的，可用辛温发汗法；病情发越太过的，可用抑收法；病实证，可用散法和泻法。观察疾病属阴属阳，来决定应当用柔剂还是用刚剂。病在阳的，也可治其阴；病在阴的，也可治其阳。辨明气分和血分，使它互不紊乱，血实的就用泻血法，气虚的就用升补法。

## 灵兰秘典论篇

【题解】

灵兰即灵台兰室，传说为黄帝藏书之所。秘典即宝贵的典籍。本篇主要论述了脏腑的生理功能，这是医学理论的基础，古人极为珍视，以为秘典，藏之灵兰。故以《灵兰秘典论》名篇。本篇以古代中国社会政治体制中的官制类比人的脏腑功能，认为脏腑各有不同职能，其中以心为统帅，称为君主之官；各脏腑之间协调配合，实现各自的生理机能，共同推动人体生命活动的完成。该篇特别强调作为君主之官的心对养生和生命活动的重要意义。《管子·心术上》云："心之在体，君之位也。"《荀子·解蔽》云："心者，形之君也，而神明之主也。"以心为君主是中国古代学术的共同观念。

**【原文】 黄帝问曰：愿闻十二脏之相使①，贵贱何如②？**

**岐伯对曰：悉乎哉问也！请遂言之。心者，君主之官也③，神明出焉。肺者，相傅之官④，治节出焉。肝者，将军之官⑤，谋虑出焉。胆者，中正之官⑥，决断出焉。膻中者⑦，臣使之官⑧，喜乐出焉。脾胃者，仓廪之官⑨，五味出焉。大肠者，传道之官⑩，变化出焉⑪。小肠者，受盛之官⑫，化物出焉⑬。肾者，作强之官⑭，伎巧出焉⑮。三焦者，决渎之官⑯，水道出焉。膀胱者，州都之官⑰，津液藏焉，气化则能出矣⑱。凡此十二官者，不得相失也。故主明则下安，以此养生则寿，殁世不殆，以为天下则大昌。主不明则十二官危，使道闭塞而不通⑲，形乃大伤，以此养生则殃，以为天下者，其宗大危，戒之戒之！**

【注释】 ①十二脏：指心、肝、脾、肺、肾、膻中、胆、胃、大肠、小肠、三焦、膀胱十二个脏器。相使：相互联系。②贵贱：主要与次要。③官：职守。④相傅：辅佐君主的宰相。相，为佐君者。傅，为教育太子及诸皇子者。⑤将军：以将军比喻肝的易动而刚强之性。⑥中正：即中精，胆为清净之府，藏清汁。决断：决定判断的能力。⑦膻中：心脏的外围组织，也叫心包。⑧臣使：即内臣。因膻中贴近心，故为心的臣使。⑨仓廪：贮藏粮食的仓库。脾胃有受纳水谷和运化精微之能，故称"仓廪之官"。⑩传道：转送运输。道，同"导"。⑪变化：饮食消化、吸收、排泄的过程。⑫受盛：接受和容纳。⑬化物：分别清浊，消化食物。⑭作强：作用强力，即指能力充实。⑮伎巧：技巧。⑯决渎：通利水道。⑰州都：水液聚集的地方。⑱气化：气的运动而产生的生理变化。⑲使道：十二官相互联系的通道。

【译文】 黄帝说：我希望听听十二脏器在体内的相互作用，有无主从的区别？

岐伯回答说：问得真详细啊！让我说说吧。心就像君主，智慧是从心产生的。肺好像宰相，主一身之气，治理调节人体内外上下的活动由它完成。肝好比将军，谋虑是从它那来的。胆是清虚的脏器，具有决断的能力。膻中像内臣，心的喜乐，都由它传达。脾胃受纳水谷，好像仓库，五味转化为营养，由它那产生。大肠主管输送，食物的消化、吸收、排泄过程在那里最后完成。小肠接受脾胃已消化的食物后，进一步分清别浊。肾是精力的源泉，能产生技巧。三焦主疏通水道，周身行水的道路，由它管理。膀胱是水液聚会的地方，经过气化作用，才能把尿排出体外。以上十二脏器的作用，不能失去协调。当然，

君主是最主要的。心的功能正常，下边就能相安。依据这个道理来养生，就能长寿，终身不致有严重的疾病；根据这个道理来治理天下，国家就会繁荣昌盛。反之，如果君主昏庸，功能失常，那么十二官就出问题了。而各个脏器的活动一旦闭塞不通，失去联系，形体就会受到伤害，对于养生来说，这是最大的祸殃。这样治国，国家就有败亡的危险，要千万警惕啊！

【原文】 **至道在微，变化无穷，孰知其原[①]？窘乎哉[②]！消者瞿瞿[③]，孰知其要？闵闵之当[④]，孰者为良？恍惚之数[⑤]，生于毫氂[⑥]，毫氂之数，起于度量，千之万之，可以益大，推之大之，其形乃制。**

【注释】 ①原：本源。②窘：困难。③瞿瞿：惊疑貌。④闵闵：忧愁貌。⑤恍惚：似有似无。⑥毫氂：形容极微小。氂，同“厘”。

【译文】 医学的道理极其微妙，变化没有穷尽，谁能了解它的本源呢？困难得很哪！形体日渐消瘦的人虽然很惊疑，谁能明白其中的原因呢？纵然对自己的身体非常担心，谁能知道如何才好？事物发展的一般规律都是从似有似无极其微小开始的，虽然极其微小，也是可以度量的，千倍万倍地增加，事物就一步步地增大，扩大到一定程度它的形状就明显了。疾病的发生发展也是这个道理，由极其隐微逐渐发展而成。

【原文】 **黄帝曰：善哉！余闻精光之道[①]，大圣之业。而宣明大道[②]，非斋戒择吉日[③]，不敢受也。**

**黄帝乃择吉日良兆，而藏灵兰之室[④]，以传保焉。**

【注释】 ①精光：精纯明白。②宣明：通达光明。③斋戒：洗心曰斋，诚意曰戒。即诚心诚意。④灵兰之室：黄帝藏书的地方。

【译文】 黄帝说：说得好！我听到了一番精纯明白的道理和圣人的事业。这些通达光明的道理，如不诚心诚意选择吉日，是不敢接受的。

黄帝就选择了吉日良辰，把这些道理，保存在灵台兰室，如同宝物一般，让它传流下去。

## 六节脏象论篇

【题解】

节，指度数，古人以甲子纪天度，一个甲子之数六十日为一节，一年三百六十日为六节。脏，藏也。古人认为五脏在内，是人体生命活动赖以进行的精气的储藏之所；象，为体内五脏机能活动表现于外的征象。本篇首先讨论六六之节和九九制会，属于运气学说；其次又讨论脏象，阐述脏腑功能与四时的关系。由于内容有这两个重点，故以《六节脏象论》名篇。本篇名言：“形脏四，神脏五”，“气合而有形，因变以正名”。

【原文】 **黄帝问曰：余闻天以六六之节[①]，以成一岁，地以九九制会[②]，计人亦有三百六十五节以为天地[③]，久矣。不知其所谓也？**

**岐伯对曰：昭乎哉问也！请遂言之。夫六六之节，九九制会者，所以正天之度[④]，气之数也[⑤]。天度者，所以制日月之行也，气数者，所以纪化生之用也。天为阳，地为阴；日为**

**阳,月为阴。行有分纪[⑥],周有道理[⑦]。日行一度,月行十三度而有奇焉[⑧]。故大小月三百六十五日而成岁,积气余而盈闰矣[⑨]。立端于始[⑩],表正于中[⑪],推余于终,而天度毕矣。**

【注释】 ①六六:六十日为一甲子,是为一节。"六六"就是六个甲子。②九九制会:以九九之法,与天道会通。③节:指腧穴,是人体气血交会出入的地方。以为天地:即人与天地相应。④度:周天三百六十五度。⑤数:一年二十四节气的常数。⑥行有分纪:日月是按照天体中所划分的区域和度数运行的。⑦周有道理:日月环周运行有一定的轨道。⑧"日行"两句:奇,余数。地球绕太阳公转一周(360 度)要 365 天,平均每天运行近似一度。古人认为地不动而日行,故曰日行一度。月亮绕地球运转一周,要 27.32 天,平均每日运行十三度有余(360 度÷27.32 = 13.18 度),故曰"日行一度,月行十三度而有奇"。⑨积气余而盈闰矣:气,节气。闰,谓置闰,古历月份以朔望计算,每月平均得 29.5 日。节气以日行十五度来计,一年二十四节气,正合周天 365.25 度,一年十二个月共得 354 日,因此,月份常不足,节气常有余,余气积满二十九日左右,即置一闰月。故三年必有一闰月,约十九年间须置七个闰月,才能使节气与月份归于一致。⑩立端于始:立,确立。端,岁首。即冬至节。古历确定冬至节为一年节气的开始。⑪表正于中:以圭表测量日影的长短变形,计算日月的运度,来校正时令节气。表,即圭表,古代天文仪器之一。正,校正。

【译文】 黄帝问道:我听说天是以六个甲子日合成一年,地气是以九九之法与天相会通的,而人也有三百六十五节,与天地之数相合,这种说法已经很长期间了。但不知是什么道理。

岐伯回答说:问得真高明啊!我就说说吧。六六之节和九九之法,是确定天度和气数的。天度,是用来确定日月行程、迟速的标准;气数,是用来标明万物化生的循环周期的。天是阳,地是阴;日是阳,月是阴。日月运行有一定部位,万物化生的循环也有一定的规律。每昼夜日行周天一度,而月行十三度有余。所以有大月小月,合三百六十五天为一年,而余气积累,则产生了闰月。那么怎样计算呢?首先确定一年节气的开始,用圭表测量日影的长短变化,校正一年里的时令节气,然后再推算余闰,这样,天度就可全部计算出来了。

**【原文】 帝曰:余已闻天度矣,愿闻气数,何以合之?**

**岐伯曰:天以六六为节,地以九九制会。天有十日[①],日六竟而周甲[②],甲六复而终岁,三百六十日法也。夫自古通天者,生之本,本于阴阳。其气九州、九窍,皆通乎天气。故其生五,其气三。三而成天,三而成地,三而成人,三而三之,合则为九,九分为九野[③],九野为九脏,故形脏四,神脏五[④],合为九脏以应之也。**

【注释】 ①天有十日:"天"指天干,天干有十,即甲、乙、丙、丁、戊、己、庚、辛、壬、癸。古以天干纪日,故曰"天有十日"。②日六竟而周甲:即十个天干与十二地支(子、丑、寅、卯、辰、巳、午、未、申、酉、戌、亥)相合,凡六十日为甲子一周,故称为周甲。③九野:九州之野。④形脏四,神脏五:人身形脏指胃、大肠、小肠、膀胱。神脏指心、肝、脾、肺、肾五脏。即心藏神、肝藏魂、脾藏意、肺藏魄、肾藏志。



【译文】 黄帝道:我已听到关于天度的道理了,希望再听听气数是怎样与天度相配

合的？

岐伯说：天是以六六之数为节度，地是以九九之法与天相会通的。天有十个日干，代表十天，六个十干，叫作一个周甲，六个周甲成为一年，这是三百六十日的计算方法。从古以来，懂得天道的，都认为天是生命的本源，生命是本于阴阳的。无论地之九州还是人之九窍，都与天气相通。因为它们的生长禀受了自然界的五行和三阴三阳之气。天有三气，地有三气，人有三气，三三合而为九，在地分为九野，在人分为九脏，即四个形脏五个神脏，合为九脏，以与天的六六之数相应。

**【原文】　帝曰：余已闻六六九九之会也，夫子言积气盈闰，愿闻何谓气？请夫子发蒙解惑焉[①]！**

**岐伯曰：此上帝所秘，先师传之也。**

**帝曰：请遂闻之。**

**岐伯曰：五日谓之候[②]，三候谓之气[③]；六气谓之时，四时谓之岁。而各从其主治焉[④]。五运相袭[⑤]，而皆治之；终期之日[⑥]，周而复始。时立气布[⑦]，如环无端，候亦同法。故曰：不知年之所加[⑧]，气之盛衰，虚实之所起，不可以为工矣。**

【注释】　①发蒙解惑：启发蒙昧，解释疑惑。②五日谓之候：五日称为一候。候，指气候。③三候谓之气：三候称为一个节气。气，指节气。④各从其主治：治病就应顺从其当旺之气。主治，主管，当令。四时各有当令之主气，如木旺春、火旺夏等。⑤五运相袭：五行运行之气，相互承袭。⑥期：周年。⑦时立气布：一年之中分立四时，四时之中分布节气。⑧年之所加：指各年主客气加临情况。

【译文】　黄帝说：我已知道了六六与九九相会通的道理，但夫子说积累余气成为闰月，那什么叫作气呢？请夫子启发我的愚昧，解除我的疑惑！

岐伯说：这是上帝所隐秘，而由先师传给我的。

黄帝道：希望讲给我听听。

岐伯说：五天叫一候，三候成为一个节气；六个节气叫一时，四时叫一年。治病就应顺从其当旺之气。五行气运相互承袭，都有主治之时；到了年终之日，再从头开始循环。一年分立四时，四时分布节气，如圆环一样没有开端，五日一候的推移，也是如此。所以说：不知道一年中当王之气的加临，节气的盛衰，虚实产生的原因，就不能当医生。

**【原文】　帝曰：五运终始，如环无端，其太过不及何如？**

**岐伯曰：五气更立[①]，各有所胜，盛虚之变，此其常也。**

**帝曰：平气何如？**

**岐伯曰：无过者也[②]。**

**帝曰：太过不及奈何？**

**岐伯曰：在经有也[③]。**

**帝曰：何谓所胜？**

**岐伯曰：春胜长夏，长夏胜冬，冬胜夏，夏胜秋，秋胜春，所谓得五行时之胜，各以其气命其脏。**

**帝曰：何以知其胜？**

**岐伯曰：求其至也，皆归始春。未至而至[4]，此谓太过。则薄所不胜[5]，而乘所胜也[6]，命曰气淫[7]。至而不至，此谓不及。则所胜妄行，而所生受病，所不胜薄之也，命曰气迫。所谓求其至者，气至之时也，谨候其时，气可与期。失时反候，五治不分，邪僻内生[8]，工不能禁也。**

**【注释】** ①五气更立：木、火、土、金、水五运之气更替主时。②无过：没有太过不及。③经：指古医经。④未至而至：前一“至”指时令，后一“至”指气候。“未至而至”，就是未到其时令而有其气候。⑤薄：同“迫”，侵犯，伤害。⑥乘：欺凌，凌侮。⑦气淫：气太过。⑧邪僻：不正之气。

**【译文】** 黄帝道：五运终而复始，循环往复，像圆环一样没有开端，那么它的太过和不及如何呢？

岐伯说：五行运气，更迭主时，各有其所胜，所以实虚的变化，这是正常的事情。

黄帝问：平气是怎样的？

岐伯说：没有太过，也没有不及。

黄帝道：太过和不及的情况怎样？

岐伯说：经书里有记载。

黄帝问：什么叫作所胜？

岐伯说：春胜长夏，长夏胜冬，冬胜夏，夏胜秋，秋胜春。这是五行之气以时相胜的情况，而人的五脏就是根据这五行之气来命名的。

黄帝说：怎样可以知道它们的所胜呢？

岐伯说：推求脏气到来的时间，都以立春前为标准。如果时令未到而相应的脏气先到，就称为太过。太过就侵犯原来自已所不胜的气，而凌侮它所能胜的气，这叫“气淫”。如果时令已到而相应的脏气不到，就称为不及。不及则已所胜之气因无制约就要妄行，所生之气也因无所养而要受病，所不胜之气也来相迫，这叫“气迫”。所谓求其至，就是在脏气来到的时候，谨慎地观察与其相应的时令，看脏气是否与时令相合。假如脏气与时令不合，并且与五行之间的对应关系无从分辨，那就表明内里邪僻之气已经生成，这样，就连医生也无能为力了。

**【原文】** **帝曰：有不袭乎？**

**岐伯曰：苍天之气，不得无常也。气之不袭，是谓非常，非常则变矣。**

**帝曰：非常而变，奈何？**

**岐伯曰：变至则病。所胜则微，所不胜则甚。因而重感于邪则死矣。故非其时则微，当其时则甚也。**

**【译文】** 黄帝问道：五行气运有不相承袭的情况吗？

岐伯回答说：自然界的气运不能没有规律。气运失其承袭，就是反常，反常就要变而为害。

黄帝道：反常变而为害又怎样呢？

岐伯说：这会使人发生疾病。如属所胜，患病就轻；如属所不胜，患病就重。假若这个时候再感受了邪气，就会死亡。也就是说，五行气运的反常，在不当克我的时候，病比

较轻，而在正值克我的时候，病就重了。

**【原文】** **帝曰：善！余闻气合而有形，因变以正名[①]，天地之运，阴阳之化，其于万物，孰少孰多，可得闻乎？**

**岐伯曰：悉乎哉问也！天至广不可度，地至大不可量，大神灵问[②]，请陈其方。草生五色，五色之变，不可胜视；草生五味，五味之美，不可胜极。嗜欲不同，各有所通。天食人以五气[③]，地食人以五味。五气入鼻，藏于心肺，上使五色修明，音声能彰；五味入口，藏于肠胃，味有所藏，以养五气，气和而生[④]，津液相成，神乃自生。**

**【注释】** ①变：变化，变异。正：确定，定正。②大神灵问：所提问题是涉及天地阴阳、变化莫测、微妙难穷的大问题。大神灵，道理广泛深奥。③天食人以五气：天供给人们五气。食，供给。五气，指五脏之气。④气和：五脏之气协调正常。生：生化机能。

**【译文】** 黄帝道：说得好！我听说天地之气化合而成形体，又根据不同的形态变化来确定万物的名称，那么天地的气运和阴阳的变化，对于万物所起的作用，哪个大哪个小，可以听听吗？

岐伯说：你问得很详细啊！天很广阔，不容易测度，地很博大，也难以测量，不过既然你提出了这样的问题，那么我就说说其中的道理吧。草有五种不同的颜色，这五色的变化，是看不尽的；草有五种不同的气味，这五味的美妙也是不能穷尽的。人的嗜欲不同，对于色味，是各有其不同嗜好的。天供给人们五气，地供给人们五味。五气由鼻吸入，贮藏在心肺，能使面色明润，声音洪亮；五味由口进入，藏在肠胃里，所藏的五味，来供养五脏之气。五气和化，就有生机，再加上津液的作用，神气就会旺盛起来。

**【原文】** **帝曰：脏象何如[①]？**

**岐伯曰：心者，生之本，神之处也；其华在面，其充在血脉，为阳中之太阳，通于夏气。肺者，气之本，魄之处也[②]；其华在毛，其充在皮，为阳中之太阴，通于秋气。肾者，主蛰[③]，封藏之本，精之处也；其华在发，其充在骨，为阴中之太阴，通于冬气。肝者，罢极之本[④]，魂之居也；其华在爪，其充在筋，以生血气，其味酸，其色苍，此为阴中之少阳，通于春气。脾者，仓廪之本，营之居也；其华在唇四白，其充在肌，此至阴之类，通于土气。胃、大肠、小肠、三焦，膀胱，名曰器，能化糟粕，转味而出入者也。凡十一脏取决于胆也。**

**【注释】** ①脏象：人体内脏机能活动表现于外的征象。脏，泛指体内的脏器。象，指内脏活动显现于外的各种生理和病理征象。②魄：人体的精神活动之一，表现为感觉和动作。③蛰：虫类伏藏于土中。这里有闭藏的意思。④罢极：即四极、四肢。肝华在爪，充在筋，以生血气，所以为四肢（罢极）之本。罢，通“疲”。四肢过劳则疲软无力。

**【译文】** 黄帝问道：人体内脏与其外在表现的关系如何？

岐伯说：心是生命的根本，智慧的所在；其荣华表现在面部，其功用是充实血脉，是阳中之太阳，与夏气相应。肺是气的根本，是藏魄的所在；其荣华表现在毫毛，其功用是充实肌表，是阳中之太阴，与秋气相应。肾是真阴真阳蛰藏的地方，是封藏的根本，精气储藏的所在；其荣华表现于头发，其功用是充实骨髓，是阴中之太阴，与冬气相应。肝是四肢的根本，藏魂的所在；其荣华表现在爪甲，其功用是充实筋力，可以生养血气，其味酸，其色苍青，是阴中之少阳，与春气相应。脾是水谷所藏的根本，是营气所生的地方；其荣

华表现在口唇四周，其功用是充实肌肉，属于至阴一类，与长夏土气相应。胃、大肠、小肠、三焦、膀胱，叫作器，能排泄水谷的糟粕，转化五味而主吸收、排泄。以上十一脏功能的发挥，都取决于胆的功能正常。

## 五脏别论篇

**【题解】**

本篇主要讨论了奇恒之腑和五脏六腑的功能特点及区别，讨论方法与《六节脏象论》和《五脏生成篇》均有不同，所以名曰《五脏别论》。所谓“奇恒之腑”即异于一般的腑。中医认为五脏是储藏精气的，故藏而不泻；六腑是传导化物的，故泻而不藏。而“脑髓、骨、脉、胆、女子胞”六者，从形态上看，中空而类腑；从功能上看，藏储精血而类脏。故称“奇恒之腑”。本篇名言：“五脏者，藏精气而不泻也，故满而不能实。六腑者，传化物而不藏，故实而不能满也。”

**【原文】** **黄帝问曰：余闻方士[①]，或以脑髓为脏，或以肠胃为脏，或以为腑。敢问更相反，皆自谓是，不知其道，愿闻其说。**

**岐伯对曰：脑髓、骨、脉、胆、女子胞[②]，此六者，地气之所生也，皆藏于阴而象于地，故藏而不泻，名曰奇恒之腑[③]。夫胃、大肠、小肠、三焦、膀胱，此五者，天气之所生也，其气象天，故泻而不藏，此受五脏浊气，名曰传化之腑[④]。此不能久留，输泻者也。魄门亦为六腑[⑤]，使水谷不得久藏。所谓五脏者，藏精气而不泻也，故满而不能实。六腑者，传化物而不藏，故实而不能满也。水谷入口，则胃实而肠虚；食下，则肠实而胃虚，故曰实而不满。**

**【注释】** ①方士：王冰“谓明悟方术之士也”。这里指医生。②女子胞：即子宫。③奇恒之腑：异于一般的腑。④传化之腑：指五腑，即胃、大肠、小肠、三焦、膀胱。⑤魄门：即肛门。魄，通“粕”。王冰：“魄门谓之肛门也。内通于肺，故曰魄门。”中医认为肺藏魄，肺与大肠相表里。

**【译文】** 黄帝问道：我从方士那儿听说，有的把脑髓叫作脏，有的把肠和胃叫作脏，但又有把肠胃叫作腑的。他们的意见不同，却都自以为是，我不知到底谁说得正确，希望听你讲一下。

岐伯回答说：脑、髓、骨、脉、胆和女子胞，这六者，是感受地气而生的，都能藏精血，像地之厚能盛载万物那样，它们的作用，是藏精气以濡养机体而不泄于体外，这叫作“奇恒之腑”。像胃、大肠、小肠、三焦、膀胱，这五者，是感受天气而生的，它们的作用，像天之健运不息一样，所以是泻而不藏，它们受纳五脏的浊气，叫作“传化之腑”。就是说它们受纳水谷浊气以后，不能久停体内，经过分化，要把精华和糟粕分别输送和排出的。加上“魄门”，算是“六腑”，它的作用，同样是使糟粕不能长久留存在体内。五脏是藏精而不泻的，所以虽然常常充满，却不像肠胃那样，要由水谷充实它。六腑是要把食物消化、吸收、输泻出去，所以虽然常常是充实的，却不能像五脏那样的被充满。水谷入口以后，胃里虽实，肠子却是空的；等到食物下去，肠中就会充实，而胃里又空了，所以说六腑是“实而不满”的。

**【原文】** **帝曰:气口何以独为五脏主[1]?**

**岐伯曰:胃者,水谷之海,六腑之大源也。五味入口,藏于胃以养五脏气。气口亦太阴也,是以五脏六腑之气味,皆出于胃,变见于气口。故五气入鼻,藏于肺,肺有病,而鼻为之不利也。凡治病必察其下[2],适其脉[3],观其志意,与其病也。**

**【注释】** ①气口:诊脉部位,即掌后动脉部位。中医认为五脏六腑的脉气在此表现最为明显,故称气口,也叫"脉口"。又因诊脉部位距掌后横纹一寸,又称"寸口"。②下:指大小便。③适:调适,诊察。

**【译文】** 黄帝问道:诊察气口之脉,为什么能够知道五脏六腑十二经脉之气呢?

岐伯说:胃是水谷之海,六腑的源泉。凡是五味入口后,都存留在胃里,经过脾的运化,来营养脏腑血气。气口属于手太阴肺经,而肺经主朝百脉,所以五脏六腑之气,都来源于胃,而其变化则表现在气口脉上。五气入鼻,进入肺里,而肺一有了病,鼻的功能也就差了。凡是在治疗疾病时,首先要问明病人的二便,辨清脉象,观察他的情志以及病症如何。

**【原文】** **拘于鬼神者,不可与言至德[1];恶于针石者,不可与言至巧[2];病不许治者,病必不治,治之无功矣。**

**【注释】** ①至德:医学道理。②至巧:针石技巧。

**【译文】** 如果病人为鬼神迷信所束缚,就无须向他说明医学理论;如果病人厌恶针石,就无须向他说明针石技巧;如果病人不同意治疗,病一定治不好,即使治疗也不会有效果。

## 异法方宜论篇

**【题解】**

本篇论述了居住在东、南、西、北、中不同地方的人,由于受自然环境及生活条件的影响,形成了生理上、病理上不同的特点,因而发生的疾病各异,在治疗时就必须采取不同的方法,才能做到因地、因人制宜,故篇名为《异法方宜论》。

**【原文】** **黄帝问曰:医之治病也,一病而治各不同,皆愈,何也?**

**岐伯对曰:地势使然也[1]。故东方之域,天地之所始生也[2],鱼盐之地。海滨傍水,其民食鱼而嗜咸,皆安其处,美其食。鱼者使人热中[3],盐者胜血[4]。故其民皆黑色疏理,其病皆为痈疡。其治宜砭石,故砭石者,亦从东方来。**

**【注释】** ①地势:指高低、燥湿等因素。②始生:开始生发。取法春生之气。③热中:热邪滞留在肠胃里。因鱼性属火,多食使人热积于中,而痈发于外。④盐者胜血:盐味咸,咸能入血,多食则伤血。

**【译文】** 黄帝问道:医生治病,一样的病,而治法不同,但都痊愈了,这是什么道理?

岐伯答说:这是地理因素造成的。东方地区,气候像生发的春气,是出产鱼盐的地方。由于靠近海边,当地居民,喜欢吃鱼盐一类东西,习惯于他们居住的地方,觉得吃得好。但是鱼性热,吃多了,使人肠胃内热;盐吃多了,会伤血。所以当地的百姓,大都皮肤

色黑,肌理疏松,多生痈疡一类的病。在治疗上,适合用砭石,所以砭石疗法,来自东方。

**【原文】 西方者,金玉之域,沙石之处[①],天地之所收引也[②]。其民陵居而多风[③],水土刚强。其民不衣而褐荐[④],华食而脂肥[⑤],故邪不能伤其形体,其病生于内。其治宜毒药,故毒药者[⑥],亦从西方来。**

【注释】 ①沙石:即流沙,今称沙漠。②收引:收敛引急,秋天的气象。③陵居:依山而居。④不衣:不穿丝绵。褐荐:用毛布为衣、细草为席的生活习惯。褐,毛布。荐,草席。⑤华食:指吃鲜美酥酪、肉类食物。⑥毒药:泛指治病的药物。

【译文】 西方地区,出产金玉,是沙漠地带,气候像收敛的秋季。那里的百姓都是依山而居,多风沙,水土性质刚强。当地居民不穿丝绵,多使用毛布和草席;喜欢吃肥美,容易使人发胖的食物,所以外邪不易损害他们的躯体,他们的疾病是由饮食、情志内因造成的,容易生内脏疾病。治疗上,就需用药物,所以药物疗法,来自西方。

**【原文】 北方者,天地所闭藏之域也。其地高陵居,风寒冰冽。其民乐野处而乳食[①],脏寒生满病[②]。其治宜灸焫[③],故灸焫者,亦从北方来。**

【注释】 ①乐野处:乐于野外居住,即游牧生活。乳食:以牛羊乳为食品。②脏寒生满病:内脏受寒,而发生胀满等疾病。③灸焫:一种治疗方法,即用艾灼烧皮肤。

【译文】 北方地区,气候像闭藏的冬季。地势高,人们住在山上,周围环境是寒风席卷冰冻的大地。当地居民,习惯于住在野地里,吃牛羊乳汁。这样,内脏就会受寒,容易生发胀满病。治疗上,应该使用灸焫,所以灸焫疗法,来自北方。

**【原文】 南方者,天地之所长养[①],阳之所盛处也。其地下[②],水土弱[③],雾露之所聚也。其民嗜酸而食胕[④],故其民皆致理而赤色[⑤],其病挛痹[⑥]。其治宜微针[⑦],故九针者,亦从南方来。**

【注释】 ①长养:南方的气候水土,适宜生长养育万物。②地下:地势低洼。③水土弱:水土卑湿。④胕:即"腐"字。经过发酵腐熟的食物。⑤致理:肌肤密致。⑥挛痹:筋脉拘挛,麻木不仁。⑦微针:小针。

【译文】 南方地区,气候类似于长养万物的夏季,是阳气盛大的地方。地势低洼,水土卑湿,雾露聚集多。当地百姓,喜欢吃酸类和腐臭的食品,所以当地人的皮肤致密色红,容易发生拘挛湿痹等病。治疗上,应该使用微针,所以微针疗法,来自南方。

**【原文】 中央者,其地平以湿,天地所以生万物也众[①]。其民食杂而不劳[②],故其病多痿厥寒热。其治宜导引按跻[③],故导引按跻者,亦从中央出也。**

【注释】 ①"天地"句:中央之地,地势平坦,气候适宜,物产丰富。②食杂:所食之物繁多。③导引按跻:古代保健和治病的方法,类似于气功和按摩。

【译文】 中央地区,地势平坦多湿,是自然界中物种和数量最为丰富的地方。那里食物的种类很多,人们不感觉烦劳,多生发痿厥寒热等病。在治疗上,应该使用导引按跻的方法,所以导引按跻疗法,来自中央地区。

**【原文】 故圣人杂合以治[①],各得其所宜,故治所以异而病皆愈者,得病之情[②],知治之大体也。**

【注释】 ①杂合以治:综合各种疗法,用以治病。②得病之情:能够了解病情。

**【译文】** 高明的医生综合各种疗法，针对病情，采取恰当的治疗，所以疗法尽管不同，疾病却都能痊愈，这是由于了解病情，掌握了治病大法的原因啊！

## 移精变气论篇

**【题解】**

移精变气，即运用某种疗法，转变病人的精神，改变其气血紊乱的病理状态，从而达到治疗疾病的目的。由于篇首从"古之治病，惟其移精变气，可祝由而已"谈起，所以篇名《移精变气论》。本篇与《上古天真论》一样，赞同道家以上古为恬淡无为的至德之世的思想。上古之人基本能够合于养生之道，即使患病也较轻微可以用移精变气的祝由术治愈。对时人背离养生之道提出了严厉的批评。对于古人的崇古思想我们应有正确的认识。在古人的崇古非今思想中，其古今已经不是时间意义上的古今，而成为价值判断上的古今了。古，指的是理想的合理的生活方式，而今则指当下现实的不合理的生活方式。这一思想即使在当今仍然有着现实的意义。中医学遗留给我们的不仅是具体的治病方法，更重要的是启示给我们一种更合理的生活方式，这才是健康长寿的根本。"移精变气"，所强调的是精神意识对于生理机能的重要影响，心对身的调控作用，其养生意义已经为我们祖先千百年的实践所证明。《老子》曰："心使气曰强。"当今心身医学的兴起和发展正是中医学强调心神对养生和治疗意义的佐证。本篇名言："标本已得，邪气乃服。""逆从倒行，标本不得，亡神失身。去故就新，乃得真人。""得神者昌，失神者亡。"

**【原文】** **黄帝问曰：余闻古之治病，惟其移精变气①，可祝由而已②。今世治病，毒药治其内，针石治其外，或愈或不愈，何也？**

**岐伯对曰：往古人居禽兽之间，动作以避寒，阴居以避暑。内无眷慕之累，外无伸宦之形③。此恬惔之世，邪不能深入也。故毒药不能治其内，针石不能治其外，故可移精变气，祝由而已。当今之世不然。忧患缘其内，苦形伤其外，又失四时之从，逆寒暑之宜，贼风数至，虚邪朝夕，内至五藏骨髓，外伤空窍肌肤，所以小病必甚，大病必死，故祝由不能已也。**

**【注释】** ①惟其移精变气：通过思想意识调控来改善精气的活动状态。②祝由：古代"毒药未兴，针石未起"时，求神祛疾的一种方法，用来改变人的精神状态，类似今日的精神疗法。③伸宦：求取做官为宦。

**【译文】** 黄帝问道：我听说古时治病，只是转变病人的思想精神，用"祝由"的方法就可以治愈。现在治病，用药物从内治，用针石从外治，结果还是有好有不好的，这是什么道理呢？

岐伯答说：古时候，人们穴居野外，周围都是禽兽，靠活动来驱寒，住在阴凉地方来避暑。在内心没有爱慕的累赘，在外没有奔走求取官宦的形役。这是恬淡的时代，外邪不易侵犯人体。因此既不需要"毒药治其内"，也不需要"针石治其外"，所以只是改变精神状态，断绝病根就够了。现在就不同了。人们心里经常为忧虑所苦，形体经常被劳累所伤，再加上违背四时的气候和寒热的变化，这样，贼风虚邪早晚不断侵袭，就会内犯五脏

骨髓，外伤孔窍肌肤，所以小病会发展成为重病，而大病就会病危或死亡，因此，仅依靠祝由是不能把病治好的。

【原文】 帝曰：善。余欲临病人，观死生，决嫌疑[①]，欲知其要，如日月光，可得闻乎？

岐伯曰：色脉者，上帝之所贵也，先师之所传也。上古使僦贷季[②]，理色脉而通神明，合之金木水火土，四时、八风、六合[③]，不离其常，变化相移，以观其妙，以知其要。欲知其要，则色脉是矣。色以应日，脉以应月，常求其要，则其要也。夫色之变化，以应四时之脉。此上帝之所贵，以合于神明也。所以远死而近生，生道以长，命曰圣王。中古之治病，至而治之。汤液十日，以去八风五痹之病，十日不已，治以草苏草荄之枝[④]。本末为助[⑤]，标本已得[⑥]，邪气乃服。暮世之治病也则不然。治不本四时，不知日月[⑦]，不审逆从，病形已成，乃欲微针治其外，汤液治其内，粗工兇兇[⑧]，以为可攻，故病未已，新病复起。

【注释】 ①嫌疑：疑似。②僦贷季：古时名医，相传是岐伯的祖师。③六合：指东、南、西、北、上、下六个方位。④草苏草荄之枝：即草叶和草根。苏，叶。荄，根。枝，茎。⑤本末为助：在医疗活动中本人与医生的配合是治疗的关键。本，指病人。末，指医生。⑥标：即末，指医生。⑦不知日月：不了解色脉的重要。日月，指色脉。⑧粗工兇兇：技术不高明的医生，大吹大擂。兇兇，即与“凶凶”“匈匈”通假。

【译文】 黄帝说：很好！我希望遇到病人，能够观察疾病的轻重，决断疾病的疑似。掌握其要领时，心中就像有日月一样光明，可以让我听听吗？

岐伯回答说：对色和脉的诊察，是上帝所重视，先师所传授的。上古时候，有位名医叫僦贷季，他研究色和脉的道理，通达神明，能联系金木水火土，四时八风六合，不脱离色脉诊法的正常规律，并能从相互变化当中，观察它的奥妙，了解它的要领。所以要想了解诊病的要领，那就是察色与脉。气色就像太阳一样有阴有晴，而脉息像月亮一样有盈有亏，经常注意气色明晦，脉息虚实的差异，这就是诊法的要领。总之，气色的变化跟四时的脉息是相应的。这一道理，上帝是极重视的，因为它合于神明。掌握了这样的诊法，就可以避免死亡而生命安全，生命延长了，人们要称颂为圣王啊！中古时候的医生治病，疾病发生了才加以治疗。先用汤液十天，祛除风痹病邪，如果十天病还没好，再用草药治疗。另外，医生和病人也要相互配合，这样，病邪才会被驱除。后世医生治病就不这样了。治病不根据四时的变化，不了解色、脉的重要，不辨别色、脉的顺逆，等到疾病已经形成了，才想起用汤液治内，微针治外，还大肆吹嘘，自以为能够治愈，结果，原来的疾病没好，又添上了新病。

【原文】 帝曰：愿闻要道。

岐伯曰：治之要极，无失色脉。用之不惑，治之大则。逆从倒行，标本不得，亡神失身。去故就新，乃得真人。

帝曰：余闻其要于夫子矣。夫子言不离色脉，此余之所知也。

岐伯曰：治之极于一。

帝曰：何谓一？

岐伯曰：一者因问而得之。

帝曰：奈何？

**岐伯曰：闭户塞牖[1]，系之病者，数问其情，以从其意。得神者昌，失神者亡。**

**帝曰：善。**

**【注释】** ①闭户：关门。塞牖：关窗。

**【译文】** 黄帝说：我希望听到有关治疗的根本道理。

岐伯说：治病最重要的，在于不误用色诊脉诊。使用色脉诊法，没有疑虑，是诊治的最大原则。如果把病情的顺逆搞颠倒了，处理疾病时又不能取得病人的配合，这样，就会使病人的神气消亡，身体受到损害。所以医生一定要去掉旧习的简陋知识，钻研崭新的色脉学问，努力进取，就可以达到上古真人的水平。

黄帝说：我从您那儿听说了治疗的根本法则。您这番话的要领是，治疗不能丢弃气色和脉象的诊察。这我已经知道了。

岐伯说：诊治的极要关键，还有一个。

黄帝问：是什么？

岐伯说：这个关键就是问诊。

黄帝说：怎么去做呢？

岐伯说：关好门窗，向病人详细地询问病情，使他愿意如实地主诉病情。经过问诊并参考色脉以后，即可做出判断：如果病人面色光华，脉息和平，这叫“得神”，预后良好，如果病人面色无华，脉不应时，这叫“失神”，预后不佳。

黄帝说：说得好。

## 汤液醪醴论篇

**【题解】**

汤液醪醴，都是由五谷制成的酒类，其中清稀淡薄的叫作汤液，稠浊味厚的叫作醪醴。本篇首先论述汤液醪醴的制法和治疗作用；其次指出严重病情和情志内伤治病，非药石所能见功；最后介绍水气病的病情和治疗。由于开首是从汤液醪醴谈起，所以篇名《汤液醪醴论》。本篇对道德的重视、对神在生命活动中的重要意义的重视，与《移精变气论》相同。二篇宜合参细玩。本篇名言：“病为本，工为标；标本不得，邪气不服。”

**【原文】** **黄帝问曰：为五谷汤液及醪醴奈何[1]？**

**岐伯对曰：必以稻米，炊之稻薪。稻米者完，稻薪者坚。**

**帝曰：何以然？**

**岐伯曰：此得天地之和，高下之宜，故能至完，伐取得时，故能至坚也。**

**【注释】** ①汤液：煮米取汁。醪醴：酒类：醪，浊酒。醴，甜酒。

**【译文】** 黄帝问道：怎样用五谷来制作汤液和醪醴呢？

岐伯答说：用稻米来酝酿，用稻秆做燃料。因为稻米之气完备，而稻秆则很坚硬。

黄帝说：这是什么道理？

岐伯说：稻谷得天地和气，生长在高低适宜的地方，所以得气最完备，又在适当的季节收割，所以稻秆最坚实。

【原文】 帝曰:上古圣人作汤液醪醴,为而不用①,何也?

岐伯曰:自古圣人之作汤液醪醴者,以为备耳,夫上古作汤液,故为而弗服也。中古之世,道德稍衰②,邪气时至,服之万全。

帝曰:今之世不必已,何也?

岐伯曰:当今之世,必齐毒药攻其中③,镵石针艾治其外也④。

帝曰:形弊血尽而功不立者何?

岐伯曰:神不使也。

帝曰:何谓神不使?

岐伯曰:针石,道也⑤。精神不进,志意不治,故病不可愈。今精坏神去,荣卫不可复收。何者?嗜欲无穷,而忧患不止,精气弛坏,荣泣卫除⑥,故神去之而病不愈也。

【注释】 ①为而不用:制备后用来祭祀和宴请宾客而不用以煎药。②道德稍衰:讲究养生之道,追求合乎道德的生活方式的人逐渐减少了。③必齐:必用。齐,通"资",用。④镵石:即砭石。⑤道:引导气血。⑥荣泣:荣血枯涩。泣,通"涩"。卫除:卫气消失。

【译文】 黄帝说:上古时代的医生,制成了汤液醪醴,只是供给祭祀宾客之用,而不用它煎药,这是什么道理?

岐伯说:上古医生制成了汤液醪醴,是以备万一的,所以制成了,并不急于用。到了中古时代,社会上讲究养生的少了,外邪乘虚经常侵害人体,但只要吃些汤液醪醴,病也就会好的。

黄帝说:现在人有了病,虽然也吃些汤液醪醴,而病不一定都好,这是什么道理呢?

岐伯说:现在有病,必定要内服药物,外用镵石针艾,然后病才能治好。

黄帝说:病人形体衰败,气血竭尽,治疗不见功效,这是什么原因?

岐伯说:这是因为病人的精神,已经不能发挥应有作用了。

黄帝说:什么叫作精神不能发挥应有作用呢?

岐伯说:针石治病,只是引导血气而已,主要还在于病人的精神志意。如果病人的神气已经衰微,病人的志意已经散乱,那病是不会好的。而现在病人正是到了精神败坏、神气涣散,荣卫不能恢复的地步了。为什么病会发展得这样重呢?主要是由于情欲太过,又让忧患萦心,不能停止,以致精气衰败,荣血枯涩,卫气消失,所以神气就离开人体,而疾病也就不能痊愈了。

【原文】 帝曰:夫病之始生也,极微极精①,必先入结于皮肤。今良工皆称曰,病成名曰逆②,则针石不能治,良药不能及也。今良工皆得其法,守其数③,亲戚兄弟远近④,音声日闻于耳,五色日见于目,而病不愈者,亦何暇不早乎?

岐伯曰:病为本,工为标;标本不得,邪气不服。此之谓也。

【注释】 ①极微极精:疾病初起时是很轻浅隐蔽的。②病成:病情严重。③数:指技术。④远近:即亲疏。

【译文】 黄帝说:病在初起的时候,是极其轻浅而隐蔽的,病邪只是潜留在皮肤里。现在,医生一看,都说是病情严重,结果针石不能奏效,汤药也不管用了。现在的医生都能掌握医道的法度,遵守医道的具体技术,与病人的关系像父母兄弟一样近,每天都能听

到病人声音的变化，每天都能看到病人五色的改变，可是病人却没有治好，是不是没有提早治疗的缘故呢？

岐伯说：病人是本，医生是标，二者必须相得；病人和医生不能相互配合，病邪就不能驱除。说的就是这种情况啊！

**【原文】** **帝曰：其有不从毫毛而生，五脏阳以竭也。津液充郭[①]，其魄独居，孤精于内，气耗于外[②]，形不可与衣相保，此四极急而动中[③]。是气拒于内，而形施于外。治之奈何？**

**岐伯曰：平治于权衡[④]。去宛陈莝[⑤]，微动四极，温衣，缪刺其处[⑥]，以复其形。开鬼门，洁净府[⑦]，精以时服。五阳已布，疏涤五脏，故精自生，形自盛，骨肉相保，巨气乃平。**

**帝曰：善。**

**【注释】** ①津液充郭：津液充满皮肤之内。郭，通"廓"。②"其魄"三句：精得阳则化气行水，今阳气衰竭，体内阴精过剩，水液停留，所以说"其魄独居"。阴盛则阳愈衰，所以说"孤精于内，气耗于外"。这是病理上的连锁关系。魄，指阴精。③四极：又称"四末"，即四肢。④权衡：秤砣和秤杆。指衡量轻重。⑤去宛：去瘀血。陈莝：即"莝陈"，消积水。⑥缪刺：即病在左取之右，病在右而取之左的针刺方法。⑦洁净府：利小便。

**【译文】** 黄帝说：有的病并不先从体表发生，而是五脏的阳气衰竭。以致水气充满于皮肤，而阴气独盛，阴气独居于内，则阳气更消耗于外，形体浮肿，原来的衣服不能穿了，四肢肿急，影响内脏。这是阴气格拒于内，而水气弛张于外。对这种病怎么治疗呢？

岐伯说：要平复水气。根据病情衡量轻重，去瘀血，消积水，叫病人轻微地活动四肢，穿温暖的衣服，使阳气渐渐传布，然后用缪刺方法，使他的形体恢复起来。再使汗液畅达，小便通利，使阴精归于平复。待五脏阳气输布了，五脏郁积荡涤了，那么精气自然会产生，形体自然会强盛，骨骼和肌肉也就会相辅相成，正气自然就恢复了。

黄帝说：讲得很好。

## 脉要精微论篇

**【题解】**

本篇是专门讨论诊断方法的。如望诊的精明、五色，以及五腑的形态变化；闻诊的声音变化；问诊的大小便和各种梦境；切诊的脉象、诊法，以及与时令、疾病的关系等。内容丰富多彩，已经具备了中医诊断学的初步规模。而经文中特别强调了望色、切脉的重要性，并论述了脉诊的要领，以及望色等有关的精湛微妙的问题，所以篇名《脉要精微论》。本篇名言："得守者生，失守者死。""持脉有道，虚静为保。"

**【原文】** **黄帝问曰：诊法何如？**

**岐伯对曰：诊法常以平旦，阳气未动，阴气未散，饮食未进，经脉未盛，络脉调匀，气血未乱，故乃可诊有过之脉[①]。**

**【注释】** ①有过之脉：有病之脉。

**【译文】** 黄帝问道：诊脉的方法如何？

岐伯回答说：诊脉常在清晨，因为这时阳气未曾扰动，阴气还未散尽，又未用过饮食，经脉之气不亢盛，络脉之气也调和，气血未扰乱，所以容易诊出有病的脉象。

**【原文】 切脉动静而视精明[1]，察五色[2]，观五脏有余不足，六腑强弱，形之盛衰，以此参伍[3]，决死生之分。**

【注释】 ①动静：脉象搏动的变化。精明：即精光，两目的瞳神。②五色：面部红、黄、青、白、黑五种色泽。③参伍：相参互证，对比异同。

【译文】 在诊察病人脉象动静变化的同时，还要看他的两目瞳神，面部色泽，从而分辨五脏是有余还是不足，六腑是强还是弱，形体是盛还是衰，将这几个方面加以综合考察，来判别病人的死、生。

**【原文】 夫脉者，血之府也[1]。长则气治[2]，短则气病[3]，数则烦心[4]，大则病进[5]。上盛则气高[6]，下盛则气胀。代则气衰[7]，细则气少[8]，涩则心痛[9]。浑浑革至如涌泉[10]，病进而危弊；绵绵其去如弦绝[11]，死。**

【注释】 ①脉者，血之府：脉是血液聚会的地方。②长：指长脉，脉体过于本位。治：有顺的意思。③短：短脉，脉体短而不及本位。④数：数脉，即一息六至。烦心：心里烦热。⑤大：大脉，脉象满指，大实有力。病进：病势正在发展。⑥上盛：上部脉，寸脉搏动有力。盛，搏动有力。下文"下盛"，下部脉，尺脉。⑦代：代脉。来数中止，不能自还，为一种有规律的间歇脉。⑧细：细脉。应指脉细如丝。⑨涩：涩脉，往来滞涩，如轻刀刮竹。⑩"浑浑"句：王冰："浑浑，言脉气乱也。革至者，谓脉来弦而大，实而长也。如涌泉者，言脉汩汩，但出而不返也。"⑪"绵绵"句：王冰："绵绵，言微微似有，而不甚应手也。如弦绝者，言脉卒断，如弦之绝去也。"

【译文】 脉是血液聚会的地方，而血的循行，要依赖气的统率。脉长说明气机顺达，脉短说明气分有病，脉数说明心里烦热；脉大是表示病势进增。若见上部脉盛，是病气塞于胸；若见下部脉盛，是病气胀于腹。代脉是病气衰，细脉是病气少，涩脉是病气痛。脉来刚硬混乱，势如涌泉，这是病情加重，到了危险地步；若脉来似有似无，其去如弓弦断绝，那是必死的。

**【原文】 夫精明五色者，气之华也。赤欲如白裹朱，不欲如赭[1]；白欲如鹅羽，不欲如盐；青欲如苍璧之泽[2]，不欲如蓝；黄欲如罗裹雄黄[3]，不欲如黄土；黑欲如重漆色[4]，不欲如地苍[5]。五色精微象见矣，其寿不久也[6]。夫精明者，所以视万物，别白黑，审短长。以长为短，以白为黑，如是则精衰矣。**

【注释】 ①赭：色赤而紫。②苍璧之泽：色泽青而明润。苍，青绿色。璧，玉石。③罗裹雄黄：黄中透红之色。罗，丝织物。雄黄，药名。④重漆色：色泽黑而有光泽。重，重复，漆之又漆，谓重漆。⑤地苍：地之苍黑，枯暗如尘。⑥"五色"两句：吴昆："真元精微之气，化作色相，毕现于外，更无藏蓄，是真气脱也，故寿不久。"

【译文】 眼目、面部五色，是精气的外在表现。赤色应该像白绸里裹着朱砂一样，隐现着红润，不应像赭石那样，赤而带紫；白色应该像鹅的羽毛，白而光洁，不应像盐那样，白而晦暗；青色应该像苍璧，青而润泽，不应像青靛那样，青而沉暗；黄色应该像罗裹雄黄，黄中透红，不应像土那样，黄而沉滞；黑色应该像重漆，黑而明润，不应像地苍色那样，黑而枯暗。假如五脏真脏之色显露于外，那么寿命也就不能长了。人的眼睛，是用来观察万物，辨别黑白，审察长短的。如果长短不分，黑白颠倒，就证明精气衰败了。

**【原文】** **五脏者，中之守也[1]。中盛藏满，声如从室中言，是中气之湿也。言而微，终日乃复言者，此夺气也。衣被不敛，言语善恶，不避亲疏者[2]，此神明之乱也。仓廪不藏者[3]，是门户不要也[4]。水泉不止者[5]，是膀胱不藏也。得守者生，失守者死。**

**【注释】** ①五脏者，中之守：五脏的作用是藏精气而守于内。中，内。守，藏。②不避：不别，不分。③仓廪：指脾胃。谷藏曰仓，米藏曰廪。仓廪指储藏米谷的仓库。中医认为脾胃有受纳腐熟水谷，运化精微的功能，故称脾胃为仓廪。④门户不要：大便失禁。要，约束。⑤水泉：小便的美称。

**【译文】** 五脏的作用是藏精守内的。如果腹气盛，脏气虚满，说话声音重浊，像从内室中发出的一样，这是中气被湿邪阻滞的缘故。如果讲话时声音低微，好半天才说下句话，这表明正气衰败了。如果病人不知收拾衣被，言语错乱，不分亲疏远近，这是精神错乱了。如果肠胃不能纳藏水谷，大便失禁，这是肾虚不能固摄造成的；如果小便失禁，这是膀胱不能闭藏造成的。总之，如果五脏能够内守，病人的健康就能恢复；否则，五脏失守，病人就会死亡。

**【原文】** **夫五府者，身之强也。头者，精明之府[1]，头倾视深[2]，精神将夺矣。背者，胸中之府，背曲肩随，府将坏矣。腰者，肾之府，转摇不能，肾将惫矣。膝者，筋之府，屈伸不能，行则偻附[3]，筋将惫矣。骨者，髓之府，不能久立，行则振掉[4]，骨将惫矣。得强则生，失强则死。**

**【注释】** ①精明之府：精气聚集的处所。②头倾视深：头部侧垂，两目深陷无光。③偻附：曲背低头。④振掉：动摇。

**【译文】** 五府是人体强健的基础。头是精明之府，如果头部下垂，眼胞内陷，说明精神要衰败了。背是胸之府，如果背弯曲而肩下垂，那是胸要坏了。腰是肾之府，如果腰部不能转动，那是肾气要衰竭了。膝是筋之府，如果屈伸困难，走路时曲背低头，那是筋要疲惫了。骨是髓之府，如果不能久立，行走动摇不定，那是骨要衰颓了。总之，如五府能够由弱转强，就可复生；否则，就会死亡。

**【原文】** **岐伯曰：反四时者，有余为精，不足为消。应太过，不足为精；应不足，有余为消。阴阳不相应，病名曰关格。**

**【译文】** 岐伯说：脉气有时会与四时之气相反，如相反的形象为有余，这是邪气胜了精气；相反的形象为不足，这是由于血气先已消损。按照时令来讲，脏气当旺，脉气应有余，却反见不足的，这是邪气胜了精气，脉气应不足，却反见有余的，这是正不胜邪，血气消损而邪气猖獗。这种阴阳气血不相顺从、邪正不相适应的情况，发生的疾病名叫关格。

**【原文】** **帝曰：脉其四时动奈何？知病之所在奈何？知病之所变奈何？知病乍在内奈何[1]？知病乍在外奈何？请问此五者，可得闻乎？**

**岐伯曰：请言其与天运转也。万物之外，六合之内。天地之变，阴阳之应，彼春之暖，为夏之暑；彼秋之忿[2]，为冬之怒[3]；四变之动[4]，脉与之上下[5]。以春应中规[6]，夏应中矩[7]，秋应中衡[8]，冬应中权[9]。是故冬至四十五日，阳气微上，阴气微下；夏至四十五日，阴气微上，阳气微下。**

【注释】 ①乍：突然。②忿：急。此指秋气劲急。③怒：此指严冬的气势。④四变之动：春夏秋冬四时的变迁。⑤上下：往来。即脉象浮沉盛衰的变化。⑥春应中规：形容春脉应合于规之象，圆滑流畅。中，符合。规，画圆的工具。⑦夏应中矩：形容夏脉应合于矩之象，洪大方正。矩，画方形的工具。⑧秋应中衡：形容秋脉应合于衡之象，轻平虚浮。衡，秤杆。称物时上举。⑨冬应中权：形容冬脉应合于权之象，沉伏下垂。权，秤砣。称物时下沉。

【译文】 黄帝问道：脉有四时的变化是怎样的？从诊脉知道疾病的所在是怎样的？从诊脉知道疾病的变化是怎样的？从诊脉知道疾病忽然在内是怎样的？从诊脉知道疾病忽然在外是怎样的？请问这五个问题，可以讲给我听吗？

岐伯答说：让我说说这五者的变化与天地运转的关系吧。世间万物之外，四方上下六合之内。天地的变化，阴阳的反应，如春天的舒缓，发展成为夏天的酷热；如秋天的劲急，发展成为冬天的严寒；脉象的往来上下与这四时的变迁是相应的。春脉之应象中规，夏脉之应象中矩，秋脉之应象中衡，冬脉之应象中权。所以四时阴阳的情况，冬至一阳生，到四十五天，阳气微升，阴气微降；夏至一阴生，到四十五天，阴气微升，阳气微降。

【原文】 **阴阳有时，与脉为期。期而相失，知脉所分；分之有期，故知死时。微妙在脉，不可不察；察之有纪，从阴阳始。始之有经，从五行生；生之有度，四时为宜。补泻勿失，与天地如一。得一之情，以知死生。是故声合五音[①]，色合五行[②]，脉合阴阳。**

【注释】 ①声合五音：人的声音，和五音相适应。②色合五行：人的气色，青合木，黄合土，赤合火，白合金，黑合水。

【译文】 这阴阳升降，有一定时间性，与脉象的变化相一致。假如脉象和四时不相应，就可从脉象里知道病是属于何脏；再根据脏气的盛衰，就可以推究出病人的死期。这里的微妙都在脉象上，不可不细心地体察；而体察是有一定要领的，必须从阴阳开始。阴阳亦有开端，它是借着五行产生的；而它的产生又是按一定的法则，即以四时的变化为其规律。看病时就要遵循着这个规律而不能偏离，将脉象与天地阴阳的变化联系起来考虑。如果真正掌握了这种联系起来看问题的诀窍，就可以预知死生了。总起来说，人的声音是与五音相适应的，人的气色是与五行相适应的，而人的脉象则是与天地四时的阴阳变化相适应的。

【原文】 **是故持脉有道，虚静为保。春日浮，如鱼之游在波[①]；夏日在肤，泛泛乎万物有余；秋日下肤[②]，蛰虫将去；冬日在骨，蛰虫周密[③]，君子居室。故曰：知内者按而纪之，知外者终而始之。此六者[④]，持脉之大法。**

【注释】 ①如鱼之游在波：比喻春脉浮而未显。②下肤：脉搏由浮而微沉，非轻举所能触知。③蛰虫：藏伏土中越冬的虫。④六者：指春、夏、秋、冬、内、外。

【译文】 所以持脉有一定的要诀，虚心静气是宝贵的。脉象随着季节的不同而不同。春天脉上浮，像鱼游波中一样；夏天脉充皮肤，浮泛然像万物充盛似的；秋天脉见微沉，似在肤下，就像蛰虫将要入穴一样；冬天脉沉在骨，像蛰虫密藏洞穴，人们深居室内似的。所以说：要知道脉之在里怎样，必须深按才能得其要领；而要知道脉之在表怎样，则要着重根据病情来推究致病的本源。以上春、夏、秋、冬、内、外这六点，就是持脉的大法。

## 玉机真藏论篇

【题解】

玉机,有珍重之意;真藏,指脉来无胃气。本篇论五脏脉与四时的关系、脉有胃气的状态、五脏疾病的传变、五脏的虚实,以及一些其他诊察方法等。其中尤以诊脉为重点;而脉息的变化,又以胃气为最要紧,"有胃则生,无胃则死"。无胃气之脉叫真脏脉,真脏脉见,是死证。之所以篇名为《玉机真藏论》,张介宾认为:"玉机,以璇玑玉衡,可窥天道,而此篇神理,可窥人道,故以并言,而实则珍重之辞也。"

**【原文】** **黄帝问曰:春脉如弦,何如而弦?**

**岐伯对曰:春脉者肝也,东方木也,万物之所以始生也。故其气来①,软弱轻虚而滑,端直以长,故曰弦,反此者病。**

**帝曰:何如而反?**

**岐伯曰:其气来实而强,此谓太过②,病在外;其气来不实而微③,此谓不及④,病在中。**

**帝曰:春脉太过与不及,其病皆何如?**

**岐伯曰:太过则令人善忘,忽忽眩冒而巅疾⑤;其不及,则令人胸痛引背,下则两胁胠满⑥。**

**帝曰:善。**

**【注释】** ①气:指脉气。②太过:是说脏气大盛。③不实:脉不充盈。微:脉来微弱。④不及:是说脏气不足。⑤巅疾:巅顶的病,如头痛。⑥胠:腋下胁肋部位。

**【译文】** 黄帝问道:春天的脉象如弦,那么怎样才算弦呢?

岐伯答说:春脉是肝脉,属东方的木,具有万物生长的气象,因此它的脉气弱软轻虚而滑,正直而长,所以叫作弦脉。与此相反,就是病脉。

黄帝问:什么是与此相反呢?

岐伯答说:脉气来时,实而且强,这叫作太过,主病在外;脉气来时不实而且微弱,这叫作不及,主病在内。

帝曰:春脉太过与不及,都能够发生什么病变呢?

岐伯回答说:太过了,会使人善忘,发生目眩冒闷头痛;如果不及,会使胸部疼痛,牵引背部,向下两胁胀满。

黄帝说:说得好。

**【原文】** **帝曰:夏脉如钩,何如而钩?**

**岐伯曰:夏脉者心也,南方火也,万物之所以盛长也。故其气来盛去衰,故曰钩,反此者病。**

**帝曰:何如而反?**

**岐伯曰:其气来盛去亦盛,此谓太过,病在外;其气来不盛去反盛,此谓不及,病在中。**

**帝曰:夏脉太过与不及,其病皆何如?**

**岐伯曰:太过则令人身热而骨痛,为浸淫①;其不及则令人烦心,上见咳唾,下为**

气泄[②]。

帝曰：善。

【注释】 ①浸淫：浸淫疮。②气泄：失气，俗称放屁。

【译文】 帝曰：夏天的脉象如钩，那么怎样才算钩呢？

岐伯答说：夏脉就是心脉，属南方的火，具有万物盛长的气象。因此脉气来时充盛，去时反衰，犹如钩的形象，所以叫作钩脉。与此相反，是病脉。

黄帝说：什么是与此相反呢？

岐伯说：其脉气来时盛去时也盛，这叫太过，主病在外；脉气来时不盛，去时反而充盛，这叫不及，主病在内。

黄帝说：夏脉太过与不及，都会发生什么病变呢？

岐伯说：太过会使人发热、骨痛，发浸淫疮；不及会使人心烦，在上部会发生咳唾，在下部会发生失气。

黄帝说：说得好。

【原文】 帝曰：秋脉如浮，何如而浮？

岐伯曰：秋脉者肺也，西方金也，万物之所以收成也。故其气来，轻虚以浮，来急去散，故曰浮，反此者病。

帝曰：何如而反？

岐伯：其气来，毛而中央坚[①]，两傍虚，此谓太过，病在外；其气来，毛而微，此谓不及，病在中。

帝曰：秋脉太过与不及，其病皆何如？

岐伯曰：太过则令人逆气而背痛，愠愠然[②]；其不及，则令人喘，呼吸少气而咳，上气见血，下闻病音[③]。

帝曰：善。

【注释】 ①毛：指脉气来时，轻浮如毛。中央坚：中央坚实。②愠愠：气郁不舒。③病音：喘息的声音。

【译文】 黄帝问：秋天的脉象如浮，那么怎样才算浮呢？

岐伯答说：秋脉是肺脉，属西方的金，具有万物收成的气象。因此脉气来时，轻虚而且浮，来急去散，所以叫作浮脉。与此相反，就是病脉。

黄帝说：什么是与此相反呢？

岐伯回答说：其脉气来时浮软而中央坚实，两旁虚空，这叫太过，主病在外；其脉气来时浮软而微，这叫不及，主病在里。

黄帝说：秋脉太过和不及，都会发生什么病变呢？

岐伯说：太过会使人气逆，背部作痛，郁闷而不舒畅；如果不及，会使人喘促，呼吸气短、咳嗽，在上部会发生气逆出血，在下的胸部则可以听到喘息的声音。

黄帝说：说得好。

【原文】 帝曰：冬脉如营[①]，何如而营？

岐伯曰：冬脉者肾也，北方水也，万物之所以合藏也。故其气来沉以濡，故曰营，反此

者病。

帝曰：何如而反？

岐伯曰：其气来如弹石者[②]，此谓太过，病在外；其去如数者[③]，此谓不及，病在中。

帝曰：冬脉太过与不及，其病皆何如？

岐伯曰：太过则令人解㑊，脊脉痛，而少气，不欲言；其不及则令人心悬如病饥，䏚中清[④]，脊中痛，少腹满，小便变。

帝曰：善。

**【注释】** ①冬脉如营：指冬季脉气营居于内，即沉脉、石脉。吴崑："营，营垒之营，兵之守者也。冬至闭藏，脉沉石，如营兵之守也。"②弹石：指脉气来如弹石击手。③如数：脉虚软。④䏚：指季胁下挟脊两旁的空软处。

**【译文】** 黄帝问：冬天的脉象如营，那么怎样才算营呢？

岐伯说：冬脉是肾脉，属北方的水，具有万物闭藏的气象。因此脉气来时沉而濡润，所以叫作营脉，与此相反，就是病脉。

黄帝说：什么是与此相反呢？

岐伯说：其脉气来时如弹石击手，这叫太过，主病在外；如果脉象浮软，这叫不及，主病在里。

黄帝说：冬脉太过与不及，发生什么病变？

岐伯说：太过会使人身体倦怠，腹痛、气短，不愿说话；不及会使人的心像饥饿时一样感到虚悬，季胁下空软部位清冷，脊骨痛，小腹胀满，小便变色。

黄帝说：说得好。

**【原文】** 帝曰：四时之序，逆从之变异也，然脾脉独何主？

岐伯曰：脾脉者土也，孤脏以灌四傍者也[①]。

帝曰：然则脾善恶，可得见之乎？

岐伯曰：善者不可得见，恶者可见[②]。

帝曰：恶者何如可见？

岐伯曰：其来如水之流者，此谓太过，病在外；如鸟之喙者，此谓不及，病在中。

帝曰：夫子言脾为孤脏，中央土以灌四傍，其太过与不及，其病皆何如？

岐伯曰：太过则令人四支不举；其不及则令人九窍不通，名曰重强[③]。

**【注释】** ①"孤脏"句：张介宾："脾属土，土为万物之本，故运行水谷，化津液以灌溉于肝心肺肾四脏者也。土无定位，分王四季，故称孤脏。"②"善者"两句：正常的脾脉体现于四季的脉象中有柔软和缓之象，而不能单独出现，所以说"善者不可得见"。有病的脾脉则可单独出现，所以说"恶者可见"。③重强：脾病则身体皆重，舌本强，所以说四肢不举及九窍不通。

**【译文】** 黄帝说：四时的顺序，是导致脉象逆顺变化的根源，但是脾脉主哪个时令呢？

岐伯说：脾属土，是个独尊之脏，它的作用是用来滋润四旁其他的脏腑的。

黄帝说:那么脾的正常与否,可以看出来吗?

岐伯说:正常的脾脉看不出来,但病脉是可以看出来的。

黄帝说:那么脾的病脉是怎样的呢?

岐伯说:其脉来时,如水流动,这叫太过,主病在外;其脉来时,如鸟啄食,这叫不及,主病在里。

黄帝说:您说脾是孤脏,位居中央属土,滋润四旁之脏,那么它的太过与不及,都会发生什么病变呢?

岐伯说:太过会使人四肢不能举动,不及会使人九窍不通,身重而不自如。

**【原文】** **帝瞿然而起[①],再拜稽首曰[②]:善。吾得脉之大要,天下至数。五色脉变,揆度奇恒,道在于一[③]。神转不迴,迴则不转,乃失其机。至数之要,迫近以微,著之玉版,藏之脏腑,每旦读之,名曰《玉机》。**

**【注释】** ①瞿然:惊异貌。②稽首:古时一种跪拜礼,即叩头至地。③道在于一:为医之道在于气血神机的运转如一。一,指气血神机。

**【译文】** 黄帝惊异地站了起来,跪拜后说:好!我已懂得了诊脉的根本要领,和天下的至理。考察五色和四时脉象的变化,诊察脉的正常与异常,它的精要,归结在于一个"神"字。神的功用运转不息,向前不回,倘若回而不运转,就失去了生机。这是最重要的真理,是非常切近微妙的,把它记录在玉版上,藏在脏腑里,每天早上诵读,就把它叫作《玉机》吧。

**【原文】** **五脏受气于其所生[①],传之于其所胜[②],气舍于其所生[③],死于其所不胜。病之且死,必先传行至其所不胜[④],病乃死,此言气之逆行也[⑤]。肝受气于心,传之于脾,气舍于肾,至肺而死。心受气于脾,传之于肺,气舍于肝,至肾而死。脾受气于肺,传之于肾,气舍于心,至肝而死。肺受气于肾,传之于肝,气舍于脾,至心而死。肾受气于肝,传之于心,气舍于肺,至脾而死。此皆逆死也。一日一夜五分之[⑥],此所以占死者之早暮也[⑦]。**

**【注释】** ①"五脏"句:五脏所受的病气,来源于它所生的脏。气,指病气。②传:指病气相传。所胜:所克之脏。③舍:留止。④传行:指病气的传变。⑤气之逆行:指病气的逆传。⑥一日一夜五分之:一昼夜分为五个阶段,配合五脏:平旦属肝,日中属心,薄暮属肺,夜半属肾,午后属脾。⑦占:推测,预测。

**【译文】** 五脏所受的病气来源于它所生之脏,传给它所克之脏,留止在生己之脏,死于克己之脏。当病倒了要死的时候,必先传到克己之脏,病人才死,这所说的就是病气逆行的情况。肝受病气于心,传行到脾,病气留止于肾,传到肺就死了。心受病气于脾,传行到肺,病气留止于肝,传到肾就死了。脾受病气于肺,传行到肾,病气留止于心,传到肝就死了。肺受病气于肾,传行到肝,病气留止于脾,传到心就死了。肾受病气于肝,传行到心,病气留止于肺,传到脾就死了。这都是病气逆行的情况,以一昼夜的时辰来归属五脏,就可推测出死亡的大体时间。

**【原文】** **黄帝曰:五脏相通,移皆有次。五脏有病,则各传其所胜。不治[①],法三月若六月,若三日若六日[②],传五脏而当死,是顺传所胜之次。故曰:别于阳者,知病从来;别**

**于阴者，知死生之期[3]，言至其所困而死。**

**【注释】** ①不治：不及时治疗。②“法三月”两句：指患病传变过程的快慢。③死生：偏意复词，指死。

**【译文】** 黄帝说：五脏是相通的，病气的转移，都有它的次序。五脏如果有病，就会传给各自所克之脏。若不及时治疗，那么多则三个月、六个月，少则三天、六天，只要传遍五脏就必死。这是指顺所克次序的传变。所以说：能够辨别外证，就可知病在何经；能够辨别里证，就可知危在何日，就是说某脏到了它受困的时候，就死了。

**【原文】 是故风者百病之长也[1]。今风寒客于人，使人毫毛毕直，皮肤闭而为热，当是之时，可汗而发也；或痹不仁肿痛，当是之时，可汤熨及火灸刺而去之。弗治，病人舍于肺，名曰肺痹，发咳上气。弗治，肺传之肝，病名曰肝痹，一名曰厥，胁痛出食，当是之时，可按若刺耳。弗治，肝传之脾，病名曰脾风，发瘅[2]，腹中热，烦心出黄[3]，当此之时，可按可药可浴。弗治，脾传之肾，病名曰疝瘕，少腹冤热而痛[4]，出白，一名曰蛊[5]，当此之时，可按可药。弗治，肾传之心，筋脉相引而急，病名曰瘛[6]，当此之时，可灸可药。弗治，满十日，法当死。肾因传之心，心即复反传而行之肺，发寒热，法当三日死，此病之次也。**

**【注释】** ①风者百病之长也：六淫之气始于风，故称之为“长”。②发瘅：发黄。吴昆：“瘅，热中之名。”③出黄：小便黄。④冤热：蓄热。热极而烦闷。⑤蛊：病名。指病深日久，形体消瘦，精神萎靡，如虫食物故名。⑥瘛：指筋脉拘急相引一类的病。

**【译文】** 风为六淫之首，所以说它是百病之长。风寒侵入了人体，就会使人的毫毛都立起来，皮肤闭塞，内里发热，这时，可以用发汗的方法治愈；有的会出现麻木不仁、肿痛等症状，此时可用热敷、火、灸或针刺等方法治愈。如果耽误了，病气就会传行并留止于肺部，这就是肺痹，发为咳嗽上气。如果还不治疗，就会从肺传到肝，这叫肝痹，也叫肝厥，会发生胁痛、不欲食等症状，这时，可用按摩或针刺等方法治疗。如果仍不及时治疗，病气从肝传到脾，这时的病叫作脾风，会发生黄疸、腹中热、烦心、小便黄色等症状，这时，可用按摩、药物和汤浴等方法治疗。如再不及时治疗，病气从脾传到肾，这时的病叫疝瘕，会出现小腹蓄热作痛、小便白浊等症状，又叫作蛊病，这时，可用按摩、药物等方法治疗。如继续耽误下去，病气从肾传到心，就会出现筋脉相引拘挛的症状，叫作瘛病，这时，可用艾灸、药物来治疗。如仍治不好，十天以后，就会死亡。倘病邪由肾传到心，心又反传到肺脏，又发寒热，三天就会死亡，这是疾病传递的次序。

**【原文】 然其卒发者[1]，不必治于传，或其传化有不以次[2]，不以次入者。忧恐悲喜怒，令不得以其次，故令人有卒病矣。因而喜则肾气乘矣[3]，怒则肺气乘矣，思则肝气乘矣，恐则脾气乘矣，忧则心气乘矣。此其道也。故病有五，五五二十五变，反其传化。传，乘之名也。**

**【注释】** ①卒：同“猝”。②次：次序，顺序。③乘：乘虚侵袭。

**【译文】** 但假如是猝然发病，就不必根据这个传变的次序治疗；而有的传变也不一定完全依着这个次序。忧、恐、悲、喜、怒这五种情志就会使病气不按着这个次第传变，而突然发病。如过喜伤心，克它的肾气就因而乘之；怒伤肝，克它的肺气就因而乘之；过思伤脾，克它的肝气就因而乘之；过恐伤肾，克它的脾气就因而乘之；过忧伤肺，克它的心气

就因而乘之。这就是疾病不依次序传变的规律。所以病虽有五变，但能够发为五五二十五变，这和正常的传化是相反的。传，是“乘”的别名。

【原文】 **急虚身中卒至[①]，五脏绝闭，脉道不通，气不往来，譬于堕溺[②]，不可为期。其脉绝不来，若人一息五六至，其形肉不脱，真脏虽不见，犹死也。**

【注释】 ①急虚身中卒至：正气一时暴绝，外邪突然中于身，客邪突然至于内脏而产生的病变。②堕：倾跌下坠。溺：落水淹没。

【译文】 正气一时暴虚，外邪突然侵入人体，五脏隔塞，脉道不通，大气已不往来，就好像跌坠或溺水一样，这样的突然病变，是不能预测死期的。如果其脉绝而不至，或一吸五六至，形肉不脱，就是不见真脏脉，也要死亡。

【原文】 **真肝脉至，中外急，如循刀刃责责然[①]，如新张弓弦，色青白不泽[②]，毛折，乃死。真心脉至，坚而搏，如循薏苡子累累然[③]，色赤黑不泽，毛折，乃死。真肺脉至，大而虚，如以毛羽中人肤，色白赤不泽，毛折，乃死。真肾脉至，搏而绝，如指弹石辟辟然[④]，色黑黄不泽，毛折，乃死。真脾脉至，弱而乍数乍疏，色黄青不泽，毛折，乃死。诸真脏脉见者，皆死不治也。**

【注释】 ①责责然：刀作响的声音，即震震然。②不泽：不光润。③薏苡子：药名。即薏苡仁。累累然：形容心之真脏脉象短而坚实。④辟辟然：形容肾之真脏脉象沉而坚硬。

【译文】 肝脏的真脏脉来的时候，内外劲急如同循着刀刃震震作响，好像新张开的弓弦，面色显著青白而不润泽，毫毛也枯损不堪，是要死亡的。心脏的真脏脉来的时候，坚而搏指，像循摩意苡仁那样小而坚实，面色显著赤黑而不润泽，毫毛也枯损不堪，是要死亡的。肺脏的真脏脉来的时候，洪大而又非常虚弱，像毛羽触人皮肤，面色显著白赤而不润泽，毫毛也枯损不堪，是要死亡的。肾脏的真脏脉来的时候，既坚而沉，像用指弹石那样硬得很，面色显著黑黄而不润泽，毫毛也枯损不堪，是要死亡的。脾脏的真脏脉来的时候，软弱并且忽数忽散，面色显著黄青而不润泽，毫毛也枯损不堪，是要死亡的。总而言之，凡是见了真脏脉，都是不治的死证。

【原文】 **黄帝曰：见真脏曰死，何也？**

**岐伯曰：五脏者，皆禀气于胃，胃者五脏之本也。脏气者，不能自致于手太阴[①]，必因于胃气，乃至于手太阴也。故五脏各以其时，自为而至于手太阴也[②]。故邪气胜者，精气衰也。故病甚者，胃气不能与之俱至于手太阴，故真脏之气独见。独见者病胜脏也[③]，故曰死。**

**帝曰：善。**

【注释】 ①手太阴：指寸口脉。②“故五脏”两句：五脏之气各自在一定的时候，以不同的脉象出现于手太阴寸口。③病胜脏：指邪气亢盛，正气衰竭。

【译文】 黄帝说：见了真脏脉象，就要死亡，这是什么道理呢？

岐伯说：五脏之气，都依赖胃腑的水谷精微来营养，所以胃是五脏的根本。五脏之气，不能直接到达手太阴的寸口，必须借助于胃气，才能到达手太阴寸口。所以五脏才能各自在一定的时候，以不同的脉象出现于手太阴寸口。如果邪气盛了，精气必然衰败，所

以病气严重时，胃气就不能同脏气一起到达手太阴，那真脏脉就单独出现了。独见就是病气胜了脏气，那是要死亡的。

黄帝说：说得好。

**【原文】** 黄帝曰：凡治病，察其形气色泽，脉之盛衰，病之新故，乃治之，无后其时。形气相得，谓之可治；色泽以浮[1]，谓之易已；脉从四时，谓之可治。脉弱以滑[2]，是有胃气，命曰易治。取之以时。形气相失，谓之难治；色夭不泽[3]，谓之难已；脉实以坚，谓之益甚；脉逆四时，为不可治。必察四难而明告之[4]。

**【注释】** ①色泽以浮：气色浮润，颜色明润。②脉弱以滑：指有病之脉，弱而流利。③色夭：颜色晦暗。④四难：指病人出现的“形气相失”“色夭不泽”“脉实以坚”“脉逆四时”四种病危的症状。

**【译文】** 黄帝说：治病的一般规律，是要先诊察病人的形气怎样，色泽如何，以及脉的虚实，病的新旧，然后再治疗，而千万不能错过时机。病人形气相称，是可治之证；气色浮润，病易治愈；脉象和四时相适应，是可治之证。脉来弱而流利，是有胃气的现象，属易治的病。以上都算可治、易治之证，但要及时地进行治疗才行。形气不相称，是难治之证；气色枯燥而不润泽，病不易治愈；脉实并且坚，是更加沉重的病症；如果脉象和四时不相适应，就是不可治之证了。一定要察明这四种困难，清楚地告诉病人。

**【原文】** 所谓逆四时者，春得肺脉，夏得肾脉，秋得心脉，冬得脾脉，其至皆悬绝沉涩者[1]，命曰逆。四时未有脏形[2]，于春夏而脉沉涩，秋冬而脉浮大，名曰逆四时也。

**【注释】** ①悬绝：是说其脉独见与其他各部悬异殊绝。②四时未有脏形：五脏脉气未能随四时变化显现于外。

**【译文】** 所谓脉与四时相逆，就是春得肺脉，夏得肾脉，秋得心脉，冬得脾脉，而且脉来的时候都是独见而沉涩，这就叫逆。五脏脉气未能随四时变化显现于外，在春夏季节里，反见沉涩的脉象；在秋冬季节里，反见浮大的脉象，这都叫作逆四时。

**【原文】** 病热脉静，泄而脉大，脱血而脉实，病在中脉实坚，病在外脉不实坚者，皆难治。

**【译文】** 病属热而脉象反见平静，发生泄利而脉象反倒洪大，出现脱血而反见实脉，病在里而脉象反倒不坚实，这些都是脉证相反的情况，不易治愈。

**【原文】** 黄帝曰：余闻虚实以决死生，愿闻其情。

岐伯曰：五实死，五虚死。

帝曰：愿闻五实五虚。

岐伯曰：脉盛、皮热、腹胀、前后不通、闷瞀[1]，此谓五实。脉细、皮寒、气少、泄利前后、饮食不入，此谓五虚。

帝曰：其时有生者，何也？

岐伯曰：浆粥入胃，泄注止，则虚者活；身汗得后利[2]，则实者活。此其候也。

**【注释】** ①闷瞀：烦乱。②后利：指大便通利。

**【译文】** 黄帝说：我听说根据虚实可以预先判断死生，希望听听这其中的道理。

岐伯说：凡有五实的死，凡有五虚的也得死。

黄帝说：那什么叫作五实五虚呢？

岐伯说：脉来势盛，皮肤发热，肚腹胀满，大小便不通，心里烦乱，这就叫作五实。脉象极细，皮肤发冷，气短不足，大便泄泻，不欲饮食，这就叫作五虚。

黄帝说：就是得了五实五虚之证，也有痊愈的，这是为什么呢？

岐伯说：如果病人能够吃些浆粥，胃气渐渐恢复，泄泻停止，那么得五虚之证的人就可以痊愈；而患五实之证的人如果能汗出大便又通畅了，表里和了，也可以痊愈。这就是根据虚实而决断死生的道理。

## 三部九候论篇

**【题解】**

本篇主要讨论三部九候的诊脉方法。三部指诊脉的部位即头、手、足上中下三部；九候是指每一部位中又分为天地人三候，三部综合，共得九候。从三部九候的脉象分析，以了解病情和判断预后，故篇名《三部九候论》。诊脉何以"三部九候"，这与古代的数理哲学有关。张景岳说："天地虽大，万物虽多，莫有能出乎数者。"客观世界存在着数量关系，即数的规定性。古人很早就发现了这一现象，而且认为数是决定世界万物存在的本质力量，产生了对数的崇拜，进而发展为数理哲学，即以数理作为考察、认识世界的基本框架。中国文化"重数"以《周易》为代表，《易传》说："极其数，遂定天下之象"，"极数知来之谓占"。其后，《管子》《吕氏春秋》《礼记·月令》都有"重数"的传统。同样，数理哲学观念也成为《内经》观察世界的重要方法之一。表现在脉诊上就是"三部九候"理论。其根据是"天地之至数，始于一，终于九焉。……故人有三部，部有三候，以决死生，以处百病，以调虚实，而除邪疾。"

**【原文】** **黄帝问曰：余闻九针于夫子①，众多博大，不可胜数。余愿闻要道，以属子孙②，传之后世，著之骨髓，藏之肝肺③，歃血而受④，不敢妄泄，令合天道，必有终始，上应天光星辰历纪⑤，下副四时五行。贵贱更立，冬阴夏阳，以人应之奈何？愿闻其方。**

**岐伯对曰：妙乎哉问也！此天地之至数。**

**帝曰：愿闻天地之至数，合于人形血气，通决死生，为之奈何？**

**岐伯曰：天地之至数，始于一，终于九焉⑥。一者天，二者地，三者人，因而三之，三三者九，以应九野。故人有三部，部有三候，以决死生，以处百病，以调虚实，而除邪疾。**

**【注释】** ①九针：此指九候。"针"疑是误字。②属：通"嘱"，嘱咐。③著之骨髓，藏之肝肺：形容深刻领会，铭记在心。著，有纳的意思。④歃血：古时盟誓的一种仪式。歃，饮。⑤天光：指日月。⑥始于一，终于九：数理哲学认为数始于一，而终止于九。九加一为十，十又是一的开始，所以说始于一终于九。最基本的数就是一至九，"一"为数之始，"九"为数之终。

**【译文】** 黄帝问说：我听了九候的道理，内容众多而广博，难以尽述。希望再听些主要的道理，以传给子孙，流传后世。我一定会把那些话铭刻在心，藏于肺腑。我发誓接受所学，不敢随便泄漏，使它合于天道，有始有终，上应日月星辰节气之数，下合四时五行

之变。就五行来说有盛有衰,就四时来说冬阴夏阳,那么人怎样才能够和这些自然规律相适应呢?希望听听具体的方法。

岐伯说:问得好!这是天地间的至理啊!

黄帝说:希望听听这天地间的至理,从而使它合于人的形体,通利血气,并决定死生。怎样才能做到呢?

岐伯说:天地的至数,是从一开始,至九终止,一为阳,代表天,二为阴,代表地,人生天地之间,所以用三代表人。而天地人又合而为三,三三为九,与九野之数对应。所以人有三部脉,每部各有三候,根据它去决定死生,诊断百病,调和虚实,祛除疾病。

**【原文】　帝曰:何谓三部?**

**岐伯曰:有下部,有中部,有上部,部各有三候,三候者,有天有地有人也,必指而导之,乃以为真。故下部之天以候肝,地以候肾,人以候脾胃之气。**

**帝曰:中部之候奈何?**

**岐伯曰:亦有天,亦有地,亦有人。天以候肺,地以候胸中之气,人以候心。**

**帝曰:上部以何候之?**

**岐伯曰:亦有天,亦有地,亦有人。天以候头角之气,地以候口齿之气,人以候耳目之气。三部者,各有天,各有地,各有人。三而成天,三而成地,三而成人,三而三之,合则为九。九分为九野,九野为九脏。故神脏五,形脏四,合为九脏。五脏已败,其色必夭,夭必死矣。**

**【译文】**　黄帝问道:什么叫作三部?

岐伯说:有下部,有中部,有上部,而每部又各有三候,三候是以天地人来代表的,必须有人指导,才能得到真传。下部的天可以用来诊察肝脏之气,下部的地可以用来诊察肾脏之气,下部的人可以用来诊察脾胃之气。

黄帝说:那么中部的情况怎样呢?

岐伯说:中部也有天地人三部。中部之天可以用来诊察肺脏之气,中部之地可以用来诊察胸中之气,中部之人可以用来诊察心脏之气。

黄帝说:上部的情况又怎样呢?

岐伯说:上部也有天地人三部。上部之天可以用来诊察头角之气,上部之地可以用来诊察口齿之气,上部之人可以用来诊察耳目之气。总之,三部之中,各有天,各有地,各有人。三候为天,三候为地,三候为人,三三相乘,合为九候。脉有九候,以应地之九野;地之九野,以应人之九脏。肝、肺、心、脾、肾五神脏,胃、大肠、小肠、膀胱四形脏,合为九脏。如果五脏败坏,气色必见晦暗,而气色晦暗必然要死亡。

**【原文】　帝曰:以候奈何?**

**岐伯曰:必先度其形之肥瘦,以调其气之虚实,实则泻之,虚则补之。必先去其血脉[1],而后调之,无问其病,以平为期。**

**【注释】**　①去其血脉:除去脉道中的淤血。

**【译文】**　黄帝说:诊察的方法怎样?

岐伯说:一定得先估量病人形体的肥瘦程度,来调和其气的虚实。气实就泻其有余,

气虚就补其不足。首先要想法去掉血脉里的淤滞，然后再调和气的虚实，不管治什么病，达到五脏的平和是最终目的。

【原文】 帝曰：决死生奈何？

**岐伯曰：形盛脉细，少气不足以息者危。形瘦脉大，胸中多气者死。形气相得者生[①]，参伍不调者病[②]。三部九候皆相失者死。上下左右之脉相应如参舂者病甚[③]。上下左右相失不可数者死。中部之候虽独调，与众脏相失者死，中部之候相减者死。目内陷者死[④]。**

【注释】 ①形气相得：形体和气息相符合。如形盛脉盛，形瘦脉细。气，指脉息。得，有"合"的意思。②参伍不调：指脉动错乱不协调。③参舂：参差不齐。参，即参差。舂，用杵捣米，上下不一。④目内陷者死：目眶塌陷是脏腑精气衰竭的现象，主死。

【译文】 黄帝说：怎样决断死生呢？

岐伯说：形体盛，脉反细，气短，呼吸不连续，主危。形体瘦，脉反大，胸中多气胀满，也主死。形体和脉息相称的主生，脉象错杂不调的主病。三部九候都失其常度的主死。上下左右之脉相应，一上一下像舂杵一样，大数而鼓，说明病情很严重。上下左右之脉失去了协调，以至于不可计其至数的，是死候。中部的脉，虽然独自调和，而上部下部众脏之脉已失其常的，也是死候，中部的脉较上下两部偏少的，也是死候。眶内陷的，是精气衰竭的现象，也会死亡。

## 经脉别论篇

【题解】

本篇主要讨论六经病脉象、症状、治法及饮食物的生化过程。因与常论不同，所以叫"别论"。吴昆说："言经脉别有论，出于常谈之外也。"本书仅选其论饮食物生化过程及三阳经脉象部分。

【原文】 **岐伯曰：……故饮食饱甚，汗出于胃；惊而夺精，汗出于心；持重远行，汗出于肾；疾走恐惧，汗出于肝；摇体劳苦，汗出于脾。故春秋冬夏，四时阴阳，生病起于过用，此为常也。**

【译文】 岐伯说：……所以饮食过饱的时候，由于食气蒸发而汗出于胃；受惊而影响精神的时候，由于心气受伤而汗出于心；带着重东西远行，胃劳气越而汗出于肾；走得快并且害怕，肝气受伤而汗出于肝；肢体摇动劳累过度的时候，脾气受伤而汗出于脾。所以春秋冬夏四时阴阳变化之中，生病的原因，多是由于体力、饮食、劳累、精神等过度而来，这是一定的。

【原文】 **食气入胃，散精于肝，淫气于筋[①]。食气入胃，浊气归心[②]，淫精于脉。脉气流经，经气归于肺，肺朝百脉[③]，输精于皮毛。脉合精，行气于腑。腑精神明，留于四脏[④]。气归于权衡，权衡以平[⑤]，气口成寸，以决死生。**

【注释】 ①淫气：滋润.浸润。②浊气：谷气。人体营养，一为源于天的空气，古人称为"清气"；一为源于地的五谷之气，古人称为"浊气"。③肺朝百脉：百脉会合于肺。朝，会。④四脏：指心、肝、脾、肾四脏。⑤权衡：指阴阳气血平衡。

【译文】 食物入胃，经过消化把一部分精微疏散到肝脏，经过肝的疏泄，将浸淫满溢的精气滋养于筋。食物入胃，化生的另一部分浓厚的精气，注入于心，再由心输入血脉。血气流行在经脉之中，上达于肺，肺又将血气送到全身百脉，直至皮毛。脉与精气相合，运行精气到六腑。六腑的精气化生神明，输入留于四脏。这些正常的生理活动，取决于阴阳气血平衡，其平衡的变化，就能从气口的脉象上表现出来，气口脉象变化，可以判断疾病的预后。

**【原文】 饮入于胃，游溢精气[①]，上输于脾；脾气散精，上归于肺，通调水道，下输膀胱。水精四布，五经并行，合于四时五脏阴阳，揆度以为常也[②]。**

【注释】 ①游溢：敷布分散。②揆度：测度。

【译文】 水液进入胃里，分离出精气，上行输送到脾脏；脾脏散布精华，又向上输送到肺；肺气通调水道，又下行输入膀胱。这样，气化水行，散布于周身皮毛，流行在五脏经脉里，符合于四时五脏阴阳动静的变化，这是可以测度的经脉的正常现象。

**【原文】 帝曰：太阳脏何象？**

**岐伯曰：象三阳而浮也。**

**帝曰：少阳脏何象？**

**岐伯曰：象一阳也，一阳脏者，滑而不实也。**

**帝曰：阳明脏何象？**

**岐伯曰：象大浮也。太阴脏搏，言伏鼓也；二阴搏至，肾沉不浮也。**

【译文】 黄帝说：太阳经脉的脉象怎样？

岐伯说：太阳经脉象三阳经脉那样极盛，同时它还轻浮。

黄帝说：少阳经脉的脉象怎样？

岐伯说：少阳经脉与一阳经脉一样，脉象是滑而不实的。

黄帝说：阳明经脉之象怎样？

岐伯说：脉象大而且浮。太阴经脉搏动，其脉象沉伏而实鼓指；二阴经脉搏动，是肾脉沉而不浮的现象。

## 宝命全形论篇

【题解】

宝，通“保”，珍惜之意。全，即保全之意。本篇内容说明天地之间，万物悉备，莫贵于人。而人体能够保命全形，又与天地的变化密切相关。作为医生，应该时刻注意这种气血虚实与天地阴阳的变化关系。运用针刺，就必须懂得其中的道理。由于前人非常重视这种道理，所以篇名《宝命全形论》。本篇名言：“凡刺之真，必先治神。”“道无鬼神，独来独往。”

**【原文】 黄帝问曰：天覆地载，万物悉备，莫贵于人。人以天地之气生，四时之法成。君王众庶[①]，尽欲全形，形之疾病，莫知其情，留淫日深[②]，著于骨髓[③]。心私虑之，余**

欲针除其疾病，为之奈何？

岐伯对曰：夫盐之味咸者，其气令器津泄；弦绝者，其音嘶败[4]；木敷者，其叶发[5]；病深者，其声哕。人有此三者，是谓坏腑[6]，毒药无治，短针无取，此皆绝皮伤肉，血气争矣。

【注释】 ①众庶：老百姓。②留淫：积累而逐渐发展。③著：潜藏。④嘶：声破为嘶。⑤木敷者，其叶发：张介宾："敷，内溃也。"意思是虽枝叶繁茂，毕竟是外盛中虚，不可长久。⑥坏腑：脏腑损坏。

【译文】 黄帝问道：天地之间，万物俱全，但没有什么比人更为宝贵的。人禀受天地之气而生存，随着四时规律成长的。无论是君王，还是平民，都愿意保持形体的健康，但往往身体有了疾病，自己也不知其所以然，因此病邪就积累日深，潜藏骨髓之内，不易去掉了。这是我心中所担忧的，我想用针刺来解除他们的疾病痛苦，怎样办呢？

岐伯回答说：诊断疾病，应该注意观察它所表现的症候：比如盐贮藏在器具中，能够使器具渗出水来；琴弦快断的时候，会发出撕破的声音；树木弊坏，叶子就要落下来；疾病到了严重阶段，人就要打嗝。人有了这样四种现象，说明脏腑已有严重破坏，药物和针刺都不起作用，这都是皮肉血气各不相得，病不容易治了。

【原文】 帝曰：余念其痛，心为之乱惑[1]，反甚其病，不可更代[2]。百姓闻之，以为残贼[3]，为之奈何？

岐伯曰：夫人生于地，悬命于天[4]，天地合气，命之曰人。人能应四时者，天地为之父母；知万物者，谓之天子。天有阴阳，人有十二节[5]；天有寒暑，人有虚实。能经天地阴阳之化者[6]，不失四时；知十二节之理者，圣智不能欺也[7]；能存八动之变[8]，五胜更立[9]；能达虚实之数者，独出独入，呿吟至微[10]，秋毫在目[11]。

【注释】 ①惑：惶惑，迷乱。②不可更代：不能以自己替代病者之身。③残贼：残忍不仁。④悬命于天：与天相关联。⑤十二节：指上肢的肩、肘、腕和下肢的股、膝、踝关节。⑥"能经天地"句：能效法天地阴阳的变化。经，效法。⑦欺：加，超过。⑧能存八动：能够观察八风的变动。存，察。⑨五胜更立：指五行递相衰旺。⑩呿吟：指呼吸。呿，张口。吟，呻。⑪秋毫：比喻事物的微细。

【译文】 黄帝道：我很感伤病人的痛苦，心里惶惑不安，治疗疾病，搞不好，反使病情加重，我又不能替代他们。百姓听了，都会认为我是残忍的人，怎么办好呢？

岐伯说：人虽然是生活在地上，但片刻也离不开天，天地之气相合，才产生了人。人如果能适应四时的变化，那么自然界的一切，都会成为他生命的泉源；如果能够了解万物的话，那就是天子了。人与自然是相应的，天有阴阳，人有十二骨节；天有寒暑，人有虚实。所以能效法天地阴阳的变化，就不会违背四时的规律；了解十二骨节的道理，就是所谓圣智也不能超过他；能够观察八风的变动和五行的衰旺，又能够通达虚实的变化规律，就能洞晓病情，即使像病人呼吸那样的细微不易察觉的变化，也如秋毫在目，也逃不过他的眼睛。

【原文】 帝曰：人生有形，不离阴阳；天地合气，别为九野，分为四时。月有大小，日有短长，万物并至，不可胜量，虚实呿吟[1]，敢问其方。

岐伯曰：木得金而伐，火得水而灭，土得木而达，金得火而缺，水得土而绝。万物尽

**然,不可胜竭。故针有悬布天下者五[2],黔首共余食[3],莫知之也。一曰治神,二曰知养身,三曰知毒药为真[4],四曰制砭石小大,五曰知腑脏血气之诊。五法俱立,各有所先。今末世之刺也,虚者实之,满者泄之,此皆众工所共知也。若夫法天则地,随应而动,和之者若响,随之者若影。道无鬼神,独来独往[5]。**

**【注释】** ①虚实呿吟:上文"能达虚实之数者,独出独入,呿吟至微,秋毫在目"的简缩语,引申指病人的痛苦。②悬布:张贴公布。③黔首:秦代对百姓的称呼。④知毒药为真:了解药物的真假,引申指了解药物性能。为,通"伪",假。⑤"道无"两句:医道并非有鬼神在暗中帮助,只要对医道有深刻把握,在治疗实践中就会有独来独往般的自由。

**【译文】** 黄帝道:人生而有形体,离不开阴阳;天地之气相合以后,生成了世界上的万物,从地理上,可以分为九野;从气候上,可以分为四时。月份有大有小,白天有短有长,万物同时来到世界,实在是度量不尽的,我只希望解除病人的痛苦,请问应该用什么方法呢?

岐伯说:治疗的方法,可根据五行变化的道理分析。如木遇到金,就被折断;火遇到水,就会熄灭;土遇到木,就要松软;金遇到火,就要熔化;水遇到土,就要遏绝。这种种变化,万物都是这样,不胜枚举。所以有五种针法已向天下公布了,但人们只知饱食,而不去了解它们。那五种治法是什么呢?第一要精神专一,第二要修养形体,第三要了解药物的真假性能,第四要制定大小砭石以适应不同的疾病,第五要懂得脏腑血气的诊断方法。这五种治法,各有所长,先用哪个,要视具体情况而定。现在针刺的疗法,用补治虚,用泻治实,而这是普通医生所共知的。至于能够取法天地阴阳的道理,虽其变化而施针法,就能取得如响应声,如影随形的疗效。这并没有什么神秘,只是功力积久,就有这样的高超技术。

**【原文】 帝曰:愿闻其道。**

**岐伯曰:凡刺之真[1],必先治神,五脏已定,九候已备,后乃存针。众脉不见[2],众凶弗闻[3]。外内相得[4],无以形先,可玩往来,乃施于人。人有虚实,五虚勿近[5],五实勿远[6],至其当发,间不容瞚[7]。手动若务[8],针耀而匀。静意视息,观适之变,是谓冥冥[9],莫知其形,见其乌乌,见其稷稷[10],徒见其飞,不知其谁,伏如横弩,起如发机[11]。**

**【注释】** ①凡刺之真:针刺的正法。真,正。②众脉:有人旁观。脉,通"脈",视。③众凶:众人喧嚣的声音。凶,喧嚣之声。④外内:指察色诊脉。色以应日,属外;脉以应月,属内。⑤五虚:指脉细、皮寒、气少、泄利前后、饮食不入。⑥五实:指脉盛、皮热、腹胀、二便不通,闷瞀。⑦瞚:同"瞬",一眨眼的时间。⑧手动若务:手捻针时,若无二事。⑨冥冥:无形无象貌。⑩稷稷:形容气盛像稷一样繁茂。稷,谷物名。⑪机:弩上的机栝。

**【译文】** 黄帝道:我希望听一下其中的道理。

岐伯说:针刺的正法,要先集中精神,待五脏虚实已定,脉象九候已备知,然后再下针。在针刺的时候,必须精神贯注,即使有人旁观,也像看不见一样,有人喧嚣,也像听不到一样。同时还要色脉相参,不能仅看外形,必须将发病的机理揣摩清楚,才能给人治病。病人有虚有实,见到五虚的症状,不能随意去泻;见到五实的症状,也不可远而不泻,在应该进针时,就是一瞬间也不能耽搁。在手捻针时,什么事也不想,针要光净匀称。针

者要平心静气，观察病人的呼吸。那血气的变化无形无象，虽不可见，而气至之时，好像群鸟一样集合，气盛之时，好像稷一样繁茂。气之往来，正如见鸟之飞翔，而无从捉摸它形迹的起落。所以用针之法，当气未至的时候，应该留针候气，正如横弩之待发，气应的时候，则当迅速起针，正如弩箭之疾出。

【原文】　**帝曰：何如而虚？何如而实？**

**岐伯曰：刺虚者须其实，刺实者须其虚。经气已至，慎守勿失。深浅在志，远近若一[①]。如临深渊，手如握虎，神无营于众物。**

【注释】　①远近若一：取穴无论远近，得气的道理是一样的。

【译文】　黄帝道：怎样刺虚？又怎样刺实？

岐伯说：刺虚证，须用补法；刺实证，须用泻法。经气已经到了，应慎重掌握，不失时机。无论针刺深浅，无论取穴远近，得气是一样的。在捻针的时候，像面临深渊时那样的谨慎；又像手中捉着老虎那样坚定有力，集中神志，不为其他事物所干扰。

## 八正神明论篇

【题】本篇内容有二：一是从四时八正、日月星辰的变化，说明它与人体气血虚实和针刺补泻的密切关系；一是论望闻问切四诊应结合阴阳四时虚实，来分析病情和诊断疾病。由于讨论了这两个重点，所以篇名叫《八正神明论》。本篇根据天人相应的原理认为人的气血随着寒温的变化，月亮的圆缺而呈现相对充实和虚弱的周期性变化规律，因此在用针治疗时必须根据天时的变化而调气血。基本原则是“天寒无刺，天温无疑；月生无泻，月满无补；月郭空无治。是谓得时而调之”。这样就做到了“因天之序”。本篇内容从总体看是有内在关联的，但具体的写作形式有明显的不同。从“法往古”至“见邪形也”一段显然是“传文”的写作方式。所以该文应该不是原作而是后人根据内容的相关性集结而成。本篇还提出了在诊疗水平上存在的“形”“神”之异的重要问题。所谓“形”指的是仅仅拘泥于疾病的表面现象而勉强应对的下工，而“神”则是指能够在疾病尚处于隐微状态就能够及时发现或在诊治中能够不为疾病的表象所束缚，把握病人内在脏腑经脉气血的改变而及时施以正确治疗的上工，也就是“神医”。《内经》认为只有“上工”“神医”才是可以托付生命的人。可见为医之难，责任之大。本篇名言：“血气者，人之神，不可不谨养。”

【原文】　**黄帝问曰：用针之服[①]，必有法则焉，今何法何则？**

**岐伯对曰：法天则地，合以天光。**

【注释】　①服：事。此指针刺技术。

【译文】　黄帝问道：用针的技术，必然有一定法则，那么究竟取法于什么呢？

岐伯回答说：要取法于天地阴阳，并结合日月星辰之光来研究。

【原文】　**帝曰：愿卒闻之。**

**岐伯曰：凡刺之法，必候日月星辰，四时八正之气[①]，气定乃刺之。是故天温日明，则人血淖液而卫气浮[②]；天寒日阴，则人血凝泣而卫气沉。月始生，则血气始精，卫气始行；**

月郭满[3]，则血气实，肌肉坚；月郭空，则肌肉减，经络虚，卫气去，形独居，是以因天时而调血气也。是以天寒无刺，天温无疑；月生无泻，月满无补；月郭空无治。是谓得时而调之。因天之序，盛虚之时，移光定位[4]，正立而待之。故曰月生而泻，是谓重虚；月满而补，血气盈溢，络有留血，命曰重实；月郭空而治，是谓乱经。阴阳相错，真邪不别，沉以留止，外虚内乱[5]，淫邪乃起。

【注释】　①八正：八节的正气。即二分（春分、秋分）、二至（夏至、冬至）、四立（立春、立夏、立秋、立冬）。②淖：润泽。③月郭：月亮的轮廓。④移光定位：用针当随日的长短，而定其气之所在。光，日光。位，气之所在。⑤外：指络脉。内：指经脉。

【译文】　黄帝道：希望详细听听。

岐伯说：大凡针刺之法，必须察验日月星辰四时八正之气，气定了，才能进行针刺。如果气候温和，日光明亮，那么人体血液就濡润而卫气上浮；如果气候寒冷，日光晦暗，那么人体血液就滞涩而卫气沉伏。月亮初生的时候，人的血气随月新生，卫气亦随之畅行；月亮正圆的时候，人的血气强盛，肌肉坚实；月黑无光的时候，人的肌肉消瘦，经络空虚，卫气不足，形体独居，所以要顺着天气而调和血气。因此说，气候寒冷，不要行针刺；气候温暖，不要迟疑；月初生的时候，不要用泻法；月正圆的时候，不要用补法；月黑无光的时候，不要进行治疗。这叫顺应天时而调养血气。按照天时推移的次序，结合人身血气的盛衰，来确定气的所在，并聚精会神地等待治疗的最好时机。所以说，月初生时用泻法，这叫作重虚；月正圆时用补法，使血气充溢，经脉中血液留滞，这叫作重实；月黑无光的时候而用针刺，就会扰乱经气，这叫作乱经。这些都是阴阳相错，正气邪气分不清楚，邪气沉伏留而不去，致使络脉外虚，经脉内乱，所以病邪就乘之而起。

【原文】　帝曰：星辰八正四时何候？

岐伯曰：星辰者，所以制日月之行也。八正者，所以候八风之虚邪，以时至者也；四时者，所以分春秋冬夏之气所在，以时调之也。八正之虚邪，而遇之勿犯也。以身之虚，而逢天之虚，两虚相感，其气至骨，人则伤五脏，工候救之，弗能伤也。故曰：天忌不可不知也[1]。

【注释】　①天忌：天时的宜忌。

【译文】　黄帝曰：星辰、八正、四时怎么候察呢？

岐伯说：星辰的方位，可以用来测定日月循行的规律。八节常气的交替，可以用来测出八风病邪什么时候到来；四时，可以用来分别春秋冬夏之气的所在；按照时序来调整气血，避免八正病邪的侵犯。假如身体虚弱，又遭遇自然界的虚邪，两虚相感，邪气就会侵犯至骨，进而深入五脏。医生能候察气候变化的道理而及时挽救，病邪就不能伤人。所以说：天时的宜忌，不可不了解。

【原文】　帝曰：善。其法星辰者，余闻之矣，愿闻法往古者。

岐伯曰：法往古者，先知《针经》也。验于来今者，先知日之寒温，月之虚盛，以候气之浮沉，而调之于身，观其立有验也。观于冥冥者，言形气荣卫之不形于外，而工独知之。以日之寒温，月之虚盛，四时气之浮沉，参伍相合而调之。工常先见之，然而不形于外，故曰观于冥冥焉。通于无穷者，可以传于后世也，是故工之所以异也。然而不形见于外，故

俱不能见也。视之无形，尝之无味，故谓冥冥，若神仿佛[1]。虚邪者，八正之虚邪气也。正邪者[2]，身形若用力，汗出，腠理开，逢虚风，其中人也微，故莫知其情，莫见其形。上工救其萌芽[3]，必先见三部九候之气，尽调不败而救之，故曰上工。下工救其已成，救其已败。救其已成者，言不知三部九候之相失，因病而败之也。知其所在者，知诊三部九候之病脉处而治之，故曰守其门户焉，莫知其情而见邪形也。

【注释】 ①仿佛：模糊，看不清楚。②正邪：与能致人生病的虚邪相对，为自然界正常之风。当人体虚弱汗出腠理开张时也能伤人，故曰正邪。③萌芽：指疾病刚刚发生。

【译文】 黄帝道：说得好。取法星辰的道理，我已经听到了，希望再听听效法往古的道理。

岐伯说：效法往古，要先懂得《针经》。想把前人的针术在现在加以验证，先要知道太阳的寒温，月亮的盈虚，来候察气的浮沉，来给病人进行调整，就会看到它是立有效验的。所谓"观于冥冥"，是说血气荣卫的变化并不显露于外，而医生却能懂得。这就是把太阳的寒温，月亮的盈虚，四时气候的浮沉等情况，综合起来考察以调整病人。这样，医生就常能预见病情，然而疾病尚未显露于外，所以叫"观于冥冥"。所谓"通于无穷"，是说医生的高超技术可以流传后世，这就是医生与一般人不同的地方。不过是病情还没有显露出来，大家都不能发现罢了。看不见形象，尝不到味道，所以叫作"冥冥"，就像神灵一样若隐若现，难以捉摸。虚邪，就是四时八节的病邪。正邪，就是身体因劳累出汗，腠理开张，而为虚风侵袭，正邪伤人轻微，所以一般人不了解它的病情，看不到它的病象。高明的医生，在疾病刚开始就救治，先去候查三部九候的脉气，及时调治，不使脉气衰败，所以疾病容易痊愈，所以叫高明的医生。而低劣的医生，却等疾病已形成，或疾病已经败坏时才治疗。等到病已形成后才治疗，就是不懂得三部九候的脉气混乱是由疾病发展所导致的。他所谓知道疾病的所在，只不过是知道三部九候病脉的所在部位罢了。所以这就像把守门户一样，已经陷入了被动地位。其原因就是不了解病理，而只看到病症的表面现象。

【原文】 帝曰：余闻补泻，未得其意。

岐伯曰：泻必用方。方者，以气方盛也[1]，以月方满也，以日方温也，以身方定也。以息方吸而内针[2]，乃复候其方吸而转针[3]，乃复候其方呼而徐引针[4]。故曰泻必用方，其气乃行焉。补必用员[5]。员者行也，行者移也，刺必中其荣[6]，复以吸排针也[7]。故员与方，排针也。故养神者，必先知形之肥瘦，荣卫血气之盛衰。血气者，人之神，不可不谨养。

【注释】 ①方盛：正盛。②内针：进针。内，同"纳"。③转针：捻转针。④引针：拔出针。⑤员：同"圆"。⑥荣：指荣分、血脉。⑦排针：推移其针。

【译文】 黄帝道：我听说针法有补有泻，但不懂它的含义。

岐伯说：泻法必须掌握一个"方"字。因为"方"就是病人邪气正盛，月亮正圆，天气正温和，身体尚安定的时候。要在病人正吸气的时候进针，再等到他正吸气的时候转针。还要等他正呼气的时候慢慢地拔出针来，所以说"泻必用方"，这样，邪气排出，正气流畅，病就会好了。补法必须掌握一个"圆"字。"圆"就是使气运行的意思，行气就是导移血气以至病所，针刺时必须达到荣分，还要在病人吸气时推移其针。所以说圆与方的行针，

都要用排针之法。所以善用针术养神的人,必须观察病人形体的肥瘦和荣卫血气的盛衰。因为血气是人的神气寄存之处,不可不谨慎调养。

**【原文】** 帝曰:妙乎哉论也!合人形于阴阳四时,虚实之应,冥冥之期,其非夫子孰能通之?然夫子数言形与神,何谓形?何谓神?愿卒闻之。

岐伯曰:请言形,形乎形,目冥冥。问其所病,索之于经,慧然在前。按之不得,不知其情,故曰形。

**【译文】** 黄帝说:讲得妙极了!把人的形体与阴阳四时结合起来,虚实的感应,无形的病况,要不是夫子您谁能明白呢?然而夫子多次说到形和神,究竟什么叫形神?希望详细听听。

岐伯说:请让我先讲形。所谓形,就是说还没有对疾病看得很清楚。问病人的病痛,再从经脉的变化去探索,病情才突然出现在眼前。要是按寻而不可得,便不知道病情了。因为靠诊察形体,才能知道病情,所以叫作形。

**【原文】** 帝曰:何谓神?

岐伯曰:请言神。神乎神,耳不闻,目明心开而志先,慧然独悟,口弗能言[①]。俱视独见[②],适若昏[③],昭然独明[④],若风吹云,故曰神。三部九候为之原,九针之论不必存也。

**【注释】** ①口弗能言:不能用言语形容。②俱视独见:大家共同察看,唯有自己能看见。③适:刚才。④昭然:明显、显著的样子。独:又。

**【译文】** 黄帝道:那什么叫神呢?

岐伯说:请让我讲讲神。所谓神,就是耳不闻杂声,目不见异物,心志开朗,非常清醒地领悟其中的道理,但这不是用言语所能表达的。有如观察一种东西,大家都在看,但只是自己看得真,刚才还好像很模糊的东西,突然明显起来,好像风吹云散,这就叫作神。对神的领会,是以三部九候脉法为本源的,真能达到这种地步,九针之论,就不必太拘泥了。

## 热论篇

**【题解】**

本篇对热病的概念、成因、主证、传变规律、治疗大法、禁忌和预后等问题做了较为系统的论述,是一篇研究热病的重要文献,所以名《热论篇》。东汉医家张仲景创立的六经辨证的理论体系就以《热论篇》为其理论来源之一。张仲景在《伤寒杂病论》序中说:"撰用《素问》《九卷》《八十一难》《阴阳大论》《胎胪药录》,并平脉辨证,为《伤寒杂病论》,合十六卷。"

**【原文】** 黄帝问曰:今夫热病者[①],皆伤寒之类也[②]。或愈或死,其死皆以六七日之间,其愈皆以十日以上者,何也?不知其解,愿闻其故。

岐伯对曰:巨阳者[③],诸阳之属也。其脉连于风府[④],故为诸阳主气也。人之伤于寒也,则为病热,热虽甚不死。其两感于寒而病者[⑤],必不免于死。

**【注释】** ①热病:指一切外感发热性疾病,如温病、暑病、风病等。②伤寒:指广义

的伤寒，即多种外感病的总称。③巨阳：即太阳。巨、太，都是“大”的意思，所以太阳，也称为“巨阳”。④风府：穴名。在项后入发际一寸，属督脉。⑤其：如果。两感于寒而病者：表里俱受寒邪，也就是阴阳俱病。

【译文】 黄帝问道：一般所谓热病，都属于伤寒一类。有的痊愈了，有的死亡了，死亡的都在六七日之间，痊愈的大约在十日以上，这是什么道理？我不知其中的缘故，希望听听其中的道理。

岐伯答道：足太阳经，是诸阳联属会合之处。它的经脉上连风府，所以能够为诸阳主气。人为寒邪所伤，就要发热，如果单是发热，即便热得很厉害，也不会死。但假如阳经、阴经同时感受寒邪为病，就必然死亡。

**【原文】 帝曰：愿闻其状。**

**岐伯曰：伤寒一日，巨阳受之，故头项痛，腰脊强。二日，阳明受之，阳明主肉，其脉挟鼻络于目，故身热，目疼而鼻干，不得卧也。三日，少阳受之，少阳主胆，其脉循胁络于耳，故胸胁痛而耳聋。三阳经络皆受其病，而未人于脏者，故可汗而已；四日，太阴受之，太阴脉布胃中，络于嗌，故腹满而嗌干。五日，少阴受之，少阴脉贯肾络于肺，系舌本，故口燥舌干而渴。六日，厥阴受之，厥阴脉循阴器而络于肝，故烦满而囊缩[1]。三阴三阳，五脏六腑皆受病，荣卫不行[2]，五脏不通，则死矣。**

【注释】 ①烦满而囊缩：烦闷并且阴囊紧缩。②荣卫：营气、卫气。荣，通“营”。

【译文】 黄帝道：希望听听伤寒的症状。

岐伯说：伤寒第一天，太阳经感受寒邪，所以头项疼痛，腰脊僵硬。第二天，病邪传到阳明，阳明经主肌肉，它的经脉挟鼻，络于目，所以身热、目疼、鼻干，不能安卧。第三天，病邪传到少阳，少阳主胆，它的经脉循行于两胁，络于两耳，所以胸胁痛，耳聋。如果三阳经络都已受病，但还没有传入到脏腑里的，可以用发汗来治愈。第四天，病邪传到太阴，太阴经脉分布于胃，络于咽嗌，所以腹胀满，咽嗌发干。第五天，病邪传入少阴，少阴经脉通肾、络肺，连系舌根，所以口燥，舌干而渴。第六天，病邪传入厥阴，厥阴经脉环绕阴器，络于肝，所以烦闷、阴囊紧缩。如果三阴三阳经、五脏六腑都受了病害，营卫不运行，腑脏不通畅，那就要死了。

**【原文】 其不两感于寒者，七日，巨阳病衰，头痛少愈。八日，阳明病衰，身热少愈。九日，少阳病衰，耳聋微闻。十日，太阴病衰，腹减如故，则思饮食。十一日，少阴病衰，渴止不满，舌干已而嚏。十二日，厥阴病衰，囊纵[1]，少腹微下，大气皆去[2]，病日已矣。**

【注释】 ①囊纵：阴囊松缓。②大气：邪气。

【译文】 如果不是两感于寒邪，到第七天，太阳病就会减轻，头痛也就会稍好一些。到第八天，阳明病会减轻，身热也会渐渐消退。到第九天，少阳病会减轻，耳聋也会好转而能听到点声音。到第十天，太阴病会减轻，胀起的腹部也会平软得和往常一样，就想吃东西了。到第十一天，少阴病会减轻，口不渴了，也不胀满了，舌也不干了，还会打喷嚏。到第十二天，厥阴病减轻了，阴囊也松缓下来，少腹部也觉得舒服，邪气全退了，病也就好了。



**【原文】 帝曰：治之奈何？**

**岐伯曰：治之各通其脏脉，病日衰已矣。其未满三日者，可汗而已；其满三日者，可泄而已。**

【译文】 黄帝又问：怎样治疗呢？

岐伯回答说：治疗的方法，应根据脏腑经脉的症状，分别施治，疾病就会日渐衰退。受病未满三天的，可以通过发汗治愈；病已超过三天的，可以通过泻下治愈。

【原文】 **帝曰：热病已愈，时有所遗者[①]，何也？**

**岐伯曰：诸遗者，热甚而强食之，故有所遗也。若此者，皆病已衰而热有所藏[②]，因其谷气相薄，两热相合[③]，故有所遗也。**

**帝曰：善。治遗奈何？**

**岐伯曰：视其虚实，调其逆从，可使必已矣。**

**帝曰：病热当何禁之？**

**岐伯曰：病热少愈，食肉则复，多食则遗，此其禁也。**

【注释】 ①遗：遗留余热。②热有所藏：残余之热未尽。藏，残留。③两热：指病的余热和新食谷气的热。

【译文】 黄帝道：热病已经好了，常常遗有余热，为什么？

岐伯说：凡是余热，都是因为发热重的时候，还勉强吃东西造成的。像这样，病虽然已经减轻，可是余热未尽，于是谷气与余热搏结在一起，所以就有余热现象。

黄帝说：说得好。那么怎样治疗余热呢？

岐伯说：只要根据病的或虚或实，而分别给以正治和反治，病就会好的。

黄帝道：患了热病有什么禁忌呢？

岐伯说：患热病的，如果稍好些，马上吃肉类食物，就会复发，如果多吃谷食，也会有余热，这就是热病的禁忌。

【原文】 **帝曰：其病两感于寒者，其脉应与其病形何如？**

**岐伯曰：两感于寒者，病一日，则巨阳与少阴俱病，则头痛，口干而烦满；二日，则阳明与太阴俱病，则腹满，身热，不欲食，谵言[①]；三日，则少阳与厥阴俱病，则耳聋，囊缩而厥。水浆不入，不知人，六日死。**

**帝曰：五脏已伤，六腑不通，荣卫不行，如是之后，三日乃死，何也？**

**岐伯曰：阳明者，十二经脉之长也。其血气盛，故不知人，三日其气乃尽，故死矣。**

【注释】 ①谵言：神志不清，语无伦次。

【译文】 黄帝道：假如两感于寒的病人，它的脉象和症状怎样呢？

岐伯说：两感于寒的病人，第一天太阳和少阴二经都患病，就有头痛、口干、烦闷而渴的症状；第二天阳明与太阴二经都患病，就有腹满、发烧、不想吃东西，语无伦次的症状；第三天少阳与厥阴二经都患病，就有耳聋、阴囊紧缩、厥逆的症状。如果再发展到水浆不入口，昏迷不醒，第六天就得死。

黄帝说：病情发展到五脏都已损伤，六腑不通，营卫不和的地步以后，三天之后就死亡了，这是为什么？

岐伯说：阳明经是十二经脉中最重要的。这一经血气与邪气都盛，正邪相搏病人容

易神志昏迷，三天以后阳明经气已尽，所以就死亡了。

**【原文】** **凡病伤寒而成温者[1]，先夏至日者为病温，后夏至日者为病暑。暑当与汗皆出，勿止。**

**【注释】** ①温：此指温热病。

**【译文】** 凡伤于寒邪而变成温病的，在夏至以前发病的叫作温病；在夏至以后发病的叫作暑病。暑病应当发汗，使热从汗出，而不能止汗。

## 咳论篇

**【题解】**

本篇讨论了各种咳嗽的成因、症状、传变、治疗等；特别指出了咳嗽虽然为肺病，而五脏六腑之病皆能犯肺作咳。因为本篇是专论咳嗽，所以篇名《咳论》。本篇名言："五脏六腑皆令人咳，非独肺也。"

**【原文】** **黄帝问曰：肺之令人咳，何也？**

**岐伯对曰：五脏六腑皆令人咳，非独肺也。**

**帝曰：愿闻其状。**

**岐伯曰：皮毛者，肺之合也。皮毛先受邪气，邪气以从其合也[1]。其寒饮食入胃，从肺脉上至于肺则肺寒，肺寒则外内合邪[2]，因而客之，则为肺咳。五脏各以其时受病[3]，非其时，各传以与之。人与天地相参[4]，故五脏各以治时感于寒则受病[5]。微则为咳，甚者为泄为痛。乘秋则肺先受邪，乘春则肝先受之，乘夏则心先受之，乘至阴则脾先受之[6]，乘冬则肾先受之。**

**【注释】** ①邪气以从其合也：风寒等邪气侵袭于皮毛，再深入于肺。②外内合邪：外，皮毛感受风寒邪气。内，胃有寒饮食在内。二者相合而伤肺，这就是"外内合邪"。③五脏各以其时受病：五脏各有所主的时令，如肝主春，心主夏，脾主长夏，肺主秋，肾主冬，各在主时易受病。④相参：相合，相应。⑤治时：指五脏所主的时令，也叫旺时。⑥至阴：农历六月为至阴，也称季夏。

**【译文】** 黄帝问道：肺脏能使人咳嗽，为什么？

岐伯回答说：五脏六腑都能使人咳嗽，不只是肺脏能使人咳嗽。

黄帝道：希望听听具体情况。

岐伯说：皮毛主表，和肺是相配合的。皮毛受了寒气，寒气就会侵入肺脏。假若喝了冷水或者吃了冷东西，寒气人胃，从肺脉上注于肺，肺也会因此受寒。这样，内外的寒邪互相结合，留止在肺脏，就成为肺咳。至于五脏六腑的咳嗽，是五脏各在所主的时令受病，并不是肺在它所主之时受病，各自传给它的。人与天地相参应，五脏各在它所主的时令中受了寒邪，便能得病。若轻微的，就是咳嗽；严重的，寒气入里，就成为泻泄、腹痛。一般情况是在秋天肺先受邪，在春天肝先受邪，在夏天心先受邪，在夏季脾先受邪，在冬天肾先受邪。

**【原文】** **帝曰：何以异之？**

岐伯曰：肺咳之状，咳而喘，息有音，甚则唾血[1]。心咳之状，咳则心痛，喉中介介如梗状[2]，甚则咽肿喉痹。肝咳之状，咳则两胁下痛，甚则不可以转，转则两胠下满，脾咳之状，咳则右胁下痛，阴阴引肩背[3]，甚则不可以动，动则咳剧。肾咳之状，咳则腰背相引而痛，甚则咳涎[4]。

【注释】 ①唾血：血随咳唾而出。②介介：形容喉中有物如梗塞状。③阴阴：即隐隐。④咳涎：咳出粘沫。

【译文】 黄帝问道：怎样来区别这些咳嗽呢？

岐伯说：肺咳的症状，咳嗽的时候，喘息有声音，严重的，还会唾血。心咳的症状，咳嗽的时候，感到心痛，喉中像有东西堵塞，严重的，咽喉肿痛闭塞。肝咳的症状，咳嗽的时候，两胁疼痛，严重的，不能行走，如果行走，两脚就会浮肿。脾咳的症状，咳嗽的时候，右胁痛，隐隐然痛牵肩背，严重的，不能活动，一活动，咳嗽就加重。肾咳的症状，咳嗽的时候，腰背互相牵扯作痛，严重的，就要咳出粘沫来。

【原文】 帝曰：六腑之咳奈何？安所受病？

岐伯曰：五脏之久咳，乃移于六腑。脾咳不已，则胃受之；胃咳之状，咳而呕，呕甚则长虫出。肝咳不已，则胆受之；胆咳之状，咳呕胆汁。肺咳不已，则大肠受之；大肠咳状，咳而遗矢[1]。心咳不已，则小肠受之；小肠咳状，咳而失气[2]，气与咳俱失。肾咳不已，则膀胱受之；膀胱咳状，咳而遗溺。久咳不已，则三焦受之，三焦咳状，咳而腹满，不欲食饮。此皆聚于胃，关于肺，使人多涕唾而面浮肿气逆也[3]。

【注释】 ①遗矢：即大便失禁。矢，通“屎”。②失气：即放屁。③涕唾：稠痰。

【译文】 黄帝道：六腑咳嗽的症状怎样？又是怎么得病的呢？

岐伯说：五脏咳嗽，日久不愈，就要转移到六腑。脾咳不好，胃就要受病；胃咳的症状，咳而呕吐，厉害的时候，可呕出蛔虫。肝咳不好，胆就要受病；胆咳的症状，咳嗽起来，可吐出胆汁。肺咳不好，大肠就要受病；大肠咳的症状，咳嗽的时候，大便失禁。心咳不好，小肠就要受病；小肠咳的症状，咳嗽时要放屁，经常是咳嗽和放屁并作。肾咳不好，膀胱就要受病；膀胱咳的症状，咳嗽的时候，小便失禁。以上各种咳嗽，如果经久不愈，那么三焦就要受病；三焦咳的症状，是咳嗽的时候，肚肠胀满，不想吃东西。这些咳嗽，无论是哪一脏腑的病变，其寒邪都是聚合于胃，联属于肺，使人多吐稠痰，面目浮肿，气逆。

【原文】 帝曰：治之奈何？

岐伯曰：治脏者，治其俞[1]；治腑者，治其合[2]；浮肿者，治其经[3]。

帝曰：善。

【注释】 ①俞：输穴。②合：合穴。③经：经穴。输、合、经穴之义，详见本书《九针十二原》注。

【译文】 黄帝问道：治疗的方法怎样？

岐伯说：治疗五脏的咳嗽，要取腧穴；治疗六腑的咳嗽，要取合穴；凡是由于咳嗽而致浮肿的，要取经穴。

黄帝说：说得好！

## 痹论篇

【题解】

痹,闭也,闭阻不通之义。痹病为邪风侵袭于肌肉骨节经络之间,导致气血运行不畅或闭阻不通,引起肢节疼痛、麻木、屈伸不利的病症;还包括邪气所引起的全身性的多种疾病在内。由于本篇系统论述了痹病的病因、病机、症状、分类、治法和预后等,所以篇名叫《痹论》。本篇名言:“饮食自倍,肠胃乃伤。”

**【原文】 黄帝问曰:痹之安生[①]?**

**岐伯对曰:风寒湿三气杂至合而为痹也。其风气胜者为行痹[②],寒气胜者为痛痹[③],湿气胜者为著痹也[④]。**

【注释】 ①痹:闭阻不通。②行痹:又称“风痹”。表现为肢节疼痛,游走不定。③痛痹:又称“寒痹”。表现为肢体疼痛较重,得热则缓,遇冷加剧。④著痹:又称“湿痹”。表现为肢体疼痛重著,固定不移,或肌肉麻本不仁。

【译文】 黄帝问道:痹病是怎样发生的?

岐伯回答说:风、寒、湿三气混杂在一起入侵人体而形成痹证。风偏重的,叫行痹;寒偏重的,叫痛痹;湿偏重的,叫作著痹。

**【原文】 帝曰:其有五者何也?**

**岐伯曰:以冬遇此者为骨痹[①];以春遇此者为筋痹[②];以夏遇此者为脉痹[③];以至阴遇此者为肌痹[④];以秋遇此者为皮痹[⑤]。**

【注释】 ①骨痹:病名。表现为骨痛,身重,四肢沉重难举。②筋痹:病名。表现为筋脉拘急,关节疼痛,难以屈伸。③脉痹:病名。表现为不规则的发热,肌肤有灼热感,疼痛,皮肤或见红斑。④肌痹:病名。表现为肌肉麻木,或酸痛无力、困倦、汗出等。⑤皮痹:病名。表现为皮肤枯槁麻木,微觉痛痒。

【译文】 黄帝道:痹病分为五种,都是什么?

岐伯说:在冬天得病的叫骨痹;在春天得病的叫筋痹;在夏天得病的叫脉痹;在夏季得病的叫肌痹;在秋天得病的叫皮痹。

**【原文】 帝曰:内舍五脏六腑,何气使然?**

**岐伯曰:五脏皆有合,病久而不去者,内舍其合也[①]。故骨痹不已,复感于邪,内舍于肾;筋痹不已,复感于邪,内舍于肝;脉痹不已,复感于邪,内舍于心;肌痹不已,复感于邪,内舍于脾;皮痹不已,复感于邪,内舍于肺。所谓痹者,各以其时重感于风寒湿之气也[②]。**

【注释】 ①内舍:指病邪居留潜藏于内。合:五脏与五体内外相应。②各以其时:指五脏所主的季节,如肝主春,心主夏,脾主长夏,肺主秋,肾主冬。

【译文】 黄帝道:痹病的病邪有内藏于五脏六腑的,这是什么气使它这样的呢?

岐伯说:五脏都有外合的筋、脉、肉、皮、骨,病邪久留在体表不去,就会侵入它所相应的内脏。所以骨痹不愈,又感受了邪气,就内藏于肾;筋痹不愈,又感受了邪气,就内藏于肝;脉痹不愈,又感受了邪气,就内藏于心;肌痹不愈,又感受了邪气,就内藏于脾;皮痹不

愈，又感受了邪气，就内藏于肺。所谓的痹病，是在五脏所主季节里感受风、寒、湿三气所形成的。

【原文】 **凡痹之客五脏者，肺痹者，烦满喘而呕。心痹者，脉不通，烦则心下鼓[①]，暴上气而喘[②]，嗌干善噫，厥气上则恐。肝痹者，夜卧则惊，多饮数小便，上为引如怀。肾痹者，善胀[③]，尻以代踵[④]，脊以代头[⑤]。脾痹者，四支解堕[⑥]，发咳呕汁，上为大塞[⑦]。肠痹者，数饮而出不得，中气喘争[⑧]，时发飧泄。胞痹者，少腹膀胱按之内痛，若沃以汤[⑨]，涩于小便，上为清涕。**

【注释】 ①心下鼓：即心悸。②暴上气而喘：气逆上冲而致喘。③善胀：肿胀，胀满。④尻以代踵：能坐不能行。⑤脊以代头：背曲头俯不能仰，脊骨高耸反过于头。⑥四支解堕：四肢困倦无力。⑦大塞：即痞塞。⑧中气喘争：肠胃之气上迫于肺以致喘息气急。⑨若沃以汤：好像浇了热水的样子。汤，热水。

【译文】 凡痹病侵入到五脏，肺痹的症状，是烦闷，喘息而呕。心痹的症状，是血脉不通，心烦而且心跳，暴气上冲而喘，咽喉干燥，经常嗳气。逆气上乘于心，就令人惊恐。肝痹的症状，是夜间睡眠多惊，好饮水，小便次数多，上引少腹，膨满像怀孕时一样。肾痹的症状，是浑身肿胀，胀得能坐而不能行，能低头而不能仰头，好像用尾骨着地，又好像颈骨下倾、脊骨上耸一样。脾痹的症状，是四肢倦怠无力，咳嗽，呕吐清汁，胸部痞塞。肠痹的症状，是常常喝水而小便困难，中气上逆，喘而急迫，有时要发生飧泄。胞痹的症状，是手按小腹、膀胱，内有痛感，且腹中觉热，好像浇了热水一样，小便涩滞，上部鼻流清涕。

【原文】 **阴气者[①]，静则神藏，躁则消亡。饮食自倍，肠胃乃伤[②]。淫气喘息，痹聚在肺；淫气忧思，痹聚在心；淫气遗溺，痹聚在肾；淫气乏竭[③]，痹聚在肝；淫气肌绝，痹聚在脾。诸痹不已，亦益内也。其风气胜者，其人易已也。**

【注释】 ①阴气：此处指五脏精气。②饮食自倍，肠胃乃伤：如果饮食过多了，肠胃就要受到损伤。自，若，如果。③乏竭：疲乏口渴。

【译文】 五脏的阴气，安静时就精神内藏，躁动时就易于耗散。假如饮食过多了，肠胃就要受伤。气失其平和而喘息急促，那么风寒湿的痹气就容易凝聚在肺；气失其平和而忧愁思虑，那么风寒湿的痹气就容易凝聚在心；气失其平和而遗尿，那么风寒湿的痹气就容易凝聚在肾；气失其平和而疲乏口渴，那么风寒湿的痹气就容易凝聚在肝；气失其平和而过饥伤胃，那么风寒湿的痹气就容易凝聚在脾。各种痹病日久不愈，会越来越往人体的内部发展。如属于风气较胜的，那么病人就比较容易痊愈。

【原文】 **帝曰：痹，其时有死者，或疼久者，或易已者，其故何也？**

**岐伯曰：其人脏者死，其留连筋骨者疼久[①]，其留皮肤间者易已。**

【注释】 ①留连：即流连。

【译文】 黄帝问：痹病时有会死的，有疼痛很久不好的，有很快就好的，这是什么缘故？

岐伯说：痹病侵入五脏的，就会死亡；缠绵在筋骨里的，疼痛就会长久不好；如邪气只留在皮肤里的，那就容易好。

【原文】 **帝曰：其客于六腑者，何也？**

岐伯曰:此亦其食饮居处[①],为其病本也。六腑亦各有俞[②],风寒湿气中其俞,而食饮应之,循俞而入,各舍其府也。

【注释】 ①"此亦"句:饮食不节,居处失宜,是腑痹致病的根本原因。②"六腑"句:六腑各有腧穴。亦,语助词。

【译文】 黄帝道:痹病有的侵入到六腑,是什么情况?

岐伯说:这是由于饮食不节,居处失宜,成为腑痹的根本原因。六腑各有腧穴,风、寒、湿三气从外侵袭了一定的腧穴,而又内伤饮食,外内相应,病邪就循着腧穴而入,各自潜留在本腑。

【原文】 帝曰:以针治之奈何?

岐伯曰:五脏有俞[①],六腑有合[②],循脉之分,各有所发,各随其过,则病瘳也[③]。

【注释】 ①五脏有俞:即五脏各有输穴。如肝输太冲,心输大陵,脾输太白,肺输太渊,肾输太溪。②六腑有合:六腑各有合穴。如胃之合三里,胆之合阳陵泉,大肠之合曲池,小肠之合小海,三焦之合委阳,膀胱之合委中。③瘳:病愈。

【译文】 黄帝道:用针刺治疗痹证应怎样?

岐伯说:五脏有输穴,六腑有合穴,循着经脉所属的部分,各有发生疾病的部位,只要在各发生疾病的地方进行治疗,病就会痊愈的。

【原文】 帝曰:荣卫之气,亦令人痹乎?

岐伯曰:荣者[①],水谷之精气也。和调于五脏,洒陈于六腑[②],乃能人于脉也,故循脉上下,贯五脏络六腑也。卫者,水谷之悍气也[③],其气慓疾滑利,不能入于脉也,故循皮肤之中,分肉之间,熏于肓膜[④],散于胸腹。逆其气则病,从其气则愈。不与风寒湿气合,故不为痹。

【注释】 ①荣者:指荣气,也称营气。②洒陈:散布。③悍气:强悍之气。④肓膜:心下膈上之膜。

【译文】 黄帝道:营气、卫气也与风、寒、湿三气相合而成痹病吗?

岐伯说:营气是水谷所化成的精气。它调和于五脏,散布在六腑,然后进入脉中,循着经脉的道路上下,贯通五脏、联络六腑。卫气是水谷所化生的悍气,悍气急滑,不能进入脉中,所以只循行皮肤之中,分肉之间,上熏蒸于肓膜,下散布于胸腹。如果卫气不顺着脉外循行,就会生病,但只要其气顺行,病就会好。总之,卫气是不与风、寒、湿三气相合的,所以不能发生痹病。

【原文】 帝曰:善。痹,或痛,或不仁,或寒,或热,或燥,或湿,其故何也?

岐伯曰:痛者,寒气多也,有寒故痛也。其不痛不仁者,病久入深,荣卫之行涩,经络时疏[①],故不痛;皮肤不营,故为不仁。其寒者,阳气少,阴气多,与病相益,故寒也。其热者,阳气多,阴气少,病气胜,阳遭阴,故为痹热。其多汗而濡者,此其逢湿甚也。阳气少,阴气盛,两气相感[②],故汗出而濡也。

【注释】 ①疏:通。②两气:指湿气与阴气。

【译文】 黄帝道:说得好!痹病有痛的,有麻木的,并有寒、热、燥、湿等不同情况,是什么原因?

岐伯说:痛的是寒气偏多,有寒气就疼痛。麻木不痛的,那是病程日久,病邪深入,营卫运行迟滞,但经络有时还能疏通,所以不痛;皮肤得不到营养,所以麻木不仁。寒多的,是阳气少,阴气多,阴气加剧了风寒湿的痹气,所以寒多;热多的,是阳气多,阴气少,病气过强,阳为阴迫,所以是痹热。多汗出而沾湿的,是感受湿气太甚。阳气不足,阴气有余,阴气和湿气相感,所以多汗出而沾湿。

【原文】 **帝曰:夫痹之为病,不痛何也?**

**岐伯曰:痹在于骨则重,在于脉则血凝而不流,在于筋则屈不伸,在于肉则不仁,在于皮则寒。故具此五者,则不痛也。凡痹之类,逢寒则急,逢热则纵[1]。**

**帝曰:善。**

【注释】 ①纵:弛缓。

【译文】 黄帝道:痹病有不痛的,这是什么缘故?

岐伯说:痹在骨的则身重,痹在脉的则血凝滞而不流畅,痹在筋的则屈而不伸,痹在肌肉的则麻木不仁,痹在皮肤的则寒凉。所以有这五种症状的,就不会有疼痛。大凡痹病之类,遇到寒气就挛急,遇到热气就弛缓。

黄帝说:说得好!

## 调经论篇

【题解】

调经即调治经络。本篇内容,说明了经络是气血运行和沟通脏腑内外的道路,邪气可以由经络传入脏腑或传出体表,所以治疗上要调治经络;并且讨论了运用针刺治疗脏腑经络寒热虚实病变的原理、症状和补泻手法,所以篇名《调经论》。本篇名言:"五脏之道,皆出于经隧,以行血气。血气不和,百病乃变化而生。是故守经隧焉。"

【原文】 **黄帝问曰:余闻刺法言,有余泻之,不足补之,何谓有余?何谓不足?**

**岐伯对曰:有余有五,不足亦有五,帝欲何问?**

**帝曰:愿尽闻之。**

**岐伯曰:神有余有不足,气有余有不足,血有余有不足,形有余有不足,志有余有不足。凡此十者,其气不等也。**

【译支】黄帝问道:我听刺法上说,病属有余的用泻法,病属不足的用补法。什么是有余,什么是不足呢?

岐伯回答说:有余有五种,不足也有五种,你要问哪一种呢?

黄帝道:希望都听听!

岐伯说:神有有余和不足,气有有余和不足,血有有余和不足,形有有余和不足,志有有余和不足。这十种情况,随气流变,变化无穷。

【原文】 **帝曰:人有精气津液,四支九窍,五脏十六部[1],三百六十五节[2],乃生百病,百病之生,皆有虚实。今夫子乃言有余有五,不足亦有五,何以生之乎?**

**岐伯曰:皆生于五脏也。夫心藏神,肺藏气,肝藏血,脾藏肉,肾藏志,而此成形。志**

**意通，内连骨髓，而成身形五脏。五脏之道，皆出于经隧，以行血气。血气不和，百病乃变化而生。是故守经隧焉[3]。**

**【注释】** ①十六部：指手足十二经脉，二跻脉，一督脉，一任脉。②三百六十五节：指人的全身关节。③经隧：经脉流行之道。

**【译文】** 黄帝问道：人有精气津液，四肢、九窍，五脏、十六部，三百六十五节，能够发生各种疾病，而各种疾病发生，各有虚实的不同。现在，夫子您只说有余的有五种，不足的也有五种，究竟是怎样发生的呢？

岐伯说：都是从五脏发生的。心藏神，肺藏气，肝藏血，脾藏肉，肾藏志，因而生成人的形体。而志意通达，与内部骨髓互相连系，而形成了人的身体五脏。五脏之间相互联系的通道，都是出自经脉之间，从而运行血气。如果血气不调和，就会变化发生各种疾病。所以诊断治疗，要以经脉作为根据。

**【原文】 帝曰：神有余不足何如？**

**岐伯曰：神有余则笑不休，神不足则悲。血气未并[1]，五脏安定，邪客于形，洒淅起于毫毛，未入于经络也，故命曰神之微[2]。**

**帝曰：补泻奈何？**

**岐伯曰：神有余，则泻其小络之血，出血勿之深斥[3]，无中其大经，神气乃平。神不足者，视其虚络[4]，按而致之，刺而利之，无出其血，无泄其气，以通其经，神气乃平。**

**帝曰：刺微奈何？**

**岐伯曰：按摩勿释，著针勿斥，移气于不足，神气乃得复。**

**【注释】** ①血气未并：血气未有偏聚。②神之微：心经的微邪。因心藏神，故有此说。③深斥：推针深刺。④虚络：指虚而陷下的络脉。

**【译文】** 黄帝问：神有余和不足的情况如何？

岐伯说：神有余就大笑不止，神不足就悲忧。如果病邪还未与血气混杂，那么，五脏还是安定的，这时病邪只是滞留在身体表面，只是肌肤毫毛恶寒，尚未进入经络，这叫作心经的微邪。

黄帝又问：治疗时怎样使用补泻之法呢？

岐伯说：神有余的，就刺它的小络之脉，使之出血，使之出血但不要推针深刺，更不要刺伤大的经脉，这样，神气就自然平调了。神不足的要用补法，看准那虚络，按摩以达病所，再配合针刺通利经气，不令出血，也不使其气外泄，只是疏通它的经脉，神气就平调了。

黄帝又问：针刺微邪应该怎样？

岐伯说：按摩病处，不要停止，针刺时不向深推针，只是引导转移病人之气，使之充足，神气就能恢复。

**【原文】 帝曰：善。有余不足奈何？**

**岐伯曰：气有余则喘咳上气，不足则息不利少气。血气未并，五脏安定，皮肤微病，命曰白气微泄。**

**帝曰：补泻奈何？**

岐伯曰:气有余,则泻其经隧,无伤其经,无出其血,无泄其气。不足,则补其经隧,无出其气。

帝曰:刺微奈何?

岐伯曰:按摩勿释,出针视之,曰故将深之。适入必革,精气自伏,邪气散乱[①],无所休息,气泄腠理,真气乃相得。

【注释】 ①"精气"两句:精气贯注于内,邪气散乱于浅表。

【译文】 黄帝道:很好!气有余和不足的情况是怎样的?

岐伯说:气有余就喘咳、上逆,气不足就呼吸不利、气短。如果邪气尚未与气血混杂,那么五脏还是安定的,这时皮肤只是微病,病势尚轻,这叫作肺气微虚。

黄帝又问道:补泻的方法怎样?

岐伯说:气有余就泻经隧,但不要伤了经脉,不能出血,不能气泄。如气不足的,就要补经隧,不能出气。

黄帝又问道:针刺微病时应怎样?

岐伯说:应按摩病处,不要停止,同时拿出针让病人看,并佯说,准备深刺。但是刚进针还是改为浅刺,这样病人的精气自然贯注于内,而邪气就散乱于浅表,无处留止,邪气从腠理发泄了,真气自然就能恢复正常。

【原文】 帝曰:善。血有余不足奈何?

岐伯曰:血有余则怒,不足则恐。血气未并,五脏安定,孙络外溢,则络有留血[①]。

帝曰:补泻奈何?

岐伯曰:血有余,则泻其盛经出其血;不足,则视其虚经,内针其脉中。久留而视,脉大,疾出其针,无令血泄。

帝曰:刺留血奈何?

岐伯曰:视其血络,刺出其血,无令恶血得人于经,以成其疾。

【注释】 ①络有留血:络内血行不畅,有留滞现象。

【译文】 黄帝说:很好!血有余和不足的情况是怎样的?

岐伯说:血有余就易发怒,血不足就易悲忧。如果邪气尚未与血气混杂,五脏还安定,只是孙络邪盛外溢,络内就会有淤血现象。

黄帝又问道:补泻的方法怎样?

岐伯说:血有余,泻他的盛经,刺之出血;血不足,看他虚弱的经脉,把针扎在经脉上。在进针后,如病人脉象正常,留针时间就要稍长;如脉见洪大,就要立刻拔针,不使出血。

黄帝又问道:刺留血的方法怎样?

岐伯说:看准哪有留血的络脉,刺出其血,但注意不要让恶血回流入经脉,而引起其他疾病。

【原文】 帝曰:善。形有余不足奈何?

岐伯曰:形有余则腹胀,泾溲不利[①];不足则四支不用。血气未并,五脏安定,肌肉蠕动,命曰微风。

帝曰:补泻奈何?

**岐伯曰：形有余则泻其阳经[2]，不足则补其阳络。**

**帝曰：刺微奈何？**

**岐伯曰：取分肉间，无中其经，无伤其络，卫气得复，邪气乃索[3]。**

**【注释】** ①泾溲不利：大小便不利。②阳经：和下文的“阳络”，指足阳明经脉、足阳明络脉。③索：消散。

**【译文】** 黄帝道：很好！形有余和不足的情况是怎样的？

岐伯说：形有余就腹胀，小便不利；形不足则手足不灵活。如果邪气尚未与血气混杂，五脏还安定，只是肌肉有些微微蠕动的感觉，这叫“微风”。

黄帝又问道：补泻的方法怎样？

岐伯说：形有余就泻足阳明胃经的经脉之气，形不足就补足阳明胃经的络脉之气。

黄帝又问道：针刺微风之病应怎样？

岐伯说：刺其分肉间以散其邪，不要刺中经脉，也不要伤及络脉，卫气能够恢复，邪气就消散了。

**【原文】 帝曰：善。志有余不足奈何？**

**岐伯曰：志有余则腹胀飧泄，不足则厥。血气未并，五脏安定，骨节有动[1]。**

**帝曰：补泻奈何？**

**岐伯曰：志有余则泻然筋血者[2]，不足则补其复溜[3]。**

**帝曰：刺未并奈何？**

**岐伯曰：即取之，无中其经，邪所乃能立虚。**

**【注释】** ①骨节有动：骨节之间有微动感。②然筋：即然谷穴。③复溜：穴名。在足内踝上二寸处，属足少阴肾经。

**【译文】** 黄帝道：很好！志有余和不足的情形是怎样的？

岐伯说：志有余就要腹胀飧泄，志不足就手足厥冷。如果邪气尚未与气血混杂，那么五脏还是安定的，只是骨节间有微动感。

黄帝又道：补泻的方法是怎样的？

岐伯说：志有余就刺泻然谷出血，志不足就在复溜穴采取补法。

黄帝又问道：在邪气与血气尚未相混的时候，怎样刺治呢！

岐伯说：就刺骨节微动的地方，不要伤及经脉，只刺邪所留止处，病邪马上就能除去。

**【原文】 帝曰：善。余已闻虚实之形，不知其何以生。**

**岐伯曰：气血以并，阴阳相倾[1]。气乱于卫，血逆于经，血气离居[2]，一实一虚。血并于阴，气并于阳，故为惊狂。血并于阳，气并于阴，乃为炅中[3]。血并于上，气并于下，心烦惋善怒[4]。血并于下，气并于上，乱而喜忘。**

**帝曰：血并于阴，气并于阳，如是血气离居，何者为实？何者为虚？**

**岐伯曰：血气者，喜温而恶寒。寒则泣不能流，温则消而去之[5]，是故气之所并为血虚[6]，血之所并为气虚。**

**【注释】** ①阴阳相倾：阴阳失去平衡。②血气离居：血气失去正常状态。③炅中：内热。④惋：闷。⑤温则消而去之：温暖则气血散开而流走。⑥并：偏胜。

【译文】 黄帝道:很好!我已经听到关于虚实的各种情况,但还不知道是怎样产生的?

岐伯说:虚实的发生,是由于邪气与血气混杂,阴阳混乱,失去平衡。这样,气窜乱于卫分,血逆行于经络,血气都离了本位,就形成了一虚一实的情况。如果血与阴邪相混,气与阳邪相混,就会发生惊狂的病症。如果血与阳邪相混,气与阴邪相混,就会发生内热的病症。如果血与邪气在人体上部相混杂,气与邪气在人体下部相混杂,就会心中烦闷,多怒。如果血与邪气在下部相混杂,气与邪气在人体上部相混杂,就会使人气乱健忘。

黄帝道:血与阴邪相混,气与阳邪相混,像这样血气离了本位,怎样才算实,怎样才算虚呢?

岐伯说:血和气都喜欢温暖而厌恶寒冷。寒冷会使血气涩滞不能畅通,温暖就能使血气消散而易于运行,所以气若偏胜,就有血虚的现象;而血若偏胜,就有气虚的现象。

**【原文】 帝曰:人之所有者,血与气耳。今夫子乃言血并为虚,气并为虚,是无实乎?**

**岐伯曰:有者为实,无者为虚,故气并则无血,血并则无气,今血与气相失[①],故为虚焉。络之与孙脉俱输于经,血与气并,则为实焉。血之与气并走于上,则为大厥[②],厥则暴死,气复反则生,不反则死。**

【注释】 ①血与气相失:血和气失去了相互联系。②大厥:突然昏倒,中风之类疾病。

【译文】 黄帝说:人体最宝贵的,就是血和气了。现在夫子您说血偏胜,气偏胜都是虚,那么就没有实了吗?

岐伯说:多余的就叫作实,不足的就叫作虚。因为,气偏胜,血就显得不足;血偏胜,气就显得不足。加之血和气失去了正常联系,所以就成为虚了。大络和孙络里的血气都流注到经脉,如果血与气混杂,那就成为实了。如血和气混杂后,循着经络上逆,就会发生大厥证,得了大厥证,就会突然昏死过去,如果气能恢复就能活,否则就会死去。

**【原文】 帝曰:实者何道从来?虚者何道从去?虚实之要,愿闻其故。**

**岐伯曰:夫阴与阳皆有俞会[①]。阳注于阴,阴满之外,阴阳匀平,以充其形,九候若一,命曰平人。夫邪之生也,或生于阴,或生于阳。其生于阳者,得之风雨寒暑;其生于阴者,得之饮食居处,阴阳喜怒[②]。**

【注释】 ①阴与阳:阴经和阳经。②阴阳:指男女。

【译文】 黄帝道:实是从什么渠道来的?虚又是从什么渠道去的?虚实的关键,我希望听听其中的缘故。

岐伯说:阴经和阳经,都有输入和会合的腧穴。阳经的气血,灌注到阴经,阴经气血充满了,就流走到其他地方,这样阴阳平衡,来充实人的形体,九候的脉象一致,就是正常人。凡邪气的发生,有生于阴分,有生于阳分。生于阳分,是感受了风雨寒暑;生于阴分,是由于饮食不节,起居失常,房事过度,喜怒无常。

**【原文】 帝曰:风雨之伤人奈何?**

**岐伯曰:风雨之伤人也,先客于皮肤,传入于孙脉,孙脉满则传入于络脉,络脉满则输**

于大经脉，血气与邪并客于分腠之间，其脉坚大，故曰实。实者外坚充满，不可按之，按之则痛。

帝曰：寒湿之伤人奈何？

岐伯曰：寒湿之中人也，皮肤收[①]，肌肉坚紧，荣血泣，卫气去，故曰虚。虚者，聂辟气不足[②]，按之则气足以温之，故快然而不痛。

【注释】 ①收：急而聚，拘急。②聂辟：即折皱的意思。此处指皮肤上的皱纹。聂，通"摺"。辟，通"襞"，指衣服上的皱褶。

【译文】 黄帝道：风雨伤人的情况如何？

岐伯说：风雨伤人是先侵入皮肤，然后传入孙脉，孙脉充满再传到络脉，络脉充满就注入大经脉，血气和邪气混杂于分肉腠理之间，其脉象坚大，所以说是实证。实证外表坚实充满，肌肤不能够按触，按触就会疼痛。

黄帝又问：寒湿伤人的情况如何？

岐伯说：寒湿伤人，会使皮肤拘急，肌肉坚紧，营血凝涩，卫气耗散，所以说是虚证。病虚的人，多是皮肤松弛而有皱纹，卫气不足。按摩就会血脉流畅，则气足而温暖了，所以感觉舒服不痛了。

【原文】 帝曰：善！阴之生实奈何？

岐伯曰：喜怒不节则阴气上逆[①]，上逆则下虚，下虚则阳气走之[②]，故曰实矣。

帝曰：阴之生虚奈何？

岐伯曰：喜则气下，悲则气消。消则脉虚空。因寒饮食，寒气熏满，则血泣气去，故曰虚矣。

【注释】 ①喜怒：偏义复词，偏指怒。②下虚则阳气走之：下部阴气不足，阳气就来凑合。

【译文】 黄帝道：很好！阴分发生的实证是怎样的？

岐伯说：多怒不节制，就会使阴气上逆。如果阴气上逆，下部的阴气就要不足，下部的阴气不足，阳气就来凑合，所以说是实证。

黄帝又道：阴分发生的虚症是怎样的？

岐伯说：喜乐太过，其气下陷；悲哀太过，其气消散。气消耗，血脉就虚了。若再吃寒冷的饮食，寒气趁虚而充满于经脉，就会使血涩滞而气耗散，所以说是虚证。

【原文】 帝曰：经言阳虚则外寒，阴虚则内热，阳盛则外热，阴盛则内寒。余已闻之矣，不知其所由然也。

岐伯曰：阳受气于上焦，以温皮肤分肉之间。今寒气在外，则上焦不通，上焦不通，则寒气独留于外，故寒慄。

帝曰：阴虚生内热奈何？

岐伯曰：有所劳倦，形气衰少，谷气不盛，上焦不行，下脘不通。胃气热，热气熏胸中，故内热。

帝曰：阳盛生外热奈何？

岐伯曰：上焦不通利，皮肤致密，腠理闭塞，玄府不通，卫气不得泄越，故外热。

帝曰:阴盛生内寒奈何?

岐伯曰:厥气上逆,寒气积于胸中而不泻,不泻则温气去[①],寒独留,则血凝泣,凝则脉不通,其脉盛大以涩,故中寒。

【注释】 ①温气:阳气。

【译文】 黄帝道:古经上所说的阳虚产生外寒,阴虚产生内热,阳盛产生外热,阴盛产生内寒。我已听到了这种说法,但不知其所以然。

岐伯说:诸阳都是受气于上焦的,来温养腠理之间。现在寒气侵袭于外,就会使上焦之气不能达于肤腠之间,上焦之气不达于肤腠之间,以致寒气独留在外表,所以恶寒战慄。

黄帝又问:阴虚产生内热是怎么回事?

岐伯说:劳倦过度,形体气力衰疲,谷气不足,上焦不能宣发五谷之味,下脘不能布化五谷之精,胃气郁遏生热,上熏胸中,所以阴虚生内热。

黄帝又问:阳盛产生外热是怎么回事?

岐伯说:上焦之气不畅通顺利,皮肤紧密,腠理闭塞,汗孔不通,卫气不能发泄外越,所以就发生外热。

黄帝又问道:阴盛产生内寒是怎么回事?

岐伯说:由于厥逆之气上冲,寒气积在胸中而不得下泻,寒气不泻,使阳气消散,而寒气独留,因而血液疑涩,血液凝涩则脉不通畅,其脉虽盛大却兼涩象,所以成为寒中。

【原文】 帝曰:阴与阳并,血气以并,病形以成,刺之奈何?

岐伯曰:刺此者取之经隧,取血于营,取气于卫,用形哉,因四时多少高下。

帝曰:血气以并,病形以成,阴阳相倾,补泻奈何?

岐伯曰:泻实者气盛乃内针[①],针与气俱内,以开其门,如利其户[②]。针与气俱出,精气不伤,邪气乃下[③]。外门不闭[④],以出其疾,摇大其道,如利其路,是谓大泻。必切而出,大气乃屈。

帝曰:补虚奈何?

岐伯曰:持针勿置[⑤],以定其意。候呼内针,气出针入[⑥]。针空四塞,精无从去。方实而疾出针,气入针出,热不得还。闭塞其门,邪气布散,精气乃得存。动气候时,近气不失,远气乃来,是谓追之[⑦]。

【注释】 ①气盛乃内针:邪气盛才进针。②如:而。③邪气乃下:邪气才退。④外门:针孔。⑤持针勿置:拿针不立即刺入。⑥气出针入:在呼气时将针刺入。⑦追之:针刺中的补法。

【译文】 黄帝道:阴与阳相混杂,同时又与血气相混杂,病已经形成,刺治的方法应怎样?

岐伯说:刺治这样的病症,取其经隧刺之,并刺脉中营血和脉外卫气,同时还要观察病人形体的长短肥瘦和四时气候的不同,而采取或多或少或高或下的刺法。

黄帝又道:邪气已经和血气混杂,病形已成,阴阳失去平衡,这时补法和泻法怎样运用呢?

岐伯说：泻实的方法是在邪气盛时进针，使针与气一起入内，从而开放邪气外泄的门户。拔针时，要使气和针一同出来，精气不受伤，邪气就会消退。不闭塞针孔，让邪气出尽，这就要摇大针孔，从而通利邪气外出的道路，这就叫大泻。拔针时一定要急出其针，邪气才会退。

黄帝又问：补虚的方法又是怎样的？

岐伯说：拿着针先不要忙着针刺，必须定神定志。等待病人呼气时下针，呼气出而针入。这样，针孔四围紧密，使精气没有地方外泄。待气正实的时候迅速把针拔出，气入而针出。这样，针下的热气不能随针而出。堵住其散失之路，而邪气散去，人的精气就能保存了。总而言之，在针刺时，不论入针还是出针都要不失时机，使已得之气不致从针孔外泄散失，使未至之气能够引导而来，这就叫作补法。

**【原文】　帝曰：夫子言虚实者有十①，生于五脏，五脏五脉耳。夫十二经脉皆生其病，今夫子独言五脏。夫十二经脉者，皆络三百六十五节，节有病必被经脉②，经脉之病皆有虚实，何以合之？**

**岐伯曰：五脏者，故得六腑与为表里③。经络支节，各生虚实。其病所居，随而调之。病在脉，调之血；病在血，调之络；病在气，调之卫；病在肉，调之分肉；病在筋，调之筋；病在骨，调之骨。燔针劫刺其下及与急者④。病在骨，焠针药熨；病不知所痛，两跻为上⑤；身形有痛，九候莫病，则缪刺之；痛在于左而右脉病者，巨刺之。必谨察其九候，针道备矣。**

**【注释】**　①虚实者有十：神、气、血、肉、志各有虚实，计有十种情况。②被：及。③故：通“固”，本来。④燔针劫刺：针刺入后，用微火烧其针。⑤两跻：即阴阳跻脉。

**【译文】**　黄帝道：你说虚实有十种，都产生于五脏，具体说是与五脏相联系的五脉。可是人身有十二经脉，能够产生各种病变，现在夫子您只是谈了五脏。那十二经脉，联络人体的三百六十五个气穴，每个气穴有病，必定波及经脉，经脉的病又都有虚实，它们与五脏的虚实关系如何呢？

岐伯说：五脏本来和六腑有表里的关系，其经络和支节，各有虚实的病症。根据病变的所在，随时调治。病在脉，可以调治其血；病在血，可以调治其络；病在气，可以调治其卫气；病在肌肉，可以调治其分肉；病在筋，可以调治其筋。病在骨，可以调治其骨。用火针劫刺病处和拘急的地方。如病在骨，可用火针深刺，并用药温熨病处；如病人不知疼痛，最好针刺阳跻阴跻二脉；如人身的形体有疼痛，而九候的脉象没有变化，就用缪刺法治疗；如疼痛在左侧，而右脉出现病象，用巨刺法治疗。必须谨慎审察病人九候的脉象，然后进行针治，这样，针刺的道理就算完备了。

## 标本病传论篇

**【题解】**

本篇内容是论述疾病的标本关系及其治法，以及疾病的传变和预后等，所以叫“标本病传论”。本书仅选录其论“标本”部分。标本是中医学的重要范畴，相当于哲学上的本末范畴。“标本”的含义较多，“本”指病因、病机，则“标”指症状表现；“本”指久病，则

"标"指新病;另外,在其他篇中,"本"指病人,"标"指医生。治疗的原则是先治本后治标,甚至治本而无须治标,而标病自除。但在标病危急的特殊情况下则先治其标后治其本。

**【原文】** **黄帝问曰:病有标本,刺有逆从[①],奈何?**

**岐伯对曰:凡刺之方,必别阴阳,前后相应,逆从得施[②],标本相移[③]。故曰:有其在标而求之于标,有其在本而求之于本,有其在本而求之于标,有其在标而求之于本。故治有取标而得者,有取本而得者,有逆取得者,有从取而得者。故知逆与从,正行无问,知标本者,万举万当;不知标本,是谓妄行。**

**【注释】** ①"病有"两句:疾病有标病、本病,治法有逆治、从治。②逆从得施:施行逆治,从治。③标本相移:标病与本病的治疗,可根据具体情况相互转移。

**【译文】** 黄帝问道:病有标病本病,刺法有逆治从治,是怎么回事?

岐伯回答说:大凡针刺的原则,必定要先辨别疾病的阴阳属性,把病情的前期和后期联系起来研究,然后确定是用逆治还是从治,治标还是治本。所以说:有的病在标而治标,有的病在本而治本,有的病在本而治标,有的病在标而治本。所以在治疗上,有治标而取效的,有治本而取效的,有反治而取效的,有正治而取效的。所以懂得了治疗的逆从法则,那么就可以放手治疗而无所疑虑;懂得了治标治本的法则,就能屡试不爽,万无一失;如果不懂得标本,这叫胡乱施治。

**【原文】** **夫阴阳、逆从、标本之为道也,小而大,言一而知百病之害;少而多,浅而博,可以言一而知百也。以浅而知深,察近而知远,言标与本,易而勿及[①]。**

**【注释】** ①言标与本,易而勿及:讲标与本的道理容易理解,而掌握应用就不容易做到了。

**【译文】** 阴与阳、逆与从、标与本,作为一种原则,可以使人由小到大地认识疾病,从某一点,就能知道各种疾病的害处;还能由少到多,由浅到博,从一种疾病而推知各种疾病。从浅就能知深,察近就能知远,谈论标与本的道理,这两个字容易理解,但真正掌握与熟练运用却不容易做到。

**【原文】** **治反为逆,治得为从[①]。先病而后逆者治其本,先逆而后病者治其本[②],先寒而后生病者治其本,先病而后生寒者治其本,先热而后生病者治其本,先热而后生中满者治其标,先病而后泄者治其本,先泄而后生他病者治其本。必且调之,乃治其他病。先病而后生中满者治其标,先中满而后烦心者治其本。人有客气[③],有同气[④]。小大不利治其标,小大利治其本。病发而有余[⑤],本而标之,先治其本,后治其标。病发而不足,标而本之,先治其标,后治其本。谨察间甚[⑥],以意调之,间者并行[⑦],甚者独行[⑧]。先小大不利而后生病者治其本。**

**【注释】** ①治反为逆,治得为从:逆其病情而治为逆治,顺其病情而治为从治。②逆:指气血不和。③客气:即所受的邪气。④同气:与客气相对,指正气。⑤有余:指邪气有余。⑥间:病轻浅。甚:病深重。⑦并行:标本兼治。⑧独行:单独用治标或治本的一种方法。

**【译文】** 背逆病情而治的为逆治,顺从病情而治的为从治。先患某病,然后发生气

血逆乱的，治疗它的本病；若先气血不和，然后才患病的，也应先治其本病；先感受寒邪而后发生其他病变的，应当先治其本；先患病而后生寒变的，也当先治其本病；先患热病而后发生其他病变的，应当治其本病；先患热病而后生胸腹胀满的，就应治它的标病；先患病而后发生泄泻的，应先治其本病；先患泄泻而后又生其他病的，应先治它的本病。一定得先把泄泻治好，才可治疗其他病症。先患病而后发生中满的，应当先治它的标病；先患胸腹胀满证，而后又增加了心烦不舒的，应当治其本病。人体有邪气，也有真气。大小便不利的，应当先治其标病；大小便通利的应当先治其本病。如发病表现为有余的实证，应当用本而标之的治法，即先治其本，后治其标；如发病表现为不足的虚证，应当用标而本之的治法，即先治其标，后治其本。要谨慎地观察病情的轻重，根据具体病情而进行治疗，病轻的可以标本兼治，病重的就要根据病情，或治本或治标。先大小便不通利，而后并发其他疾病的，应当先治其本病。

## 天元纪大论篇

**【题解】**

本篇论述了“五运六气”学说的一些基本法则，从太过、不及、平气的岁气变化，说明运气对宇宙万物的影响。因其用天干以纪地气，地支以纪天气，天地运气是宇宙万物生化的本源，本篇专门纪而论之，故以《天元纪大论》名篇。本篇总论天地万物生成部分的内容与《易传》，特别是其中论乾元、坤元在万物生化中的重要作用有密切关系，当是《易传》思想在医学方面的发展。读者宜参考《周易》来理解这段文字。

**【原文】** **黄帝问曰：天有五行，御五位①，以生寒、暑、燥、湿、风。人有五脏，化五气，以生喜、怒、思、忧、恐。《论》言：五运相袭而皆治之②，终期之日③，周而复始。余已知之矣，愿闻其与三阴三阳之候奈何合之？**

**鬼臾区稽首再拜对曰④：昭乎哉问也！夫五运阴阳者，天地之道也，万物之纲纪，变化之父母，生杀之本始，神明之府也，可不通乎！故物生谓之化⑤，物极谓之变⑥，阴阳不测谓之神⑦，神用无方谓之圣⑧。夫变化之为用也，在天为玄，在人为道，在地为化。化生五味，道生智，玄生神。神在天为风，在地为木；在天为热，在地为火，在天为湿，在地为土；在天为燥，在地为金；在天为寒，在地为水。故在天为气，在地成形，形气相感而化生万物矣⑨。然天地者，万物之上下也；左右者，阴阳之道路也；水火者，阴阳之征兆也；金木者，生成之终始也⑩。气有多少，形有盛衰，上下相召，而损益彰矣。**

**【注释】** ①御：有“主”“统属”的意思。五位：东、南、中央、西、北五方。②《论》言：指《素问·六节脏象论》。③期：一年。④鬼臾区：人名。黄帝的大臣。⑤物生谓之化：万物的生长是由五运阴阳变化而成的，称为“化”。⑥物极谓之变：万物生长发展到极端，称之为“变”。⑦阴阳不测谓之神：阴阳变化不可揣测，称为“神”。语出《易传·系辞》。⑧神用无方谓之圣：神的作用（阴阳运动）变化无穷叫作“圣”。方，边的意思。《易传》云：“神无方，而易无体。”⑨“形气”句：在天无形之气与在地有形的质（五行）相互感应，从而化生万物。⑩“金木”两句：金，代表秋；木，代表春。万物生发于春，收成于秋，一生

一成，而成为万物的终始。

**【译文】** 黄帝问道：天有五行，统率东、南、西、北、中五方之位，产生寒、暑、燥、湿、风的气候变化。人有五脏，化生五气，产生喜、怒、思、忧、恐。《六节脏象论》说道：五运之气相承袭，都有其固定的顺序，到岁终的那一天是一个周期，然后开始新的循环。这些道理我已经了解了，希望再听听五运与三阴三阳这六气是怎样结合的？

鬼臾区恭敬地行了两次礼回答说：你问得很明确啊！五运阴阳是天地自然的根本规律，是一切事物的纲领，是千变万化的起源，是生长、毁灭的根本，是天地万物神奇变化的内在动力，能不通晓它吗！所以万物的生长称为“化”，生长发展到极端就叫“变”，阴阳的变化不可测度叫“神”，神的作用变化没有方所叫“圣”。神明变化的作用，在天就是深奥不测的宇宙，在人就是社会人事的道理，在地就是万物的化生。地能够化生，就产生了万物的五味；人明白了道理，就产生了智慧；天的深奥不测，就产生了神明。而神明变化，在天为风，在地为木；在天为热，在地为火；在天为湿，在地为土；在天为燥，在地为金；在天为寒，在地为水。总之在天为无形的六气，在地为有形的五行，形气相互交感，就能化生万物了。然而，天地是万物的上下范围，左右是阴阳升降的道路，水火是阴阳的表现，秋春是生长收成的终结与开始。气有多少的不同，形有盛衰的分别，形气相互交感，或者衰弱或者强盛的现象，也就很明显了。

**【原文】 帝曰：愿闻五运之主时也何如？**

**鬼臾区曰：五气运行，各终期日①，非独主时也。**

**帝曰：请闻其所谓也。**

**鬼臾区曰：臣积考《太始天元册》文曰②：太虚寥廓③，肇基化元④，万物资始⑤，五运终天，布气真灵，揔统坤元⑥。九星悬朗⑦，七曜周旋⑧，曰阴曰阳，曰柔曰刚。幽显既位⑨，寒暑弛张。生生化化⑩，品物咸章⑪。臣斯十世，此之谓也。**

**【注释】** ①期日：即三百六十五日。②《太始天元册》：古代占候之书，已佚。③太虚寥廓：太空苍茫辽阔，无边无际。④肇基化元：化生万物的基础。肇，开始。元，根源，本始。⑤资：依靠。⑥揔统坤元：天之气统摄着生化万物的大地。揔，总。统，统摄，统领。坤元，大地。⑦九星：指天蓬、天芮、天冲、天辅、天食、天心、天任、天柱、天英九星。⑧七曜周旋：七曜环绕旋转。七曜，古时指日、月、土、火、木、金、水七星。⑨幽显既位：昼夜的明暗有固定的规律。幽，暗。显，明。⑩生生化化：指万物不断地生长变化。⑪品物：万物。

**【译文】** 黄帝道：我想听听五运主四时的情况如何？

鬼臾区说：五气运行，每气各尽一年的三百六十五日，并不是仅仅主四时的。

黄帝又问道：希望听听其中的缘由。

鬼臾区说：我查考了《太始天元册》，上面说：广阔无垠的天空，是化生万物的基础，万物依靠它开始成长，五运终而复始地运行于宇宙之中，敷布真灵之气，统摄着作为万物生长之根本的坤元。九星悬挂辉耀，七曜环绕旋转，在天产生了阴与阳的变化，在地有了柔与刚的分别。昼夜的明暗有了固定的规律，四时寒暑更替有常。这样生化不息，万物自然就繁荣昌盛了。我家已经十世相传，就是前面所讲的这些道理。

## 至真要大论篇

【题解】

本篇论述了六气司天、在泉,有正化、胜复等变化,以及其所致疾病的症状、诊断和诊法等内容。由于这些内容精深切要,故篇名《至真要大论》。又马莳说:“此篇总括前八篇未尽之义,至真至要,故名篇。”

**【原文】 黄帝问曰:五气交合[①],盈虚更作[②],余知之矣。六气分治[③],司天地者,其至何如?**

**岐伯再拜对曰:明乎哉问也! 天地之大纪[④],人神之通应也[⑤]。**

**帝曰:愿闻上合昭昭[⑥],下合冥冥[⑦],奈何?**

**岐伯曰:此道之所主,工之所疑也。**

【注释】 ①五气:在五运的基础上产生的风、火、湿、燥、寒五种气候的变化。②盈虚更作:五运的太过、不及,相互交替。③六气分治:指风、寒、湿、热、燥、火六气分时主治。④天地之大纪:天地变化的基本规律。⑤人神之通应:人体与天地变化是相适应的。神,指自然现象。⑥昭昭:明亮。⑦冥冥:玄远。

【译文】 黄帝问道:五运之气交相配合,太过不及互相更替,这些道理我已经知道了。那么六气分时主治,其司天、在泉之气到来时所起的变化又怎样?

岐伯拜了两拜说:问得多么清楚啊! 这是天地变化的基本规律,也是人体与天地变化相适应的规律。

黄帝问道:我希望听听它怎样能上合于昭明的天道,下合于玄远的地气?

岐伯说:这是医学理论中的主要部分,也是一般医生所不太理解的。

**【原文】 帝曰:气有多少[①],病有盛衰,治有缓急,方有大小,愿闻其约奈何?**

**岐伯曰:气有高下,病有远近,证有中外,治有轻重,适其至所为故也[②]。《大要》曰:君一臣二,奇之制也[③];君二臣四,偶之制也;君二臣三,奇之制也;君二臣六,偶之制也。故曰:近者奇之,远者偶之;汗者不以奇,下者不以偶;补上治上制以缓,补下治下制以急;急则气味厚,缓则气味薄。适其至所,此之谓也。病所远,而中道气味乏者,食而过之,无越其制度也。是故平气之道,近而奇偶,制小其服也;远而奇偶,制大其服也。大则数少,小则数多。多则九之,少则二之。奇之不去则偶之,是谓重方[④]。偶之不去,则反佐以取之[⑤],所谓寒热温凉,反从其病也。**

【注释】 ①气:指阴阳之气。②适其至所:指药力达到病所。③奇:指奇方,即单方。下文“偶”,指偶方,即复方。④重方:即复方。⑤反佐:即从治。

【译文】 黄帝问:阴阳之气有多有少,疾病有盛有衰,治法有缓有急,处方有大有小,希望听听划分标准是什么?

岐伯说:邪气有高下之别,疾病有远近之分,症状有表里之异,治法有轻有重,总以药力达到病所为准则。《大要》说:君药一味,臣药二味,是奇方之制;君药二味,臣药四味,是偶方之制;君药二味,臣药三味,是奇方之制;君药二味,臣药六味,是偶方之制。所以

说，病在近处用奇方，病在远处用偶方；发汗不用奇方，攻下不用偶方；补上部、治上部的方制宜缓，补下部、治下部的方制宜急；气味迅急的药物其味多厚，性缓的药物其味多薄。方制用药要恰到病处，说的就是这种情况。如果病所远，而在中途药力就已不足，就当考虑饭前或饭后服药，以使药力达到病所，不要违反这个规定。所以平调病气的方法是，病所近，不论用奇方或偶方，其制方服量要小；病所远，不论用奇方或偶方，其制方服量要大。方制大的，是药的味数少而量重；方制小的，是药的味数多而量轻。味数最多可至九味，味数最少仅用二味。用奇方而病不去，就用偶方，这叫作重方。用偶方而病仍不去，就用反佐之药来治疗，这就属于反用寒、热、温、凉的药来治疗了。

**【原文】** **帝曰：善。夫百病之生也，皆生于风寒暑湿燥火，以之化之变也[①]。经言盛者泻之，虚则补之。余锡以方士[②]，而方士用之，尚未能十全，余欲令要道必行，桴鼓相应，犹拔刺雪污[③]，工巧神圣，可得闻乎？**

**岐伯曰：审察病机，无失气宜，此之谓也。**

**帝曰：愿闻病机如何？**

**岐伯曰：诸风掉眩，皆属于肝。诸寒收引，皆属于肾。诸气膹郁[④]，皆属于肺。诸湿肿满[⑤]，皆属于脾。诸热瞀瘈[⑥]，皆属于火。诸痛痒疮[⑦]，皆属于心。诸厥固泄[⑧]，皆属于下[⑨]。诸痿喘呕，皆属于上[⑩]。诸禁鼓慄[⑪]，如丧神守[⑫]，皆属于火。诸痉项强[⑬]，皆属于湿。诸逆冲上，皆属于火。诸腹胀大，皆属于热。诸躁狂越[⑭]，皆属于火。诸暴强直，皆属于风。诸病有声，鼓之如鼓，皆属于热。诸病胕肿，疼酸惊骇，皆属于火。诸转反戾[⑮]，水液浑浊[⑯]，皆属于热。诸病水液，澄澈清冷，皆属于寒。诸呕吐酸，暴注下迫[⑰]，皆属于热。故《大要》曰：谨守病机，各司其属，有者求之，无者求之，盛者责之，虚者责之，必先五胜[⑱]，疏其血气，令其调达，而致和平。此之谓也。**

**【注释】** ①以之化之变：气之正者为化，邪者为变。气之邪正，皆由于风、寒、暑、湿、燥、火。②锡：同"赐"。③雪污：洗除污秽。④膹郁：烦满郁闷。⑤肿满：浮肿胀满。⑥瞀瘈：视物昏花，手足筋脉拘急抽搐。⑦疮：此为痈、疽、疡、疖的通称。⑧固：痼，指二便不通。泄：指二便泻利不禁。⑨下：指下焦肝肾。⑩上：指上焦。⑪禁：同"噤"，牙关紧，口不开。鼓慄：寒战发抖，上下牙齿叩击。⑫如丧神守：心神烦乱不安。⑬痉：身体强直，筋脉拘急。⑭躁：躁动不安。狂：神志狂乱。越：举动失常。⑮诸转反戾：指筋脉急的三种不同现象。转，转筋。反，角弓反张。戾，身曲不直。⑯水液：指人体排出的液体，如尿、汗、痰、涕、涎等。⑰暴注：突然急泄。下迫：里急后重。⑱五胜：五气中何气所胜，五脏中何脏受病。

**【译文】** 黄帝说：讲得好！大凡各种疾病，都由风、寒、暑、湿、燥、火六气的化与变而产生。医经中说，实证用泻法，虚证用补法。我把这些方法，教给医生，而医生使用后还不能达到十全的效果，我想使这些重要的理论得到普遍的运用，达到像桴鼓相应的效果，好像拔除芒刺、洗雪污浊一样，使医生能够达到工、巧、神、圣的程度，可以讲给我听吗？

岐伯说：仔细观察疾病的机理，不违背六气平和的原则，说的就是这种情况。

黄帝说：希望听听病机是什么？

岐伯说：凡是风病而发生的颤动眩晕，都属于肝。凡是寒病而发生的筋脉拘急，都属于肾。凡是气病而发生的烦满郁闷，都属于肺。凡是湿病而发生的浮肿胀满，都属于脾。凡是热病而发生的视物昏花，肢体抽搐，都属于火。凡是疼痛、搔痒、疮疡，都属于心。凡是厥逆、二便不通或失禁，都属于下焦。凡是痿弱患喘逆呕吐，都属于上焦。凡是口噤不开、寒战、口齿叩击，心神烦乱不安，都属于火。凡是痉病颈项强急，都属于湿。凡是气逆上冲，都属于火。凡是胀满腹大，都属于热。凡是躁动不安，发狂而举动失常的，都属于火。凡是突然发生强直的症状，都是属于风邪。凡是病而有声，在触诊时，发现如鼓音的，都属于热。凡是浮肿，疼痛、酸楚，惊骇不安，都属于火。凡是转筋挛急，排出的尿液浑浊，都属于热。凡是排出的尿液感觉清亮、寒冷，都属于寒。凡是呕吐酸水，或者突然急泄而有窘迫感的，都属于热。所以《大要》说：要谨慎地观察病机，了解各种症状的所属，有邪气要加以推求，没有邪气也要加以推求，如果是实证要看为什么实，如果是虚证要看为什么虚。一定得先分析五气中何气所胜，五脏中何脏受病，疏通其血气，使其调和畅达，而回归平和，说的就是这些道理。

【原文】 帝曰：善。五味阴阳之用何如？

岐伯曰：辛甘发散为阳，酸苦涌泄为阴①，咸味涌泄为阴，淡味渗泄为阳②。六者，或收或散，或缓或急，或燥或润，或软或坚，以所利而行之，调其气使其平也。

帝曰：非调气而得者，治之奈何？有毒无毒，何先何后？愿闻其道。

岐伯曰：有毒无毒，所治为主，适大小为制也③。

帝曰：请言其制。

岐伯曰：君一臣二，制之小也；君一臣三佐五，制之中也；君一臣三佐九，制之大也。寒者热之，热者寒之，微者逆之，甚者从之，坚者削之，客者除之，劳者温之，结者散之，留者攻之，燥者濡之，急者缓之，散者收之，损者温之，逸者行之，惊者平之，上之下之，摩之浴之，薄之劫之，开之发之，适事为故④。

帝曰：何谓逆从？

岐伯曰：逆者正治，从者反治⑤，从少从多，观其事也。

帝曰：反治何谓？

岐伯曰：热因热用，寒因寒用，塞因塞用⑥，通因通用⑦。必伏其所主，而先其所因。其始则同，其终则异。可使破积，可使溃坚，可使气和，可使必已。

帝曰：善。气调而得者何如？

岐伯曰：逆之，从之，逆而从之，从而逆之，疏气令调，则其道也。

【注释】 ①涌：吐。泄：泻。②渗泄：利小便及通窍。③适大小为制：根据病情轻重，确定剂量的大小。④适事为故：适应病情为原则。⑤逆者正治，从者反治：逆其病情而治为正治法。顺从病情而治为反治法。⑥塞因塞用：反治法之一，指用补益收敛的药物治疗有壅塞假象的疾病。⑦通因通用：反治法之一，指用通利药物治疗有通利假象的疾病。

【译文】 黄帝说：说得好！药物五味阴阳的作用是怎样的？

岐伯说：辛、甘味的药物，其性发散，属于阳；酸、苦味的药物其性涌泄，属于阴；咸味

的药物其性也是涌泄的，属于阴；淡味的药物其性是渗泄，也属于阳。这六种性味的药物有的收敛，有的发散，有的缓和，有的迅急，有的干燥，有的濡润，有的柔软，有的坚实，要根据它们的不同作用来使用，从而调和其气，归于平和。

黄帝说：病有不是调气所能治好的，应该怎样治疗？有毒的药和无毒的药，哪种先用，哪种后用，希望听听这里的规则。

岐伯说：用有毒或用无毒的药，以能治病为准则，根据病情来制定剂量的大小。

黄帝说：请你讲讲方制。

岐伯说：君药一味，臣药二味，这是小剂的组成；君药一味，臣药三味，佐药五味，这是中剂的组成；君药一味，臣药三味，佐药九味，这是大剂的组成。寒证，要用热药；热证，要用寒药。轻证，逆着病情来治疗；重证，顺着病情来治疗；病邪坚实的，就削弱它；病邪停留在体内的，就驱除它；病属劳倦所致的，就温养它；病属气血郁结的，就加以疏散；病邪滞留的，就加以攻逐；病属枯燥的，就加以滋润；病属急剧的，就加以缓解；病属气血耗散的，就加以收敛；病属虚损的，就加以补益；病属安逸停滞的，要使其畅通；病属惊怯的，要使其平静；或升或降，或用按摩，或用洗浴，或迫邪外出，或截邪发作，或用开泄，或用发散，都以适合病情为好。

黄帝问：什么叫作逆从？

岐伯说："逆"就是正治法，"从"就是反治法，应用从治药，应多应少，要观察病情来确定。

黄帝说：反治是什么意思呢？

岐伯说：就是热因热用，寒因寒用，塞因塞用，通因通用。要制伏其主病，必先找出致病的原因。反治之法，开始时药性与病情之寒热似乎相同，但是它所得的结果却并不相同。可以用来破除积滞，可以用来消散坚块，可以用来调和气血，可以使疾病得到痊愈。

黄帝说：说得好！有六气调和而得病的，应怎样治？

岐伯说：或用逆治，或用从治，或主药逆治而佐药从治，或主药从治而佐药逆治，疏通气机，使之调和，这是治疗的正法。

**【原文】　帝曰：善。病之中外何如？**

**岐伯曰：从内之外者调其内；从外之内者治其外；从内之外而盛于外者，先调其内而后治其外；从外之内而盛于内者，先治其外而后调其内；中外不相及则治主病。**

**【译文】**　黄帝说：说得好。病有内外相互影响的，怎样治疗？

岐伯说：病从内生而后发展于外的，应先调治其内；病从外生而后发展于内的，应先调治其外；病从内生，影响到外部而偏重于外部的，先调治它的内部，而后治其外部；病从外生，影响到内部而偏重于内部的，先调治它的外部，然后调治它的内部；既不从内，又不从外，内外没有联系的，就治疗它的主要病症。

**【原文】　帝曰：善。火热复，恶寒发热，有如疟状，或一日发，或间数日发，其故何也？**

**岐伯曰：胜复之气，会遇之时，有多少也。阴气多而阳气少，则其发日远；阳气多而阴气少，则其发日近。此胜复相薄，盛衰之节。疟亦同法。**

【译文】　黄帝说:说得好!火热之气来复,使人恶寒发热,好像疟疾的症状,有的一天一发,有的隔几天一发,这是什么缘故?

岐伯说:这是胜复之气相遇的时候有多有少的缘故。阴气多而阳气少,那么发作的间隔日数就长;阳气多而阴气少,那么发作的间隔日数就少。这是胜气与复气相互搏击,表现出的或盛或衰的规律。疟疾的道理也是这样。

**【原文】　帝曰:论言治寒以热,治热以寒,而方士不能废绳墨而更其道也[①]。有病热者寒之而热,有病寒者热之而寒,二者皆在[②],新病复起,奈何治?**

**岐伯曰:诸寒之而热者取之阴,热之而寒者取之阳,所谓求其属也。**

**帝曰:善。服寒而反热,服热而反寒,其故何也?**

**岐伯曰:治其王气[③],是以反也。**

**帝曰:不治王而然者何也?**

**岐伯曰:悉乎哉问也!不治五味属也。夫五味入胃,各归所喜,故酸先入肝,苦先入心,甘先入脾,辛先入肺,咸先入肾。久而增气,物化之常也;气增而久,天之由也。**

【注释】　①绳墨:规矩。②二者:指寒与热。③王气:即旺气,亢盛之气。

【译文】　黄帝说:前人的经论中曾说,治寒病用热药,治热病用寒药,医生不能废除这个准则而变更治则。但是有些热病服寒药而更热,有些寒病服热药而更寒,原来的寒热二证还在,又发生新病,应该怎样治呢?

岐伯说:各种用寒药而反热的,应该滋阴,用热药而反寒的,应该补阳,这就是求其属类的治法。

黄帝说:说得好。服寒药而反热,服热药而反寒,道理何在?

岐伯说:只治其偏亢之气,所以有相反的结果。

黄帝说:有的没有治偏亢之气也出现这种情况,是什么原因?

岐伯说:问得真详尽啊!这是不治偏嗜五味一类。五味入胃以后,各归其所喜的脏器,所以酸味先入肝,苦味先入心,甘味先入脾,辛味先入肺,咸味先入肾,积累日久,便能增加各脏之气,这是五味入胃后所起气化作用的一般规律。脏气增长日久而形成过胜这是导致病夭的原因。

**【原文】　帝曰:善。方制君臣何谓也?**

**岐伯曰:主病之谓君,佐君之谓臣,应臣之谓使,非上中下三品之谓也。**

**帝曰:三品何谓?**

**岐伯曰:所以明善恶之殊贯也[①]。**

【注释】　①善恶之殊贯:王冰:“此明药善恶不同性用也。”张志聪:“谓药有有毒无毒之分。”

【译文】　黄帝说:说得好!制方有君臣的分别,是什么道理呢?

岐伯说:主治疾病的药味就是君,辅佐君药的就是臣,附应臣药的就是使,不是上中下三品的意思。

黄帝道:三品是什么意思?

岐伯说:所谓三品,是用来说明药性有毒无毒的。

【原文】 帝曰：善。病之中外何如？

岐伯曰：调气之方[①]，必别阴阳，定其中外，各守其乡[②]，内者内治，外者外治，微者调之，其次平之，盛者夺之。汗之下之，寒热温凉，衰之以属，随其攸利。谨道如法，万举万全，气血正平，长有天命。

帝曰：善。

【注释】 ①调气之方：调治病气的方法。②乡：处所，病之所在。

【译文】 黄帝说：说得好！疾病的内在外在都怎样治疗？

岐伯说：调治病气的方法，必须分别阴阳，确定在内在外，各依其病之所在，在内的治其内，在外的治其外，病轻的调理，较重的平治，病势盛的就攻夺。或用汗法，或用下法，要分辨病邪的寒、热、温、凉，根据病气的属性，使之消退，要随其所宜。谨慎地遵守如上的法则，就会万治万全，使气血平和，确保天年。

黄帝说：好。

## 疏五过论篇

【题解】

本篇内容主要讨论诊治上的五种过错，并且指出临证诊治，必须结合饮食、人事、脏象、色脉等进行分析和研究，才能正确地诊断和治疗。疏，分条陈述；五过，五种过错。马莳说："疏，陈也。内有五过，故名篇。"本篇名言："治病之道，气内为宝。"

【原文】 黄帝曰：呜呼远哉！闵闵乎若视深渊[①]，若迎浮云。视深渊尚可测，迎浮云莫知其际。圣人之术，为万民式[②]，论裁志意[③]，必有法则，循经守数[④]，按循医事，为万民副[⑤]。故事有五过，汝知之乎？

雷公避席再拜曰：臣年幼小，蒙愚以惑[⑥]，不闻五过，比类形名，虚引其经，心无所对。

【注释】 ①闵闵：深远貌。形容医道深奥无穷。②圣人之术，为万民式：圣人的医术，是众人的典范。③论裁：讨论决定。④循经守数：遵守常规和法则。⑤为万民副：为众人谋福利。副，辅助，引申为谋福利。⑥蒙愚以惑：愚笨而又不明事理。

【译文】 黄帝道：哎呀，真是太深远了！深远得好像探视深渊，又好像面对空中浮云。深渊还可以测量，而浮云就很难知道它的尽头了。圣人的医术，是众人的典范，他讨论决定医学上的认识，必然有一定的法则。遵守常规和法则，依循医学的原则治疗疾病，才能给众人谋福利。所以在医事上面有五过的说法，你知道吗？

雷公离开座位再拜说：我年岁幼小，愚笨而又糊涂，不曾听到五过的说法，只能在疾病的表象和名称上进行比类，空洞地引用经文，而心里却无法对答。

【原文】 帝曰：凡诊病者，必问尝贵后贱，虽不中邪，病从内生，名曰脱营[①]。尝富后贫，名日失精。五气留连[②]，病有所并。医工诊之，不在脏腑，不变躯形，诊之而疑，不知病名。身体日减，气虚无精，病深无气，洒洒然时惊[③]。病深者，以其外耗于卫，内夺于荣。良工所失，不知病情。此亦治之一过也[④]。

【注释】 ①脱营：与下文的"失精"，皆病症名。皆为情志郁结所致。②五气：即五

脏之气，实指五脏所生之情志而言。③洒洒然：恶寒貌。④“此亦”句：这在诊治上是第一种过失。亦，句中助词。过，过失。

【译文】 黄帝道：凡是在诊病的时候，必须询问病人是否以前高贵而后来卑贱，那么虽然不中外邪，疾病也会从内而生，这种病叫“脱营”。如果是以前富裕而后来贫困而发病，这种病叫“失精”。这两种病都是由于情志不舒，五脏气血郁结，渐渐积累而成的。医生诊察时，疾病的部位不在脏腑，身躯也没有变化，所以诊断上发生疑惑，不知道是什么病。但病人身体却一天天消瘦，气虚精耗，等到病势加深，就会毫无气力，时时怕冷，时时惊恐。这种病会日渐加深，就是因为情志抑郁，在外耗损了卫气，在内劫夺了营血的关系。医生的失误，是不懂得病情，随便处理。这在诊治上是第一种过失。

【原文】 **凡欲诊病者，必问饮食居处。暴乐暴苦，始乐后苦，皆伤精气，精气竭绝，形体毁沮[①]。暴怒伤阴，暴喜伤阳，厥气上行，满脉去形[②]。愚医治之，不知补泻，不知病情，精华日脱，邪气乃并[③]。此治之二过也。**

【注释】 ①毁沮：毁坏。②满脉：即张脉。经脉张满。去形：形体羸瘦。③邪气乃并：邪气愈加盛实。

【译文】 凡是诊察病人，一定得问他饮食起居的情况。精神上有没有突然的欢乐，突然的痛苦，原生活安逸后来生活艰难，这些都能伤害精气，精气衰竭，形体毁坏。暴怒会损伤阴气，暴喜会损伤阳气。阴阳受伤，厥逆之气就会上行而经脉张满，形体羸瘦。愚笨的医生诊治时，不知道该补还是该泻，也不了解病情，以致病人脏腑精华一天天损耗，而邪气愈加盛实。这是诊治上的第二种过失。

【原文】 **善为脉者，必以比类、奇恒、从容知之[①]。为工而不知道，此诊之不足贵，此治之三过也。**

【注释】 ①比类：用取类相比，以求同中之异或异中之同。奇：指异常的。恒：指正常的。

【译文】 善于诊脉的医生，必然能够别异比类，分析奇恒，从容细致地掌握疾病的变化规律。作为医生而不懂医道，那他的诊治就没有什么值得称许的了。这是诊治上的第三种过失。

【原文】 **诊有三常[①]，必问贵贱。封君败伤，及欲侯王。故贵脱势，虽不中邪，精神内伤，身必败亡。始富后贫，虽不伤邪，皮焦筋屈，痿躄为挛[②]。医不能严，不能动神，外为柔弱，乱至失常[③]，病不能移[④]，则医事不行。此治之四过也。**

【注释】 ①三常：这里指贵贱、贫富、苦乐三种情况。②躄：足痿弱不能行走。③乱至失常：诊治上失去常法。乱，反训为“治”。④病不能移：病患不能除去。

【译文】 诊病时，对于病人的贵贱、贫富、苦乐三种情况，必须先问清楚。比如原来的封君公侯，丧失原来的封土，以及想封侯称王而未成功。过去高贵后来失势，虽然不中外邪，而精神上先已受伤，身体一定要败坏，甚至死亡。如先是富有的人，一旦贫穷，虽没有外邪的伤害，也会发生皮毛枯焦，筋脉拘挛，成为痿躄的病。这种病人，医生如不能认真对待，去转变患者的精神状态，而仅是顺从病人之意，敷衍诊治，以致在治疗上丢掉法度，那么病患就不能去除，当然也就没有什么疗效了。这是诊治上的第四种过失。

**【原文】** **凡诊者,必知终始,有知余绪[1]。切脉问名[2],当合男女,离绝菀结[3],忧恐喜怒。五脏空虚,血气离守。工不能知,何术之语。尝富大伤,斩筋绝脉,身体复行,令泽不息[4],故伤败结,留薄归阳,脓积寒炅。粗工治之,亟刺阴阳,身体解散,四肢转筋,死日有期。医不能明,不问所发[5],唯言死日,亦为粗工。此治之五过也。**

**【注释】** ①余绪:末端。既察其本,又知其末。②问名:问症状。③离绝:指生离死别。菀结:情志郁结。④令泽不息:使津液不能滋生。⑤不问所发:不问发病的原因。

**【译文】** 凡是诊治疾病,必须了解疾病的全部过程,同时还要察本而能知末。在切脉问证的时候,应注意到男女性别的不同,以及生离死别,情怀郁结,忧愁恐惧喜怒等因素。这些都能使五脏空虚,血气难以持守。如果医生不知道这些,还谈什么治疗技术。比如有人曾经富有,一旦失去财势,身心备受打击,以致筋脉的营养断绝,虽然身体还能行动,但津液不能滋生,过去形体的旧伤疼被引发,血气内结,迫于阳分,日久成脓,发生寒热。粗率的医生治疗时,多次刺其阴阳经脉,使病人的身体日见消瘦,难于行动,四肢拘挛转筋,死期已经不远了。而医生不能明辨,不问发病原因,只能说出哪一天会死,这也是粗率的医生。这是诊治上的第五种过失。

**【原文】** **凡此五者,皆受术不通,人事不明也。故曰:圣人之治病也,必知天地阴阳,四时经纪,五脏六腑,雌雄表里[1],刺灸砭石,毒药所主。从容人事,以明经道,贵贱贫富,各异品理[2],问年少长,勇怯之理,审于分部,知病本始,八正九候,诊必副矣。**

**【注释】** ①雌雄表里:此指经脉而言。如六阴为雌,六阳为雄,阳脉行表,阴脉行里。②贵贱贫富,各异品理:指由于贵贱贫富的不同,其体质亦异。

**【译文】** 以上所说的五种过失,都是由于所学医术不精深,又不懂得贵贱、贫富、苦乐人事的缘故啊!所以说:高明的医生治病,必须知道天地阴阳,四时经络,五脏六腑的相互关系,经脉的阴阳表里,刺灸、砭石、毒药所治疗的主要病症。联系人事的变迁,掌握诊治的常规。贵贱贫富及各自不同的体质,询问年龄的少长,分析个性的勇怯,再审查疾病的所属部分,就可以知道疾病的根本原因;然后参考八正的时节,九候的脉象,那么诊治就一定精确了。

**【原文】** **治病之道,气内为宝[1],循求其理。求之不得,过在表里。守数据治,无失俞理。能行此术,终身不殆。不知俞理,五脏菀热[2],痈发六腑。诊病不审,是谓失常。谨守此治,与经相明。《上经》《下经》,揆度阴阳,奇恒五中[3],决以明堂[4],审于终始[5],可以横行[6]。**

**【注释】** ①气内为宝:张介宾:"气内,气之在内者,即元气也。"指察病人元气的强弱是治病的关键。②菀热:郁热。③五中:即五脏,因脏腑在体内故也称五中。这里指五脏的气色。④明堂:明堂为古时朝廷议政的大堂,一般位居皇宫中央。因鼻位居面部中央,故以明堂喻鼻。这里泛指面部颜色。⑤终始:始为初病,终是现病。⑥横行:遍行,自由行走。

**【译文】** 治病的关键,在于深察病人元气的强弱,来寻求邪正变化的机理。假如不能切中,那么过失就在于对表里关系的认识了。治疗时,应该守数据治,不要搞错取穴的理法。能这样进行治疗,可以一生不发生医疗过错。若不知取穴的理法,妄施刺灸,就会

使五脏郁热，六腑发生痈疡。诊病不能审慎，叫作失去常规。谨守常规来治疗，自然就与经旨相合了。《上经》《下经》二书，都是研究揆度阴阳奇恒之道的，五脏之病，表现于气色，取决于颜色，能从望诊上了解病的终始，可以无往而不胜。

## 征四失论篇

**【题解】**

征，通“惩”。“征四失”是“惩戒四种过失”的意思。本篇是讨论医生临证中易犯的四种过失，所以提出来做惩戒，故篇名叫做《征四失论》。

**【原文】** **黄帝在明堂，雷公侍坐。黄帝曰：夫子所通书受事众多矣，试言得失之意，所以得之，所以失之。**

**雷公对曰：循经受业，皆言十全，其时有过失者，请闻其事解也。**

**【译文】** 黄帝坐在明堂里，雷公在一旁侍坐。黄帝说：你研读医书接受医业已经很多了，试谈谈对治病成功失败的看法，治愈没有治愈的原因。

雷公回答说：我在研习医经接受医业当中，听说可以得到十全的疗效，但常常还是没有治好的，希望听听其中的说法。

**【原文】** **帝曰：子年少智未及邪？将言以杂合耶？夫经脉十二，络脉三百六十五，此皆人之所明知，工之所循用也。所以不十全者，精神不专，志意不理，外内相失，故时疑殆。诊不知阴阳逆从之理。此治之一失也。**

**【译文】** 黄帝道：你是因为年轻智力不够呢，还是由于杂合各家学说，缺乏一以贯之的独立见解呢？十二经脉，三百六十五络脉，这是人人都明白了解的，也是医工们所遵循使用的。之所以不能得到十全的疗效，是由于精神不能集中，思想上不加分析，又不能把外在的症状和内在的病机结合起来，因此时常产生疑问和困难。在诊治上，不懂得阴阳逆从的道理。这是治疗工作中的第一个失败原因。

**【原文】** **受师不卒，妄作杂术，谬言为道，更名自功，妄用砭石，后遗身咎。此治之二失也。**

**【译文】** 从师学习尚未毕业，就胡乱地搞起庞杂的疗法，还荒谬地说是真理，或窃取别人成果而冠以己名，乱用砭石，结果给自己造成了罪过。这是治疗工作中第二个失败原因。

**【原文】** **不适贫富贵贱之居，坐之薄厚①，形之寒温，不适饮食之宜，不别人之勇怯，不知比类，足以自乱，不足以自明。此治之三失也。**

**【注释】** ①坐之薄厚：居处环境的好坏。坐，古人席地而坐，这里指居处。

**【译文】** 不理解贫富贵贱的状况，居处环境的好坏，形体的寒温，不理解适宜的饮食，不能区别性格的勇怯，不知道取象比类的分析方法。像这样，足以搞乱自己的头脑，而不能有清楚的认识。这是治疗工作中第三个失败原因。

**【原文】** **诊病不问其始，忧患饮食之失节，起居之过度，或伤于毒？不先言此，卒持寸口，何病能中？妄言作名，为粗所穷。此治之四失也。**

【译文】 诊断疾病，不问发病的原因，是由于精神刺激，饮食不节制，生活起居违背常规，还是由于中毒？不先把这些问题搞清楚，就贸然诊察病人的脉息，怎能诊断出什么病呢？信口胡说，编造病名，就会因技术低劣，而陷于困境。这是治疗工作中的第四个失败原因。

**【原文】 是以世人之语者，驰千里之外，不明尺寸之论，诊无人事。治数之道，从容之葆，坐持寸口，诊不中五脉，百病所起，始以自怨，遗师其咎。是故治不能循理，弃术于市，妄治时愈，愚心自得。呜呼！窈窈冥冥，孰知其道？道之大者，拟于天地，配于四海，汝不知道之谕，受以明为晦。**

【译文】 有些医生说起话来，夸大到千里之外，却不明白尺寸诊法，论治疾病，也不考虑人事。诊病技术的原则，医生的从容和缓是最宝贵的，仅知诊察寸口，不能精确地诊察五脏之脉，就不知道百病发生的原因。医疗上出了问题，开始自怨所学不精，继则归罪于老师教得不好。所以治病如果不能遵循医学道理，就不会为人所信任，任意乱治，偶尔有治好的，就夸耀己功。唉！医学的道理是微妙高深的，有谁能够了解其中的道理？医学理论的远大，能和天地相比，能和四海相配，你不了解明白医理，即使名师传授明白的道理，也依然糊涂。

# 灵枢

## 九针十二原

**【题解】**

九针，古代用来针治的九种针具，即镵针、员针、鍉针、锋针、铍针、员利针、毫针、长针、大针。针具何以为九种，这与古人的数字崇拜有关。古人在生产生活的实践中发现客观世界存在着数量关系，这种数量关系似乎是世界的本质，决定着万物的存在方式。数，不仅是单纯的计算工具，而且是自然规律的反映。于是产生了数理哲学，来指导人类的社会实践。《素问·三部九候论》云："天地之至数，始于一，终于九焉。""九"为数之极，所以针具也有九种。十二原，指十二原穴。具体指五脏各二原穴，合膏之原、肓之原各一，共十二穴。"原"即源，本源之义。所以篇中云："五脏有疾，应出十二原"，五脏之病在十二原穴上有反映，因此"五脏有疾，当取之十二原"。本篇主要内容有三部分，首先论述了针刺中经气的微妙变化及针刺的疾、徐、迎、随、开、阖等手法和补泻作用。其次，详论了九针之形制及各自适宜的主治病症。最后叙述了分布在肘、膝、胸、脐等处的十二个原穴及脏腑疾病分别取用十二原穴的道理。取其论述所及内容"九针"和"十二原"而名篇。

**【原文】 黄帝问于岐伯曰：余子万民[①]，养百姓[②]，而收其租税。余哀其不给，而属有疾病[③]。余欲勿使被毒药[④]，无用砭石，欲以微针通其经脉，调其血气，营其逆顺出入之会。**

**令可传于后世，必明为之法。令终而不灭，久而不绝，易用难忘，为之经纪[5]。异其章，别其表里，为之终始，令各有形，先立《针经》。愿闻其情。**

【注释】 ①子万民：爱万民。②百姓：百官。③属：连续。④被：受。毒药：治病药物。古人以药能治病，谓之毒药。⑤经纪：条理。

【译文】 黄帝问岐伯说：我养万民、养百官，而征收他们的租税。很怜悯他们不能终尽天年，还接连不断地生病。我想叫他们不服药，也不用砭石，只用细针，刺入肌肤，就能疏通经脉，调和气血，使气血运行，在经脉中逆来顺往出入会合。使这种疗法，可以传到后世，就必须明确地制定出针经大法。为使针法永远不会磨灭，历久相传而不断绝，在学习中，容易运用，难以忘记，这又必须制定出微针使用的准则。另外，更要辨章析句，辨别表里，讲明用针的终始之道，把九针的形状写清楚，首先编成一部《针经》。我希望听到实际内容。

**【原文】 岐伯答曰：臣请推而次之，令有纲纪，始于一，终于九焉。请言其道。小针之要[1]，易陈而难人[2]。粗守形，上守神[3]。神乎神，客在门[4]。未睹其疾，恶知其原？刺之微，在速迟。粗守关，上守机[5]。机之动，不离其空[6]。空中之机，清静而微。其来不可逢，其往不可追[7]。知机之道者，不可挂以发[8]；不知机道，叩之不发。知其往来，要与之期。粗之暗乎，妙哉！工独有之。往者为逆，来者为顺[9]，明知逆顺，正行无问。逆而夺之，恶得无虚？追而济之，恶得无实？迎之随之，以意和之，针道毕矣。**

【注释】 ①小针：也叫微针，即今之毫针。②易陈而难入：简单的容易操作，精微的难以掌握。③粗守形，上守神：技术低下的医生拘泥于有形的刺法，而高明的医生却能够把握气血变化和精神而施针。④神乎神，客在门：人身气血精神的运行通道，也是客邪侵入人体的门户。⑤粗守关，上守机：粗率的医生仅知道守着四肢关节附近的穴位施针，高明的医生等待经气的到来而施以补泻手法。⑥不离其空：经气的往来离不开腧穴。空，通"孔"，腧穴。⑦其来不可逢，其往不可追：当邪气正盛时，不可迎而补之；当邪气衰，正气未复时，不可用泻法。⑧不可挂以发：此处以发射弓弩的技术比喻针刺。"不可挂以发"诸家解释都认为是指针刺技术精深之义。但对其本意未有确解。"不可挂以发"与"叩之不发"意正相反。后者意为虽箭在弦上却不能射出。窃以为"不可挂以发"，意指不将箭与弦挂得过紧，则可较容易地把箭发出。⑨往者为逆，来者为顺：往，指经气去；来，指经气至。去者为逆，来者为顺。

【译文】 岐伯答道：我愿意把所知道的按着次序来谈，这样才有条理，从一到九，终始不乱。先谈谈针刺治疗的一般道理。小针的关键所在，说起来容易，可是达到精微的境界却很难啊！粗率的医生拘守形体，仅知在病位上针刺，高明的医工却懂得根据病人的神气变化针治疾病。神啊！神啊！气血循行经脉，出入有一定的门户，病邪可从门户侵入体内，医生看不出是什么病，哪能了解病变的原因呢？针刺的巧妙，在于如何运用疾徐手法。粗率的医生拘守四肢关节的穴位治疗，高明的医工却能观察经气。经气的循行，离不开腧穴。邪气随着经气而流动，腧穴所体现的经气虚实变化是清静微妙的，必须仔细体验。当邪气盛时，不可迎而补之，在邪气衰时，不可追而泻之。懂得气机变化的道理，就不会有毫发的差失；不懂得气机变化的道理，就像箭扣弦上，不能射出一样。所以

针刺必须掌握气的往来顺逆盛衰之机，才能确有疗效。粗率的医生对此昏昧无知，这种妙处，只有高明的医工才能有。什么是逆顺呢？正气去叫作"逆"，正气来复叫作"顺"，明白逆顺之理，就可以放胆直刺，无须四顾询问了。那正气已虚，反而用泻法，怎么不会更虚呢？邪气正盛，反而用补法，怎么不会更实呢？必须迎其邪而泻，随其去而补，对于补泻手法，能用心体察，那么针刺之道，也就尽在其中了。

**【原文】** **凡用针者，虚则实之，满则泄之，宛陈则除之①，邪胜则虚之。《大要》曰：徐而疾则实②，疾而徐则虚③。言实与虚，若有若无④。察后与先⑤，若存若亡⑥。为虚与实，若得若失⑦。虚实之要，九针最妙。补泻之时，以针为之。泻曰：必持内之，放而出之⑧，排阳得针⑨，邪气得泄。按而引针，是谓内温⑩，血不得散，气不得出也。补曰：随之，随之，意若妄之⑪，若行若按⑫，如蚊虻止，如留如还，去如弦绝。令左属右⑬，其气故止，外门以闭，中气乃实。必无留血，急取诛之。持针之道，坚者为宝⑭，正指直刺，无针左右，神在秋毫，属意病者，审视血脉，刺之无殆。方刺之时，必在悬阳⑮，及与两卫⑯，神属勿去，知病存亡。血脉者，在腧横居，视之独澄⑰，切之独坚。**

**【注释】** ①宛陈则除之：血气淤滞日久，当排除之。宛，通"郁"，积聚。②徐而疾则实：进针慢，出针快，出针后急按针孔的刺法，属补法。③疾而徐则虚：进针快，出针慢，出针后不闭针孔的刺法，属泻法。④言实与虚，若有若无：针下有气为实，无气为虚。有气指针刺后在刺穴周围产生的酸麻胀痛之感，甚至沿经脉传导，在医生手下有紧滞感。无气则为针刺后没有感觉，医生下针如刺豆腐。气本无形，故云若有若无。⑤察后与先：审察疾病的缓急，决定治疗先后的次序。⑥若存若亡：根据气之虚实，而决定是否留针及留针的久暂。⑦为虚与实，若得若失：形容针刺补泻手法的作用。实证，泻而取之，使患者若有所失；虚证，补而实之，使患者若有所得。⑧放而出之：摇大针孔，使邪气得出。⑨排阳得针：有三说。一、阳指皮肤浅表部位，排开浅表部位，使邪气随针外泄。二、阳指表阳，排开表阳，以去邪气。三、排阳，推扬，转针。⑩内温：气血内蕴。温，同"蕴"。⑪意若妄之：随意而为，好像漫不经心。⑫行：行针导气。按：按压孔穴以下针。⑬令左属右：右手出针，令左手急按针孔。⑭坚者为宝：针刺时要紧固有力。⑮悬阳：凡刺时必举阳气为主，故曰悬阳。悬，举。阳，神气。⑯两卫：卫气在阳，肌表之卫。脾气在阴，脏腑之卫。二者皆神气所居，不可伤犯。凡用针首宜顾此。⑰视之独澄：看得很清楚。

**【译文】** 凡是针刺时，正气虚用补法，邪气实用泻法，有淤血的用破除法，邪气胜的用攻邪法。《大要》说：慢进针而快出针，急按针孔的为补法，快进针而慢出针，不按针孔的为泻法。说到针下有气感为实，针下无气感为虚，因为气本无形，所以似有似无。根据疾病的缓急及气的虚实来决定补泻的先后次序，根据气之虚实，而决定是否留针及留针的久暂。总的说来，如掌握得法，就能达到补虚泻实的目的，使患者感到补之若有所得，泻之若有所失。补虚泻实的要点，在于巧妙地使用九针。或补或泻，用针刺手法来解决。泻法的要领是：持针纳入，得气后，摇大针孔，转而出针，这可使邪气随针外泄。假如出针随即按闭针孔，会使邪气蕴郁于内，淤血不散，邪气不得外泄。补法的要领是：顺随经脉循行的方向进针，好像漫不经心地轻轻刺人。在行针引气，按穴下针时，像蚊虫叮咬一样似留似去的感觉，得气以后，急速出针像箭离弓弦一样快。右手出针，左手急闭针孔，经

气因而留止，针孔已闭，中气就会充实了。如有皮下出血，应该速予除去。持针的准则，以手下坚牢有力最可贵。对准腧穴，端正直刺，针不偏左偏右，行针者的精神要集中在针端，注意观察病人，仔细看其血脉，进针时避开它，这样，就不会发生危险了。要进针的时候，一定要注意病人的精神状态及卫气、脾气的状况，而针者也须聚精会神，毫不疏忽，从而测知病气的存亡。血脉之所在，横布在腧穴周围，看起来显得很清楚，用手去摸按也会感到坚实。

**【原文】** **九针之名，各不同形：一曰镵针**[①]**，长一寸六分；二曰员针，长一寸六分；三曰鍉针**[②]**，长三寸半；四曰锋针，长一寸六分；五曰铍针**[③]**，长四寸，广二分半；六曰员利针，长一寸六分；七曰毫针，长三寸六分；八曰长针，长七寸；九曰大针，长四寸。镵针者，头大末锐，去泻阳气；员针者，针如卵形，揩摩分间，不得伤肌肉，以泻分气；鍉针者，锋如黍粟之锐，主按脉勿陷，以致其气；锋针者，刃三隅，以发痼疾；铍针者，末如剑锋，以取大脓；员利针者，尖如氂**[④]**，且员且锐，中身微大，以取暴气；毫针者，尖如蚊虻喙，静以徐往，微以久留之而养，以取痛痹；长针者，锋利身长，可以取远痹；大针者，尖如梃**[⑤]**，其锋微员，以泻机关之水也。九针毕矣。**

**【注释】** ①镵针：因其针形尖锐，故名镵针。镵，锐。②鍉针：因其针形似箭而得名。③铍针：因其针锋如剑而得名。铍，两刃小刀。④氂：牦牛尾，也指马尾。⑤尖如梃：大针尖如折竹之锐。梃，专折竹梃。

**【译文】** 九针的名称不同，形状也各异。第一种叫镵针，长一寸六分；第二种叫作员针，长一寸六分；第三种叫作鍉针，长三寸五分；第四种叫锋针，长一寸六分；第五种叫铍针，长四寸，宽二分半；第六种叫员利针，长一寸六分；第七种叫作毫针，长三寸六分；第八种叫作长针，长七寸；第九种叫大针，长四寸。镵针，针头大而针尖锐利，适于浅刺以泻皮肤之热；员针，针形如卵，用于按摩分肉之间，既不会损伤肌肉，又能够疏泄分肉的邪气；鍉针，针尖像小米粒的微圆，用于按摩经脉，流通气血，但不能深陷肌肉之内，否则反伤正气；锋针，三面有刃，用以治疗积久难治之病；铍针，针尖像剑锋一样锐利，用以刺痈排脓；员利针、针尖像马尾，圆而锐利，针身稍粗，用于治疗急证；毫针，针尖像蚊虻的嘴，轻缓的刺入皮内，留针养神，可以治疗痛痹；长针，针锋锐利，针身薄而略长，可以治疗久痹证；大针，针尖如折竹，其锋稍圆，可用以泻去关节积水。所有九针的情况，大致如此而已。

**【原文】** **夫气之在脉也，邪气在上**[①]**；浊气在中**[②]**，清气在下**[③]**，故针陷脉则邪气出**[④]**，针中脉则浊气出**[⑤]**，针太深则邪气反沉**[⑥]**，病益。故曰：皮肉筋脉，各有所处，病各有所宜，各不同形，各以任其所宜。无实无虚，损不足而益有余，是谓甚病，病益甚。取五脉者死**[⑦]**，取三脉者恇**[⑧]**。夺阴者死，夺阳者狂。针害毕矣。刺之而气不至，无问其数；刺之而气至，乃去之，勿复针。针各有所宜，各不同形，各任其所为。刺之要，气至而有效，效之信，若风之吹云，明乎若见苍天。刺之道毕矣。**

**【注释】** ①邪气在上：风热阳邪侵犯人体上部。②浊气在中：寒温不适，饮食不节，浊气留于肠胃。浊气，饮食积滞之气。③清气在下：清冷寒湿之邪，侵入人体必从足部开始。④针陷脉则邪气出：各经腧穴多在人体凹陷部位，驱寒邪，需刺各经陷脉，经气行，则

邪气出,所以取阳邪在上部。⑤针中脉则浊气出:针三里可排除肠胃浊气。中脉,中部阳明之合穴,即足三里穴。⑥"针太深"句:应浅刺之病,深刺反会引邪深入。⑦五脉:五脏腧穴。⑧取三脉者恇:泻手足三阳经穴,致形气虚弱。三脉,手足三阳脉。

【译文】　邪气在人体经脉之内,风热之气常在上部;饮食积滞之气常停中部,寒湿之气常留下部,因而针刺部位也就不同了,刺上部各经腧穴可使风热之气外出;刺阳明之脉,可以排除胃肠积滞;病在浅表而针刺太深了,能够引邪入里,加重病势。因此说:皮肉筋脉各有它的部位,病症各有它的适应孔穴,情况不同,就应该随着病情慎重施针。不能实证用补法,虚证用泻法,这就是损不足而益有余,会加重病情。精气虚的病人,误泻五脏腧穴,会置人于死;阳气不足的病人,误泻三阳经的腧穴,可以致正气怯弱,神志错乱。总之,误泻阴经,耗伤了脏气,会致死;误泻阳经,损伤了阳气,会发狂证。用针不当的害处大致如此。针刺时,需要候气,如刺后尚未得气,不应拘泥手法次数的多少,必须等待经气到来;如果针已得气,就可去针不再刺了。九针各有不同适用证,针形也不一样,在使用时,要根据病情分别选用。总之,针刺的关键,是要得气,针下得气,必有疗效,疗效显著的,就像风吹云散,可以看到明朗的天空那样。这些都是针刺的道理。

**【原文】　黄帝曰:愿闻五脏六腑所出之处[①]。**

**岐伯曰:五脏五腧,五五二十五腧[②];六腑六腧,六六三十六腧[③]。经脉十二,络脉十五[④]。凡二十七气,以上下。所出为井[⑤],所溜为荥[⑥],所注为输[⑦],所行为经[⑧],所人为合[⑨]。二十七气所行,皆在五腧也。节之交,三百六十五会[⑩]。知其要者,一言而终;不知其要,流散无穷。所言节者,神气之所游行出入也,非皮肉筋骨也。**

【注释】　①五脏六腑所出之处:脏腑各自联属的经脉脉气所出之处。②二十五腧:每脏有井、荥、输、经、合之五腧穴,五脏共二十五穴。③三十六腧:每腑有井、荥、输、原、经、合六腧,六腑共三十六腧穴。④络脉十五:十二经各有一络脉,加任、督及脾之大络,共十五络。⑤所出为井:古代以泉源出水之处为井。人之血气,出于四肢,故脉出处,为井。⑥所溜为荥:形容脉气流过的地方,像刚从泉源流出的小水流。《说文·水部》"荥,绝小水也"。⑦所注为输:形容脉气流注到此后又灌注到彼。注,灌注。输,运输。脉注于此而输于彼,其气渐盛。⑧所行为经:脉气由此通过。经,通。⑨所入为合:形容脉气汇合处。⑩"节之交"两句:节之交,人体关节等部交接处的间隙。这些间隙共有三百六十五个,为经脉中气血渗灌各部的汇合点。

【译文】　黄帝说:我希望听到脏腑脉气所出之处的情况。

岐伯说:五脏经脉,各有井、荥、输、经、合五个腧穴,五五共二十五个腧穴;六腑经脉,各有井、荥、输、原、经、合六个腧穴,六六共三十六个腧穴,人体有十二经脉,每经各有一络,加上任督之脉各一络和脾之大络,共十五络,这二十七脉之气循行周身。脉气所出之处叫"井",脉气流过之处叫"荥",脉气灌注运输之处叫"输",脉气通过之处叫"经",脉气汇聚之处叫"合"。这二十七气出入于上下手足之间,它的脉气由始微而趋向正盛,最后入合于内。这二十七气流注运行都在这五腧之中,昼夜不息。人体关节等相交部位的间隙,共有三百六十五个会合处。知道这些要妙所在,就可以一言以蔽之,否则就漫无边际了。这里所说的"节",都是血气游行出入和络脉渗灌诸节的地方,不是指皮肉筋骨说的。

**【原文】** 睹其色，察其目，知其散复；一其形，听其动静，知其邪正。右主推之[①]，左持而御之[②]，气至而去之[③]。凡将用针，必先诊脉，视气之剧易，乃可以治也。五脏之气已绝于内，而用针者反实其外，是谓重竭。重竭必死，其死也静。治之者辄反其气，取腋与膺。五脏之气已绝于外，而用针者反实其内，是谓逆厥。逆厥则必死，其死也躁。治之者反取四末。刺之害，中而不去，则精泄；不中而去，则致气。精泄则病益甚而恇，致气则生为痈疡。

**【注释】** ①右主推之：指右手进针。张景岳："右主推之，所以入针也。"②左持而御之：指用左手护持针身。张景岳："左持而御之，所以护持也。"③气至而去之：得气之后即起针。张景岳："邪气去而谷气至，然后可以出针。"

**【译文】** 在针刺时，注意察看患者的面色和眼神，可以了解血气的耗散与还复；从病人形态动静、声音变化，可以了解邪正虚实。然后右手推而进针，左手护持针身，等到针下得气，就可出针了。凡用针的时候，必先诊察脉象以了解脏气的和与不和，然后治疗。如五脏之气已绝于内，属阴虚，而用针反补在外的阳经，会使阳愈盛而阴愈虚，这叫"重竭"。重竭必死，死时安静。这是因为医生每违反经气补泻原则，误取腋和胸的腧穴，使脏气虚竭所致。五脏之气已虚于外，属阳虚，而用针反补在内阴经，阴愈盛而阳愈虚，引起四肢厥冷，这叫"逆厥"。逆厥必死，死时烦躁。这是误取四肢末端穴位，使阳气愈竭而致。针刺的要害，刺已中病而不出针就会耗伤精气；不中病而出针，会使邪气留滞不散。伤经气会加重病情而使人虚弱，气滞很容易发生痈疡。

**【原文】** 五脏有六腑，六腑有十二原，十二原出于四关[①]，四关主治五脏。五脏有疾，当取之十二原。十二原者，五脏之所以禀三百六十五节之会也。五脏有疾也，应出十二原，而原各有所出，明知其原，睹其应，而知五脏之害矣。

**【注释】** ①四关：即两肘两膝之四个关节。

**【译文】** 五脏联系在外的六腑，六腑之外有十二原联属，十二原穴出于四肢关节，四关原穴主治五脏病变。所以五脏有病，就应该取十二原穴。因为十二原穴，是五脏聚三百六十五节经气而集中的地方。因此五脏有了病变，就反应到十二原，而十二原也各有所属之内脏，了解原穴的性质，观察它的反应，就可知五脏的病情。

**【原文】** 今夫五脏之有疾也，譬犹刺也，犹污也，犹结也，犹闭也。刺虽久，犹可拔也；污虽久，犹可雪也；结虽久，犹可解也；闭虽久，犹可决也。或言久疾之不可取者，非其说也。夫善用针者，取其疾也，犹拔刺也，犹雪污也，犹解结也，犹决闭也。疾虽久，犹可毕也。言不可治者，未得其术也。

**【译文】** 现在五脏有病，好比肌肉扎刺，物体被污染，绳索打了结，河水淤塞一样。但是，扎了刺虽然日子长，还可以拔掉；污染日子虽久，还可以洗净；结拴了好久，还可以解开；河道淤塞时间虽然长些，还可以疏通。有人认为久病就不能治愈，这样说不对。善于用针的医生治疗疾病，就像拔刺、涤污、解扣、疏淤一样。疾病的时间虽然很长，还可以达到治愈效果。说久病不能治，是因为未掌握针刺技术。

## 邪气脏腑病形

【题解】

本篇主要论述了邪气中人的不同原因和部位，以及中阴中阳的区别；阐述了察色、按脉、问病、诊尺肤等诊法在诊断上的重要性，以及色与脉、脉与尺肤的相应情况；列举了五脏病变的缓、急、大、小、滑、涩六脉及其症状和针刺治疗原则；列举了六腑病变的症状和取穴法与针刺法。是论述邪气与脏腑及疾病症状关系的重要篇章。本篇的关键词是“邪气”，疾病的病因；“脏腑”，疾病伤及的部位；“病形”，疾病的表现症状。因此以《邪气脏腑病形》名篇。本篇名言：“形寒寒饮则伤肺”。感受寒凉和饮用冷水易伤肺致咳，为千古不变之真理，提示我们在养生当中应注意保暖，不饮冷水，免伤阳气。

**【原文】 黄帝问于岐伯曰：邪气之中人也，奈何？**

**岐伯答曰：邪气之中人高也。**

**黄帝曰：高下有度乎？**

**岐伯曰：身半已上者，邪中之也；身半已下者，湿中之也。**

**故曰：邪之中人也，无有常。中于阴则溜于腑，中于阳则溜于经[1]。**

【注释】 ①溜：流，淌。

【译文】 黄帝问岐伯说：外邪伤人的情况怎样呢？

岐伯回答说：邪气伤人会在人体的上下部。

帝又问说：部位的上下，有一定的常规吗？

岐伯说：上半身发病的，是受了风寒外邪所致；下半身发病的，是受了湿邪所致。因此说：外邪侵犯人体，没有固定部位。外邪侵犯阴经，会流传到六腑，外邪侵犯阳经，也可能流传在本经的通路而发病。

**【原文】 黄帝曰：阴之与阳也，异名同类[1]，上下相会，经络之相贯，如环无端。邪之中人，或中于阴，或中于阳，上下左右，无有恒常，其故何也？**

**岐伯曰：诸阳之会，皆在于面。中人也，方乘虚时，及新用力，若饮食汗出，腠理开，而中于邪。中于面则下阳明，中于项则下太阳，中于颊则下少阳，中于膺背两胁亦中其经。**

【注释】 ①异名同类：人体三阴三阳之脉名虽然不同，但都由气血流行所贯通。

【译文】 黄帝说：经脉的阴和阳，名称虽然不同，其实同属于经络系统，上下互相会合，经络之间彼此联贯，如圆环没有开端。外邪伤人，有的侵入阴经，有的侵入阳经，或上、或下、或左、或右，没有固定部位，是什么道理呢？

岐伯说：手足的三阳经，都聚合到头面部。邪气伤人，往往趁着体虚之时，以及刚劳累用力后，或热饮热食出了汗，腠理开泄，而被邪气侵袭。邪气侵入面部，就会下行至足阳明胃经；邪气侵入项部，就会下行至足太阳膀胱经；邪气侵入颊部，就会下行至足少阳胆经；如果邪气侵入胸膺、脊背、两胁，也会分别下行它所属的阳明经、太阳经、少阳经。

**【原文】 黄帝曰：其中于阴，奈何？**

**岐伯曰：中于阴者，常从臂胻始[1]。夫臂与胻，其阴皮薄，其肉淖泽[2]，故俱受于风，独**

伤其阴。

【注释】 ①胻：足胫。②淖泽：润泽。在此。作“柔软”解。

【译文】 黄帝问道：邪气侵入阴经，怎么样呢？

岐伯回答说：邪气侵入阴经，往往是从手臂或足胫开始的。因为手臂和足胫内侧的皮肤较薄，肌肉柔润，所以身体各部同样受了风邪，而这些部位最易受伤。

【原文】 黄帝曰：此故伤脏乎？

岐伯答曰：身之中于风也，不必动脏。故邪人于阴经，则其脏气实，邪气人而不能客，故还之于腑。故中阳则溜于经，中阴则溜于腑。

【译文】 黄帝又问道：这邪气也会伤及五脏吗？

岐伯回答说：人身感受风邪，不一定会伤及五脏。假若外邪侵入了阴经，而脏气充实，就是邪气入里也留不住，必定还归六腑。因此阳经受了邪，就流注于本经而发病；阴经受了邪，就会流注于六腑而发病。

【原文】 黄帝曰：邪之中人脏，奈何？

岐伯曰：愁忧恐惧则伤心。形寒寒饮则伤肺[①]。以其两寒相感，中外皆伤，故气逆而上行。有所堕坠，恶血留内，若有所大怒，气上而不下，积于胁下则伤肝。有所击仆，若醉人房，汗出当风则伤脾。有所用力举重，若入房过度，汗出浴水则伤肾。

黄帝曰：五脏之中风，奈何？

岐伯曰：阴阳俱感，邪气乃往。

黄帝曰：善哉。

【注释】 ①形寒寒饮则伤肺：喻昌说：“肺气外达皮毛，内行水道。形寒则外寒，从皮毛而入；饮冷则水冷从肺上溢，遏抑肺气，不令外扬下达，其治节不行，周身之气，无所禀仰而肺病矣。”

【译文】 黄帝问：邪气伤及五脏是怎样的？

岐伯说：愁忧恐惧会使心脏受伤。形体受寒，又喝了冷水，就会使肺脏受伤。因为两种寒邪交感，内外受伤，就会发生肺气上逆的病变。如从高处跌坠，淤血留滞体内，又因大怒刺激，气上冲而不下，郁结胁下，就会伤肝。被人打击跌倒，或醉后行房，出汗冒风，就会伤脾。如用力举重，或房事过度，或出汗以后，浴于水中，就会伤肾。

黄帝又问：五脏为风邪所伤，为什么呢？

岐伯说：一定是内脏先伤再感受外邪，内外之邪结合，风邪才能侵入内脏。

黄帝说：说得真好！

【原文】 黄帝问于岐伯曰：首面与身形也，属骨连筋，同血合于气耳。天寒则裂地凌冰，其卒寒，或手足懈惰，然而其面不衣，何也？

岐伯答曰：十二经脉，三百六十五络，其血气皆上于面而走空窍，其精阳气上走于目而为睛，其别气走于耳而为听，其宗气上出于鼻而为臭，其浊气出于胃走唇舌而为味。其气之津液皆上熏于面，而皮又厚，其肉坚，故热甚，寒不能胜之也。

【译文】 黄帝问岐伯说：人的头面和全身形体，都是由筋骨支撑的，由气血滋养。当天寒地裂，滴水成冰的时候，如突然感受寒气，手足就会瑟缩不伸，麻木不灵，可是面部

却不用衣服御寒，这是什么缘故？

岐伯回答说：周身十二经脉和三百六十五络，所有血气都上行达到头面部，分别流入各个孔窍，那精阳之气上注于目，使眼睛能看；那旁行的经气上达于耳，使耳能听；那宗气上出于鼻，使鼻能嗅；那由胃生出来的谷气，上走唇舌，使唇舌有味觉。所有这些气和津液，都上行熏蒸于面部，面部的皮又厚，肌肉坚实，因此面上的阳热已极，就是天气极寒冷也能适应。

**【原文】** **黄帝曰：邪之中人，其病形何如？**

**岐伯曰：虚邪之中身也[1]，洒淅动形；正邪之中人也微[2]，先见于色，不知于身，若有若无，若亡若存，有形无形，莫知其情。**

**黄帝曰：善哉。**

**【注释】** ①虚邪：四时反常的邪风，即虚邪贼风。②正邪：四时正常的风气，也能乘人之虚，侵袭人体而引起疾病。

**【译文】** 黄帝说：外邪侵犯人体，发病的症状是怎样的呢？

岐伯说：虚邪伤了人，病人会战栗恶寒；正邪伤人发病比较轻微，先看到气色方面有点变异，身上没有什么感觉，像有病又像没有病，似有症状又似没有症状，不容易知道它的病情。

黄帝说：讲得好。

**【原文】** **黄帝问于岐伯曰：余闻之，见其色，知其病，命曰明；按其脉，知其病，命曰神；问其病，知其处，命曰工。余愿见而知之，按而得之，问而极之，为之奈何？**

**岐伯答曰：夫色脉与尺之相应也，如桴鼓影响之相应也[1]，不得相失也。此亦本末根叶之殊候也，故根死则叶枯矣。色脉形肉不得相失也，故知一则为工，知二则为神，知三则神且明矣。**

**【注释】** ①桴鼓：比喻事物相应，就像用鼓槌击鼓而有声一样。桴。鼓槌。

**【译文】** 黄帝问岐伯说：我听说医生看病人气色，就知道病情的叫"明"；按病人脉象，就知道病情的叫"神"；问病情，就知道病情的叫"工"。我希望听一下，闻声、望色就能知道病情，切脉就能得到病况，问病就可彻底了解病苦的所在，怎么做才能有如此水平呢？

岐伯回答说：病人的气色、脉象、尺肤都与疾病有相应关系，就像如响随鼓、如影随形一样，不会有差错。这也像树木的根本和枝末一样，根衰败，枝叶必然枯槁。人的面色，脉象与皮肉外形的表现是不会不一致的。知其一为工，知其二为神，知其三就是神医了。

**【原文】** **黄帝曰：愿卒闻之。**

**岐伯答曰：色青者，其脉弦也[1]；赤者，其脉钩也[2]；黄者，其脉代也[3]；白者，其脉毛也[4]；黑者，其脉石[5]。见其色而不得其脉，反得其相胜之脉则死矣[6]；得其相生之脉则病已矣[7]。**

**【注释】** ①弦：弦脉端直以长，如张弓弦，为肝脉。②钩：钩脉来盛去衰，为心脉。③代：此处为脾之平脉，有更代的意思。④毛：毛脉轻虚而浮，为肺脉。⑤石：石脉沉濡而滑，为肾脉。⑥相胜之脉：相胜就是相克，如肝病见肺之毛脉，是金克木，这就是相胜之

脉。⑦相生之脉：如肝病见肾之石脉，是水生木，即为相生之脉。

【译文】　黄帝说：希望听你详尽解释。

岐伯回答说：面色青的，脉象应弦；面色红的，脉象应钩；面色黄的，脉象应代；面色白的，脉象应毛；面色黑的，脉象应石。如果看到面色与脉象不合，反而诊得相克脉象，就会死亡；若能诊得相生脉象，疾病就会痊愈。

**【原文】　黄帝问于岐伯曰：五脏之所生，变化之病形，何如？**

**岐伯答曰：先定其五色五脉之应，其病乃可别也。**

**黄帝曰：色脉已定，别之奈何？**

**岐伯曰：调其脉之缓急、小大、滑涩，而病变定矣。**

【译文】　黄帝问岐伯说：五脏所生疾病的变化和表现是怎样的？

岐伯回答说：必先确定五色和五脉的相应关系，疾病就可以区别。

黄帝说：气色和脉象已经确定了，怎么区别病情呢？

岐伯说：只要诊察出脉的缓急、小大、滑涩，病变就确定了。

**【原文】　黄帝曰：调之奈何？**

**岐伯答曰：脉急者，尺之皮肤亦急；脉缓者，尺之皮肤亦缓；脉小者，尺之皮肤亦减而少；脉大者，尺之皮肤亦贲而起[①]；脉滑者，尺之皮肤亦滑；脉涩者，尺之皮肤亦涩。凡此变者，有微有甚，故善调尺者，不待于寸；善调脉者，不待于色。能参合而行之者，可以为上工，上工十全九；行二者为中工，中工十全七；行一者为下工，下工十全六。**

**【注释】**　①贲：大。

【译文】　黄帝说：诊察的方法如何呢？

岐伯回答说：脉急促的，尺肤的皮肤也紧急；脉徐缓的，尺肤的皮肤也弛缓；脉象小的，尺肤的皮肤也瘦小；脉象大的，尺肤的皮肤也大而突起；脉象滑的，尺肤的皮肤也滑润；脉象涩的，尺肤的皮肤也涩滞。以上六种变化，有轻有重，所以善于诊察尺肤的，不必等诊寸口脉；善于诊察脉象的，不必等望色。能够察色、辨脉、观察尺肤三者配合起来而进行诊断的，称为上工，上工治愈十分之九；能够运用两种方法诊察的，称为中工，中工治愈十分之七；仅能运用一种方法进行诊察的，称为下工，下工治愈十分之六。

**【原文】　黄帝曰：病之六变，刺之奈何？**

**岐伯答曰：诸急者多寒[①]，缓者多热，大者多气少血，小者血气皆少，滑者阳气盛、微有热，涩者多血少气、微有寒。是故刺急者，深内而久留之[②]；刺缓者，浅内而疾发针[③]，以去其热；刺大者，微泻其气，无出其血；刺滑者，疾发针而浅内之，以泻其阳气而去其热；刺涩者，必中其脉，随其逆顺而久留之，必先按而循之，已发针，疾按其羊痏[④]，无令其血出，以和其脉；诸小者，阴阳形气俱不足，勿取以针，而调以甘药也。**

**【注释】**　①急：紧脉。②深内：深刺。内，同“纳”，指进针。③浅内：浅刺。④痏：泛指针孔。

【译文】　黄帝问道：疾病出现六种脉象变化，怎样针刺呢？

岐伯回答说：凡是脉象紧的多属寒，脉象缓的多属热，脉象大的多属气有余而血不足，脉象小的多属气血都不足，脉象滑的属阳气盛而微有热，脉象涩的血少气少而微有

寒。因此，在针刺急脉的病变，进针要深，留针时间要长；针刺缓脉的病变，进针应该浅，出针要快，以散其热；针刺大脉的病变，略微泻其气，不能出血；针刺滑脉的病变，应快出针，浅刺，以泻阳气，排除热邪；针刺涩脉的病变，必须刺中经脉，随着气行的逆顺方向行针，留针时间要长，还要先按摩经脉，使脉气舒缓，出针以后，赶快按住针孔，不使出血，以调和经脉；凡是脉象小的，阴阳形气都虚弱，不宜用针刺，而用缓和之药调治。

**【原文】　黄帝曰：余闻五脏六腑之气，荥输所人为合，令何道从入，入安连过？愿闻其故。**

**岐伯答曰：此阳脉之别人于内，属于腑者也。**

**黄帝曰：荥输与合，各有名乎？**

**岐伯答曰：荥输治外经，合治内腑。**

**【译文】**　黄帝说：我听说五脏六腑的脉气，都出于井穴，从荥、输而进入合穴。这是从哪条经脉进入合穴的？进入后又和哪些脏腑经脉有联系呢？希望听听其中的缘故？

岐伯回答说：这就是手足阳经，由别络进入内部而又属于六腑的。

黄帝说：荥、输与合穴，在治疗上各有一定的作用吗？

岐伯说：荥、输的脉气浮浅，可以治外经的病，合的脉气深入，可以治疗内腑的病。

**【原文】　黄帝曰：治内腑奈何？**

**岐伯曰：取之于合。**

**黄帝曰：合各有名乎？**

**岐伯答曰：胃合于三里，大肠合人于巨虚上廉，小肠合人于巨虚下廉，三焦合入于委阳，膀胱合入于委中央，胆合入于阳陵泉。**

**【译文】**　黄帝说：治疗体内的腑病，怎样取穴呢？

岐伯说：应取合穴。

黄帝说：合穴各有名称吗？

岐伯回答说：胃的合穴在三里，大肠的合穴在巨虚上廉，小肠的合穴在巨虚下廉，三焦的合穴在委阳，膀胱的合穴在委中，胆的合穴在阳陵泉。

**【原文】　黄帝曰：取之奈何？**

**岐伯答曰：取之三里者，低跗取之[①]；巨虚者，举足取之；委阳者，屈伸而索之；委中者，屈而取之；阳陵泉者，正竖膝，予之齐[②]，下至委阳之阳取之；取诸外经者，揄申而从之[③]。**

**【注释】**　①低跗：马莳说："取三里者，将足之跗面低下著地而取之，不使之举足。"跗，足背部。②正竖膝，予之齐：即正身蹲坐，竖起膝部，使两膝齐平。③揄申而从之：周学海说："《骨空论》注云：揄，摇也。谓或摇或伸而寻之。"

**【译文】**　黄帝说：怎样取合穴呢？

岐伯回答说：取三里穴，应足背低平；取巨虚穴，应举足；委阳穴，应先屈后伸下肢取穴；委中穴，应屈膝取穴；阳陵泉穴，应正立竖膝使两膝齐平，至委中的外侧取穴；凡取治在外经脉的病变，应该用或摇或伸的方式取穴。

**【原文】　黄帝曰：愿闻六腑之病。**

**岐伯答曰：面热者，足阳明病；鱼络血者[①]，手阳明病；两跗之上脉竖陷者，足阳明病。**

**此胃脉也。**

【注释】 ①鱼络血者:是说手鱼的部位血脉郁滞或有瘀斑。

【译文】 黄帝说:希望听一下六腑的病变。

岐伯回答说:面部发热是足阳明的病变;手鱼部出现郁滞的血斑是手阳明的病变;足背的冲阳脉出现坚实而极隐伏的现象,也县足阳明的病变。这是胃的经脉。

【原文】 **大肠病者,肠中切痛而鸣濯濯[1],冬日重感于寒即泄,当脐而痛,不能久立。与胃同候,取巨虚上廉。**

【注释】 ①濯濯:肠鸣的声音。

【译文】 大肠病,肠中痛如刀割,阵阵肠鸣,冬天再感受寒邪,就会泄泻,当脐部疼痛,痛时不能久立。肠与胃有密切联系,可取胃经的上巨虚穴治疗。

【原文】 **胃病者,腹膜胀,胃脘当心而痛,上支两胁,膈咽不通,食饮不下,取之三里也。**

【译文】 胃病,会出现腹胀满,胃脘当心部位疼痛,支撑两胁,胸膈和咽喉间不通,饮食不下,可取足三里穴治疗。

【原文】 **小肠病者,小腹痛,腰脊控睾而痛,时窘之后[1],当耳前热,若寒甚,若独肩上热甚,及手小指次指之间热,若脉陷者,此其候也。手太阳病也,取之巨虚下廉。**

【注释】 ①时窘之后:痛甚窘急,而欲大便。后,大便的避讳语。

【译文】 小肠病,少腹作痛,腰背牵引睾丸疼痛,大便窘急,觉得耳前发热,或发冷,或只是肩上很热,以及手小指与无名指间发热,若络脉虚陷不起,这就是手太阴小肠经病变的症候。手太阳小肠病变,可取下巨虚穴治疗。

【原文】 **三焦病者,腹气满,小腹尤坚,不得小便,窘急,溢则水,留即为胀,候在足太阳之外大络,大络在太阳少阳之间,亦见于脉,取委阳。**

【译文】 三焦病,腹部胀满,小腹胀得尤甚,小便不通,感到窘迫难受,水溢于皮下成为水肿,留在腹部为胀病。三焦病候也会呈现在足太阳外侧的大络上,这络脉在太阳经和少阳经之间,三焦有病,此处脉现异常,取委阳治疗。

【原文】 **膀胱病者,小腹偏肿而痛[1],以手按之,即欲小便而不得,肩上热若脉陷,及足小指外廉及胫踝后皆热。若脉陷,取委中央。**

【注释】 ①小腹偏肿:是说小腹部肿。中医以脐下三寸以下为小腹。

【译文】 膀胱病,小腹部偏肿而痛,用手按揉痛处,就要小便,又尿不出来,肩部发热,或脉陷不起,以及足小指外侧,胫骨和足踝后都显有热象。若络脉虚陷不起,可取委中穴治疗。

【原文】 **胆病者,善太息,口苦,呕宿汁,心下澹澹恐人将捕之[1],嗌中吩吩然[2],数唾。在足少阳之本末,亦视其脉之陷下者灸之,其寒热者取阳陵泉。**

【注释】 ①澹澹:水波动貌。这里指心慌心跳。②嗌中吩吩然:咽喉中如有物作梗,咯吐不舒。

【译文】 胆病,经常叹气,口苦,呕出苦水,心跳不安,好像怕人逮捕他一样,咽喉里如物梗塞,频频咳嗽、吐唾沫。在足少阳经起点至终点的循行通路上,也可以出现络脉陷

下的情况，可以用灸法治疗；如胆病而有寒热现象的，可取足少阳经的合穴阳陵泉刺治。

【原文】 黄帝曰：刺之有道乎？

岐伯答曰：刺此者，必中气穴[①]，无中肉节[②]。中气穴则针游于巷[③]，中肉节即皮肤痛。补泻反则病益笃，中筋则筋缓，邪气不出，与其真相搏，乱而不去，反还内著。用针不审，以顺为逆也。

【注释】 ①气穴：即腧穴。腧穴和经气相通，故称气穴。②肉节：肌肉之间的节界。张景岳："肉有节界，是谓肉节。"③针游于巷：即刺中穴位后，即沿着经脉循行路线出现针感。张景岳："巷，道也。中其气穴，则针着脉道而经络通。"

【译文】 黄帝说：针刺有一定的规律吗？

岐伯回答说：针刺这些穴位，一定要刺中气穴，不可刺中肉或刺中节。因为刺中气穴，则经气运行于脉道之内，经脉就通了；如果误中肉节，只能损伤好肉，使皮肤疼痛。如果补泻手法用反了，就会加重病情；如果误刺中筋，筋就会弛缓，邪气也出不去，与真气相争，由于邪气扰乱不去，反回到内里为病。这都是用针不审慎，反顺为逆的恶果。

## 寿夭刚柔

【题解】

本篇主要论述人的体质有刚柔的不同，而"刚"和"柔"可以从形体的缓急、正气的盛衰、骨骼的大小、肌肉的坚脆、皮肤的厚薄等方面进行分辨。体质刚柔不但与发病和治疗密切相关，而且与人的寿命长短有着直接联系，因此观察形气是否相称也可以预测寿命的长短。由于文中内容以"寿夭刚柔"为主，故以此名篇。本篇特别详尽地论述了"形"与"气"的关系。形气是中医学及中国哲学的一对重要范畴。中医和中国哲学认为事物包含"形""气"两方面。"形"为事物的载体，"气"为事物生存的动力，形气应该和谐相称。在两者之中，气是事物的本质，决定事物的性质和状态以及存亡。因此，中医学极为重视形气的相称、和谐。特别看重气对人体生命的意义，强调气对治疗和养生的意义。本篇的名言是："形与气相任则寿，不相任则夭；皮与肉相裹则寿，不相裹则夭；血气经络胜形则寿，不胜形则夭。"

【原文】 黄帝问于少师曰[①]：余闻人之生也，有刚有柔，有弱有强，有短有长，有阴有阳，愿闻其方。

少师答曰：阴中有阴，阳中有阳，审知阴阳，刺之有方，得病所始，刺之有理，谨度病端[②]，与时相应。内合于五脏六腑，外合于筋骨皮肤，是故内有阴阳，外亦有阴阳。在内者，五脏为阴，六腑为阳；在外者，筋骨为阴，皮肤为阳。故曰病在阴之阴者[③]，刺阴之荥输；病在阳之阳者[④]，刺阳之合；病在阳之阴者[⑤]，刺阴之经；病在阴之阳者[⑥]，刺络脉。故曰病在阳者命曰风，病在阴者命曰痹，阴阳俱病命曰风痹。病有形而不痛者，阳之类也；无形而痛者，阴之类也。无形而痛者，其阳完而阴伤之也，急治其阴，无攻其阳；有形而不痛者，其阴完而阳伤之也，急治其阳，无攻其阴。阴阳俱动，乍有形，乍无形，加以烦心，命曰阴胜其阳，此谓不表不里，其形不久[⑦]。

【注释】 ①少师：相传为黄帝之臣。②谨度病端：意谓慎重地推测疾病发生的原因。度，推测，衡量。端，有“本”“始”的含义。③病在阴之阴者：指病变部位在脏。内为阴，五脏为阴中之阴。④病在阳之阳者：病变部位在皮肤。外为阳，皮肤为外之阳，故云阳之阳。⑤病在阳之阴者：病变部位在筋骨。外为阳，筋骨为外之阴。⑥病在阴之阳者：病变部位在腑。内为阴，六腑为阴中之阳。⑦其形不久：即预后不良。

【译文】 黄帝问少师说：我听说人的先天禀赋，有刚柔、强弱、长短、阴阳的区别，希望听一下其中的道理。

少师回答说：就人体阴阳来说，阴当中还有阴，阳当中还有阳，只有了解阴阳的规律，才能很好地运用针刺方法，了解疾病发生的情况，才能在针刺时做出适当的手法，同时要认真地揣度发病的经过与四时变化的相应关系。人体的阴阳，在内合于五脏六腑，在外合于筋骨皮肤，所以人体内有阴阳，体外也有阴阳。在体内的，五脏为阴，六腑为阳；在体外的，筋骨为阴，皮肤为阳。因此，病在阴中之阴的，当刺阴经的荥输；病在阳中之阳的，当刺阳经的合穴；病在阳中之阴的，当刺阴经的经穴；病在阴中之阳的，当刺阳经的络穴。这是根据阴阳内外与疾病的关系，而选取针刺穴位的基本法则。阴阳也可以作为疾病的分类准则，病在阳经的叫风，病在阴经的叫痹，阴阳两经都有病的叫风痹。病有形态变化而不疼痛的，属于阳经一类；病无形态变化而疼痛的，属于阴经一类。没有形态变化而感到疼痛的，是阳经未受侵害，只是阴经有病，赶快在阴经取穴治疗，不要攻治阳经；有形态变化而不感觉疼痛的，是阴经未受侵害，只是阳经有病，赶快在阳经取穴治疗，不要攻治阴经。阴阳表里都有病，忽然有形态变化，忽然又没了，更加上心烦，叫阴病重于阳，这是所谓的不表不里，预后不能良。

【原文】 黄帝问于伯高曰[①]：余闻形气，病之先后、外内之应，奈何？

伯高答曰：风寒伤形，忧恐忿怒伤气。气伤脏，乃病脏。寒伤形，乃应形。风伤筋脉，筋脉乃应。此形气外内之相应也。

【注释】 ①伯高：相传为黄帝之臣。

【译文】 黄帝问伯高说：我听说形气与发病有先后内外的相应关系，是什么道理？

伯高回答说：风寒外袭，先伤形体，忧恐愤怒的精神刺激，先伤内气。气逆伤了五脏之和，就会使五脏有病。寒邪侵袭形体，就会使肌表皮肤发病。风邪伤了筋脉，就会使筋脉发病。这就是形气与疾病外内相应的关系。

【原文】 黄帝曰：刺之奈何？

伯高答曰：病九日者，三刺而已；病一月者，十刺而已。多少远近，以此衰之[①]。久痹不去身者[②]，视其血络，尽出其血。

黄帝曰：外内之病，难易之治，奈何？

伯高答曰：形先病而未入脏者，刺之半其日；脏先病而形乃应者，刺之倍其日。此外内难易之应也。

【注释】 ①以此衰之：意谓按比数递减。马元台：“人之感病不同，日数各有多少远近，以此大略，病三日而刺一次者之法，等而杀之。”衰之，在此有“减少”的含义。②久痹不去身：病邪内闭，经久不愈。

**【译文】** 黄帝说:怎样针刺治疗呢?

伯高回答说:病九天的,刺三次可以好;病一个月的,刺十次可以好。病程时日的多少远近,都可以根据三日一刺的标准来计算。经久不愈的痹证,根据血络变化,尽力去掉淤血。

黄帝又说:人体在内在外的疾病,针刺难易的情况怎样呢?

伯高回答说:形体先有病还未传人内脏的,针刺的次数,可以根据已病的日数减半计算;内脏先有病而形体也有反应的,针刺的日数就要加倍。这就是疾病有内外、针治有难易的对应关系。

**【原文】 黄帝问于伯高曰:余闻形有缓急,气有盛衰,骨有大小,肉有坚脆,皮有厚薄,其以立寿夭,奈何?**

**伯高答曰:形与气相任则寿[①],不相任则夭;皮与肉相裹则寿,不相裹则夭;血气经络胜形则寿[②],不胜形则夭。**

**【注释】** ①相任:相当,相称。②胜形:血气经络不但与外形相称,而且要更为强盛才能长寿。

**【译文】** 黄帝问伯高说:我听说人的外形有缓有急,正气有盛有衰,骨骼有大有小,肌肉有坚有脆,皮肤有厚有薄,从这些怎样来确定人的寿夭呢?

伯高回答说:外形与正气相称的多长寿,不相称的多夭亡;皮肤与肌肉结合紧密的多长寿,不紧密的多夭亡;血气经络充盛胜过外形的多长寿,血气经络衰弱不能胜过外形的多夭亡。

**【原文】 黄帝曰:何谓形之缓急?**

**伯高答曰:形充而皮肤缓者则寿,形充而皮肤急者则夭。形充而脉坚大者顺也,形充而脉小以弱者气衰,衰则危矣。若形充而颧不起者骨小,骨小则夭矣。形充而大肉䐃坚而有分者肉坚[①],肉坚则寿矣;形充而大肉无分理不坚者肉脆,肉脆则夭矣。此天之生命,所以立形定气而视寿夭者。必明乎此立形定气,而后以临病人,决死生。**

**【注释】** ①䐃:肌肉突起处。

**【译文】** 黄帝说:什么叫作形体的缓急?

伯高回答说:形体充实而皮肤柔软的人,多长寿;形体充实而皮肤坚紧的人,多短命。形体充实而脉气坚大的为顺;形体充实而脉气弱小的属于气衰,气衰是危险的。如果形体充实而面部颧骨不突起的人,骨骼必小,骨骼小的多短命。形体充实而臂腿臀部肌肉突起坚实而有肤纹的,称为肉坚,肉坚的人多长寿。形体充实而臂腿臀部肌肉没有肤纹的,称为肉脆,肉脆的人多短寿。这是自然界赋予人生命所形成的形体与生气的自然状态,可据此来判断人的寿命长短。医者,必须了解形体与生气的状态,然后可以临床治病,判断死生。

**【原文】 黄帝曰:余闻寿夭,无以度之。**

**伯高答曰:墙基卑,高不及其地者[①],不满三十而死;其有因加疾者,不及二十而死也。**

**黄帝曰:形气之相胜,以立寿夭奈何?**

**伯高答曰:平人而气胜形者寿;病而形肉脱,气胜形者死,形胜气者危矣。**

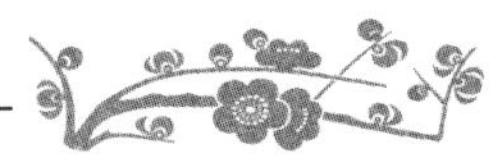



**【注释】** ①"墙基卑"两句:这是以比喻的方法来说明面部形态。墙基,在此指耳边下部。地,指耳前肌肉。大意是说面部肌肉陷下,四周骨骼显露。

**【译文】** 黄帝说:我听说人有寿夭,但无法推测。

伯高回答说:衡量人的寿夭,凡是面部肌肉陷下,而四周的骨骼显露,不满三十岁就会死的;再加上疾病影响,不到二十岁,就可能死亡。

黄帝说:从形与气的相胜,怎样用它去确定寿命长短呢?

伯高回答说:健康人,正气胜过形体的可以长寿;有病的人,形体肌肉很消瘦,即使其气胜过形体,也是要死的;即使形体尚可,但元气已衰,也很危险。

## 本神

**【题解】**

本,这里是动词,探究本原、本质的意思。神,一般指精神活动,是心的主要功能,并主宰着整个人体的生命活动。广义的神,还包括肝、肺、脾、肾等脏所主的魂、魄、意、志,以及思、虑、智、忆等精神思维活动在内。本篇对于精神活动的产生、变化,与五脏的关系,以及发病后的症状表现等,都一一做了阐述,特别提出"凡刺之法,先必本于神"的论点,故以《本神》名篇。神是中国文化和哲学的重要范畴之一。《周易》认为"阴阳不测之谓神",神既是天地阴阳之道变化的内在动力,又是其外在的极致表现。中国哲学注重对宇宙变化之神的探求。中医学重视人身之神,在养生上强调"养神";在治疗上强调"治神";医学上的最高成就者称为"神医"。中国的文学、艺术强调"神韵",艺术上追求"出神入化"。总之,"神"是把握中国文化和中医学的关键范畴之一。《内经》的很多篇章都有指示,读者宜深玩。

**【原文】** **黄帝问于岐伯曰:凡刺之法,先必本于神[①]。血、脉,营、气、精、神,此五脏之所藏也。至其淫泆离脏则精失[②],魂魄飞扬[③],志意恍乱[④],智虑去身者,何因而然乎?天之罪与?人之过乎?何谓德、气、生、精、神、魂、魄、心、意、志、思、智、虑[⑤]?请问其故。**

**岐伯答曰:天之在我者,德也,地之在我者,气也,德流气薄而生者也[⑥]。故生之来谓之精,两精相搏谓之神[⑦],随神往来者谓之魂,并精而出入者谓之魄,所以任物者谓之心[⑧],心之所忆谓之意,意之所存谓之志,因志而存变谓之思,因思而远慕谓之虑,因虑而处物谓之智。**

**【注释】** ①神:这是广义的神,概括了人体整个生命活动现象。包括下文所讲"血、脉、营、气、精、神"等生理活动的内容。②淫泆:指七情过度,任性恣纵。泆,恣纵。③魂魄:魂,是精神活动之一。魄,是先天的本能,如感觉、运动等。《左传·昭公七年》孔颖达疏:"形气既殊,魂魄各异,附形之灵为魄,附气之神为魂也。附形之灵者,谓初生之时,耳目心识,手足运动,啼呼为声,此则魄之灵也;附气之神者,谓精神性识,渐有所知,此则附气之神也。"④志意恍乱:思想混乱,茫然无主。⑤德、气:古代哲人认为万物由天之气、地之形和合化生。《管子·内业》:"凡人之生也,天出其精,地出其形,合此以为人。"有时天气也称为"天德",包括上文所提到的精、神、魂、魄等。人死后,精神魂魄又回到了天

上,所以古人祭祀祖先,是相信祖先的灵魂在天上存在。现在的很多注家把德理解为四时气候以及日光、雨露等自然界的正常变化。这样理解虽然有其合理性,但与古人原意并不符合。⑥德流气薄:在天之气下流与在地之气结合。薄,迫近,附着。⑦两精相搏:张景岳:“两精者,阴阳之精也。搏,交结也。”即男女交媾,两精结合。搏,结合。⑧任:负担,主持。

**【译文】** 黄帝问岐伯说:针刺的法则,必须先研究病人的精神状态。因为血、脉、营、气、精、神,这都是五脏所藏的。至其失了正常,离开所藏之脏,五脏精气走失,魂魄也飞扬了,志意也烦乱了,智慧和思考能力离开了自身,为什么会这样呢?是上天的惩罚呢,还是人为的过失呢?什么叫德、气、生、精、神、魂、魄、心、意、志、思、智、虑?希望听到其中的道理。

岐伯回答说:天赋予我们人类的是德,地赋予我们人类的是气,由于天德下流与地气上交,阴阳相结合,使万物化生成形,人才能生存。所以,人体生命的原始物质,叫精;阴阳两精相结合产生的生命活动,叫神;随着神的往来活动而出现的知觉机能,叫魂;跟精气一起出入而产生的运动机能,叫魄;可以支配外来事物的,叫心;心里有所忆念而留下的印象,叫意;意念所在,形成了认识,叫志;根据认识而反复研究事物的变化,叫思;因思考而有远的推想,叫虑;因思虑而能定出相应的处理事物方法,叫智。

**【原文】** **故智者之养生也,必顺四时而适寒暑,和喜怒而安居处,节阴阳而调刚柔,如是则僻邪不至,长生久视[1]。**

**【注释】** ①长生久视:是寿命延长,不易衰老之意。《吕氏春秋》有“莫不欲长生久视”,注云:“视,活也。”《老子·五十九章》有“是谓深根固柢,长生久视之道”。

**【译文】** 因此,智者养生必定顺着四时来适应寒暑的气候,调和喜怒而安定起居,节制房事,调和刚柔。这样,虚邪贼风就不能侵袭人体,自然可以延寿,不易衰老了。

**【原文】** **是故怵惕思虑者则伤神[1],神伤则恐惧,流淫而不止[2]。因悲哀动中者,竭绝而失生[3]。喜乐者,神惮散而不藏[4]。愁忧者,气闭塞而不行。盛怒者,迷惑而不治[5]。恐惧者,神荡惮而不收[6]。**

**【注释】** ①怵惕:恐惧的样子。怵,恐惧。惕,敬畏。②流淫而不止:张景岳:“流淫谓流泄淫溢。如下文所云恐惧而不解则伤精,精时自下者是也。”③竭绝而失生:张景岳:“悲则气消,悲哀太甚则胞络绝,故至失生。竭者绝之渐,绝则尽绝无余矣。”④神惮散而不藏:张景岳:“喜发于心,乐散在外,暴喜伤阳,故神气惮散而不藏。惮,惊惕也。”意谓神气耗散而不能归藏于心。⑤迷惑而不治:张景岳:“怒则气逆,甚者心乱,故至昏迷惶惑而不治。不治,乱也。”⑥荡惮而不收:张景岳:“恐惧则神志惊散,故荡惮而不收。上文言喜乐者,神惮散而不藏,与此稍同。但彼云不藏者,神不能持而流荡也;此云不收者,神为恐惧而散失也。所当详辨。”

**【译文】** 所以过分的恐惧忧思,就会损伤心神,损伤心神就恐惧,使阴精流失不止。悲哀过度伤了内脏,会使气机竭绝,丧失生命。喜乐过度,会致喜极气散不能收藏。愁忧过度,就会使气机闭塞,不能流畅。大怒,就会使神志昏迷,失去常态。恐惧过度,就会由于精神动荡而精气不能收敛。

**【原文】** **心，怵惕思虑则伤神，神伤则恐惧自失，破䐃脱肉，毛悴色夭，死于冬。**

**【译文】** 心过度恐惧忧思，就会伤神，神伤，就会时时恐惧不能自控，时间久了，肌肉消瘦，毛发憔悴，面色异常，死在冬季。

**【原文】** **脾，愁忧不解则伤意，意伤则悗乱[1]，四肢不举，毛悴色夭，死于春。**

**【注释】** ①悗：闷也。胸膈苦闷。乱：烦乱。

**【译文】** 脾过度忧愁不能解除，就会伤意，意伤，就会苦闷烦乱，手足乏力，不能抬起来，进而毛发憔悴，面色异常，死在春季。

**【原文】** **肝悲哀动中则伤魂，魂伤则狂忘不精，不精则不正，当人阴缩而挛筋，两胁骨不举，毛悴色夭，死于秋。**

**【译文】** 肝过度悲哀影响内脏，就会伤魂，魂伤，会出现精神紊乱症状，导致肝脏失去藏血作用，使人阴器萎缩，筋脉挛急，两胁不能舒张，进而毛发憔悴，面色异常，死在秋季。

**【原文】** **肺喜乐无极则伤魄，魄伤则狂，狂者意不存人，皮革焦，毛悴色夭，死于夏。**

**【译文】** 肺过度喜乐，就会伤魄，魄伤，会形成狂病，狂者思维混乱，不识旧人，皮肤枯槁，进而毛发憔悴，面色异常，死在夏季。

**【原文】** **肾盛怒而不止则伤志，志伤则喜忘其前言，腰脊不可以俯仰屈伸，毛悴色夭，死于季夏。**

**【译文】** 肾大怒不能遏止，就会伤志，志伤，就容易忘记自己说过的话，腰脊不能随意俯仰，进而毛发憔悴，面色异常，死在季夏。

**【原文】** **恐惧而不解则伤精，精伤则骨痠痿厥，精时自下。是故五脏主藏精者也，不可伤，伤则失守而阴虚，阴虚则无气，无气则死矣。是故用针者，察观病人之态，以知精神魂魄之存亡，得失之意，五者以伤，针不可以治之也。**

**【译文】** 过度恐惧而解除不了，就会伤精，精伤，就会发生骨节酸痛和痿厥，并常有遗精。所以五脏是主藏精气的，不可被损伤；伤了，就会使精气失守，形成阴虚，阴虚则阳气的化源断绝，离死就不远了。所以运用针刺的人，必定要观察病人的形态，以了解他的精、神、魂、魄等精神活动的旺盛或衰亡，如果五脏精气已经损伤，就不能用针刺治疗了。

**【原文】** **肝藏血，血舍魂[1]。肝气虚则恐，实则怒。脾藏营，营舍意。脾气虚则四肢不用，五脏不安，实则腹胀，经溲不利[2]。心藏脉，脉舍神。心气虚则悲，实则笑不休。肺藏气，气舍魄。肺气虚，则鼻塞不利，少气；实则喘喝，胸盈仰息。肾藏精，精舍志，肾气虚则厥，实则胀，五脏不安。必审五脏之病形，以知其气之虚实，谨而调之也。**

**【注释】** ①血舍魂：意即魂的功能凭依于血。舍，有住宿、寄居的含义。②经溲不利：大小便不利。经，《甲乙经》作"泾"。《素问·调经论》王冰注："经，大便；溲，小便也。"

**【译文】** 肝贮藏血，魂依附血液。肝气虚，会恐惧；肝气盛，容易发怒。脾贮藏营气，意念依附营气。脾气虚，会使四肢运用不灵，五脏不能调和；脾气壅实，会使腹部胀满，大小便不利。心藏神，神寄附在血脉中。心气虚，会悲伤；心气太盛，会笑而不止。肺藏气，魄依附在肺气中。肺气虚，会感到鼻塞，呼吸不便，气短；肺气壅实，会大喘，胸满，

甚至仰面而喘。肾藏精，意志依附精气。肾气虚，会手足厥冷，肾有实邪，会腹胀，并连及五脏不能安和。因此说：治病必须审察五脏病的症状，以了解元气虚实，从而谨慎地加以调治。

## 终始

【题解】

终始，是中国古代哲学的重要范畴。中国哲学关注的是包括人类在内的天地万物的生生化化，是关乎生命的学问。中国的医学与哲学一样也是关乎生命的科学而不仅仅是治病祛疾之术。生命是在时间中展开的过程，对于时间的关注，成为中国哲学和医学的根本特征。古人认为生命是在阳变阴合的大化流行中永不停息，循环往复的过程。标志这一循环往复过程的范畴就是终始。生命活动以及生命活动过程中正常和异常的变化都有这种终而复始的规律。抓住了终始范畴就掌握了事物发展变化的关键。正如《大学》所说："物有本末，事有终始，知所先后，则近道矣。""终始"范畴见于《内经》的诸多篇章，是贯穿于《内经》中的重要思想线索之一。本篇以《终始》名篇，来组织有关材料，对临床医家有重要的提示作用。本篇的中心内容，是从脉口、人迎的脉象对比，来诊察十二经气血阴阳的变化；根据病症情况，以确定针刺治疗的原则和方法。篇首以"明知终始，五脏为纪"开端，篇末以六经终绝的症状结尾，前后呼应，层次分明，以示读者掌握这些自始至终的规律，所以篇名《终始》。本篇名言："散气可收，聚气可布。""深居静处，占神往来。"

【原文】 **凡刺之道，毕于《终始》。明知终始，五脏为纪[①]，阴阳定矣。阴者主脏，阳者主腑。阳受气于四末，阴受气于五脏[②]。故泻者迎之，补者随之。知迎知随，气可令和。和气之方，必通阴阳。五脏为阴，六腑为阳。传之后世，以血为盟[③]。敬之者昌，慢之者亡。无道行私，必得夭殃[④]。**

【注释】 ①五脏为纪：意谓"终始"的内容，以五脏为纲领。纪，总要。②"阳受气"两句：马元台："阳在外，受气于四肢；阴在内，受气于五脏。"四末，即四肢。③以血为盟：是古人盟誓时一种极其郑重的仪式。即宰杀牲畜取血，由参加订盟的人共同吸饮或涂于口旁，以此表示决不背信弃约。④无道行私，必得夭殃：张景岳："不明至道，而强不知以为知，即无道行私也。"夭殃，夭折死亡的祸害。

【译文】 大凡针刺的法则，全在《终始》篇里。明确了解终始的意义，就必须以五脏为纲纪，可以确定阴经阳经的关系。阴经是与五脏相通，阳经是与六腑相通。阳经承受四肢的脉气，阴经承受五脏的脉气。所以泻法是迎而夺之，补法是随而济之。知道迎随补泻的方法，可以使脉气调和。而调和脉气的关键，必定要明白阴阳的规律。五脏在内为阴，六腑在外为阳。要将刺法流传于后世，必须严肃认真地对待，如同"以血为盟"一样。重视此法会使它发扬光大，忽视此法能使其散失消亡。如果不懂装懂，一定会危害人的生命。

【原文】 **谨奉天道，请言终始！终始者，经脉为纪。持其脉口人迎，以知阴阳，有余**

**不足，平与不平。天道毕矣。所谓平人者不病。不病者，脉口人迎应四时也，上下相应而俱往来也，六经之脉不结动也，本末之寒温之相守司也，形肉血气必相称也。是谓平人。少气者，脉口人迎俱少而不称尺寸也。如是者，则阴阳俱不足。补阳则阴竭，泻阴则阳脱。如是者，可将以甘药，不可饮以至剂。如是者，弗灸。不已者，因而泻之，则五脏气坏矣。**

**【译文】** 慎重地遵循天地阴阳变化规律，让我谈谈针刺的终始意义吧！所谓终始，是以十二经脉为纲纪，从脉口、人迎两部的脉象了解阴经阳经的脉象是实是虚，上下之脉是相应平衡还是不平衡。这样，阴阳变化就大致掌握了。所谓平人，就是没有病的人，无病人的脉口和人迎的脉象是和四时相应的；脉口，人迎互相呼应，往来不息；六经之脉搏动不止；人体上下内外，在寒温不同的环境里能够保持平衡；形肉和血气也能够协调一致。这就是没有病的人。气虚的人，脉口、人迎的脉象细小，而尺肤和脉象不相称。像这样，就是阴阳都不足的病症。补阳就会使阴气衰竭，泻阴就会使阳气亡脱。这样的病人，只可以用缓剂补养，不能用峻猛的药物攻泻。这种病症也不能用灸法。因为病未愈，而用泻法，那就会败坏五脏真气。

**【原文】 凡刺之道，气调而止。补阴泻阳，音气益彰，耳目聪明。反此者，血气不行。**

**【译文】** 大凡针刺的原则，阴阳之气调和了，就要停针。要注意阴阳补泻，这样才会有语音清朗，耳聪目明的效果。相反，血气就不能正常运行。

**【原文】 所谓气至而有效者[①]，泻则益虚。虚者，脉大如其故而不坚也。坚如其故者，适虽言快，病未去也。补则益实。实者，脉大如其故而益坚也。夫如其故而不坚者，适虽言快，病未去也。故补则实，泻则虚。痛虽不随针，病必衰去。必先通十二经脉之所生病，而后可得传于终始矣。故阴阳不相移，虚实不相倾，取之其经。**

**【注释】** ①气至而有效：中医以针刺治病取效的关键在于得气，即“气至”。人体生命活动的关键在于气血的畅通周流，疾病之所以发生就是因为气血出了问题，治疗时也是以调动和恢复气血的功能为目标。所以只有“气至”，即有了酸麻胀痛及循经感传的现象，才会有疗效。

**【译文】** 所谓针下气至而获得疗效，是说实证用了泻法，就会由实转虚。这虚的脉象仍旧大，却不坚实。如果脉象坚实照旧，虽说一时觉得舒服，其实病情并没有减轻。虚证用了补法，就会由虚转实。这实的情况，是脉象仍旧大些，并且更坚实了。如果脉象大虽照旧而并不坚实，虽说一时觉得舒服，其实病情并没有减轻。所以准确地运用补法，会使正气充实；准确地运用泻法，会使病邪衰退。即使病不随着针立即除去，但病势必定减轻。必须先明白十二经脉与各种疾病的关系，然后才可以做到有始有终。阴经和阳经是不会互相改变的，虚证和实证也是不会相反的，所以针治疾病，就要取其所属的经脉。

**【原文】 凡刺之属，三刺至谷气[①]。邪僻妄合[②]，阴阳易居。逆顺相反，沉浮异处[③]。四时不得[④]，稽留淫泆。须针而去。故一刺则阳邪出，再刺则阴邪出，三刺则谷气至，谷气至而止。所谓谷气至者，已补而实，已泻而虚，故以知谷气至也。邪气独去者，阴与阳未能调，而病知愈也。故曰补则实，泻则虚。痛虽不随针，病必衰去矣。**

**【注释】** ①三刺：指针刺皮肤、肌肉、分肉三种深浅不同的刺法。②邪僻妄合：指不正之气即邪气与血气混合。③沉浮异处：脉气当沉而反浮之在表，当浮而反沉之在里。杨上善："春脉或沉，冬脉或浮，故曰异处。"④四时不得：脉气不能与四时顺应。张志聪："四时不得者，不得其升降浮沉也。"

**【译文】** 大凡针刺所应该注意的是采用三刺法使正气徐徐而来。那邪僻不正之气与血气混合，使阴阳失其常位而逆乱。气血运行的逆顺颠倒，脉象沉浮异常。脉气与四时不相应合，患者或血气留滞，或血气妄行。所有这许多病变，都有待用针刺去排除。因此要注意三刺法：初刺能使阳分的病邪排出，再刺会使阴分的病邪排出，三刺就会使正气徐徐而来，这时就应该出针了。所谓谷气至，是说已经用了补法，就觉得气充实些；已经用了泻法，就觉得病邪衰退些。从这些表现就知道谷气已至。起初，仅是邪气排除了，阴与阳之间的血气还没有调和，但是已能知道病要痊愈了。所以说用补法而能使正气充实，用泻法而能使邪气衰退。病痛虽未能随针立即消除，但病势必会减轻。

**【原文】** **阴盛而阳虚，先补其阳，后泻其阴而和之。阴虚而阳盛，先补其阴，后泻其阳而和之。**

**【译文】** 阴经邪气盛，阳经正气虚，先补阳经正气，后泻阴经邪气，从而调和有余和不足。阴经正气虚，阳经邪气盛，先补阴经正气，后泻阳经邪气，从而调和有余和不足。

**【原文】** **三脉动于足大指之间**[①]**，必审其实虚。虚而泻之，是谓重虚。重虚，病益甚。凡刺此者，以指按之。脉动而实且疾者则泻之，虚而徐者则补之。反此者，病益甚。其动也，阳明在上，厥阴在中，少阴在下。膺腧中膺，背腧中背。肩膊虚者，取之上**[②]**。重舌**[③]**，刺舌柱以铍针也**[④]**。手屈而不伸者，其病在筋；伸而不屈者，其病在骨。在骨守骨，在筋守筋。**

**【注释】** ①三脉：指足阳明、足厥阴、足少阴三脉。马元台："阳明动于大指次指之间，凡厉兑、陷谷、冲阳、解溪，皆在足跗上也。厥阴动于大指次指之间，正以大敦、行间、太冲、中封，在足跗内也。少阴则动于足心，其穴涌泉，乃足跗之下也。"②"膺腧"四句：张景岳："凡肩膊之虚软而痛者，病有阴经阳经之异。阴经在膺，故治阴病者，当取膺腧而必中其膺；阳经在背，故治阳病者，当取背腧而必中其背。病在手经，故取之上。上者，手也。如手太阴之中府、云门，手厥阴之天池，皆膺腧也。手少阳之肩髎、天髎，手太阳之天宗、曲垣、肩外俞，皆背腧也。咸主肩膊虚痛等病。"③重舌：舌下的血脉胀起，形如小舌，似为两舌相重，故称重舌。④舌柱：即舌下的筋，像柱一样，故称舌柱。

**【译文】** 足阳明经、足厥阴经、足少阴经三条经脉，都有动脉散布于足大指之间，在针刺时，必须审察它是属于虚证，或是属于实证。假如虚证误用了泻法，这叫重虚。虚而更虚，病就更厉害了。大凡针刺这些病症时，先用手指去按动脉，脉的搏动实而快的就用泻法，脉的搏动虚而缓的就用补法。如所用的补泻之法，与此相反，那么病就会更加重。至于动脉的所在，足阳明经在足跗之上，足厥阴经在足跗之内，足少阴经在足跗之下。取胸部腧穴必中其胸。取背部腧穴必中其背。肩膀出现酸胀麻木的虚证，应取上肢经脉的腧穴。对于重舌的患者，应该用铍针，刺舌下根柱，使之出血。手指弯曲而不能够伸直，那病在筋上；伸直了而不能够弯曲，那病在骨上。病在骨，应该求之于主骨的各个穴位去

治疗；病在筋，应该求之于主筋的各个穴位去治疗。

**【原文】** **泻一方实，深取之，稀按其痏[1]，以极出其邪气；补一方虚，浅刺之，以养其脉，疾按其痏[2]，无使邪气得入。邪气来也紧而疾，谷气来也徐而和。脉实者，深刺之，以泄其气；脉虚者，浅刺之，使精气无得出，以养其脉，独出其邪气。刺诸痛者，其脉皆实。**

**【注释】** ①稀按其痏：杨上善："希，迟也。迟按针伤之处，使气泄也。"痏，针孔。②疾按其痏：杨上善："按针伤之处，急关其门，使邪气不入，正气不出也。"

**【译文】** 补泻的大法，在于泻的时候要注意脉气之实，深刺，出针后，缓按针孔，以尽量泄去邪气；补的时候要注意脉气之虚，浅刺，以保养所取的经脉，出针后，急按针孔，不叫邪气侵入。邪气来了，针下会感到拘急；谷气来了，针下会感到徐和。脉气盛实的，深刺，使邪气外泄；脉气虚弱的，浅刺，使精气不外泄，以养其经脉，而仅让邪气排出。对于各种疼痛的病症，要一律深刺，因为疼证的脉象都是实的。

**【原文】** **故曰：从腰以上者，手太阴阳明皆主之；从腰以下者，足太阴阳明皆主之。病在上者下取之，病在下者高取之，病在头者取之足，病在足者取之腘。病生于头者头重，生于手者臂重，生于足者足重。治病者先刺其病所以生者也。**

**【译文】** 所以说：腰以上的病，都在手太阴肺经、手阳明大肠经的主治范围；腰以下的病，都在足太阴脾经、足阳明胃经的主治范围。病在上部的，可以取下部的穴位；病在下部的，可以取上部的穴位；病在头部的，可取足部的穴位；病在腰部的，可取腘部的穴位。病患于头部的，头必觉得重；病患于手部的，臂必觉得重；病生于足部的，足必觉得重。治疗这些病症，应当先针刺疾病开始发生的部位。

**【原文】** **春，气在毛；夏，气在皮肤；秋，气在分肉；冬，气在筋骨。刺此病者各以其时为齐[1]。故刺肥人者，以秋冬之齐；刺瘦人者，以春夏之齐。病痛者，阴也。痛而以手按之不得者，阴也，深刺之[2]。痒者，阳也，浅刺之[3]。病在上者，阳也；病在下者，阴也。**

**【注释】** ①齐：同"剂"。在此可理解为"标准"。②"病痛者"五句：张景岳："凡病痛者，多由寒邪滞逆于经，及深居筋骨之间，凝聚不散，故病痛者为阴也。按之不得者，隐藏深处也，是为阴邪，故刺亦宜深。然则痛在浮浅者，由属阳邪可知也。但诸痛属阴者多耳。"③痒者，阳也，浅刺之：张景岳："痒者，散动于肤腠，故为阳。"

**【译文】** 春天，邪气在毫毛；夏天，邪气在皮肤；秋天，邪气在分肉；冬天，邪气在筋骨。治疗这些与时令有关的病症，针刺的浅深，应该根据季节而变化。所以刺胖人，要用适于秋冬的深刺法；刺瘦人，就用适于春夏的浅刺法。感到疼痛的病人，多属阴证。疼痛时用手按压，不能缓解的，也是属于阴证、要深刺。患者身上发痒，是病邪在外属阳，要浅刺。病在上部的属阳，病在下部的属阴。

**【原文】** **病先起阴者，先治其阴而后治其阳；病先起阳者，先治其阳而后治其阴。刺热厥者，留针，反为寒；刺寒厥者，留针，反为热。刺热厥者，二阴一阳；刺寒厥者，二阳一阴。所谓二阴者，二刺阴也；一阳者，一刺阳也。久病者，邪气入深。刺此病者，深内而久留之，间日而复刺之。必先调其左右，去其血脉。刺道毕矣。**

**【译文】** 病先起于阴经的，应该先治疗阴经，然后再治疗阳经；病先起于阳经的，应该先治疗阳经，然后再治疗阴经。针刺热厥，留针可以由热转寒；针刺寒厥，留针可以由

寒转热。针刺热厥,当刺阴经二次,刺阳经一次;针刺寒厥,当刺阳经二次,阴经一次。所谓二阴的意思,就是在阴经针刺二次,一阳的意思,就是在阳经针刺一次。患病的时间长了,病邪深入脏腑。针治这类宿疾,应该深刺并且长时间地留针,每隔一日,再继续针刺。还要首先察明病邪在左在右的偏盛现象,去掉血脉中的淤滞。针刺的原则无非就是这些。

**【原文】** **凡刺之法,必察其形气。形肉未脱,少气而脉又躁,躁疾者,必为缪刺之。散气可收,聚气可布[①]。深居静处,占神往来;闭户塞牖,魂魄不散。专意一神,精气之分,毋闻人声,以收其精,必一其神,令志在针。浅而留之,微而浮之,以移其神,气至乃休。男内女外,坚拒勿出。谨守勿内,是谓得气。**

**【注释】** ①散气可收,聚气可布:杨上善:"缪刺之益,正气散而收聚,邪气聚而可散也。"

**【译文】** 大凡针刺的法则,必须诊察患者的形气。形肉虽然不显消瘦,但是气短,脉又躁动而快,出现了躁动而且快的脉象,就应当采用缪刺法。使耗散的真气可以收住,积聚的邪气可以散去。在针刺时,医生就好像深居静处,只与神往来;又像闭户塞窗,意识不乱。念头单纯,心神一贯,精气不分,听不到旁人的声音,从而使精神内守,专一地集中在针刺上。浅刺留针,或微捻提针,以转移病人的精神紧张,直到针下得气为止。针刺之时,男子浅刺候气于外,女子深刺候气于内,坚拒正气不使之出。严防邪气不使之人,这叫做得气。

## 经脉

**【题解】**

本篇详细叙述了十二经脉的起止点、循行部位、发病症候及治疗原则,并分别说明十二络脉的循行和病候,五阴经气绝所出现的特征和预后。因篇中重点是论述十二经脉,篇首即着重指出经脉在决死生、处百病、调虚实等方面的重要作用,故以《经脉》名篇,是中医经络学说的重要文献。篇幅所限,本书仅选录其论十二经脉循行部分的内容。本篇名言:"经脉者,所以能决死生,外百病,调虚实,不可不诵。"

**【原文】** **雷公问于黄帝曰:《禁服》之言,凡刺之理,经脉为始。营其所行,制其度量。内次五脏,外别六腑。愿尽闻其道。**

**黄帝曰:人始生,先成精,精成而脑髓生;骨为干,脉为营,筋为刚,肉为墙;皮肤坚而毛发长。谷入于胃,脉道以通,血气乃行。**

**雷公曰:愿卒闻经脉之始生。**

**黄帝曰:经脉者,所以能决死生,处百病,调虚实,不可不通。**

**【译文】** 雷公问黄帝说:《禁服》篇说过,针刺的道理,从研究经脉开始。揣度它的运行,知道它的长短,向内联系五脏,在外联系六腑。希望详细地听听其中的道理。

黄帝说:人最初生成,首先形成精,由精发育而生脑髓;此后就逐渐形成人体。以骨为支柱,以经脉作为营运气血的通道,以坚劲的筋来约束骨骼,肌肉像墙一样卫护机体;

到皮肤坚韧、毛发生长，人形即成。出生以后，水谷入胃，化生精微，脉道内外贯通，血气即可在脉中运行不止。

雷公说：我希望听到经脉最初发生的情况。

黄帝说：经脉的作用，可以决断死生，处理百病，察明虚实，作为医生，不可不明白。

**【原文】 肺手太阴之脉，起于中焦①，下络大肠②，还循胃口③，上膈属肺④。从肺系横出腋下⑤，下循臑内⑥，行少阴心主之前，下肘中，循臂内，上骨下廉⑦，入寸口，上鱼⑧，循鱼际⑨，出大指之端；其支者，从腕后直出次指内廉，出其端。**

**【注释】** ①中焦：指中脘部位。②络：联络。凡萦绕于与本经相表里的脏腑均称络。③还：指经脉循行去而复回。循：沿着。胃口：指胃上口贲门与下口幽门。④属：隶属。凡经脉连于其本经的脏腑均称属。⑤肺系：指与肺连接的气管、喉咙等组织。⑥臑：上臂。⑦廉：边缘。⑧鱼：手大指本节后掌侧肌肉隆起处，形状如鱼，故名。⑨鱼际："鱼"的边缘为鱼际。

**【译文】** 肺手太阴的经脉，从中焦腹部起始，下绕大肠，返回循着胃的上口，上膈膜，属于肺。再从气管横走而出腋下，沿着上臂内侧，行在手少阴与手厥阴两经的前面，下至肘内，沿着臂的内侧和掌后高骨下缘，人寸口，沿着鱼际，出拇指尖端；它的支脉，从手腕后，直出食指尖端内侧，与手阳明大肠经相接。

**【原文】 大肠手阳明之脉，起于大指次指之端，循指上廉，出合谷两骨之间①，上入两筋之中②，循臂上廉，入肘外廉，上臑外前廉，上肩，出髃骨之前廉③，上出于柱骨之会上④，下人缺盆络肺⑤，下膈属大肠；其支者，从缺盆上颈贯颊，人下齿中，还出挟口，交人中，左之右，右之左，上挟鼻孔。**

**【注释】** ①两骨之间：即第一、二掌骨之间，俗名虎口，又名合谷。②两筋之中：指手腕背侧，拇长伸肌腱与拇短伸肌腱两筋间陷中，有穴名叫阳溪。③髃骨：为肩胛骨与锁骨相连接的地方，即肩髃穴处。④柱骨之会上：肩胛骨上，颈骨隆起处，即大椎穴处。因诸阳脉会于大椎，故称会上。⑤缺盆：即锁骨窝。

**【译文】** 大肠手阳明的经脉，起始于食指尖端，沿食指上侧，出合谷穴拇指、食指歧骨之间，上入腕上两筋凹陷处，沿前臂上方，人肘外侧，再沿上臂外侧前缘，上肩，出肩端的前缘，上出于肩胛上，与诸阳经会合于大椎，向下入缺盆络肺，下贯膈膜，会属于大肠；它的支脉，从缺盆上走颈部，通过颊部，下入齿缝中，回转过来绕至上唇，左右两脉交会于人中，左脉向右，右脉向左，上行挟于鼻孔两侧，与足阳明胃经相接。

**【原文】 胃足阳明之脉，起于鼻之交頞中①，旁纳太阳之脉，下循鼻外，入上齿中，还出挟口，环唇，下交承浆，却循颐后下廉②，出大迎，循颊车，上耳前，过客主人，循发际，至额颅③；其支者，从大迎前下人迎，循喉咙，人缺盆，下膈，属胃，络脾；其直者，从缺盆下乳内廉，下挟脐，人气街中④；其支者，起于胃口，下循腹里，下至气街中而合，以下髀关，抵伏兔，下膝膑中，下循胫外廉，下足跗，人中指内间；其支者，下廉三寸而别，下人中指外间；其支者，别跗上，入大指间，出其端。**

**【注释】** ①頞：鼻梁。②颐：在口角的外下方，腮的前下方。③额颅：即前额骨部，在发下眉上处。④气街：又叫"气冲"。在少腹下方，毛际两旁。

【译文】 胃足阳明的经脉，起于鼻孔两旁的迎香穴，旁入足太阳的经脉，下沿鼻外侧，入上齿缝中，回来环绕口唇，下交于承浆穴处，再沿腮下后方，出大迎穴，沿颊车穴，上至耳前，通过客主人穴，沿发际，至额颅部；它的支脉，从大迎穴的前面，向下至人迎穴，沿喉咙人缺盆，下贯膈膜，会于胃腑，与脾脏联系；它另有一支直行经脉，从缺盆下至乳房的内侧，再向下挟脐，入毛际两旁气街部；另一支脉，起胃下口，下循腹里，至气街前与直行的经脉相合，循髀关穴，至伏兔部，下至膝盖，沿胫骨前外侧，下至足背，入中指内侧；另一支脉，从膝下三寸处别行，下至足中指外侧；它另一支脉，从足背面，进入足大指，直出大指尖端，与足太阴脾经相接。

**【原文】 脾足太阴之脉，起于大指之端，循指内侧白肉际[1]，过核骨后[2]，上内踝前廉，上踹内[3]，循胫骨后，交出厥阴之前，上膝股内前廉，入腹属脾络胃，上膈，挟咽，连舌本[4]，散舌下；其支者，复从胃，别上膈，注心中。**

【注释】 ①白肉际：又称赤白肉际，是手足两侧阴阳界面的分界处。阳面赤色，阴面白色。②核骨：是足大趾本节后内侧凸出的圆骨。形如果核，故名。③踹：小腿肚。④舌本：舌根。

【译文】 脾足太阴的经脉，起于足大指尖端，沿着大指内侧白肉处，经过核骨，上行至内踝前面，再上小腿肚，沿胫骨后方，与厥阴肝经交叉出于其前，上行膝股内侧前缘，入腹，属脾、络胃，上过膈膜，挟行咽喉部，连于舌根，并散布于舌下；它的支脉，又从胃腑分出，别出上走膈，注入心中，与手少阴心经相接。

**【原文】 心手少阴之脉，起于心中，出属心系[1]，下膈络小肠；其支者，从心系上挟咽，系目系[2]；其直者，复从心系却上肺，下出腋下，下循臑内后廉，行手太阴心主之后，下肘内，循臂内后廉，抵掌后锐骨之端[3]，入掌内后廉，循小指之内出其端。**

【注释】 ①心系：指心脏与其他脏器相联系的脉络。张景岳："心当五椎之下，其系有五，上系连肺，肺下系心，心下三条，连脾肝肾，故心通五脏之气而为之主也。"②目系：眼球内连于脑的脉络。③锐骨：指掌后小指侧的高骨。

【译文】 心手少阴的经脉，起于心脏里，出属于心的脉络，下贯膈膜，联络小肠；它的支脉，从心系的脉络上行，挟于咽喉，关联到目珠连于脑的脉络；它另有直行的经脉，又从心脏的脉络上行于肺部，向下横出腋下，再向下沿上臂内侧的后缘，行于手太阴肺经和手厥阴心包络经的后面，下行肘内，沿着前臂内侧的后缘，到掌后小指侧高骨的尖端，入掌内后侧，沿着小指的内侧至指端。

**【原文】 小肠手太阳之脉，起于小指之端，循手外侧上腕，出踝中[1]，直上循臂骨下廉，出肘内侧两筋之间，上循臑外后廉，出肩解[2]，绕肩胛，交肩上，人缺盆络心，循咽下膈，抵胃属小肠；其支者，从缺盆循颈上颊，至目锐眦[3]，却人耳中；其支者，别颊上䪼抵鼻[4]，至目内眦[5]，斜络于颧。**

【注释】 ①踝：此处指手腕后方小指侧的高骨。②肩解：即肩后骨缝。③目锐眦：眼外角。④䪼：眼眶的下方，包括颧骨内连及上牙床的部位。⑤目内眦：眼内角。

【译文】 小肠手太阳的经脉，起于手小指尖端，循行手外侧，上入腕部，出小指侧的高骨，直上沿前臂骨的下缘，出肘内侧两筋之间，再向上沿上臂外侧后缘，出肩后骨缝，绕

行肩胛部，交于肩上，入缺盆，联络心脏。再沿咽部下穿横膈膜，至胃，再向下属于小肠；它的支脉，从缺盆沿头颈上抵颊部，至眼外角，回入耳中；另有支脉，从颊部上眼眶下，至鼻，再至眼内角。斜行络于颧骨部，与足太阳经相接。

**【原文】 膀胱足太阳之脉，起于目内眦，上额交巅①；其支者，从巅至耳上角②；其直者，从巅入络脑，还出别下项，循肩髆内③，挟脊抵腰中，人循膂④，络肾属膀胱；其支者，从腰中下挟脊贯臀，入腘中；其支者，从髆内左右，别下，贯胛，挟脊内，过髀枢⑤，循髀外，从后廉下合腘中，以下贯踹内，出外踝之后，循京骨⑥，至小指外侧。**

**【注释】** ①巅：指头顶正中最高点，当百会穴处。②耳上角：即耳壳的上部。③肩髆：即肩胛骨。④膂：挟脊两旁的肌肉。⑤髀枢：指股骨上端的关节，即环跳穴处。为髀骨所嵌入的地方，有转枢作用，故称髀枢。⑥京骨：足外侧小趾本节后突出的半圆骨，又穴名。京，本意为高地、高处。

**【译文】** 膀胱足太阳的经脉，起于眼内角，向上过额部，会于头顶之上；它的支脉，从头顶至耳上角；它的直行经脉，从头顶入络于脑，还出，另下行过项，沿肩胛骨内侧，夹脊椎两旁，直至腰部，沿脊肉深入，联系肾脏，会于膀胱；它另有支脉，从腰中，会于后阴，通过臀部，直入膝腘窝中；它又有直脉，从左右肩胛骨内侧，另向下行，贯穿肩胛，挟行脊内，过髀枢部，沿大腿外侧后缘，向下行合于膝弯内，又向下通过小腿肚，出外踝骨的后边，沿着京骨，至小指外侧尖端，与足少阴肾经相接。

**【原文】 肾足少阴之脉，起于小指之下，邪走足心①，出于然谷之下，循内踝之后，别人跟中，以上踹内，出腘内廉，上股内后廉，贯脊，属肾，络膀胱；其直者，从肾上贯肝膈，入肺中，循喉咙，挟舌本；其支者，从肺出络心，注胸中。**

**【注释】** ①邪：偏斜。

**【译文】** 肾足少阴的经脉，起于足小指之下，斜向足掌心，出于然谷穴之下，沿着内踝骨的后方，另入足跟，上小腿肚内侧，出腘内侧，上行股部内侧后缘，穿过肾脏，与膀胱联系；其直行的经脉，从肾脏向上经过肝和横膈膜，进入肺脏，沿着喉咙，归结于舌根；它的支脉，从肺联系心脏，注于胸中，与手厥阴心包经相接。

**【原文】 心主手厥阴心包络之脉，起于胸中，出属心包络，下膈，历络三焦①；其支者，循胸出胁，下腋三寸，上抵腋，下循臑内②，行太阴少阴之间，入肘中，下臂行两筋之间，入掌中，循中指出其端；其支者，别掌中，循小指次指出其端。**

**【注释】** ①历络三焦：自胸至腹依次联络上中下三焦。②臑：上臂。

**【译文】** 心主手厥阴心包络的经脉，起于胸中，出属于心包络，下穿膈膜，依次地联系胸腹的上中下三焦；它的支脉，循行胸中横出胁下，当腋缝下三寸处，又向上行至腋部，沿着上臂内侧，行于手太阴肺经与手少阴心经的中间，入肘中，下循臂，行掌后两筋之间，进入掌中，循中指，至指端；它另有支脉，从掌内分出，沿无名指直达指端，与手少阳三焦经相接。

**【原文】 三焦手少阳之脉，走于小指次指之端，上出两指之间，循手表腕①，出臂外两骨之间，上贯肘，循臑外，上肩，而交出足少阳之后，入缺盆，布膻中，散络心包，下膈，循属三焦；其支者，从膻中上出缺盆，上项，系耳后直上，出耳上角，以屈下颊至颇；其支者，**

**从耳后入耳中，出走耳前，过客主人前，交颊，至目锐眦。**

**【注释】** ①手表腕：指手与腕的背面。

**【译文】** 三焦手少阳的经脉，起于无名指尖端，上出小指与无名指之间，沿着手背，出前臂外侧两骨的中间，向上穿过肘，沿上臂外侧，上肩，而交出于足少阳胆经之后，人缺盆，分布于膻中，散布络于心包，下过膈膜，依次会属于上中下三焦；它的支脉，从膻中上出缺盆，上颈项，夹耳后，直上出耳上角，由此屈而下行额部，至眼眶下；它另有支脉，从耳后进入耳中，再出走耳前，通过客主入穴的前方，与前支脉会于颊部，而至眼外角，与足少阳胆经相接。

**【原文】** **胆足少阳之脉，起于目锐眦，上抵头角，下耳后，循颈行手少阳之前，至肩上，却交出手少阳之后，人缺盆；其支者，从耳后入耳中，出走耳前，至目锐眦后；其支者，别锐眦，下大迎，合于手少阳，抵于出页，下加颊车，下颈合缺盆，以下胸中，贯膈络肝属胆，循胁里，出气街，绕毛际[①]，横入髀厌中[②]；其直者，从缺盆下腋，循胸过季胁，下合髀厌中，以下循髀阳[③]，出膝外廉，下外辅骨之前[④]，直下抵绝骨之端[⑤]，下出外踝之前，循足跗上，人小指次指之间；其支者，别跗上，人大指之间，循大指歧骨内出其端，还贯爪甲，出三毛[⑥]。**

**【注释】** ①毛际：耻骨部生阴毛之处。②髀厌：就是髀枢，即环跳部。③髀阳：大腿的外侧。髀，大腿部。阳，指外侧。④外辅骨：即腓骨。小腿骨有胫骨、腓骨两支，胫骨为主，腓骨为辅，且在外侧，故称外辅骨。⑤绝骨：在外踝直上三寸许腓骨的凹陷处。腓骨至此似乎绝断，故称绝骨。⑥三毛：足大趾爪甲后生毛处。

**【译文】** 胆足少阳的经脉，起于眼外角，上至额角，向下绕至耳后，沿颈部，行于手少阳三焦经的前面，至肩上，又交叉到手少阳三焦经的后面，而进入缺盆；它的支脉，另从眼外角，下行至大迎穴附近，与手少阳三焦经相合，至眼眶下，向颊车，下颈，与前入缺盆的支脉相合，然后下行胸中，贯膈，络肝，属胆，沿着胁内，出少腹两侧的气街，绕过阴毛际，横入环跳部；它的直行经脉，从缺盆下走腋，沿胸部过季胁，与前支脉合于环跳部，再下沿髀部外侧，出阳陵泉，下行于腓骨之前，直下抵阳辅穴，下出外踝之前，沿着足背，出足小指与第四指之间；它的另一支脉，由足背走向足大指间，沿着大指的骨缝，到它的尖端，又返回穿入爪甲，出三毛与足厥阴肝经相接。

**【原文】** **肝足厥阴之脉，起于大指丛毛之际[①]，上循足跗上廉，去内踝一寸，上踝八寸，交出太阴之后，上腘内廉，循股阴入毛中，过阴器，抵小腹，挟胃属肝络胆，上贯膈，布胁肋，循喉咙之后，上入颃颡，连目系，上出额，与督脉会于巅；其支者，从目系下颊里，环唇内；其支者，复从肝别贯膈，上注肺。**

**【注释】** ①丛毛：即上文“三毛”。

**【译文】** 肝足厥阴的经脉，起于足大指丛毛上的大敦穴，沿着足背上侧，至内踝前一寸处，向上至踝骨上八寸处，交叉于足太阴脾经的后方，上腘内缘，沿阴股，人阴毛中，环绕阴器一周，至小腹，夹行于胃的两旁，属肝，络胆，上通膈膜，散布于胁腹部，沿喉咙的后侧，入喉咙的上孔，联系眼球深处的脉络，与督脉会合于巅顶的百会，它的支脉，从眼球深处脉络，向下行于颊部内侧，环绕口唇之内；它另有一支脉，又从肝脏通过膈膜，上注于

肺脏与手太阴肺经相接。

**【原文】** **经脉十二者，伏行分肉之间，深而不见；其常见者，足太阴过于外踝之上[①]，无所隐故也。诸脉之浮而常见者，皆络脉也。六经络手阳明少阳之大络，起于五指间，上合肘中。饮酒者，卫气先行皮肤，先充络脉，络脉先盛，故卫气已平，营气乃满，而经脉大盛。脉之卒然动者，皆邪气居之，留于本末；不动则热，不坚则陷且空，不与众同，是以知其何脉之动也。**

**【注释】** ①"足太阴"句：张景岳："足太阴当作手太阴，经脉深而直行，故手足十二经脉，皆伏行分肉之间，不可得见。其有见者，惟手太阴一经，过于手外踝之上，因其骨露皮浅，故不能隐。下文云：'经脉者，常不可见也，其虚实也，以气口知之'，正谓此耳。"张氏之说可从。

**【译文】** 十二经脉，隐伏在体内而行于分肉之间，其深不能看到；经常可以见到的，只是手太阴肺经在经过手外踝之上气口部分，这是由于该处骨露皮浅无所隐蔽的缘故。其他各脉在浅表而经常可见到的，都是络脉。在手足六经络脉中，手阳明大肠经，手少阳三焦经的大络，分别起于手五指之间，上合于肘中。饮酒的人，它的酒气随着卫气行于皮肤，充溢络脉，首先使络脉满盛。就会使卫气均平，营气满盛，那经脉也就很充盛了。人的经脉突然充盛，这都是邪气侵袭于内，留在脏腑经脉里，聚而不动，可以化热。如浮络不现坚实，就是病邪深入，经气虚空，不与一般相同，所以知道哪条经脉发病了。

**【原文】** **雷公曰：何以知经脉之与络脉异也？**

**黄帝曰：经脉者常不可见也，其虚实也，以气口知之，脉之见者，皆络脉也。**

**雷公曰：细子无以明其然也。**

**黄帝曰：诸络脉皆不能经大节之间，必行绝道而出[①]，人复合于皮中，其会皆见于外。故诸刺络脉者，必刺其结上[②]。甚血者虽无结，急取之以泻其邪而出其血，留之发为痹也。凡诊络脉，脉色青则寒且痛，赤则有热。胃中寒，手鱼之络多青矣；胃中有热，鱼际络赤。其暴黑者，留久痹也；其有赤有黑有青者，寒热气也；其青短者，少气也。凡刺寒热者皆多血络。必间日而一取之，血尽而止，乃调其虚实。其小而短者少气，甚泻之则闷，闷甚则仆，不得言。闷则急坐之也。**

**【注释】** ①绝道：指经脉不到的间道(偏僻的小路)。②结上：络脉有血液淤结之处。

**【译文】** 雷公说：怎样能够知道经脉和络脉的不同呢？

黄帝说：经脉在平常是看不到的，它的虚实从气口切脉可知。显露在外的脉，都是络脉。

雷公说：我不明白这种区别？

黄帝说：所有络脉，都不能经过大关节之间，而行于经脉所不到之处，出入流注，再结合皮都的浮络，共同会合而显现在外面。所以针刺所有络脉的病变，必须刺其聚结之处。若血聚过多，虽然没有显现淤结之络，也应该急刺，泻去病邪，放出淤血。如果淤血留内，会发为痹证。凡是察看络脉：脉现青色，是寒邪凝滞并有疼痛；脉现赤色，是有热。胃里有寒，手鱼部的络脉多现青色；胃里有热，鱼际的络脉会出现赤色。鱼际络脉出现黑色

的，是日久不愈的痹病。如兼有赤、黑、青三色出现的，是寒热错杂的病变。如青色而短，属于气弱。凡是针刺胃里或寒或热的病症，都是多刺血络。必须间日一刺，把淤血泻完为止。然后察明病症的虚实，如脉现青色而短，是气衰的病人，过用泻法，就会使病人感到心里烦乱，烦乱极了，就会跌倒，不能说话。对于这种烦乱的病人，赶快扶他坐下，施行急救。

## 营卫生会

【题解】

营卫来源于水谷，生成于脾胃，分为两条道路：清纯的为营气，行于脉中；慓悍的为卫气，行于脉外。一昼夜之间，两者各行于阳二十五周次，行于阴亦二十五周次，当黎明与日落的时候，交相出入，至半夜大会于手太阴。由于本篇主要论述营卫的生成和会合，故命名《营卫生会》。本篇名言："血之与气，异名同类"，"人生有两死，而无两生"，"上焦如雾，中焦如沤，下焦如渎"。

【原文】 **黄帝问于岐伯曰：人焉受气？阴阳焉会？何气为营？何气为卫？营安从生？卫于焉会？老壮不同气，阴阳异位，愿闻其会。**

**岐伯答曰：人受气于谷。谷人于胃，以传于肺，五脏六腑，皆以受气。其清者为营，浊者为卫[①]。营在脉中，卫在脉外。营周不休，五十而复大会。阴阳相贯，如环无端。卫气行于阴二十五度，行于阳二十五度，分为昼夜。故气至阳而起，至阴而止。故曰：日中而阳陇为重阳，夜半而阴陇为重阴。故太阴主内，太阳主外。各行二十五度，分为昼夜。夜半为阴陇，夜半后而为阴衰，平旦阴尽，而阳受气矣。日中为阳陇[②]，日西而阳衰。日入阳尽，而阴受气矣。夜半而大会，万民皆卧，命曰合阴。平旦阴尽而阳受气。如是无已，与天地同纪。**

【注释】 ①清者为营，浊者为卫：张景岳："谷气出于胃，而气有清浊之分。清者，水谷之精气也；浊者，水谷之悍气也。诸家以上下焦言清浊者皆非。清者属阴，其性精专，故化生血脉，而周行于经隧之中，是为营气；浊者属阳，其性慓疾滑利，故不循经络，而直达肌表，充实于皮毛分肉之间，是为卫气。"②陇：隆盛的意思。

【译文】 黄帝问岐伯说：人的精气来自哪里？阴和阳在哪里会合？什么叫作营气？什么叫作卫气？营卫之气是从哪里产生的？卫营之气在哪里会合？老年人和壮年人气的盛衰不同，昼夜气行的位置各异，我希望听听会合的道理。

岐伯回答说：人的精气，来源于饮食物。当饮食入胃，它的精微就传给了肺脏，五脏六腑都因此接受了营养。其中清的称为营气，浊的称为卫气。营气运行于脉中，卫气运行于脉外。在周身运行不休，营卫各运行五十周次又会合。阴阳相互贯通，如环周一样没有开头。卫气行于阴分二十五周次，又行于阳分二十五周次，昼夜各半。所以卫气的循行，从属阳的头部起始，到手足阴经为止。所以说：卫气行于阳经，中午阳气最盛，称为重阳；夜半行于阴经，阴气最盛，称为重阴。太阴主管人体内部，太阳主管人体外部，营卫在其中各运行二十五周次，都是以昼夜来划分的。半夜是阴气最盛的时候，夜半以后阴

气渐衰，黎明阴气衰退而阳气继起。中午阳气最盛，日落而阳气衰退。当日入黄昏，阳气已尽而阴气继起。到夜半，营卫之气始相会合，这时人们都入睡，这叫合阴。到黎明阴气衰尽，而阳气又继起了。如此循行不止，和自然界日月运行的道理一致。

**【原文】** **黄帝曰：老人之不夜瞑者，何气使然？少壮之人不昼瞑者，何气使然？**

**岐伯答曰：壮者之气血盛，其肌肉滑，气道通，营卫之行，不失其常，故昼精而夜瞑[①]。老者之气血衰，其肌肉枯，气道涩，五脏之气相搏，其营气衰少而卫气内伐[②]，故昼不精，夜不瞑。**

**【注释】** ①精：此指神清气爽，精神饱满。②伐：衰败。

**【译文】** 黄帝说：老人往往夜里入睡困难，是什么气使他这样呢？青壮年白天往往不睡觉，是什么气使他这样呢？

岐伯回答说：壮年人的气血充盛，肌肉滑润，气道通畅，营气卫气的运行不失常规，所以白天神气清爽，夜里睡得香。老人的气血衰退，肌肉消瘦，气道涩滞，五脏之气损耗，营气衰少，卫气内乏，所以白天神不清爽，夜里也不易入睡。

**【原文】** **黄帝曰：愿闻营卫之所行，皆何道从来？**

**岐伯答曰：营出于中焦，卫出于下焦[①]。**

**黄帝曰：愿闻三焦之所出。**

**岐伯答曰：上焦出于胃上口，并咽以上，贯膈而布胸中，走腋，循太阴之分而行，还至阳明，上至舌，下足阳明。常与营俱行于阳二十五度，行于阴亦二十五度，一周也。故五十度而复大会于手太阴矣[②]。**

**黄帝曰：人有热，饮食下胃，其气未定，汗则出，或出于面，或出于背，或出于身半，其不循卫气之道而出，何也？**

**岐伯曰：此外伤于风，内开腠理，毛蒸理泄，卫气走之，固不得循其道。此气慓悍滑疾，见开而出，故不得从其道，故命曰漏泄。**

**【注释】** ①"营出"两句：张景岳："营气者，由谷入于胃，中焦受气取汁，化其精微，而上注于肺，乃自手太阴始，周行于经隧之中，故营气出于中焦。卫气者，出其悍气之慓疾，而先行于四末分肉皮肤之间，不入于脉，故于平旦阴尽，阳气出于目，循头项下行，始于足太阳膀胱经，而行于阳分，日西阳尽，则始于足少阴肾经，而行于阴分，其气自膀胱与肾由下而出，故卫气出于下焦。"②大会于手太阴：张景岳："上焦之气，常与营气俱行于阳二十五度，阴亦二十五度。阳阴者，言昼夜也。昼夜周行五十度，至次日寅时，复会于手太阴肺经，是为一周，然则营气虽出于中焦，而施化则由于上焦也。"

**【译文】** 黄帝说：我希望听到营、卫二气的运行，都是从哪里发出来的？

岐伯回答说：营气发于中焦，卫气发于上焦。

黄帝说：希望听一下发于上焦的情况。

岐伯回答说：上焦之气从胃上口发出，并食道上行，穿过膈膜，散布胸中，横走腋下，沿手太阴肺经范围下行，返回到手阳明大肠经，上行至舌，又下流注于足阳明胃经，卫气与营气一样都是运行于阳分二十五周，运行于阴分二十五周，这就是昼夜一周的大循环。所以卫气五十周次行遍全身，再与营气大会于手太阴肺经。

黄帝说：人在有热时，就会饮食刚入胃，其精微之气还未化成，汗就先出来了。或出于面，或出于背，或出于半身，并不沿着卫气运行的道路而出，是什么道理呢？

岐伯说：这是为风邪所伤，以致腠理舒张，皮毛为风热所蒸，腠理开泄，卫气行至肌表疏松的地方，就不沿着它的流行道路走了。卫气的性质剽悍滑利，见到开泄的地方就走，所以不能从它正常运行之道而出，这叫漏泄。

**【原文】** **黄帝曰：愿闻中焦之所出。**

**岐伯答曰：中焦亦并胃中，出上焦之后。此所受气者，泌糟粕，蒸津液，化其精微，上注于肺脉，乃化而为血。以奉生身，莫贵于此。故独得行于经隧，命曰营气。**

**黄帝曰：夫血之与气，异名同类，何谓也？**

**岐伯答曰：营卫者，精气也；血者，神气也。故血之与气，异名同类焉。故夺血者无汗，夺汗者无血。故人生有两死，而无两生①。**

**【注释】** ①人生有两死，而无两生：人体夺血会致死亡，夺汗也会致死亡，所以说"有两死"。血与汗两者缺一则不能生，所以说"无两生"。

**【译文】** 黄帝说：希望听到中焦的出处？

岐伯回答说：中焦的部位与胃并列，在上焦之后。这里主化生水谷之味，泌去糟粕，蒸腾津液，化生精微，向上传注于肺脉，再化生而为血液。用它奉养周身，没有比它更宝贵的了。所以独能行于经脉之内，叫作营。

黄帝说：血和气，名称虽不一样，而其实却是同类，这是为什么？

岐伯回答说：营和卫都是水谷精气化成；血是精气化生最宝贵的物质，称为"神气"。因此血和气，名虽不同，却属于同类。凡失血过多的人，其汗也少；出汗过多的人，其血亦少。所以说人体夺血或夺汗均可死亡，而血与汗缺一则不能生存。

**【原文】** **黄帝曰：愿闻下焦之所出。**

**岐伯答曰：下焦者，别回肠，注于膀胱，而渗入焉。故水谷者，常并居于胃中，成糟粕而俱下于大肠，而成下焦。渗而俱下，济泌别汁，循下焦而渗入膀胱焉。**

**黄帝曰：人饮酒，酒亦人胃，谷未熟而小便独先下，何也？**

**岐伯答曰：酒者，熟谷之液也，其气悍以清，故后谷而入，先谷而出焉。**

**黄帝曰；善。余闻上焦如雾，中焦如沤，下焦如渎，此之谓也。**

**【译文】** 黄帝说：我希望听到下焦的出处？

岐伯回答说：下焦可另将糟粕输送到回肠，又将水液渗透注入膀胱。所以水谷一类，常并存在胃中，经过消化，形成了糟粕，向下输送到大肠，成为下焦的主要功能。至于水液，也都是向下渗灌，排去其水，保留清液，其中浊秽部分，就沿着下焦而渗入膀胱。

黄帝说：人喝酒，酒入胃中，谷物还未腐熟，而酒液先从小便排泄，这是什么缘故？

岐伯回答说：酒是谷类发酵而酿成的液体，其气剽悍清纯，所以比食物后入，反比食物先从小便排出。

黄帝说：很对。我听说，三焦的功能，上焦像雾一样，中焦像沤物池一样，下焦像水沟一样。

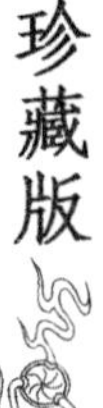

# 师传

【题解】

本篇首先强调了医生临床思维方法的重要性，提出了“顺”与“便”两个对临证具有一般指导意义的范畴。认为无论治国与治家，还是治身都必须以“顺”为最高的原则。这一思想是老子“道法自然”“无为而无不为”思想在医学上的发挥。老子认为依道而生的自然万物包括人类，都依照道的法则自然生化发展，人类作为有智慧的存在，虽然有自由行动的能力，但人类的行动必须因顺道的自然法则，才能成功，否则必然失败。这就是“无为而无不为”。“无为”不是无所作为，而是不以人的私意妄为，因外物变化之道而为。在医学上就要求医家认真研究病人的人情和疾病的自然规律，顺之而为，以获十全之功。所谓“顺者，非独阴阳脉论气之逆顺也，百姓人民皆欲顺其志也”。“临病人问所便”，“便”为病人人情所喜爱，或“相宜”于疾病之情，是“顺”这一原则的具体体现。“便”有三种具体的运用。对病情，既有“便寒”“便热”之常，又有“便其相逆”之变；在人情上，还有王公大人、血食之君，“禁之则逆其志，顺之则加其病”这种难以应对的情况。都必须予以妥善的处理才能取得理想的疗效。可见，作者对“顺”和“便”的认识是非常全面深刻而富于辩证精神的。作者认为，这些知识和智慧，来源于前人的经验积累，因此必须从临床实践中，接受先师传授下来的宝贵经验，故以《师传》名篇。最后叙述了“从外知内”的诊断机理，即根据肢体、五官的形态及功能改变，来测候内脏的大小、强弱和预后吉凶等，以说明望诊的重要性。

【原文】 **黄帝曰：余闻先师，有所心藏，弗著于方[①]。余愿闻而藏之，则而行之。上以治民，下以治身，使百姓无病。上下和亲，德泽下流。子孙无忧，传于后世。无有终时，可得闻乎？**

**岐伯曰：远乎哉问也。夫治民与自治，治彼与治此，治小与治大，治国与治家，未有逆而能治之也，夫惟顺而已矣。顺者，非独阴阳脉论气之逆顺也，百姓人民皆欲顺其志也。**

【注释】 ①方：方版，古代书写用的木板。

【译文】 黄帝说：我听说先师有许多心得，没记载在书籍中。我希望听听这些心得而珍藏起来，作为准则推行，上以治民，下以治身，使百姓无病。上下和美亲善，恩德教泽在民间流行。子孙无病可虑，传于后代，永无终止。所有这些，可以让我听到吗？

岐伯说：您问得深远啊。治民和治己，治彼和治此，治小和治大，治国和治家，从来没有用逆行的方法而能治理好的，只有采取顺行的方法。但所说的顺，不仅是指阴阳经脉营卫的逆顺，对待人民百姓，也要顺着他们的意愿。

【原文】 **黄帝曰：顺之奈何？**

**岐伯曰：入国问俗，入家问讳，上堂问礼，临病人问所便[①]。**

**黄帝曰：便病人奈何？**

**岐伯曰：夫中热消瘅则便寒，寒中之属则便热。胃中热则消谷，令人悬心善饥。脐以上皮热，肠中热，则出黄如糜。脐以下皮寒，肠中寒，则肠鸣飧泄。胃中寒，肠中热，则胀**

**而且泄。胃中热，肠中寒，则疾饥，小腹痛胀。**

【注释】 ①便：可理解为病者“喜爱”或“相宜”的意思。张景岳：“便者，相宜也。有居处之宜否，有动静之宜否，有阴阳之宜否，有寒热之宜否，有性情之宜否，有味气之宜否。临病人而失其宜，施治必相左矣。故必问病人之所便，是皆取顺之道也。”

【译文】 黄帝说：顺之怎样去做呢？

岐伯说：进入一个国家，要问明当地的风俗，进入人家，要问明他家的忌讳，登堂更要问明人家的礼节，医生临证也要问病人怎样觉得舒适。

黄帝说：怎样使病人觉得舒适呢？

岐伯说：人内热患了消瘅病，适宜于寒治法；寒中病适于热治法。胃中有热，谷物消化得就快，人心如悬，总有饿感。脐以上的皮肤发热，是肠中有热，排出的粪便黄如糜粥。脐以下的皮肤觉寒，是肠中有寒，会肠鸣飧泄。胃中有寒，肠中有热，会出现腹胀腹泻。胃中有热，肠中有寒，出现易饿，小腹胀痛。

**【原文】 黄帝曰：胃欲寒饮，肠欲热饮，两者相逆，便之奈何？且夫王公大人血食之君，骄恣从欲，轻人，而无能禁之，禁之则逆其志，顺之则加其病，便之奈何？治之何先。**

**岐伯曰：人之情，莫不恶死而乐生。告之以其败，语之以其善，导之以其所便，开之以其所苦。虽有无道之人，恶有不听者乎？**

【译文】 黄帝说：胃热宜于寒饮，肠寒宜于热饮，二者寒热相反，应该怎样治疗呢？尤其像王公大人，肉食之君，都骄傲纵欲，轻视别人，无法劝阻他们，劝阻就违背他们的意志，如顺着他们的意志，就会加重病情。像这样，如何治疗？先从哪里着手呢？

岐伯说：人之常情，没有不怕死而喜爱活着的。告诉他哪些对人有害处，哪些对人有好处，用适宜的指导他，解开他心中的苦痛。就是不太懂理的人，怎么会不听劝告呢？

**【原文】 黄帝曰：治之奈何？**

**岐伯曰：春夏先治其标，后治其本；秋冬先治其本，后治其标。**

【译文】 黄帝说：怎样治疗呢？

岐伯说：春夏，先治在外的标病，后治在内的本病；秋冬，先治在内的本病，后治在外的标病。

**【原文】 黄帝曰：便其相逆者奈何[①]？**

**岐伯曰：便此者，食饮衣服，亦欲适寒温。寒无凄怆[②]，暑无出汗。食饮者，热无灼灼[③]，寒无沧沧[④]，寒温中适。故气将持。乃不致邪僻也。**

【注释】 ①便其相逆：张景岳：“谓于不可顺之中，而复有不得不委曲，以便其情者也。”②凄怆：形容寒冷很重。③灼灼：形容食物过热。灼，烧。④沧沧：形容食物过凉。沧，寒冷。

【译文】 黄帝说：怎样从病人的喜爱来适应其病情呢？

岐伯说：顺应这样的病人，在饮食衣服方面，应注意使他寒温适中。天寒时，多加衣服，不要着凉；天热时，要少穿，不要热得出汗。在饮食上不要过热过凉，应寒温合适。这样，真气就能内守，外邪就不能侵入体内。

## 海论

【题解】

古人在人身小宇宙，宇宙大人体，天人相应哲学观念指引下，认为人与自然界无论是在结构形态还是在生理功能上都有着相通相应的关系，可以用自然界的形态功能来比拟说明人体的形态结构和功能。由此而导出了“取类比象”或曰“取象比类”的基本方法。自然界有十二经水，人体有十二经脉与之相应。自然界的十二经水，有东、西、南、北四海为之调节。人体十二经脉中营卫气血的生成和运行，同样有四海作为汇聚之所。本篇详论髓海（脑）、血海（冲脉）、气海（膻中）、水谷之海（胃）的生理，以及有余不足的病理，因而以《海论》名篇。

【原文】　**黄帝问于岐伯曰：余闻刺法于夫子，夫子之所言，不离于营卫血气。夫十二经脉，内属于腑脏，外络于肢节，夫子乃合之于四海乎？**

**岐伯答曰：人亦有四海、十二经水[①]。经水者，皆注于海，海有东西南北，命曰四海。**

**黄帝曰：以人应之奈何？**

**岐伯曰：人有髓海，有血海，有气海，有水谷之海，凡此四者，以应四海也。**

【注释】　①四海：古人认为海为江河之水汇聚之处，海有四。人身髓、气、血以及饮食物也有其所汇聚之处，故比称为“四海”。

【译文】　黄帝问岐伯说：我听夫子您讲过刺法，您所讲的离不开营卫气血。十二经脉，在内连属于五脏六腑，在外网络于四肢关节，怎么把它和四海相配合呢？

岐伯回答说：人体也有四海、十二经水。十二经水的流行，都从四方会合注入大海，海有东西南北，所以叫四海。

黄帝说：人体怎样和四海相应呢？

岐伯说：人体有髓海，有血海，有气海，有水谷之海，以上四者，所以和四海相应。

【原文】　**黄帝曰：远乎哉！夫子之合人天地四海也。愿闻应之奈何？**

**岐伯答曰：必先明知阴阳表里荥输所在[①]，四海定矣。**

【注释】　①荥输：在此做流转、输注解。

【译文】　黄帝说：讲得真深远啊！先生把人体和天地四海配合起来了。希望再听听它们是怎样相应的？

岐伯说：必先明确知道经脉的阴阳表里荥输的部位，就可以确定髓、血、气、水谷这四海了。

【原文】　**黄帝曰：定之奈何？**

**岐伯曰：胃者，水谷之海[①]，其输上在气街，下至三里；冲脉者，为十二经之海[②]，其输上在于大抒，下出于巨虚之上下廉；膻中者，为气之海[③]，其输上在于柱骨之上下[④]，前在于人迎；脑为髓之海[⑤]，其输上在于其盖[⑥]，下在风府。**

【注释】　①“胃者”两句：胃能容纳饮食物，故称“水谷之海”。水谷为五脏六腑所需营养物质的根本来源，因此《灵枢·动输》及《素问·太阴阳明论》《素问·痿论》等，又称

胃(阳明)为五脏六腑之海。②"冲脉"两句:即上文所说的"血海"。张景岳:"此即血海也。冲脉起于胞中,其前行者,并少阴之经,侠脐上行,至胸中而散,其后行者,上循背里,为经络之海,其上行者出于颃颡,下行者出于足,故其输上在于足太阳之大杼,下在于足阳明之巨虚上下廉。"③"膻中者"两句:膻中,在此系指胸中部位。张景岳:"膻中,胸中也,肺之所居。诸气者,皆属于肺,是为真气,亦曰宗气。宗气积于胸中,出于喉咙,以贯心脉,而行呼吸,故膻中为之气海。"④柱骨之上下:指项后的哑门与大椎二穴。柱骨,亦称"天柱骨",系指全部颈椎。⑤脑为髓之海:张景岳:"凡骨之有髓,惟脑为最巨,故诸髓皆属于脑,而脑为髓之海。"⑥盖:指脑盖骨。张景岳:"盖,脑盖骨也。即督脉之囟会、风府,亦督脉穴,此皆髓海之上下前后输也。"

**【译文】** 黄帝说:究竟是怎样确定呢?

岐伯说:胃是水谷之海,它的输注要穴,上在气冲,下在三里穴;冲脉是十二经之海,也就是血海,它的输注要穴,上在大杼,下在上巨虚和下巨虚穴;膻中是气海,它的输注要穴,在柱骨上的痖门、柱骨下的大椎,前在人迎穴;脑是髓海,它的输注要穴,上在百会,下在风府穴。

**【原文】** **黄帝曰:凡此四海者,何利何害?何生何败?**

**岐伯曰:得顺者生,得逆者败;知调者利,不知调者害。**

**【译文】** 黄帝说:关于人身的四海,怎样会有益?怎样会有害?怎样会生机旺盛?怎样会衰退?

岐伯说:人身的四海顺乎生理规律的就生机旺盛,反之就会衰退;懂得调养四海的就有益于身体,否则就有害。

**【原文】** **黄帝曰:四海之逆顺奈何①?**

**岐伯曰:气海有余者,气满胸中,悗息面赤;气海不足,则气少不足以言。血海有余,则常想其身大,怫然不知其所病②;血海不足,亦常想其身小,狭然不知其所病③。水谷之海有余,则腹满;水谷之海不足,则饥不受谷食。髓海有余,则轻劲多力,自过其度④;髓海不足,则脑转耳鸣,胫痠眩冒,目无所见,懈怠安卧。**

**【注释】** ①逆顺:保持正常,或虽有病而趋向好转者为顺;发生病变,甚至逐渐恶化的为逆。②怫然:郁闷貌。不知其所病:形容病势进展缓慢,自己不觉得有病。③狭然:狭小貌。张景岳:"狭,隘狭也,索然不广之貌。"④自过其度:超过常人一般的水平。四海之有余不足共八条,唯有"髓海有余"而见"轻劲有力,自过其度"一条,诸家都认为是无病之象。

**【译文】** 黄帝说:四海的逆顺情况怎样呢?

岐伯说:气海有余,是邪气盛,就会气满胸中,呼吸急促,面赤;气海不足,就会气短,说话无力。血海有余,因为血多脉盛,就会想象身体似大起来,虽然心情怫郁,而说不出病来;血海不足,就会经常感觉身体轻小,虽然心情不舒,也说不出病来。水谷之海有余,就会腹部胀满;水谷之海不足,就会觉得饥饿而不想吃东西。髓海有余,就会使身体轻劲多力,耐劳超过常度;髓海不足,就会脑似旋转,耳鸣,小腿发痠,眩晕,眼睛看不见东西,懈怠,嗜睡。

**【原文】** **黄帝曰：余已闻逆顺，调之奈何？**

**岐伯曰：审守其输[1]，而调其虚实，无犯其害。顺者得复，逆者必败。**

**黄帝曰：善。**

**【注释】** ①审守其输：审察和掌握四海所流注部位的腧穴。

**【译文】** 黄帝说：我已听到逆顺的情况，怎样调治呢？

岐伯说：精确掌握那些与四海相通的上下腧穴，来调治，依据虚则补之，实则泻之的法则，不犯虚虚实实的错误。能这样做，病人就会安康；否则，病人就会衰败。

黄帝说：说得好。

## 逆顺肥瘦

**【题解】**

逆顺是中国哲学和中国医学的重要范畴。所谓"逆"即与自然之势相逆反，顺即与自然之势相顺应。《易传》说："数往者顺，知来者逆。"逆顺成为中国古代哲人考察自然之道的重要范畴之一。《内经》以"逆顺"名篇者就有《素问·四时刺逆从论》（逆从即逆顺）、《灵枢·逆顺》和本篇。逆顺作为医学和中国哲学的范畴更是贯穿于《内经》的主要思想线索之一。逆顺运用于疾病预后，指顺证、逆证。所谓"顺证"，指预后良好的疾病，而逆症则是预后较差或可能死亡的病症。就本篇来说，逆顺指十二经脉走向与气血运行的逆顺规律。此外，本篇探讨了针刺的深浅、快慢、次数，必须根据人体的胖瘦以及年龄大小、皮肤黑白、体质强弱等来酌量决定。因以《逆顺肥瘦》名篇。

**【原文】** **黄帝问于岐伯曰：余闻针道于夫子，众多毕悉矣。夫子之道应若失，而据未有坚然者也[1]。夫子之问学熟乎，将审察于物而心生之乎？**

**岐伯曰：圣人之为道者，上合于天，下合于地，中合于人事。必有明法，以起度数、法式检押[2]，乃后可传焉。故匠人不能释尺寸而意短长，废绳墨而起平木也；工人不能置规而为圆，去矩而为方。知用此者，固自然之物，易用之教，逆顺之常也。**

**【注释】** ①坚然：形容病症顽固。②法式：方式，方法。检押：规则。

**【译文】** 黄帝问岐伯说：我听夫子讲针道，知道很多了。根据夫子的理论针刺，常常手到病除，从没有坚不可除的病症。先生是向前辈的先生询问继承的呢？还是从审察事物中而发明的呢？

岐伯说：圣人所作针刺的道理，对上合于天文，对下合于地理，对中合于社会人事。一定有明确的法则，以立尺度长短，模式规矩，然后才可传于后世。所以匠人不能丢掉尺寸而妄揣短长，放弃绳墨而求平直；工人不能丢开规而去画圆，去了矩而去画方。知道运用这一法则的，是顺应了自然的物理，是便于应用的教法，也就是衡量逆顺的常规。

**【原文】** **黄帝曰：愿闻自然奈何？**

**岐伯曰：临深决水，不用功力，而水可竭也；循掘决冲[1]，而经可通也[2]。此言气之滑涩，血之清浊，行之逆顺也。**

**【注释】** ①循掘决冲：沿着窟处来开要塞之意。掘，通"堀"。"堀"同"窟"。②经：

路径。

【译文】 黄帝说：希望听听自然之道是怎样的？

岐伯说：到深河那里放水，不用多大功力，就可以把水放完；从洞穴里开地道，则直行的大道很容易通开。这是说人身的气有滑有涩，血有清有浊，气血的运行有逆有顺。治疗时应该顺应其自然。

**【原文】 黄帝曰：愿闻人之白黑肥瘦少长，各有数乎？**

**岐伯曰：年质壮大，血气充盈，肤革坚固，因加以邪。刺此者，深而留之，此肥人也。广肩腋项，肉薄厚皮而黑色，唇临临然[1]，其血黑以浊，其气涩以迟。其为人也，贪于取与。刺此者，深而留之，多益其数也。**

【注释】 ①唇临临然：形容口唇肥厚下垂。《广雅·释诂》："临，大也。"大，引申有厚意。

【译文】 黄帝说：我希望听听人的白黑肥瘦少长，在针刺时，是否有不同呢？

岐伯说：壮年而体质强壮的人，血气充足旺盛，皮肤紧密，在感受病邪时，针刺这种人，应该深刺、留针，这是刺肥壮人的标准。另有一种人，肩腋很开阔，颈项肉薄、皮厚、色黑，唇厚，血色黑浊，气行涩迟。这种人，贪图便宜，追求利益。针刺是应该深刺，留针，多增加针刺的次数。

**【原文】 黄帝曰：刺瘦人奈何？**

**岐伯曰：瘦人者，皮薄色少，肉廉廉然[1]，薄唇轻言。其血清气滑，易脱于气，易损于血。刺此者，浅而疾之。**

【注释】 ①廉廉然：形容肌肉瘦薄。

【译文】 黄帝说：针刺瘦人用什么针法呢？

岐伯说：瘦人皮薄颜色淡，肌肉消瘦，唇薄，语声低。他的血清稀而气滑利，像这样，气、血都容易虚脱、损耗。针刺时应该浅刺、急速出针。

**【原文】 黄帝曰：刺常人奈何？**

**岐伯曰：视其白黑，各为调之。其端正敦厚者，其血气和调，刺此者，无失常数也。**

【译文】 黄帝说：针刺普通人用什么针法呢？

岐伯说：观察他的肤色白黑，分别配合针刺深浅的标准。属于端正纯厚的人，它的血气和调，针刺时依据正常的针法标准。

**【原文】 黄帝曰：刺壮士真骨者奈何？**

**岐伯曰：刺壮士真骨[1]，坚肉缓节监监然[2]。此人重则气涩血浊，刺此者，深而留之，多益其数。劲则气滑血清，刺此者，浅而疾之。**

【注释】 ①真骨：坚固的骨骼。②坚肉：结实的肌肉。缓节：筋骨坚强，关节舒缓。监监然：形容坚强有力。

【译文】 黄帝说：针刺壮士用什么针法呢？

岐伯说：壮士骨骼坚固，肌肉丰厚，关节坚大。这样的人，性情稳重的，气涩血浊，针刺就当深刺、留针，并且增加针刺次数。而性情好动的，气滑血清，针刺就当浅刺而急速出针。

【原文】 **黄帝曰：刺婴儿奈何？**

**岐伯曰：婴儿者，其肉脆血少气弱，刺此者，以毫针，浅刺而疾发针，日再可也。**

【译文】 黄帝说：针刺婴儿用什么针法呢？

岐伯说：婴儿肉软、血少、气弱，针刺时用毫针，浅刺进针要快，一天针刺两次就够了。

【原文】 **黄帝曰：临深决水，奈何？**

**岐伯曰：血清气浊，疾泻之，则气竭焉。**

**黄帝曰：循掘决冲，奈何？**

**岐伯曰：血浊气涩，疾泻之，则经可通也。**

【译文】 黄帝说：临深决水，运用于针刺上是怎样的？

岐伯说：血清气浊的人，用疾泻的针法，就会使真气衰竭。

黄帝说：循掘决冲，运用于针刺上是怎样的？

岐伯答说：血浊气涩的人，用疾泻的针法，会使真气通畅。

## 病传

【题解】

本篇论述疾病由外而内逐步入侵脏腑的情况；说明了脏腑疾病的传变规律以及不同的传变方式对疾病预后的影响。故以《病传》名篇。本篇名言："道，昭乎其如日醒；窘乎其如夜瞑。"疾病的发生无声无形如夜瞑，而对疾病阴阳变化之道的把握只有昭如日醒，才能获得十全疗效。提示医者，必须深研医理，通晓天地变化之道，才符合医道的要求。

【原文】 **黄帝曰：余受九针于夫子，而私览于诸方。或有导引行气[1]，乔摩、灸、熨、刺、焫、饮药[2]。之一者可独守耶，将尽行之乎？**

**岐伯曰：诸方者，众人之方也，非一人之所尽行也。**

【注释】 ①导引行气：凡人自摩自捏，伸缩手足，除劳去烦，名为导引。通过导引，以达到行气活血，养筋壮骨的目的，故曰"导引行气"。②乔摩：即按摩。乔，《甲乙经》作"按"。乔，即"跻"。

【译文】 黄帝说：我从夫子那里学到了九针知识，自己又看了记载其他疗法的方书，又有导引行气，按摩、灸、熨、刺、烧、饮药。在治疗时，是指用其中一种方法呢？还是导引等法都综合使用呢？

岐伯说：多样的治疗方法，是适应于众人疾病的，不是某一个人都需要使用的。

【原文】 **黄帝曰：此乃所谓守一勿失，万物毕者也[1]。今余已闻阴阳之要，虚实之理，倾移之过，可治之属。愿闻病之变化，淫传绝败而不可治者，可得闻乎？**

**岐伯曰：要乎哉问！道，昭乎其如日醒；窘乎其如夜瞑。能被而服之，神与俱成。毕将服之，神自得之。生神之理，可著于竹帛，不可传于子孙。**

【注释】 ①万物毕者也：马元台："诸方虽行于众病，而医工当知乎守一。守一者，合诸方而尽明之，各守其一而勿失也。庶于万物之病，可以毕治而无误矣。"

【译文】 黄帝说：这就是所谓坚守一个总的原则，而不放弃，就能解决各种复杂病

情。现在我已听到阴阳的要领,虚实的道理,腠理不固与正气不足的病变,以及病还有可治的机会等。此外,希望再听一下疾病的变化,淫邪传递,正气绝败,以致不可治疗,可以听听吗?

岐伯说:你问的是非常重要的。道,它的明显就像"日醒"一样,它的迫切就像"夜瞑"一样。能按照去做,时刻不离于身,心领神会,就会与道合一,始终运用它,自然就会得到神妙。这种"生神"的医理,可以刻在竹帛上,传于后世,不可自私地传给子孙。

**【原文】 黄帝曰:何谓日醒?**

**岐伯曰:明于阴阳,如惑之解,如醉之醒。**

**黄帝曰:何谓夜瞑?**

**岐伯曰:瘖乎其无声,漠乎其无形。折毛发理,正气横倾。淫邪泮衍[1],血脉传溜。大气入藏[2],腹痛下淫[3]。可以致死,不可以致生。**

**【注释】** ①淫邪:指偏胜的病邪。泮衍:扩散,蔓延。②大气入藏:此谓严重病邪入侵于内脏。张景岳:"大气,大邪之气也。"③下淫:下焦脏气逆乱。淫,乱。

**【译文】** 黄帝说:什么叫"日醒"?

岐伯说:明白了阴阳的规律,好像解开疑惑,又像醉酒醒过来一样。

黄帝说:什么叫"夜瞑"?

岐伯说:外邪侵害身体,既没有声响,也没有形迹。只是在不知不觉中毛发折断,腠理开泄,正气随时耗散,淫邪散溢肌体,邪气传留血脉之中。因之流入内脏,腹部作痛,下焦脏气逆乱。可以致死,而不可以使人再活下去。

**【原文】 黄帝曰:大气人藏,奈何?**

**岐伯曰:病先发于心,一日而之肺,三日而之肝,五日而之脾。三日不已,死。冬夜半,夏日中。**

**【译文】** 黄帝说:邪气入脏,怎样传变呢?

岐伯说:疾病开始发于心脏的,过了一日,就传到肺脏,过了三日,又传到肝,过了五日,又传到脾脏。如果再过三日,病还不好,就会死的。冬季死在半夜,夏季死在中午。

**【原文】 病先发于肺,三日而之肝,一日而之脾,五日而之胃。十日不已,死。冬日入,夏日出。**

**【译文】** 疾病开始发于肺脏的,过了三日,就传到肝脏,再过一日,就传到脾脏,过了五日,就传到胃腑。如果再过十日,病还不好,就会死的。冬季死在日入的时候,夏季死在日出的时候。

**【原文】 病先发于肝,三日而之脾,五日而之胃,三日而之肾。三日不已,死。冬日入,夏早食。**

**【译文】** 疾病开始发于肝脏的,过了三日,就传到脾脏,过了五日,就会传到胃腑,再过三日,就传到肾脏。如再过三日,还不好,就会死。冬季死在日入的时候,夏季死在早饭的时候。

**【原文】 病先发于脾,一日而之胃,二日而之肾,三日而之膀胱。十日不已,死。冬人定[1],夏晏食。**

【注释】 ①人定:戌时。相当19—21时。

【译文】 疾病开始发生在脾脏的,一日就传到胃腑,过了二日,就传到肾脏,经过三日,就会传到膀胱。如再过十日,还不好,就会死。冬季死在人定的时候,夏季死在晚饭的时候。

**【原文】 病先发于胃,五日而之肾,三日而之膀胱,五日而上之心。二日不已,死。冬夜半,夏日昳[1]。**

【注释】 ①日昳:约当未时。未时,相当于13—15时。马元台:"夏之日昳在未,土气正衰,故夏死于昳也。"

【译文】 疾病开始发生于胃的,过了五日,就传到肾脏,再过三日,就传到了膀胱,再经过五日,就向上传到心脏。如再过二日,还不好,就会死。冬季死在夜半,夏季死在午后未时。

**【原文】 病先发于肾,三日而之膀胱,三日而上之心,三日而之小肠。三日不已,死。冬大晨[1],夏晏晡[2]。**

【注释】 ①大晨:早晨天光大亮,约当寅末卯初,即早5时左右。马元台:"冬之大晨在寅末。"②晏晡:晚7—9时。张景岳:"晏晡,戌时也。"

【译文】 疾病开始发生于肾的,过了三日,就传到膀胱,再过三日,向上传到心脏,传到小肠。如再过三日,还不好,就会死。冬季死在黎明,夏季死在夜间。

**【原文】 病先发于膀胱,五日而之肾,一日而之小肠,一日而之心。二日不已,死。冬鸡鸣,夏下晡[1]。**

【注释】 ①下晡:下午1—3时。张景岳:"夏之下晡在未。"

【译文】 疾病开始发生在膀胱的,过了五日,就传到肾脏,再过一日,就传到小肠,再过一日,就传到心脏。如再过二日,还不好,就会死。冬季死在夜半后鸡叫时分,夏季死在午后未时。

**【原文】 诸病以次相传,如是者,皆有死期,不可刺也!间一脏及至三四脏者[1],乃可刺也。**

【注释】 ①间一脏及至三四脏:间一脏,是间隔一脏相传的意思。间脏传是传其所生。如《难经·五十三难》说:"假令心病传脾,……是子母相传。"这是按火、水、土、木、金的顺序,五行配五脏,间一脏便属母子之间相传,如心病传脾,脾病传肺,肺病传肾等,便属传及二、三、四脏了。

【译文】 各种疾病都是按着一定的次序相互传变的。像这样的传变,都可预期死亡,不能用针刺治疗!如果疾病的传变次序是间隔一脏或间隔三脏、四脏的,才可以用针刺治疗。

## 外揣

**【题解】**

中国文化认为事物的外在形态是其内在本性的表现,而内在本性一定在外部有所表

现。用孟子的话说:“有诸内,必形诸外。”(《孟子·告子》)所以儒家很早就形成了从人外部的容颜仪表、言行举止来判断人的品性的道德评价方法。同样,中医学也认为人体脏腑经脉气血的生理和病理的变化也会在人的外部表现出来。内外的关系就如同形影声响一样不可分离。正如篇中所云:“昭昭之明不可蔽。”“若清水明镜之不失其形也。”本篇强调阴阳内外的密切联系与相互影响,说明从外以知内的道理,从而启发人们重视外在客观的临床表现,作为诊断疾病的依据。医生临床时,从病人的声、色等进行揣摩,可以了解病因、病机和病位等概况,故以《外揣》名篇。本篇不是具体论述某种疾病的诊治规律,而是提示给医家临床思维的重要方法。读者宜深思揣摩。

【原文】 **黄帝曰:余闻九针九篇,余亲受其词[1],颇得其意。夫九针者,始于一而终于九[2],然未得其要道也。夫九针者,小之则无内,大之则无外,深不可为下,高不可为盖。恍惚无穷,流溢无极。余知其合于天道、人事、四时之变也。然余愿杂之毫毛,浑束为一,可乎?**

**岐伯曰:明乎哉问也!非独针道焉,夫治国亦然。**

【注释】 ①亲受其词:亲身接受他的智慧和方略。②始于一而终于九:指九针的理论和各种针具的名称。因为叙述这些理论以及各种类型针具的使用,都要有条理和次序,所以称为“始于一而终于九”。此文原出《九针十二原》篇。

【译文】 黄帝说:我听过九针九篇,亲自领略着智慧的理论,深受其益。这九针,是从一到九,道理深刻,可是还没有完全懂得其中的主要道理。九针的道理,精到不能再细,大到不能再大,深到不能再深,高到无盖可盖。它的奥妙恍惚无穷,它的运用流溢不尽。以上种种,我知道它是合于天道、人事、四时变化的,我希望把这像毫毛一样细的东西,归纳成为一个总纲,这可以吗?

岐伯说:你问得高明极了,不仅是针道要有一个总纲,就是治国也是这样的。

【原文】 **黄帝曰:余愿闻针道,非国事也。**

**岐伯曰:夫治国者,夫惟道焉。非道,何可小大深浅,杂合而为一乎?**

【译文】 黄帝说:我希望听的是针道,并不是国事。

岐伯说:治理国事,就是要有一个一以贯之的“道”。没有“道”,怎么能把小大、深浅的许多复杂的事务,综合为一个总纲呢?

【原文】 **黄帝曰:愿卒闻之。**

**岐伯曰:日与月焉,水与镜焉,鼓与响焉。夫日月之明,不失其影;水镜之察,不失其形;鼓响之应,不后其声。动摇则应和,尽得其情。**

【译文】 黄帝说:希望详尽地听一下。

岐伯说:这可用日和月,水和镜,鼓和响来比喻。日月照明,物影立现;水镜之光,容颜不失;击鼓作响,其声紧随。所以形与影,声与响是相互应和的,明白了这些,就能够掌握针刺的法则了。

【原文】 **黄帝曰:窘乎哉!昭昭之明不可蔽。其不可蔽,不失阴阳也。合而察之,切而验之,见而得之,若清水明镜之不失其形也。五音不彰,五色不明,五脏波荡,若是则内外相袭[1],若鼓之应桴,响之应声,影之似形。故远者司外揣内[2],近者司内揣外。是谓**

阴阳之极，天地之盖。请藏之灵兰之室[3]，弗敢使泄也。

【注释】 ①相袭：相互影响。②司外揣内：观察外表，可以推测内脏病变。司，主事为司。揣，推测。③灵兰之室：传说中黄帝藏书的地方。王冰："灵兰室，黄帝之书府也。"

【译文】 黄帝说：这个问题说起来真困难啊！尽管困难，但深刻的真理之光，是不可遮蔽的。它所以不可遮蔽，是由于不失去阴阳相对的道理。在临证时，综合病人的情况而观察它，切诊来验证脉象，望诊来得到外部情况，这就像清水明镜之不失真一样。人的声音色泽，是内脏功能的反应，如果五音不响亮，五色不鲜明，五脏动摇，像这样内外相因，就像鼓与槌相和，响与声相应，影与形相类一样。因此说，从远看，观察在外的声音色泽，可以测知内脏的症候；从近看，观察在内的脏腑，可以测知声音色泽的变化。这可说是阴阳变化的极点，天地所包的道理也尽在其中。希望把它藏在灵兰室，不敢使它散失。

## 本脏

【题解】

本，动词，探求本源之意，"本脏"的字面意思就是探求五脏的本源。本篇首先概要指出了血气、精神、卫气、经脉、五脏、六腑的生理功能。其次，从小大、高下、坚脆、端正偏斜、长短、厚薄、结直、缓急方面详论了五脏六腑的形态特点及其与疾病发生的关系。认为脏腑的大小形态位置结构与人体健康与否存在着直接的关系，而且不同形态结构的脏腑在体表对应上有不同的形态结构。由此认为人的素体禀赋的强弱以五脏六腑为本，人体外在组织的强弱，也是源于内在的脏腑。本文认为人体发病与否的关键不在于外邪的侵袭，而在于人的体质的强弱。这是对"邪之所凑，其气必虚"，与"正气存内，邪不可干"的具体说明。基于对生理功能的这种认识，所以在发病时，可以"视其外应，以知其内脏，则知所病矣"。这些成为中医诊断学"有诸内，必形诸外"及"从外以知内"的基本观点的理论来源。可见脏腑是健康与疾病的根本，故以《本脏》名篇。

【原文】 黄帝问于岐伯曰：人之血气精神者，所以奉生而周于性命者也[1]。经脉者，所以行血气而营阴阳，濡筋骨，利关节者也；卫气者，所以温分肉，充皮肤，肥腠理，司开阖者也[2]；志意者，所以御精神，收魂魄，适寒温，和喜怒者也。是故血和则经脉流行，营复阴阳，筋骨劲强，关节清利矣。卫气和则分肉解利，皮肤调柔，腠理致密矣。志意和则精神专直[3]，魂魄不散，悔怒不起，五脏不受邪矣。寒温和则六腑化谷，风痹不作，经脉通利，肢节得安矣。此人之常平也。五脏者，所以藏精神血气魂魄者也；六腑者，所以化水谷而行津液者也。此人之所以具受于天也，无愚智贤不肖，无以相倚也[4]。然有其独尽天寿，而无邪僻之病，百年不衰，虽犯风雨卒寒大暑，犹有弗能害也；有其不离屏蔽室内[5]，无怵惕之恐，然犹不免于病，何也？愿闻其故。

【注释】 ①奉生：养生。周：合。②司开阖：主管皮肤腠理之开合。③精神专直：精神专一而正。《易传·系辞》："其静也专，其动也直。"④倚：异，不同。⑤屏蔽：屏风。

【译文】 黄帝问于岐伯说：人体的血气精神，是养生而使性命存续的物质。人的经脉是运行血气，转输清浊之气，濡润筋骨，滑利关节的；人的卫气是温养肌肉，充养皮肤，

肥盛腠理，管理皮肤腠理开合的；人的志意是驾驭精神，收聚魂魄，适应寒温变化，调节情绪的。所以血脉调和则经脉流行，营养周身内外，筋骨强劲，关节滑利。卫气调和则分肉感到舒畅滑利，皮肤和柔，腠理致密。志意和顺则精神专一，魂魄不散漫，悔怒不妄起，五脏不受邪气侵袭。适应气候的寒温变化，则六腑能正常运化水谷，不致发生风痹，经脉畅通，四肢关节活动正常。这些都是人体协调的常态。五脏是储藏精神血气魂魄的；六腑是运化谷物而布散津液的。这些都是人天然的禀受，不论愚智贤不肖，没有不同的。但有的人独享大寿，未发生过什么疾病，直到百岁，身体不衰，虽然遇到了风雨、爆冷、大暑的气候，也不能损害其健康；还有的人从不离开屏风、室内，也没遭到惊恐害怕的事，但仍然免不了生病，这是为什么？希望听一下其中的缘故。

**【原文】** **岐伯对曰：窘乎哉问也！五脏者，所以参天地，副阴阳①，而连四时，化五节者也②。五脏者，固有大小、高下、坚脆、端正、偏倾者；六腑亦有小大、长短、厚薄、结直、缓急。凡此二十五者③，各不同，或善或恶，或吉或凶。请言其方。**

**【注释】** ①副：本意为助理，此做配合、符合解。②化五节：张景岳："化五节者，应五行之节序而为之变化也。"也就是五脏各与五季（春、夏、长夏、秋、冬）的五行变化相应。③二十五者：指五脏各有大小、坚脆、高下、端正偏倾等不同情况，合为二十五种。

**【译文】** 岐伯回答说：你问得很难回答啊！五脏，与天地相参，阴阳相配，与四时五季的变化相应。五脏本来有小大、高下、坚脆、端正偏倾等不同；六腑也有小大、长短、厚薄、曲直、缓急等差异。这二十五种变化，各不相同，或善或恶，或吉或凶，请让我说说它的道理吧。

**【原文】** **心小则安，邪弗能伤，易伤以忧；心大则忧不能伤，易伤于邪。心高则满于肺中，悗而善忘，难开以言；心下则脏外①，易伤于寒，易恐以言。心坚则脏安守固；心脆则善病消瘅热中。心端正则和利难伤；心偏倾则操持不一，无守司也。**

**【注释】** ①心下则藏外：心脏低则心阳涣散。外，疏。《礼记·大学》："外本内末。"孔疏："外，疏也。"引申为疏散、涣散。

**【译文】** 心脏小的，则心气安定，外邪不能伤害，但易被内忧所伤；心脏大的，不致被内忧所伤，但易为外邪所伤。心脏位置高，则充满肺部，多烦闷，好忘事，很难用言语开导他；心脏位置低，则脏气不紧密，易为寒邪所伤，又容易用言语去恐吓他。心脏坚实的，则所藏的神气安定，内守固密；心脏脆弱的，则多患消瘅热中。心脏位置端正，则脏气和谐，外邪难以伤害，心脏位置偏倾不正，则操持各种事物不能如一，这是精神不能内守去约束。

**【原文】** **肺小则少饮，不病喘喝；肺大则多饮，善病胸痹、喉痹、逆气。肺高上气肩息咳；肺下则居贲迫肺，善胁下痛。肺坚则不病咳上气；肺脆则苦病消瘅易伤。肺端正则和利难伤；肺偏倾则胸偏痛也。**

**【译文】** 肺脏小的，就饮水少，也不患喘喝的病；肺脏大的，就饮水多，容易患胸痹、喉痹、逆气等证。肺脏位置高的，就会气逆向上、肩息、咳嗽等证；肺脏位置低的，就会逼迫胸膈，多胁下痛。肺脏坚实的，就不会患咳嗽、气逆向上的病；肺脏脆弱的，就会患消瘅病，容易感受外邪。肺脏位置端正，则肺气和利，外邪难以伤害；肺脏位置偏倾不正，就会

影响胸胁偏痛。

**【原文】** **肝小则脏安，无胁下之病；肝大则逼胃迫咽，迫咽则苦膈中，且胁下痛。肝高则上支贲切[①]，且胁悗，为息贲；肝下则逼胃，胁下空，胁下空则易受邪。肝坚则脏安难伤；肝脆则善病消瘅易伤。肝端正则和利难伤；肝偏倾则胁下痛也。**

**【注释】** ①上支贲切：张景岳："上支贲切，谓肝经上行之支脉，贲壅迫切，故胁为悗闷，为息贲喘息也。"

**【译文】** 肝脏小的，则脏气安定，没有胁下作痛的病；肝脏大的，就会逼近胃部，上迫咽喉，胸中膈塞不通，并且胁下疼痛。肝脏位置高的，就会上支胸膈，并且胁下拘急，发为息贲；肝脏位置低的，则胃部安和，胁下空虚，因为空虚就容易感受外邪。肝脏坚实，则脏气安定，外邪难以伤害；肝脏脆弱，则多患消瘅，而易被外邪所伤。肝脏的位置端正，则肝气和利，不易为外邪伤害；肝脏的位置偏倾的，则胁下也会偏痛的。

**【原文】** **脾小则脏安，难伤于邪也；脾大则苦凑胗而痛[①]，不能疾行。脾高则胗引季胁而痛[②]；脾下则下加于大肠，下加于大肠则脏苦受邪。脾坚则脏安难伤；脾脆则善病消瘅易伤。脾端正则和利难伤，脾偏倾则善满善胀也。**

**【注释】** ①凑：充聚。胗：胁下空软处。②季胁：相当于侧胸第十一、十二肋软骨处。此处为肋骨之末端，故称季胁。

**【译文】** 脾脏小的，则脏气安定，外邪难以伤害；脾脏大的，就会经常影响腋下胁上空软部分作痛，走路不快。脾脏位置高的，胁下空软处会牵引季胁作痛；脾脏位置低，就向下加于大肠之上，常受邪气伤害。脾脏坚实的，则脏气安和，难被外邪所伤；脾脏脆弱的，就会患消瘅病，容易为外邪侵害。脾脏位置端正，则脾气和利，不易为外邪伤害；脾脏位置偏倾，就容易发生胀满。

**【原文】** **肾小则脏安难伤；肾大则善病腰痛，不可以俯仰，易伤以邪。肾高则苦背膂痛，不可以俯仰；肾下则腰尻痛[①]，不可以俯仰，为狐疝。肾坚则不病腰背痛；肾脆则善病消瘅易伤。肾端正则和利难伤；肾偏倾则苦尻痛也。凡此二十五变者，人之所苦常病。**

**【注释】** ①尻：尾骶部的通称。

**【译文】** 肾脏小的，则脏气安定，外邪难以伤害；肾脏大的，则常患腰痛，不能俯仰，容易为邪所伤。肾脏位置高，经常有脊背疼痛，不能俯仰；肾脏位置低，就会腰尻部疼痛，不能前后俯仰，且有狐疝。肾脏坚实，就没有腰背痛；肾脏脆弱，就多病消瘅，容易为邪气所伤。肾脏位置端正，则肾气和利，不易为外邪伤害；肾脏位置偏倾，就会经常发生腰尻偏痛。以上这二十五种变化，是人经常发生的疾病。

**【原文】** **黄帝曰：何以知其然也？**

**岐伯曰：赤色小理者心小，粗理者心大。无髑骬者，心高；髑骬小、短、举者，心下。髑骬长者，心下坚；弱以薄者，心脆。髑骬直下不举者，心端正；骨曷骬倚一方者，心偏倾也。**

**【注释】** ①髑骬：胸骨下端蔽心之骨，或名鸠尾、蔽骨，即胸骨剑突。

**【译文】** 黄帝说：怎样知道五脏的大小、高低、坚脆、端正与偏倾呢？

岐伯说：皮肤红色，纹理细密的，心脏就小，纹理粗疏的，心脏就大。看不见胸骨剑突的，心脏的位置就高；胸骨剑突小，短而鸡胸的，心脏的位置就低。胸骨剑突长的，心脏就

坚实;胸骨剑突弱小而较薄的,心脏就脆弱。胸骨剑突直下而不突起的,心脏就端正;胸骨剑突偏在一面的,心脏就偏倾不正。

**【原文】　白色小理者,肺小;粗理者,肺大。巨肩反膺陷喉者,肺高[1];合腋张胁者,肺下[2]。好肩背厚者,肺坚;肩背薄者,肺脆。背膺厚者,肺端正;胁偏疏者,肺偏倾也。**

【注释】　①反膺陷喉:张景岳:"胸前两旁为膺,胸突而向外者,是为反膺。肩高胸突,其喉必缩,是为陷喉。"②合腋张胁:张景岳:"合腋张胁者,腋敛胁开也。"指两腋窄紧,胸廓上部敛缩,下部开张。

【译文】　皮肤白色,纹理细密的,肺脏就小;纹理粗疏的,肺脏就大。两肩高大,胸部向外突出,而咽喉内陷的,肺脏的位置就高;两腋收敛,两胁开张的,肺脏的位置就低。肩背部宽厚的,肺脏就坚实;肩背部薄弱的,肺脏就脆弱。背部及胸膺宽厚的,肺脏就端正;胸部偏斜的,肺就偏倾不正。

**【原文】　青色小理者,肝小;粗理者,肝大。广胸反骹者,肝高[1];合胁兔骹者,肝下[2]。胸胁好者,肝坚;胁骨弱者,肝脆。膺腹好相得者,肝端正;胁骨偏举者,肝偏倾也。**

【注释】　①反骹:即偏下的肋骨突起。张景岳:"胁下之骨为骹也。反骹者,胁骨高而张也。"骹,偏下的肋骨。②兔骹:张景岳:"兔骹者,胁骨低合如兔也。"

【译文】　皮肤青色,纹理细密的,肝脏就小;纹理粗疏的,肝脏就大。胸部宽阔,肋骨隆起的,肝脏的位置就高;胁部狭窄,肋骨低的,肝脏的位置就低。胸胁健壮的,肝脏就坚实;肋骨柔软的,肝脏就脆弱。胸腹好,比例匀称的,肝脏就端正;肋骨偏斜而高起的,肝脏就偏倾不正。

**【原文】　黄色小理者,脾小;粗理者,脾大。揭唇者[1],脾高;唇下纵者,脾下。唇坚者,脾坚;唇大而不坚者,脾脆。唇上下好者,脾端正;唇偏举者,脾偏倾也。**

【注释】　①揭唇:嘴唇上翻。揭,举起貌。

【译文】　皮肤黄色,纹理细密的,脾脏就小;纹理粗疏的,脾脏就大。嘴唇上翻的,脾脏的位置就高;嘴唇下垂的,脾脏的位置就低。嘴唇坚实的,脾脏就坚实;嘴唇大而不坚实的,脾脏就脆弱。嘴唇上下均匀的,脾脏就端正;嘴唇偏耸的,脾脏就偏倾不正。

**【原文】　黑色小理者,肾小;粗理者,肾大。高耳者,肾高;耳后陷者,肾下。耳坚者,肾坚;耳薄不坚者,肾脆。耳好前居牙车者,肾端正[1],耳偏高者,肾偏倾也。凡此诸变者,持则安,减则病也。**

【注释】　①牙车:即牙床。颊车穴部位。

【译文】　皮肤黑色,纹理细密的,肾脏就小;纹理粗疏的,肾脏就大。两耳高的,肾脏的位置就高;两耳向后陷下的,肾脏的位置就低。耳朵皮肉坚实的,肾脏就坚实;耳薄而皮肉不坚实的,肾脏就脆弱。两耳皮肉丰厚,位于两侧颊车之前的,肾脏就端正;两耳一边偏高的,肾脏就偏倾不正。以上各种变化情况,如能注意调养,就仍能保持正常,如不善调理,有所伤损,就会发生疾病。

**【原文】　帝曰:善。然非余之所问也。愿闻人之有不可病者,至尽天寿,虽有深忧大恐,怵惕之志,犹不能感也[1],甚寒大热,不能伤也;其有不离屏蔽室内,又无怵惕之恐,然不免于病者,何也?愿闻其故。**

**岐伯曰：五脏六腑，邪之舍也，请言其故。五脏皆小者，少病，苦憔心[2]，大愁忧；五脏皆大者，缓于事，难使以忧。五脏皆高者，好高举措；五脏皆下者，好出人下。五脏皆坚者，无病；五脏皆脆者，不离于病。五脏皆端正者，和利得人心；五脏皆偏倾者，邪心而善盗，不可以为人，卒反复言语也。**

【注释】 ①感：与下文"伤"同义。②燋：同"焦"，焦虑，焦躁。

【译文】 黄帝说：说得好。但这些不是我要问的。我希望听听有的人从不患病，能享大寿。虽然遇到深忧大恐，情绪上极坏，也不能损伤他，酷寒炎暑，都不能损伤他；还有的人，不离开屏风室内，也没有深忧大恐，可仍不免患病，这是什么道理？希望知道其中的缘故。

岐伯说：五脏六腑，是可以被外邪侵入之处，请让我讲讲其中的缘故。五脏都小的，生病就少，但经常要劳心焦虑，免不了忧愁；五脏都大的，做事缓慢，很难使他忧愁。五脏的位置都高，举动措置，好高骛远而不切实际；五脏的位置都低，意志薄弱，情愿居于人下。五脏都坚实的，不会生病；五脏都脆弱的，病患缠身。五脏的位置都端正的，性情和顺而受人喜欢；五脏的位置都偏倾的，居心不正而常为盗窃，不够做人的条件，他的言语竟反复无常。

**【原文】 黄帝曰：愿闻六腑之应。**

**岐伯答曰：肺合大肠，大肠者，皮其应；心合小肠，小肠者，脉其应。肝合胆，胆者，筋其应；脾合胃，胃者，肉其应；肾合三焦膀胱，三焦膀胱者，腠理毫毛其应。**

【译文】 黄帝说：希望听一下六腑与人体组织的相应情况。

岐伯回答说：肺与大肠表里配合，大肠外应于皮肤；心与小肠表里配合，小肠外应于血脉。肝与胆表里配合，胆外应于筋；脾与胃表里配合，胃外应于肉；肾与三焦膀胱表里配合，三焦膀胱外应于毫毛腠理。

**【原文】 黄帝曰：应之奈何？**

**岐伯曰：肺应皮。皮厚者大肠厚，皮薄者大肠薄。皮缓，腹裹大者大肠大而长[1]，皮急者大肠急而短。皮滑者大肠直[2]，皮肉不相离者大肠结[3]。**

【注释】 ①腹裹：肚囊。②大肠直：在此并非指脏器伸而不屈，而是喻大肠的功能畅通，故曰大肠直。不相离：即不相附丽，如皮皱脱屑之类。③离，附丽、依附的意思。

【译文】 黄帝说：脏腑和各组织的相应关系怎样呢？

岐伯说：肺与皮肤相应，又与大肠相表里。那么皮肤厚的，大肠就厚；皮肤薄的，大肠就薄。皮肤松，肚囊大的，大肠就缓纵而长；皮肤紧，大肠就紧而短。皮肤滑润的，大肠就滑利；皮肉不相附丽的，大肠就不滑利。

**【原文】 心应脉。皮厚者脉厚，脉厚者小肠厚；皮薄者脉薄，脉薄者小肠薄；皮缓者脉缓，脉缓者小肠大而长；皮薄而脉冲小者[1]，小肠小而短。诸阳经脉皆多纡屈者小肠结。**

【注释】 ①脉冲小：脉来虚弱。

【译文】 心与血脉相应，又与小肠相表里。脉在皮中，那么皮肤厚的，血脉就厚，血脉厚的，小肠就厚；皮肤薄的，血脉就薄，血脉薄的，小肠就薄；皮肤弛缓的，血脉就弛缓，血脉弛缓的，小肠的形状就大而长；皮肤薄，血脉虚少的，小肠的形状就小而短。各条阳

经脉络显现有纡屈现象的，就可知小肠之气也会有所郁结的。

**【原文】** **脾应肉。肉䐃坚大者胃厚，肉䐃么者胃薄[1]。肉䐃小而么者胃不坚；肉䐃不称身者胃下，胃下者下管约不利[2]。肉䐃不坚者胃缓，肉䐃无小裹累者胃急[3]。肉䐃多少裹累者胃结，胃结者上管约不利也[4]。**

**【注释】** ①么：细小。②下管：胃之下脘幽门。③小裹累：即小果累，小颗粒累累无数。④上管：胃之上脘贲门。

**【译文】** 脾与肉相应，而与胃相表里。脾主肉，那么肉䐃坚大的，胃体就厚；肉䐃小的，胃体就薄。肉䐃小而且薄的，胃就不坚实；肉䐃与身体不相称的，胃的位置偏下，而致胃下口被压迫拘束，食物不能顺利通过。肉䐃不坚实的，则胃弛缓；肉䐃上没有小颗粒累累相连的，则胃体紧敛。肉䐃上出现很多小颗粒的，则胃气郁结，这样，则胃上口拘束，就会饮食困难。

**【原文】** **肝应爪。爪厚色黄者胆厚，爪薄色红者胆薄。爪坚色青者胆急，爪濡色赤者胆缓。爪直色白无约者胆直，爪恶色黑多纹者胆结也[1]。**

**【注释】** ①爪恶：爪甲畸形。

**【译文】** 肝与爪甲相应，而与胆相表里。肝主筋，爪甲是筋之余，爪甲厚而色黄的，胆囊就厚；爪甲薄而色红的，胆囊就薄。爪甲坚硬而色青的，胆紧敛；爪甲柔润而色赤的，胆弛缓。爪甲平直无纹而色白的，胆气舒畅和顺；爪甲畸形色黑而多纹的，胆气郁结不舒。

**【原文】** **肾应骨，密理厚皮者，三焦膀胱厚[1]，粗理薄皮者，三焦膀胱薄。疏腠理者，三焦膀胱缓，皮急而无毫毛者，三焦膀胱急。毫毛美而粗者，三焦膀胱直，稀毫毛者，三焦膀胱结也。**

**【注释】** ①"密理"两句：倪冲之："太阳之气主皮毛，三焦之气通腠理，是以视皮肤腠理之厚薄，则内应于三焦、膀胱矣。"

**【译文】** 肾与骨相应，而肾主骨，内与三焦膀胱相应。纹理密，皮肤厚，则三焦膀胱厚；纹理粗，皮肤薄，则三焦膀胱薄。腠理疏松的，则三焦膀胱之气就和缓，皮肤紧绷，而无毫毛的，则三焦膀胱之气就紧促。毫毛美好而粗的，则三焦膀胱之气就条达；毫毛稀少的，则三焦膀胱之气就郁结不舒了。

**【原文】** **黄帝曰：厚薄美恶皆有形，愿闻其所病。**

**岐伯答曰：视其外应，以知其内脏，则知所病矣。**

**【译文】** 黄帝说：脏腑的厚薄美恶，既然都有形状，希望再听一下它所发生的疾病。

岐伯回答说：观察它在外的相应情况，可以测知内脏变化，也就知道所发生的疾病。

## 五色

**【题解】**

本篇是《内经》论述五色诊的重要文献，可谓色诊大纲。本文认为，脏腑和肢节的病变反应于面部时，各有其分布的一定位置以及与五色的配合关系。根据面部色泽的变化

以判断疾病深浅、新久和疾病的转归、预后等。由于主要内容是以五色分属五脏作为临床诊断的依据，故以《五色》名篇。主要内容包括：一、说明颜面各部的名称，从五色主病、五色部位的移转，来了解病症性质与病邪的传变概况。二、指出黑色出于庭、赤色出两颧，大如拇指，在预后诊断上的价值。三、具体说明首面、咽喉、五脏六腑、四肢关节等在面部的反映区域。四、论述颜面的脏腑分属部位，举例说明其表现气色与疾病的关系；论证了脏部五色对诊断疾病所在的可靠性，更指出五色和五脏以及五脏与外在组织的密切关系。本篇名言："故相气不微，不知是非。属意勿去，乃知新故。"

**【原文】　雷公问于黄帝曰：五色独决于明堂乎？小子未知其所谓也[①]。**

**黄帝曰：明堂者，鼻也；阙者，眉间也；庭者，颜也；蕃者，颊侧也；蔽者，耳门也。其间欲方大[②]，去之十步，皆见于外。如是者寿，必中百岁。**

**【注释】**　①小子：自谦之词，与《禁服》"细子"义同。张景岳："诸臣之中，惟雷公独少，故自称小子。"②方大：端正、宽大、丰隆之意。

**【译文】**　雷公问黄帝说：观察面部的五色，仅是取决于明堂吗？我还不太了解。

黄帝说：明堂，就是鼻；阙，就是两眉之间；天庭，就是额部；蕃，就是两颊之侧；蔽，就是耳门。这些部位之间，端正丰厚，在十步之外，一望而见。这样的人，一定会享百岁高寿。

**【原文】　雷公曰：五官之辨奈何？**

**黄帝曰：明堂骨高以起，平以直。五藏次于中央[①]，六府挟其两侧[②]。首面上于阙庭，王宫在于下极[③]。五藏安于胸中，真色以致，病色不见。明堂润泽以清。五官恶得无辨乎。**

**雷公曰：其不辨者，可得闻乎？**

**黄帝曰：五色之见也，各出其色部。部骨陷者，必不免于病矣。其色部乘袭者[④]，虽病甚，不死矣。**

**雷公曰：官五色奈何？**

**黄帝曰：青黑为痛，黄赤为热，白为寒。是谓五官。**

**【注释】**　①五藏次于中央：五脏反映的部位居于面部的中央。次，次序、位居。②六府挟其两侧：六腑附在五脏部位的两侧。挟，依附。③王宫：指心所属的下极（居两目之间）部位。心为君主之宫，故心居之所称为王宫。这里指在面部的对应部位。④乘袭：指乘虚侵袭。张志聪："乘袭者，谓子袭母气也。如心部见黄，肝部见赤，肺部见黑，肾部见青，此子之气色，乘袭于母部。"

**【译文】**　雷公说：五官各部的病色应怎样辨别呢？

黄帝说：鼻骨高而隆起，正而且直。五脏部位，依次排列在鼻部的中央，六腑挟附在它的两旁。在上的阙中和天庭，主头面；在两目之间的下极，主心之王宫。当胸中五脏安和，相应部位就会出现正常色泽，看不到病色。鼻部的色泽，显得清润。这样，五官的病色，哪会辨别不出来呢？

雷公说：还有不这样辨别的，可以听听吗？

黄帝说：五脏病色都有一定的显现部位，如该部的不正气色，有深陷入骨的征象，必

然要患病。如它的部色，有彼此相生的征象，就是病情严重，也不会死亡。

雷公说：五色所主的是什么？

黄帝说：青黑主痛，黄赤主热，白主虚寒。这就是五色所主。

**【原文】** 雷公曰：病之益甚，与其方衰，如何？

**黄帝曰：外内皆在焉。切其脉口滑小紧以沉者，病益甚，在中；人迎气大紧以浮者，其病益甚，在外。其脉口浮滑者，病日进；人迎沉而滑者，病日损。其脉口滑以沉者，病日进，在内；其人迎脉滑盛以浮者，其病日进，在外。脉之浮沉及人迎与寸口气小大等者，病易已。病之在脏，沉而大者，易已，小为逆；病在腑，浮而大者，其病易已。人迎盛坚者，伤于寒；气口盛坚者，伤于食。**

**【译文】** 雷公说：疾病加重和病邪将衰，怎样去认识呢？

黄帝说：应该色脉结合，全面诊察。按切病人的脉口，出现滑、小、紧、沉的，其病会日趋严重，这是病在五脏；人迎脉气，出现大、紧、浮的，其病情也会日趋严重，这是病在六腑。若脉口部脉现浮滑的，病就日渐加重；人迎脉现沉而滑的，病就日渐轻减。如脉口部脉现滑而沉的，病就日加严重，属于五脏病；如人迎部脉现滑盛而浮的，病也会日加严重，属于六腑病。至于脉象或沉或浮及人迎和脉口部的小大相等的，病就容易好。病在五脏，脉现沉而大的，病就容易好；脉现沉而小的，就是逆象；病在六腑，脉现浮而大的，病就容易好。人迎主表，脉现盛而坚的，是伤于寒；脉口主里，脉现盛而坚的，是伤于食。

**【原文】** 雷公曰：以色言病之间甚，奈何？

**黄帝曰：其色粗以明[①]，沉夭者为甚[②]。其色上行者，病益甚，其色下行，如云彻散者，病方已。五色各有藏部[③]，有外部，有内部也。色从外部走内部者，其病从外走内；其色从内走外者，其病从内走外。病生于内者，先治其阴，后治其阳。反者益甚。其病生于阳者，先治其外，后治其内。反者益甚。其脉滑大以代而长者，病从外来。目有所见，志有所恶。此阳气之并也，可变而已。**

**【注释】** ①色粗以明：指面色明亮。粗，显。②沉夭：晦滞。③藏部：指五色所主的脏腑部位。张志聪："藏部，脏腑之分部也。"

**【译文】** 雷公说：从面部病色，来判断病情轻重，怎样呢？

黄帝说：如病人面部色泽微亮的是病轻，沉滞晦暗的是病重。如病色向上走的病就加重；如病色向下走，像浮云散去的，病就要好了。五脏的病色，各有脏腑的部位，有属于外部的六腑，有属于内部的五脏。病色从外部走向内部的，是病邪从表入里；病色从内部走向外部的，是病邪从里出表。病生于里的，先治其脏，后治其腑。治反了，病就更加严重。病生于外的，先治其表，后治其里。治反了，病就更加严重。脉象滑大或代或长，是病邪从外而来。目有妄见，神志反常，这是阳盛之病，可以泻阳补阴，病就会好的。

**【原文】** 雷公曰：小子闻风者，百病之始也；厥逆者，寒湿之起也。别之奈何？

**黄帝曰：常候阙中，薄泽为风[①]，冲浊为痹[②]，在地为厥[③]。此其常也。各以其色言其病。**

**【注释】** ①薄泽：指色浮浅而光泽。②冲浊：即色深沉而浑浊。冲，深。浊，浑浊不清。③地：指面的下颏部，又名地阁，在巨分、巨屈处（巨分、巨屈，参见下文注释）。

【译文】 雷公说：我听说风邪是百病的起因；厥痹是由于寒湿之气所致。从色泽怎样辨别呢？

黄帝说：这应该观察眉间的气色，色现浮薄光泽的是风病，色现沉滞晦浊的是痹病，病色出现在面的下部是厥病。这是一般规律。总的说来，要分别根据色泽说明病变。

**【原文】 雷公曰：人不病卒死，何以知之？**

**黄帝曰：大气人于脏腑者[①]，不病而卒死矣。**

**雷公曰：病小愈而卒死者，何以知之？**

**黄帝曰：赤色出两颧，大如母指者[②]，病虽小愈，必卒死。黑色出于庭，大如母指，必不病而卒死。**

【注释】 ①大气：就是大邪之气，指极厉害的病邪。张景岳："大气，大邪之气也。大邪之入者，未有不由正气大虚而后邪得袭之，故致卒死。"②大如母指：形容搏聚成块的病色，如拇指样大。母指，即大拇指。

【译文】 雷公说：有的人没有病象而突然死亡，怎样预知呢？

黄帝说：大邪之气侵入脏腑，虽然没有病象，也会突然死亡的。

雷公说：病稍微见好，而突然死亡的，怎样预知呢？

黄帝说：赤色出现在两颧上.如拇指大，病虽稍微好转，还会突然死亡；黑色出现在天庭，如拇指大，虽没有显著病象，也会突然死亡。

**【原文】 雷公再拜曰：善哉！其死有期乎？**

**黄帝曰：察色以言其时。**

**雷公曰：善乎！愿卒闻之。**

**黄帝曰：庭者，首面也；阙上者，咽喉也；阙中者，肺也；下极者[①]，心也；直下者[②]，肝也；肝左者，胆也；下者[③]，脾也；方上者[④]，胃也；中央者[⑤]，大肠也；挟大肠者，肾也；当肾者，脐也；面王以上者[⑥]，小肠也；面王以下者，膀胱、子处也；颧者，肩也；颧后者，臂也；臂下者，手也；目内眦上者，膺乳也；挟绳而上者[⑦]，背也；循牙车以下者[⑧]，股也；中央者，膝也；膝以下者，胫也；当胫以下者，足也；巨分者[⑨]，股里也；巨屈者[⑩]，膝膑也。此五藏六府肢节之部也，各有部分。有部分，用阴和阳，用阳和阴。当明部分，万举万当。能别左右，是谓大道。男女异位，故曰阴阳。审察泽夭，谓之良工。**

【注释】 ①下极：两目之间。②直下：张景岳："肝在心之下，故直下应肝。"指鼻柱部位应肝。③下者：指肝之下。亦即鼻之准头部位应脾。④方上：鼻准头的两旁处，即迎香穴略上方。张景岳："准头两旁为方上，即迎香之上，鼻隧是也。"⑤中央：两颧稍下，鼻两旁迎香以外的部位。张景岳："中央者，面之中央，谓迎香之外，颧骨之下，大肠之应也。"⑥面王：即鼻尖部。王者居中，鼻居面部之中，故称"面王"。⑦挟绳而上：马元台："挟，近也，故近耳边直上之部分，所以候背之病。"绳，指耳边部位。蒋示吉："绳，耳边也。耳边如绳突起，故曰绳。"⑧牙车：即牙床，颊车穴部位。⑨巨分：指上下牙床大分处。巨，大。⑩巨屈：在颊下的曲骨部。

【译文】 雷公再拜说：说得好，那猝死的人，能预知死期吗？

黄帝说：观察面部色泽的变化，可以断定死亡的时日。

雷公说：好呀！我希望完全知道。

黄帝说：天庭，主头面病；眉心之上，主咽喉病；眉心，主肺脏病；两目之间，主心脏病；由两目之间直下的鼻柱的部位，有一定的部位，主肝脏病；在这部位的左面，主胆病；从鼻柱以下的鼻准之端，主脾脏病；挟鼻准之端而略上，主胃病；面之中央，主大肠病；挟两颊部，主肾脏病；当肾脏所属颊部的下方，主脐部病；在鼻准的上方两侧，主小肠病；在鼻准以下的人中部，主膀胱和子宫病；至于各部所主的四肢疾病，就是颧骨主肩；颧骨的后方主臂；在此之下主手；眼内角的上方，主胸部和乳部；颊的外部以上应背；沿牙车以下之处，主大腿部；两牙床的中央部位，主膝部；膝以下的部位，主胫部；由胫以下，主足部；口角大纹处，主大腿内侧；颊下曲骨的部位，主膝盖骨。以上是五脏六腑肢体分布在面部的情况，各有一定的部位。在治疗时，用阴和阳，用阳和阴。只要审明各部分所表现的色泽，就会诊治不失。能够辨别阳左阴右，就了解阴阳的变化规律。男女病色的顺逆，其位置是不同的，所以说必须了解阴阳的规律。再观察面色的润泽和晦滞，从而诊断出疾病的好坏，这就是高明的医生。

**【原文】** **沉浊为内，浮泽为外。黄赤为风，青黑为痛，白为寒。黄而膏润为脓，赤甚者为血。痛甚为挛，寒甚为皮不仁。五色各见其部，察其浮沉，以知浅深。察其泽夭，以观成败。察其散抟[①]，以知远近。视色上下，以知病处。积神于心，以知往今。故相气不微，不知是非。属意勿去，乃知新故。色明不粗，沉夭为甚，不明不泽，其病不甚。其色散，驹驹然[②]，未有聚；其病散而气痛，聚未成也。**

**【注释】** ①抟：同“团”，聚结不散。②驹驹然：形容病色如驹驰无定，散而不聚之状。驹，幼马。张景岳：“稚马曰驹。驹驹然者.如驹无定，散而不聚之谓。故其为病尚散。”

**【译文】** 面色沉滞晦浊的是在里在脏的病，浅浮光亮的是在表在腑的病。色见黄赤属于热，色见青黑属于痛，色见白属于寒。黄而油亮的是疮疡将要化脓，深红的是有淤血。痛极就会拘挛，受寒重就出现皮肤麻木。五色表现在各部位上，观察它的或浮或沉，可以知道疾病的浅深。观察它的光润和枯滞，可以看出病情的或好或坏。观察它的散在和聚结，可以知道病程的或远或近。观察病色的在上在下，可以知道病变部位。全神贯注，心中了了，可以知道病的过去和现在。因此观察病色，如不仔细，就不知道病的虚实。专心致志，毫不走神，才能了解病情的过去和目前情况。面色光亮而不粗糙，病就不会太重。面色既不明亮，又不润泽，而显得沉滞晦暗的，病就比较严重；若其色散而不聚在固定的地方，则其病势也要消散，仅有气痛，还没成为积聚。

**【原文】** **肾乘心，心先病，肾为应。色皆如是。**

**【译文】** 肾的邪气侵犯心脏，是因为心脏先有了病，肾的黑色，相应出现在心所属的部位上。一般说，病色的出现，都像这样。

**【原文】** **男子色在于面王，为小腹痛，下为卵痛。其圜直为茎痛[①]。高为本，下为首[②]。狐疝㿉阴之属也[③]。**

**【注释】** ①圜直：指圆而直的人中沟。李念莪：“圜直，指人中水沟穴也。人中有边圜而直者，故人中色见，主阴茎作痛。”圜，同“圆”。②高为本，下为首：在人中上半部者称

高，为阴茎根痛；在人中下半部者为茎头痛。③瘄阴：又名阴癞，就是阴囊偏大的癞疝病。瘄，同“癞”。

【译文】 男子病色出现在鼻准的上方，主小腹疼痛，下引睾丸作痛。若病色出现在圜直的人中沟上，就会发生阴茎作痛。在人中的上半部，主茎根病痛；在人中下半部，主茎头作痛。这是属于狐疝、阴癞一类的病。

**【原文】 女子在于面王，为膀胱、子处之病。散为痛，抟为聚。方员左右，各如其色形。其随而下至胝为淫[①]。有润如膏状，为暴食不洁。**

【注释】 ①至胝为淫：胝，系“服”之形误，“唇”之异体字。淫，即白淫。《素问·痿论》：“及为白淫。”王冰：“白淫，谓白物淫衍，如精之状，女子阴器中绵绵而下也。”

【译文】 女子病色出现在鼻准的上方，主膀胱与子宫病。病色散在的主痛，病色集结的主积聚。积聚或方或圆、或左或右，分别像病色在外面所显现的形状。如其色随着下行至唇部，就会有淫浊疾患。如面色光润如脂的，那是暴食，或是吃了不洁食物的象征。

**【原文】 左为左，右为右。其色有邪，聚散而不端。面色所指者也。色者，青、黑、赤、白、黄，皆端满有别乡[①]。别乡赤者，其色赤，大如榆荚，在面王为不日。其色上锐，首空上向，下锐下向，在左右如法。以五色命藏，青为肝，赤为心，白为肺，黄为脾，黑为肾。肝合筋，心合脉，肺合皮，脾合肉，肾合骨也。**

【注释】 ①端满：即端正盈满。张景岳：“端谓无邪（按：“邪”与“斜”同），满谓充足。”别乡：犹言他乡，即别的部位。

【译文】 病色见于左，是左侧有病；病色见于右，是右侧有病。如面部有病色，或聚或散而不正的，一如面色所指，就可知道发病的脏腑。所谓五色，就是青、黑、赤、白、黄，它的色泽都是端正充润，表现在所属部位。有时也会出现在其他部位上，如心的赤色不出现在心所属的部位，而出现在面王部位上，色深的，大如榆荚，不多天内，病情就会有变化。如果它的病色形状，在上的边缘尖锐，是因为头部气虚，病邪就会向上发展；在下的边缘尖锐，病邪就会向下发展；尖端的在左在右，都可以根据这个原则去测候病邪的发展趋向。以五色与五脏相应的关系来说：青色属肝，赤色属心，白色属肺，黄色属脾，黑色属肾。肝与筋相配合，心与脉相配合，肺与皮相配合，脾与肉相配合，肾与骨相配合。

## 天年

【题解】

天年，天赋之年，自然应有的寿命。本篇从父精母血的合和开始，论述了人的生成，在于血气和、营卫通、五脏成以及神气舍心，魂魄毕具。并以十年为一个阶段论述了各个时期人的生理特点。随着气血的盛衰人的生理机能表现出由稚嫩到盛壮再到衰弱的变化规律。详尽地揭示人的形成和生长衰老过程。重点论述了人的寿夭，与血气的盛衰、脏器的强弱、皮肤致密、肌肉解利，以及营卫运行的不失其常等因素有关。因本篇论述了从出生到百岁这整个生命过程中生理上、体态上、性格上的变化，从而说明防止衰老以及

摄生防病的重要意义。故以《天年》名篇。

**【原文】** **黄帝问于岐伯曰:愿闻人之始生,何气筑为基?何立而为楯?何失而死?何得而生?**

**岐伯曰:以母为基,以父为楯[①]。失神者死,得神者生也。**

**黄帝曰:何者为神?**

**岐伯曰:血气已和,荣卫已通,五脏已成,神气舍心[②],魂魄毕具,乃成为人。**

**【注释】** ①以母为基,以父为楯:人体胚胎的形成,全赖父母精气的结合而成。根据阴主内、阳主外的功能特性,认为阴血在内为基质,阳气在外为外卫,阴阳互根,从而促成了胚胎的生长发育,故曰以母为基,以父为楯。基,张景岳:"基,址也。"就是基础,或基质。楯,就是栏槛。在此比喻捍卫的功能。《说文》段注:"栏槛者,今之栏干是也,纵曰槛,横曰楯。"②神气舍心:即神气舍藏于心。舍,止,藏。

**【译文】** 黄帝问岐伯说:人在生命开始的时候,是以什么为基础?以什么作为外卫?失去什么就会死亡?得到什么才会生存呢?

岐伯说:以母为基础,以父为外卫。没了神气就会死亡,有了神气才能生存。

黄帝说:什么叫神呢?

岐伯说:血气已经和调,荣卫已经通畅,五脏已经形成,神气潜藏于心,魂魄具备了,就成为人。

**【原文】** **黄帝曰:人之寿夭各不同,或夭或寿,或卒死,或病久,愿闻其道。**

**岐伯曰:五脏坚固,血脉和调。肌肉解利[①],皮肤致密。营卫之行,不失其常。呼吸微徐[②],气以度行。六腑化谷,津液布扬。各如其常,故能长久。**

**【注释】** ①肌肉解利:就是形容肌肉之间,气行滑顺通利而没有涩滞的现象。解,气行之道开放。②呼吸微徐:指气息调匀,不粗不疾。

**【译文】** 黄帝说:人的年岁长短各不相同,有的命短,有的寿长,有的突然死亡,有的患病日久,希望听到其中的道理。

岐伯说:五脏形质坚固,血脉和顺协调。肌肉滑润,皮肤细密。营卫之气的运行,不背离常规。呼吸徐缓,经气循度而行。六腑消化谷物,津液布散周身。以上各方面,都能正常活动,寿命就能长久。

**【原文】** **黄帝曰:人之寿百岁而死,何以致之?**

**岐伯曰:使道隧以长[①],基墙高以方[②]。通调营卫,三部三里起[③]。骨高肉满,百岁乃得终。**

**【注释】** ①使道隧以长:人中沟深而且长的意思。使道,指人中沟,马元台:"使道者,水沟也(俗云人中)"。②基墙高以方:有三说:一指明堂。基墙高大方正,为长寿的表现。如杨上善:"鼻之明堂,墙基高大方正,为寿二也"。二指面之地部为基,即地阁部位,墙是指蕃蔽而言。高以方,是指高厚方正的意思。三指面部而言,骨骼为基,蕃蔽为墙。③三部三里起:一说指面部的上、中、下三停。起,是高起而不平陷的意思。马元台:"面之三里,即三部也,皆已耸起。"三部即上中下三停。二说指身之上、中、下三部,三里指手足阳明之脉,皆起发而平等。张志聪:"三部者,形身之上中下;三里者,手阳明之脉,皆起

发而平等也。”

【译文】 黄帝说:人怎样才能活到百岁而死呢?

岐伯说:长寿者的鼻孔深而长,鼻的部位,高大方正。营卫循行畅通无阻,面部的三停高起而不平陷,骨骼高起,肌肉丰满,这种健壮的形体,是能活到百岁的象征。

**【原文】 黄帝曰:其气之盛衰,以至其死,可得闻乎?**

**岐伯曰:人生十岁,五脏始定,血气已通,其气在下,故好走[①]。二十岁,血气始盛,肌肉方长,故好趋[②]。三十岁,五脏大定,肌肉坚固,血脉盛满,故好步[③]。四十岁,五脏六腑十二经脉,皆大盛以平定。腠理始疏,荣华颓落,发颇斑白,平盛不摇,故好坐。五十岁,肝气始衰,肝叶始薄,胆汁始减,目始不明。六十岁,心气始衰,苦忧悲,血气懈隋,故好卧。七十岁,脾气虚,皮肤枯。八十岁,肺气衰,魄离,故言善误。九十岁,肾气焦,四脏经脉空虚。百岁,五脏皆虚,神气皆去,形骸独居而终矣。**

【注释】 ①走:蹦跳。②趋:快走。③步:行走。

【译文】 黄帝说:人的体气盛衰,从幼年直到死亡,可以听听吗?

岐伯说:人生到十岁,五脏才开始健全,血气已经通畅,这时他的经气,还在下肢,所以喜跑。到了二十岁,血气开始旺盛,肌肉正在发达,所以喜快走。到了三十岁,五脏完全健全,肌肉坚固,血脉盛满,所以喜欢缓行。到了四十岁,五脏六腑和十二经脉已发育很好,并且稳定。腠理开始稀疏,面部华色开始衰落,发鬓斑白,经气平定盛满至极,精力已不十分充足,所以好坐。到了五十,肝气开始衰退,肝叶薄弱,胆汁逐渐减少,眼睛开始有不明的感觉。到了六十岁,心气开始衰退,经常有忧虑悲伤之苦,血气运行缓慢,所以喜欢躺卧。到了七十岁,脾气虚弱,皮肤干枯。到了八十岁,肺气衰退,魂魄离散,所以言语常常错误。到了九十岁,肾气焦竭,肝、心、脾、肺四脏和经脉都空虚了。到了百岁,五脏就都空了,神气也都没有了,这时,就仅留下形体而死亡了。

**【原文】 黄帝曰:其不能终寿而死者,何如?**

**岐伯曰:其五脏皆不坚,使道不长。空外以张,喘息暴疾。又卑基墙,薄脉少血,其肉不石。数中风寒,血气虚,脉不通。真邪相攻,乱而相引。故中寿而尽也。**

【译文】 黄帝说:有人不能享尽天年就死了,是为什么?

岐伯说:那是五脏都不坚实,人中不长。鼻孔向外张开,呼吸急速。鼻梁骨低,脉小血少,肌肉不坚实。屡受风寒,血气虚弱,经脉不通。正邪相攻,体内血气失常,引邪深入。所以中年就会死。

## 贼风

【题解】

本篇指出疾病的发生是内外二因互相作用的结果,虽然有时所感受的贼风邪气不易察觉,但疾病的发生绝不是因为鬼神所致。本篇还批判了鬼神致病的错误认识。因篇首以“贼风”发问,故名篇。随着中国古代哲学气论自然观的诞生,中医学就摒弃了上古以来形成的鬼神致病的传统,鲜明地举起了“百病皆生于气”的旗帜,与鬼神致病论进行了

尖锐的斗争。扁鹊就有“信巫不信医,六不治也”之论。《素问·五脏别论》云:“拘于鬼神者,不可与言至德。”《素问·宝命全形论》云:“道无鬼神,独来独往。”《内经》的这一理论立场使得两千年来的中医学能够沿着健康的轨道发展,具有重要的理论和实践意义。

**【原文】 黄帝曰:夫子言贼风邪气之伤人也,令人病焉。今有其不离屏蔽,不出空穴之中,卒然病者,非不离贼风邪气,其故何也?**

**岐伯曰:此皆尝有所伤于湿气,藏于血脉之中,分肉之间,久留而不去;若有所堕坠,恶血在内而不去。卒然喜怒不节,饮食不适,寒温不时,腠理闭而不通。其开而遇风寒,则血气凝结,与故邪相袭,则为寒痹。其有热则汗出,汗出则受风。虽不遇贼风邪气,必有因加而发焉。**

**【译文】** 黄帝说:您说过四时不正之气伤害人体,使人生病。可是有人不离开屏风,亦不出屋中,忽然生病,并不是没有避开贼风邪气,这是什么缘故呢?

岐伯说:这都是曾经为湿邪所伤,湿邪蕴藏在血脉和分肉之内,长久留止而不能排除;或者有因堕落,淤血在内未散。忽然喜怒过度,饮食不适宜,寒温不调,致使腠理闭塞,壅滞不通。或在腠理开张之时,遭遇风寒,就会使血气凝聚,以前湿邪和新感风寒相合,就成为寒痹。或有因热出汗,出汗时受了风。以上这些,虽然没有遇到贼风邪气,也会因为原有宿邪加上新感之邪而发病。

**【原文】 黄帝曰:今夫子之所言者,皆病人之所自知也。其毋所遇邪气,又毋怵惕之所志,卒然而病者,其故何也?唯有因鬼神之事乎?**

**岐伯曰:此亦有故邪留而未发,因而志有所恶,及有所慕,血气内乱,两气相搏。其所从来者微,视之不见,听而不闻,故似鬼神。**

**【译文】** 黄帝说:像夫子您所说的这些,都是病人自己所知道的。那些没有遭到四时不正之气,也没有恐惧等情志刺激,忽然就发病了,是什么缘故?是真有鬼神作祟吗?

岐伯说:这也是先有宿邪留在体内,还没发作,由于思想上有厌烦的事,或向往的事,不能遂心,以致血气不和,新病与宿邪相搏,所以突然发病。它的病因极为微妙,既看不见,也听不见,所以像有鬼神作祟一样。

**【原文】 黄帝曰:其祝而已者[①],其故何也?**

**岐伯曰:先巫者,因知百病之胜,先知其病之所从生者,可祝而已也[①]。**

**【注释】** ①祝而已者:祝,祝由;已,病愈。祝由是古代精神疗法。吴鞠通:“按,‘祝由’二字,出自《素问》。祝,告也。由,病之所从出也。近时以巫家为祝由科,并列于十三科之中,《内经》谓信巫不信医不治,巫岂可列之医科中哉!吾谓凡治内伤者,必先祝由详告以病之所由来,使病人知之,而不敢再犯,又必细体变风变雅,曲察劳人思妇之隐情,婉言以开导之,安言以振惊之,危言以惊惧之,必使之心悦诚服,而后可以奏效如神。”吴氏明确指出祝由科不得与巫医之流混同起来,并具体指明精神疗法的内容。

**【译文】** 黄帝说:那些用祝由术而治好的病,道理何在?

岐伯说:前代的巫师,因为懂得各种疾病之间相互制约的关系,首先掌握疾病发生的由来,所以用祝由术能把病治好。

# 五味论

【题解】

本篇主要论述五味与人体经络脏腑的关系及五味偏嗜太过所出现病理变化而引起的各种疾病，故名《五味论》。本篇提示我们，饮食五味虽然是人体营养的源泉，但五味偏嗜，失去平衡也是伤生致病之由。因此，在生活中必须注意保持饮食营养的均衡，正如《素问·生气通天论》所云："阴之所生，本在五味，阴之五宫，伤在五味。"

【原文】 **黄帝问于少俞曰：五味入于口也，各有所走，各有所病。酸走筋，多食之，令人癃；咸走血，多食之，令人渴；辛走气，多食之，令人洞心；苦走骨，多食之，令人变呕；甘走肉，多食之，令人悗心。余知其然也，不知其何由，愿闻其故。**

**少俞答曰：酸人于胃，其气涩以收，上之两焦[①]，弗能出入也。不出即留于胃中，胃中和温，则下注膀胱。膀胱之胞薄以懦[②]，得酸则缩绻，约而不通，水道不行，故癃。阴者，积筋之所终也[③]，故酸入而走筋矣。**

【注释】 ①之：动词，行，走。两焦：即上、中二焦。②胞：皮。③"阴者"两句：阴者，指前阴而言。积筋，即诸筋或宗筋。人的前阴，就是人身诸筋终聚之处。杨上善："人阴器，一身诸筋终聚之处。"张景岳："阴者，阴气也；积筋者，宗筋之所聚也。"

【译文】 黄帝问少俞说：五味进入口中，各进入所喜的脏器，各有所发生的病变。酸味走筋，多食酸味，会使人小便不通；咸味走血，多食咸味，会使人发渴；辛味走气，多食辛味，会使人心闷；苦味走骨，多食苦味，会使人呕吐；甘味走肉，多食甘味，会使人心闷。我已知道五味食之过度，能发生这些病症，但不理解其中的道理，希望听到其中的缘故。

少俞回答说：酸味入胃以后，因气味涩滞，而有收敛作用，只能行于上、中二焦，不能遽行出入。既然不出，就流于胃里，胃里温和，就向下渗注到膀胱。由于膀胱之皮薄而软，受到酸味，就会缩屈，使膀胱出口处约束不通，以致小便不畅，因此发生癃闭。人体的阴器，是周身诸筋终聚之处，所以酸味入胃而走肝经之筋。

【原文】 **黄帝曰：咸走血，多食之，令人渴，何也？**

**少俞曰：咸入于胃，其气上走中焦，注于脉，则血气走之。血与咸相得则凝，凝则胃中汁注之。注之则胃中竭，竭则咽路焦[①]，故舌本干而善渴。血脉者，中焦之道也，故咸人而走血矣。**

【注释】 ①咽路：咽道。

【译文】 黄帝说：咸味走血分，多食咸味，使人口渴，为什么？

少俞说：咸味入胃以后，它所化之气向上走于中焦，再由中焦流注到血脉，与血相和。咸与血相和，脉就要凝涩，脉凝涩则胃的水液也要凝涩，胃的水液凝涩则胃里干竭，由于胃液干竭，咽路感到焦躁，因而舌干多渴。血脉是输送中焦精微于周身的道路，血亦出于中焦，咸味上行于中焦，所以咸入胃后，就走入血分。

【原文】 **黄帝曰：辛走气，多食之，令人洞心，何也？**

**少俞曰：辛入于胃，其气走于上焦，上焦者，受气而营诸阳者也。姜韭之气熏之，营卫**

**之气不时受之，久留心下，故洞心。辛与气俱行，故辛入而与汗俱出。**

**【译文】** 黄帝说：辛味走气分，多食辛味，使人感觉如烟熏心，为什么？

少俞说：辛味入胃以后，其气走向上焦，上焦有受纳饮食精气以运行腠理而卫外的功能。姜韭之气，熏至营卫，不时受到辛味的刺激，如久留在胃中，所以有如烟熏心的感觉。辛走卫气，与卫气同行，所以辛味入胃以后，就会和汗液发散出来。

**【原文】 黄帝曰：苦走骨，多食之，令人变呕，何也？**

**少俞曰：苦入于胃，五谷之气，皆不能胜苦。苦入下脘，三焦之道皆闭而不通，故变呕。齿者，骨之所终也，故苦入而走骨，故入而复出，知其走骨也。**

**【译文】** 黄帝说：苦味善走骨，多食令人呕吐，为什么？

少俞说：苦入胃后，五谷之气味都不能胜过苦味。当苦味进入下脘后，三焦的气机阻闭不通，三焦不通，则入胃之水谷，不得通调而散，胃阳受到苦味的影响而功能失常，胃气上逆而变为呕吐。牙齿是属骨的部分，称骨之所终，苦味入胃后，走骨也走齿。因此，如已入胃的苦味而重复吐出，就可以知其已经走骨了。

**【原文】 黄帝曰：甘走肉，多食之，令人悗心，何也？**

**少俞曰：甘入于胃，其气弱小，不能上至于上焦，而与谷留于胃中者，令人柔润者也。胃柔则缓，缓则虫动，虫动则令人悗心。其气外通于肉，故甘走肉。**

**【译文】** 黄帝说：甘味善走肌肉，多食则令人心中烦闷，为什么？

少俞说：甘味人胃后，甘气柔弱而小，不能上达上焦，与饮食物一同留于胃中，所以胃气也柔润。胃柔则胃功能减弱，胃的功能减弱则肠中寄生虫乘机而动，虫动则使人心中闷乱。另外，由于甘味入脾，脾主肌肉，所以甘味外通于肌肉。

## 通天

**【题解】**

本篇根据人的禀赋不同、阴阳属性差异，划分为太阴、少阴、太阳、少阳、阴阳和平等五种不同类型，并分别描述了他们在意识、性格上的特征，提出了因人施治的法则。篇中认为，人体的素质，有阴阳气血偏多偏少之分，皆出于天然禀赋，所以篇名《通天》。本篇对五种类型的人的意识及性格特点的描述有客观的事实根据，而五种类型的划分却鲜明地体现了中国古代阴阳哲学的文化特征，古希腊伟大医学家希波克拉底关于人的四种气质类型则与古希腊四元素说密切相关，是四元素说在医学上的运用。可见，各民族的医学与其哲学有着密切的联系。阴阳和平这一类型，反映了《黄帝内经》作者对黄老道家价值观的认同与推崇。

**【原文】 黄帝问于少师曰：余尝闻人有阴阳，何谓阴人，何谓阳人？**

**少师曰：天地之间，六合之内，不离于五，人亦应之，非徒一阴一阳而已也。而略言耳，口弗能遍明也。**

**黄帝曰：愿略闻其意，有贤人圣人，心能备而行之乎？**

**少师曰：盖有太阴之人，少阴之人，太阳之人，少阳之人，阴阳和平之人。凡五人者[①]，**

**其态不同，其筋骨气血各不等。**

【注释】 ①凡五人者：张景岳："太阴、少阴、太阳、少阳者，非如经络之三阴三阳 也。盖以天禀之纯阴者太阴，多阴少阳者曰少阴，纯阳者为太阳，多阳少阴者为少阳，并阴阳和平之人，而分为五态也。"

【译文】 黄帝问少师说：我曾经听说人有阴与阳的不同，什么是属阴的人？什么是属阳的人？

少师说：天地之间，四方上下之内，都离不开五行，人也和五行相应，并不是仅有相对的一阴一阳而已。这只是大概一说，至于其复杂情形，用语言难以说清。

黄帝说：希望听到大概的情况，有贤人圣人，他们是否能够达到阴阳平衡呢？

少师说：人大致可以分为太阴、少阴、太阳、少阳、阴阳和平五种类型。这五种类型的人，他们的形态不同，筋骨强弱，气血盛衰，也各不相同。

【原文】 **黄帝曰：其不等者，可得闻乎？**

**少师曰：太阴之人，贪而不仁，下齐湛湛[①]，好内而恶出[②]，心和而不发[③]，不务于时，动而后之[④]，此太阴之人也。**

【注释】 ①下齐：是形容谦虚下气，待人周到，假装正经。下，谦下。湛湛：深貌。这里是形容深藏险恶之心。马元台："下齐湛湛，内存阴险，外假谦虚，貌似下抑整齐。"②好内而恶出：就是好得恶失，喜进不喜出。马元台："内，同纳。好纳而恶出者，有所得则喜，有所费则怒也。"③心和而不发：指心情和顺，而不外露，即"喜怒不形于色"。④不务于时，动而后之：即不识时务，而只知利己，看风使舵，行动后发制人。张景岳："不务于时，知有己也。动而后之，不先发也。"

【译文】 黄帝说：那不同情况，可以让我听听吗？

少师说：属于太阴的人，性情贪婪不仁厚，表面谦虚，假装正经，内心却深藏阴险，好得恶失，喜怒不形于色，不识时务，只知利己，看风使舵，行动上惯用后发制人的手段。具有这些特性的，就是太阴之人。

【原文】 **少阴之人，小贪而贼心，见人有亡[①]，常若有得，好伤好害，见人有荣，乃反愠怒，心疾而无恩[②]。此少阴之人也。**

【注释】 ①亡：泛指损失、不幸之事。②心疾而无恩：对人心怀嫉妒而忘恩负义。疾，通"嫉"。

【译文】 属于少阴的人，贪图小利，而有害人之心，看到别人有了损失，就像拣到便宜一样高兴，好伤人，好害人，看到别人光荣，就恼怒，心怀嫉妒，没有同情心。有这些特征的，就是少阴之人。

【原文】 **太阳之人，居处于于[①]，好言大事，无能而虚说，志发于四野[②]，举措不顾是非，为事如常自用[③]，事虽败而常无悔。此太阳之人也。**

【注释】 ①于于：自满自足。《庄子·盗跖》："卧则居居，起则于于。"疏："于于，自得之貌。"②志发于四野：形容好高骛远。③为事如常自用：指常常意气用事，而自以为是。如，通"而"，转接连词。

【译文】 属于太阳的人，平时自鸣得意，好讲大事，无能却空说大话，言过其实，好

高鹜远。行动不顾是非，做事经常自以为是，做事虽然失败，却没有后悔之心。有这些特征的，就是太阳之人。

**【原文】** **少阳之人，諟谛好自贵[①]，有小小官，则高自宜，好为外交而不内附。此少阳之人也。**

**【注释】** ①諟谛：审慎。张景岳："諟谛，审而又审也。"即反复考查研究，做事仔细。

**【译文】** 属于少阳的人，做事审慎，好抬高自己，有了小小的官职，就自以为了不起，向外宣扬，好交际，而不能踏踏实实地工作。有这些特征的就是少阳之人。

**【原文】** **阴阳和平之人，居处安静，无为惧惧，无为欣欣，婉然从物[①]，或与不争，与时变化，尊则谦谦，谭而不治[②]，是谓至治[③]。古人善用针艾者，视人五态乃治之。盛者泻之，虚者补之。**

**【注释】** ①婉然从物：善于顺从和适应事物的发展规律。婉然，和顺貌。②谭而不治：用说服的方法以德感人，而不是用强力的方法以统治人。谭，同"谈"。③至治：即最好的治理方法。至，极。

**【译文】** 属于阴阳和平的人，生活安静，心安无所畏惧，不追求过分喜乐，顺从事物发展的自然规律，遇事不与人争，善于适应形势的变化，地位虽高却很谦虚，以理服人，而不是用压服的手段来治人，具有极好的治理才能。具有这些特性的，就是阴阳和平之人。古代善用针灸疗法的医生，观察五类人的形态，分别给以治疗。气盛的用泻法，气虚的用补法。

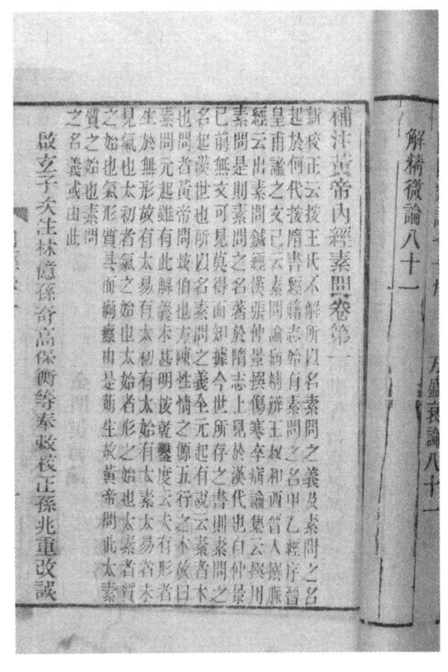

方盛衰論八十
解精微論八十一
補注黃帝內經素問卷第一
新校正云按王氏不解所以名素問之義及素問之名起於何代按隋書經籍志始有素問之名甲乙經序晉皇甫謐之文已云素問論病精辨王叔和西晉人撰脈經云出素問鍼經漢張仲景撰傷寒卒病論集云撰用素問是則素問之名著於隋志上見於漢代也自仲景已前無文可見莫得而知據今世所存之書則素問之名起漢世也所以名素問之義全元起有說云素者本也問者黃帝問岐伯也方陳性情之源五行之本故曰素問元起雖有此解義未甚明按乾鑿度云夫有形者生於無形故有太易有太初有太始有太素太易者未見氣也太初者氣之始也太始者形之始也太素者質之始也氣形質具而痾瘵由是萌生故黃帝問此太素質之始也素問之名義或由此
啟玄子次注林億孫奇高保衡等奉敕校正孫兆重改誤

《黄帝内经》书影

**【原文】** **黄帝曰：治人之五态奈何？**

**少师曰：太阴之人，多阴而无阳。其阴血浊，其卫气涩。阴阳不和，缓筋而厚皮。不之疾泻，不能移之。少阴之人，多阴少阳，小胃而大肠[①]，六腑不调。其阳明脉小而太阳脉大，必审调之。其血易脱，其气易败也。**

**【注释】** ①小胃而大肠：即胃小肠大。张景岳："阳明为五脏六腑之海，小肠为传送之腑，胃小则贮藏少，而气必微，小肠大则传送速而气不畜，阳气既少，而又不畜，则多阴少阳矣。"据此，肠是指小肠而言。

**【译文】** 黄帝说：针治五种形态的人，是怎样的？

少师说：属于太阴的人，阴偏多，却无阳。他们的阴血重浊，卫气涩滞。阴阳不调和，形体表现为筋缓皮厚的特征。像这样的人，不用急泻针法，就不能去除他的病。属于少阴的人，阴多阳少，他们的胃小而肠大，六腑的功能不协调。因为他的足阳明经脉气偏小，而手太阳经脉气偏大，一定要审慎调治。因为他的血容易耗损，他的气也容易败伤。

**【原文】** **太阳之人，多阳而少阴。必谨调之，无脱其阴，而泻其阳。阳重脱者易**

**狂[1],阴阳皆脱者,暴死,不知人也[2]。**

【注释】 ①阳重脱者易狂:虚阳浮越,易发狂躁,为阳气欲脱的先兆。《素问·腹中论》:"石之则阳气虚,虚则狂。"②暴死:有二义,一指突然死亡;一指突然不省人事的假死,急救得当,尚能回生。

【译文】 属于太阳的人,阳多阴少。一定谨慎地进行调治,不能再耗损其阴,只可泻其阳。阳大脱就易发狂躁,如果阴阳都耗损就会突然死亡,或不省人事。

【原文】 **少阳之人,多阳少阴,经小而络大[1]。血在中而气在外,实阴而虚阳,独泻其络脉,则强气脱而疾,中气不足,病不起也。**

【注释】 ①"多阳"两句:络脉浅,在表属阳;经脉深,在里属阴。多阳,指络脉大。少阴,指经脉小。张景岳:"经脉深而属阴,络脉浅而属阳,故少阳之人,多阳而络大,少阴而经小也。"

【译文】 属于少阳的人,阳多阴少,经脉小而络脉大。血在中而气在外,在治疗时,应当充实阴经而泻其阳络,但是单独过度地泻其阳络,就会迫使阳气很快的耗损,以致中气不足,病也就难以痊愈了。

【原文】 **阴阳和平之人,其阴阳之气和,血脉调。谨诊其阴阳,其邪正,安容仪。审有余不足。盛则泻之,虚则补之,不盛不虚,以经取之。此所以调阳阳,别五态之人者也。**

【译文】 属于阴阳和平的人,他们的阴阳之气和谐,血脉调顺。在治疗时,应当谨慎地观察他的阴阳变化,了解他的邪正盛衰,看明他的容颜表现。然后细审是哪一方面有余,哪一方面不足。邪盛用泻法,正虚用补法,如果不盛不虚,就治疗病症所在的本经。这就是调治阴阳,辨别五种不同形态人的标准。

【原文】 **黄帝曰:夫五态之人者,相与毋故,卒然新会,未知其行也,何以别之?**

**少师答曰:众人之属[1],不如五态之人者,故五五二十五人,而五态之人不与焉。五态之人,尤不合于众者也。**

【注释】 ①众人:指《灵枢·阴阳二十五人》而言,与五态之人不同。

【译立】黄帝说:与五种形态的人,素不相识,乍一见面,很难知道他们的作风和性格属于哪一类型的人,应怎样来辨别呢?

少师回答说:一般人不具备这五种人的特性,所以"阴阳二十五人",不包括在五态人之内。因为五态之人是具有代表性的五种类型,他们和一般人是不相同的。

【原文】 **黄帝曰:别五态之人奈何?**

**少师曰:太阴之人,其状黮黮然黑色[1],念然下意[2],临临然长大[3],腘然未偻[4]。此太阴之人也。**

【注释】 ①黮黮然:形容面色阴沉的样子。黮,黑色。②念然下意:指故作姿态,谦虚下气。张景岳:"念然下意,意念不扬也。即上文'下齐'之谓。"③临临然:《广雅·释诂》:"临,大也。"马元台:"临临然,长大之貌也。"④腘然未偻:形容假作卑躬屈膝的姿态,并非真有佝偻病。张景岳:"腘然未偻,言膝腘若屈,而实非佝偻之疾也。"

【译文】 黄帝说:怎样分别五种形态的人呢?

少师说:属于太阴的人,面色阴沉黑暗,而假意谦虚,身体本来高大,却卑躬屈膝,故

作姿态,而并非真有佝偻病,这就是太阴之人的形态。

【原文】 **少阴之人,其状清然窃然[1],固以阴贼,立而躁崄,行而似伏。此少阴之人也。**

【注释】 ①清然窃然:清然,是形容言貌好像清高的样子。窃然,指行动鬼祟,偷偷摸摸,即上文"贼心"的表现。张景岳:"清然者,言似清也。窃然者,行为鼠雀也。"

【译文】 属于少阴的人,外貌好像清高,但是行动鬼祟,偷偷摸摸,深怀阴险害人之贼心,站立时躁动不安,显示出邪恶之象,走路时状似伏身向前。这是少阴之人的形态。

【原文】 **太阳之人,其状轩轩储储[1],反身折腘[2]。此太阳之人也。**

【注释】 ①轩轩储储:形容高贵自尊,骄傲自满的样子。张景岳:"轩轩,高大貌,犹俗谓轩昂也。储储,畜积貌,盈盈自得也。"②反身折腘:是形容仰腰挺胸时,身躯向后反张,膝窝随之曲折的样子。张景岳:"反身折腘,言仰腰挺腹,其腘似折也,是皆妄自尊大之状。"

【译文】 属于太阳的人,外貌表现高傲自满,仰腰挺胸,好像身躯向后反张和两腘曲折那样。这是太阳之人的形态。

【原文】 **少阳之人,其状立则好仰,行则好摇,其两臂两肘则常出于背。此少阳之人也。**

【译文】 属于少阳的人,在站立时惯于把头仰得很高,行走时惯于摇摆身体,常常反挽其手于背后。这是少阳之人的形态。

【原文】 **阴阳和平之人,其状委委然[1],随随然[2],颙颙然[3],愉愉然[4],暶暶然[5],豆豆然[6],众人皆曰君子。此阴阳和平之人也。**

【注释】 ①委委然:雍容自得貌。②随随然:顺从貌,指善于适应环境而言。义同上文"婉然从物"。③颙颙然:态度严正而又温和貌。④愉愉然:和颜悦色貌。⑤暶暶然,目光慈祥和善貌。⑥豆豆然:举止有度,处事分明貌。

【译文】 属于阴阳和平的人,外貌从容稳重,举止大方,性格和顺,善于适应环境,态度严肃,品行端正,待人和蔼,目光慈祥,作风光明磊落,举止有度,处事条理分明,众人都说有德行。这是阴阳和平之人的形态。

# 本草纲目

**【导语】**

《本草纲目》是我国古代最著名的本草学、博物学巨著。明代李时珍撰于嘉靖三十一年(1552年)至万历六年(1578年),稿凡三易。全书载药1892种,其中植物药1094种,动物药443种,矿物药161种,其他类药物194种,由李时珍新增入的药物就有374种。书中附有药物图1109幅,方剂11096首,其中约有8000多首是李氏自己收集或拟定的。每种药物分列释名、集解、修治、气味、主治、发明、正误、附方等项。书中不仅考正了过去本草学中的若干错误,综合了大量的科学资料,也提出了相当科学的药物分类方法,特别是书中将动物药按"从贱到贵"的顺序排列,记载了动物对生活环境适应的重要资料,说明李时珍具备生物学进化思想。

李时珍像

《本草纲目》这种"从贱至贵"的排列顺序,蕴含生物从简单到复杂,从低等到高等的进化论思想,是当时世界上最先进的分类法。此书曾先后刻印数十次,在中国促进了本草学、生物学研究,在世界上也产生了很大影响,出现英、法、德、日等多种文字的节译本或全译本。其中的一些资料,直接影响达尔文进化论的形成。达尔文在自己的著作中提到的《中国古代百科全书》,据所引的材料分析,指的就是《本草纲目》。

《本草纲目》集中体现了中国古代医学所取得的最高成就,是取之不尽的中华医药学知识宝库,素享"医学之渊海""格物之通典"之美誉。其涉及内容极为广泛,如在生物、化学、天文、地理、地质、采矿,以及历史学等方面都有一定的成就,所以可以说是一部有着世界性影响的博物学著作。自问世以来,一直以其前无古人、后无来者之雄姿独占中国古代药学之鳌头,成为中国古代药学史上部头最大、内容最丰富的巨著,曾被英国生物学家达尔文誉为"中国的百科全书",成为历代医者和读书人孜孜以求的必修书。

## 本草序例

本草纲目序例内容很多,我们选择了服药食忌、饮食禁忌、妊娠禁忌、五味宜忌、相反诸药及各种有毒的兽、鸟、鱼、果这几点以实用为原则,进行了重新编排。

## 服药食忌

凡是服用一切药，不可多吃生蒜、胡荽、生葱、各种水果，还不可多吃肥猪肉、狗肉、油腻、鱼腥的东西。另外。在服食下列药物时。还有一定的禁忌：

白术、苍术　忌同时吃桃、李、雀肉、菘菜及青鱼。

巴豆　忌同时吃芦笋、酱、豆豉、冷水及野猪肉。

黄莲、胡黄连　忌同时吃猪肉及冷水。

半夏、菖蒲　忌同时吃饴糖、羊肉及羊血。

空青、丹砂和轻粉　忌同时吃一切血。

天门冬、紫苏、丹砂和龙骨　忌同时吃鲤鱼。

土茯苓和威灵仙　忌同时吃面汤和菜。

牡丹　忌同时吃胡荽和蒜。

鳖甲　忌同时吃苋菜。

常山　忌同时吃生葱和生菜。

商陆　忌同时吃狗肉。

藜芦和细辛　忌同时吃猪肉和生菜。

地黄和何首乌　忌同时吃葱、蒜、萝卜及一切血。

甘草　忌同时吃菘菜、猪肉及海菜。

## 饮食禁忌

本草纲目中提出：同是饮食也不适宜错杂，物性相反的很多，一旦触犯，轻则致病。重则丧命，人们不可不谨慎。只有知道了这些，大家在饮食时才会加以注意避让。

猪肉　忌与生姜、荞麦、葵菜、胡荽、梅子、炒豆、牛肉、羊肝、龟鳖及鹌鹑等同食。

猪肝　忌与腌鱼、鹌鹑、鲤鱼肠子等同食。

猪心肺　忌与饴糖、白花菜、吴茱萸等同食。

羊肉　忌与梅子、小豆、豆酱、荞麦、鱼干、猪肉、醋、酪及一切酸物同食。

羊心肝　忌与梅、小豆、生椒、苦笋等同食。

犬肉　忌与菱角、蒜、牛肠、鲤鱼、鳝鱼等同食。

白狗血　忌与羊、鸡等同食。

牛肉　忌与黍米、韭薤、生姜、猪肉、狗肉、栗子等同食。

牛肝　忌与鲇鱼同食。

牛奶　忌与生鱼和一切酸物同食。

兔肉　忌与生姜、橘皮、芥末、鸡肉、鹿肉、獭肉等同食。

獐肉　忌与梅、李、生菜、虾等同食。

鸡肉　忌与胡蒜、芥末、生葱、糯米、李子、鱼汁、狗肉、鲤鱼、兔肉、鳖肉、野鸡同食。

鸡蛋　忌与鸡等同食。

野鸭　忌与胡桃、木耳等同食。

雀肉　忌与李子、酱和各种动物的肝同食。
鹌鹑　忌与菌子和木耳同食。
鲤鱼　忌与猪肝、葵菜、狗肉、鸡肉等同食。
鲫鱼　忌与芥菜、蒜、糖、猪肝、鸡和野鸡等同食。
青鱼　忌与豆藿同食。
鱼干　忌与豆霍、酱、蒜、葵和绿豆等同食。
黄鱼　忌与荞麦同食。
鲈鱼　忌与乳酪同食。
鲟鱼　忌与干笋同食。
鳅、鳝　忌与狗肉同食,不可用桑柴火煮食。
鳖肉　忌与苋菜、薄荷、芥菜、桃子、鸡蛋、鸭肉、猪肉及兔肉等同食。
螃蟹　忌与荆芥、柿子、橘子及软枣等同食。
虾子　忌与猪肉、鸡肉同食。
李子　忌与蜜、浆水、鸭、雀肉、鸡、獐等同食。
枣子　忌与葱、鱼同食。
桃子　忌与鳖肉同食。
橙橘　忌与槟榔、獭肉同食。
枇杷　忌与热面同食。
杨梅　忌与生葱同食。
银杏　忌与鳗鲡同食。
各种瓜　忌与油饼同食。
沙糖　忌与鲫鱼、笋、葵菜同食。
荞麦　忌与猪肉、羊肉、野鸡肉及黄鱼同食。
黍米　忌与葵菜、蜜及牛肉同食。
绿豆　忌与榧子及鲤鱼同食。
炒豆　忌与猪肉同食。
胡荽　忌与猪肉同食。
韭薤　忌与蜜和牛肉同食。
苋菜　忌与蕨和鳖同食。
白花菜　忌与猪心肺同食。
胡蒜　忌与腌鱼、鲫鱼、狗肉及鸡同食。
梅子　忌与猪肉、羊肉及獐肉等同食。
生葱　忌与蜜、鸡、枣、狗肉及杨梅等同食。
生姜　忌与猪肉、牛肉、兔肉、马肉等同食。
芥末　忌与鲤鱼、兔肉、鸡肉、鳖等同食。
干笋　忌与沙糖、鲟鱼、羊心肝等同食。
木耳　忌与野鸡肉、野鸭、鹌鹑等同食。

核桃　忌与野鸭、酒、野鸡等同食。

栗子　忌与牛肉同食。

### 妊娠禁忌

本草纲目中指出孕妇在怀孕的过程中，为了保证胎儿及自身的健康，必须在饮食上多加小心。

吃姜会使孩子多指、得眼病。

吃了豆酱合藿会使孕妇堕胎。

吃桑葚、鸭蛋，会使孩子倒生，孕妇难产且会生心寒。

吃山羊肉，会使孩子出生后多病，山羊肝更是不能吃。

吃鲤鱼的内脏杂物及鸡蛋会使孩子成疳、多疮。

吃狗肉，会使孩子出生后无声音。

吃兔肉，会使孩子嘴唇豁裂。

吃骡、驴、马肉，会使孕妇延月难产。

鸡肉和糯米同食，会使孩子长寸白虫。

鸡蛋和干姜同食，会使孩子多长疮。

吃雀肉又饮酒，生下的孩子多心性淫乱。

豆酱与雀肉同吃，会使孩子脸上生斑。

吃了茨菰，会消胎气。

吃了麋脂及梅李，孩子生后容易得青光眼。

鳝同白鸡吃了，会使孩子喑哑。

吃了鳖，会使孩子颈子短，并且会损伤胎儿。

吃了蟹，会使孩子横生。

吃浆水粥，会使孩子身体瘦弱而难以成人。

### 五味宜忌

五欲　肝欲酸，心欲苦，脾欲甘，肺欲辛，肾欲咸，此意象征着五味合五脏之气也。

五宜　青色宜酸，肝病宜食食物为麻、犬、李、韭。赤色宜苦，心病宜食食物为麦、羊、杏、薤。黄色宜甘，脾病宜食食物为粳、牛、枣、葵。白色宜辛，肺病宜食食物为黄黍、鸡、桃、葱。黑色宜咸，肾病宜食食物为大豆、黄豆、猪、栗、藿。

五禁　肝病禁辛，宜食粳、牛、枣、葵等甘味食物。心病禁咸，宜食麻、犬、李、韭等酸味食物。脾病禁酸，宜食大豆、豕、栗、藿等咸味食物：肺病禁苦，宜食麦、羊、杏、薤等苦味食物。肾病禁甘，宜食黄黍、鸡、桃、葱等辛味食物。

五走　酸走筋，筋病者不可多食酸，多食令人癃。酸气涩收，胞得酸而收缩，故水道不通也。苦走骨，骨病者不可多食苦，多食令人变呕。苦味入下脘，三焦皆闭，故变呕也。甘走肉，肉病者不可多食甘，多食令人心烦意乱。甘气柔润，胃柔则缓，缓则虫动，故心烦。辛走气，气病者不可多食辛，多食令人辣心。辛走上焦，与气俱行，久留心下，故辣

心。咸走血,血病者不可多食咸,多食令人渴。血与咸相得则凝,凝则胃汁注之,故咽路焦而舌本干。

五伤　酸伤筋,辛胜酸。苦伤气,咸胜苦。甘伤肉,酸胜甘。辛伤皮毛,苦胜辛。咸伤血,甘胜咸。

五过　味不可过于酸,否则肝气以津,脾气乃绝,肉胝胗而唇揭。味不可过于苦,否则脾气不濡,胃气乃厚,皮槁而毛拔。味不可过于甘,否则心气喘满,色黑,肾气不平,骨痛而发落。味不可过于辛,否则筋脉沮绝,精神乃失,筋急而爪枯。味不可过于咸,否则大骨气劳,短肌,心气抑,脉凝涩而变色。

## 相反诸药

甘草　与大戟、芫花、甘遂及海藻相反。

大戟　与芫花及海藻相反。

乌头　与贝母、栝楼、半夏、白蔹及白及相反。

藜芦　与人参、沙参、丹参、玄参、苦参、细辛、芍药及狸肉相反。

河豚　与煤炲、荆芥、防风、菊花、桔梗、甘草、乌头及附子相反。

蜜　与生葱相反。

柿　与蟹相反。

## 各种有毒的兽

兽尾有叉、鹿长豹的花纹、羊独角及多角、羊心有孔、白羊黑头、黑羊白头、白马黑头、暴晒的肉不干燥、肉不沾土、马蹄夜目、犬悬蹄肉、米瓮中肉、肝有黑色、肉中多有黑星者都为有毒的兽。

## 各种有毒的鸟

眼睛是白色的鸭、爪后面突出像脚趾的部分有四个的鸡、白鸟黑头、黑鸟白头、鸟脚不伸展、腹有八字纹、爪后面突出像脚趾的部分有四个或六个的鸟俱有毒。

## 各种有毒的鱼

眼睛上长有睫毛的鱼、眼睛能开合的鱼、脑中连珠的鱼、无腮的鱼、两个眼睛不同的鱼、腹下有红字的鱼、眼睛为白色的鳖、颌下有骨的鳖、煮不弯的虾、长白胡须的虾、腹下有毛的蟹及两眼睛相向的蟹都有毒性。

## 各种有毒的果

有两个核仁的桃及果中没有长核的都有毒。五月吃未长成核的果,会使人发疮疖及寒热。秋冬时节果落地上被恶虫啄蚀的,吃了使人患久漏。

# 百病诸治

## 诸风

吐痰　方一:用食盐煎汤服;方二:把瓜蒂、赤小豆捣碎后取汁调服;方三:把莱菔子研磨取汁服;方四:醋、蜜调和同服;方五:大虾煮熟后食虾饮汁,再用鹅毛等物刺激咽部的方法引起呕吐,以吐出毒物;方六:苦茗茶喝后刺激咽部引起呕吐。

发散　方一:荆芥同薄荷熬成膏服或研末加童尿、酒调服;方二:食用葱白或生姜。

风寒风湿　方一:石菖蒲泡酒服用;方二:把炒焦后大豆投入酒中饮用;方三:豆豉浸酒后饮用;方四:食用秦椒或蜀椒;方五:用五加皮酿酒服;方六:取乌蛇或白花蛇浸酒服;方七:鳝鱼剁成肉羹取汁食用;方八:水龟酿酒服或煮食;方九:将鸡屎白炒后研成末,豆淋酒服。

风热温热　方一:甘草、菊花或桔梗煎汤服;方二:绿豆煎汤服;方三:取生梨汁服食;方四:一把侧柏叶加葱白捣酒煎服;方五:竹沥或竹叶煎汤服,加上姜汁效果更好。

血滞　方一:当归煎汁制成蜜丸服或丹参浸酒服;方二:韭汁饮服;方三:桃仁浸酒制成丸服。

风虚　方一:取天麻或人参煎汤服;方二:每日食用数枚栗子或松子;方三:用枸杞子或冬青子浸酒服;方四:用酒乌骨鸡煮食。

## 痉风

风寒风湿　方一:将黑大豆炒成半熟时研末蒸,再以酒淋汁饮服;方二:白花蛇同乌蛇或蜈蚣同研成末食用;方三:鸡屎白与黑豆一同炒黄,加酒温服或加竹沥食服;方四:取雀屎研末,加酒服五分;方五:将鸭涎滴入口中。

风热湿热　方一:将杏仁杵烂蒸熟后取汁饮服;方二:蝉蜕炒研成末,每次用酒服 1 钱;方三:发或须烧成灰饮服。

外敷　方一:将葱煨后敷在金疮流水处或同干姜一起煎水洗患处;方二:薤白或韭叶捣烂烘后敷于患处;方三:桑枝烤热后烙在患部,冷后再换,可重复多次使用。

## 项强

风湿　方一:防风煎汤服;方二:薄荷或菊花煎汤服。

## 癫痫

吐痰　方一:饮服芭蕉油后再催吐;方二:瓜蒂煎汤服后再催吐。

风热惊痰　方一:鸭跖草或细辛、防风煎汤服;方二:雄黄与丹砂同研成末制成丸,服食;方三:蚯蚓、蜈蚣、白僵蚕浸酒饮服;方四:可将人胎血煮熟后食用。

风虚　方一：人参、辰砂与蛤蚧粉同研成末，加猪心血制成丸服；方二：天麻或当归煎汤服；方三：酸石榴加酿蝎 5 枚，用泥包裹煅熟后研成末，每次服 5 分即可；方四：取蜂蜜和鸡蛋同食。

### 伤寒热病

发表　方一：豆豉与葱白一起食用；方二：生姜、小蒜或葱白食用有效；方二：饮服茗茶；方四：杏仁与醋同煎汁饮服有疗效。

攻里　方一：取大黄煎汤服；方二：取桃仁煎汤服。

和解　方一：防风、黄连、五味子煎汤服；方二：赤小豆、薏苡仁、粳米同食；方三：甜菜汁及生瓜菜汁饮服；方四：大枣、杏仁、桃仁、乌梅及橘皮煎汤服；方五：生吞鸡蛋一枚或打破煮成浆食用；方六：胎盘血饮服。

温经　方一：附子或人参煎汤服；方二：黑大豆炒焦后用酒热服；方三：韭根、葱白煎服；方四：蜀椒、胡椒煎汤服；方五：鸽屎炒焦后用酒送下。

食复劳复　方一：麦门冬同甘草、竹叶、粳米一同煎汤服；方二：饭烧成灰研末饮服；方三：橘皮水煎服；方四：鳖甲烧存性研末用水冲服。

### 瘟疫

瘴疠（疟疾）　方一：取大黄、附子或肉豆蔻煎汤服用；方二：将葱、蒜与烧酒同食；方三：槟榔、乌梅同食；方四：食用猪血。

### 暑

中暑（热）　方一：大蒜捣碎与道中热土一同用水灌服；方二：灌服地浆。

中暑（凉）　方一：黄连用酒煮后，制成丸服；方二：取车前草或半夏煎汤，服用；方三：白扁豆、薏苡仁、稷米或大蒜服食；方四：枇杷叶或赤茯苓煎汤服。

泻火益元　方一：黄芪、人参或麦冬煎汤服；方二：苦茗同姜或醋一起煎汤服；方三：饮服乌梅、西瓜、甜瓜和椰子汁。

### 湿

风湿　方一：取羌活、防风、浮萍、葱白、薏苡仁、蜀椒红、松叶、枸杞或五加皮等分，煎汤服；方二：蝎烧研后，加入麝香浸酒服；方三：鳝鱼制成肉羹食用。

寒湿　方一：附子、乌头或艾叶煎汤服；方二：饮用葡萄酒、烧酒；方三：生姜、干姜、蒜或葫蒜煎汤服；方四：胡椒、莲实煎汤服。

湿热　方一：黄连、白术、半夏及夏枯草等分，煎汤服；方二：将赤小豆、薏苡仁或旱芹制成丸服；方三：干姜、生姜、酸枣、或柳叶煎汤服。

### 火热

升散　方一：取柴胡煎汤服；方二：薄荷叶或水萍煎汤服。

泻水　方一:黄连、黄芩、桔梗、青蒿等分,水煎服;方二:李叶、桃叶、枣叶分别水煎服;方三:饮用雪水、冰水、井水;方四:牛胆、猪胆研成末口服或制成丸服。

缓火　方一:用生甘草捣汁服;方二:生食梨、柿、李、乌梅、香蕉、甘蔗;方三:鳖肉同柴胡等药制成丸服或食鸭肉、鸽肉、兔肉,有解热和凉补作用;方四:肥胖的人宜食猪肉;方五:饮服人乳。

滋阴　方一:生地黄制成蜜丸或用蜂蜜煎服;方二:熟地黄研成末后,加姜汁制成丸服;方三:玄参或丹参水煎服。

## 诸气

郁气　方一:香附可解一切气郁,宜用水煎服;方二:赤豆有缩气、散气作用,宜水煎服;方三:食用莱菔子、葱白、胡荽、蒿苣有化积、开胸、顺气的作用;方四:青橘皮同茴香、甘草末同服可解郁气。

痰气　方一:半夏、桔梗或苏子煎服去痰顺气;方二:荞麦、生姜、山楂、橘皮、橙皮或柚皮煮食或煎汤服;方三:取枇杷叶、杨梅煎汤服;方四:龟甲加酒烧烤后,与柏叶、香附制成丸服。

血气　方一:当归、姜黄煎汤服;方二:乳香、没药水共同煎服。

冷气　方一:艾叶捣汁服用;方二:豆蔻或五味子水煎服;方三:取胡蒜、芥、干姜、蜀椒、胡椒和旱菜食用。方四:鳢鱼与胡椒、大蒜、小豆、葱同煮食用。

## 痰饮

风寒湿郁　方一:半夏同生姜或茯苓煎汤服,也可直接嚼食法半夏;方二:干姜或生姜同附子水煎服;方三:米醋或烧酒饮服;方四:橙皮、柚皮、橘皮均可用水煎服;方五:杉木水煎服或白杨树皮浸酒饮服。

湿热火郁　方一:取甘蔗汁、梨汁、藕汁或茗茶饮服;方二:取竹沥、竹茹、竹叶水煎服;方三:茯苓用水煎服;方四:食用牡蛎或蛤粉。

气滞食积　方一:曲或神曲用水煎服;方二:醋、莱菔子水煎服;方三:旱菜、茼蒿、山楂、盐杨梅食用;方四:食用牡蛎、蚌粉。

宣吐　方一:饮用梨汁、苦茗、石胡荽汁或虾汁;方二:萝卜子、乌梅煎汤服。

荡涤　方一:桃花研为末后,水冲服或用芫花水煎服。

## 脾胃

劳倦　方一:甘草水煎服;方二:人参煎成膏与姜、蜜同食;方三:茼蒿、荠菜、苜蓿、胡萝卜、大麦、小麦、糯米、粳米和各种豆类等都可壮气益肌,可经常食用;方四:大枣、橘皮、橄榄、莲实、藕、甘蔗可补益脾胃,应经常食用;方五:蜂蜜、鳟鱼、鲫鱼、鲤鱼、虾、鳖等,以及鸡、雀、鸡肉、羊肉和牛肉均有补脾胃的历效。

虚寒　方一:附子、山姜水煎服;方二:姜蒜、韭菜、薤、糯米和烧酒宜常服用;方三:食用椒类物质。

食滞　方一：大麦、荞麦、饴糖助消化，宜经常食用；方二：杏仁研末用茶饮服，或食用山楂、李子；方三：取食盐擦牙漱口；方四：食用鳖甲、淡菜和鳝头。

酒毒　方一：饮用葛根汁、白茅根汁；方二：菊花制成末酒服；方三：绿豆、黑豆或红小豆煮食；方四：将水芥、白灰用泥煅烤，再加醋糊成丸，服食。方五：鸡内金与豆粉制成的丸服；方六：猪肾加入葛粉烤烧食用。

### 反酸

痰食　方一：生食萝卜；方二：米醋饮服；方三：神曲、橘皮、山楂等分，水煎服；方四：蚬壳烧存性研末，冲服。

阳陷　方一：人参同干姜制成丸服；方二：吴茱萸与醋煎水服；方三：多食鱼。

### 噎膈

利气化痰　方一：取芦根或橘皮，水煎服；方二：取槟榔与杏仁，以童尿煎服；方三：茯苓、沉香、青橘皮加木香或枳壳研成末，盐汤送服。

开结消积　方一：杵头糖加蜜制成丸含咽服或煎汤服；方二：韭菜捣汗，放点盐、姜汁和牛奶饮服，治反胃；方三：鲫鱼酿大蒜后，泥包裹后煨焦制成丸食用；方四：狗宝加威灵仙用盐浸，水煎服，每日三次；方五：胞衣水饮用一盏。

### 反胃

温中开结　方一：附子以石灰泡热，用姜汁淬二次，再同丁香、粟米煎服；方二：韭菜炸熟后，加盐、醋吃十顿；方三：生姜汁煮粥食；方四：栗子壳水煎服；方五：鲤鱼用童子尿浸泡后，煨烂研成末，入粥食用；方六：孵出小鸡的壳烧成末用酒调服。

和胃润燥　方一：人参水煎服或煮粥食用；方二：取生马齿苋捣汁饮用；方三：甘蔗汁与姜汁同饮服；方四：干柿子连蒂一起捣烂，用酒调服；方五：用蚕茧煎出的汁煮鸡蛋食用；方六：羊肉与蒜、薤一同生食；方七：乌雄鸡中人胡荽子煮食，二只即愈。

### 呕吐

痰热　方一：将葛根捣成粉食用；方二：赤小豆、豌豆煎汤服；方三：蝉蜕加滑石粉末加水煎服；方四：用小儿吐出的乳，加葱姜煎服。

虚寒　方一：取糯米煎粥，食用；方二：烧酒、豇豆、干姜用醋煎，饮用汤汁；方三；蜀椒、胡椒煎汤服。

积滞　方一：大黄水煎服；方二：神曲水煎服；方三：五灵脂和狗胆制成丸服。

### 泄泻

湿热　方一：白术或车前子研成末，冲服；方二：粟米、青粱米、薏苡仁煮食；方三：栀子水煎服；方四：猪胆入白通汤内，煎服。

虚寒　方一：甘草、白术、人参制成丸服；方二：将糯米粉与山药、砂糖一同食用；方

三:烧酒饮服;方四:白扁豆、薏苡仁、干姜炙烧后,研成末冲服;方五:栗子煨食;方六:橡子、大枣煨后,研成末,加入粥中食用;方七:乌鸡骨与肉豆蔻、草果一起煮食;方八:猪肾、猪肝煨食或猪肠与吴茱萸蒸熟后制成丸服。

积滞　方一:荞麦粉加砂糖水煎服 3 钱。

外治　方一:用田螺敷脐;方二:将椒红炒酥后,贴于小儿囟门;方三:蒜捣成泥贴两足心,或赤小豆捣烂用酒调贴于两足心。

## 痢

积滞　方一:莱菔捣汁和蜜同服;方二:山楂煮服;方三:荞麦粉加鸡蛋清制成丸服;方四:鸡内金焙烤后食用。

温热　方一:黄连水煎后,露置一夜后再热用,小儿可加点蜜和当归末、麝香用米汤送服;方二:绿豆同火麻煮汁服,或绿豆皮蒸食;方三:豆豉炒焦后酒调服;方四:葱白煮粥食;方五:将黄瓜与蜜同食;方六:柏叶同芍药炒后,水煎服;方七:童子尿煮杏仁、猪肝同食。

虚寒　方一:甘草水煎服;方二:人参加生姜,水煎服或同莲肉煎服;方三:将糯壳爆米花后,以姜汁冲服;方四:薤白煮粥食用;方五:韭白用醋炒食;方六:沙糖与乌梅煎汁饮服;方七:蜂蜜用姜汁调服;方八:将鲤鱼烧成灰,用水冲服,或鲫鱼酿五倍子烧成灰末冲服;方九:乌骨鸡煮汤服,或将鸡蛋用醋煮食;方十:牛肝与醋一同煮食,或猪肝杏仁、童尿一同煮食。

止涩　方一:苦茶末冲服,或同醋、姜煎服;方二:乌梅水煎服;方三:大枣与米粉一起烧食;方四:猪蹄加水煎服。

外治　方一:将田螺或蚂蝗加点麝香捣烂后,贴于脐部;方二:蓖麻与硫磺捣烂后,敷贴于脐部。

## 疟

暑热　方一:将柴胡水煎,服用;方二:麦苗捣汁饮服;方三:蜀椒、甘蔗、竹叶用水煎服;方四:蚯蚓研成末,加薄荷、姜和蜜食服;方五:乌贼骨或龟壳烧成末,用酒调服;方六:鳖甲用醋烧烤后,研成末服用。

寒湿　方一:附子与红枣、葱、姜一起用水煎服;方二:将生姜汁露置一夜后饮服;方三:独蒜烧研成末用酒调服;方四:橘皮以姜汁浸煮后,焙烧研成末,再加入大枣水煎服;方五:用醋煮食牛肝,或羊肉、黄狗肉捣成肉羹食用。

痰食　方一:白僵蚕制丸服;方二:当归、柴胡、知母一起蒸后同酒制成丸服。

吐痰　方一:取石胡荽汁饮服;方二:瓜蒂捣擂出水饮服。

外治　方一:马齿苋、小蒜同胡椒、百草加露水共同杵汁饮服;方二:用鱼腥草擦身,直到出汗为止。

## 心下痞满

湿热气郁　方一:桔梗与枳壳一同水煎服;方二:茯苓同人参水煎服。

痰食　方一：生姜同半夏用水煮服；方二：橘皮水煎服，或将青橘皮与茴香、甘草、白盐制成末，服食。

脾虚　方一：人参加橘红制丸服；方二：羊肉同橘皮、姜、面制成肉羹食用。

### 胀满

湿热　方一：桔梗同半夏、橘皮水煎服；方二：猪血晒干，研成末，早晨用酒调服，晚上忌食。

寒湿　方一：附子与人参，生姜末水煎服。

气虚　方一：山药炒至半熟时研成末，用米汤送下；方二：甘草或人参水煎服；方三：生槟榔捣成粉末冲服。

积滞　方一：神曲同莱菔子水煎服；方二：胡蒜、山楂水煎服；方三：橘皮水煎服。

### 黄疸

湿热　方一：茵陈加附子或大黄，水煎服；方二：萬苣子水煎服；方三：芹菜煮汁饮服；方四：蟹烧研成末，制成丸服；方五：生的螺擂成末用酒调服；方六：牛乳煮粥食，适合老人。

脾胃　方一：用竹刀采摘老茄，阴干研为末，每次用酒调服2钱；方二：黄雌鸡煮食并饮它的汁；方三：将鸡蛋用酒、醋浸一夜，食蛋清数枚。

食积　方一：丝瓜莲子一起烧研后煎汤服，每次2钱；方二：五灵脂加点麝香，制成丸服。

### 脚气

风寒湿气　方一：高良姜水煎服；方二：青鱼、鳢鱼或乌骨雄鸡汁饮服；方三：猪肚烧研成末，用酒调服；方四：牛乳调硫磺末服，汗出为止。

湿热流注　方一：赤小豆同鲤鱼煮食；方二：黑大豆煮汁饮；方三：桃仁研成末，用酒调服；方四：枇杷叶水煎服；方五：淡菜煮汁饮服。

敷贴　方一：附子、草乌头用姜汁调和；方二：羊角烧研成末，用酒调和后敷贴。

### 痿

湿热　方一：五加皮水煎服；方二：黄檗水煎服。

痰湿　方一：苍术水煎服；方二：橘皮水煎服。

虚燥　方一：人参、甘草煎服；方二：枸杞子、杜仲水煎服。

### 转筋

内治　方一：木香煎汁，加酒调服；方二：桔梗、五味子、高良姜煎汤饮服；方三：松节同乳香炒至焦黄研成末，用木瓜酒调服；方四：鸡矢白研成末，用水调服。

外治　方一：蒜加盐捣烂后敷脐部；方二：柏叶捣烂敷患处，并煎汁淋洗患处；方三：

铜器炙，熨患处。

## 咳逆

风寒　方一：苏叶同橘皮水煎服；方二：桂同干姜、皂荚制成丸服；方三：鲤鱼研成末后，加入粥中食用。

痰气　方一：半夏加皂荚水煎服；方二：橘皮、杏仁炒熟研成末，用蜜调和后口含；方三：猪蹄甲加半夏、白矾煅烧后研成末，再加点麝香口服；方四：阿胶同紫苏、乌梅火煎服。

虚促　方一：人参研成末用汤送服；方二：韭汁饮服1升；方三：将蛤蚧与人参制成丸，加入糯米粥中服食。

## 咳嗽

风寒　方一：百部浸酒饮服或煎成膏食用；方二：蜂房烧研成末，冲服；方三：鲫鱼烧研成末，饮服；方四：鸡蛋白加麻黄研成末，调服。

痰湿　方一：莱菔子煎汤服或莱菔煮食；方二：白果、榧子煎服；方三：橘皮加甘草制成丸服，或加神曲、生姜蒸饼丸食用。

痰火　方一：沙参水煎服；方二：食用生梨，或将它的汁加蜜、地黄汁熬稠后口含；方三：甘蔗汁加青粱米煮粥食用；方四：大枣、桑叶、石蜜煎汤服。

虚劳　方一：人参加鹿角胶末煎服，或加鸡蛋清五更调服；方二：鳖同柴胡等药煮汁饮食；方三：猪肺用麻油炒食；方四：羊胰加大枣浸酒饮服，或食羊肉。

## 虚损

气虚　方一：人参加柴胡煎水服；方二：莲实用酒浸泡后放入猪肚中煮熟后制成丸服；方二：鲫鱼、鲥鱼、鳖肉、淡菜烧烤食用；方三：将猪肚同人参、粳米、姜、椒一起煮食。

血虚　方一：地黄加人参、茯苓煎汁，用来酿酒或煮粥食用；方二：食用牛骨髓、牛乳或羊乳；方三：食用羊肉，或将羊肝同枸杞根制成羹食用。

精虚　方一：肉苁蓉加羊肉煮食；方二：食用猪或羊的脊髓。

## 寒热

和解　方一：知母或丹参加甘草煎汤服；方二：冬瓜泡汁饮服；方三：茄子、马齿苋、薤白煎汤服；方四：龟甲或蛤蜊、贝子煎汤服。

补中清肺　方一：黄芪、沙参煎汤服；方二：豌豆、绿豆、赤小豆煎汤服；方三：茯苓、酸枣、山茱萸煎汤服。

## 吐血、鼻出血

逐瘀散滞　方一：用葱塞鼻，可止血；方二：藕榨汁饮服；方三：蜗牛烧成末，同乌贼骨吹鼻，可止血；方四：发烧研成灰，每日3次，每次1方寸匕，或吹入鼻中止血。

滋阴抑阳　方一：生地黄取汁和大黄末制成丸服；方二：当归制成末，调服；方三：莲

花研成末,用酒调服;方四:柏叶煎汁饮服;方五:竹叶、竹茹煎汤服。

调中补虚　方一:人参1两水煎服;方二:代赭石研成末,水冲服;方三:水牛脑加杏仁、胡桃、白蜜、麻油熬干,制成末,冲服;方四:羊血热饮。

## 牙齿出血

除热　方一:防风、羌活水煎服。

清补　方一:人参加茯苓、麦门冬煎服。

外治　方一:香附加姜汁炒研成末,外涂;方二:丝瓜藤烧成灰外敷;方三:地龙加点石矾研成末,外敷。

## 咳血

火郁　方一:麦门冬、桔梗水煎服;方二:杏仁加干柿煨熟,每日食用;方三:韭汁加童尿饮服;方四:发灰加童尿饮服。

虚劳　方一:人参、五味子、阿胶烧烤后研成末,用汤冲服;方二:猪心中包埋沉香、半夏末煨食。

## 诸汗

气虚　方一:人参与当归、猪肾一起煮食;方二:艾叶同茯神、乌梅煎水服;方三:黄雌鸡同麻黄根煮汁后,加肉苁蓉、牡蛎粉水煎服;方四:猪肝制成丸服,食后汗出即可;方五:牛胃制成肉羹食用。

血虚　方一:当归、地黄加姜汁、蜜、酒煎服;方二:猪心加人参、当归煮食。

风热　方一:荆芥煮汤服;方二:小麦、浮麦、麦面制成丸后煮食;方三:经霜的桑叶研成末服;方四:竹沥汁热饮服。

## 健忘

补虚　方一:人参用猪油炼过后,酒送服;方二:莲实研末,饮服;方三:酸枣、茯苓水煎服。

痰热　方一:桃枝作为枕芯用,或刻成胸前饰物佩戴。

## 丹毒

内解　方一:取马齿苋捣汁,饮服;方二:连翘、丹皮、大青叶用水煎服。

外涂　方一:绿豆加大黄捣烂涂敷;方二:蜜和干姜汁外涂。

## 瘿瘤疣痣

内治　方一:贝母加连翘煎服;方二:小麦醋浸后,加海藻末,用酒调服;方三:食用牡蛎、淡菜、蛤蜊等海产品。

疣痣　方一:杏仁、李仁加鸡蛋清研汁,外涂。

## 瘰疬

内治　方一：夏枯草水煎汁或熬膏服；方二：连翘加瞿麦、大黄、甘草，水煎服；方三：蜗牛壳加牛乳炒研成末，加大黄末，取利。

外治　方一：半夏加南星、鸡蛋清外涂；方二：蒜和吴茱萸捣烂，外涂。

## 痈疽

肿疡　方一：连翘水煎服；方二：绿豆粉加乳香、甘草，水冲服；方三：赤小豆加鸡蛋清涂擦患处。

溃疡　方一：黄芪或人参熬膏服；方二：柳枝熬膏服；方三：猪蹄煮汁洗患处，或与通草煮羹食。

乳痈　方一：大黄加甘草熬膏贴，或研成末敷；方二：橘叶或赤小豆研成末，用酒服。

## 诸疮

疔疮　方一：丝瓜叶加葱白、韭菜捣汁和酒服，渣敷患处。

恶疮　方一：牛膝捣烂涂患处；方二：蒲公英、冬瓜叶捣烂敷患处；方三：鸡、葱、韭、鱼类食物勿食。

疥癣　方一：苦参、草蒲、剪草、百部浸酒服；方二：将海虾、鳝鱼、鳗鲡捣烂，涂患处。

头疮　方一：菖蒲生的涂患处；方二：蜜蜂研烂涂患处；方三：桃花研成末，涂患处。

阴疮　方一：甘草煎蜜涂患处；方二：海螵蛸、鲤鱼胆、鲫鱼胆混匀涂患处。

## 跌仆折伤

内治活血　方一：大黄加当归或桃仁水煎服；方二：黑大豆煮汁频饮。

外治散瘀接骨　方一：大黄用姜汁调涂患处；方二：麦麸用醋炒后食用；方三：萝卜、生姜加葱白、面同炒，敷患处。

## 妇女经水

活血疏气　方一：香附炒黑后研成末，服用；方二：当归加红花水煎服；方三：丹参研成末，用温酒调服；方四：大枣加小麦、甘草水煎服。

益气养血　方一：人参加熟地研成末，制成丸服，方二：阿胶炒研成末，用酒调服。

带下　方一：艾叶煮鸡蛋食；方二：槐花加牡蛎粉，用酒调服，或冬瓜仁炒研成末，汤送服；方三：食用乌骨鸡、鸡内金、鲤鱼鳞、鳖肉、牡蛎及猪肾等食品。

## 崩中漏下

调营清热　方一：当归、丹参研成末，水送服；方二：将淡竹茹微炒后，水煎服；方三：羊肉煮当归、干姜食用；方四：食用乌骨鸡、猪肾及鸡内金等食物。

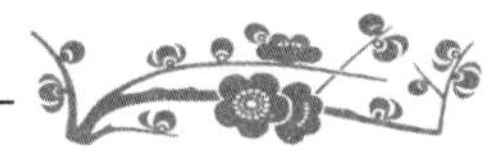



## 胎前

安胎　方一：黄芩或白术水煎服或研成末，水冲服；方二：糯米加黄芩煎服。

## 产难

催生　方一：香附子加缩砂、甘草研成末，水冲服；方二：人参加乳香、丹砂，以鸡蛋清、姜汁调服；方三：食用兔血、兔脑或加乳香丸服。

## 产后

补虚活血　方一：人参加紫苏、童尿煎酒服；方二：羊肉加当归、甘草，水煎服；方三：黄雌鸡煮食，或加百合、粳米煮食；方四：马齿苋用水煎服。

血气痛　方一：生姜或山楂水煎服。

寒热　方一：猪肾、狗肾煮食。

血渴　方一：黄芩加麦门冬煎水服。

下乳汁　方一：母猪蹄与通草用煮，食肉，饮汁；方二：牛鼻做羹食用；方三：羊肉煮肉羹食；方四：虾汁做羹食用；方五：赤小豆、豌豆煮汁饮用。

回乳　方一：将神曲砂研成末，用酒送服，每次 2 钱。

## 阴病

阴寒　方一：吴茱萸同椒煎水服。

阴痒阴蚀　方一：蛇床子、荆芥水煎汁，擦洗患处。

## 小儿初生诸病

沐浴　方一：黄连、桃叶、李叶煮汁，洗浴。

便闭　方一：甘草加枳壳煎水，灌服。

脐肿　方一：荆芥煎汤洗后，用煨葱贴患处。

## 惊悸

清镇　方一：人参、麦门冬、茯苓煮汁，饮服；方二：酸枣仁煮汁，饮服；方三：自然铜或铁粉煮汁，饮服；方四：牛黄煮汁服；方五：猪心煮食，或猪心血加青黛、朱砂制成丸食用。

## 烦躁

清镇　方一：甘蔗根、五味子、甘草，用水煎服；方二：小麦、糯米水、赤小豆、米醋、水芹菜煎汁服；方三：西瓜、甜瓜、乌梅、大枣捣汁饮服；方四：取荔枝、橄榄、波罗蜜、梨汁、葡萄、甘蔗、藕等果品食用；方五：竹沥、淡竹叶、酸枣仁煮汁服；方六：孵出小鸡的壳烧研成末，用酒调服。

## 失眠

清热 方一:灯芯草煎汤,代茶频饮用;方二:酸枣炒熟研成末,用竹叶煎汤送服;方三:大枣同葱白煎水服;方四:蜂蜜、白鸭煮汁饮服。

## 多眠

脾湿 方一:木通煎水服;方二:花构叶晒干,研成末,用汤送服。

风热 方一:白苣、苦苣食用;方二:酸枣生研成末,煎汤服,或枣叶煎饮服。

## 消渴

生津润燥 方一:白芍药加甘草煎汤服,每日三次;方二:青粱米、粟米、麻子仁煮汁饮服;方三:蔓菁根、竹笋、生姜加鲫鱼胆制成丸服;方四:乌梅稍微烘烤后研成末,水煎服;方五:煨鸡汤澄清饮服,一般用 3 只即可,或将煨成半熟的猪肉汤澄清,每日饮服。

降火清金 方一:麦门冬加黄连制成丸服;方二:小麦做粥饮食;方三:薏苡仁煮汁饮服,或赤小豆、绿豆煮汁,饮服;方四:冬瓜杵成汁,饮服;方五:梨或西瓜煎汁,饮服;方六:蚕茧煮汁服,或蚕蛹煎酒服;方七:猪脬烧研成末,用酒调服。

补虚滋阴 方一:人参研成末,加鸡蛋清调服;方二:糯米粉加蜜制成丸服;方三:藕汁、椰子浆加栗壳煮汁饮服;方四:枸杞煮食或泡酒服;方五:鲤鱼或鲫鱼酿茶饮用,并煨食;方六:鹅、白雄鸡或黄雌鸡煮汁服;方七:雄猪肚煮汁饮服,或猪脊骨加甘草、木香、石莲、大枣,水煎服;方八:羊肉同瓠子、姜汁、白面煮食;方九:水牛肉或牛脑煮食;方十:兔头骨煮汁饮服。

杀虫 方一:苦楝根皮加少许麝香水,煎服;方二:鲫鱼胆、鸡肠、鸡内金加栝楼根炒研成末,制成丸服;方三:鳝鱼头加鳅鱼烧研成末,加薄荷叶,用新汲水送服,每次 2 钱。

## 遗精梦泄

心虚 方一:人参加茯苓、石莲制为丸服;方二:莲须水煎服,或莲子心加辰砂制成末,水冲服。

肾虚 方一:山药研成末用酒调饮;方二:五味子煎熬成膏后,每日服 1 次;方三:黄雌鸡或乌骨鸡加白果、莲肉、胡椒,煮食;方四:猪肾加附子末煨烂食用。

湿热 方一:车前草捣汁,饮服;方二:铁锈用冷水调服,每次 1 钱;方三:牡蛎粉用醋糊成丸服。

## 赤白浊

湿热 方一:稻草煎浓汁,露置一夜,饮服;方二:神曲、萝卜酿吴茱萸,熏蒸后,制成丸服;方三:冬瓜仁研成末,用米饮服;方四:在清明日采摘柳叶,水煎代茶饮服。

虚损 方一:黄芪用盐炒后,加茯苓研成丸服;方二:五味子研成末,用醋糊成丸服;方三:羊骨研成末,用酒调服。

### 溲数遗尿

虚热　方一：香附研成末，用酒调服；方二：牡丹皮水煎服；方三：雌黄加盐炒的干姜，制成丸服。

虚寒　方一：补骨脂加茴香制成丸服；方二：韭子同糯米煮粥食；方三：莲实放入猪肚中煮后，再加醋糊成丸服；方四：黄雌鸡或雄鸡肺、肠、嗉一同煮食；方五：羊肺或羊肚做成肉羹食用；方六：猪脬烧烤食用，或在猪肚和猪脬中盛入糯米，煮食。

止寒　方一：酸石榴烧研成末，冲服，或以榴白皮煎汤服，每次 2 钱，每日 2 次。

### 小便血

尿血　方一：生地黄汁加姜汁和蜜饮服；方二：韭子、葱白和葱汁煎水饮服；方三：荷叶水煎服；方四：头发烧成灰用酒调服。

血淋方一：生地黄加车前草温热时饮服，或加生姜汁服；方二：水芹根汁饮服；方三：赤小豆炒研成末，用葱汤送服；方四：青粱米同车前子煮粥食；方五：藕节汁饮服；方六：鲟鱼煮汁饮服。

### 阴痿

湿热　方一：天冬、麦门冬、知母煎汤服；方二：丝瓜汁调五倍子末，敷于阴部，加柴胡、黄边水煎服。

虚弱　方一：人参煎熬成膏食服；方二：鲤鱼胆加雄鸡肝制成丸服；方三：虾米加蛤蚧、茴香用盐煮食；方四：雀卵加菟丝子或雄鸡肝制成丸服。

### 强中

伏火解毒　方一：将知母、地黄、麦门冬煎汤服。

补虚　方一：补骨脂和韭子各 1 两，研成末，水煎服，每次 3 钱，每日 3 次。

### 囊痒

内服　方一：茯苓、五加皮，水煎服；方二：黄芪用酒炒研成末，猪心蘸食。

熏洗　方一：荷叶加浮萍、蛇床子煎水，洗阴部。

敷扑　方一：五倍子同茶研成末，外涂。

### 大便燥结

通利　方一：牵牛加大黄粉末，水冲服；方二：桃花水煎服，或桃叶捣汁，饮服。

养血润燥　方一：地黄、羊蹄根水煎服；方二：甘蔗、桃仁加陈皮水煎服；方三：食用梨、柿子、蜂蜜；方四：柏子仁加松仁、麻仁制成丸服；方五：田螺敷脐部；方六：食用牛乳、猪血和羊胆、猪胆；方七：头发烧成灰，用水冲服。

导气　方一：将萝卜子炒后擂水，饮服；方二：陈橘皮加白酒煮后焙研成末，每次用酒

调服2钱,老人加杏仁制成丸服。

虚服　方一:取胡椒21粒,调芒硝半两煎服。

## 脱肛

内服　方一:茜根加石榴皮酒煎服;方二:鳖头烧研成末,冲服,并涂于患处。

外治　方一:曼陀罗子加橡斗、朴硝水煎汁洗患处;方二:蜘蛛烧研成灰,涂于患处;方三:龟血、鳖血、鲫鱼头灰涂于患处。

## 痔漏

内治　方一:黄连用酒煮后制成丸服,如大便干燥,可加枳壳;方二:赤小豆用苦酒煮后晒干,制成末服;方三:萵苣子水煎服;方四:杏仁汁煮粥食;方五:鲫鱼酿白矾后烧研成末,冲服;方六:狗肉煮食。

洗渍　方一:冬瓜、鱼腥草或马齿苋水煎汁,用来洗患处。

涂点　方一:黄连汁或旱连汁敷于痔处;方二:蜈蚣焙研成末后,加片脑敷于痔处;方三:鸡胆涂搽患处,或鸭胆、鹅胆、牛胆加片脑涂搽患处。

熏灸　方一:猪悬蹄烧成烟熏患处。

## 下血

风湿　方一:羌活、白芷研为末,米汤送服;方二:皂荚汁加羊肉制成丸服;方三:槐花炒熟研成末,用酒调服。

湿热　方一:苍术同地榆煎服,或加皂荚汁煮焙制成丸服;方二:木香加黄连放入猪肠中煮烂后,捣成丸服;方三:生葛汁加藕汁饮服;方四:藕节汁饮服;方五:猪血用酒炒食。

虚寒　方一:人参加柏汁、荆芥和飞面末水煎服;方二:艾叶同老姜水煎服;方三:鲫鱼酿五倍子煅后,研成末,用酒调服。

积滞　方一:荷叶、莲房灰、橡斗壳加白梅水煎服;方二:酸榴皮研成末,冲服或煎服;方三:牛骨灰或人头发灰,用水冲服。

## 瘀血

破血散血　方一:大黄用酒煎服;方二:当归、丹参用水煎服;方三:赤小豆、米醋、黄麻根同煎服;方四:韭汁饮服;方五:葱汁、莱菔、生姜、干姜水煎服;方六:山楂、荷叶、藕、蜀椒水煎服;方七:食用鱼鳞或鳖甲。

## 肠鸣

肠鸣　方一:橘皮、杏仁用水煎服;方二:食用鳝鱼。

## 腰痛

虚损　方一:补骨脂研成末,用酒调服;方二:菊花用水煎服;方三:山楂加鹿茸制成

丸服(适合老人腰痛);方四:鳖甲烧烤后研成末,用酒调服;方五:猪肾包杜仲末煨食,或羊肾加杜仲末烧烤食用。

湿热　方一:青木香加乳香泡酒,饮服;方二:甜瓜子制成末,用酒浸泡饮服。

血滞　方一:丝瓜根烧研成末,用酒调服;方二:冬瓜皮烧研成末,用酒调服;方三:西瓜皮干研成末,用酒调服;方四:橙核炒研成末,用酒调服;方五:青橘皮水煎服;方六:鳖肉煮食。

外治　方一:桂用醋调后,涂搽患处;方二:将大豆、糯米一起炒热,熨患处;方三:天麻、半夏、细辛同煮汁,熨患处。

### 痛风

风寒风湿　方一:薏苡仁加麻黄、杏仁、甘草水煎服;方二:桂枝同椒、姜浸酒后送服;方三:蚯蚓浸酒饮服;方四:水龟加天花粉、枸杞子、雄黄、麝香、槐花水煎服。

风痰湿热　方一:将橘皮煮烂,去渣取汁,顿服;方二:竹沥,取新鲜的竹竿劈开,用火烤流出的浓汁饮服。

外虚　方一:当归、地黄、丹参水煎服;方二:乳香水煎服。

外治　方一:芥子加醋,外涂疼痛的部位。

### 头痛

湿热痰湿　方一:杨梅研成末,用茶饮服;方二:竹茹水煎服。

风寒湿厥　方一:杏仁研成汁煮粥食;方二:吴茱萸同姜、枣、人参水煎服;方三:蜂子、白僵蚕加葱酒热饮服。

外治方一:全蝎加地龙、土狗、五倍子末调匀,贴敷太阳穴;方二:桂木用酒调后,涂头顶和额部。

### 眩晕

风虚　方一:天麻水煎服或加川芎,用蜜制成丸服;方二:兔头骨及肝、羊肉、猪脑食用。

痰热　方一:橘皮水煎汁加竹沥饮服。

### 眼目

赤肿　方一:黄连水煎服,或与鸡蛋清调后点眼,或与人乳调后点眼,或同干姜、杏仁煎汁点眼;方二:艾叶加黄连煎水后,洗赤目;方三:西瓜晒干研成末,冲服;方四:甘蔗汁加黄连煎汁点眼;方五:乌鸡胆、鸭胆、鸡蛋清点赤目;方六:人乳汁点眼。

昏盲　方一:赤小豆、白扁豆、腐婢煮食;方二:食用荠菜、冬瓜仁、木耳;方三:五加皮浸酒饮服;方四:鲫鱼做羹食用;方五:鲤鱼脑和胆调匀后点眼,治青盲;方六:雄鸡胆加羊胆、鲤鱼胆点眼,治眼外伤;方七:食用鸡肝、猪肝、牛肝、兔肝等。



翳膜　方一:白菊花同蝉衣末相混合,冲服,或加绿豆皮、谷精草末、干柿子煮食;方

二:鲤鱼胆、青鱼肝混合后点翳膜;方三:炉甘石煅红后,用童尿淬 7 次,加少许龙脑点眼。

### 耳

补虚　方一:熟地黄、当归或枸杞子水煎服;方二:鸡蛋浸酒,再与醋炒食;方三:干柿加粳米、豆豉煮粥食,每日一次;方四:猪肾煮粥食。

解郁　方一:香附炒研成末,用莱菔子汤送服;方二:金蝎末,用酒服 1 钱,以听到声音后为限度。

外治　方一:木香浸麻油煎后,滴耳,每日四五次;方二:海螵蛸加麝香末吹入耳中。

耳痛　方一:木鳖子加小豆、大黄研成末,用油调后涂疼痛的部位。

虫物入耳　方一:半夏浸麻油,或百部浸油滴耳;方二:葱汁、韭汁、姜汁或人乳、人尿滴耳;方三:菖蒲塞耳,治蚤、虱入耳,稻秆灰煎汁滴耳,治虱入耳;方四:薄荷汁滴耳,治水入耳中。

### 面

风热　方一:菟丝子浸酒服;方二:牛蒡根研烂,酒煎成膏贴患处。

皻疱　方一:天门冬同蜜捣丸,日常洗面,去黑;方二:马齿苋汁洗,治面疱及瘢痕;方三:李花、梨花、木瓜花、杏花、樱桃花研成末,并入面脂,悦颜;方四:桃花同冬瓜仁研成末,用蜜调后涂面,祛雀斑;同丹砂末服,治米粒样粉刺;方五:半夏焙研成末,用醋调涂面部,祛面上黑色;方六:冬瓜仁制成丸服,使人面白如玉。

面疮　方一:桃花末冲服;方二:何首乌水煎后以汁洗面;方三:鲫鱼头烧研成末,加酱汁涂面上黄水疮。

### 鼻

渊衄　方一:防风加黄芩、川芎、麦门冬、人参、甘草研成末,冲服;方二:外治:白芷加硫磺、黄丹,滴鼻。

窒息　方一:天南星加甘草、姜、枣水煎服;方二:干柿同粳米煮粥食;方三:槐叶同葱、豉煎服;方四:外治:菖蒲加皂荚末塞鼻内。

### 唇

唇裂　方一:柞叶何草与姜、盐一同捣烂涂擦患处。

唇噤　方一:天南星擦牙或煎服;方二:白僵蚕煎汁服,或竹沥饮服。

### 口舌

舌胀　方一:芍药加甘草,煎水服;方二:冬青叶煎浓汁,口含。

舌衄　方一:生地黄加阿胶研为末,用米汤饮服;方二:赤小豆绞汁服。

口糜　方一:内治:桔梗加甘草,用水煎服;方二:含漱:黄连加干姜末掺在溃疡面,并用酒煎呷含;方三:赤小豆用醋调后,涂在小儿鹅口疮上;方四:萝卜汁、姜汁漱口;方五:

口含牛、羊乳，或用蜜涂口疮。

口臭　方一：细辛加白豆蔻，口含；方二：橘皮、橙皮嚼后含。

### 咽喉

降火　方一：桔梗、知母水煎服；方二：石蟹磨汁，涂喉外。

风痰　方一：粳谷奴研成末，水冲服；方二：生姜汁和蜜服，治诸禽中毒导致的肿痹；方三：鸡内金烧研成末，吹入咽喉。

### 声音

邪热　方一：羌活用酒煎饮；方二：天南星同苏叶、生姜煎服；方三：橘皮煎呷；方四：杏仁用蜜、酥煮丸食。

### 牙齿

风热湿热　方一：鸡肠草加旱莲、细辛，水煎服；方二：松叶、松节同煎水取汁，加盐后漱口。

虫　方一：桔梗加薏苡根，用水煎服；方二：用桃仁、柏枝烧烙。

### 须发

内服　方一：菊花加巨胜、茯苓研成末，用蜜制成丸食；方二：黑大豆、白扁豆、大麦、胡麻九蒸九晒后，煮食；方三：干柿同枸杞子研末，制成丸服；方四：食鳖肉，可长须发。

发白　方一：五倍子炒研成末，加赤铜屑染须发。

### 狐臭

内治　方一：花蜘蛛 2 枚，捣烂酒服。

外治　方一：苏子捣成末涂擦；方二：取自己的小便趁热洗，每日数次。

# 水部

水是万物之源，水分为天水地水，古人认为好多水有药的作用。

## 天水类

### 半天河

#### 本草纲要

【释义】即从天上降下的雨水，洒积在竹篱头和树穴中的水。又说，因为这种水降自

银河，所以叫作天河水。

【异名】雨水、上池水、天河水。

【性味】味甘，性微寒，无毒。

【功效主治】《名医别录》记载：可治心病、癫狂、外邪、恶毒和不适应气候、环境所致的病。陈藏器说：此乃槐树间积水，可以治各种风毒、恶疮、风瘙、疥痒等症。

### 本草附方

灾荒时，饮天河水可以预防发生流行性疾病。患白癜风，皮肤出现乳白色斑块，取树孔中的水洗患部，再将肉桂捣细为末，用唾液调和后敷涂，第二天再敷一次，即愈。

## 雨水

### 本草纲要

【释义】李时珍说：地气上升后成为云，天气使其下降便是雨，所以人出的汗，便以天地间的雨命名。

【性味】味咸，性平，无毒。

【功效主治】李时珍说：宜用来煎煮发散表邪和补中益气的药。

### 本草附方

古人说：夫妻同时各饮一杯立春雨水后，同房，就会怀孕。这样做是为了从立春雨水中得到自然界春始生发万物之气。

## 液雨水

### 本草纲要

【释义】李时珍说：立冬后10日叫入液，到小雪时叫出液，这期间所下的雨叫液雨。各类虫饮了此水就会进入蛰伏冬眠状态，直到第二年惊蛰才会从冬眠的状态中苏醒过来。

【异名】药雨水。

【功效主治】李时珍说：主杀各种昆虫，可用来煎杀虫药和消积的药。

## 潦水

### 本草纲要

【释义】李时珍说：天上降注的雨水叫潦水。

【性味】味甘，性平，无毒。

【功效主治】李时珍说：宜用来煎调脾胃和去湿热的药。

### 本草附方

李时珍说：过去张仲景治疗伤寒而致的瘀热、肤色发黄等症时，常用潦水煎煮麻黄连翘赤小豆汤，是取潦水味薄而不会助长湿气的特性。

## 夏冰

### 本草纲要

**【释义】**冰是太阴之精。水性很像土，能变柔为刚，这就是所说的物极必反。

**【异名】**凌。

**【性味】**味甘，性冷，无毒。

**【功效主治】**陈藏器谓之：可以消除心烦闷热，还可用来熨帖人乳石发热肿。吴瑞说：可以解渴，治疗中暑。李时珍说：对由于过热而昏迷者，应当用冰置于膻中，可解暑，还可催酒醒。

禁忌：暑天吃，则与气候相反，进入胃肠后，会使冷热相激，是不适的。只可以取它的冷气来使饮食变凉。如果放纵地吃夏冰，暂时会得到爽快，久了却会使人生病。

## 露水

### 本草纲要

**【释义】**李时珍说：露是阴气积聚而成的水液，是夜气附着在道旁植物上沾濡而成的。

**【性味】**味甘，性平，无毒。

**【功效主治】**虞抟说：秋露水禀承夜晚的肃杀之气，宜用来煎润肺的药，调和治疥、癣、虫癞的各种散剂。

### 本草附方

平素有疮和皮肉损伤的人，用秋露和落在草上的春雨来涂抹患处，疮和伤口立即就会不痒不痛。

**【各种草尖上的秋露】**天亮前收取，可治愈各种病，治糖尿病、尿崩症等引起的消渴，饮后使人身体轻灵，不饥饿，肌肤健康有光泽。8月的朔日收取的露来磨墨，点太阳穴，可止头痛；点膏肓穴，则治痨病，这种方法被称作“天灸”。

**【各种花朵上的露】**搽脸，使人容颜健康美丽。

**【柏树叶上的露和菖蒲上的露】**每天早晨用来洗眼，能明目。

**【韭叶上的露】**每天早晨取来涂白癜风，可治愈。

**【凌霄花上的露】**进入眼中会损目。

## 甘露

### 本草纲要

【释义】它白如雪,甜如糖,所以叫甘露。传说它出产在川西人迹罕至的地方,如同糖稀,不易获得。

【异名】膏露、瑞露、天酒、神浆。

【性味】味甘,性大寒,无毒。

【功效主治】陈藏器说:主治胸膈的各种热毒,能聪耳明目、轻身,使人肌肤润泽,精力旺盛,不易衰老,止渴。

## 冬霜

### 本草纲要

【释义】气温下降形成露,寒冷的清风细细地吹拂后就会变成霜。霜能损杀植物。凡是收取霜,都用鸡翅或尾上的长羽毛扫进瓶中,密封后放在阴凉处,很久也不会坏。

【性味】味甘,性寒,无毒

【功效主治】陈藏器说:霜可用来解酒热、解风寒感冒引起的鼻塞和酒后脸红。陈承认为:用冬霜和蚌粉调和外敷,可治痱子、疮疖及腋下红肿,效果很好。

### 本草附方

与蚌粉混合后敷暑天的痱子与腋下红肿,立愈。取秋后的霜一钱半,用热酒服食,治寒热疟疾。

## 腊雪

### 本草纲要

【释义】凡是花都是五瓣,雪花却是六瓣,六是阴数。腊前的雪,很宜于菜麦生长,又可以冻死蝗虫卵。把腊雪瓶装密封后放在阴凉处,数十年也不会坏。

【异名】雪。

【性味】味甘,性凉,无毒。

【功效主治】陈藏器说:腊雪能解一切热毒之症。主治因气候而起的各种瘟疫及小儿热痫狂啼,大人丹石发动,酒后湿热内生所致的黄疸,都可以温热后服。张从正认为:腊雪水对眼睛有消除红肿的功效。吴瑞说:有腊雪水来煎茶煮粥,可解热止渴。

### 本草附方

洗眼,可以去目赤。煎茶或煮粥,都可以解热止渴。宜用来煎治伤寒、中暑的药,用来抹痱子效果也良好。

小儿牙根溃烂,满口发白如粉,就是"雪口",用蜡雪水搽抹,每日三四次,立愈。

### 明水

#### 本草纲要

【释义】明水就是大蚌中清明干净的水。用掌摩擦使大蚌热，对着月亮取水。能得到二三小合，如同朝露一般。

【异名】方诸水。

【性味】味甘，性寒，无毒。

【功效主治】陈藏器认为：明水有清心、明目之功效，可治疗小儿烦热，还能止渴。

## 地水类

### 流水

#### 本草纲要

【释义】李时珍说，大到江河，小到溪涧里的水都是流水。它是流动的水，俗称活水，与湖泽池塘的死水不同。

【异名】千里水、东流水、甘烂水、劳水。

【性味】味甘，性平，无毒。

【功效主治】李时珍说：以上这些水能治五劳七伤、脾肾虚弱、阴虚阳盛、目不能闭、霍乱吐泻及伤寒欲作奔豚之症。陈藏器谓：此水能治病后体虚，经反复上扬多次，用为煎煮药物禁神有效验。

### 井泉水

#### 本草纲要

【释义】井字像“#”形，泉字像水流到穴中的样子，所以叫井泉水。不管何时只要初汲的叫“新汲”；每天早晨第一次汲的水叫“井华”；反酌而倾倒的叫“倒流”；打水的吊桶滴下的水叫“无根”。

【异名】井华水、无根水、新汲水。

【性味】味甘，性平，无毒。

【功效主治】《嘉祐补注本草》记载：井华水主治酒后热邪迫于大肠而引起的泄泻，治眼球上的白膜。受到大惊而九窍出血，可用井泉水喷脸。用井泉水调朱砂服后，使人容颜光润，心神镇静安详。还可治口臭，可在早晨太阳刚出时含井华水在口中，然后吐到厕所里面，数次即愈。可以炼各种药石。倒少量至酒、醋中，可以让酒、醋不败味。虞抟说：用来煎制补阴、痰火和补血气，功效可提高许多倍。李时珍讲：井华水适合煎煮一切痰火

内扰、气血不和的药物。

### 本草附方

【鼻出血不止】用新汲水，左鼻出血则洗右脚，右鼻出血洗左脚，或同时洗左右脚，即止。或者用冷水喷脸，或者用冷水浸过的纸贴在囟门上，用熨斗熨，立即就会止血。

【犬咬出血】以水洗，至血止，缠裹即愈。

【心闷汗出，不能识人】新汲水和蜜饮，很有效。

【婴儿初生不啼】取冷水灌之，外用葱白茎轻轻地鞭打，即啼。

## 玉井水

### 本草纲要

【释义】出产玉石的山谷中的水泉中的水都叫玉井水。

【性味】味甘，性平，无毒。

【功效主治】陈藏器说：经常服用玉井水，可使人体肤润泽，毛发不白。

## 醴泉

### 本草纲要

【释义】醴就是薄酒，泉水的味道像薄酒一样甘美，因而叫醴泉水。

【异名】甘泉。

【性味】味甘，性平，无毒。

【功效主治】陈藏器说：心腹痛和不能适应邪恶的气候和环境而得的各种病，都适宜在泉边饮此水。又可以治愈消渴和反胃吐泻。

## 山岩泉水

### 本草纲要

【释义】山岩土石中所流出的泉水，流出溪涧的谓之。

【性味】味甘，性平，无毒。

【功效主治】陈藏器说：这种水主治霍乱烦闷呕吐，腹空抽筋，宜多饮服，不要让腹空，空了则再饮服，这种方法称为洗肠。人们都惧怕这种洗肠的方法，但用这种方法可获效。对于素体虚寒者，应防止脏腑受寒，根据情况适当减量。

## 温汤

### 本草纲要 I

【释义】水中含硫磺，即使水很热时，仍然有些硫磺气味。硫磺主治各种疮，所以含

硫磺的温泉水也这样。把猪、羊放在温度高的这种矿泉水中可使之半熟，还可以煮熟鸡蛋。

【异名】温泉，沸水。

【性味】味辛，性热，微毒。

【功效主治】陈藏器说：主治筋骨挛缩，肌皮顽痹，手足不遂，没有眉毛头发，皮肤骨节的疥癣等疾病，须在水中洗浴。浴完后会令人很疲惫虚弱，可根据病的不同与用药的差异，用饮食加以补养。不是有病的人，不宜随便人浴。

## 碧海水

### 本草纲要

【释义】这种水的味道是咸的，它的颜色是深蓝色的。

【性味】味咸，性小温，有小毒。

【功效主治】陈藏器说：此水煮开后用来洗浴，可去风瘙疥癣。饮一合，吐后可治宿食引起的腹胀。

## 乳穴水

### 本草纲要

【释义】是岩洞中涓涓流出的水，比其他水重，烧开后，水面浮有细盐粒的是乳穴水。

【性味】味甘，性温，无毒。

【功效主治】陈藏器说：这种水吃了能使人体健，身体润泽而不显得衰老，与钟乳的功效相同。

## 盐胆水

### 本草纲要

【释义】即是盐初熟时，盐槽中流下的黑汁。李时珍说，盐槽中的沥水，味很苦，不能食。现在的人用它点豆腐。

【异名】卤水。

【性味】味咸、苦，有大毒。

【功效主治】李时珍说：痰厥昏迷，不省人事者，可灌服盐胆水催吐，效果良好。陈藏器讲：卤水能够治疗疥疮、顽癣、瘘疮及虫咬伤，亦可治疗牲畜被毒虫咬伤。若牲畜饮一合卤水立刻就会死亡，人也是这样。患疮疡出血者，不可用盐胆水外涂。

## 热汤

### 本草纲要

**【释义】**煮百沸的水，必须是完全煮沸的才好。如果是半沸的，吃了反而会伤元气，使脾胃胀满。

**【异名】**太和汤、百沸汤、麻沸汤。

**【性味】**味甘，性平，无毒。

**【功效主治】**寇宗奭说：热汤能助阳气，通经脉。《嘉祐补注本草》载：热汤可以用来熨治霍乱病、腹痛转筋或尸恶移瘴之气引起的突然昏迷。

### 本草附方

**【治中暑】**用热开水徐徐灌食，适当抬高他的头，让汤进入腹内即苏醒。

**【初感风寒，头痛畏寒】**用水7碗，把锅烧红后将水倒入，取起再烧再投，如此7次后，趁热饮一碗，用衣被蒙头使汗出，效神。

## 生熟汤

### 本草纲要

**【释义】**用新汲水、开水合为一盏，和匀，叫生熟汤。

**【异名】**阴阳水。

**【性味】**味甘、咸，无毒。

**【功效主治】**陈藏器说：可调中消食。凡是因痰疟和中毒，食用害人的食物，存在腹中使人吐泻的，即取盐投入生熟汤中，喝一二升，使其吐尽痰和积食，便可痊愈。李时珍讲：凡是霍乱和呕吐不能进药，病危急的，先饮数口即使人安定。

## 浆水

### 本草纲要

**【释义】**浆就是酢，煮饭待米热后，投入冷水中浸泡五六日，味发酸，水中生白花颜色似浆，所以得此名。若已浸到腐坏，则害人。

**【异名】**酸浆。

**【性味】**味甘、酸，性微温，无毒。

**【功效主治】**《嘉祐补注本草》记载：本水主调中引气，宣和强力，通关开胃止渴，霍乱泄痢，消积食。宜用它来煮粥，黄昏时喝，可解烦闷，治失眠，还可以调理脏腑。煎使之发酸，可止呕哕，使人肌肤白嫩，体柔如编织的丝帛。李时珍认为：浆水利小便。

禁忌：不能同李子一起吃，否则使人霍乱吐泻。孕妇吃了，使小儿骨瘦，不能食。产

后尤其不能饮,会使人绝育。酒醉后饮了使人声音暗哑。

# 火部

李时珍说:水火养民,而民也赖此生存。太古燧人氏上观下察,钻木取火,教民熟食,使民没有腹疾。圣王用水火金木,饮食必时。则古先圣先王之于火政,天人之间,用心很切。今撰火之切于日用灸焫者,并为火部。

## 燧火

### 本草纲要

【释义】李时珍说:周代有官司爟氏定四时变国火以救时疾。在晚春的时候生火,在深秋的时候采纳起来,老百姓都学会了这种方法。人借助火煮熟食物,同时也生了疾病和夭寿。四时取火,用新取的火来煮饮食,并根据一年气候的变化,而使火势大小与季候相应,因此能救治民众的时令疾病。

榆树、柳树比其他的树木先返青,故在春天取用,就会燃出青火。枣树、杏树的树心是红色的,故在夏天取用,会燃出红火。柞树、槽树的木理是白色的,故在秋天取用,会燃出白头。槐树、檀树的树心是黑色的,故在冬天取用,会燃出黑火。桑树、柘树的木质是黄色的,故在夏季取用,会燃出黄火。

天火,在星宿中与心对应。在晚春的早晨见到的龙,口喷火焰,这时因为已近夏天。龙在深秋戌时会吸纳火焰,因为这时已近寒冬。人们的作息时间都应顺应天道,目的是为了避免遭受水灾、旱灾。后来世人在寒食节禁火,是晚春改火的遗意,而民间的传说,却是以纪念介子推而来的,这个传闻是错误的。道书说:灶下的灰烬火叫作伏龙屎,不能够用来燃香以祭神。

## 桑柴火

### 本草纲要

【释义】桑木取的火。李时珍说:桑木能利关节,养津液,燃烧则拔引毒气,而且祛逐风寒,所以能去腐生新。一切仙药,不是桑柴火煎的不服。桑是箕星之精,能助药力,除风寒麻痹等各种痛症,所以长期服用可以终身不患风疾。

【功效主治】李时珍说:桑柴火可拔毒止痛,补接阳气,去腐生肌。主治痈疽发背不起,瘀肉不腐、阴疮、瘰疬顽疮,可燃火吹灭,外炙患处,每日两次,但不可点艾条;易伤肌肉。凡一切补益药或膏剂,可用此火煎煮。

## 炭火

### 本草纲要

【释义】李时珍说:烧木则成炭。木久了会腐烂,而炭埋在土中却不腐烂,这是因为木有生性,炭没有生性的原因。葬坟用炭,能使虫蚊不入。竹木的根自回,也是因它没有生性的缘故。

【功效主治】李时珍说:栎炭火,宜于用来煅制一切金石药物。桴炭火,适宜烹煮焙炙各种丸药。

### 本草附方

【治汤火灼疮】炭末和香油调合涂后立愈。

【治白癞头疮】生炭烧红投入沸汤中,温洗 1、2 次,疮立即痊愈。

【治阴囊湿痒】用桴炭、紫苏叶末,扑之。

【治肠风下血】用生炭 3 钱,枳壳烧存性 5 钱,制成粉末。每次服 3 钱,米汤饮下,即见效。

## 艾火

### 本草纲要

【释义】李时珍说:凡用艾火灸治,宜用阳燧和火珠映照,以取太阳真火。阳燧即火镜,用铜铸成,呈凹面,对着太阳承接热星。其次为钻槐木取火。若急用又没有准备,可用麻油灯或蜡烛火,把艾茎点燃,滋润所要灸治的疮,直到不痛为止。

【功效主治】李时珍:艾火能灸治百病。若炙诸风冷疾,加人硫磺末少许,尤其好。

## 灯火

### 本草纲要

【释义】李时珍说:凡点灯用胡麻油、苏子油,都可以明目治病。其余如鱼油、禽兽油、诸菜籽油、棉花子油、桐油、豆油、石脑油等,油烟都会损眼目,且不能治病。

【功效主治】李时珍说:此火主小儿惊风昏迷抽搐诸病。又治头风胀痛,在额头太阳穴处,用灯芯草麻油点燃急淬,极佳。外痔肿痛者,也可用此法。因麻油能祛风解毒,火能通经络。小儿初生,因冒寒将断气的,勿断脐,急将棉絮烘热包裹,将胎衣烘热,用灯炷于脐下往来燎烤,暖气吸入腹内,气回自可苏醒。又可烧铜匙柄熨眼帘内,去风退赤,甚妙。

### 火针

#### 本草纲要

【释义】李时珍说：火针，《素问》称它为燔针、焠针；张仲景称它为烧针；而川蜀之人称它为煨针。其使用方法为：将灯内注满麻油，用灯草二七茎点灯，将针一边涂麻油一边在灯火上烧红即可用。如果不能将它烧红而冷着用将有损于人的身体，且不能去病。这种针须用火箸铁造为佳，治病时须找准穴位，稍为差错则无效。

【异名】烧针、煨针、燔针、焠针。

【功效主治】李时珍说：用火针可治风寒痹痛，或瘫痪不能动者。针扎入后要迅速拔出，然后快速按住孔穴可止疼，不按则极痛。腹内有肿块结积冷病患者，火针扎入后要缓慢拔出，并左右转动，以便让污浊物流出。如果背部有痈疽且有脓没有头的，用火针扎入让脓流出，但不可以按压针孔。火针治疗疾病，刺的太深会伤及经络，太浅则不能除病。凡面部有疾或是夏天因湿热而病在两脚时，都不能用此法。

### 烛烬

#### 本草纲要：

【释义】李时珍说：烛有蜜蜡烛、虫蜡烛、柏油烛、牛脂烛等，只有蜜蜡烛、柏油烛的烛烬可入药。

【功效主治】李时珍说：烛烬可治疗疔肿，同胡麻、针砂等分，研为末，和醋敷上即可。治九漏，同阴干的马齿苋等分，研为末，用泔水洗净，和腊猪油敷上，一日 3 次。

# 金石部

李时珍说：石是气之核，土之骨。大的则为岩崖，细的则为砂尘。

## 金玉类

### 金

#### 本草纲要

【释义】金屑出产于益州。陶弘景说：金的出产，处处都有，梁、益、宁三州最多，出自水沙中，呈屑状，称为生金。建平、晋安也有金沙，出于石中，烧熔后鼓铸为砣，虽被火烧也未熟，还必须进一步冶炼。高丽、云南及西域国制成的器具，都炼熟可服。李时珍说：

金有山金、沙金二种,其色为七青、八黄、九紫、十赤,以赤色为足色。和了银的性柔,试石则色青;和了铜的性硬,试石则有声。《宝藏论》说:金有20种。另外,外国有5种。还丹金出产于丹穴中,体含丹砂,颜色特别赤,合丹服用,是稀世之宝;麸金出于五溪、汉江,大的如瓜子,小的如麦,性平无毒;山金出产于交广南韶各山,衔石而生;马蹄金是最精纯的,二蹄一斤;毒金就是生金,出产于交广的山石中,赤色而且有大毒,能杀人,炼十几次,毒才除尽。这5种都是真金。水银金、丹砂金、雄黄金、雌黄金、硫黄金、曾青金、石绿金、石胆金、母砂金、白锡金、黑铅金,都是通过加工制成的;铜金、生铁金、熟铁金、输石金,都是用药点成的。以上15种,都是假金,性顽滞有毒。外国的5种,有波斯紫磨金、东夷青金、林邑赤金、西戎金、占城金。

**【异名】**黄牙、太真。

### 金屑

**【性味】**味辛,性平,生的有毒,熟的无毒。

**【功效主治】**《名医别录》记载:金屑能使情绪镇定,填充骨髓,通利五脏邪气,久服可以延年。甄权说:可治疗小儿受惊伤五脏,神志不清,可镇心安魂。李珣讲:癫痫风热,咳嗽气喘,伤寒肺损吐血,肺疾劳极作渴,都可加小量入丸散服。

禁忌:金屑若不经火煅,其屑也不可用。

### 金浆

李时珍说:金是西方之行,性能制木,所以能治惊痫风热肝胆的病。

#### 本草附方

**【治水银入耳蚀人脑】**用金枕在耳边自然会流出。

**【治水银入肉】**可用金物熨它,水银必当出来蚀金,等金变成白色就行了,应频繁使用以取得疗效。

**【治牙齿风痛】**用火烧金钗针刺,能马上止痛。

#### 本草今用

**【药品来源】**为自然金。金箔是用黄金锤成的像纸一样的薄片。

**【药理成分】**即金属金,其中常混入银等。

**【药用功效】**镇定神情,充盈骨髓,通利五脏邪气。

**【临床主治】**1.治疗小儿痫疾。

2.治疗慢性溃疡。

3.治疗足癣。

## 银

### 本草纲要

【释义】银屑出产于永昌。陶弘景说:银的出产地,也与金相同,只是它生在土中。炼饵的方法也与金相似。永昌属益州,今属宁州。苏颂说:银在矿中与铜相互混杂,当地的人采得,用铅再三煎炼才制成,故称为熟银。生银则产于银矿中,形状如硬锡。其金坑中所得的,在土石中都渗漏成条形,像丝发状,当地的人称为老翁须,非常难以得到。方书用生银,必得此才真。李时珍说:闽、浙、荆、湖、饶、信、广、滇、贵州、交趾各地,山中都出产银,有从矿石中炼出的,有从沙土中炼出的。其生银,俗称为银笋、银牙,也叫出山银。《宝藏论》说:银有17钟。国外还有4种。天生牙混杂在银坑内石缝中,状如乱丝,颜色呈红色的为上品,放入火中呈紫白色,像草根的为次品。衔黑石的最稀奇,生于乐平、鄱阳出产铅的山中,又叫龙耳,也叫龙须,是纯正的生银,无毒,是做药材的根本。生银混杂于石矿中,成片块状,大小不定,状如硬锡。母砂银混杂在五溪丹砂穴中,色理红光。黑铅银得子母之气。此四种为真银。有水银银、草砂银、曾青银、石绿银、雄黄银、雌黄银、胆矾银、灵草银,都是用药制成的。丹阳银、雄黄银、硫黄银、胆矾银、灵草银,都是用药制成的。丹阳银、铜银、铁银、白锡银,都是用药点经的,这13种都是假银。外国的4种:新罗银、波斯银、林邑银、云南银,都为精品。

【异名】白金、鋈。

### 银屑

【性味】味辛,性平,有毒。

【功效主治】甄权说:可安五脏,安心神,止惊悸,除邪气,久服轻身。定志,去惊痫,小儿癫疾狂走。青霞子说:银屑可破冷除风。李珣讲:银箔坚骨,镇心明目,主治风热癫痫,入丸散用。

### 生银

【性味】味辛,性寒,无毒。

【功效主治】《开宝本草》记载:主治狂热惊悸,发痫恍惚,夜卧不安,谵语。服用能聪耳明目、轻身,使人肌肤润泽,精力旺盛,不易衰老,镇心安神定志。《日华诸家本草》载:小儿中恶,热毒烦闷,水磨服之。李时珍说:煮水加入葱白、粳米做粥食,治胎动不安,漏血。

### 本草附方

【风牙疼痛】文银一两,烧红淬烧酒一盏,用来漱饮,即可止痛。

## 铁

### 本草纲要

【释义】现在江南,西蜀有炉冶炼的地方都有。打铁匠把铁烧到赤沸,砧上打下细皮屑的,称为铁落。锻灶中飞出如灰尘,紫色而且轻虚,可以莹磨铜器的,称为铁精。制针的人磨出的细末,称为针砂。取各种铁在器具中用水浸泡,能耐久色青出沫、可以染皂的,称为铁浆。把铁拍作片段,放在醋糟中,时间久了其上生铁锈可刮取的称为铁华粉。炼时飞溅出的铁末,称为铁粉。还有马衔、秤锤、车辖以及锯、杵、刀、斧,都用铁铸成。李时珍说:铁都是从矿石中提炼而成的。秦、晋、淮、楚、湖南、闽、广各山中都出产铁,其中以广铁为好。甘肃出产的土锭铁,色黑性坚硬,适宜制作刀剑。西番出产的镔铁尤其好。

【异名】黑金、乌金。

【性味】味辛,性平,有毒。

### 劳铁

【功效主治】《神农本草经》记载:主坚肌耐痛。陈藏器曰:能疗贼风,烧赤后投入酒中饮。

### 生铁

【性味】味辛,性寒,微毒。

【功效主治】《名医别录》记载:生铁主治下部及脱肛。大明曰:能镇心安五脏,治痫疾,黑鬓发。可治恶疮癣疥,蜘蛛咬伤,用蒜磨,生油调敷。李时珍说:可散瘀血,消丹毒。

## 玉

### 本草纲要

【释义】出产于蓝田山谷。《别宝经》载:凡是石中蕴藏有玉,只要将石对着灯看,如果面有红光,明亮如初升的太阳,便知有玉。苏颂说:晋鸿胪卿张匡邺出使于阗,作《行程记略》说:采玉的地方叫玉河,在于阗城外,发源于昆山,向西流 1300 里,直到于阗边界的牛头山,才分流成三条河:一是白玉河,二是绿玉河,三是乌玉河。虽源头相同,玉却随地而变。每年 5、6 月大水暴涨,玉随流而到,当地人因此而取得。李时珍说:按《太平御览》所说,交州出白玉,夫余出赤玉,挹娄山出青玉,大秦出菜玉,西蜀出黑玉。蓝田出美玉,因其色如蓝,所以叫蓝田。《淮南子》载:钟山的玉,用炉炭烧三天三夜而色泽不变,是因为获得了天地的精华。如此看来,产玉的地方原本很多,但现在却很稀有,恐怕是因为地质被损害的原因,故独以于阗玉为珍贵。古礼中的玄苍璧,黄琮赤璋,白琥玄璜,以象征天地四时而立名。

《天宝遗事》载:杨贵妃含玉咽津以解肺渴。王莽赐玉给孔休时说:你的脸上有疵,美玉可以灭瘢。后魏李预得到吃玉的方法,就到蓝田去采访,挖掘到像环璧杂器形状的玉,

大小100多枚,便捶成屑,每天吃,过一年后说是有效验,然而却好酒损志。直到临死时,才对妻子说:服玉应当隐居山林,清心寡欲,而我酒色不绝,自置于死,不是玉的过错。尸体必定与常人不同,不要立即出殡,以便让后人知道服玉的功效。时值7月中旬,长安暴热,停尸4天,而体色不变,口无秽气。张华说:服玉要用蓝田的白色谷玉,经常服用,应似神仙。有人临死时服玉泉5斤,死后3年,肤色不变。自古以来挖掘坟冢看见尸体如活人一般的,其身腹内外,无不安置有金玉。汉朝的制度规定,帝王将相死后都放置于珠襦玉匣里,这是不使尸体腐朽的缘故。炼服的方法,水屑随宜。虽说是性平,然而服玉泉的人也多会发热,如寒食散状。金玉既然是天地间的珍宝,不比寻常之石,若未深解节度,不要轻易服用。《抱朴子》载:服金的人,寿命如金;服玉的人,寿命如玉。但其功效晚成,须服一二百斤,才能体验到。可以用乌米酒及地榆酒将玉化为水。也可以用葱浆消玉为饴,将饵玉做成丸,还可以烧成粉。服用一年以上,能入水不沾,入火不灼,刀砍不伤,百毒不死。不可服用已制成器具的玉,否则伤人无益,只有得到璞玉才可用。赤松子用玄虫血渍玉为水服用,故能乘烟霞上下。玉屑与水服用,令人长生。它不及金的地方,是使人频频发热,如同患了寒食症。若服用玉屑,宜10天服一次雄黄、丹砂各一刀圭,散发用冷水洗浴,迎风而行,就不会发热。董君异曾把玉醴给盲人服用,10天后眼睛就复明了。李时珍说:汉武帝取金茎露和玉悄服用,说是可以长生不老,就是此物。但玉也未必能使生者不死,只能使死者不腐朽。养尸招来偷盗,不如令尸体迅速腐烂归虚为好。

**【异名】**玄真。

### 玉屑

**【性味】**味甘,性平,无毒。

**【功效主治】**《名医别录》载:玉能除胃中热,喘息烦满,止渴。玉屑如麻豆的,久服轻身延年。《日华诸家本草》记载:能润心肺,助声喉,滋毛发。李珣说:可滋养五脏,止烦躁,适宜同金、银、麦门冬等煎服。

### 玉泉

**【异名】**玉液。

**【性味】**味甘,性平,无毒。

**【功效主治】**《神农本草经》记载:治五脏百病,柔筋强骨,安魂魄,长肌肉,益气,利血脉,久服耐寒暑,不饥渴,长生似神仙不老。临死的人服5斤,死后三年颜色不变。《名医别录》载:可疗妇人带下12种病,除气癃,明耳目,久服轻身延年。大明曰:可治血块。

## 青玉

### 本草纲要

**【释义】**产于蓝田。张华说用玉合的玉浆,为纯缥白色,没有夹杂沙石。大的如升,小的如鸡蛋,从洞穴中采取的,不是现在制作器物的玉,而是出自襄乡县古老的洞穴中的

玉。李时珍说:按《格古论》载,古玉中以青玉为上品,其色淡青,而带黄色。绿玉以深绿色的为佳,淡的稍次。菜玉非青非绿,如菜色,是玉中品级最低的。

【异名】谷玉。

【性味】味甘,性平,无毒。

【功效主治】《名医别录》记载:主治妇人无生育能力,能轻身益寿延年。

### 璧玉

【释义】李时珍说:璧,是瑞玉环。此玉可为璧,故叫璧玉。璧的外圆像天,内方像地,《尔雅》中说:璧六寸大的称为碹,质地更好的称为瑗。

【性味】味甘,无毒。

【功效主治】《名医别录》记载:可明目益气,使人多精生子。

### 合玉石

【释义】李时珍说:合玉石就是碾玉砂,玉必须用此石碾后才光泽。

【性味】味甘,无毒。

## 玻璃

### 本草纲要

【释义】李时珍说:玻璃产于南番。有酒色、紫色、白色等,莹澈与水晶相似,碾开有雨点花为真品。《梁四公子记》载:扶南人来卖碧色玻璃镜,宽一尺半,内外皎洁,对着明亮的地方看它,不见其质。

【异名】水玉、颇黎。

【性味】味辛,性寒,无毒。

【功效主治】陈藏器说:主治惊悸心热,可安心明目,去赤眼,熨热肿。大明曰:可以用来摩翳障。

## 水晶

### 本草纲要

【释义】水晶产于信州和武昌。也属玻璃一类,有黑白二色。性坚而脆,刀刮不动,色澈如泉,清明而晶莹。

【异名】水精、水晶。

【性味】味辛,性寒,无毒。

【功效主治】陈藏器说:主熨目,除热泪。李时珍讲:可人点目药中,穿成串吞咽,可治咽喉哽塞。

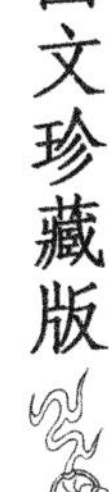

# 石类

## 丹砂

### 本草纲要

**【释义】**丹砂出产于符陵山谷，即涪州，属四川。出自广州、临州的都很好。其中以光明莹澈的为最好。像云母片的，称为云母砂。像樗薄子、紫石英的，称为马齿砂，也好。像大小豆及大块圆滑的，称为豆砂。细小碎末的，称为末砂。这二种不可服食，但可用于画画。

**【异名】**朱砂。

**【性味】**味甘，性微寒，无毒。

**【功效主治】**《神农本草经》记载：主治身体五脏百病，养精神，安魂魄，益气聪耳明目、轻身，使人肌肤润泽，精力旺盛，不易衰老，杀精魅邪恶鬼。《名医别录》有说：此物通血脉，止烦渴，悦泽人面，镇心，主尸疰抽风。解胎毒痘毒，驱邪疟。《日华诸家本草》认为：可以润心肺，治痂疮、息肉，可做成外敷药。李时珍曰：可以治惊痫、解胎毒、痘毒，驱祛疟邪，发汗。

### 本草附方

**【预解痘毒初发时或未出时】**以朱砂末半钱，蜜水调服。令多的变少，少的化无，重者变轻。

**【治目膜息肉】**用丹砂1两，研成细末拌均匀，水浸7日，取出晒干，再研成细末，收藏瓶中，每天取少许点在息肉上。

**【治产后舌出不收】**丹砂敷，暗中掷盆发出堕地声令其惊吓，即自收。

## 石膏

### 本草纲要

**【释义】**《名医别录》记载，石膏产于齐山山谷及齐卢山、鲁蒙山。现在出自钱塘县的，都藏在石中，雨后时常暴露出来，取出后如棋子，白澈的最好。李时珍说：石膏有软硬二种。软石膏，成很大的块而蕴藏在石中，作层如压扁的米糕，每层数寸厚。有红白二色，红色的不可服。白的洁净，细纹短密如束针，正如凝成的白蜡，松软易碎，烧后不烂如白粉。其中明洁，微带青色，纹长细如白丝的，叫理石。与软石膏属一物二种，捣碎后则形色如一，不可分辨。硬石膏，作块状而生，直理起棱，如马齿样坚白，敲击它就一段段横向分开，光亮如云母、白石英，有寺壁，烧后也容易散开，却坚硬不成粉。所称的硬石膏叫长石。其中似硬石膏成块状，敲击时一块块分解，寺壁光明的，叫方解石，烧它就散开如

花，仍不烂。与硬石膏是同类二种，击碎它则形色如一，不可分辨。大抵以上四种性气都寒，都能去大热结气。但不同的是石膏能解肌发汗。如今人们又用石膏点豆腐，这是前人所不知的。

**【异名】**细理石、寒水石。

**【性味】**味辛，性微寒，无毒。

**【功效主治】**《神农本草经》记载：主治中风寒热，心下逆气惊喘，口干舌焦，喘促不宁，腹中坚痛。治产乳金疮。《名医别录》载：除时气所致的头痛身热，三焦大热，皮肤热，肠胃中结气，解肌发汗，止消渴烦逆腹胀暴气喘咽热。甄权说：可治伤寒头痛如裂，高烧皮燥。和葱煎茶，去头痛。《日华诸家本草》载：可治疗流行性狂热、头风眩晕，下乳汁。揩齿益齿。李杲说：除胃热肺热，散阴邪，缓脾益气。张元素讲：止阳明经头痛，发热恶寒，日晡潮热，大渴引饮，中暑潮热，牙痛。

### 理石

**【释义】**就是石膏中纹理长细直如丝而且明洁微带青色的。

**【异名】**肌石、立制石。

**【性味】**味辛，性寒，无毒。

**【功效主治】**《神农本草经》记载：主治身热，利胃解烦，益精聪耳明目、轻身，使人肌肤润泽，精力旺盛，不易衰老，破积聚，去肠虫。《名医别录》载：解烦毒，止消渴，以及中风痿痹。苏恭曰：渍酒服，疗两胁间的积块，使人肥健悦泽。

### 石灰

#### 本草纲要

**【释义】**石灰生于山中川谷中。如青石，烧则成灰，即石锻。现在的人做窑来烧，一层柴，或一层煤炭，上累青石灰石，从下面发火，便层层自焚而散。人药的用风化，不夹石的为良。

**【异名】**垩灰、煅石、希灰、白虎、矿灰。

**【性味】**味辛，性温，有毒。

**【功效主治】**《神农本草经》记载：主治疽疡疥疮、热气、恶疮癞疾、肌死眉堕，去黑痣。李时珍说：散血定痛，止水泻血痢、白带白淫，收脱肛和子宫脱垂。贴口，黑须长。石灰是止血的神品，但不可着水，着水即烂肉。治风牙肿痛，取已存放2年的石灰、细辛，各等分研为末，搽即愈。

#### 本草附方

**【治疗面靥疣痣】**水调矿灰1盏，用好糯米一半插在灰中，一半插在灰外。经过1夜，米色变如水精色，先用针稍微取一点滴于患处，半天后全流出汁液，把药刷去，不要沾水，2日后自愈。

**本草今用**

【**偏坠气痛**】陈石灰炒,五倍子、山栀子等分为末,以醋调和,敷痛处。
【**产门不闭,产后阴道口不闭,或阴道脱出**】石灰 1 斗熬煎,以水 2 斗投之,澄清后熏。
【**药品来源**】石灰为石灰岩加热煅烧而成。
【**药理成分**】主要含碳酸钙。
【**临床主治**】1.治疗烧烫伤。
2.治疗蹠疣。

# 草部

李时珍说:天造地化而生草木,刚与柔相交而成根蔓,柔刚相交而成枝干。叶和萼属阳,花和果属阴,草中有木,木中有草,草木又有五形,五气,五色,五味,五性,五用。除谷、菜外,凡是草中可供食药的,分而为类:曰山,曰芳,曰隰,曰毒,曰蔓,曰石,曰苔。

## 山草类

### 人参

**本草纲要**

【**释义**】人参又叫神草、地精:生长在上党的山谷和辽东一带。在二月、四月、八月上旬挖采它的根,用竹刀刮去泥土,然后晒干,不能见风。根像人形的有神性。李时珍说:此草年深日久逐渐长成,根像人形有神,故称人蓡、神草。蓡是浸字,有逐渐之义,后世因字繁写,为了简便,用参、星等字代替,然沿用日久也不易改变过来了。只有《伤寒论》仍写蓡。《名医别录》一名人微,微字是蓡字讹字。其生长有阶段,故叫人衔。此草生长在阴处,昕以又称鬼盖。它属五参之一,色黄属土补脾胃,生阴血,故有黄参、血参一名。吸收了土地的精华,故又有地精、土精之称。《广五行记》载:隋文帝时,上党地区有人每晚在住宅后听到人的声音却不见人,离住宅一里左右,发现人参枝叶异常,挖地五尺深才见到它,形像人体,四肢齐全,从此再未听到声音。这段记载尤可证明土精名称的来历。《礼斗威仪》说:下面有人参,上面必有紫气。《春秋运斗枢》谓:摇光星(北斗第七星)散落在地上变为人参。有人为了获利而挖山找人参,摇光星则不发光,人参不生长。这段文字又可证实神草一名。
【**异名**】黄参、血参、人衔、鬼盖、神草、地精、人蓡。

**根**

【**性味**】味甘,微寒,无毒。

【功效主治】《神农本草经》记载:可补五脏,安精神,定魂魄,止惊悸,除邪气,能明目开心益智,久服可轻身延年。《日华诸家本草》载:消食调中开胃,并杀金药等。《名医别录》谓:可调中焦,止消渴,通血脉,治胃肠虚冷,心腹胀痛、胸胁逆满,霍乱呕吐,并能增强记忆力。甄权说:有补益脏腑,调中止呕,安神及消痰作用。治疗劳伤虚损,肺痿、癫痫、呕逆、纳差等病,凡体虚多梦者均可服用人参。李杲说:有除烦之功。张元素讲:补中缓急,泻心、肺、脾、胃之火,又生津止渴。治疗肺气虚的短气喘促和肺、胃阳气不足之证。李时珍说:治一切虚症,发热自汗、头痛眩晕、反胃吐食、疟疾泻痢、尿频淋沥、劳倦内伤、中风中暑、吐血咳血、便血血淋、痿痹、崩漏及胎前产后诸病。

## 黄芪

### 本草纲要

【释义】黄芪生长在秦蜀州郡。根长2、3尺左右。独茎或成丛生长,枝干距离地面2、3寸。其叶像羊齿的形状,又似蒺藜的苗。7月中旬开黄紫色的花。它的果实叫作荚子,长1寸左右。8月中旬采挖它的根,其皮柔韧折之如绵,叫作绵黄芪。它有几种,有白水耆、赤水耆、木耆,功用都差不多,但力却比不上白水耆,木耆短且纹理横生。现在的人多用苜蓿根来充当黄耆,折皮也似绵,颇能乱真,但苜蓿坚硬松脆,黄耆很柔韧,皮呈微黄褐色,肉为白色。李时珍说:黄耆叶似槐叶但稍微要尖小些,又似蒺藜叶但略微要宽大些,为青白色。开黄紫色的花,大小如槐花。结小尖角,长约1寸。根长2、3尺,以紧实如箭干的为好。嫩苗也可以食用。收取它的子,在10月下种,如种菜法也可以。

【异名】戴椹、王孙、百药绵、绵黄芪、百本、黄耆。

### 根

【性味】味甘,性微温,无毒。

【功效主治】《神农本草经》载:主治痈疽、烂疮,排脓止痛,麻风病,内、外及混合痔、瘘管,补虚,小儿百病。《名医别录》记载:治妇人子宫邪气,逐五脏间恶血,补男人虚损,五功瘦弱,止渴,腹痛泄痢,益气,利阴气。甄权说:治虚喘、肾衰耳聋,疗寒热,治发背。王好古说:主治太阴病及治疗阳维脉的寒热病、督脉的气逆里急病。《日华诸家本草》谓:可助气,壮筋骨,长肉补血,破腹内积块、淋巴结核、大脖子,非行经期间阴道内大量出血,湿热痢,产前后一切病,月经不调,痰咳,头痛,热毒赤目,治虚劳自汗,补肺气,泻肺火心火,胃气,去肌热及诸经痛。

## 白术

### 本草纲要

【释义】白术到处都有,以蒋山、白山、茅山生长的为佳。11月、12月采挖最好,多脂膏而味甘,其苗可以当茶饮,味道很香美。李时珍说:苍术,山中到处都有生长。苗高2、3

尺，其叶环抱着茎梗生长在枝梢间，叶似棠梨叶，离地面近的叶，有3、5个叉，都有锯齿状的小刺。根的形状像老姜，苍黑色，肉白有油膏。白术，人们大都挖它的根来种植，一年就很稠密了。嫩苗可以吃。多产于吴越之间。

**【异名】** 山蓟、杨桴、桴蓟、山姜、山连、马蓟、吃力伽。

**【性味】** 味甘，性温，无毒。

**【功效主治】**《神农本草经》记载：主治寒湿痹，颈项强直，背反张，止汗除热消食。做成煎饼久服，可使身体年轻、延年益寿，不感到饥饿。《名医别录》载：适用于血虚阴亏、气血逆乱引起的眩晕头痛，流眼泪，消痰水，逐皮间水肿性结肿，除腹胀满，霍乱呕吐腹泻不止，利腰脐间血，益津液，暖胃助消化嗜食。《日华诸家本草》载：有止呕、利尿、强腰膝和生肌之功，可用于五劳七伤。王好古说：调中益脾，补肝息风，治疗胃脘脐腹疼痛、食后呕吐、舌体强直等。张元素讲：能益气除湿，补阳和中，消痰逐水，生津止渴，止泻痢，除胃热，消水肿等。与枳实配用以消痞满，佐黄芩能清热安胎。

### 本草附方

**【消痞健胃，久服开胃】** 枳术丸：用黄壁土炒白术、麸炒枳实各1两研末，荷叶包饭烧熟，与药末捣和做丸如梧子大，每次用白开水送服50丸。气滞加陈皮1两；有热加黄连1两；有痰加半夏1两；有寒加干姜5钱、木香3钱；有食积加神曲、麦芽各5钱。

**【止久泻痢】** 取白术1斤切片，放入瓦锅里加水，文武火煎汁后，把药汁倾倒容器里，药渣再熬，然后把所有药汁一同熬稠，放人容器中一夜，倒掉上面的清水，收藏。每次用蜜汤调服2匙。

**【治自汗不止】** 白术3两，泽泻5两，水3升，煎取1升半，分3次服用。

### 本草今用

**【药品来源】** 白术为菊科植物白术的根茎。

**【药理成分】** 白术含苍术醇、苍术酮、苍术内酯、杜松脑、白术内脂、维生素A等。

**【药用功效】** 1.强壮作用。

2.降血糖作用。

3.抗溃疡作用。

4.保护肝脏作用。

5.增强机体免疫力。

**【临床主治】** 1.治疗脾虚泄泻。

2.治疗肝病。

3.治疗小儿消化不良症。

## 桔梗

### 本草纲要



**【释义】** 李时珍说，此草之根结实而梗直，故得名。桔梗到处都有。根如小指大，黄

白色。春天长苗茎,高1尺多;叶似杏叶但稍长些,四叶相对而生,嫩时可煮食。夏天开小花,紫绿色,颇似牵牛花。秋后结籽。8月采根,其根有心。若无心的便是荠苨。现在的人先将它的根泡去苦味,然后拌上糖蜜浸成果脯。

**【异名】**梗草、白药、苦桔梗、大药。

### 根

**【性味】**味辛,性温,有小毒。

**【功效主治】**《神农本草经》记载:主治胸胁如刀刺般疼痛,腹满肠鸣,惊恐悸气。《名医别录》载:利五脏肠胃,补血气,除寒热风痹,温中消谷,疗咽喉痛。甄权谓:下蛊毒,治下痢,祛瘀积气,消聚痰涎,去肺热气促嗽逆,除腹中冷痛,治小儿真气衰弱及惊风。《日华诸家本草》载:下一切气,止霍乱抽筋,胸腹胀痛。补五劳,养气,能除邪气,辟瘟。张元素说:利窍,除肺部风热,清咽嗌,胸膈滞气及痛,除鼻塞,治寒呕。李时珍讲:口舌生疮,赤目肿痛。

### 本草附方

**【治肺脓疡咳嗽,胸满振寒,脉象滑数咽干不渴,时出浊唾腥臭,久久吐脓如粳米粥】**用桔梗1两,甘草2两,水3升,煮成1升,分服。

**【治喉痹】**用桔梗1两,甘草2两,水3升,煮成1升,分服;亦治口舌发疮。

**【治牙根溃烂】**桔梗、茴香等分,烧研敷上。

**【治衄血不止】**桔梗制成末,用水送服1方寸匕,1日4次。或加犀角屑,更治吐血下血。

### 本草今用

**【药品来源】**桔梗为桔梗科植物桔梗的根。

**【药理成分】**桔梗中最主要的是桔梗皂苷,桔梗中还含有萜烯类物质及远志酸、脂肪油、桔梗多糖、生物碱。

**【药用功效】**1抗炎作用。桔梗粗皂苷有抗炎作用。

2.祛痰镇咳作用。

3抑制胃液分泌及抗胃溃疡的作用。

4.降血糖作用。

**【临床主治】**1.治疗急性咽炎。

2.治疗化脓性胸膜炎。

3.治疗急性支气管炎。

4.治疗小儿哮喘证。

## 肉苁蓉

### 本草纲要

【释义】李时珍说，此物补而不峻，故称其丛容。芮芮族居住地河南有很多，现在以陇西生长的为最好，形扁柔润，多花且味甘；其次是北方生长的，形短而少花；巴东、建平一带也有，但却不好。现在陕西州郡的较好，然而出产的都不及西羌界中所运来的，肉厚而力紧。如今的人又将嫩松梢用盐润后来假冒它，不能不辨别。

【异名】肉松蓉、黑司令。

【性味】味甘，性微温，无毒。

【功效主治】《神农本草经》记载：治五劳七伤，补中，除阴茎寒热痛，养五脏，强阴益精气，增强生育力。《日华诸家本草》载：有滋五脏，生肌肉，暖腰膝之效，用于男子阳衰不育、遗精遗尿；女子阴衰不孕，带下阴痛。《名医别录》谓：能止痢，除膀胱邪气及腰痛。甄权说：有壮阳，益髓，延年益寿及使面色红润之功，并可治疗崩漏。

### 本草附方

【治汗多便秘】肉苁蓉 2 两酒浸焙干，沉香 1 两研末，麻仁汁打糊做丸如梧子大，每次白开水送服 70 丸。年老体虚者皆宜。

【治消渴善饥】肉苁蓉、山茱萸、五味子研末，蜜调做丸如梧子大，每次盐酒汤送服 20 丸。

【治肾虚小便混浊】肉苁蓉、山药、茯苓等份研末，米糊调合做丸如梧子大，每次白开水送服 30 丸。

### 本草今用

【药品来源】肉苁蓉为列当科植物肉苁蓉的干燥带鳞片的肉质茎。

【药理成分】肉苁蓉含有微量生物碱及结晶性中性物质及肉苁蓉甙等。

【药用功效】1.降血压作用。

2.对呼吸系统影响：肉苁蓉可促进小鼠唾液分泌及呼吸麻痹作用。

3.增强免疫作用。

【临床主治】1.治疗老年白内障。

2.治疗无精子证。

## 防风

### 本草纲要

【释义】李时珍说：防风生在山石之间。2 月采嫩苗当菜吃，味道辛甘芳香，叫作珊瑚菜。2 月和 10 月采根晒干，人药。

**【异名】** 茴草、屏风、百枝、铜芸。

**【性味】** 味甘，性温，无毒。

**【功效主治】**《神农本草经》记载：主治风证眩痛，能除恶风风邪，目盲不能看物，风行周身，骨节疼痛，久服可使身体轻盈。《名医别录》载：烦满胁风，偏头风来，四肢挛急，虚风内动。《日华诸家本草》载：可治 36 种风证，男子一切劳伤，补中益神，风赤眼，止因冷引起的流泪不止及瘫痪，通利五脏关脉，治五劳七伤，羸损盗汗，心烦体重。张元素谓：能安神定志，匀脉气。治上焦风邪，泻肺火，散头目中滞气，经络中留湿。

**防风叶**

**【功效主治】**《名医别录》记载：治中风出热汗。

**防风花**

**【功效主治】** 甄权曰：治四肢拘急，不能走路，经脉虚羸，骨节间痛，胸腹痛。

**防风子**

**【功效主治】** 苏恭曰：治风更优，调食之。

**本草附方**

**【治自汗津津，汗流不止】** 把防风碾成末，用浮麦汤送下，每次服 2 钱。

**【治偏正头风作痛】** 防风、白芷等分制成末，炼成弹子般大小的蜜丸，每次嚼 1 丸，用酒送下。

**【主治黄褐斑】** 防风 6 克，白芍、苍术、甘草各 2 克，黄芪、人参、葛根各 4 克，上药剂，枣，姜为引煎汤，午前服，每日 1 次。

**【主治雀斑，粉刺以及酒渣鼻等面部疾病】** 防风、零陵香各 10 克，藁本 60 克，白芨、白附子、花粉、绿豆粉、僵蚕、白芷各 30 克，甘松、山柰各 15 克，肥皂荚适量，把皂角去皮筋，并上药研细为末，白蜜和匀，贮瓶密封备用。随时涂搽面部。可祛风通络，散郁消肿。

**本草今用**

**【药品来源】** 防风为伞形科防风属植物防风的根。

**【药理成分】** 防风含有挥发油、甘露醇、苦味甙、酚类、多糖类及有机酸等。

**【药用功效】** 1.抗惊厥。

2.肖炎镇痛。

3.解热

**【临床主治】** 1.治疗头痛。

2.治疗自汗。

3.治疗霉菌性阴道炎。

4.治疗风湿性、类风湿性关节炎及关节疼痛、红肿等。

# 隰草类

## 白蒿

### 本草纲要

【释义】《尔雅》称白蒿做皤蒿。到处都有。叶颇像细艾，上面错落生长有白毛，比青蒿粗，从初生到秋天，都比其他的蒿要白。刘禹锡说：蓬蒿可以吃，所以有诗写道：以豆荐蘩菹也。陆玑在《诗疏》中说：凡是白色的艾都是皤蒿，现今白蒿比其他的草要先发芽生长，香美可食，生吃、蒸食都可以。苏颂说：古人常把这种草做成酸菜来吃。但现在的人只吃蒌蒿，不再吃白蒿了。有人怀疑白蒿就是蒌蒿，而孟诜在《食疗》里的论述与这种说法却不同，认为是两种植物，于是才知道古今食品是有差异的。李时珍说：白蒿到处都有，分水、陆二种，形状相似，但长在陆地上的味道辛熏，比不上水中生长的芳香美味。《诗经》上说：呦呦鹿鸣，食野之蒿。鹿所吃九种解毒的草，白蒿是其中之一。

【异名】蘩、蒌蒿、由胡、蒿。

### 白蒿苗、根

【性味】味甘，性平，无毒。

【功效主治】《神农本草经》记载：主治五脏邪气，风寒湿痹，补中益气，生发乌发，疗心虚。少食常饥，久服轻身，令人耳聪目明，不食老。孟诜说：将生白蒿用醋揉搓淹浸做成酸菜吃，是益人。捣汁服，可以消除黄疸和胸痛。晒干后碾成末，空腹用米汤送服一匙，治夏天的突发性水痢。烧成灰淋汁煎，治淋沥病。李时珍说：利膈开胃，可解河豚鱼的毒性。

### 白蒿子

【功效主治】孟诜讲：治鬼气，捣为末，用酒服好。

## 青蒿

### 本草纲要

【释义】青蒿到处都有。高 4 尺左右，嫩时可以用醋淹成酸菜，味道很香美。《诗经》，说：“呦呦鹿鸣，食野之蒿”，说的就是它。苏颂说：青蒿在春天长非常细小的苗叶，可以吃。到了夏天便长到 4、5 尺高。秋天开细小的淡黄花，花下结籽像粟米般大小。茎叶烤干后可以做饮品，香气尤佳。寇宗奭说：在春天，春蒿最早发芽，人们采寻它来做蔬菜，味道极美。

【异名】草蒿、方溃、菣、犱蒿、香蒿。

### 青蒿叶、茎、根

【性味】味苦，性寒，无毒。

【功效主治】《神农本草经》记载：主治疥瘙痂痒恶疮，杀病虫，祛骨节间积热，明目。陈藏器曰：又治夏季持续高烧，妇人血虚下陷导致出血，腹胀，及冷热久痢。秋冬用籽，春夏用苗，捣成汁服用。也可以晒干制成末，将小便加入酒中和末服。大明曰：补中益气轻身，补疲劳驻颜色，长毛发令发黑亮不衰老，兼去蒜发，杀风毒。治胸痛黄疸，生青蒿捣成汁服用，并把渣贴在痛处。李时珍曰：还可治疟疾寒热。苏恭曰：把生青蒿捣烂敷贴在金疮上，可止血止疼。孟诜曰：把它烧成灰，隔纸淋汁，和石灰煎，可治恶疮、瘪肉、黑疤。

### 青蒿子

【性味】味甘，性冷，无毒。

【功效主治】主明目开胃，炒后食用。治劳瘦，用健壮人的小便浸润后服后。可治恶疮、疥癣、风疹，煎水洗患处。治鬼气，把它碾成末，用酒送服方寸匕。

### 本草附方

【治虚劳盗汗，阴虚内热】青蒿 1 斤，取汁熬膏，加人参末、麦门冬末各 1 两，熬后制成梧子大的丸，每次饭后用米汤送服 20 丸，这种丸子叫青蒿丸。

【治鼻中息肉】青蒿灰、石灰等分，淋汁熬膏点之。

【治毒蜂螫人】嚼青蒿涂上即愈。

### 本草今用

【药品来源】青蒿为菊科植物青草或黄花蒿的全草，夏末秋初拔出洗净晒干供药用。清虚热用茎、熬膏用子与根。

【药理成分】青蒿含有苦味质、挥发油、青蒿碱和维生素 A。

【药用功效】1.抑菌作用。

2.解热作用。

【临床主治】1.治疗肺结核。

2.治疗疟疾。

3.治疗小儿高热症。

4.治疗慢性支气管炎。

## 夏枯草

### 本草纲要

【释义】这种草到了夏天就会枯萎，因它秉承了纯阳之气，得阴气便会枯萎，所以得此名。平原的沼泽地带到处都有生长。冬至过后便会长叶，像旋复。3、4 月开花抽穗，为

紫白色像丹参花,结籽也抽穗。到了5月便枯萎了,所以应在4月采收。李时珍说:原野间长有很多。苗高1、2尺左右,其茎微呈方形,中对节生,边缘有细齿。茎端抽穗,长1、2寸,穗中开淡紫色的小花,一穗有四粒小籽。把嫩苗煮后,浸去苦味,然后用油盐拌和做成酸菜吃,味道极佳。

**【异名】**夕句、乃东、燕面、铁色草。

**夏枯草茎、叶**

**【性味】**味辛、苦,性寒,无毒。

**【功效主治】**《神农本草经》记载:本草治寒热淋巴结核、瘘管及头疮,破腹部结块,散瘘管结气、脚肿湿痹,使身体轻灵。

**本草附方**

**【治肝经虚,眼睛痛,流泪不止,怕亮光】**夏枯草半两,香附1两碾成末,每次服1钱,用腊茶汤送服。

**【治淋巴结核,不管溃烂与否或日久成瘘管】**用夏枯草2两,水2盅,煎到七分,饭后温服。很虚弱的患者,可煎汁熬膏服,并涂患处,兼服十全大补汤加香附、贝母、远志尤其好。此物生血,是治淋巴结核的良药。其草易得,功效甚多。

**【治产后失血过多,心气欲绝者】**夏枯草捣烂,绞汁服1大盏苏醒过来。

**【治白癜风】**夏枯草煎浓汁,日日洗。

**【治女人阴内大量出血不止】**把夏枯草晒干碾末,每次服1方寸匕,用米汤送服。

**【治女人白带带血】**在夏枯草开花时采摘,阴干后碾成末,每次服2钱,米汤送服。

**【治刀伤】**把夏枯草嚼烂,敷上即愈。

**本草今用**

**【药品来源】**夏枯草为唇形科植物夏枯草的果穗。属多年生草本。生长于荒地、路旁及山坡草丛中。夏季当果穗半枯时采下,晒干供药用。

**【药理成分】**夏枯草含三萜皂苷,其苷元是齐墩果酸,尚含游离的齐墩果酸、熊果酸、芸香苷、金丝桃苷、维生素B、维生素C、胡萝卜素、树脂、苦味质、鞣质、挥发油及生物碱等。

**【药用功效】**1.抗菌作用。夏枯草煎剂对痢疾杆菌、绿脓杆菌、葡萄球菌、链球菌有抑制作用,抗菌谱亦较广。

2.降压作用。

**【临床主治】**1.治疗渗出性胸膜炎。

2.治疗肺结核。

3.治疗慢性肝炎。

4.治疗矽肺。

## 番红花

### 本草纲要

**【释义】**李时珍说：番红花出产于西番回回国和天方国，即我们这个地方的红蓝花。元朝时候开始食用。按张华《博物志》说：张骞从西域得到的红蓝花种，其实即是番红花，只因区域地气不同而稍有差异。

**【异名】**洎夫蓝、西红花、藏红花、撒法郎。

**【性味】**味甘，性平，无毒。

**【功效主治】**李时珍曰：治心忧郁积，气闷不散，活血。久服令人心喜。又治惊悸。

### 本草附方

**【治伤寒发狂】**用番红花水煎，冷服。

### 本草今用

**【药品来源】**番红花为鸢尾科植物番红花花柱的上部及柱头。

**【药理成分】**番红花含藏红花素、藏红花酸二甲酯、藏红花苦素、挥发油、维生素 $B_2$ 等成分。

**【药用功效】**1.对子宫有兴奋作用。

2.有降压作用。

3.能延长小鼠的动情期。

**【临床主治】**1.降血压。

2.妇科疾病。

## 车前草

### 本草纲要

**【释义】**此草爱长在路旁，故又叫当道草。现在四方各地、淮河流域及接近河南北部的地方都有生长。初春长出细苗，叶子分布在面上如同匙面。连年生长的有 1 尺多长，从中间长出几根茎，结长穗像鼠尾。穗上的花长得很细密，色青微红，结的果实如葶苈，红黑色。如今人们在 5 月采苗，7、8 月采果实。有的也在园圃里种植车前草，蜀中一带尤其时兴。将它的嫩苗当作蔬菜吃，润肠。李时珍说：王旻的《山居录》载有一种车前草剪苗而食的方法，可见以前人们常将它作为蔬菜。现在山里人仍然采他的嫩叶，同水煮汤熟晒干后，用酱、油拌匀蒸来吃，味道很好。

**【异名】**当道草、芣苡、马舄、牛遗、蛤蟆衣、牛舌草、车轮菜、地衣。

## 车前草子

**【性味】**味甘，性寒，无毒。

【功效主治】《神农本草经》记载：主治下腹到阴囊胀痛、小便不畅或尿后疼痛，利尿，除湿痹。长期服用轻身耐老。《名医别录》记载：治男子伤中，女子尿急、尿频、尿痛不思饮食，养肺强阴益精，使人有子，明目，疗目赤肿痛。甄权曰：去风毒，肝中风热，毒风冲眼，赤痛眼浊，头痛，流泪。压丹石毒，除心胸烦热。陆玑曰：治妇人难产。萧炳曰：养肝。李时珍曰：清小肠热，止夏季因湿气伤脾引起的痢疾。

本草附方

【治小便血淋疼痛】车前子晒干研成末，每次服用 2 钱，用车前子叶煎汤冲服。

【孕妇热淋】车前子 5 两，葵根切 1 升，以水 5 升，煎取 1 升半，分 3 次服，以利为度。

【湿气腰痛】车前草 7 棵，葱白连须 7 棵，枣 7 枚，煮酒 1 瓶，常服，终身不发。

【目赤作痛】车前草汁，调朴消末，睡时涂在眼泡上，次早洗去。

本草今用

【药品来源】车前草为车前草科植物车前及平车前的全草。其种子称为车前子。

【药理成分】车前草含桃叶珊瑚甙、车前甙、熊果酸、棕榈酸豆甾醇脂、维生素 C 等。车前子含多量黏液、琥珀酸、胆碱等。

【药用功效】1.祛痰、镇咳、平喘。

2.利尿。

3.调节胃肠道分泌功能。

【临床主治】1.治疗肠道感染。

2.治疗肝炎。

3.治疗小儿消化不良。

4.治疗溃疡病、胃炎。

## 艾

本草纲要

【释义】艾生长在田野间，到处都有，但以覆盖在道上及向阳的为最好。初春遍地生苗，茎似蒿，叶背呈白色，以苗短的为良。用来灸百病尤其好。近来以蕲州的艾为最好，成为当地的特产，人们极为看重它，称为蕲艾。相传其他地方的艾不能灸穿酒坛，而蕲艾一灸便直穿而过，非常奇妙。艾多在山上及平原地区生长。2 月宿根重新生苗成丛状生长，它的茎直生，为白色，高 4、5 尺。叶向四面散开，形状似蒿，分为 5 个尖，桠上又有小尖，叶面青色背面为白色，有茸毛，柔软而厚实。7、8 月，叶间长出穗如车前穗。开小花结果实，累累盈枝，内有细籽，霜降后开始枯萎。都是在 5 月 5 日收割茎，晒干后收叶。李月池赞道：产于山阴，采以端午。治病灸病，功非小补。《荆楚岁时记》载：在 5 月 5 日鸡未叫时，采集像人形的艾，收藏好以备灸病，非常灵验，当日采的艾作为门神，悬挂在门上，以避邪气，称作“艾虎”。

【异名】艾蒿、医草、黄草、冰台。

艾叶

【性味】味苦,性微温,无毒。

【功效主治】《名医别录》记载:主要用于灸百病。也可煎服。主吐血腹泻,阴部生疮,妇女阴道出血,利阴气,生肌肉,辟风寒,使人有生育能力。煎时不要见风。陶弘景曰:捣汁服,可止伤血,杀蛔虫。李时珍曰:能温中逐冷除湿。苏恭曰:可止崩血、肠痔血,止腹痛,安胎。用苦酒煎,治癖好。捣汁饮,治心腹一切冷气鬼气。

艾实

【性味】味苦、辛,性暖,无毒。

【功效主治】甄权曰:主明目,疗一切鬼气。大明曰:助肾强腰膝,暖子宫。

本草附方

【治风虫牙痛】化蜡少许,摊在纸上,铺开艾叶,用筷子将艾叶卷成筒,烧烟,左右熏鼻,吸烟满口,呵气,即疼止肿消。

【治鼻血不止】用艾灰吹入鼻中,也可将艾叶煎服。

【治盗汗不止】用熟艾 2 钱,白茯神 3 钱,乌梅 3 个,水 1 盅,煎八分,临睡前温服。

【治咽喉肿痛】用青艾和茎叶一小把,用醋捣烂,敷于喉上。

本草今用

【药品来源】艾为菊科多年生草本植物艾的干叶片。每年农历五月取全草,干燥叶作药用。

【药理成分】艾含挥发油,成分是水芹烯、毕澄茄烯、侧柏醇等,并含柔质、氯化钾和维生素以及胆碱等。

【药用功效】1.抗菌。以野艾、艾叶等烟熏。配合苍术、雄黄、菖蒲等,对金黄色葡萄球菌、乙型溶血链坏菌、大肠杆菌、变形杆菌、白喉杆菌及伤寒、副伤寒杆菌,绿脓、枯草、产碱、结核等杆菌均有杀灭作用;

2.对支气管有舒张作用。

【临床主治】1.治疗先兆流产。

2.治疗肺结核喘息症。

3.治疗妇女白带。

4.治疗慢性盆腔炎。

菊

本草纲要

菊原产于雍州的沼泽地带和田野,现处处都有栽种,但以南阳菊潭的为佳。初春遍

地生细苗,夏季茂盛,秋季开花,冬季结子,种类特别多。只有茎紫的气味芳香,叶厚而柔软,嫩时可食,花稍大,味很甜的为真菊。其茎青而大,叶细,气味浓烈,似蒿艾。花小味苦的,叫苦薏,即野菊。还有白菊,茎叶都相似。仙家的经验认为菊有妙用,宜常服。

李时珍说:菊的种类,共有一百多种,宿根自己生长,茎、叶、花、色,各不相同。宋朝刘蒙泉等人,虽然都有菊谱,也不能详尽记载。其茎有株蔓、紫赤、青绿之殊;叶有大小、厚薄、尖秃之异;花有千叶单叶、有蕊无蕊、有子无子、黄白红紫、杂色深浅、大小之别;味有甘、苦、辛之辨。还有夏菊、秋菊、冬菊之分。大概只有单叶的味甘的菊才能用来泡茶和入药。如《菊谱》中所记载的甘菊、邓州黄、邓州白、红菊。甘菊原产于山野,现在的人都栽种。它的花细碎,品位不大高,花蕊类似蜂窠,中间有细籽,也可将菊枝压在土中种植。嫩叶和花都可炸食。白菊花稍大,味不很甜,也在秋季采收。无种子的菊,称为壮菊。将它烧灰撒在土中,能杀死青蛙——这是物性相制的原因。

**【异名】**节华、女节、女华、女茎、日精、更生、傅延年、阴成、周盈、治蔷、金蕊。

**菊花(叶、根、茎、实同)**

**【性味】**味甘,性平,无毒。

**【功效主治】**《神农本草经》记载:治各种风症及头眩肿痛,流泪,死肌,恶风及风湿性关节炎。长期服用利血气,轻身延年益寿。《名医别录》记载:治腰痛无常,除胸中烦热,安肠胃,利五脉,调四肢。甄权曰:还可治头目风热、晕眩倒地、脑颅疼痛,脑骨疼痛,令身上一切游风消散,利血脉,并无所忌。张元素曰:能养目血去翳膜。张好古曰:可用于肝气不足。

**白菊**

**【性味】**味苦、辛,性平,无毒。

**【功效主治】**陶弘景曰:治风眩,能使头发不白。陈藏器曰:可用来染胡须和头发。同巨胜、茯苓制成蜜丸服用,去风眩,延年,益面色。

**本草附方**

**【《玉函方》载王子乔养颜延寿服食菊花方】**用甘菊,在3月的前5天采它的苗,叫玉英;6月的前5天采它的叶,叫容成;9月的前5天采它的花,叫金精;12月的前5日采它的根茎,叫长生。将上述四物一起阴干100天后,各取等分,捣杵千次后成末,每次用酒送服1钱。或者将末炼熟后做成梧子大的蜜丸,用酒送服7丸,每日3次。服百日后会身轻面润,服一年令白发变黑。服二年,落更生。服五年,80岁的可返老还童。

**【《有灵宝方》载服食白菊方】**9月9日采菊花2斤,茯苓1斤,一同捣碎后筛出末。每次服2钱,温酒调下,1日3次;或者用炼过的松脂,和末做成鸡蛋大的丸,每次服1丸。久服令人延年益寿。

**【治痘疮,人目生翳】**用白菊花、谷精草、绿豆皮各等分捣成末,每次取一钱,用干柿饼1个,淘粟米水1盏一起煮,待水煮干时吃柿饼,每日3个。少则5、7日,多则半月见效。

【治饮酒过量，大醉不醒】将9月9日采的真菊研末，饮取1方寸匕。

【治妇女阴肿】用甘菊苗捣烂熬汤，先熏后洗。

【治疗脓肿恶疮垂死之症】用菊花一把，捣汁1升，入口中即活。这是神验方。冬月采根用。

【治风热头痛】用菊花、石膏、川芎各3钱为末，每次服1钱半，用茶调下。

### 本草今用

【药品来源】菊花为菊科植物菊的头状花序。

【药理成分】菊花含有菊甙、腺嘌呤、水苏碱、白胆碱、氨基酸、白菊酮和黄酮类维生素A和B及龙脑，樟脑等挥发油成分。

【药用功效】1.镇定。

2.解热。

3.降压。

4.扩张血管。

【临床主治】1.治疗冠心病心绞痛。

2.治疗高血压。

## 葵

### 本草纲要

【释义】葵有紫茎和白茎二种，以白茎为佳。它的叶大而花小，花为紫黄色，其中花最小的叫鸭脚葵。它的果实大如指尖，皮薄而扁，果仁轻虚如检荚仁。正月复种的叫春葵，而宿根到3、4月也可再生。

【异名】露葵、滑菜。

【性味】味苦，性寒、滑，无毒。为百菜主，其心伤人。

【功效主治】孙思邈曰：能利胃气，滑大肠。苏颂曰：疏通积滞。妊妇食它，使胎滑而容易生产。甄权曰：煮汁服，利小肠，治流行黄疸。干叶为末烧成灰，治金疮出血。汪颖曰：除客热，治恶疮，散脓血。妇女白带过多，小儿热毒下痢、丹毒，都宜食用它。孟诜曰：服丹石的人也宜食它。润燥利窍，功效与子相同。

## 葵根

【性味】味甘，性寒，无毒。

【功效主治】《名医别录》记载：主治恶疮、淋症，利小便，解蜀椒毒。甄权曰：如小儿误吞铜钱没法取出，煮汁饮下则奇效如神。李时珍曰：能利窍滑胎，止消渴，散恶毒气。孟诜曰：治身面长疳疮出黄水，用葵根烧灰，和猪油涂。

### 本草附方

【各种瘘管不愈合】先用澄清的淘米水温洗干净，擦干，将葵菜叶小火烘，微热外贴，

只不过 200 到 300 片叶，排完脓，即长肉。其间忌食鱼、蒜、不能房事。

本草今用

【药品来源】葵为锦葵科植物冬葵的种子、叶或根。
【药理成分】葵的种子含脂肪油及蛋白质。花含花青素类。

菟葵

本草纲要

【释义】菟葵苗如石龙芮，叶有光泽，花呈白色而像梅花，它的茎为紫黑色，煮来吃很爽口。生长在低凹的沼泽和田间。
【异名】天葵、雷丸草。

苗

【性味】味甘，性寒，无毒。
【功效主治】《唐本草》记载：主治尿中带石的各种淋症，止虎蛇毒。患各种疮，可捣汁饮用，涂在疮上，能解毒止痛。

龙葵

本草纲要

【释义】龙葵、龙珠，为同一类的两个品种，到处都有。4 月生苗，嫩时可食，柔软而润滑。5 月以后开小白花，五开五谢，花蕊呈黄色。结的果实浑圆形，大如五味子，果上长有小蒂，数颗同缀。果实味酸，里面有细籽，也像茄子的子。但果实生青熟黑的是龙葵，生青熟赤的为龙珠，性味相差不多。
【异名】苦菜、苦葵、天茄子、老鸦眼睛草、天泡草、老鸦酸浆草。

龙葵苗

【性味】味苦、甘，性寒、滑，无毒。
【功效主治】《唐本草》记载：食用后能解除疲劳，减少睡眠，去虚热浮肿。苏颂曰：治风症，补益男子元气虚竭，女人败血。李时珍曰：能消热散血，压丹石毒。

子

【功效主治】《唐本草》记载：主治疔肿。甄权曰：可令人耳聪目明、身轻，使人肌肤润泽，精力旺盛，不易衰老，治疗效果非常好。苏颂曰：还能治风疾，益男子元气，妇女败血。

茎、叶、根

【性味】味苦、甘，性寒、滑，无毒。

【功效主治】孟诜曰：将龙葵茎、叶、根捣烂，和土敷疔疮、火丹疮，效果良好。李时珍曰：主治痈疽肿毒、跌打损伤，能清肿散血。苏颂曰：根与木通、胡荽煎汤服，可通利小便。

**本草附方**

【**治临产时产妇直肠脱出，肠出不收**】用老鸦眼睛草一把，即龙葵煎水，先熏后洗，肠收而愈。

【**治脊背疽**】用龙葵1两为末，麝香1分，研匀涂。

【**治火丹**】用老鸦眼睛草，即龙葵的叶子，加入醋研细后敷。

【**治跌打损伤，从高处坠下垂死的人**】取老鸦眼睛草的茎叶，即龙葵，捣汁服，再用滓敷患处。

## 迎春花

**本草纲要**

【**释义**】迎春花丛生，高的可长到2、3尺，茎呈方形，叶厚。叶像初生的小椒叶但没有，叶色面青背淡。节节生小枝，每枝长3片叶。正月初开小花，形状像瑞香花，黄色，不结果实。叶子可食用。

【**异名**】辛夷、木笔花、辛矧、房木、春花、姜朴花。

**叶**

【**性味**】味苦、涩，性平，无毒。

【**功效主治**】《卫生易简方》记载：治疗肿毒恶疮，以它的叶阴干，研末，酒服2、3钱服后出汁即愈。

**本草今用**

【**药品来源**】迎春花为木兰科植物辛夷之干燥花蕾。全国温暖地区，如湖北、安徽、浙江、福建、四川、江西、山东等省出产。

【**药理成分**】含有柠檬醛、丁香油脂等挥发油及松脂素二甲醚、里立脂二甲醚林脂类。

【**药用功效**】1.增强肠张力，使肠运动加强。

2.具有一定的麻醉作用。

3.降压作用。

4.对趾间毛癣菌、白色念珠菌、金黄色葡萄球菌、乙型链球菌、白喉杆菌、痢疾杆菌、炭疽杆菌、流感病毒等有抑制作用。

【**临床主治**】1.急性鼻炎。

2.过敏性鼻炎。

3.鼻窦炎。

## 紫花地丁

### 本草纲要

【释义】紫花地丁全草长9~15厘米。根圆锥形，淡黄色。叶自根丛生，箭头形，有长柄，茎叶均为绿色。开紫色五瓣花，结小角果，裂为3瓣，内含黄色圆形种子。夏季果实成熟时采收，洗净晒干，切段，生用。鲜用随时可采。

【异名】箭头草、羊角子、独行虎、地丁草、如意草。

【性味】味苦、辛，性寒，无毒。

【功效主治】李时珍曰：治一切痈疽发背，疔肿瘰疬恶疮。

### 本草附方

【瘰疬丁疮】紫花地丁根去粗皮，同白蒺藜为末，用油调合后涂患处。

【喉痹肿痛】紫花地丁叶，入酱少许，研膏，点入取吐。

【治痈疽发背，无名诸肿】紫花地丁草，三伏时收，以白面和成，盐醋浸一夜贴之。

### 本草今用

【药品来源】紫花地丁为堇菜科植物紫花地丁的干燥全草。

【药理成分】紫花地丁含甙类、黄酮类、蜡等成分。花中亦含蜡，蜡中含饱和酸（主要为蜡酸），不饱和酸醇类，烃等成分。

【临床主治】1.治疗疔疮肿毒。

2.治疗前列腺炎。

3.治疗急性乳腺炎。

# 芳草类

## 川芎

### 本草纲要

【释义】陕西、川蜀、川黔、江东山中多有生长，其中以川蜀生长的为最佳。4、5月长叶，像水芹、胡荽、蛇床子，茎细而成丛生长。其叶很香，江东、蜀人因此常采其叶作茶饮。7、8月开碎白花，就像蛇床子开的花一样。其根瘦而坚硬，为黄黑色。关中生长的川芎外观厚实，如雀脑状的为雀脑芎。李时珍说：蜀地气候温和，当地人大多种植栽苗，到了深秋茎叶也不枯萎。清明后，上年的根重新发苗，将枝分出后横埋入土，再节节生根。到了8月根下开始结川芎，便可以挖掘出来，高温蒸后就可以当成药物卖了。《救荒本草》记载：叶名蘼芜，像芹菜叶但比它略微细窄些，有丫杈。又像白芷叶很细。一种像蛇床叶但

比经粗些,嫩叶可以吃。

【异名】芎穷、香果、胡芎、山鞠穷。

花

【功效主治】有养颜的功效。

根

【性味】味辛,性温,无毒。

【功效主治】《神农本草经》记载:治中风后头痛,寒痹筋挛拘急,金属外伤及妇女月经不调导致的不孕。大明曰:可除一切风、一切寒、一切劳损、一切血。补五劳、壮筋骨,通调血脉。治吐血、鼻血、便血等血证及体表痈痔疮等病证,促进新生肉芽组织生长。苏颂曰:与蜜做成丸服,治风邪产生的痰症有特效。陶弘景曰:治牙根出血,含入口中即愈。

本草附方

【妇人气盛头痛及产后头痛】川芎、乌药等分,制成粉末,每次服2钱,用葱茶调匀服下。

【气虚头痛】川芎研成粉末,用蜡茶调匀后服2钱,很快见效。曾经有位妇女产后头痛,一服即愈。

【偏头风,即半边头痛】将川芎磨细泡酒,每天饮服。

【一切胃痛】大川芎1两,酒1盏,煎到一半时,徐缓地服下。

【跌伤致胎死腹中】川芎捣碎研末,每次用酒服2钱,以1、2付药,可将死胎引出。

【产后急性乳腺炎】将川芎、当归各1斤,和匀后,取其中的四分之一挫散,置于瓦器中用水浓煎,每次服用的量不拘多少,只频繁服用即可。另外的四分之三仍挫成块状,于病人床前烧烟,病人应用口鼻吸入。如果未愈,可重复一次,但同时应将蓖麻子一粒研细后,涂擦在头顶心。

本草今用

【药品来源】川芎,是伞形科植物川芎的根茎,多年生草本,8、9月份采取,挖出根茎,除去泥土洗净烘干供药用。主要产于四川、贵州、云南等地,其中为川产最好。

【药理成分】生物碱部分有川芎嗪,酚性部分有阿魏酸,挥发油中化学成分主要有蒿本内醋。

【药用功效】1.活血化瘀止痛,抗血栓形成。

2.活血消瘀。

3.温经调经,养血活血。

4.抗放、化疗辐射作用。

【临床主治】1.治疗冠心病。

2.治疗骨质增生。

3.治疗脑血管病。

4.治疗三叉神经痛。

5.治疗慢性乳腺病。

## 当归

### 本草纲要

**【释义】**古人娶妻,是为了传宗接代。当归调血.是女人的重要药物,有思念丈夫的意思,所以有当归这个名称,正好与唐诗“胡麻好种无人种,正是归时又不归”的意思相同。李时珍说:当归原本并不是芹类,只因其花像芹,才得芹名。长在川蜀、陕西等地,以川蜀出产的当归最佳。春天生苗,绿叶有三瓣。7、8 月份开花,花似莳萝,浅紫色,根呈黑黄色,宜在 2、8 月采后阴干。肉厚而不干枯的当归为最好。

**【异名】**山蕲、乾归、白蕲、文无。

### 根

**【性味】**味苦,性温,无毒。

**【功效主治】**《神农本草经》记载:主治咳逆上气、温疟及女人月经不调导致的不孕,诸恶疮疡金疮,煮汁饮。大明曰:有祛一切风寒,补一切血虚,补一切劳损的功能。能破恶血,滋生新血。李时珍曰:可治诸多疮疡、痈疽,排脓止痛。

### 本草附方

**【治产后流血过多眩晕、不产、经血过多、外伤、拔牙、跌伤等一切失血症导致的心烦眩晕,不省人事】**当归 2 两,川芎 1 两,每次用 5 钱,水 7 分,酒 3 分,煎到 7 分时,热服,每天一次。

**【治鼻中流血不止】**当归用微火烘干研碎成末,每次服 1 钱,米汤调后服下。

**【治小便出血】**当归 4 两捣碎,酒 3 升,煮至 1 升时服下。

**【治胎儿死于腹中不出】**当归末用酒服 2 钱。

**【治胎位不正】**用当归 3 两,芎劳 1 两研成末,先用黑豆炒焦,同流水、童尿各 1 盏,煎至 1 盏时服下。

### 本草今用

**【药品来源】**当归是伞形科植物当归的根。生于高寒多雨山区,主产甘肃、云南、四川,多栽培。

**【药理成分】**含基本内酯、正丁烯酞内酯、阿魏酸、烟酸、蔗糖和多种氨基酸,以及倍半萜类化合物等。

**【临床主治】**1.月经不调。

2.血栓闭塞性脉管炎之疼痛。

3.慢性肌肉疼痛。

## 豆寇

### 本草纲要

【释义】生长于南海、岭南等地。苗像芦,它的叶似山姜,根似高良姜。2月开花形成穗房,花长在茎下,由嫩叶卷曲而生。开始如芙蓉花,微红,穗头呈深红色。它的叶子逐渐长大,花渐渐绽开而颜色也逐渐变淡,也有变成黄白色的。南方人多采摘花当作果实,嫩的特别贵重,将穗头与盐一同腌制,重叠成朵状不会散。李时珍说:豆蔻大小如龙眼,形状稍长,外皮呈黄白色,薄而且棱峭,其核仁大小如缩砂仁而有辛香气味。滇广出产的草果,当地的人常用来做茶及作为食物佐料。广东人则取出豆蔻放入梅汁,盐渍让其泛红色,在烈日下晒干后,放在酒里,名为红盐草果。元朝时常把草果作为膳后果品。南方等地还有一种火杨梅,极似豆蔻,它的形态圆而粗,气味辛而且不温和,人们也经常食用。

【异名】草豆蔻、草果、漏蔻。

### 仁

【性味】味辛、涩,性温,无毒。

【功效主治】《名医别录》记载:主温中,心腹痛,呕吐,去除口臭。《开宝本草》记载:能下气,止霍乱,除一切冷气,消酒毒。李杲曰:调中,补胃健脾,祛寒温。主心腹疼痛、胃痛。治瘴疠寒疟,伤暑吐下泄痢,噎膈反胃,痞满吐酸,痰饮积聚,妇人恶阻带下,除寒燥湿,开郁破气,另有除鱼毒的作用。

### 花

【性味】味辛,性热,无毒。

【功效主治】大明曰:主调中补胃气及下气。止呕吐呃逆,治腹泻,消除酒毒。

### 本草附方

【治心腹胀满短气】用草豆蔻1两,去皮研末,木瓜生姜汤送服半钱。

【治胃虚呕逆,不能进食】用草豆寇仁3枚,高良姜半两,水1盏,煮后滤汁,加姜汁半合,与白面调和后切碎,羊肉拌汁煮熟,空腹时食用。

【治疟疾】用草果仁、熟附子等份,加生姜7片,大枣2枚,水2盏,煎至1盏,温服。

【治口臭】用豆落、细辛研末含漱。

【治赤白带下】取连皮草果1枚,乳香1小块,面裹偎成焦黄色,研末,每次米汤送服2钱,每日2次。

### 本草今用

【药品来源】豆蔻为姜科植物爪哇白豆蔻的果实。生于山沟阴湿处,我国多栽培于

树荫下。海南、云南、广西有栽培。原产于印度尼西亚。

【药理成分】含桉油精、d-龙脑、b-蒎烯、a-松油醇等。

【临床主治】1.治疗萎缩性胃炎。

2.治疗胃酸过多症。

3.治疗虚寒痢疾。

## 茉莉

### 本草纲要

【释义】又叫柰花，最早生长在波斯，后来移植到南海，现在滇、广两地的人，都植苗移栽。它的性格畏寒，不宜在中原种植。它茎弱枝繁，绿尖团，初夏时开白色的绿花朵，花瓣重叠而没有花蕊，秋尽花谢而不结果。素馨和指甲花与它都属同类。

【异名】柰花、末丽。

#### 花

【性味】味辛，性热，无毒。

【功效主治】李时珍曰：蒸油取液，作面脂和头油，长头、润燥、香肌。也可加入茗饮之中。

#### 根

【性味】性热，有毒。

【功效主治】汪机曰：用酒磨 1 寸服，则昏迷 1 日者能醒，2 寸则 2 日者能醒。凡跌损骨节、脱臼接骨的，用了则不知痛。

### 本草今用

【药品来源】本品为木樨科植物茉莉的花。

【药理成分】本品含挥发油性物质，主要成分为苯甲醇或其脂类、茉莉花素、芳樟醇、安息香酸芳樟醇酯等，还含有吲哚，素馨内酯等物质。

【药用功效】1.止痛。

2.抗菌消炎。

【临床主治】1.胸胁疼痛。

2.慢性肝炎后遗胁间痹痛。

3.妇女痛经。

4.疮疡，皮肤溃烂等炎性病证。

## 泽兰

### 本草纲要

**【释义】**陶弘景说,此草生于泽旁,所以称泽兰。到处都有生长,多生长在潮湿的地方。叶子微有香味,可以煎油及做浴水,人们家里都有种植。茎方节为紫色。叶子像兰草但不很香。根名为地笋,产妇可以当作蔬菜吃。

**【异名】**虎兰、龙枣、水香、都梁香、虎蒲、蛇王草、接古草、小泽兰、地笋、红梗草。

### 叶

**【性味】**味苦,性微温,无毒。

**【功效主治】**《神农本草经》记载:治金疮、痈肿脓疮。《名医别录》记载:治产后金疮内塞。大明曰:妇人产前产后百病。通九窍,利关节,养血气,消腹部肿块,通小肠,长肌肉,破除瘀血。治鼻血、吐血、头目风痛、妇人劳瘦、男人脸黄。甄权曰:治产后腹痛,产后血气衰冷和积劳瘦弱。

### 根

名为地笋。

**【性味】**味甘、辛,性温,无毒。

**【功效主治】**陈藏器曰:主利九窍,通血脉。排脓治血证。大明曰:止鼻血吐血,产后心腹疼痛。产妇可以当作蔬菜吃,效果很好。

### 子

**【功效主治】**《千金方》载:治妇人36种疾病。

### 本草附方

**【治产后水肿】**用泽兰、防己等份研末,每次用醋汤送服2钱。

**【治痈肿初起及跌打损伤血瘀肿痛】**用泽兰捣烂外敷患处。

**【治小儿褥疮】**泽兰嚼烂贴敷破溃处,效果较好。

### 本草今用

**【药品来源】**本品为唇形科地笋属植物地笋之全草。

**【药理成分】**含有挥发油、鞣质、树脂、黄酮甙、氨基酸、漆蜡酸、β-谷甾醇、桦木酸、熊果酸、葡萄糖、半乳酸、泽兰糖、蔗糖、棉子糖、水苏糖、果糖。

**【临床主治】**1.郁滞性水肿。

2.肝硬化腹水。

3.产后恶露不尽。

4.肾病综合征之水肿。

## 马兰

### 本草纲要

【释义】马兰在湖泽潮湿的地方多有生长。2 月份长苗，赤茎，白根，长叶子有刻齿状，像泽兰但不香。南方人多采摘来晒干作为蔬菜。进入夏天就可高达 2、3 尺，开紫花，花谢后有细籽。

【异名】紫菊。

### 根、叶

【性味】味辛，性平，无毒。

【功效主治】大明曰：主破瘀血，养新血，止鼻衄、吐血、外伤、便血、疟疾，饮酒过多引起黄疸及各种菌毒、药毒。生捣为末，治蛇咬伤。李时珍曰：可治各种疟及腹中急痛，痔疮。

### 本草附方

【治各种疟疾寒热往来】用赤脚马兰捣烂成汁加水少许，在发作之日的早晨服用，或加少许糖也可。

【治肠扭转疼痛】用马兰根、叶细嚼咽汁可立即止痛。

【治外伤出血】用马兰与旱莲草、松香、柜子叶擦伤口。

【治疗丹毒】用马兰、甘草，以醋敲打后涂搽患处。

### 本草今用

【药品来源】本品为菊科植物马兰的全草及根。

【药理成分】全草含挥发油，油中含乙酸龙脑脂、甲酸龙脑脂、酚类、二聚戊稀、辛酸、倍半萜、倍半萜醇等。

# 蔓草类

## 葛

### 本草纲要

【释义】到处都有葛生长，浙一带尤其多。春天生苗，引藤蔓生，长 1、2 丈，紫色。7 月开花，粉紫色，像豌豆花，不结果实。根的形状大小像手臂，黑色。在 5 月 5 日午时采根曝晒干，以入土深的那种为最好。现在的人多做成粉来吃。鹿吃九种草，这是其中的

一种。寇宗奭曰:澧、鼎之间,冬月收取生葛捣烂,放入水中揉出粉,澄成垛,入沸汤中,许久以后颜色如胶,质地很柔韧。用蜜糖拌食,一点生姜更妙。也可以放入茶里来招待客人,味甜而且有益身体。或者把生葛根煮熟当作果实来卖。李时珍说:葛有野生、栽种两类。其根外呈紫色而里呈白色,长约7、8尺。其叶子有尖,像枫叶而略长一点,正面青色背面淡青色。其花成穗,累相缀,红紫色。其荚如小黄豆荚,也有毛。其籽绿色,扁扁的如梅子核,生嚼有腥气,8、9月份采集它,称为葛谷。花晒干,也可以炸来吃。

**【异名】**鹿霍、鸡齐、黄斤、干葛、甘葛。

**根**

**【性味】**味甘、辛,性平,无毒。

**【功效主治】**《名医别录》记载:有解机体各种大毒、大热,解肌发表,出汗,开胃下食,排除瘀血,通小肠,散郁火的功能。《神农本草经》记载:可治糖尿病、发热、呕吐、呃吐、呃逆上气、伤风感冒头痛、各种痹症、皮肤疮毒,以及腹泻便血等病症。甄权曰:治天行上气呕逆,助消化,解酒醉。《开宝本草》记载:利大小便,去烦热。外敷可治小儿热疮,蛇虫咬伤。捣成汁喝,可治小儿热病、关节红肿等。

**谷**

**【性味】**味甘,性平,无毒。

**【功效主治】**《神农本草经》记载:可治小儿十年以上的腹泻及下痢。李时珍曰:可解酒毒。

**花**

**【功效主治】**《名医别录》记载:可解酒。李时珍曰:治肠风下血。

**叶**

**【功效主治】**《名医别录》记载:治金疮止血,可敷。

**蔓**

**【功效主治】**苏恭曰:治咽喉肿痛,烧研,水服方寸匕。李时珍曰:可以消痈肿。

**本草附方**

**【治酒醉不醒】**生葛根汁饮2升便愈。

**【治数种伤寒】**葛根4两,水2升,人豆豉1升,生姜汁少许,煮取半升服。

**【治中鸩鸟大毒,其羽人酒杯一拂,饮后即烂肠胃】**急用葛粉3合,水3盏调服气绝欲死,牙关紧闭的,挖开灌入。

**【治鼻中出血不止】**生葛捣汁,每次服1小盏,每日服1次。

**【治破伤风症强欲死】**生葛根4两,以水3升,煮取1升,去滓分服,牙关紧闭即灌服。

【治金疮】5 月 5 日午时,取葛根晒干为末,遇有刀斧伤,敷患处有大效。

【解各种毒药、上吐下泻】葛根煮成汁,时常服用。

### 本草今用

【药品来源】本品为豆科植物野葛或甘葛藤的干燥根。其花、叶、谷(种子)、粉(块根经水磨而澄取的淀粉)、蔓(藤)也入药用。

【药理成分】含有葛根素、葛根甙、大豆素、大豆甙、β-谷甾醇、羽扇豆酮、6,7-二甲基香豆素、廿二烷酸、廿四烷酸、甘油脂、淀粉等。

【药用功效】1.降血糖。

2.解热。

【临床主治】1.高血压病之头痛、颈项强硬。

2.痢疾。

3.麻疹初起。

## 牵牛子

### 本草纲要

【释义】李时珍说:牵牛有黑白两种,黑的处处都有,多为野生。其藤蔓有白毛,折断后有白汁。叶子有三尖,如枫叶。花不做瓣,像旋花但大些。其果实有蒂包裹着,生时呈青色,干枯时泛白色。其核与棠梂子核一样,但颜色为深黑色。白的多是人工栽种,其藤蔓微红无毛,有柔制,弄断它有浓汁。叶子圆形,有斜尖,如同山药的茎叶。或花比黑牵牛花小,浅碧带红色。其果实和蒂有 1 寸左右长,生时呈青色,干枯时呈白色。其核为白色,人们也采摘嫩果实和蜜糖煎制成果品来吃,因其蒂像茄子,又称为天茄。

【异名】黑丑、盆甑草、草金铃、狗耳草。

### 子

【性味】味苦,性寒,有毒。

【功效主治】《名医别录》记载:主下气,治下肢水肿,除风毒,利小便。甄权曰:治腹部痈胀而有气块,利大小便,除虚肿,孕妇服后会导致早产、流产。大明曰:可治腰痛,排体内毒性产物,并除一切气壅滞。孟诜曰:和山茱萸一起用,去虚肿。李杲曰:除气分湿热,三焦壅结。李时珍曰:祛痰消饮,杀寄生虫,能通大肠气秘风秘。

### 本草附方

【风毒脚气】牵牛子捣末,蜜丸小豆大,每服 5 丸,生姜汤送下。

【风热赤眼】白牵牛末,以葱白煮研丸绿豆大。每服 5 丸,用葱汤送下。

【小便务淋】牵牛子 2 两,半生半炒,为末。每服 2 钱,姜汤送下,良久,热茶服之。

【治湿热头痛】黑牵牛配砂仁研末,井华水调,灌鼻。

### 本草今用

**【药品来源】**本品为旋花科牵牛或毛牵牛的种子。

**【药理成分】**含有牵牛子甙、脂肪油、蛋白质、多种糖类及色素等。

**【临床主治】**1.肝硬化腹水。

2.肾性水肿。

3.癫痫。

4.精神分裂症。

## 菟丝子

### 本草纲要

**【释义】**李时珍说,按宁献王庚辛玉册云:火焰即菟丝子,是阳草。此草一般生于荒园古道。其子入地,刚开始此草有根,当蔓延到其他物上时,根便自然断裂。此草无叶有花,颜色白里泛红,香气袭人。结的子实有如秕豆大小,色黄,生于梗上的最好。怀孟林中多有生长,入药效果更好。

**【异名】**菟缕、菟累、菟芦、菟丘、赤网、玉女、唐蒙、火焰草、野狐丝、金线草。

**【性味】**味辛、甘,平,无毒。

**【功效主治】**《神农本草经》记载:有续绝伤,补不足,益气力,肥健人的功效。《名医别录》记载:可养肌,强阴,坚筋骨。主治经中寒,溺有余沥,口苦燥渴,寒血为积。明目,轻身延年,补人卫气,助人筋脉。甄权曰:治男子、女人虚冷,填精益髓,去面皯,驻悦颜色。大明曰:补五劳七伤,精自出,尿血,润心肺。王好古曰:补肝脏风虚。

### 本草附方

**【治膏淋】**菟丝子(酒浸,蒸,捣,焙)、桑螵蛸(炙)各半两,泽泻1分,上为细末,炼蜜为丸,如梧桐子大。每服20丸,空心用清米饮送下。

**【治小便多或不禁】**菟丝子(酒蒸)2两,桑螵蛸(酒炙)半两,牡蛎(煅)1两,肉苁蓉(酒润)2两,附子(炮,去皮、脐)、五味子各1两,鸡肶胵半两(微炙),鹿茸(酒炙)1两,上为末,酒糊丸,如梧桐子大。每服70丸,食前盐酒送下。

**【治消渴】**菟丝子不拘多少,拣净,水淘,酒浸3宿,控干,乘润捣罗为散,焙干再为细末,炼蜜和丸,如梧桐子大。食前饮下50粒,1日2到3服;或作散,饮调下3钱。

**【治阴虚阳盛,四肢发热,逢风如炙如火】**菟丝子、五味子各1两,生干地黄3两。上为细末,米饮调下2钱,饭前服用。

### 本草今用

**【药品来源】**本品为旋花科植物菟丝子或大菟丝子的种子。

**【药理成分】**主要成分为树脂甙,尚含维生素A、淀粉酶等成分。

【药用功效】糖类菟丝子煎剂能增强离体蟾蜍心脏的收缩力，使麻醉犬血压下降，肠运动抑制，对离体子宫表现兴奋作用。

【临床主治】1.更年期综合征。

2.遗精。

3.前列腺炎。

4.习惯性流产。

## 五味子

### 本草纲要

【释义】五味子生齐山山谷及代郡，8月采果实阴干。苏恭曰：五味，皮肉甘、酸，核中辛、苦，都有成味，此则五味具也。李时珍认为，五味子有南北之分，南方产的色红，北方产的色黑，入药以北方产的为佳。若用根直接种，当年就会长得很旺盛；若来年2月种下种子，则要等到来年才能旺盛，还须搭上架子。

【异名】玄及、会及、荎藸。

【性味】味酸，性温。无毒。皮肉甘酸，核中辛苦，都有咸味。

【功效主治】《神农本草经》记载：可益气，补不足，强阴，益男子精。《名医别录》记载：养五脏，除热。生阴中肌。大明曰：明目，暖水脏，壮筋骨。治风，消食，反胃霍乱转筋，痃癖奔豚冷气，消水肿心腹气胀，止渴，除烦热，解酒毒。李杲曰：生津止渴，补元气不足，收耗散之气。壮水镇阳。固精，敛汗。收敛肺气，益精，补摄肾脏。敛肺经浮游之火，归肾脏散失之元，治痰定喘。

### 本草附方

【治痰嗽并喘】五味子、白矾等分为末。每服3钱，以生猪肺炙热，蘸末细嚼，白汤下。

【治肺经感寒，咳嗽不已】白茯苓4两，甘草3两，干姜3两，细辛3两，五味子2两半，上为细末，每服2钱，水1盏，煎至7分，去滓，温服，不分时候。

【治肺虚寒】五味子，方红熟时，采得，蒸烂，研滤汁，去子，熬成稀膏。量酸甘入蜜，再上火待蜜熟，俟冷，器中贮，作汤，时时服。

【治梦遗虚脱】北五味子1斤，洗净，水浸1宿，以手按去核，再用温水将核洗取余味，通用布滤过，置砂锅内，接着入蜜2斤，慢火熬之，除砂锅斤两外，煮至2斤4两成膏为度。待数日后，略去火性，每服1到2匙，空腹白滚汤调服。

### 本草今用

【药品来源】本品为木兰科植物五味子的果实，主产于辽宁、吉林、黑龙江、河北等地，商品习称北五味子，尚有一种南五味子，品质较差，主产于四川、湖北、陕西等地。

【药理成分】五味子果实含挥发油等成分一种子含脂肪油，其非皂化部分含有强壮

剂的有效成分五味子素、五味子醇等多种成分。

【药用功效】1.抗肝损伤。

2.抗菌、抗病毒、杀虫。

3.解毒。

【临床主治】1.急性、迁延性、慢性肝炎和药物所致的肝损害。

2.精神病、神经官能症。

3.痢疾。

4.美尼尔综合征。

## 木鳖子

### 本草纲要

【释义】木鳖子藤蔓每年一枯;但根不死,春天很快长苗,叶如葡萄。种子一头尖的为雄,凡种植时须雌雄相合,用麻缠定。李时珍说:木鳖子大如围棋子,果仁青绿色。入药去油。

【异名】木鳖、土木鳖、木别子。

### 仁

【性昧】味甘,性温,无毒。

【功效主治】《开宝本草》记载:主治折伤,消除结肿恶疮,生长肌肉,止腰痛,消面部粉刺,面黑,治妇女乳痈、肛门肿痛。大明曰:用醋摩,可消肿毒。李时珍曰:治疳积痞块,利大肠泻痢,除痔瘤瘰疬。

### 本草附方

【脚气肿痛】木鳖子仁每个劈开分两边,麸炒过,去油尽为度,每 1 两加入厚朴半两,研末,热酒服 2 钱,使醉,汗出愈。

【酒疸脾黄】木鳖子磨醋,服 1 到 2 盏,小便利有效。

【阴疝偏坠,疼痛厉害】木鳖子 1 个用醋磨,调黄柏、芙蓉末外敷,痛即止。

【腹中痞块】木鳖子仁 5 两,用阉割的猪腰子两副,切开把药放入,封好,煨熟,一同捣烂,加入黄连末 3 钱,蒸饼,做丸如绿豆大,每次用白开水送服 30 丸。

### 本草今用

【药品来源】本品为葫芦科植物木鳖的干燥成熟种子。

【药理成分】含甾醇、齐墩果酸,木鳖子酸,由丝石竹皂甙元所组成的木鳖子皂甙Ⅰ、Ⅱ,α-酮酸,栝楼酸,棕榈酸,硬脂酸,油酸,亚油酸及海藻糖,蛋白质。

【临床主治】1.外痔。

2.急性扁桃体炎。

3.鼻癌。

## 天门冬

### 本草纲要

【释义】天门冬生奉高山谷,2月、3月、7月、8月采根,晒干。李时珍说:草中茂盛者为虋,俗作门。此草蔓生茂盛,而功效同麦门冬,因此叫天门冬。或者叫天棘。

【异名】颠勒、颠棘、虋冬、万岁藤。

### 根

【性味】味苦,性平,无毒。

【效主治】《神农本草经》记载:主治因风湿盛致风湿痹,强骨髓,杀寄生虫,去伏尸。久服能减肥,益气,延年益寿,不知饥。《名医别录》记载:可保定肺气,去寒热,养肌肤,利小便,冷而能补。甄权曰:治肺气咳逆,喘息促急,肺萎生痈吐脓,除热,通肾气,止消渴,去热中风,治湿疥,宜久服。煮食之,令人肌体滑泽白净,除身上一切恶气不洁之疾。

### 本草今用

【药品来源】本品为百合科植物天门冬的干燥块根。

【药理成分】含天冬素、β-谷甾醇、5-甲氧基糖醛、约莫皂甙元、薯蓣皂甙元、萨酒皂草皂甙元、菝葜皂甙元及瓜氨酸、丝氨酸、苏氨酸、脯氨酸、甘氨酸等19种氨基酸,还含有鼠李糖、木糖、葡萄糖以及三聚糖、四聚糖、五聚糖、六聚糖等多种低聚糖。

【药用功效】1.抗肿瘤。

2.抗菌。

3.抗衰老。

【临床主治】1.扁平疣。

2.用于刮宫及引产。

3.慢性气管炎。

## 何首乌

### 本草纲要

【释义】何首乌最早生长在顺州南河县,现在到处都有。岭外江南各州都有,其中以西洛嵩山和河南柏城县出产的最好。春天生苗,然后蔓延在竹木寺壁间。茎为紫色,叶叶相对,像薯蓣但无光泽。夏秋开黄白花,如葛勒花。结的籽有棱角,似荞麦但要细小些,和粟米差不多大。秋冬采根,大的有拳头般大,各有五个棱。瓣似小甜瓜,有赤色和白色两种,赤色的是雄的,白色的为雌的。春天采根,秋天采花,九蒸九晒,可以当粮食。此草本名叫交藤,因何首乌服用这种草有效才得此名。

**【异名】**地精、赤敛、铁秤陀、红内消、马肝石、小独根。块根称首乌，茎称夜交藤。

**茎、叶**

**【功效主治】**李时珍曰：风疮疥癣作痒，用何首乌煎汤洗浴，效果好。

**根**

**【性味】**味苦、涩，性微温，无毒。

**【功效主治】**《开宝本草》记载：治颈部淋巴结结核，消肿块，疗头面风疮，治各种内外痔，止心痛，益血气，黑髭发，悦颜色。久服长筋骨，益精髓，延年不老。也治妇人产后及带下各种疾病。大明曰：长期食用，令人有子。治腹脏一切顽疾寒气，便血。张好古曰：可消肝火。

**本草附方**

**【乌须发、壮筋骨、固精气】**七宝美髯丹：赤、白何首乌各 1 斤（米泔水浸 3、4 日，瓷片刮去皮，用淘净黑豆 2 升，以砂锅木甑铺豆及首乌，重重铺盖，蒸至豆熟取出，去豆，暴干，换豆再蒸，如此 9 次，暴干为末），赤、白茯苓各 1 斤（去皮，研末，以水淘去筋膜及浮者，取沉者捻块，以人乳 10 碗浸匀，晒干，研末），牛膝 8 两（去苗，酒浸 1 日，同何首乌第 7 次蒸之，至第 9 次止，晒干），当归 8 两（酒浸，晒），枸杞子 8 两（酒浸，晒），菟丝子 8 两（酒浸生芽，研烂，晒），补骨脂 4 两（以黑脂麻炒香，并忌铁器，石臼捣为末）。炼蜜和丸弹子大 150 丸，每日 3 丸，清晨温酒下，午时姜汤下，卧时盐汤下，其余并丸梧子大，每日空腹酒服 100 丸，久服极验。

**【治久疟阴虚，热多寒少，以此补而截之】**何首乌丸：何首乌为末，和鳖血为丸，黄豆大，辰砂为衣，临发，五更白汤送下 2 丸。

**【治气血俱虚，久疟不止】**何首乌（自 3 钱以至 1 两，随轻重用之），当归 2、3 钱，人参 3、5 钱（或 1 两，随宜），陈皮 2、3 钱（大虚不必用），煨生姜 3 片（多寒者用 3、5 钱）。水 2 盅，煎 8 分，于发前 2、3 时温服之。若善饮者，以酒浸 1 宿，次早加水 1 盅煎服亦妙，再煎小必用酒。

**【治遍身疮肿痒痛】**何首乌散：防风、苦参、何首乌、薄荷各等分。上为粗末，每用药半两，水、酒各一半，共用 1 斗 6 升，煎 10 沸，热洗，于避风处睡一觉。

**【治颈项生瘰疬，咽喉不利】**何首乌丸：何首乌 2 两，昆布 2 两（洗去咸味），雀儿粪 1 两（微炒），麝香 1 分（细研），皂荚 10 挺（去黑皮，涂酥、炙令黄，去子），上药捣罗为末，入前研药一处，同研令匀，用精白羊肉 1 斤，细切，更研相和，捣 500 到 700 杵，丸如梧桐子大。每于食后，以荆芥汤下 15 丸。

**【治疥疮】**鲜首乌 1 两，川草薢 5 钱，水煎服，日 1 剂。服 10 到 20 剂，重者 20 到 30 剂，无不效。

**本草今用**

**【药品来源】**本品为蓼科植物何首乌的块根。

【药理成分】何首乌根和根茎含蒽醌类，主要为大黄酚和大黄素，尚含淀粉、粗脂肪及卵磷脂等成分。

【药用功效】1.抗衰老。

2.促肾上腺皮质功能。

3.保肝。

4.抗菌。

【临床主治】1.疟疾。

2.百日咳。

3.慢性支气管炎。

## 土茯苓

### 本草纲要

【释义】李时珍说：土茯苓，楚蜀山树木丛生的山谷很多。像莼一样蔓生，茎上有细小的斑点。它的叶不对生，形状颇似大竹叶但厚滑些，如瑞香叶但要长5、6寸。它的根圆大像鸡鸭蛋，连缀而生。相距远的有1尺左右，相距近的只有几寸，它的肉柔软，可以生吃。有赤、白二种，以白的为佳。按《中山经》所说：鼓镫山有一种草，名叫荣草。其叶如柳，其根如鸡蛋，食用止风病，指的就是这种东西。以前的人不知道使用它，弘治、正德年间，因流行杨梅疮，人们便草率地使用轻粉药来治疗，结果疮毒留在了筋骨间，致使全身溃烂。而用了土茯苓后多种症状都痊愈了，因此人们把土茯苓当作治梅疮的要药，因它的味甘淡平和，所以能解浸淫之毒，而无后患，其良效没有能与之相比的。

【异名】冷饭团、草禹余粮、仙遗粮、过山龙、硬饭、土苓。

### 土茯苓根

【件味】味甘、淡，性平，无毒。

【功效主治】陈藏器曰：把它当粮食吃不会感到饥饿，调中止泻，健行不睡。李时珍曰：能健脾胃，强筋骨，去风湿，利关节，治拘挛骨痛，恶疮肿块。解汞粉、银朱毒。

### 本草附方

【治杨梅疮】用冷饭团4两，皂角子7个，水煎代茶饮，一月见效。

【治小儿杨梅疮，起于口内，延及全身】将土茯苓末用乳汁调服，月余自愈。

【治红斑狼疮】土茯苓、葎草、鸭跖草、紫草、苍耳草、金银花、连翘、丹皮等配伍，煎汤服。

【治皮炎】土茯苓2至3两，水煎，当茶饮。

【治筋肉抽搐跳动及结毒，因服轻粉，致伤筋骨疼痛，或溃烂恶臭，终身成病】用土茯苓1两，有热，加芩、连；气虚，加人参、白术、甘草、白茯苓；血少，加当归、生地黄、白芍药、川芎。水煎代茶，月余即愈。又方，用冷饭团4两，加四物汤1两，皂角子7个，川椒49

粒,灯草 7 根,煎水每日饮。

**【治颈部淋巴结结核溃烂】**冷饭团切片,水煎服,或放入粥内食用,须多食为妙。江西出产的白色的较好。忌铁器及发物。

### 本草今用

**【药品来源】**土茯苓为百合科植物土茯苓的根茎。

**【药理成分】**土茯苓的根含有皂甙、鞣质、树脂等成分。

**【药用功效】**具有除湿、解毒的作用。

**【临床主治】**临床用于疮毒、梅毒、淋浊等证。

## 白英

### 本草纲要

**【释义】**白英正月生苗,白色,可以食用。秋天开小白花,子如龙葵子,熟后为紫赤色。江南的人在夏季采它的茎叶煮粥吃,极解热毒。

**【异名】**排风子、白毛藤、蜀羊泉、白草、白幕、天灯笼、排风藤、土防风、毛和尚、胡毛藤、红麦禾。

### 根苗

**【性味】**味甘,性寒,无毒。

**【功效主治】**《神农本草经》记载:治寒热八种疸病,消渴,补中益气。久服轻身延年。

### 叶

**【功效主治】**陶弘景曰:用叶做羹饮,可以疗劳疾。陈藏器曰:烦热,风疹丹毒,瘴疟寒热,小儿结热,煮汁饮。

### 本草附方

**【目赤旋眼,面肿,风热上攻】**用排风子焙、甘草炙、菊花焙各 1 两,为末。每服 2 钱,睡前用温水服下。

### 本草今用

**【药品来源】**白英为茄科植物的全草,多年生蔓性半灌木。

**【药理成分】**白英全草含生物碱,根茎中含甾体生物碱,叶中含量较多的是苦茄碱,较少的是澳洲茄碱。

**【临床主治】**1.治疗类风湿性关节炎。

2.治疗宫颈癌。

3.治疗肝癌。

# 水草类

## 水萍

### 本草纲要

**【释义】**水萍5月开花,白色。到3、4月开始生长。一叶经一夜就能生长出好几叶。叶子下面有微须,是它的根。一种两面都是绿色。一种正面是绿色而背后面是紫色、赤如血,称为紫萍。

**【异名】**水花、水白、水苏、水廉。

**【性味】**味辛,性寒,无毒。

**【功效主治】**《神农本草经》记载:主治暴热身痒,下水气,胜酒。常服使身体轻灵。《名医别录》记载:用来沐浴,可生毛发,主下气。大明曰:可治热毒、风热症、疔疮肿毒、烫伤、风疹。陈藏器曰:捣成汁服,主治水肿,利小便。研成末,酒服2钱,治人中毒。为膏,治面黑。李时珍曰:主风湿麻痹、脚气、跌打损伤、眼红视物不清、口舌生疮、吐血衄血、癜风丹毒。

### 本草附方

**【治消渴多饮者】**浮萍捣汁服。又方,用干浮萍、天花粉等分为末,人乳汁和成梧子大小的丸,3年者,数日愈。

**【大风症】**月采浮萍草,淘洗3、5次,阴干3、5日。焙为末,不得见日,每服3钱或食入消风散5两,每服5钱,水煎频饮,加以煎汤沐浴。忌猪、鱼、鸡、蒜物。

**【治背部痈疮红肿】**浮萍捣烂和鸡蛋清涂之。

**【治鼻中衄血不止】**浮萍末吹之。

**【治麦粒】**浮萍阴干为末,以生羊肝半个,同水半盏煮熟,捣烂绞汁调成末服。甚者不过一服。已伤者,10服见效。

**【治面生黑斑】**用紫背浮萍4两,防己4两,煎浓汁洗之。以萍擦于黑斑上,每日擦5次。物虽微末,它的功效甚大,不可小看。

### 本草今用

**【药品来源】**本品为浮萍科植物紫萍之全草。

**【药理成分】**含有木犀草素-7-β-葡萄糖甙、8-羟基木犀草素8一β一葡萄糖甙、维生素$B_1$、$B_2$、C及碘、溴、甾类、蛋白质等。

**【药用功效】**1.微弱的解热作用。

2.利尿。

**【临床主治】**1.荨麻疹。

2.急性肾炎。
3.感冒。

## 海藻

### 本草纲要

**【释义】**海藻生长在海岛上,黑色如乱发。有 2 种:马尾藻,长在浅水中,如短马尾;大叶藻,生长在深海中。

**【异名】**落首、薄、海萝。

**【性味】**味苦、咸,性寒,无毒。

**【功效主治】**《神农本草经》记载:主治头腺肿大,颈部包块痈肿,腹中上下雷鸣,下十二水肿。《名医别录》记载:治腹部包块。安神,利小便。

### 本草附方

**【治瘿气】**用海藻酒:袋盛海藻 1 斤浸 3 升酒中,春夏浸 2 天,秋冬浸 3 天,每次服 2 合,1 日 3 次,酒饮尽后再续泡,渣晒干研末每服方寸匕,1 日 3 次。还能治项部瘰疬大如梅李。

### 本草今用

**【药品来源】**本品为马尾藻科植物海蒿子或羊栖菜的干燥藻体。

**【药理成分】**含有藻胶酸、粗蛋白、甘露醇、灰分、钾、碘等。

**【临床主治】**1.高血压病。
2.慢性淋巴结炎。
3.心绞痛。
4.乳腺小叶增生。

## 海带

### 本草纲要

**【释义】**出产于东海水中的石头上。似海藻而且粗些,柔韧而且长,人们常吃它。利水作用比海藻、昆布强。

**【性味】**味咸,性寒,无毒。

**【功效主治】**《嘉祐补注本草》记载:主催生。治妇人病及风下水。李时珍曰:主治地方性甲状腺肿大,功能与海藻相同。

### 本草今用

**【药品来源】**本品为大叶海藻科植物大叶藻的全草。

**【药理成分】**含有藻胶酸、粗蛋白、甘露醇、维生素、氨基酸及碘、钾等。

**【药用功效】**降压。

**【临床主治】**1.高血压。

2.甲状腺肿大。

## 泽泻

### 本草纲要

**【释义】**泽泻生长在汝南沼泽地。5 月采叶,8 月采根,9 月采果实,阴干备用。李时珍说:除去水患的方法叫泻,所以叫泽泻;禹擅长治水,所以称泽泻为禹孙。其余含义不详。

**【异名】**鹄泻、及泻、水泻、芒芋、芸芋、禹孙。

### 根

**【性味】**味甘,性寒,无毒。

**【功效主治】**《神农本草经》记载:除风寒湿痹,通乳,养五脏,益气力,令人肥健,消水。久服,耳目聪明,不饥延年,轻身,面生光,能行水上。甄权曰:主肾虚遗精,治五淋,利膀胱热,利尿。

### 叶

**【性味】**味甘,性平,无毒。

**【功效主治】**《名医别录》记载:除大风,通乳,治难产,强阴气。久服轻身。大明曰:壮水脏,令人血脉畅通。

### 实

**【性味】**味甘,性平,无毒。

**【功效主治】**《名医别录》记载:能补肾气,益精血,除湿邪,治风痹消渴。久服使颜面红润,使人不育。

### 本草附方

**【治虚劳】**泽泻羹:生泽泻花叶(切)5 两,以水 3 升,煮至 1 升半,去滓,下羊肚、葱、豉等于汁中,煮羹香熟,任意食之。

**【治水湿肿胀】**白术、泽泻各 1 两研末或做丸,茯苓汤送下 3 钱。

**【治支饮苦冒】**泽泻五两,白术 2 两,水 2 升煎至 1 升,分 2 次服。

### 本草今用

**【药品来源】**本品为泽泻科泽泻属植物泽泻的块茎。

**【药理成分】**含三萜类化合物:泽泻醇A、泽泻醇B及其醋酸酯。此外,泽泻块茎中尚含挥发油、生物碱、胆碱、卵磷脂、甲硫氨酸、甲酰四氢叶酸、维生素$B_{12}$生物素和豆固醇等。

**【药用功效】**1.降血脂。

2.抗脂肪肝。

3.利尿。

**【临床主治】**1.治疗慢性肾炎。

2.治疗糖尿病。

3.治疗急性肾小球肾炎。

4.治疗高脂血症。

## 菖蒲

### 本草纲要

**【释义】**李时珍说,菖蒲,言蒲类之昌盛者,故名菖蒲。亦言昌美溪蒲之间者,谓之菖蒲。两者一言类别,一言产地,可并存也。菖蒲冬至后五十七日始生,于是始耕,凡万物皆资生于阴,而始生于阳,故名菖阳。《典术》云:尧时天降精于庭为韭,感百阴之气为菖蒲。故名尧韭。菖蒲其生于池泽水边,不假土壤,而在水石之间,叶有剑脊,呈剑状线形,故名水剑草。

**【异名】**昌阳、尧韭、水剑草。

**【性味】**味辛,性温,无毒。

**【功效主治】**《神农本草经》记载:除风寒湿痹,咳逆上气,开心孔,补五脏,通九窍,明耳目,出声音。主耳聋痈疮,温肠胃,止小便利。久服轻身,不糊涂,延年益寿。《名医别录》记载:除四肢湿痹,屈伸不利,小儿温疟,身积热不解,可做浴汤。

### 本草附方

**【治痰蒙清窍,昏迷】**鲜菖蒲根捣汁灌下立愈。

**【治赤白带下】**石菖蒲、破故纸等份,炒后研末,每次服2钱。

**【治喉痹】**鲜根嚼汁烧铁称砣淬酒1杯内服。

**【治霍乱胀痛】**生菖蒲4两和水同捣汁分4次温服。

**【治病后耳聋】**鲜菖蒲绞汁滴耳。

### 本草今用

**【药品来源】**本品为天星科菖蒲植物石菖蒲之根茎。

**【药理成分】**含有β-细辛醚、细辛醚、石竹烯、石菖烯等挥发油,及氨基酸、有机酸、糖类。

**【临床主治】**1.慢性支气管炎之痰量多者。

2.支气管哮喘。

3.脑溢血昏迷。

4.老年痴呆症。

## 苔草类

### 卷柏

#### 本草纲要

【释义】卷柏生常山山谷石间,5、7月采摘,阴干备用。陶弘景说:现在近处也有,丛生石上,细叶似柏树叶,弯曲如鸡爪,青黄色。苏颂说,现在关、陕、沂、诸州都有。老根紫色多须。春生苗,高3、5寸,无花、子,大多生长在石上。

【异名】万岁、长生不老草、万年松、万年青、豹足、求股、交接。

【性味】味辛,性温,无毒。

【功效主治】《神农本草经》记载:除五脏邪气,治女子阴中寒热痛,不孕。久服轻身,面色好。《名医别录》记载:可止咳逆,治脱肛,散淋结,头中风眩,强阴益精,令人好颜色。

#### 本草附方

【治大肠便血】卷柏、侧柏、棕榈等份,烧灰存性,酒送服3钱,或水泛为丸内服。

【治长年便血】卷柏、地榆焙干等份,每次1两加水1碗,煎服。

#### 本草今用

【药品来源】本品为卷柏科羊齿植物卷柏之茎叶。

【药理成分】不详。

【临床主治】1.脱肛。

2.闭经。

3.慢性结肠炎。

### 石蕊

#### 本草纲要

【释义】石蕊生长在兖州蒙山石上。因烟雾熏染,日久结成,属苔衣类。那里的人在初春刮取来曝晒干后馈赠人,称它为云茶。它的枝状体呈白色,轻薄如花蕊。

【异名】石濡、石芥、云茶、蒙顶茶、石蕊花、石云茶、云芝茶、蒙山茶、蒙阴茶、酶苔、石花、刀伤药、太白树。

【性味】味甘,性温,无毒。

**【功效主治】**《名医别录》记载：主聪耳明目、轻身，使人肌肤润泽，精力旺盛，不易衰老，益精气，去人饥渴，轻身延年。李时珍曰：可生津润喉，解热化痰。

**本草今用**

**【药品来源】**为地衣类植物药石蕊科植物石蕊的全株(枝状体)。

## 石草类

### 石韦

**本草纲要**

**【释义】**本草蔓延长于石上，叶子长得像皮，所以得名为石韦。多生在背阴的崖缝处，它的叶子大的长近尺，宽有寸余，柔韧如同树皮，背面有黄毛。

**【异名】**石皮、石兰。

**【性味】**味苦，性平，无毒。

**【功效主治】**《神农本草经》记载：主治劳热邪气，利小便。《名医别录》记载：可以治愈烦热下气，通膀胱，补五劳，安五脏，去恶风，益精气。《日华诸家本草》记载：治遗尿淋沥。苏颂曰：炒后为末，用冷酒调服，治背部的痈疽。李时珍曰：主崩漏、金疮，清肺气。

**本草附方**

**【治小便淋痛】**石韦、滑石等份研末，每次服刀圭，见效快。

**本草今用**

**【药品来源】**本品为水龙骨科植物庐山石韦、石韦或有柄石韦的干燥叶。

**【药理成分】**含芒果甙和异芒果甙等。

**【药用功效】**1.止咳祛痰。

2.抑菌。

**【临床主治】**1.急、慢性肾炎及肾盂肾炎。

2.支气管炎。

### 景天

**本草纲要**

**【释义】**景天2月长苗，茎脆，微带赤黄色。高1、2尺，折断它有汁流出。叶子呈淡绿色，光泽柔厚，形状像长匙头以及胡豆叶但没那么尖。6、7月开小白花，结的果实如连翘但要小些，内中有像粟粒一样的黑籽。

【异名】戒火、慎火、火母、据火、救火。

【性味】味苦,性平,无毒。

【功效主治】《神农本草经》记载:主治大热火疮,去肌体烦热及邪恶气。《名医别录》记载:治各种不足,诸蛊毒结痂,寒热风痹。陶弘景曰:能疗金属外伤,止血。煎水给小儿洗澡,去烦热惊气。甄权曰:风疹恶痒,小儿丹毒及发热。热狂,赤眼头痛,寒热游风,女人带下。

### 花

【功效主治】《神农本草经》记载:主治女人白带不断,能明目、轻身。

#### 本草附方

**【治小儿殃火丹毒,人腹及阴】**慎火草取汁服之。

**【治小儿烦热惊风】**慎火草水煎洗浴。

**【治小儿汗出中风,一日之时,儿头颈腰背热,二日即腹热,手足不屈】**慎火草(干者)半两,丹参、麻黄(去根节、先煎掠去沫,焙)、白术各1分,上四味,捣罗为散。1、2岁儿,每服半钱匕,浆水调服;3、4岁儿服1钱匕,日3服,量儿大小加减。

**【治疔疮】**景天1把,杵烂,调烧酒敷患处。

#### 本草今用

**【药品来源】**本品为景天种植物景天的全草。

**【药理成分】**叶中分得景天庚糖。

### 仙人草

#### 本草纲要

**【释义】**生长在庭院间,高2、3寸,叶细有齿,像离鬲草。北方不能生长。

**【功效主治】**陈藏曰:主治小儿酢疮、疮头小而硬的,则煮汤洗浴,同时捣烂后敷搽。丹毒入腹的,可饮冷药,并用此药洗浴。另外,捋成汁滴目,可聪耳明目、轻身,使人肌肤润泽,精力旺盛,不易衰老,去翳。

## 毒草类

### 凤仙

#### 本草纲要

**【释义】**凤仙结的果实呈堆叠的样子,大如樱桃,它的形状稍长一些,颜色如毛桃,生

时呈青色，成熟后变黄色，碰触到它就自己裂开，皮卷起如拳头一样。苞中间有籽，像萝卜籽但小些，呈褐色。人们采它的粗茎，用酱（有的用盐）腌制后收藏起，脆美可口。嫩花用酒浸入一夜，也可以吃。

**【异名】**透骨草、凤仙花、指甲花、小桃红、夹竹桃、染指甲草、旱珍珠。

**根、叶**

**【性味】**味苦、甘、辛，有毒。

**【功效主治】**李时珍曰：有散血通经，软坚透骨作用。治鸡鱼骨刺卡在喉咙里，误吞铜铁，跌打肿痛。

**花**

**【性味】**味甘，性温、滑，无毒。

**【功效主治】**李时珍曰：主治蛇伤，擂酒服下就好。还可治腰胁疼痛难忍，晒干研成粉末，空腹时用酒每次服用 3 钱，可活血消积。

**子**

**【性味】**味苦，性温，有小毒。

**【功效主治】**李时珍曰：主治难产，骨刺卡喉，软骨散积块。厨师烹调硬肉时，投入几粒，容易煮烂。

**本草附方**

**【治骨鲠得很危险的人】**白凤仙子研在水里，用竹筒灌入咽喉中，其物立即变软，不可以碰着牙齿。或者用根捣成汁灌服，更好。

**【杖打肿痛】**凤仙花、叶捣如泥，涂肿破处，干后又上，夜间结血自散，即愈，11、12 月则收采干的研末，用水和涂。

**【治腰胁疼痛】**凤仙花 9 克，晒干，研末，空腹服。

**【治骨折疼痛】**干凤仙花 3 克，或鲜品 9 克，泡酒，内服。

**【治鹅掌风，灰指甲】**鲜凤仙花数朵，外擦。

**本草今用**

**【药品来源】**本品为凤仙花科凤仙花属植物凤仙花的全草、花、种子、根；其干燥全草（白花者）称透骨草。

**【药理成分】**1.种子（急性子）：含皂苷、脂肪油，油中含凤仙甾醇、杷荏酸、α-菠菜甾醇及 β-谷甾醇。此外，又含皂苷、槲皮素二糖苷、槲皮素三糖苷，并含挥发油、蛋白质、氨基酸及多聚糖。

2.花：花中含 2-甲氧基 1，4-萘醌、黄酮类化合物：山奈醇（kaempfer01）及槲皮素（quercetin）。

3.全草(透骨草):凤仙地上部分含指甲花醌、指甲花醒甲醚和槲草素;全草含羟基苯甲酸、芥子酸、咖啡酸;茎含山奈酚-3-葡萄糖苷、天丝葵素、矢车菊素等;还含各种花色苷,有矢车菊素、飞燕草素、蹄纹天兰素、锦葵花素、山奈酚、蛋白质、氨基酸及多糖。

**【药用功效】**1.凤仙花的鲜花汁,对红色表皮癣菌、堇色发癣菌及腹股沟表皮癣菌、考夫曼高尔夫表皮癣菌均有抑制作用。

2.凤仙的全草有抗真菌、止血作用。

**【临床主治】**1.风湿性关节炎。

2.跌打损伤。

## 大戟

### 本草纲要

**【释义】**李时珍说:大戟在平原沼泽很多,直茎高2、3尺,中空,折断有浆。叶长窄如柳叶但不圆,梢叶密集向上生长。产于杭州的紫大戟质量好,江南产的土大戟较次,北方绵大戟色白,其根皮柔韧如绵,作用很峻利,能伤人,体弱的服用,有的致吐血,一定要慎用。

**【异名】**邛巨、下马仙。

### 根

**【性味】**味苦,性寒,有毒。

**【功效主治】**《神农本草经》记载:除蛊毒,消十二水,治腹满急痛积聚,中风皮肤疼痛,吐逆等症。《名医别录》记载:能消颈腋痈肿,止头痛,发汗,利大小便。甄权曰:下恶血癖块,止腹内雷鸣,通利二便,并有堕胎的功效。

### 本草附方

**【治通身肿满喘息,小便涩】**大戟(去皮,细切,微炒)2两,干姜(炮)半两,上2味捣罗为散,每服3钱匕,用生姜汤调下,以大小便利为度。

**【治忽患胸背、手脚、颈项、腰胯隐痛不可忍,连筋骨牵引钓痛,坐卧不宁,时时走易不定】**控涎丹:甘遂(去心),紫大戟(去皮)、白芥子(真者)各等分,上为末,煮糊丸如梧子大。食后临卧,淡姜汤或熟水下5、7丸至10丸,如痰猛气实,加丸数不妨。

**【治黄疸小便不通】**大戟1两,茵陈2两。水浸空腹服。

**【治水肿】**枣1斗,锅内入水,上有四指,用大戟并根苗盖之遍,盆合之,煮熟为度,去大戟不用,频频服,无时。

### 本草今用

**【药品来源】**本品为大戟科植物或茜草科植物红芽大戟的根。

**【药理成分】**含有大戟甙、生物碱、大戟色素体及维生素C。

【药用功效】1.泻下。

2.利尿。

3.实验研究:对于可移植性动物肿瘤有抑制作用。

【临床主治】1.肝硬化腹水。

2.肾性腹水。

3.晚期血吸虫病腹水。

## 半夏

### 本草纲要

【释义】生于田野、溪边、阴湿山坡、林下。半夏,以节令命名者。言其当夏之半者所生者也。故名半夏。其他半夏之名者,皆因其炮制不同而冠名。守田因其会意,水玉因其象形。半夏为当乾之时,一垢之升,处于时令半开半阖之际,关键之处。犹如燕尾之剪,裂菜之刀,故名燕子尾、裂刀菜。以地生而候天时,故名地文。其 2 至 3 年生者为三叶之复叶,故名三叶老。夏秋两季采挖,洗净,除上皮及须根,晒干,为生半夏。一般用生姜、明矾等炮制后使用,称为制半夏。同时切片。

【异名】守田、水玉、地文、和姑。

### 根

【性味】味辛,性平,有毒。

【功效主治】《神农本草经》记载:治伤寒寒热,心下坚,胸腹咳逆,头眩,咽喉肿痛,肠鸣,下气止汗之症。《名医别录》记载:可消心腹胸膈痰热满结,咳嗽上气,心下急痛坚痞,时气呕逆,消痈肿,悦泽面色,还可堕胎。李时珍曰:除腹胀,治失眠及男子梦遗、女子带下之症。

### 本草附方

【呕吐反胃】大半夏汤:半夏 3 升,人参 3 两,白蜜 1 升,水 1 斗 2 升和,扬之 120 遍。煮取 3 升半,温服 1 升,日再服。亦治膈间支饮。

【伏暑引饮,脾胃不利】消暑丸:用半夏醋煮 1 斤,茯苓半斤,生甘草半斤,为末,姜汁面糊丸梧子大。每服 50 丸,热汤送下。

### 本草今用

【药品来源】本品为天然星科植物半夏的块茎。

【药理成分】含 β-与 γ-氨基丁酸、天门冬氨酸、谷氨酸等多种氨基酸,1-麻黄碱、久谷甾醇及其葡萄糖甙、尿黑酸及其葡萄糖甙、胆碱和半夏蛋白 I 等。

【药用功效】1.镇咳、祛痰。

2.止吐。

3.解毒。

4.降压。

【临床主治】1.治疗痔疮。

2.治疗美尼尔综合征。

3.治疗子宫颈癌。

## 大黄

### 本草纲要

【释义】大黄生长在河西山谷及陇西。9、10月间选择生长3年以上的植株,挖取根茎,切除茎叶、枝根,刮去粗皮和顶芽,风干焙干或切片晒干供药用。产于四川、甘肃、青海、西藏等地。

【异名】黄良、火参、肤如、将军、锦纹大黄。

### 根

【性味】味苦,性寒,无毒。

【功效主治】《神农本草经》记载:能下瘀血,破癥瘕积聚,荡涤肠胃,推陈致新,通利水谷,调中化食,安和五脏。《名医别录》记载:平胃下气,除痰实。肠间结热,心腹胀满,女子寒血闭胀,小腹痛,诸老血留结。甄权曰:能疏通女子经候,利水肿,利大小肠,破留血。小儿寒热时疾,烦热蚀脓。大明曰:通宣一切气,调血脉,利关节,泄壅滞,利大小便。温瘴热疾。李时珍曰:下痢赤白,里急腹痛,小便淋沥,实热燥结,潮热谵语,黄疸及诸火疮。

### 本草附方

【治头痒风屑发黄】大黄酒浸炒为末,茶调服。

【治头痛如破】酒炒大黄半两,一半茶煎。

【治眼暴热痛,眦头肿起】大黄汤:大黄(锉,炒)、枳壳(去瓤,麸炒)、芍药各3两,山栀子仁、黄芩(去黑心)各2两,上五味粗捣筛,每服5钱匕,水1盏半,煎至7分,去滓,食后临卧服。

【治时行头痛壮热一二日】水解散:桂心、甘草、大黄各2两,麻黄4两,上4味治下筛,患者以生熟汤浴讫,以暖水服方寸匕,3日,覆取汗,或利便瘥。强人服2方寸匕。

【治心气不足,吐血衄血】泻心汤:大黄2两,黄连、黄芩各1两,上三味,以水3升,煮取1升,顿服之。

### 本草今用

【药品来源】本品为蓼科植物药用大黄、唐古特大黄的根。

【药理成分】含有大黄酚、大黄素、大黄苷、泻苷、鞣质类物质(其中有没食酰葡萄苷、

没食子酸、小儿茶素)等成分。

**【药用功效】**1.泻下作用。

2.抗感染作用。

3.利胆作用。

4.止血作用。

**【临床主治】**1.消化不良。

2.便秘。

3.传染病。

4.高胆固醇血症、高血压病等。

# 谷部

李时珍说:太古生民无食粒,只茹毛饮血。神农氏时才开始尝草别谷,教人们耕耘;又尝草别药,以救治人们的疾夭。后来轩辕氏又教人们以烹饪,制为方剂,从此后人们才开始懂得养生之道。百谷的性味各异,岂可终日食用而不知其性味与对身体的益损?

## 麻麦稻类

### 胡麻

#### 本草纲要

**【释义】**胡麻就是脂麻,有早、晚两种,分黑、白、赤三种颜色。秋季开白花,亦有紫红色的。古时中国只有大麻,汉朝时张骞从胡取得油麻种植,所以又称胡麻,这是和大麻相区分的地方。

**【异名】**巨胜、方茎、狗虱、脂麻,叶名青蘘,茎名麻秸。

**【性味】**味甘,性平,无毒。

**【功效主治】**《神农本草经》记载:主伤中虚亏,补五脏,增气力,健脑强身。《名医别录》记载:可养筋坚骨,明目聪耳,延年益寿,止金疮疼痛,治伤寒温疟、病后虚热。《日华诸家本草》记载:它能润养五脏,滋实肺气,止心惊,利大小肠,耐寒暑,驱逐湿气、游风、头风,能催生使胞衣尽快剥离,补产后体虚疲乏。将它研成细末涂抹于头发上,可以使头发生长。李延飞曰:用它来炒着吃,使人不生风病。苏恭曰:也可将它煎成汤,用来洗恶疮和妇女的阴道炎。

#### 白油麻

白油麻即脂麻。

【性味】味甘，性大寒，无毒。

【功效主治】孟诜曰：可以治疗因体虚而劳累过度之疾，又可滑肠胃，舒经络，通血脉，去除头皮屑，滋润肌肤。

**青蘘**

青蘘就是胡麻叶。

【性味】味甘，性寒，无毒。

【功效主治】《神农本草经》记载：主治五脏邪气，风寒湿痹，益人气力，补脑髓，使人耳聪目明，不感饥饿不衰老，可延长人的寿命。《日华诸家本草》记载：用它熬汁来洗头，可去头屑，润滑肌肤，增添血色。孙思邈曰：主伤暑热。甄权曰：用它来治疗月经不调，方法是将1升青蘘捣烂，用热水淋汁，服用半升，立即可愈。

**胡麻花**

【功效主治】孙思邈曰：能使秃顶生发，润滑大肠。李时珍曰：人身上的赘肉，用它来擦，就能治愈。可以令肌肤光滑有弹性。

**麻秸**

【功效主治】李时珍曰：麻秸烧灰，可加到点痣去恶肉的药方中使用。

**本草附方**

【梅花秃癣】用清油1碗，以小竹子烧火入内煎沸，沥猪胆汁1个和匀，将头发剃掉后擦，2、3日即愈。防止日晒。

【治腰脚疼痛】用新胡麻1升，炒香杵成末，温酒、蜜汤服，日服1合，服完1斗永不复发。

【解小儿胎毒】初生时，嚼生脂麻，用绵包，让儿吮吸，它的毒自下。

【治疗肿恶疮】用胡麻烧灰，针砂等量，研末，醋调和敷，每日3次。

【治小便尿血】胡麻3升杵末，以东流水2升浸一宿，绞汁，顿热服。

【治乳疮肿痛】用脂麻炒焦，研末，以灯窝油涂调。

**本草今用**

【药品来源】本品为芝麻科植物芝麻的干燥成熟种子。

【药理成分】含蛋白质、脂肪、维生素E、维生素$B_1$、$B_2$、多种氨基酸及钙、磷、铁等微量元素。

【药用功效】1.兴奋子宫。

2.降低血糖。

【临床主治】1.荨麻疹。

2.小儿面部疱疮、软疖。

### 大麻

#### 本草纲要

【释义】大麻即现在的火麻,或称黄麻。到处都有种。其叶子的形状像益母草叶,一枝有七片或九片叶。5、6月开花抽穗,结子。子可以榨油。

【异名】火麻、黄麻、汉麻。

#### 麻蕡

就是连壳的麻子。

【性味】味辛,性平,有毒。

【功效主治】《神农本草经》记载:主治五劳七伤。多服,使人产生幻觉,但它对五脏有利,能破积下血,止痹散脓。《名医别录》记载:长时间服用,可以通神明,使人年轻。

#### 麻仁

麻仁就是去壳的果实。

【性味】味甘,性平,无毒。

【功效主治】《神农本草经》记载:主要能补中益气。长时间服食,轻身健康强壮,犹如神仙。《名医别录》记载:它能治中风出汗,治水肿,利小便,破积血,疏通血脉,治妇女产后的疾病。用它来洗头发,可以生发润发。陈士良认为:还可以滋润五脏,治大肠热,便秘。孟诜曰:煮粥能祛五脏风,润肺,治关节疼痛,脱发。李时珍曰:能通妇女经脉,通利大肠,治便秘。涂擦治疮癞,杀虫。取汁煮粥吃,止呕逆。

#### 麻勃

麻勃就是麻花。

【性味】味辛,性温,无毒。

【功效主治】《药性本草》记载:可治疗一百二十种恶血,人周身发黑发痒,驱各种恶血,治疗女子月经不调。李时珍曰:治健忘及金疮内漏。

#### 叶

【性味】味辛,有毒。

【功效主治】苏恭曰:将它捣成汁服5合,可驱蛔虫;将它经捣烂敷在蝎毒处,有一定疗效。甄权曰:用它浸泡后洗头,能滋养头发,使人不生白发。以叶一把,同子5升捣和,浸3日,去滓沐发。

#### 根

【功效主治】陶弘景曰:捣汁或煮汁服主治瘀血和尿路结石。苏恭曰:治难产、破血

壅胀，崩中带下不止，则用水煮服。

### 本草附方

**【大麻仁酒治骨髓风毒疼痛，不能运动】**用大麻仁浸水，取沉者1升曝干，于银锅中缓慢炒香熟，入木臼中捣碎，待细如白粉即止，分为上贴，每用1贴，取家酿无灰酒1大碗，和麻粉，用柳槌蘸入砂盆中擂，滤去壳，煎到减半。空腹温服1贴。轻者4、5贴见效，重者不出10贴必失所苦，效不可言。

**【麻仁粥治腹水，腰脐重痛，不能转动】**用麻子半升，研碎，水滤取汁，和粳米2合，煮稀粥，下葱、椒、豉、空腹食。又可治老人风痹，及小便失禁涩痛，大便不通，俱用此方。

**【治产后便秘】**许学士说：产后汗多则大便秘，难于用药，只有麻仁粥恰当。不仅产后可服，凡老人诸虚风秘，皆可服食。用大麻子仁，紫苏子各2合，洗净用水研细，滤取汁，分2次煮粥服食。

### 本草今用

**【药品来源】**本品为桑科植物大麻的细嫩果穗。

**【药理成分】**含甾醇、葡萄糖醛酸、钙、镁、挥发油、胆碱等。

**【药用功效】**1.降压。

2.缓泻。

**【临床主治】**1.产后便秘。

2.胃肠动力不足之便秘。

3.口腔炎。

## 小麦

### 本草纲要

**【释义】**小麦秋季播种，冬季生长，春季开花，夏季结实，在气候暖和的地方也可以春季播种，夏季收取，是五谷中价值最高的。

**【异名】**麳。

### 小麦

**【性味】**味甘，性寒，无毒。李时珍曰：新麦性热，陈麦性平。

**【功效主治】**《名医别录》记载：它可以除热，止烦渴咽喉干燥，利小便，补养肝气，止漏血唾血，可以使女子易于怀孕。《药性本草》记载：磨成末服用，能杀蛔虫。孙思邈曰：补养心气，有心病的人适宜食用。寇宗奭曰：将它煎熬成汤食用，可治淋病。李时珍曰：将陈麦煎成汤饮用，还可以止虚汗。将它烧成灰，用油调和，可涂治各种疮及汤火灼伤。

### 浮小麦

小麦用水淘，不沉于水的叫“浮小麦”。

【性味】味甘、咸,性寒,无毒。

【功效主治】李时珍曰:主益气除热,止自汗盗汗。治大人、小孩结核病虚热,妇人劳热。

### 面

【性味】味甘,性温,有微毒。

【功效主治】《日华诸家本草》记载:它可以养气,补不足,有助于五脏。陈藏器曰:可用于补虚,长时间食用,使人肌肉结实,养肠胃,增强气力。寇宗爽曰:将它和水调服,可以治疗中暑、久病肺热。李时珍曰:将它敷在痈疮伤处,可以散血止痛。

麦麸

【功效主治】《日华诸家本草》记载:治瘟疫和热疮、汤火疮溃烂、跌伤折伤的瘀血,用醋和麦麸炒后,贴于患处即可。李时珍曰:将它醋蒸后,用来熨手脚风湿痹痛、寒湿脚气,交替使用直到出汗,效果都很好。将它研成末服用,能止虚汗。

### 麦粉

就是用麸皮洗筋澄出的浆粉。现在的人多用它来浆衣服。

【性味】味甘,性凉,无毒。

【功效主治】孟诜曰:可补中,益气脉,和五脏,调经络。炒一碗麦粉和汤服下,能止痢疾。李时珍曰:将麦粉和醋熬成膏状,能消一切痈肿、火烫伤。

### 面筋

【性味】味甘,性凉,无毒。

【功效主治】李时珍曰:能解热和中,有劳热之人,适宜将它煮吃。宁原曰:能宽中益气。

### 麦

就是糗,是将小麦蒸熟后磨成的面。

【性味】味甘,性寒,无毒。

【功效主治】《蜀本草》记载:主要能消渴,止烦。

### 麦苗

【性味】味辛,性寒,无毒。

【功效主治】陈藏器曰:主要能消除酒毒暴热、黄疸目黄。方法是:将它捣烂绞成汁,每日饮用。它还可以解虫毒。方法是将麦苗煮成汁服用。《日华诸家本草》记载:可以解除疫狂热,除烦闷消胸膈热,利小肠,将它制成粉末吃,可使人面色红润。

### 麦奴

麦穗将要成熟时,上面有黑霜的就是麦奴。

【功效主治】陈藏器曰:解热毒,去丹石毒。李时珍曰:治阳毒温毒,发热口渴温疟病症。

麦秆【功效主治】李时珍曰:可治疣痣,去除坏死组织。

## 本草附方

【治消渴】小麦做饭及粥食。

【治老人小便五淋】小麦1升,通草2两,水3升煮至1升,饮后即愈。

【治颈上长瘤】用小麦1升,醋1升浸泡,晒干后为末,海藻磨末3两和匀,酒服方寸匕,每日3次。

【治白癜风】用小麦摊在石上,烧铁物压出油,搽患处甚效。

【治吐血】用面粉略炒,京墨汁或藕节汁,调服2钱。

【治妇女乳腺炎】白面半斤炒黄,醋煮为糊,涂后即消。

【治小儿口疮】寒食面,硝石水调,涂足心,男左女右。

## 本草今用

【药品来源】本品为禾本科植物小麦的种子或面粉。

【药理成分】含淀粉、脂肪、蛋白质,并含B族维生素、粗纤维、硫胺素、核黄素,尤以维生素E的含量最为丰富。所含脂肪油主要为油酸、亚油酸、棕榈酸、硬脂酸的甘油酯,还含胆碱、卵磷脂、精氨酸,以及钙、磷、铁、镁、锌,其中钙的含量为粳米的9倍。又有帮助消化的淀粉酶、麦芽糖酶、蛋白酶。此外,小麦胚芽里所含的食物纤维和维生素也非常丰富。

【临床主治】1.小儿口腔炎。

2.回乳、通乳。

# 稻

## 本草纲要

【释义】稻米多种植于南方水田中。稻稌是粳、糯的通称,这里指的就是糯米。糯稻,有粘性,可以酿酒,可以用来祭祀,可用来蒸糕,可用来煮粥,也可用来炒着吃。它的种类也很多,谷壳有红、白二种颜色,有的有毛,有的无毛。米也有红、白两种颜色,颜色红的糯米用来酿酒,酒多糟少。古人酿酒多用秫,秫就是糯粟。

【异名】稌、糯米、江米、元米。

## 稻米

【性味】味苦,性温,无毒。

【功效主治】《名医别录》载:食用,能温中,使人发热,大便秘结。陈士良讲:使人气血充足,通畅,可解莞毒、斑蝥的毒。孙思邈说:有益气止泄的功能。肖炳说:把它与骆驼脂调和后作成煎饼服食,可以治痔疮。陈藏器谓:把它作成粥服食,可以消渴。李时珍曰:它能暖脾胃,止虚寒泄痢,缩小便,收自汗,发痘疮。

**米泔**

**【性味】**味甘,性凉,无毒。

**【功效主治】**李时珍认为:米泔主益气,止烦渴霍乱,解毒。食鸭肉不消化者,立即饮一杯,即可消除病症。

**稻花**

将稻花采集加工后,放置于阴凉处晾干。

**【功效主治】**李时珍曰:稻花有白牙、乌须作用。

**稻秆【性味】**味辛、甘,性热,无毒。

**【功效主治】**陈藏器谓:治黄疸,可将它煮成汁,浸洗,接着再将谷芒炒黄研为末,和酒服用。苏颂曰:将它烧成灰,可以医治跌打损伤。李时珍认为:烧成灰浸水渴,可以止消渴。将稻秆垫在鞋内,可以暖脚,去寒湿气。

**谷芒**

**【功效主治】**《日华诸家本草》记:黄疸病,将谷芒制成粉末,和酒服用。如煎成汁饮用,又可解虫毒。

**糯糠**

**【功效主治】**李时珍曰:牙齿发黄者,可烧后取其白灰,天天擦牙。

**本草附方**

**【治鼻衄不止,服药无效】**用糯米炒成微黄,为末,新井水调服2钱,再吹少许入鼻中。

**【治噤口痢】**用糯谷1升爆出白花,去壳,用姜汁拌湿再炒,研为末,每次用白开水服下1匙,3次即止。

**【烫伤疮】**把稻草灰用冷水淘7遍,待湿摊在伤处,干即愈。若疮湿者,焙干油敷,2、3次可愈。

**【治噎食不下】**赤稻细梢,烧灰,滚汤1碗,隔绢淋汁3次,取汁,入丁香1枚,白豆蔻半枚,米1盏,煮粥食,效果神奇。

**本草今用**

**【药品来源】**本品为禾本科糯稻的种仁。

【药理成分】主要为淀粉,并含有糖类、钙、磷、铁、维生素 $B_1$、维生素 $B_2$、淀粉等。

【药用功效】糯米可用于虚寒性胃痛、胃及十二指肠溃疡、痘疹痈疖诸疮等病。

## 稷粟类

### 稷

#### 本草纲要

【释义】稷在凡能种粟的地方都有种植,现在的人对它不太珍惜,只有祭祀时才用它。农家只是在青黄不接时才以它为粮。稷与黍,属于同一类的两个品种。质粘的是黍,不粘的是稷,稷可以作为饭食,黍可以用来酿酒。这就像稻这一种类里有粳米和糯米两个品种一样。

【异名】穄、粢。

#### 稷米

【性味】味甘,性寒,无毒。

【功效主治】《名医别录》载:能主益气,补不足。《日华诸家本草》记:可以治疗热毒、解苦瓠毒。《食医心镜》记载:也可作为饭食,安中利胃益脾。《生生编》记载:凉血解暑。

#### 根

【功效主治】李时珍曰:止心气痛,可用于女人产难。

#### 本草附方

【治背部痈疽】将米粉熬黑,以鸡蛋清调和涂于绢帛上,剪孔贴患处,干了则换,效果很好。

【辟除传染病,令人不相传染】服食米粉。

### 黍

#### 本草纲要

【释义】黍到处都有种,尤其以汴州、洛阳、河南、陕西一带种植较多。有粘性的稷,就是黍米。它又分红、白、黄、黑几个品种。白黍米粘性次于糯米,红黍米粘性最强,可以蒸着吃,也可煮粥。将黍米用菰叶裹成粽子吃。现今人们称为角黍。黍米此通指诸黍米也。

【异名】赤黍曰虋、黑黍曰秬、白黍日芑。

### 黍米

**【性味】**味甘，性温，无毒。

**【功效主治】**《名医别录》载：主益气，补中。孟诜曰：将它烧成灰后，用油调和，涂抹于棒伤处，可以止痛。李时珍认为：将它嚼成浓汁，可以涂治小孩的鹅口疮。

### 丹黍米

就是红黍米。

**【性味】**味甘，性微寒，无毒。

**【功效主治】**《名医别录》记载：它可以治疗咳嗽哮喘霍乱，止泄痢，除热，止烦渴。孟诜讲：治疗食鳖引起的包块，用新收的红黍米的淘米水，生服1升，不超过2、3天就可以治愈。但它不能和蜜及葵菜一起吃。

### 丹黍穰、茎、根

**【性味】**味辛，性热，有小毒。

**【功效主治】**孟诜说：煮成汁喝，可解苦瓠毒，用它来洗浴身体，可去浮肿。将它和小豆煮成汁服用，可利尿。李时珍曰：把它烧成灰和酒服方寸匕，可以治疗妊娠尿血。有的人家取用它的茎穗做成扫帚扫地。用它的腐茎煮水来沐，可治浮肿。

### 本草附方

**【治小儿鹅口疮，不吃乳】**丹黍米嚼汁涂搽。

**【疮肿伤风，沾水剧痛者】**将黍穰烧烟，熏令汗出，即愈。

### 本草今用

**【药品来源】**本品为禾本科植物黍的种子。

**【药理成分】**含灰分、粗纤维、脂肪酸等。

## 粱

### 本草纲要

**【释义】**粱为谷类中的良种。粱就是粟，但汉代之前只有粱而没有粟。从汉代以后，才开始把果实大并且毛长的称为粱，把果实小并且毛短的称为粟。现今世俗把穗大芒长，颗粒粗大并且有红毛、白毛、黄毛这几个品种的粟称为粱。黄粱、白粱、青粱、红粱就是根据颜色而命名的。

### 黄粱米

**【性味】**味甘，性平，无毒。

【功效主治】《名医别录》记载:主益气,和中,止泄痢。《日华诸家本草》记载:除邪风顽痹。李时珍说:止霍乱,利小便,除烦热。

白粱米

【性味】味甘,性微寒,无毒。

【功效主治】《名医别录》记载:主除热,益气。孟诜曰:舒缓筋骨。凡是患有胃虚并且呕吐的人,用二碗米汁,一碗姜汁,一起服用,效果很好。李时珍说:做成饭食用,有和中,止烦渴的作用。

青粱米

【性味】味甘,性微寒,无毒。

【功效主治】《名医别录》记载:主胃痹,热中消渴。有止泄痢,利小便,益气补中,使人年轻长寿的作用。大明:煮成粥吃,能健脾,治泄精。

本草附方

【治小儿丹毒】用土番黄米粉,和鸡蛋清敷,即愈。

【治手足生疣】取白粱米粉,铁铫炒红研成末,以众人唾沫和之,厚 1 寸,涂上立即消。

【治脾虚泄痢】用青粱米半升,神曲 1 合,日日煮粥食,即愈。

【补脾益胃】羊肉汤入青粱米、葱、盐,煮粥食。

本草今用

【药品来源】本品为禾本科植物粟的一种。黄粱米、白粱米、青粱米分别为该植物黄粱、白粱、青粱的种子。

粟

本草纲要

【释义】有粘性的是秫,没有粘性的是粟。称它为粟,是因为要将它和秫区别开,故在前面配籼字。北方人称它为小米。粟就是粱。谷穗大并且毛长颗粒大的就是高粱;谷穗小并且毛短颗粒小的就是粟。粟的成熟分早、晚,大多的早粟皮薄米多,晚粟皮厚米少。

【异名】籼粟。

粟米

【性味】味咸,性微寒,无毒。

【功效主治】《名医别录》记载:养肾气,除脾胃热,益气。陈粟米:味苦,性寒。主治

胃热消渴,利小便。孟诜曰:能止痢,抑制丹石毒。陈藏器讲:加水煮服用,能治热腹痛和鼻出血。制成粉末,用水过滤成汁,能解多种毒,能治霍乱以及转筋入腹,又镇静安神。陈士良说:能解小麦毒,发热。李时珍引自《生生编》言:反胃和热痢。用它煮成粥食用,对丹田有好处,可以补虚损,开肠胃。

**粟糠**

**【功效主治】**李时珍曰:主治痔漏脱肛,配合各种药熏患处。

**粟奴**

**【功效主治】**李时珍认为:当苗抽穗时长出煤黑色的就是粟奴。它有利小肠、除烦闷的作用。

**本草附方**

**【治鼻衄不止】**粟米粉同水煮服用。

**【治小儿丹毒】**嚼粟米敷患处。

**【治反胃吐食,脾胃气弱,消化不良,汤饮不下】**用粟米半升靡成粉,加水调成梧子大的丸 7 枚煮熟,放点盐,空腹和汁吞下。有的认为纳入糖醋吞更好。

**本草今用**

**【药品来源】**本品为禾本科植物粟的种子。

## 稗

**本草纲要**

**【释义】**稗子到处野生,和秧苗极为相似。它的茎叶和穗的颗粒都像黍稷。1 斗稗子能获得稗子米 3 升。所以有:"五谷没有成熟时,还不如秭稗"的说法。秭稗的苗像稗而它的穗像粟,有紫色的毛,就是乌禾。稗有水稗、旱稗两种。水穗生在田中,旱稗的苗叶像穆子,颜色呈深绿色,根下的叶带紫色,梢头生出扁穗,结的果实像黍粒,呈茶褐色,味道稍苦,性温。稗子米用来煮粥,做饭,磨成面食用都可以。

**稗米**

**【性味】**味辛、甘、苦,性微寒,无毒。

**【功效主治】**李时珍曰:做成饭食用,益气宜脾,所以曹植称它为"芳菰精稗"。

**根、苗**

**【功效主治】**李时珍曰:能治跌打损伤,出血不止。方法是将它们捣碎或研成末敷在患处,立即可以止血。

本草今用

【药品来源】本品为禾本科植物稗的种子。

## 狼尾草

本草纲要

【释义】狼尾草的穗形状像狼尾。生长在沼泽地。它的茎、叶、穗粒都像粟,穗的颜色呈紫黄色,有毛。饥荒年间可以采来做粮食。

【异名】稂、童粱、盂、狼尾、宿田翁、守田、狼茅、小芒草、老鼠根、狗仔尾、大狗尾草、黑狗尾草。

米

【性味】味甘,性平,无毒。

【功效主治】陈藏器曰:可做饭食,令人不饥。

本草今用

【药品来源】本品为禾本科植物狼尾草的根及根茎。

## 菰米

本草纲要

【释义】生于湖泊中,结的果实像米,很稀有。它还有一名叫雕菰。菰就是茭草。它的茎部膨大长出一种菌像瓜的形状。可以食用,所以称它为菰。它的米必须在霜败时采摘,所以又称为雕菰,它生长在水中,叶像蒲苇。它的苗有茎梗的,就称为菰蒋草。到了秋天,结的果实就是雕菰米,古代的人认为它是美食。现在饥荒年间,人们还采摘它作为粮食。

【异名】茭米、雕苽、雕胡。

【性味】味甘,性冷,无毒。

【功效主治】陈藏器曰:能止渴。李时珍曰:可解烦热,调理肠胃。

## 菽豆类

### 大豆

#### 本草纲要

**【释义】**在夏至前后播种，苗长达3、4尺，叶呈圆形但有尖。秋季开出成丛的小白花，结成豆荚长达1寸。它有几个品种，分黑黄褐等颜色，可榨油，做豆豉，炒食。做豆腐等，其营养很高。

**【释义】**菽。

#### 黑大豆

**【性味】**味甘，性平，无毒。久服，令人身重。

**【功效主治】**《神农本草经》记载：将它生的研碎，涂在疮肿处，有一定疗效。将它煮成汁喝，能杀邪毒。《名医别录》记载：它能治水肿，消除胃中热毒，伤中淋露，去瘀血，散去五脏内寒，除乌头毒。《蜀本草》记载：煮食治湿毒水肿。《日华诸家本草》记载：通关利脉，解金石药毒。驱牛马瘟疫。陈藏器曰：将它炒黑，趁热放入酒中饮用，能治风痹瘫痪口吃，及产后伤风头痛。吃完饭后生吞半两黑大豆，可以聪耳明目、轻身，使人肌肤润泽，精力旺盛，不易衰老，镇心，滋补人。长时间服用，可以润肌肤，使人长生不老。李时珍曰：煮汁解礜石、砒霜、甘遂、天雄、附子、射罔、巴豆、芫菁、斑蝥等药毒及蛊毒。入药治下利脐痛，冲酒服治风痉及阴毒腹痛。用胆汁浸泡后服可治消渴。

#### 大豆皮

**【功效主治】**李时珍曰：生用，治疗痘疮和目视物不清。嚼烂敷涂治小儿痘疮。

#### 大豆花

**【功效主治】**李时珍曰：主治目盲，翳膜。

#### 大豆叶

**【功效主治】**李时珍引自《广利方》言：能治蛇咬，捣碎敷在伤处，常更换，可愈。

#### 本草附方

**【服食大豆：使人长肌肤，益颜色，填骨髓，增气力，补虚能食，不过两剂】**大豆5升，如做酱法，取黄豆捣末，以猪炼膏和丸如梧桐子大，每服50~100丸，温酒服下，神验秘方。

**【治眼球上生白膜，视物不见】**用黑豆每月初一以淡盐汤下1粒，初二初三逐日增1粒，至十五日15粒，十六日也15粒，十七日14粒，十八、十九逐日减1粒，至月底仍归一

粒,若月小,十六日便服14粒,十七日便服13粒,连服3月,眼病愈。

【治中风入脏】以大豆1斗,水5斗,煮取1斗2升,去滓,入美酒1斗5升,煎至9升,晨服,以汗出愈。

【治突然腰痛】大豆6升,加水湿炒热,布熨之,冷即换。

【治身面浮肿】用黑豆1升,水5升,煮汁3升,入酒5升,再煮为3升,分3次温服;用黑豆炒干,研为末,每次2钱,用水饮下。

### 本草今用

【药品来源】本品为豆科植物大豆的黑色种子。

【药理成分】含较丰富的蛋白质、脂肪和碳水化合物,以及胡萝卜素等。

## 黄大豆

### 本草纲要

【释义】黄豆的苗高1、2尺左右,它的叶像黑豆叶,但比黑豆叶大,结的豆角略微肥大些,它的叶嫩时可以吃。

【性味】味甘,性温,无毒。

【功效主治】宁原曰:能宽中下气,利于调养大肠,消水胀肿毒。李时珍曰:研成末,加开水调和涂在出痘后有感染的地方。

### 豆油

【性味】味辛、甘,性热,微毒。

【功效主治】李时珍曰:主涂疮疥,解发。

### 本草附方

【治肿疖及痘后生疮】黄豆炒香研末,以香油调泥外敷。

### 本草今用

【药品来源】本品为豆科草本植物大豆的黄色种子。

【药理成分】含蛋白质、脂肪、B族维生素、胡萝卜素、大豆皂甙、大豆黄酮甙、丁香酸,以及钙、磷、铁、钾、钠等成分。

【药用功效】降低血脂和胆固醇。

【临床主治】肥胖症。

## 赤豆

### 本草纲要

【**释义**】赤豆在夏至后播种，豆苗茎高1尺左右，它的枝叶像豇豆的枝叶，到秋季开花，比虹豆的花小，颜色呈银褐色，有异味。结的荚长约2、3寸，比绿豆荚稍大，皮色微白带红，半青半黄时收割。一般用它来做豆包、粽子的馅。

【**异名**】赤小豆、荅、红豆，叶名藿。

【**性味**】味甘、酸，性平，无毒。

【**功效主治**】《神农本草经》记载：能消除水肿，排除痈肿和脓血。《名医别录》记载：治消渴，止泻痢，利小便，除腹胀吐逆。《日华诸家本草》记载：解小麦热毒，煮汁服解酒解油。陈士良曰：瘦肌肉、坚筋骨。甄权曰：解热毒散恶血，通气除烦满，健脾助消化。李时珍说：能辟瘟疫，治难产，下胞衣，通乳汁，和鲤鱼、鲫鱼、黄母鸡煮食，都可利水消肿。

### 叶

【**功效主治**】《名医别录》记载：可去烦热，止尿频。《日华诸家本草》记载：煮食，可聪耳明目、轻身，使人肌肤润泽，精力旺盛，不易衰老。

### 芽

【**功效主治**】李时珍引自《普济》言：漏胎和房事伤胎，则用芽为末，温酒服方寸匕，每日3次。

### 本草附方

【**治水肿**】用赤豆半斤，蒜1颗，生姜5钱，陆根1条，一起研碎，加水煮烂，除去药，空腹吃赤豆，慢慢将红汁喝完，水肿现象很快消失。又一方：治水肿从脚起，若水肿至腹就会致命。取赤豆1斗，加水煮到极烂，取其汁水5升，温热时浸泡足膝。若已肿至腹部，就吃赤豆，不要吃其他的东西，也会好。又一方：治腹肿、腹水，皮肤出现黑色。用赤豆3升，白茅一把，同水煮后吃赤豆，以消尽腹水为宜。又一方治水肿。用东行花、桑技烧灰1升，淋上汁，煮赤豆1升，用来当饭吃，治疗效果非常好。

**【治热毒下备，或因吃烫的东西而发作】将赤豆末和水调和后服方寸匕。**

【**治尿痛、尿血**】用赤豆3合，炒后研末，再加一葱用微火煨好，加酒擂和，调服2钱。

【**治乳汗不通畅**】用赤豆煮汁喝下。

【**治小儿遗尿**】用赤豆捣汁服下。

【**治鹅口疮**】将赤豆末和醋涂于患处。

【**治丹毒如火**】将赤豆末和鸡蛋清常涂于患处。

【**治风疹瘙痒**】将赤豆、荆芥穗等量，研成末，用鸡蛋清调和涂患处。

### 本草今用

【药品来源】本品为豆科植物赤小豆或赤豆的种子。

【药理成分】含淀粉、蛋白质、糖类、磷、钾、镁,还含硫胺素、核黄素、尼克酸、钙、铁等成分。

【临床主治】1.水肿。

2.慢性胆囊炎。

3.防暑降温。

## 绿豆

### 本草纲要

【释义】绿豆处处可种。3、4月间下种,它的苗高1尺左右、它的叶小而且有细毛,到8、9月开小花,它的豆荚像赤豆荚。它的用途很广,可以做绿豆糕,可以生绿豆芽。

【性味】味甘,性寒,无毒。

【功效主治】《开宝本草》记载:煮食之,可消肿通气,清热解毒。将生绿豆研碎绞成汁水吞服,可医治丹毒,烦热风疹,药石发动,热气奔腾。《日华诸家本草》记载:补肠胃。可做枕头,使眼睛清亮。可治伤风头痛,消除呕吐。孟诜曰:经常吃,补益元气,和调五脏,安神,通行十二经脉,除去皮屑,滋润皮肤,煮汁汤可解渴。宁原曰:解一切药草、牛马、金石之毒。陈藏器曰:但不可与鲤鱼同吃,否则令人肝黄形成渴病。李时珍曰:治痘毒,利肿胀。

### 本草附方

【治官刑损伤】用炒熟的绿豆粉研细,加鸡蛋清调后涂在伤口上。

【治一切肿毒初发】用绿豆粉炒至黑色,用醋调和敷在肿块上。

【治跌打损伤】把绿豆粉炒成紫色后,用刚打来的井水调和敷在受伤之处,外面用杉木绑好,它的效果很灵。

【治眼中目翳】取绿豆皮、白菊花、谷精草等量研末,每一次取1钱,再用干柿1枚,粟米水1盏,一起煮到水干,然后吃饼,每天服3次,半个月就能见效。

### 本草今用

【药品来源】本品为豆科植物绿豆的种子。

【药理成分】含蛋白质、糖类及多种维生素。

【药用功效】1.降压。

2.降脂。

3.解毒。

【临床主治】1.肿胀。

2.防暑。
3.口腔炎
4.食物中毒。

## 白豆

### 本草纲要

**【释义】**它的苗嫩的时候可以当菜吃,吃生的也很好。有的是白色,也有的是土黄色,像绿豆一般大,但比绿豆长。4、5月间种下,它的苗比赤豆苗稍尖些。

**【异名】**饭豆。

**【性味】**味甘,性平,无毒。

**【功效主治】**孟诜曰:可补五脏,调中,助十二经脉。《日华诸家本草》记载:可暖肠胃。孙思邈曰:可驱除鬼气。是补肾的食物,患肾病的人应该吃。

### 叶

**【功效主治】**《日华诸家本草》记载:煮来食用,利于调养五脏。

## 蚕豆

### 本草纲要

**【释义】**蚕豆在8月份种下,11、12月生长的嫩苗可以吃,它的茎呈四方形,中间是空的。叶子的样子像饭勺头,靠进叶柄处微圆而末端较尖,面向阳光一面呈绿色,背着阳光的呈白色,一根茎上生三片叶子。2月开花像红豇豆花。豆角很像蚕的形状,所以叫蚕豆,四川蚕豆最多。

**【异名】**胡豆。

**【性味】**味甘、微辛,性平,无毒。

**【功效主治】**汪颖曰:主利胃肠排泄,调和五脏六腑。

### 苗

**【性味】**味苦,微甘,性温。

**【功效主治】**汪颖曰:酒醉不省人事者,用油盐将苗炒熟加上水煮成汤灌进嘴里,效果良好。

### 本草今用

**【药品来源】**本品为豆科植物蚕豆的成熟种子。

**【药理成分】**含有磷脂、胆碱、维生素 $B_1$、维生素 $B_2$、烟酸和钙、磷、铁、钾、钠、镁等多种人体所需的矿物质。

## 豇豆

### 本草纲要

【释义】在3、4月间种下。有一种是蔓生的,茎长约1丈有余,还有一种是藤蔓较短的。它的嫩叶可以吃。它的花有红色、白色两种。

【异名】豆角、羊角、角豆、饭豆、腰豆、长豆、茳豆、裙带豆、浆豆。

【性味】味甘、咸,性平,无毒。

【功效主治】李时珍曰:能理中益气,补肾健胃,和五脏,调身养颜,生精髓,止消渴,治呕吐,痢疾,止尿频,可解鼠蛇之毒。

### 本草今用

【药品来源】本品为豆科植物豇豆的种子。

【药理成分】含蛋白质、脂肪、碳水化合物,还含有钙、铁、锌、磷、维生素C、胡萝卜素、膳食纤维等成分。

## 豌豆

### 本草纲要

【释义】它的苗,弯弯曲曲,因此叫豌豆。李时珍说:豌豆属土,所以主治脾胃之病。元时饮酒用膳,每次都将豌豆捣碎除去皮,与羊肉同食,说是可以补中益气。现在已成为家常的食物。

【异名】戎菽、回鹘豆、毕豆、青小豆、胡豆。

【性味】味甘,性平,无毒。

【功效主治】陈藏器曰:清煮吃,治消渴。孙思邈曰:去除呕吐,止下泄疾病。吴瑞曰:可调颜养身,益中平气,催乳汁。李时珍曰:煮成汤喝,可驱除毒心病,解除乳食毒发作。研成末,可除痈肿痘疮。用豌豆粉洗浴,可除去污垢,面色光亮。

【药用功效】1.抗癌。

2.降低胆固醇。

【临床主治】1.预防心脏病。

2.预防结肠和直肠癌。

## 扁豆

### 本草纲要

【释义】人们把它种在篱笆边。在2月间种下,它的枝叶蔓生缠绕,叶子圆而带尖。它的花形像小飞蛾,它的豆荚共有十余种,有的长,有的圆,层层叠叠地结在茎上。

【异名】南扁豆、沿篱豆、蛾眉豆、凉衍豆、羊眼豆、膨皮豆、茶豆、南豆、藤豆。

**本草附方**

【霍乱吐利】扁豆、香薷各1升,水6升,煮2升,分服。

【消渴饮水】金豆丸:用白扁豆浸去皮,为末,以天花粉汁同蜜和,丸梧子大,金箔为衣,每服20~30丸,天花粉汁下,日2服。忌炙煿酒色。次服滋肾药。

【恶疮痂痒作痛】以扁豆捣封,痂落即愈。

**本草今用**

【药品来源】本品为豆科植物扁豆的白色种子或荚果。

【药理成分】含蛋白质、维生素C,还含有胰蛋白酶抑制物,淀粉酶抑制物,血球凝集素A、B以及蔗糖、葡萄糖、柿子糖、半乳糖、果糖等物质。

## 刀百

**本草纲要**

【释义】豆荚的形状像刀,所以取名刀豆。3月下种,藤蔓可长到1、2丈长,叶子像豇豆的叶子,但比豇豆的叶子稍长些,稍大些,5、6六月开紫色的花像飞蛾一样,结豆荚,它的豆荚长接近1尺。有点儿像皂荚。

【异名】挟剑豆、刀豆子、大戈豆、大刀豆、刀鞘豆、白风豆、刀板仁豆、刀巴豆、刀培豆。

【性味】味甘,性平,无毒。

【功效主治】李时珍曰:主治温中通气,利于调养肠胃,止呃逆,益肾补元气。

**本草今用**

【药品来源】本品为豆科植物刀豆的种子。

【药理成分】含维生素、矿物质。

# 菜部

李时珍曰:凡草本之可茹青者称之为菜。韭、薤、葵、葱、藿,并称为五菜。《素问》云:五谷为养,五菜为充。菜能够辅佐谷气,疏通肠道。古者三农生九谷,能够充饥的菜不止五种。

## 荤辛类

### 韭

#### 本草纲要

**【释义】**韭字很像其叶长出地面上的形状。只要种一次便长期生长，所以称为韭。一年可割3、4次，只要不伤到它的根，到冬天用土盖起来，春天来临之前又开始生长，相信它可以长期生长了吧。韭菜，一丛一丛地生长，叶长得很茂盛，韭叶颜色青翠。韭菜可以分根栽种，也可以撒子种植。

**【异名】**草钟乳、起阳草、壮阳草、扁菜、懒人草。

**【性味】**叶辛、微酸，性温、涩，无毒。

**【功效主治】**《名医别录》记载：主归心，安抚五脏六腑，除胃中烦热，对病人有益，可以长期吃。宁原曰：有归肾壮阳，止泄精，温暖腰部膝部的作用。朱震亨曰：可治吐血、咳血、鼻血、尿血，及妇女月经失调，跌打损伤和呃噎病。将韭菜捣成汁澄清后，和上儿童的小便喝下，能消散胃内的瘀血。陶弘景曰：和鲫鱼一同煮来吃，可治急性痢疾。陈藏器曰：将生韭菜捣汁服，可治胸部痉痛。煮来吃，可以使肺气充沛，除心腹陈寒痼冷和腹部包块，治肥胖人中风后失音。还可解各种药物的毒性，治疗狂犬咬伤，毒蛇、蝎子、毒虫咬伤，捣烂后，局部外敷，解其毒性。孟诜曰：把韭菜炸熟和上盐、醋，空腹吃十顿，主治胸膈噎气。李时珍曰：饮生汁，主上气喘息欲约，解肉脯毒。煮汁饮，止消渴盗汗。熏产妇血运，洗肠痔脱肛。

#### 籽

**【功效主治】**《名医别录》记载：可治梦中遗精，便血。《日华诸家本草》记载：可暖和腰膝，驱除鬼气附身。李时珍曰：补肝脏及命门，治小便频繁、遗尿，可治妇女白带量过多。将其研成末，拌入白糖可治腹泻；拌入红糖则可治腹泻便血。用陈米煮汤服下，有神效。

#### 本草附方

**【服食方】**有位贫穷的老人患了上消化道肿瘤，一吃食物马上就呕吐，而且胸中像针刺一样痛。有人叫他用韭菜汁，加入少量盐、梅和卤汁，先细细呷一点，再渐渐加量，吐出数升浓痰后明显好转。

**【治鼻出血不止】**将韭菜根、葱根一起捣碎，捏成枣子一般大小，塞入鼻孔中，不时更换，2、3次就能止住流血。

**【治夜有噩梦不止】**发生噩梦引起的昏死，不要点灯，只要痛咬他的大拇指指甲，并将唾沫吐在他脸上就能使他苏醒，再取韭菜捣成汁，吹进他的鼻孔中，冬天无韭菜叶时就

用韭菜根。

### 本草今用

**【药品来源】** 本品为百合科多年生草本植物韭的叶。
**【药理成分】** 含生物碱、皂甙、蛋白质、维生素、硫化物等。
**【药用功效】** 具有兴奋性功能之作用。
**【临床主治】** 1.男性勃起功能障碍。
2.慢性前列腺肥大症之尿频者。
3.带状疱疹。

## 葱

### 本草纲要

**【释义】** 葱共有四种:冬葱也就是冻葱,夏衰冬盛,它的茎和叶非常柔软美丽。泰山以南,长江以北的地方多有种植;汉葱茎厚实坚硬,而味道很淡,一到冬天叶子便枯萎;胡葱的茎和叶子粗短,根似金灯;葱生长在山谷中。还有一种楼葱,和冬葱是一类的,也叫龙爪葱。每根茎上长出枝丫,像龙爪的形状。冬葱又叫太官葱,因为它的茎柔软细弱而且有香味,可以过冬,适宜太官拿去上供。汉葱又叫木葱,因其形状很粗又很坚硬而得名。冬葱不结子。汉葱春末开花,成一丛丛的,花呈青白色。它结的子呈黑色,有皱纹,呈三瓣的形状。收取后阴干,不要放在潮湿的地方,可栽苗也可撒种。

**【异名】** 芤、鹿胎、莱伯、四季葱、和事草、葱白、大葱。

### 葱茎白

**【性味】** 味辛,性平,无毒。

**【功效主治】**《神农本草经》记载:煮汤,可治伤寒的寒热,消除中风后面部和眼睛浮肿。《名医别录》记载:治伤寒骨肉疼痛,咽喉麻痹肿痛不通,并可以安胎。使用于眼睛,可清睛明目,除肝脏中的邪气,通利中焦,调五脏,解各种药物的药毒。通大小肠,治疗腹泻引起的抽筋以及奔豚气、脚气,心腹绞痛,眼睛发花,心烦闷。孟诜曰:通关节,止鼻孔流血,利大小便。李杲曰:治腹泻不止和便中带血。宁原曰:能达表和里,止血。李时珍曰:去除风湿,治全身疼痛麻木,治胆道蛔虫,能止住大人虚脱,腹痛难忍,及小孩肠绞痛,妇女妊娠期便血,还可以促使乳汁分泌,消散乳腺炎症和耳鸣症状。局部外敷可治狂犬咬伤,制止蚯蚓之毒。陈士良曰:解一切鱼和肉的毒。

注意:生葱不能同蜂蜜一起吃,多食则对人体有害。造成神志不清昏迷,只能用作调料而已。

叶

本草附方

**【治头昏脑涨疼痛难忍】**用葱插入病人的鼻内和耳内,就能通气,使人清爽。

**【治妊娠期间受到伤寒,红斑变黑,尿中带血者】**用葱白一把,水3升,煮熟后喝汤,吃完葱,直到出汗。

**【治小儿暴死】**取葱白放入肛中和两个鼻孔中,气通后打喷嚏,即活。

**【治小儿腹痛】**用葱煎水浴小孩的腹部,并用炒葱捣碎贴在肚脐上,过一会,排出尿后腹痛即止。

**【治虚脱危症】**凡人大吐大泄之后,四肢冰冷,不省人事,有的与女子性交后,小腹和肾疼痛,出冷汗,昏迷不醒,如不及时抢救,则非常危险。先将葱白炒热熨贴在肚脐上,再将3、7根葱白擂烂,用酒煮后灌服,阳气马上回升。这是华佗发明的药方。

**【治急性胆道绞痛,牙关紧咬将要断气者】**用老葱白5根去掉葱皮和葱须,捣成膏,用小勺子送入咽喉,再灌进麻油4两,只要咽下就能苏醒,一会儿,积虫化成黄水拉出。

**【治小腹胀痛,小便不利,如果不及时抢救就有生命危险】**用葱白3升,炒热后用帕包好,将两包交替熨烫小腹,等热气渗透到腹里气透后则愈。

**【治早期乳腺炎】**用葱汁1升,立即服下,炎症即可消散。

**【治疗疮毒】**将疮刺破,用老葱、生蜂蜜杵碎贴两个时辰,疔疮毒出来后,用醋水洗,有神效。

本草今用

**【药品来源】**本品为百合科草本植物葱的全草或鳞茎。入药多用香葱,鳞茎入药,称为葱白。

**【药理成分】**葱含蛋白质、脂肪、糖类、维生素、胡萝卜素、粗纤维、烟酸、钙、磷、铁,还含葱蒜辣素、挥发油、二烯丙基硫醚。

**【药用功效】**1.抑菌。

2.抗菌。

3.杀灭滴虫。

**【I临床主治】**1.乳腺炎。

2.遗尿。

3.荨麻疹。

## 薤

本草纲要

**【释义】**8月栽种根,正月分苗移植,适宜在土壤肥沃的地里栽种。一根多茎,叶长得

茂盛而根长得很大,其叶形状像韭菜,但是韭菜叶中间是实心而形状是扁的,有剑脊;薤叶则是中空的,像小葱的叶子但又有棱,气味也像葱。2月开紫白色的细花,根像小蒜,一根有几颗,长在一起互相依存。

**【异名】**火葱、菜芝、鸿荟、莜子。

**薤白**

**【性味】**味辛、苦,性温、滑,无毒。

**【功效主治】**《神农本草经》记载:主治金疮溃烂,轻身,不饥耐老。《名医别录》记载:强筋骨,除寒热,去水气,温暖中焦散结气,利于病人。将薤白捣碎涂在疮上。治各种疮中风寒,水气肿痛。《日华诸家本草》记载:煮来食用,可耐寒调中补气不足,治慢性腹泻,令人健壮,壮阳恢复元气。李时珍曰:可散血通气,治胸部针刺一样疼痛,并安胎。温补,助阳道。孙思邈曰:心病宜食之,利于产妇。孟诜曰:治妇女白带含血,骨刺卡咽喉,吃薤白后刺即吞下。苏颂曰:补虚解毒。苏恭曰:薤有红色,白色两种,白的能滋补,红的能治疗金疮。寇宗奭曰:同蜂蜜一起捣碎涂在烫伤、烧伤的患处,见效很快。

注:不能和牛肉一起吃,否则易生结石。

**本草附方**

**【治突然中风,奄奄一息,或平时噩梦】**用薤实汁灌入鼻孔中,就会苏醒。

**【治腹胀气痛】**用薤白捣成汁喝,效果很大。

**【治拉红痢不止】**薤实同黄柏树皮煮水喝,能治好。

**【治小儿痢疾】**把藠头捣成泥,和以粳米粉和蜂蜜做成饼,烤熟后吃。

**【治产后各种痢疾】**多煮些薤白来吃,再和羊油一起炒来吃。

**本草今用**

**【药品来源】**本品为百合植物小根蒜或薤的鳞茎。

**【药理成分】**含 N-对-香豆酰酪胺、N-反-阿魏酰酪胺。

**蒜**

本草纲要

**【释义】**中原地区当初只有这种蒜,后来因为汉人从西域带回葫蒜,于是叫原来的蒜为小蒜以示区别。蒜是五种荤之一。五荤也就是五辛,是说其产生的味能令人烦躁不安,心神混乱。炼药的人以小蒜、大蒜、韭菜、芸苔、胡荽为五荤;道家则以韭菜、藠头、蒜、芸苔、胡荽为五荤;佛家则以大蒜、小蒜、兴渠、慈葱、山葱为五荤。兴渠,也就是阿魏。虽然各不相同,但都是辛熏的东西,吃生的则更加令人烦躁,熟食发淫,能损人的精神意志,所以少食这类食物为好。李时珍说:葫蒜有两种:其根和茎都较小,瓣少较辣的叫蒜,也就是小蒜;其根和茎都大而且瓣数多的,味辛而带苦的是葫蒜,也就大蒜。依照《尔雅正义》上说:黄帝登蒿山,中了莸芋之毒,快要死时,嚼食蒜才解了毒,于是开始收藏种植蒜。

蒜还用以驱除腥膻和虫鱼之毒。

【异名】葫蒜、葫、独头蒜、独蒜、荤菜、小蒜。

蒜

小蒜根。

【性味】味辛,性温,有小毒。

【功效主治】《名医别录》记载:益脾肾,止霍乱吐泻,解腹中不安,消积食,温中调胃,除邪痹和毒气。陶弘景曰:主溪毒。《日华诸家本草》记载:下气,治各种虫毒,敷在蛇虫咬伤处和沙虱疮上,有很好的效果。孟诜曰:涂疗肿甚良。

叶

【功效主治】孙思邈曰:主心烦痛,解各种毒,治小儿发红疹。

本草附方

【时气温病】初得头痛,壮热脉大。即以小蒜1升,杵汁3合,顿服。不好再作便愈。

【积年心痛】不可忍,不拘10年、5年者,随手见效。浓醋煮小蒜食饱勿着盐。曾用之有效,再不发也。

【阴肿如刺】小蒜1升,韭根1升,杨柳根2斤,酒3升,煎沸乘热熏之。汗出者愈。

本草今用

【药品来源】本品为百合科植物小蒜的鳞茎。

【药理成分】鳞茎中含有大蒜糖,主要由果糖组成;另含烯丙基硫化合物。

葫

本草纲要

【释义】现在的人称葫为大蒜,称蒜为小蒜,因其气味相似。张骞出使西域,大蒜,胡荽才开始传入中原。而小蒜是中原本地所产,大蒜来自胡地,因而叫葫蒜。

【异名】大蒜、荤菜。

【性味】味辛,性温,有毒。久食损人目。

【功效主治】《名医别录》记载:此物归五脏,可散痈肿毒疮,除去风邪,消除毒气。苏恭曰:可下气消积食,化腐肉。陈藏器曰:去除水恶瘴气,除风湿,破冷气,烂痃癖,伏邪恶,宣通温补,疗疮癣,杀鬼去痛。《日华诸家本草》记载:强健脾胃,治肾气,止霍乱吐泻引起的抽筋和腹痛。驱除邪气和瘟疫,治疗疟疾引起的抽风和寒战。敷伤风冷痛,治毒疮,蛇虫之毒,溪砂毒、沙虱毒。如果是用熟醋浸泡多年的大蒜更好。寇宗奭曰:将大蒜捣烂用温水服下,可治疗因中暑导致的昏迷不醒。捣碎贴于足心,可医治鼻孔流血不止。用大蒜和豆豉丸服下,可治大便突然猛烈出血,使小便畅通。李时珍曰:将大蒜捣出汁水

后喝下,可医治吐血和绞痛。煮出汁水喝下,可治疗角弓反张之症。和鲫鱼一起做成丸子吃,可治胸闷胀满。和蛤粉一起做成丸子吃,可消水肿。同黄丹丸一起吃,可治痢疾和孕痢。同乳香丸一起吃,可治腹痛。捣成膏敷在肚脐上,就能通达下焦消水,利于大小便排泄。贴于足心,治急性腹泻,止鼻孔出血。放人肛门中,能使幽门通畅,治疗关格不通,但吃多了会损伤人的眼睛。

注:李时珍说大蒜的气烈,能通五脏六腑,使眼耳鼻口七窍畅达,可驱除寒湿和辟邪恶,消痈肿,助消化,这就是大蒜的功效。因此,王祯称大蒜是:久放味道不变,可以用来繁殖栽种,也可用来贮存,能化臭腐为神奇,是调味佳品,可代替醋酱调料。旅途上带上它,则发炎、抽风、疾病、风雨都无妨,食糖脂中毒也不会有所妨碍。夏季吃后可解除暑气。北方人吃肉面尤其不能缺少。这是《食经》上的上等品,日常用处很多。由于不了解其辛味能散气,其热能助火,因而有可能损伤肺和眼睛,导致神态昏迷错乱,应引起重视。

**本草附方**

**【治腹胀】**用大蒜装入自死的黑鱼肚内,再用湿纸包好放在火中煨熟,蒜连同鱼一起吃。忌放椒、盐、葱、酱,多吃自愈。这种方法有人试过,并非夸大其词。用灸的方法治背上发疮。凡觉得背上有硬肿块疼痛,先用湿纸贴寻疮头,再用大蒜 10 颗,淡豆豉半合,乳香 1 钱,研细,根据疮头的大小,用竹片做个圈围起来,将药填在圈内,填到两分厚,用艾香灸,由痛灸到痒,再由痒灸到痛,以 100 次为一疗程。这种方法与蒜钱灸法有同样的功效。

**【治腹部胀满,大小便不通】**独蒜烧熟后去掉蒜皮,用布裹好放入肛门,胀气立刻通畅了。

**【治气肿】**用大蒜、田螺、车前子各等分,熬成膏摊贴在肚脐上,水即随大小便排泄出去,几天就能痊愈。象山的人患了水肿病,一个卜士传与此方,照着做即瘥。

**【治痢疾伴饮食不进或呕不能食】**用大蒜捣烂贴于两足心,也可掩贴在肚脐上。

**【治妇女阴部红肿发痒】**用大蒜水洗阴部,有效停止。

**【治中闭口椒毒,气滞欲死】**把蒜煮来吃,就能治愈。

**本草今用**

**【药品来源】**本品为百合科植物大蒜的鳞茎。

**【药理成分】**含有蛋白质、脂肪、糖类、多种维生素、胡萝卜素、钙、磷、铁,还含有大蒜辣素、硫醚化合物、芳香醇等成分。

**【药用功效】**1.降血糖。

2.降血压。

3.抑制病菌、病毒作用。

**【临床主治】**1.用于止血。

2.治疗支气管哮喘。

## 芥

### 本草纲要

【释义】芥似菘而有毛,味辣,可生食,做腌菜。李时珍说:芥有数种,青芥,又名刺芥,似白菘,有柔毛。有大芥,又名皱叶芥,叶大有皱纹,色深绿,味更辛辣。二芥均宜入药用。有马芥,叶如青芥。有花芥,叶多缺裂,如萝卜菜。有紫芥,茎叶都色紫似苏叶。有石芥,矮小。都是8、9月下种。冬月食的,俗称腊菜;春月食的俗称春菜;4月食的,谓夏芥。芥心嫩苔谓芥蓝,凉拌食,味脆美。花3月开,花雕色四瓣,结荚1、2寸长,子大如苏子,色紫味辛,研末泡制为芥酱,用侑肉食,辛香可口。

【异名】雪里蕻、皱叶芥、黄芥。

### 茎叶

【性味】味辛,性温,无毒。

【功效主治】《名医别录》记载:祛鼻,祛肾脏经络邪气,利九窍,明耳目,安中。常吃温中。《日华诸家本草》记载:止咳嗽上气,除寒冷气。李时珍曰:去头痛,通肺消痰,利膈开胃。

### 子

【性味】味辛,性热,无毒。

【功效主治】《日华诸家本草》记载:治风毒肿及麻痹,醋研敷之。扑损瘀血,肾虚腰冷,和生姜研涂贴之。又治心痛,酒调服之。陶弘景曰:通鼻,去一切邪恶疰气,咽喉肿痛。苏恭曰:治疰气发无定处,及被毒箭伤,做成药丸或捣为末服。李时珍曰:治胃寒吐食,肺寒咳嗽,伤风受寒引起的胸腹腰痛,口噤,消散痈肿瘀血。吴瑞曰:研末水调,涂顶囟,止衄血。

### 本草附方

【治伤寒没有汗】用水调芥籽末填入肚脐内,然后用热药物隔着衣服熨肚脐处,直到出汗为止。

【治身体麻木】芥菜籽末,加醋调和后,涂在身体麻木的地方。

【治牙龈溃烂出臭水】把芥菜杆烧存性,研细为末,频敷患处就可以治疗。

【治飞丝入目】用青芥菜汁点入眼中,功效神验。

【治漆疮搔痒】用芥菜煎汤洗患处。

【治咽喉肿痛】用芥菜籽末加水调好后,敷咽喉部,等到药干了再换。又方:将芥菜籽研细成末,调醋取汁,点入喉内。等到喉内有响声,再用陈麻秆点烧,烧烟吸人喉内,立即见效。

【治夜盲】用紫芥菜籽炒黑研成末,用羊肝1具分作8服。每服用芥籽3钱捻在羊肝

上，再用竹笋皮裹好，煮熟冷却后服用，并用煮它的水送下。

**【治阴证伤寒引发，腹痛呕逆】**用芥菜籽研成末，加水调和后贴在肚脐上。

**【治颈淋巴结结核】**用芥制成末加醋调和后，贴患处。

### 本草今用

**【药品来源】**本品为十字花科植物芥菜、油芥菜的嫩茎叶。

**【药理成分】**含有蛋白质、脂肪油、维生素 $B_1$、维生素 $B_2$、维生素 C、胡萝卜素、烟酸及钙、铁等矿物质。植物纤维含量较高，热能不高。

## 白芥

### 本草纲要

**【释义】**白芥，其味辣，又名辣菜，这种菜虽然属于芥类，但它和其他的芥类有很大区别。

**【异名】**辣菜、胡芥、蜀芥。

### 茎叶

**【性味】**味辛，性温，无毒。

**【功效主治】**陈藏器曰：可去除冷气。《日华诸家本草》记载：安五脏，它的功用与芥菜相同。

### 子

**【性味】**味辛，性温，无毒。

**【功效主治】**《名医别录》记载：主发汗，治胸膈痰冷，气息急促，将它研成末，加醋调和后敷可治毒箭伤。陶弘景曰：用熨的方法可除恶气风毒脓肿，四肢疼痛。孙思邈曰：患咳嗽不止，胸胀气喘且多唾的人，每次温酒吞下 7 粒。李时珍曰：它还能利气化痰，除寒暖中，消肿止痛，治咳嗽翻胃，下肢麻木，筋骨腰腿各种痛。如果痰在胁下及皮里膜外，非白芥籽不能治。

### 本草附方

**【防痘疮(天花)余毒未尽.复受风邪，治眼中作痒，眼睑红赤溃烂等】**用白芥籽末，加水调和后涂足心中，引毒气下行，使疮疹不进入眼中。

**【胸胁痰饮，皮肤苍白或肿而不红及胸痛】**用白芥籽 5 钱，白术 1 两，研为末，加入枣肉捣烂后，做成梧子大的药丸，每服用 50 丸白开水下。

**【腹冷气起】**白芥子 1 升，微炒研末，汤蒸饼丸小豆大，每以姜汤吞 10 丸，甚妙。

### 本草今用

**【药品来源】**本品为十字花科植物白芥的茎、叶。

【药理成分】含有芥子甙、芥子酶、芥子碱、脂肪油、蛋白质、粘液等。

【药用功效】1.刺激皮肤出现湿热、潮红、充血、发疱等症状,可促进痰症消散及减轻疼痛。

2.祛痰、平喘及催吐。

【临床主治】1.关节炎及类风湿关节炎之膝部肿痛。(外敷发疱)

2.淋巴结核之痰核流注者。

3.肩周炎之痰阻疼痛者。

## 胡萝卜

### 本草纲要

【释义】胡萝卜的根有黄色,红色两种,带点蒿气,5、6 寸长,大的有手握满那么粗。3、4 月茎高 2、3 尺,开碎小的白花,像伞的形状,胡萝卜籽有毛,是褐色的,它的气味有点像萝卜,因是元朝时从西域引进来,所以得名胡萝卜。

【异名】黄萝卜、胡芦菔、红芦菔、丁香萝卜、金笋、红萝卜、伞形棱菜。

#### 根

【性味】味甘、辛,性温,无毒。

【功效主治】李时珍曰:主要是下气调补中焦,利胸膈和肠胃,安五脏,增强食欲,对人体有利无害。

#### 子

【功效主治】李时珍曰:主治久患痢疾。

### 本草今用

【药品来源】本品为伞形科植物胡萝卜的根。

【药理成分】含胡萝卜素、多种维生素、木质素、烟酸、蛋白质、脂肪、糖类,还含有钙、磷、铁等矿物质。

## 芹菜

### 本草纲要

【释义】有水芹、旱芹两类。水芹生在沼泽的边上;旱芹则生在陆地,有红、白两种。一般 2 月长出幼苗,它的叶子成对生长。它的茎上有棱,中间是空的,它的气味芬芳。5 月开出细小的白花,它是对人的身体有益的菜。

【异名】水英、楚葵。

**茎**

【**性味**】味甘，性平，无毒。

【**功效主治**】《神农本草经》记载：主治女子大出血，且有止血养精，保养血脉，强身补气的功效。令人身体健壮，食欲增强。孟诜曰：捣水芹汁服用，又可去除暑热。医治结石。陈藏器曰：饮它的汁后，小儿可以去除暴热，大人可治酒后鼻塞及身体发热，又可去头中风热，利口齿和滑润大小肠。大明曰：同时还可解烦闷口渴，妇科出血及白带增多和痈症、五种黄疸病。

**堇**

又叫旱芹。是野生植物，不是人工种植的。其叶如蕺菜，花呈紫色。

【**性味**】味甘，性寒，无毒。

【**功效主治**】《唐本草》记载：捣成汁后，可以用来洗马身上的毒疮，同时也可服用。又将汗涂在蛇、蝎毒痈肿患处，可治。孟诜曰：经常食用堇菜可消除胸腹间的烦闷发热及寒热，治颈淋巴结核病。具有聚积精气，除下瘀血，止霍乱腹泻的功效。还可以将生或菜捣成汁取半升服，能够驱除体内毒性产物。

**紫堇**

又称红芹。长在水边。它的叶，是青色的，有三寸多长，叶上有黄色斑点，它的味道苦涩。它的根，嚼起来有极浓的酸、苦、涩味。

**苗花**

【**性味**】味酸，性平，苗微毒，花无毒。

【**功效主治**】苏颂曰：主治大人，小孩脱肛。

**本草附方**

【**小便淋痛**】水芹菜白根者，去叶捣汁，井水和服。

【**治小儿吐泻**】芹菜切细，煮汁饮之，不拘多少。

【**湿热气**】旱芹菜晒干为末，糊丸梧子大，每服40丸，空腹温酒下。大杀百虫毒。

**本草今用**

【**药品来源**】本品为伞形植物芹菜的全草。

【**药理成分**】芹菜含有蛋白质、脂肪、碳水化合物、维生素A、维生素$B_1$、维生素$B_2$、烟酸、维生素C、钙、磷、铁及粗纤维等营养成分。

## 生姜

### 本草纲要

【释义】生姜宜种在低湿沙地。4 月取母姜栽种,到 5 月就长出苗,如嫩芦而叶稍宽如竹叶,对生,叶,味辛香。秋季前后长出新芽,像分开的手指一样,这时采来吃无筋,称它为子姜。秋分后姜经霜就老了。因为姜适宜特别潮湿而且没有阳光的地方,所以秋天很热就不会长姜。

【异名】川姜、白姜、均姜。

【性味】味辛,性微温,无毒。

【功效主治】《神农本草经》记载:久服能去除臭气,通神明。《名医别录》记载:归五脏,能除风邪寒热,止伤寒头痛鼻塞,咳逆气喘,止呕吐,去痰下气。甄权曰:去水肿气胀,治时令外感咳嗽。合半夏能治胃脘部急痛。加入杏仁煎,治急痛气实,心胸拥膈冷热气。捣烂取汁和蜜服,治中暑呕吐不能下食。孟诜曰:散烦闷,开胃。把生姜汁煎服,下一切结石,冲胸膈恶气,特效。陈藏器曰:能破血调中,去冷气。李时珍曰:生用发散,熟用和中。解食野禽中毒成喉痹。浸汁,点赤眼。捣汁和黄明胶熬,贴风湿痛甚妙。

### 姜皮

【性味】味辛,性凉,无毒。

【功效主治】李时珍曰:可以消浮肿,腹胀,腹腔内的痞块,调和脾胃,去眼球上的白膜。

### 叶

【性味】味辛,性温,无毒。

【功效主治】张机曰:主治吃鱼导致的结石,捣汁饮用,即消。

### 本草附方

【咳嗽不止】生姜 5 两,饧半升,火煎熟,食尽愈。.段侍御用之有奇效。

【暴逆气上】嚼姜 2、3 片,屡效。

【霍乱腹胀,不得吐下】用生姜 1 斤,水 7 升,煮 2 升,分 3 服。

【产后血滞,冲心不下】生姜 5 两,水 8 升,煮服。

### 本草今用

【药品来源】本品为姜科植物姜之新鲜根茎。

【药理成分】含有姜醇、姜烯、水芹烯、莰烯、柠檬醛、芳樟醇等挥发油,姜辣素、天门冬素、谷氨酸、丝氨酸等成分。

【药用功效】1.具有镇吐作用。

2.解热、退热作用。

3.抗炎消肿。

【临床主治】1.痢疾。

2.白癜风。

3.蛔虫性肠梗阻。

## 同蒿

### 本草纲要

【释义】同蒿种于8、9月,冬春时节可食其肥茎。它的花、叶与白蒿相似,味道辛甘,散发着蒿的气味。4月起2尺高的苔,开黄色的类似菊的花。

【异名】茼蒿菜、蓬蒿菜、菊蒿菜、菊花菜、蒿子秆。

【性味】味辛,性平,无毒。

【功效主治】孙思邈曰:能安心气,养脾胃,消痰饮,利肠胃。

# 柔滑类

## 苜蓿

### 本草纲要

【释义】苜蓿原来生长在大宛国,汉使张骞带回中国,现在田野之中到处皆有。结圆扁形的小荚,周围有刺,结的荚非常多,老了就变成黑色。荚内有像米的籽,可以做饭吃,也可以用它来酿酒。

【异名】草头、木粟、光风草。

【性味】味苦,性平,涩,无毒。

【功效主治】《名医别录》记载:有益于人,可以长期食用。孟诜曰:安中调脾胃,轻身健体。去脾胃间的邪热气,去小肠各种热毒,可以加酱油煮吃,也可煮成羹吃。苏颂曰:对大、小肠有利,把苜蓿晒干吃对人有益,功能与新鲜时相同。

### 根

【性味】性寒,无毒。

【功效主治】苏恭曰:主治热病烦闷,眼睛发黄,小便呈黄色,酒精中毒,捣碎后服1升,让人呕吐后就可把病治好。李时珍曰:也可以把它捣碎取汁煎来服用,治结石引起的疼痛。

### 本草今用

【药品来源】本品为豆科植物紫苜蓿或南苜蓿的全草。

**【药理成分】**含蛋白质、糖类、胡萝卜素、维生素 C、维生素 $B_2$、钙、磷、铁，还含有苜蓿素及维生素 $B_{12}$和维生素 K 及皂甙、卢瑟醇等。

**【药用功效】**1.止咳、平喘。

2.促进胃肠蠕动。

**【临床主治】**1.支气管炎。

2.便秘。

## 苦菜

### 本草纲要

**【释义】**就是苦苣。春天生长幼苗，有红茎，白茎两种。苦苣茎空而脆，折断后有白汁流出。叶像花萝卜菜叶一样，颜色绿中带碧，叶柄依附在茎上，每片叶子有分叉，相互交撑挺立，开黄花，像野菊。一枝花结子一丝。当花凋谢时就可以采集。苦菜籽上有茸茸的白毛，随风飘动，花落的地方就带有籽落地，就会生长出来。

**【异名】**苦苦菜、苦麻菜、荼苦荬、甘马菜、苦碟子、苦马菜、盘儿菜、天香菜、牛舌菜、拒马菜、小鹅菜、老鹳菜。

### 菜

**【性味】**味苦，性寒，无毒。

**【功效主治】**《神农本草经》记载：主治五脏邪气，厌食胃痛。经常服用安心益气，精神饱满轻身耐老，耐饿耐寒，豪气不减，增强体力。《名医别录》记载：治腹泻，清热解毒，及恶疮疾病。《嘉祐补注本草》记载：调节十二经脉，久服强力益人，治霍乱后胃气烦胀。陈藏器曰：捣它的汁饮用，可清除面目和舌头下的湿热。它的汁是白色，涂抹在疔疮肿痛之处，能拔出病根。把苦菜汁滴在痈上，立即使痈溃烂，脓汁排出。汪机曰：能聪耳明目，治各种痢疾和血淋痔瘘疾病。李时珍曰：治血淋痔瘘。

### 根

**【功效主治】**《嘉祐补注本草》记载：主赤痢，白痢和骨结核，三种病都可以煮汁服用。李时珍曰：治血淋，利于小便的排泄。

### 花籽

**【性味】**味甘，性平，无毒。

**【功效主治】**寇宗奭曰：能祛暑，安神。汪颖曰：患黄疸疾，可连同花、子研细 2 钱，水煎服，日 2 次，效果极佳。

### 本草附方

**【治口腔恶疮】**用野苦苣捣烂取汁水 1 盅，加人姜汁 1 匙，调和后用酒服用，用渣敷患

处，1、2 次即可。

【治喉痹肿痛】用野苦菜捣烂后取汁半盅，再用灯芯加热浸泡，捻灯芯汁水半盏，与野苦菜汁调和拌匀后服用。

### 本草今用

【药品来源】本品为菊科植物苦苣菜的全草。

【药理成分】含有 17 种氨基酸，其中 8 种为人体必需的氨基酸，还含有胆碱、苦味素、蒲公英甾醇、甘露醇等。

## 莴苣

### 本草纲要

【释义】1、2 月下种，它的叶像白苣呈尖形，颜色较白苣稍轻点，折断后有白汁流出粘手。4 月抽苔，苔有 3、4 尺高，削去莴苣的皮生吃，味像胡瓜。也可以腌制食用。

【异名】香乌笋、莴笋、莴菜、千金菜、生菜。

【性味】味苦，性冷，微毒。

【功效主治】陈藏器曰：利五脏，通经脉，开利胸膈。与白苣的功效相当。宁原曰：利气，壮筋骨，去除口臭，使牙齿变白，使眼睛明亮。李时珍曰：有催乳汁的作用。又利小便排泄，解虫毒和蛇咬之毒。

### 子

【功效主治】李时珍曰：催乳汁，又可利小便，治阴部肿胀，痔漏出血和扭伤。

### 本草附方

【治妇女产后乳汁不通】莴苣子 30 枚，研细酒服。又方：莴苣子 1 合，生甘草 3 钱，糯米、粳米各半合，煮粥频食之。

【小便不通】莴苣子捣饼，贴脐中，即通。

【闪损腰痛】趁痛丸：用白莴苣子炒 3 两，白粟米炒 1 撮，乳香、没药、乌梅肉各半两，为末，炼蜜丸弹子大。每嚼 1 丸，热酒下。

### 本草今用

【药品来源】本品为菊科植物莴苣的茎、叶。

【药理成分】含蛋白质、脂肪、糖类、维生素 A、维生素 $B_1$、维生素 $B_2$、维生素 C、钙、磷、铁、钾、镁、硅外，还含有乳酸、甘露醇、苹果酸、莴苣素、天门冬碱等成分。

## 荠

### 本草纲要

【释义】它的茎坚硬而且有毛,不好吃。开白色的小花,许多小花集在一起。结出的荚只有三只角。4 月收摘,因为它的茎能避蚊子和飞蛾,所以叫护生草。

【异名】野荠、地菜、护生草、鸡心菜。

【性味】味甘,性温,无毒。

【功效主治】《名医别录》记载:利肝和中。大明曰:益五脏。李时珍曰:明目益胃。

### 根叶

【功效主治】大明曰:可治眼睛疼痛。甄权曰:将荠菜的根叶烧成灰后饮用,治赤白痢非常有效。

### 实

每年 4 月 8 日采摘。灾荒年采摘它的籽和水调成块状,或煮成粥、做成饼都很粘滑。

【性味】味甘,性平,无毒。

【功效主治】《名医别录》记载:它能使眼睛明亮,治眼痛。甄权曰:治青光眼、同时可以滋补五脏不足。吴普曰:也可治腹部胀痛。陈士良曰:去除风毒邪气,治疗眼内积尘,白翳并解热毒。如果长期服用,会使眼睛看物更加清晰。

### 花

【功效主治】陈士良曰:放在床席下面,可以驱臭虫。又能避蚊子,飞蛾。大明曰:把花阴干研细成末,用枣汤送服,每次 2 钱,可以治慢性腹泻。

### 本草附方

【暴赤眼痛胀碜涩】荠菜根杵汁滴之。

【眼生翳膜】荠菜和根、茎、叶洗净,焙干为细末,每夜卧时先洗眼,挑末少许,安两大眦头。涩痛忍之,久久膜自落也。

### 本草今用

【药品来源】本品为十字花科植物荠菜的带根全草。

【药理成分】含蛋白质、胡萝卜素和多种维生素,此外,还含有钙、铁、脂肪及大量的粗纤维等。

【药用功效】研究表明:1.荠菜含有类似麦角样成分,有催产素样作用,其浸膏对动物离体子宫和肠管均有明显收缩功能。

2.荠菜提取物用于高血压的治疗,其疗效优于芦丁,而且无毒性。

3.荠菜含有荠菜酸,能缩短凝血时间。

**【临床主治】**1.高血压。

2.乳糜尿。

3.尿血。

4.产后子宫出血。

## 蒲公英

### 本草纲要

**【释义】**蒲公英生长在平原沼泽的田园之中。茎,叶都像莴苣,折断后有白汁流出,可以生吃,花像单独的菊花但比较大。花像头饰金簪头,也叫金簪草,形状像一只脚立地的样子,也叫黄花地丁。

**【异名】**黄花地丁、乳浆草、古古丁、金簪草。

### 苗

**【性味】**味甘,性平,无毒。

**【功效主治】**苏恭曰:治妇女乳房痛和水肿,方法是:煮它的汁饮用和封贴在患处,立刻消肿。朱震亨曰:解食中毒,驱散滞气,化解热毒,消除恶肿,结核及疔肿。李时珍曰:放入牙中,可以使胡须、头发变得乌黑,滋壮筋骨。苏颂曰:用蒲公英的白汁涂在恶刺上立即治愈。

### 本草附方

**【乳痈红肿】**蒲公英1两,忍冬藤2两,捣烂,水2盅,煎至1盅,食前服。睡一觉,病即去矣。

**【多年恶疮】**蒲公英捣烂贴。

### 本草今用

**【药品来源】**本品为菊科蒲公英植物蒲公英的全草。

**【药理成分】**含蒲公英甾醇、蒲公英素、蒲公英苦素及树脂等。

**【药用功效】**1.抗病原微生物作用。

2.提高免疫功能。

**【临床主治】**1.急性黄疸型肝炎。

2.胃脘痛。

3.尿毒症。

## 百合

### 本草纲要

【释义】百合只有一茎向上,叶向四方伸长。5、6月时,茎端开出大白花,花瓣有5寸长,花有六瓣,红蕊向四周垂下,颜色也不红。红的叶子像柳叶,叫作山丹。

【异名】强瞿、蒜脑薯。

### 根

【性味】味甘,性平,无毒。甄权曰:有小毒。

【功效主治】《神农本草经》记载:能止邪气所致的心痛腹胀,利大小便,补中益气。《名医别录》记载:除浮肿腹胀,胸腹间积热胀满、阻塞不畅,全身疼痛,乳难和咽喉肿痛,吞口涎困难,止涕泪。甄权曰:辟百邪鬼魅,涕泣不止;除膈部胀痛,治脚气热咳。大明曰:可安心、定神,益志,养五脏,治癫邪狂叫惊悸,产后大出血引起的血晕,杀血吸虫,胁痛、乳痈发背的各种疮肿。寇宗奭曰:也可治百合病。张元素曰:温肺止嗽。孟诜曰:如心下急黄,宜将百合同蜜蒸食。

### 花

【功效主治】李时珍曰:将百合花晒干后研成末,和入菜油,可涂天气引起的小儿湿疮,治疗效果非常好。

### 子

【功效主治】孙思邈曰:将百合子加酒炒到微红,研成末用汤服,可治肠风下血。

### 本草附方

【阴毒伤寒】百合煮浓汁,服1升良。

【治天泡湿疮】生百合捣烂涂搽,1、2日即安。

【治肺病吐血】将新鲜的百合捣成汁,和水饮或煮食。

【肺脏壅热烦闷咳嗽者】新百合4两,蜜和蒸软,时时含1片,吞津。

### 本草今用

【药品来源】本品为百合科植物百合、细叶百合、麝香百合及同属多种植物鳞茎的鳞叶。

【药理成分】含秋水仙碱等多种生物碱及淀粉、蛋白质、脂肪等。

【药用功效】1.滋阴润肺。

2.镇咳祛痰。

3.安神。

【临床主治】1.神经衰弱。

2.胃脘痛。

3.失眠。

## 瓜菜类

### 茄

#### 本草纲要

【释义】李时珍说:茄适宜在9月黄熟时收取,然后将它洗净晒干,至2月份即可种植移栽。茄的株有2、3尺高,叶子大如手掌。从夏到秋,茄开紫花,五瓣相连,五个棱角犹如绣上了丝线,花蕊黄色,绿色的蒂包在茄上。茄中有瓤,瓤中有籽而很像芝麻。茄有圆如栝楼的,7、8寸长;有青茄、紫茄、白茄。白茄也叫银茄,味道胜过青茄。各种茄到老时都会变成黄色。而苏颂认为黄茄是茄的一种,大概是没有深入研究吧。

【异名】落苏、昆仑瓜、草鳖甲。

【性味】味甘,性寒,无毒。

【功效主治】孟诜曰:治寒热,五脏劳损。大明曰:能去除瘟病传尸劳气。也可用醋摩后敷毒肿。朱震亨曰:将老后裂开的茄烧成灰,可治乳裂。李时珍曰:茄子,可散血止痛,消肿宽肠。

#### 蒂

【功效主治】吴瑞曰:把茄蒂烧成灰,和入饭中饮服2钱,可治肠风下血不止,及血痔。李时珍曰:可用来敷口齿疮。将茄蒂生切后,可用来擦癜风。

#### 花

【功效主治】李时珍曰:治金属锐器所致的金疮和牙痛。

#### 根及枯茎叶

【功效主治】《开宝本草》记载:将根、茎叶煮成汤,浸泡冻疮皲裂,很有效。李时珍曰:可散血消肿,治血淋下血,血痢,子宫脱垂,齿痛和口腔溃疡。

#### 本草附方

【治下腹硬块】用陈酱茄子烧存性,加麝香少许,轻粉少许,和脂调和后贴上。

【治妇人血黄】用竹刀将黄茄子切开,阴干为末,每次服2钱,饮酒送下。

【治肠风下血】将经霜的茄子连蒂烧存性为末,每日空腹以温酒服下2钱匕。

【治咽喉肿痛】将糟茄或酱茄,细嚼后咽汁。

【治发背】可用上方,用酒送服半匙,再用膏涂疮口周围,如感觉到冰冷,那么疮已干了,病也消了。如脓根在疮里面的,也能消除。

【治肿毒】把生茄子一个切去2分,剜去里面的瓤2分,使其像罐子的形状,然后将它扣在疮上,肿毒立即消散。如疮已出脓,可再做一次,以消除病根。

【治齿痛】用隔年的糟茄子,烧成灰后频频干擦,立即有效。

【治女人乳头燥裂】取秋季裂开的冷茄子,阴干烧存性研末,调水涂。

【治血淋疼痛】将茄叶熏干研为末,每次服2钱,温酒或盐汤送下。隔年的茄叶尤佳。

【治久痢不止】将茄根烧灰,同石榴皮研为末,用砂糖水送服。

【治牙疼】将秋茄花烧研后涂痛处,痛即止。

### 本草今用

【药品来源】本品为茄科一年生草本植物茄的果实。

【药理成分】含蛋白质、脂肪、碳水化合物、钙、磷、铁、胡萝卜素、维生素 $B_1$、维生素 $B_2$、烟酸、维生素P、维生素E,并含生物碱等营养成分。

## 冬瓜

### 本草纲要

【释义】李时珍曰:3月,冬瓜生苗引蔓,宽大的叶子,圆而有尖,茎叶都有刺毛。6、7月开黄花,果实大的直径超过1尺,长有3、4尺。因冬瓜在冬月成熟,故得名冬瓜。瓜嫩时绿色有毛,老熟后则呈青色,皮坚厚有粉,瓜肉肥白。瓜瓤叫作瓜练,像絮一样白而虚松,可用来洗衣服。瓤中的籽叫瓜犀,它们有规律地排序生长。在霜后摘下冬瓜,瓜肉可以蒸吃,也可加蜜糖制成果脯;籽仁也可食用。可兼蔬菜、果品用。采收下来的冬瓜应避免接触酒、漆、麝香和糯米,否则会很快就烂的。

【异名】白瓜、冬瓜、枕瓜、濮瓜、白冬瓜、水芝、地芝。

### 白冬瓜

【性味】味甘,性微寒,无毒。

【功效主治】《名医别录》记载:消除小腹水胀,利小便,止渴。孟诜曰:能益气耐老,除心胸胀满,去头面热。苏颂曰:利大小肠,压丹石毒。大明曰:可消热毒痈肿。将冬瓜切成片摩擦痱子,效果很好。陶弘景曰:捣成汁服,可止消渴烦闷,解毒。

### 瓜练

【性味】味甘,性平,无毒。

【功效主治】甄权曰:将其绞汁服,能止烦躁热渴,利小肠,治五淋,压丹石毒。李时珍曰:用它来洗面沐身,能令人悦泽白皙。

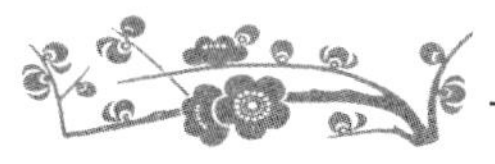



### 白瓜子

**【性味】**味甘,性平,无毒。

**【功效主治】**《神农本草经》记载:吃后,令人面色悦泽,益气不饥。久服,能轻身耐老。《名医别录》记载:除烦闷不乐,可用来做面脂。大明曰:去皮肤风及黑斑,润肌肤。李时珍曰:可治肠内结块。

### 瓜皮

**【功效主治】**苏颂曰:可制成丸服用,也可做面脂。李时珍曰:主驴马汗入疮引起的肿痛,则将瓜皮阴干为末涂搽。还可治伤折损痛。

### 叶

**【功效主治】**大明曰:能治肿毒,杀蜂、疗蜂叮。李时珍曰:主消渴,疟疾寒热。又可将瓜叶焙干研末,敷多年的恶疮。

### 藤

**【功效主治】**大明曰:烧灰,可除纹身。煎汤,可洗黑斑及疮疥。李时珍曰:捣汁服,能解木耳毒。煎水,洗脱肛。烧灰,可淬铜、铁。伏砒石。

### 本草附方

**【治消渴不止】**将冬瓜去皮,每日饭后吃2、3两,5~7次就会有效。另一方法:将冬瓜一个,去皮后,埋在湿地中,1个月后取出,破开取瓜中的清水,每日饮用。也可将冬瓜烧熟绞汁饮用。

**【治小儿鬾病】**这种病是因为小儿在2、3岁未断乳时,母亲又怀孕引起的。其症状为:小儿寒热羸瘦,腹胀吐食,面青发竖。严重的甚至有夭折的危险。可用冬瓜、萹蓄各4两,煎汤洗浴。

**【治食鱼中毒】**饮冬瓜汁,效果良好。

**【治男子白浊,女人白带】**将陈冬瓜子仁炒为末,每日空腹用米饮下5钱。

**【治多年损伤不愈】**温酒服冬瓜子末。

### 本草今用

**【药品来源】**本品为葫芦科草本植物冬瓜的果实。

**【药理成分】**含蛋白质、碳水化合物、灰分、钙、磷、铁、胡萝卜素、维生素C、硫胺素、钾、钠。

**【药用功效】**冬瓜子有祛痰作用。

**【临床主治】**1.气管炎。

2.暑湿高热昏迷。

## 南瓜

### 本草纲要

【**释义**】李时珍曰:南瓜来自南方少数民族地区,后传入闽、浙,现燕京各处也有了。南瓜在 3 月下种,适宜栽种在肥沃的沙地内。4 月生苗,藤蔓生长的很快,一根蔓可长到十余丈长,节节有根,附地而生。南瓜的茎,中间是空的,叶子的形状像蜀葵却大如荷叶。到 8、9 月时开出如西瓜花一样的黄花。结的瓜很圆,比西瓜更大,皮上有棱如甜瓜。一根藤可结瓜数十颗,瓜的颜色或绿或黄或红。南瓜经霜后收藏于暖处,可保存到春天而不坏。

【**异名**】金冬瓜、番瓜、倭瓜、饭瓜、北瓜、窝瓜。

【**性味**】味甘,性温,无毒。

【**功效主治**】李时珍曰:南瓜有补中益气的功效。

### 本草今用

【**药品来源**】本品为葫芦科草本植物南瓜的果实。南瓜的花、须、叶、根、茎、蒂及种子都可以入药。

【**药理成分**】南瓜含有丰富的维生素 A、B、C 及矿物质,必需的 8 种氨基酸和儿童必需的组氨酸,可溶性纤维、叶黄素和磷、钾、钙、镁、锌、硅等微量元素。

【**药用功效**】1.增强机体免疫力。

2.驱虫。

【**临床主治**】1.肋间神经痛。

2.疟疾。

3. 痢疾。

4.驱蛔虫。

## 丝瓜

### 本草纲要

【**释义**】丝瓜在 2 月下种,长出来的苗藤攀延在树上和竹枝上,因此有人给它搭上棚架。丝瓜的叶大如蜀葵却有很多分叉,叶形尖而有细毛刺,取其汁可作绿色染料。它的茎上有棱。6、7 月开五瓣的黄花,有些像胡瓜花,花蕊和花瓣都是黄色的。因丝瓜到老时筋丝罗织,故有丝罗之名,可以用来垫在靴子里,或用来洗锅等。又因丝瓜从南方传来,故又有蛮瓜的称谓。在唐宋之前还没有此物种,现在南北各地都有栽种,已经成为人们的日常蔬菜了。

【**异名**】天丝瓜、天罗、布瓜、蛮瓜。

瓜

【性味】味甘,性平,无毒。老者可以入药。

【功效主治】朱震亨曰:如痘疮出得不快,可将枯丝瓜烧存性,加朱砂研末,用蜜水调服,效果不错。李时珍曰:丝瓜煮着吃也很好,能除热利肠。将老丝瓜烧存性服,可去风化痰,凉血解毒,杀虫,通经络,行血脉,下乳汁,治大小便带血,黄积,疝痛卵肿,血气作痛,痔漏崩中,痈疽疮肿,虫牙及痘疹胎毒等症。《生生编》记载:能暖胃补阳,固气和胎。

叶

【功效主治】李时珍曰:癣疮,将叶在癣疮处频频揉搓。也可治痈疽疔肿。

藤根

【功效主治】李时珍曰:治虫牙和鼻塞脓浊滴出,可杀虫解毒。

本草附方

【治痘出不快,或未出,可令多的减少,少的变得稀疏】用近蒂的3寸的老丝瓜,连皮烧存性,研末,用砂糖调服。

【治小肠疝气,疼痛冲心】将连蒂老丝瓜烧成性,研末,每次服3钱,热酒调下。严重的不过2、3次即愈。

【治各种疮久溃】取丝瓜的老根熬水洗患处,如感到溃烂处清凉,即愈。

【治疔疮】取丝瓜叶、葱白、韭菜各等分,一同捣碎取汁,用热酒和服,半滓贴在腋下。如病在左手贴左腋,病在右手则贴右腋;在脚上贴胯,左右都一样;在身体中部可贴心脐,用布缚住,待肉下红线处都变白了,疔疮就消散了。

【治痈疽不敛,疮口太深】可用丝瓜捣汁频频抹擦。

【治玉茎疮溃】将丝瓜连子捣汁,和五倍子末,频频擦涂。

【治风癣虫癣】每日清晨,采带露水的丝瓜叶7片,逐片擦癣7下,其效如神。但忌吃鸡、鱼等发物。

本草今用

【药品来源】本品为葫芦科植物丝瓜或奥丝瓜的鲜嫩果实;或霜后干枯的老熟果实(天骷髅)。

【药理成分】丝瓜含蛋白质、脂肪、淀粉、糖类、维生素、胡萝卜素、瓜氨酸、皂甙,以及钙、磷、铁等营养素。

【药用功效】1.止咳化痰平喘。

2.抗早孕。

【临床主治】1.腰痛。

2.慢性支气管炎。

3.细菌性痢疾。

## 苦瓜

### 本草纲要

**【释义】**苦瓜是蔓延草木,原本出自南番,现在闽、广都有种植。5月下种,生出的苗藤及茎叶卷须很像葡萄,却没有葡萄大。7、8月开黄色的小花,花有五瓣而如碗的形状。结的瓜是青色的,皮上有细齿如癞,有点像荔枝皮的形状,瓜熟时色黄而自裂,里面有红瓤黑子。苦瓜的瓤味甜美可食。苦瓜子形状扁如瓜子,也有很细的齿。

**【异名】**癞瓜、凉瓜、癞葡萄、红姑娘、锦荔枝。

**【性味】**味苦,性寒,无毒。

**【功效主治】**李时珍引自《生生编》言:能去除邪热,解身体劳乏,清心明目。

### 子

**【性味】**味苦、甘,无毒。

**【功效主治】**李时珍曰:益气壮阳。

### 本草今用

**【药品来源】**本品为葫芦科植物苦瓜的果实。

**【药理成分】**苦瓜含蛋白质、脂肪、糖类、粗纤维、维生素C、苦瓜甙、奎宁,以及钙、磷、铁等成分。

# 水菜类

## 紫菜

### 本草纲要

**【释义】**紫菜生长在南海中,附在石头上。在水中的颜色为纯青色,晒干后则变成紫色。李时珍说:闽、越海边都有,叶大而薄,采收叠成饼状,晒干运往内地出售,其色为紫色,故名紫菜。

**【异名】**子菜、索菜、紫荬。

**【性味】**味甘,性寒,无毒。

**【功效主治】**孟诜曰:热气烦塞咽喉,可将其煮汁后饮用。李时珍曰:患有瘿瘤肿大及脚气的人宜吃紫菜。

### 本草今用

**【药品来源】**本品为红毛菜科植物甘紫菜的叶状体。

【药理成分】含蛋白质、脂肪、糖分、胡萝卜素、维生素 $B_1$、维生素 $B_2$、烟酸、维生素 C、钙、铁、磷、碘等成分，还含有维生素 $B_{12}$ 叶绿素、红藻素、粗纤维、胆碱、多种氨基酸和胶质、甘露醇等营养成分。

【药用功效】本品可以降低血糖。

## 石莼

### 本草纲要

【释义】石莼出自南海边，依附着石头而生。长有 2、3 寸长的茎，颜色青而滑，又很光莹。在茎的中间桠中生花。石莼的形状像豆，叶子比铜钱大，像慈姑叶。石莼分布浙江至广东海南岛沿岸，黄渤海沿岸稀少。孔石莼分布辽宁、河北、山东和江苏等地沿海，长江以南的东海和南海沿岸也有生长，但由北向南逐渐稀少。

【性味】味甘，性平，无毒。

【功效主治】陈藏器曰：下水，利小便。李珣曰：煮汤饮用，治风秘不通，五膈气，小腹结气。又有人用它来治痟疾。

### 本草今用

【药品来源】本品为石莼科植物石莼或孔石莼的叶状体。

【药理成分】石莼含水分、灰分、氮、蛋白质、粗纤维、氯化钠及含酸性多糖和糖醛酸、廿二碳五烯酸、28-异岩藻甾醇、环木菠萝烯醇、24-亚甲基环木菠萝烷醇，和二甲基-β-丙酸噻亭。孔石莼含蛋白质、脂肪、戊聚糖和可溶性非氮物质；又含氨基酸、乙酸、丙酸、丁酸、戊酸，以及十四酸、十六酸、亚麻酸等脂肪酸和维生素 $B_{12}$。

## 石花菜

### 本草纲要

【释义】石花菜生长在海里的沙石之间。有 2、3 寸长，外形如珊瑚，有红、白两种颜色。它的枝上有细齿。如将它的根埋在沙地中，可再生枝，有一种稍粗像鸡爪的枝，叫鸡脚菜，味道更好。此二者如长时间浸泡，都会化成胶而凝固。

【异名】琼枝、鸡毛菜。

【性味】味甘、咸，性大寒、滑，无毒。

【功效主治】宁原曰：有去上焦浮热，发下部虚寒的功效。

## 鹿角菜

### 本草纲要

【释义】鹿角菜生长在海中的石崖间，长三四寸，紫黄色。味道极其滑美。如果让它

在水里长时间浸泡或在开水里泡,就会溶化成胶状。

**【异名】**角叉菜、猴葵。

**【性味】**味甘,性寒、滑,无毒。

**【功效主治】**陈士良曰:能下热风气,疗小儿肺疾。炼丹的人食用后,能抵御丹石对身体的侵害。大明曰:可解面热。

#### 本草今用

**【药品来源】**本品为藻类植物药杉藻科植物角叉菜的全草。

**【药理成分】**含角叉菜胶即卡拉胶及N-(1 —羧乙基)-牛磺酸。

### 龙须菜

#### 本草纲要

**【释义】**龙须菜生长在海边的石头上。丛生无枝,叶的形状像柳,根须长的有1尺多,呈白色。

**【异名】**石发。

**【性味】**味甘,性寒,无毒。

**【功效主治】**李时珍曰:治甲状腺肿大,散热气,通小便。

## 芝栭类

### 灵芝

#### 本草纲要

**【释义】**芝的种类很多,和菌类是同类物。在坚硬地方生长的叫菌,在阴柔地方生长的叫芝。

**【异名】**瑞草、灵芝草、灵芝仙草、万年蕈。

#### 青芝

青芝又称龙芝。

**【性味】**味酸,性平,无毒。

**【功效主治】**《神农本草经》记载:主聪耳明目,精力旺盛,不易衰老,补肝气,安精魂,能使人具有宽容仁恕的胸怀。经常食用,可轻身不老,延年益寿。《唐本草》记载:可增长志气。

#### 赤芝



赤芝又称丹芝。

【性味】味苦,性平,无毒。

【功效主治】《神农本草经》记载:主胸中郁结,益心气,补中。使人增长智慧,益智。经常食用,使人轻身不老,延年益寿。

**黄芝**

黄芝又称金芝。

【性味】味甘,性平,无毒。

【功效主治】《神农本草经》记载:主心腹五邪,益气安神,忠信和乐。经常食用可延年益寿。

**白芝**

白芝又称玉芝。

【性味】味辛,性平,无毒。

【功效主治】《神农本草经》记载:主咳逆上气,益肺气,通利口鼻,使人意志坚强,勇猛决断,安魄。

**黑芝**

黑芝又称玄芝。

【性味】味咸,性平,无毒。

【功效主治】《神农本草经》记载:主癃疾,利小便,益肾气。通九窍,使人聪明灵敏细心。经常食用,令人身轻不老,延年益寿。

**紫芝**

紫芝又称木芝。

【性味】味甘,性温,无毒。

【功效主治】《神农本草经》记载:能聪耳,利关节,安神益气,坚筋强骨,令人面色好。李时珍曰:疗虚劳,治痔疮。

**本草附方**

**【治虚劳短气,胸胁苦伤,手足逆冷,或时烦躁口干,目视不清,腹内时痛,不思饮食】**紫芝丸:紫芝1两半,山芋焙,天雄炮去皮、柏子仁炒、巴戟天去心、白茯苓去皮、枳实去瓤炒各3钱半,生地黄焙、麦门冬去心焙、五味子炒、半夏制炒、附子炒去皮、牡丹皮、人参各7钱半,远志去心、蓼实各2钱半,瓜子仁炒、泽泻各5钱,为末,炼蜜丸梧子大,每服15丸,渐至30丸,温酒送服,每日3次。此药安神保精。

**本草今用**

【药品来源】本品为多孔菌科植物紫芝或赤芝的全株。

**【药理成分】**紫芝含麦角甾醇、有机酸、氨基葡萄糖、多糖类、树脂、甘露醇等。赤芝含麦角甾醇、树脂酸、甘露醇和多糖类;又含生物碱、内酯、香豆精、水溶性蛋白质和多种酶类。

**【药用功效】**1.降压。

2.解毒与护肝。

3.有滋养强壮功效。

**【临床主治】**1.头晕。

2.高血压。

3.肝炎。

### 木耳

#### 本草纲要

**【释义】**木耳生长在朽木上,没有枝叶,受湿热余气而生。各种树木都能生木耳,它的良毒也由木性而决定,不能不辨。

**【异名】**云耳、树耳、黑菜、木檽、木菌、木娥、蕈耳。

**【性味】**味甘,性平,有小毒。

**【功效主治】**《神农本草经》记载:可益气不饥,轻身强志。李时珍曰:能断谷不饥,疗痔疮。

### 桑耳

**【性味】**味甘、性平,有毒。

**【功效主治】**《神农本草经》记载:黑色的主治女子漏下赤白,血病腹内结块、肿痛,阴痛,阴阳寒热和不孕症。《名医别录》记载:调理月经紊乱。颜色发黄白色的,可以治愈久泄,益气不饥。金色的,可治饮食失节引起的两胁之间的结块,腹痛金疮。甄权曰:主女人崩中带下,月闭血凝,产后血凝,男子胸腹结块。大明曰:可以治疗鼻出血,肠风下血,妇女心腹痛。孟诜曰:利五脏,宣肠胃气,排毒气,压丹石热发,可与葱、豉一起做羹食。

### 槐耳

**【性味】**味苦、辛,性平,无毒。

**【功效主治】**苏恭曰:能治五痔脱肛,下血治心痛,妇女阴中疮痛。甄权曰:治风破血,增长体力。

#### 本草附方

**【治女子崩中下血】**将桑木耳炒黑为末,用酒服方寸匕,每日3次,有效。

**【治血崩】**木耳不论多少,将其炒到见烟后,捣为末,每服2钱1分,发灰3分,每日服后取汗。

【治鼻出血】用桑木耳炒焦为末,塞入鼻中,有效。

【治血痢】将木耳灰5钱用酒服下。或将木耳煮熟后,和盐、醋吃,用汤送下。

【治杖责棒伤】被官府棒责伤,可预先将木耳灰用酒服3钱,便不至于危及生命。

【五痔下血】桑耳做羹,空腹饱食,3日1作。待孔卒痛如鸟啄状,取大、小豆各1升合捣,作两囊蒸之,及热,更互坐之即瘥。

【治脏毒下血】取槐树上木耳灰、干漆减半,每次1钱,温酒服下。

【去面上黑斑】将桑耳焙研,饭后用热汤送服1钱,1日3服,有效。

【一切牙痛】木耳、荆芥等分,煎汤频漱。

### 本草今用

【药品来源】本品为木耳科真菌木耳、毛木耳及皱木耳的子实体。

【药理成分】含蛋白质、糖类、钙、磷、铁、钾、钠,以及少量脂肪、粗纤维、维生素、胡萝卜素等人体所必需的营养成分,还含卵磷脂、脑磷脂。

【药用功效】1.降血糖。

2.降血脂。

3.增强免疫功能。

## 竹荪

### 本草纲要

【释义】竹荪生长在朽竹的根节上。形状像木耳,红色。也有白色的,似鹿角,可食。

【异名】竹蓐、竹肉、竹菰、竹蕈、竹笋、竹菌、竹参、网纱菇、植物鸡。

【性味】味苦、咸,性寒,无毒。

【功效主治】孟诜曰:和姜、酱食用,可治一切赤白痢。陈藏器曰:苦竹肉,灰汁炼过食用,杀三虫毒邪气,破陈积血。

## 地耳

### 本草纲要

【释义】生长在丘陵地带的土地上,形状如木耳。春夏之季在雨中生长,雨后应及时采取,因为它一见阳光后就不可食用。

【异名】地踏菰。

【性味】味甘,性寒,无毒。

【功效主治】《名医别录》记载:使人耳聪目明、轻身,令女人有孕。

### 石耳

#### 本草纲要

【释义】它的形状像地耳，喜生长于石崖上，把石耳洗去沙土，作食，胜过木耳，是佳品。

【异名】灵芝。

【性味】味甘，性平，无毒。

【功效主治】吴瑞曰：久食有益肤色，到老容颜依旧。令人不饥，大小便畅。李时珍曰：可使人耳聪目明，精力旺盛。

#### 本草附方

【治脱肛泻血】用石耳5两炒，白枯矾1两，蜜陀僧半两，一起研为末，蒸饼丸如梧桐子大小，每次吃20丸，用米汤送下。

# 果部

李时珍说：树木的子实叫果，草的果实叫瓜。成熟后可以食用，晒干可以做果脯。丰俭可以济时，疾苦可以备药。可辅助粒食，以养民生。古者观察五地之物，发现：山林宜种植皂物，即柞、栗之属；河泽宜种植膏物，即菱；山丘宜种植核物，即梅李之属；平地出长野瓜；场园则出产珍异的瓜果，并根据时令加以收藏，果瓜的生产常异，性味的良毒也各不相同，岂能不知物性而纵情于嗜欲。

## 五果类

### 李

#### 本草纲要

【释义】梵书称李为居陵迦。李，绿叶白花，树的存活期很长，有近百个品种。在麦子吐穗、开花时成熟，果实小而甘甜。姑孰有南居李，核像杏子的形状。还有绿李、黄李、紫李、牛李、水李都甘美好吃。唯独野李味苦，只能取其核仁做药用。

【异名】李实、嘉庆子、嘉应子。

【性味】味苦、酸，性微温，无毒。

【功效主治】《名医别录》记载：暴晒之后吃，去痼热，调中。孟诜曰：可去骨节间劳热。孙思邈曰：肝有病的人适宜食用。

**核仁**

**【性味】**味苦,性平,无毒。

**【功效主治】**《名医别录》记载:可治摔跌引起的筋折骨伤,骨痛瘀血。吴普曰:使人面色好。甄权曰:可治女子小腹肿胀,利小肠,下水气,除浮肿。苏颂曰:可治面上黑斑。

**根白皮**

**【性味】**大寒,无毒。

**【功效主治】**《名医别录》记载:治消渴,可止腹气上冲引起的头昏目眩。陶弘景曰:煎水漱口,治牙痛。大明曰:煎汤饮服,治赤白痢。李时珍曰:治小儿高热,解丹毒。孟诜曰:炙黄后煎汤至次日饮,治妇女突患带下赤白。

**花**

**【功效主治】**李时珍曰:将它研末用来洗脸,使人面色润泽,去粉刺黑斑。

**叶**

**【功效主治】**大明曰:可治小儿因壮热、疟疾引起的惊痫,如煎汤洗身,效果良好。

**树胶**

**【性味】**味苦,性寒,无毒。

**【功效主治】**李时珍曰:用来治目翳,可镇痛消肿。

**本草附方**

**【治蝎子咬伤痛】**将苦李仁嚼烂涂在伤口上,效果好。

**【治女人面黑斑】**用李核仁去皮后研细,以鸡蛋白和如稀饧后,晚上涂,次日清晨洗去。再涂胡粉。不过5、6日便会有效。

**本草今用**

**【药品来源】**本品为蔷薇科落叶乔木李树的果实。

**【药理成分】**含糖类,微量蛋白质、脂肪、胡萝卜素、维生素 $B_1$、维生素 $B_2$、维生素 C、烟酸、钙、磷、铁等。

## 杏

**本草纲要**

**【释义】**杏本来生在晋川山谷里,现在到处都有,在2月里开红花,叶子圆而扁,有很多种:黄色的叫金杏,梅杏等,其味最佳。还有一种白杏,在成熟的时候色青白或微黄,味

微甜。

【异名】杏子、杏实、甜梅。

【性味】味酸，性热，有小毒。

【功效主治】孙思邈曰：食杏脯，可止渴。有心病的人宜食用。

**核仁**

【性味】味甘、苦，性温、冷利，有小毒。

【功效主治】《神农本草经》记载：治咳如同雷鸣般上气，咽喉肿痛，下气，产乳金疮，寒心奔豚。《名医别录》记载：能镇惊痫，除心下烦热，风气往来，时节性头痛，解饥，消除心下胀痛。李时珍曰：杀虫，治各种疮疥，消肿，去头面各种风气引起的水泡样小疙瘩。

**花**

【性味】味甘，性温、无毒。

【功效主治】《名医别录》记载：可补不足，治女子伤中，关节红肿热痛和肢体酸痛。

**本草附方**

【治头面伤风，眼皮跳和嘴歪】杏仁研碎，加水煮后沐头，效果良好。

【治小便不通】杏仁 14 枚，去皮尖，炒黄研细，和米饭吃。

【治血崩】用杏仁上的黄皮，烧存性，研成粉末。每次服 3 钱，空腹用酒送服。

【治女人外阴生疮】杏仁半升，用面包好煨熟，去面后研烂，去汕。每次服少许，加铜绿少许，研匀点在患处。

【治小儿脐烂成风】杏仁去皮研后敷搽良。

【治白癜风】每日早上嚼烂 14 枚杏仁，用来擦患处，使其变红。晚上睡觉时再擦一次。

**本草今用**

【药品来源】本品为蔷薇科落叶乔木杏树的果实。

【药理成分】含糖、蛋白质、钙、磷，其含量均超过梨。另含柠檬酸、苹果酸、儿茶酚、蕃茄烃、黄酮类、糖类、杏仁油及各种氨基酸。

## 梅

**本草纲要**

【释义】梅和杏属同一类，并且，树、叶都很像，比其他很多果树先开花。结的果很酸，人们叫它酸梅。生在汉中山谷，可以 5 月采收，制成梅脯。采半黄的梅子用烟熏制成叫乌梅，用盐腌青梅，便成了白梅。也可将梅加以蜜煎、糖藏，当果品食用。熟了的梅榨汁晒成梅酱。乌梅、白梅可以入药，也可食用。

【异名】生梅子,梅实、青梅。

### 实

【性味】味酸,性平,无毒。

### 乌梅

【性味】味酸,性温,干涩,无毒。

【功效主治】《神农本草经》记载:主下气,除热、安心;治肢体痛,偏枯不灵,死肌,去青黑痣,蚀恶肉。《名医别录》记载:可去痹,通筋脉,止下痢.治口干好唾。陶弘景曰:泡水喝,治伤寒烦热。陈藏器曰:止渴调中,可去痰治疟瘴、止吐泻,除冷热引起的下痢。李时珍曰:可敛肺涩肠;止久嗽,反胃噎膈,蛔厥吐利,消肿涌痰;杀虫,解鱼毒、马汗毒、硫磺毒。

### 本草附方

【大便下血及酒痢、久痢不止】用乌梅3两,烧存性为末,醋煮米糊和做成梧子大小丸,每次空腹米饮服20丸,每日3次。

【久咳不止】将乌梅肉微炒,罂粟壳去筋膜蜜炒,等分为末,每次服用2钱,临睡时用蜜汤送下。

【香口去臭】时常含梅脯。

【治夏季痧气,腹痛呕吐,泻痢】青梅适量,放置瓶中,用高粱烧酒浸泡,以浸没青梅,高出3~6厘米为度,密封1个月后即可食用。此酒以越陈越好,每次饮用适量,或吃浸酒的青梅1个。

【治产后痢渴】乌梅肉20个,麦门冬12分,加水1升,煮7合,缓缓饮下。

【治久痢不止】用乌梅20个,加水1盏,煎至6分,食前分2次服下。

### 本草今用

【药品来源】本品为蔷薇科植物梅的未成熟果实。

【药理成分】含蛋白质、脂肪、碳水化合物、钾、钙、磷、铁、枸橼酸、苹果酸、柠檬酸、琥珀酸等。

## 桃

### 本草纲要

【释义】桃树容易栽种,并且开花较多,3年就可结果。花有红、紫、白、千叶单瓣的区别;它的果子有红桃、碧桃、绯桃、缃桃、白桃、乌桃、金桃、银桃、胭脂桃,都是用颜色命名的。桃树栽种5年后应当用刀割树皮,使它流出树胶,桃树便可多活数年。

【异名】桃实、毛桃、蜜桃、白桃、红桃。

【性味】味辛、酸、甜，性热，微毒。

【功效主治】大明曰：把桃制成果脯食用，益于养颜。孙思邈曰：它是补肺的果品，患肺病的人适宜吃它。李时珍曰：食冬桃可以解劳热。

### 核仁

【性味】味苦、甘，性平，无毒。

【功效主治】《神农本草经》记载：能治瘀血血闭，去除腹内积块，杀小虫。《名医别录》记载：可以止咳逆上气，消心下坚硬，除卒暴出血，通月经，止心腹痛。张元素曰：有治血结、血秘、血燥，通润大便，破瘀血的功效。孟诜曰：能杀三虫。每夜嚼一枚和蜜，涂手和脸，效果良好。李时珍曰：有治血滞、风痹骨蒸，肝疟寒热，产后血病，及辟恶鬼邪气之功效。

### 桃毛

【性味】味辛，性平，微毒。

【功效主治】《名医别录》记载：有破血闭，下血瘕，治寒热积聚，不孕，带下等症。大明曰：可以治疗崩中，破癖气的功效。孟诜曰：除恶鬼邪气。

### 桃枭

即在桃树上过冬不掉，正月采下来的桃。也称桃奴。

【性味】味苦，性温，有小毒。

【功效主治】《神农本草经》记载：有杀百鬼精物之功效。《名医别录》记载：可杀精魅五毒不祥之物，治中恶腹痛。大明曰：如和酒磨后热服，可疗心绞痛，治肺气腰痛，破血，疗心痛。汪颖曰：如吐血，将它烧存性，研成末，用米汤调用，立即见效。李时珍曰：可治小儿虚汗，妇女妊娠出血，破腹部气块，止邪疟。可烧烟熏痔疮，烧黑后用油调，敷在小儿头上可除疮疖。

### 花

【性味】味苦，性平，无毒。

【功效主治】《神农本草经》记载：可杀疰除恶鬼，使人面色好看。《名医别录》记载：能除水气，破尿路结石，利大小便，下三虫，令面部悦人。苏恭曰：可消肿胀，下恶气。孟诜曰：对心腹痛及秃疮有效。李时珍言：可利宿水痰饮积滞，治风狂。研末，可敷头上的肥疮与手脚疮。

### 叶

【性味】味苦，性平，无毒。

【功效主治】《名医别录》记载：可除去尸虫，去除疮中小虫。大明曰：能除恶气，疗小儿微热和突然受外界惊吓引起的面青、口涩、喘息、腹痛等症。李时珍曰：能治伤寒，湿

气，肢体游移性酸痛；除头风，通大小便，止霍乱腹痛。

### 茎及白皮

**【性味】**味苦，性平，无毒。

**【功效主治】**《名医别录》记载：除因中邪而腹痛及胃中热症。李时珍曰：可疗心腹痛，解蛊毒，避疫疠，治黄疸身目如金，杀各种疮毒。

### 桃胶

桃茂盛时，用刀割树皮，久了胶则溢出。采收下来用桑灰汤浸泡，晒干后用。如服食，应当按本方制炼，效果才妙。

**【性味】**味苦，性平，无毒。

**【功效主治】**《名医别录》记载：经炼后服，可保中不饥，忍风寒。苏恭曰：可下尿道结石，破血，治中恶疰忤。孟诜曰：除恶鬼邪气。李时珍曰：能和血益气，治下痢，止痛。

### 本草附方

**【治上气咳嗽，胸满气喘】**取桃仁 2、3 个去皮、尖，用 1 大升水研出汁，加粳米 2 合煮粥服食。

**【急劳咳嗽烦热】**用桃仁 2、3 个去皮尖，猪肝 1 枚，童子尿 5 升，同煮干，于木臼内捣烂，入蒸饼和丸梧子大。每次用温水送下 30 丸。

**【治男子阴肿作痒及小儿卵癞】**均可取桃仁炒香研末，用酒调服方寸匕，每日 2 次。同时也可将桃捣烂外敷。

**【治疠肠痧】**桃叶加水煎服。

**【产后大小便不通】**用桃花、葵子、滑石、槟榔等分，为末。空腹以葱白汤服 2 钱，即利。

**【雀卵面疱】**桃花、冬瓜仁研末等分，蜜调涂之。

### 本草今用

**【药品来源】**本品为蔷薇科植物或山桃的成熟果实。

**【药理成分】**鲜桃中含葡萄糖、果糖、蔗糖、木糖、蛋白质、脂肪、胡萝卜素、烟酸和维生素 $B_1$、$B_2$、C，以及铁、钙、磷、柠檬酸、苹果酸等成分。桃仁含苦杏仁甙、苦杏仁酶、挥发油、脂肪油，油中含油酸、亚油酸。

## 枣

### 本草纲要

**【释义】**枣树处处都有栽种，以山西、山东的枣为大。枣树 4 月里长叶，5 月开白带青的花，秋季果熟，晒干可入药。

【异名】红枣、干枣、美枣、良枣。

生枣

【性味】味甘、辛，性热，无毒。孙思邈曰：多食令人寒热，腹胀滑肠。瘦人尤其不能吃。

大枣

大枣即晒干的枣，又称美枣、良枣。

【性味】味甘，性平，无毒。

【功效主治】《神农本草经》记载：可除心腹邪气，安中，通九窍，养脾气，平胃气，助十二经，补益气津，可治身体虚弱，大惊四肢重，能和百药。长期服食能轻身延年。《名医别录》记载：可补中益气，坚志强力，去除烦闷，治心下悬，除肠澼。久服可耐饥成仙。大明曰：可润心肺，补五脏，止咳，治虚损，治肠胃癖气。与光粉和烧，可治疳痢。孟诜曰：蛀枣可治小儿秋季痢疾。李杲曰：可和阴阳，调荣卫，生津液。

核仁

核仁存放三年的最好。

【功效主治】《名医别录》记载：可除腹痛邪气。孟诜曰：能去恶气卒疰忤。李时珍曰：核烧研末，掺胫可治疮，效果好。

叶

【性味】味甘，性温，微毒。

【功效主治】《神农本草经》记载：覆盖麻黄，能令人发汗。《名医别录》记载：与葛粉混合，擦痱子疮，效果不错。大明曰：小儿壮热，可煎汤沐浴。

木心

【性味】味甘、涩，性温，有小毒。

【功效主治】李时珍引自《小品方》言：可治寄生虫引起的腹痛，面目青黄，淋露骨立症。锉取木心 1 斛，加水淹过 3 寸，煮至 2 斗水时澄清，再煎到 5 升。每日晨服 5 合，呕吐即愈。另外煎红水服，能通经脉。

根

【功效主治】李时珍曰：小儿赤丹从脚背发起者，可煎水洗浴。

皮

【功效主治】李时珍曰：与向北生长的老桑树皮等分，烧研。每次用 1 合，以井水煎后，澄清，洗目。每月 3 次，可令眼昏者目复明。但须忌荤、酒、房事。

本草附方

**【调和胃气】**将干枣肉烘燥后,捣成末,加少许生姜末,用白开水送服。

**【痔疮痛】**大胖枣1枚去皮,取水银于手心,以唾沫研令极熟,涂于枣瓤上,纳入肛门即可。

**【令发易长】**取东行枣根3尺,放在锅上蒸,两头出汗,收取涂于发上,即易长。

**【大便干燥】**大枣1枚去核,入轻粉半钱缚定,煨熟后食,用枣汤送下。

**【肺痈吐血因啖辛辣、热物致伤者】**可用红枣连核烧存性,百药煎煅,等分为末。每次服2钱,用米汤送下。

本草今用

**【药品来源】**本品为鼠李科植物枣的成熟果实。

**【药理成分】**含多种维生素、胡萝卜素,以及氨基酸、糖类、铁、钙、磷、镁、钾、皂甙、生物碱、黄酮,还含苹果酸、酒石酸等成分。

## 山果类

### 梨

本草纲要

**【释义】**梨的品种很多,有青、黄、红、紫四种颜色。梨树可长到2、3丈高,叶子光滑,2月开白色的花,到处都有。

**【异名】**快果、果宗、玉乳、蜜文。

实

**【性味】**味甘、微酸,性寒,无毒。多食令人寒中萎困。患金疮、乳妇、血虚者,都不可食用。

**【功效主治】**苏恭曰:治热嗽,止渴。切片贴于烫伤处,可止痛不烂。《开宝本草》记载:可止咳热,治中风不语,伤寒发热,解丹石热气、惊邪,利大小便。大明曰:能除贼风,止心烦气喘热狂。其浆液可吐风痰。孟诜曰:生捣汁服,能治卒暗风不语者。李时珍曰:润肺凉心,消痰降火,能解疮毒、酒毒。

花

**【功效主治】**李时珍曰:可去面黑除粉刺。

叶

**【功效主治】**吴瑞曰:捣汁服,可解菌毒。苏颂曰:治小儿疝气。苏恭曰:煮汁服,治

霍乱吐利不止。煎服,治风。

### 本草附方

【痰喘气急】把梨挖空,塞满黑小豆,留盖合住系住,用糠火煨熟,捣作饼,每日食用,效果极佳。

【治反胃吐食,药物不下】取一个大雪梨,将15粒丁香刺入梨内,再用湿纸包4、5层,煨熟吃。

【治痰火咳嗽,年久不愈】将好梨去核后捣成一碗汁,放入椒40粒,煎沸后去滓,放黑糖1两,细细含咽即愈。又方:用1个梨,刺上50个孔,每孔放椒1粒,用面裹好,柴灰火煨熟,待冷后去掉椒吃。又方:梨去核,加酥、蜜,裹上面烧熟,冷吃。又方:梨切成片,煎酥吃。又方:梨捣汁1升,加酥,蜜各1两,地黄汁1升,煎成后含咽。

【伤寒温疫已发未发】用梨木皮、大甘草各1两,黄秫谷1合,研成末,锅底灰1钱,每次服3钱,白汤送下,每日2次,即愈。

【治中风失音】喝1盏生梨捣的汁,次日再喝。

### 本草今用

【药品来源】本品为蔷薇科落叶乔木白梨、沙梨、秋子梨等的果实。

【药理成分】含果糖、葡萄糖、蔗糖、蛋白质、脂肪、胡萝卜素、粗纤维、烟酸和多种维生素,以及钙、磷、铁,还含有柠檬酸、苹果酸等有机酸。

## 山楂

### 本草纲要

【释义】山楂树有两种,皆生于山中,一种小的,树高数尺,叶有五尖,丫间有刺。3月开五瓣小白花。果实有红、黄二种,像花红果,小的如指头,到9月熟后,将熟山楂去掉皮和核、和糖蜜一起捣,做成山楂糕食用;另一种大的,树高丈余,花叶和小的相似,就是果实大,功效也与小的相同,但是采药的人却不收这种。

【异名】赤爪子、鼠楂、猴楂、茅楂、杭子、羊球、山里果、棠梂子。

### 实

【性味】味酸,性冷,无毒。

【功效主治】《唐本草》记载:煮汁饮,能止水痢,用来洗头沐浴,可止疮痒。吴瑞曰:能消食积,补脾,治小肠疝气,发小儿疮疹。朱震亨曰:能健胃,通结气。妇女产后枕痛,恶露不尽,可煎水加砂糖服,即见效。宁原曰:活血,可化血块气块。李时珍曰:能化饮食、消内积,去痰饮痞满反酸,滞血胀痛。

### 核

【功效主治】李时珍曰:吞核,能化食磨积,治睾丸肿硬。

**赤爪木**

【**性味**】味苦,性寒,无毒。
【**功效主治**】《唐本草》记载:能止水痢和祛头风身痒。

**根**

【**功效主治**】李时珍曰:可消积,治反胃。

**茎叶**

【**功效主治**】李时珍曰:煮水,可用来洗漆疮。

**本草附方**

【**治偏坠疝气**】用山楂肉、茴香(炒)各1两,共研成末,做成像梧子大的糊丸,每次100丸,空腹白开水送服。

**本草今用**

【**药品来源**】本品为蔷薇科植物山楂和野山楂的干燥成熟果实。
【**药理成分**】含有机酸及黄酮类化合物,前者主要有山楂酸、绿原酸、咖啡酸、柠檬酸、琥珀酸、苹果酸、齐墩果酸和熊果酸等,后者主要有槲皮素、牡荆素等。
【**药用功效**】1.降血压。
2.抗菌。
【**临床主治**】1.冠心病。
2.高血压。
3. 呃逆。

## 柿

**本草纲要**

【**释义**】南北方都有柿树。树高叶大,圆而有光泽。四月开黄白色小花。结的果实为青绿色,8、9月才成熟。柿的种类很多,生柿收藏后自行变红的,叫烘柿;晒干的叫白柿,用火熏干的叫乌柿;水泡储藏的叫酸柿。柿有核呈扁状,像木鳖子仁而坚硬。柿根很牢固,叫作柿盘。
【**异名**】米果、猴枣、镇头迦。

**烘柿**

烘柿不是指用火烘,是说将青绿的柿放在器具中自然变红熟,像火烘出来的一样,而且涩味尽去,味甜如蜜。

【性味】味甘,性寒,涩,无毒。

【功效主治】《名医别录》记载:能通耳鼻气,治肠澼不足,可解酒毒,压胃间热,止口干。孟诜说:能结续经脉气。

### 白柿、柿霜

白柿,即干柿长霜。去皮捻扁,日晒夜露至干,放人瓮中,等到生白霜时才取出。现在人们叫它柿饼,也称柿脯,又叫柿花。它的霜叫作柿霜。

【性味】味甘,性平,涩,无毒。

【功效主治】孟诜曰:补虚劳不足,消腹中瘀血,涩中厚肠,健脾胃气。大明曰:可以化痰止咳,治吐血,润心肺,治慢性肺疾引起的心热咳嗽,可润声喉,杀虫。陈藏器曰:温补。常食能去面斑。李时珍曰:有治反胃咯血、肛门闭急并便血及痔漏出血的功效。李时珍亦说:柿霜还可清上焦心肺热,生津止渴,化痰宁咳,治咽喉口舌疮痛。

### 柿蒂

【性味】味涩,性平,无毒。

【功效主治】孟诜曰:煮水服,能治咳逆哕气。

### 木皮

【功效主治】苏颂曰:止便血,晒干后研成末,用米汤送服 2 钱,两服即愈。李时珍曰:治烫火烧伤,可把它烧成灰,和油调敷。

### 根

【功效主治】李时珍曰:有治血崩、血痢、便血的功效。

### 本草附方

【解桐油毒】可吃干柿饼,即愈。

【治小儿秋痢】用粳米煮粥,熟时加入干柿末,再煮 2、3 沸后吃。哺乳的母亲也可食之。

【治小儿痘疮入目】白柿天天吃,效果好。

【鼻窒不通】把干柿同粳米一起煮粥食。

【妇人蒜发】干柿五枚,以茅香煮熟,枸杞子酒浸焙研,各等分,做成梧子大小丸,每次服 50 丸,茅香汤送服。

【治小便血淋】用 3 个干柿烧灰存性,研末,用陈饭送服。又方:用白柿、乌豆、盐花煎汤,滴入墨汁服下。

【治妇女产后气乱心烦】用干柿切碎,加水煮成汁后小口小口地喝。

【治骨长疮久烂不愈】用柿霜、柿蒂各等分烧研,敷上立即见效。

【治面生黑点】天天吃干柿。

【治耳聋】干柿3枚切细,加粳米3合,豆豉少许,煮粥,天天空腹吃。

【治咳逆不止】用柿蒂、丁香各2钱,生姜5片,煎水服。治虚人咳逆,则再加人参1钱;如胃寒,则加好姜、甘草各等份;如气虚,则加青皮、陈皮、半夏。

### 本草今用

【药品来源】本品为柿科落叶乔木柿树的果实。

【药理成分】含蔗糖、葡萄糖、果糖、蛋白质、脂肪、淀粉、瓜氨酸、果胶、单宁酸、钙、磷、铁、钾、钠、胡萝卜素、削酸、碘及维生素。

## 橘

### 本草纲要

【释义】橘树生江南及山南山谷内,树高几米余,茎上长刺。夏初开白花,6、7月结果,10月可采摘。橘的果实比柑小,其味辛而苦,皮薄而红。

【异名】黄橘、蜜橘、大红袍、朱砂橘、潮州柑。

【性味】味甘、酸,性温,无毒。

【功效主治】陈藏器曰:味甘的润肺,酸的可聚痰。大明曰:有止消渴,开胃,除胸中膈气的功效。

### 黄橘皮

【性味】味苦、辛,性温,无毒。

【功效主治】《神农本草经》记载:可除胸中结块、结热逆气,利水谷。常食可下气通神。《名医别录》记载:可下气,止呕咳,治气冲胸中,吐逆霍乱,疗脾不能消食,止泄,除膀胱留热停水、五淋,利小便,去寸白虫。甄权曰:能清痰涎,治上气咳嗽,开胃,治气痢,除胸腹结块肿痛。李时珍说:可疗呕哕、反胃、嘈杂,时吐清水,痰痞痎疟,大便秘结,妇女乳痈。用来作调料,可解鱼腥毒。

### 青橘皮

【性味】味苦、辛,性温,无毒。

【功效主治】苏颂曰:主气滞,消食,破积结除膈气。张元素曰:能破坚癖,消滞气,去下焦部等各种湿,治左胁肝经积气。李时珍曰:有治胸膈气逆,解胁痛,小腹疝痛,消乳肿,疏肝胆,泻肺气的功效。

### 瓣上筋膜

【功效主治】大明曰:可止口渴、吐酒。炒熟后煎汤喝,效果更佳。

### 橘核

【性味】味苦,性平,无毒。

**【功效主治】**大明曰：腰痛、膀胱气痛、肾冷者，可将橘核炒研，每次温酒送服 1 钱，或用酒煎服。寇宗奭曰：酒风鼻赤者，则将橘核炒研，每次服 1 钱，胡桃肉 1 个，擂烂用酒送服，多少以病情而定。李时珍曰：治小肠疝气及阴核肿痛，用核炒研，每次用老酒送服 5 钱，或用酒调糊为丸服用，效果好。

**橘叶**

**【性味】**味苦，性平，无毒。

**【功效主治】**朱震亨曰：可疏导胸膈逆气，入厥阴，行肝气，消肿散毒，乳痈胁痛，还可行经。

**本草附方**

**【治嵌甲作痛，不能走路】**用浓煎陈皮浸泡很久，甲和肉自己便分开，轻轻剪去甲，并用虎骨末敷上即可。

**【治肾经气滞腰痛】**橘核、杜仲各 1 两，炒后研成末，每次吃 2 钱，盐酒送服。

**【治肺痈咳脓血】**绿橘叶洗净后，捣绞出 1 盏汁，服下，吐出脓血即愈。

**本草今用**

**【药品来源】**本品为芸香科常绿果树橘类的果实。

**【药理成分】**含有丰富的葡萄糖、果糖、蔗糖、苹果酸、枸橼酸、柠檬酸以及胡萝卜素、硫胺素、核黄素、尼克酸、抗坏血酸等。

**柑**

**本草纲要**

**【释义】**柑出产于岭南或南方，它的树与橘没有区别，只是刺少些。柑皮比橘皮稍厚颜色稍黄，纹理稍粗且味不苦。柑树比橘怕冰雪，不好保存，容易腐烂。这些是柑、橘的区别。

**【异名】**金实、柑子、木奴、新会柑、瑞金奴。

**【性味】**味甘，性寒，无毒。

**【功效主治】**《开宝本草》记载：有利肠胃热毒，解丹石，止暴渴，利小便的功效。

**皮**

**【性味】**味辣、甘，性寒，无毒。

**【功效主治】**陈藏器曰：可下气调中。大明曰：皮去白后焙研成末，加盐做汤喝，可解酒毒及酒渴。李时珍曰：伤寒饮食劳复发者，煎浓汁饮用。

**山柑皮**

**【功效主治】**《开宝本草》记载：治咽喉肿痛，有效。

核

【功效主治】苏颂曰：可以用来做涂脸的药。

叶

【功效主治】蔺氏曰：耳内流水或成脓血者，取嫩叶尖 7 个，加水几滴，捣取汁滴入耳孔中即愈。

本草附方

【治妇女难产】柑瓤阴干，烧灰存性，研末，温酒送服 2 钱。

本草今用

【药品来源】本品为芸香科植物茶枝柑、瓯柑等多种柑类的成熟果实。
【药理成分】含核黄素、尼克酸、维生素 C、蛋白质、糖、粗纤维、无机盐、钙、磷、铁和其他多种维生素。

## 杨梅

本草纲要

【释义】江南、岭南都有杨梅生长。于 2 月开花结果，果子的形状像楮实子。到了 5 月就会成熟，有红、白、紫三种颜色，紫色的因肉多核小而最佳。
【异名】杌子、至生梅、白蒂梅、树梅。

实

【性味】味酸、甘，性温，无毒。
【功效主治】《开宝本草》记载：加入盐藏而同食，去痰止呕吐，消食下酒。把它干后制成屑，喝酒煎服方寸匕，止吐酒。孟诜曰：有止渴，和五脏，涤肠胃，除烦溃恶气的功效。如烧成灰服，则能断下痢。常含一枚咽汁，利五脏下气。

核仁

【功效主治】李时珍曰：可以用来治脚气。

树皮及根

【功效主治】大明曰：用来煎汤，可以洗恶疮疥。李时珍曰：煎水漱口，则止牙痛。烧成灰调油，可用来涂烫伤烧伤处。

本草附方

【下痢不止】杨梅烧研，每次用米汤送服 2 钱，每日 2 服。

【一切损伤,止血生肌.令无瘢痕】用盐藏杨梅和核一起捣成泥,做成挺子,以竹筒收之。凡遇破伤,研末涂之,效果极佳。

本草今用

【药品来源】本品为杨梅科常绿乔木杨梅的果实。
【药理成分】含维生素 C、葡萄糖、果糖、柠檬酸、苹果酸、草酸、乳酸和蜡质。

## 樱桃

本草纲要

【释义】樱桃树大都枝繁叶茂,绿树成荫,初春时开白花,熟得早。果实成熟后,颜色深红色的称作朱樱;颜色呈紫色,皮中有细黄点的,称作紫樱,味最甜美;而称为蜡樱的,是那种颜色有红黄光亮的;还有小而红的樱珠。这些樱的味道都没有紫缨好。最大的樱桃,像弹丸,核小而肉肥,十分难得。
【异名】含桃、荆桃、朱樱、牛桃、英桃、朱樱桃、樱、李桃、奈桃、紫桃、朱果、莺桃、樱侏、家樱桃。
【性味】味甘,性热,涩,无毒。
【功效主治】《名医别录》记载:可以调中,益脾气,养颜美志。孟诜曰:能止泄精、水谷痢。

叶

【性味】味甘,性平,无毒。
【功效主治】苏颂曰:蛇咬伤,将叶捣成汁喝,并敷。另外,煮老鹅时,放几片叶在锅中,容易煮烂。

花

【功效主治】李时珍曰:可以用来治面黑粉刺。

枝

【功效主治】李时珍曰:将枝同紫萍、牙皂、白梅肉研和,每日用来洗脸,可以治雀斑。

东行根

【功效主治】大明曰:煮水喝,可即下寸白虫。

本草今用

【药品来源】本品为蔷薇科落叶果树樱桃的果实。
【药理成分】含蛋白质、糖类、磷、胡萝卜素、维生素 C 和铁等。

## 核桃

### 本草纲要

【释义】核桃本来出于羌胡，后由汉使张骞从西域带回种子，现在陕、洛一带很多。核桃树高大而枝叶茂盛，3月开花，如同栗花一样，果到8、9月成熟，如同青桃状。果实有壳，秋冬成熟时采摘，用水泡烂皮肉，取果核。

【异名】虾蟆、胡桃穰、胡桃。

### 核仁

【性味】味甘，性平、温，无毒。

【功效主治】《开宝本草》记载：吃了能使人身体健壮，润泽肌肤，黑须发。多吃利小便，去五痔。如将捣碎的桃核肉粉放入毛孔中，则白发孔会长出黑发。核桃烧灰存性，与松脂同研，敷颈可治淋巴结核溃烂。孟诜曰：吃核桃可健胃，通润血脉，使骨肉细腻。苏颂曰：可治损伤、石淋。同破故纸丸蜜丸服，益下焦。李时珍曰：有补气养血，润燥化痰，益命门，利三焦，温肺润肠，治虚寒喘嗽、腰脚重痛、心腹疝痛、血痢肠风，散肿痛，发痘疮，制铜毒之功效。

### 油核桃

【性味】味辛，性热，有毒。

【功效主治】李时珍曰：有杀虫攻毒，治痈肿、麻风、疥癣、梅毒、白秃等疮，润须发的功效。

### 树皮

【功效主治】《开宝本草》记载：止水痢。春天用斧砍下皮捣汁洗头，可黑发。用皮煎出的水，可染粗布。

### 壳

【功效主治】李时珍曰：烧灰存性，可入下血、崩中的药。

### 本草附方

【治尿路结石疼痛，小便中有石子】核桃肉1升，细米煮的粥1升，相和后一次服下即愈。

【治小儿误吞铜钱】多吃核桃，铜钱便会自己化出。核桃与铜钱一起吃即成粉，这是可以验证的。

【食物醋心】将胡桃嚼烂，以生姜汤送服，立即可止。

【心急气痛】核桃1个，枣子1枚，去核夹桃，用纸包裹煨熟，以生姜汤1盅，细嚼送下。永久不发,名盏落汤。

**【治女子血崩不止】**用核桃肉15枚,在灯上烧灰存性,空腹用温酒1次送服,神效。

**【治一切痈肿、背痈】**核桃肉10个煨熟后去壳,加槐花1两研磨杵匀,热酒送服。

**【石淋痛楚,小便中有石子者】**胡桃肉1升,细米煮浆粥1升,相和顿服即可愈。

**【治白癜风】**用1个核桃壳外的青皮,与1皂荚子大的硫磺,同研匀,每天敷患处。

### 本草今用

**【药品来源】**本品为胡桃科植物胡桃的果实。

**【药理成分】**含脂肪、蛋白质、碳水化合物、钙、磷、铁、锰、锌、钾以及维生素A、维生素$B_1$、维生素$B_2$、烟酸、维生素C、维生素E等成分。

## 夷果类

### 荔枝

#### 本草纲要

**【释义】**荔枝生于岭南与巴中地区,现南方大部地区都有。其中以闽中地区的品质最好,蜀州次之。荔枝的树干高大,树叶一年四季不落,果在5、6月份成熟。诗人白居易曾描述:此果若离开枝干,一日则色变,二日则香变,三日则味变,四五日后色、香、味都已无存,所以又把它称为离枝。

**【异名】**离枝、荔枝、丹荔、火山荔。

#### 实

**【性味】**味甘,性平,无毒。

**【功效主治】**《开宝本草》记载:止渴,养颜。孟诜曰:有提神健脑,益智,健气的功效。李珣曰:食之可止心胸烦躁不安,背膊不适。李时珍曰:可治颈淋巴结结核,脓肿和疔疮,也可发小儿痘疮。

#### 核

**【性味】**味甘,性温、涩,无毒。

**【功效主治】**寇宗奭曰:心痛、小肠气痛,可用一枚荔枝核煨存性,研末,用新酿酒调服。李时珍曰:可治妇女血气刺痛。

#### 壳

**【功效主治】**李时珍曰:小儿疮痘出不快,可用壳煎汤饮服。食荔枝热,可浸泡水饮服。

花及皮、根

【功效主治】苏颂曰:喉痹肿痛者,可用水煮汁,细细含咽至愈。

本草附方

【治水痘发出不畅】荔枝肉浸酒饮,并吃肉。忌生冷。
【脾痛不止】荔枝核为末,醋服2钱。数服即愈。
【治呃逆不止】用荔枝7个,连皮核烧灰存性,研成末,白汤调服,即止。
【治疝气】荔枝核、青橘皮、茴香各等分,炒灰存性研末,用酒调服2钱,每日3次。
【风牙疼痛】普济用荔枝连壳烧存性,研成末,擦牙,痛即止。
【治痢疾(赤白痢)】荔枝壳、橡斗壳、石榴皮、甘草各自炒后煎服。

本草今用

【药品来源】本品为无患子科常绿乔木荔枝的果实。
【药理成分】含葡萄糖66%、蔗糖5%,尚含游离精氨酸、色氨酸、蛋白质、脂肪,以及维生素 $B_1$、$B_2$ 和烟酸、柠檬酸、果胶、钙、磷、铁等成分。

## 龙眼

本草纲要

【释义】龙眼树生于岭南,树木高2、3丈有余。龙眼树的叶子比荔枝的小些,冬季也不凋谢,春末夏初,开细白花,7月果子成熟。龙眼的果实繁多,每枝可结20到30颗。其果肉比荔枝的稍薄,味甘如蜜。
【异名】益智、蜜脾、桂圆、川弹子。

实

【性味】味甘,性平,无毒。
【功效主治】《名医别录》记载:主五脏邪气,治厌食、食欲不振,去三虫。长期食用,强体魄,延年益寿,似神仙。李时珍曰:可开胃健脾,安神健智。

核

【性味】味甘,性热,有小毒。
【功效主治】李时珍曰:腋臭,可用六枚龙眼核同胡椒十枚共研末,出汗时擦患处即见效。

本草附方

【思虑过度,劳伤心脾,健忘怔忡,虚烦不眠】归脾汤:用龙眼肉、炒酸枣仁、炙黄芪、

焙白术、茯神各1两，木香半两，炙甘草2钱半，共入药，每次服用5钱，姜3片，枣1枚，水2盅，煎至1盅，温服。

**本草今用**

**【药品来源】**本品为无患子科常绿乔木龙眼的果实。

**【药理成分】**含葡萄糖、蔗糖、蛋白质、氨基酸、脂肪、烟酸和多种维生素，以及腺嘌呤、胆碱、酒石酸和磷、钾、钙等成分。

## 橄榄

**本草纲要**

**【释义】**橄榄树生于岭南，树高过丈。果实于8、9月采摘。橄榄树高，在果子将熟时，用木钉钉树，再放少许盐入树皮内，果实一旦成熟便自落。橄榄果吃时味道苦涩，可回味甘美。生食甚佳，用蜜渍、盐藏后可运到远方。橄榄树枝如黑胶的，烧烤时气味清烈，称为榄香。

**【异名】**橄榄子、橄楼、忠果、青果、青子、谏果、青橄榄、白榄、黄榄、甘榄。

**实**

**【性味】**味酸、涩、甘，性温，无毒。

**【功效主治】**《开宝本草》记载：生食、煮饮，都可解酒醉，解河豚鱼毒。寇宗奭说：将榄嚼汁咽下，治鱼骨鲠及一切鱼蟹毒。李时珍说：不但能解一切鱼蟹毒，又有生津止渴的作用，治咽喉痛。

**榄仁**

**【性味】**味甘，性平，无毒。

**【功效主治】**《开宝本草》记载：唇边燥痛，可将榄仁捣烂敷于患处。

**核**

**【性味】**味甘、涩，性温，无毒。

**【功效主治】**李时珍曰：鱼骨鲠喉及食鱼过多消化不良，可将核磨汁服，又治小儿痘疮后生痣，烧后研末服，可治便血。

**本草附方**

**【肠风下血】**橄榄核，灯上烧存性，研末。每次服用2钱，陈米饮下。

**【主治下部疳疮】**橄榄烧灰存性，研末，用油调敷，或加冰片、孩儿茶等分。

**本草今用**



**【药品来源】**橄榄为橄榄科常绿乔木橄榄的果实。

【药理成分】橄榄含蛋白质、脂肪、糖类、钙、钾、镁、铁、维生素 C,种子含挥发油、香树脂醇等成分。

## 槟榔

### 本草纲要

【释义】槟榔树生于南海,今岭外州郡都有,树有 3、4 种。初生时一直往上生长,一节一节的没有分枝从心抽条,顶上的叶子像蕉叶笋竿,至 3 月时叶子突起一房而自行裂开,出穗共数百颗,大如桃李。穗下累生刺以护卫果实,至 5 月成熟。其肉极易烂,不能久放,所以采收后需晒干才能存放。

【异名】宾门、仁频、洗瘴丹。

### 槟榔子

【性味】味苦、辛、涩,性温,无毒。

【功效主治】《名医别录》记载:可消谷运水,驱杀肠道内的寄生虫、伏尸、寸白虫。苏恭曰:生捣成末服,可治腹胀,利水谷道。涂于疮上,可生肌肉止痛。烧成灰,可用来涂口角疮。甄权曰:可宣利五脏六腑的壅滞,破胸中闷气,下水肿,治心痛积聚。大明曰:可除一切风,下一切气,通关节、利九窍,补五劳七伤,健脾调中,除烦。李时珍曰:能治泻痢后重,心腹诸痛,大小便气秘,痰气喘急之症。还可疗恶性疟疾,抵御瘴疠。

### 本草附方

【醋心吐水】槟榔 4 两,橘皮 1 两,为末。每服方寸匕,空腹生蜜汤送下。

【虫痔里急】槟榔为末,每日空腹服,以白汤调服 2 钱。

【治蛔虫腹痛】用槟榔 2 两,酒 2 盏,煎取 1 盏,分 2 次服。

【治腰垂作瘴】槟榔子为末,酒服 1 钱。

### 本草今用

【药品来源】本品为棕榈科植物槟榔的干燥成熟种子。

【药理成分】含生物碱、缩合鞣质、脂肪、槟榔红色素。

【药用功效】1.杀虫。

2.抑制真菌。

3.抗病毒。

【临床主治】1.食管癌。

2.钩虫病。

3.血吸虫病。

## 椰子

### 本草纲要

【释义】椰子树生于南方，树的外形与棕榈很相仿。树木没有枝条，高 1 丈多，叶在顶端像一束蒲叶，果实很大，垂挂于枝间，果实外有粗皮，棕色。皮内壳很坚硬，圆而微长。椰子壳内有白肤，像猪皮一样，厚有半寸左右，味如胡桃。肤内裹有像乳汁一样的浆 4、5 合，饮来清凉可口，芳香宜人。椰子的壳可做器皿。肉做成果品可寄往远方，甚佳。

【异名】越王头、胥耶、胥余。

### 椰子瓤

【性味】味甘，性平，无毒。

【功效主治】《开宝本草》记载：可益气。汪颖曰：能治风。李时珍引自《异物志》言：食之能令人不饥，并使人面色光泽。

### 汁

【性味】味甘，性温，无毒。

【功效主治】《开宝本草》记载：能消渴。涂发，可令发黑。

### 皮

【性味】味苦，性平，无毒。

【功效主治】《开宝本草》记载：煮汁饮服有止血、止鼻出血，治吐泻霍乱之功效。李时珍引自《龚氏方》曰：治心绞痛，可将皮烧灰存性，研末，以新汲水送服一盏。

### 壳

【功效主治】李时珍曰：把壳作盛酒的器具，若酒中有毒致人死，则酒沸起或壳破裂。治杨梅疮筋骨痛，可将壳烧灰存性，用时炒热，以滚酒泡服 2、3 钱，盖被取汗，痛即止，效果神奇。

【药品来源】本品为棕榈科植物椰子的果实。

【药理成分】含脂肪、糖类、蛋白质以及维生素和矿物质。

### 附：青田核

《古今注》载：乌孙国有青田核，形状如桃核，核大数斗，剖开后用来盛水，则水变成酒味，非常醇美。饮尽随即注水，随尽随盛。但不可久用，久则水变得苦涩。

### 严树酒



捣它的皮叶，用清水浸泡后，再和入粳酿造，或放入石榴花叶，数日便酿成酒，能

醉人。

### 本草今用

### 波罗蜜

#### 本草纲要

【释义】波罗蜜原生于南邦诸国，现在岭南、云南都有。树高达5、6丈，形状像冬青颜色更加黑润。叶冬夏不凋枯且极光滑。树身长至很大时才结果实，不开花即结果，果实生长在枝间，大如冬瓜，外有厚皮裹着，多的有十几枚，少的5、6枚。至5、6月成熟时，每颗重5、6斤。

【异名】曩伽结。

【性味】味甘、香、微酸，性平，无毒。

【功效主治】李时珍曰：能止渴解烦，醒酒益气，令人好看。

#### 核中仁

【性味】与瓤相同。

【功效主治】李时珍曰：补中益气，令人身轻耐饥。

## 瓜果类

在木上称果，在地上称瓜。瓜的类别不同，按其作用可分为二种：做果品用的为果瓜，如甜瓜、西瓜等；做菜品用的为菜瓜，如胡瓜，越瓜等。

### 甜瓜

#### 本草纲要

【释义】甜瓜在北方、中原种植甚多。每年的2、3月下种，延蔓而生，叶大数寸，5、6月开黄色的花，至6、7月瓜成熟。按王祯《农书》载：瓜的品种很多，不可枚举。以形状得名的，就有龙肝、虎掌、兔头、狸首、羊髓、蜜筒之称；以色泽得名的，则有乌瓜、白团、黄瓜、白瓜、小青、大斑之别。然而它们的味道，也不外乎香、甜二字。

【异名】甘瓜、果瓜。

#### 瓜瓤

【性味】味甘，性寒、滑，有小毒。

【功效主治】《嘉祐补注本草》记载：有止渴，除烦热，利小便，通三焦间壅塞气，治口鼻疮的功效。在暑热天食之，可以永不中暑。

子仁

【性味】味甘,性寒,无毒。

【功效主治】《名医别录》记载:主腹内结聚,破溃脓血,是治肠胃内壅最好的药。李时珍曰:能清肺润肠,和中气止渴。陈藏器曰:月经过多者,可将子仁研末去油,用水调服。

蒂

【性味】味苦,性寒,有毒。

【功效主治】《神农本草经》记载:治大水,疗全身浮肿,能下水杀虫毒。咳逆上气者,食用本果,胸腹内的病都可吐出。《名医别录》记载:可去鼻中息肉,治疗黄疸症。李时珍曰:能吐风热痰涎,治风热眩晕头痛,可止癫痫咽喉痹症,去头目湿气。

瓜蔓

【功效主治】闭经女性,用瓜蔓、使君子各半两,甘草6钱,同研为末,每次用酒送下2钱。

瓜花

【功效主治】《名医别录》记载:可治胸痛止咳嗽。

叶

【功效主治】《嘉祐补注本草》记载:人无发,可捣汁涂头顶即生。孟诜曰:小儿疳积和跌打损伤,可将叶研为末用酒服。还可去瘀血,补中。

本草附方

【口臭】用甜瓜子杵末,蜜和为丸。每日漱口后含1丸或贴于齿边。

【治肠痈症,小腹肿痛,小便似淋,或大便燥结下脓】用甜瓜子1合,当归炒1两,蛇蜕1条。每副4钱,水1盏半,煎成1盏,饭前服,利下恶物为愈。

【治风涎暴作,阻塞清窍,突然晕倒】取瓜蒂研末,每次1、2钱,腻粉1钱匕,以水半合调灌,一会儿痰涎自出。

【大便不通】瓜蒂7枚,研为末,用绵裹住塞入肛门,即通。

本草今用

【药品来源】本品库葫芦科植物甜瓜的果实。根、茎、叶、花、果蒂、种子均可入药。

【药理成分】含球蛋白、柠檬酸等有机酸、β-胡萝卜素、维生素B、C。

【药用功效】1.增强机体细胞免疫功能。

2.泻下作用。

## 西瓜

### 本草纲要

【释义】西瓜自五代时传入中国,现在到处都有种。西瓜的果实如斗大,圆如匏,色如青玉,子如金色或黑芝麻色。南方的味道稍逊于北方的。2月下种,蔓生,花叶均似甜瓜。7、8月成熟,皮的颜色或青或绿,瓜瓤或白或红,红的味尤佳,种子或黄或红,或黑或白,白的味道最不好。

【异名】寒瓜、夏瓜、水瓜。

### 瓜瓤

【性味】味甘、淡,性寒,无毒。

【功效主治】吴瑞曰:能消烦止渴,解暑热。汪颖曰:可疗咽喉肿痛。宁原说:能宽中下气,利大小便,止血痢,解酒毒。朱震亨曰:含瓜汁,可治口疮。

### 皮

【性味】味甘,性凉,无毒。

【功效主治】朱震亨曰:口、舌、唇内生疮,将皮烧研成末含之则愈。

### 本草附方

【食瓜过伤】可用瓜皮煎汤饮,即可解。诸瓜相同。

【闪挫腰痛】将西瓜青皮阴干为末,用盐酒调服3钱。

### 本草今用

【药品来源】本品为葫芦科植物西瓜。

【药理成分】含氨基酸微量元素、总糖、可滴定酸、蛋白质等。

【药用功效】利尿作用。

【临床主治】1.水肿。

2.鼻窦炎。

3.小儿肾炎。

## 葡萄

### 本草纲要

【释义】葡萄原产于西域,张骞出使西域得葡萄种而回,中原从此便开始了种植。葡萄折藤栽种,最易生长。3月开小花成穗,黄白色仍连着果实,犹如星编珠聚,7、8月成熟,有紫、白二色。

【异名】草龙珠、蒲桃、山葫芦。

实

【性味】味甘、涩,性平,无毒。

【功效主治】《神农本草经》记载:去筋骨湿痹,增强气力,增长志气,令人体健耐饥忍风寒,久食可轻身不老,延年益寿。《名医别录》记载:可逐水,利小便。甄权曰:能除肠间水,调中治淋。苏颂曰:食用或研酒饮可催痘疮不出。

根及藤、叶

【功效主治】孟诜曰:煮成浓汁饮用,可止呕吐及腹泻后恶心,孕妇胎动频繁不适,饮后即可安宁。李时珍曰:治腰脚痛,煎汤淋洗即可。饮其汁,又有利小便、通小肠、消肿胀的功效。

本草附方

【除烦止渴】生葡萄捣烂滤汁,以瓦器熬稠,入熟蜜少许一同熬收后饮用,效果好。

【胎上冲心】葡萄煎汤饮下,即止。

【水肿】葡萄嫩心 14 个,蝼蛄 7 个,去头和尾,同研,露 7 日,晒干研成末。每次服用半钱,用酒冲服。天气极热时尤佳。

本草今用

【药品来源】本品为葡萄科落叶木质藤本葡萄的果实。

【药理成分】含葡萄糖、果糖、少量的蔗糖、木糖、酒石酸、草酸、柠檬酸、苹果酸。又含各种花色素的单葡萄糖苷和双葡萄糖苷。葡萄中所含的黄酮原矢车菊酚的低聚物具抗氧化活性,能清除实验系统中的氧自由基,抑制脂质过氧化。

【药用功效】1.利胆。

2.降低胃酸度。

猕猴桃

本草纲要

【释义】猕猴桃的树生长于山谷中,今陕西永兴的军南山很多。因猕猴喜食而得名。枝条柔弱,藤绕树而生,高 2、3 丈,叶圆有毛。果实似鸡蛋,10 月烂熟,果肉呈淡绿色,经霜后甘美可食,皮可用来做造纸原料。

【异名】猕猴梨、阳桃、木子。

实

【性味】味酸、甘,性寒,无毒。

【功效主治】《开宝本草》记载:能止暴渴,解烦热,解丹石及结石、排尿不畅等疾病。陈藏器曰:可调中下气,治骨关节疾病及瘫痪症。

#### 藤中汁

【功效主治】陈藏器曰:和生姜汁服后,治反胃。还可以除尿路结石等病。

#### 枝叶

【功效主治】《开宝本草》记载:杀虫最有效。煮汁给狗饮,可以疗寄生虫。

#### 本草今用

【药品来源】本品为猕猴桃科落叶木质藤本猕猴桃的果实。

【药理成分】含维生素C、糖、蛋白质、维生素$B_1$、胡萝卜素、有机酸、猕猴桃碱,以及钙、磷、铁、钾、镁、硫等多种矿物质。

### 甘蔗

#### 本草纲要

【释义】出自江东的蔗很好,而庐陵也有好的。在广州也有一种蔗,可以取其汁为炒糖。蔗都种植在地里,丛生。茎似竹而内充实,长6、7尺,粗数寸,根下节密,向上渐疏。8、9月收茎,可留过春天,做果品用。

【异名】糖梗、薯蔗、竿蔗、甘蔗。

#### 蔗

【性味】味甘、涩,性平,无毒。

【功效主治】《名医别录》记载:有下气和中,助脾气,利大肠的功效。大明曰:可消痰止渴,利大小肠,除心胸烦热,解酒毒。李时珍曰:可以用来止呕吐反胃,宽胸膈。

#### 本草附方

【发热口干,小便赤涩】取甘蔗去皮,嚼汁咽之。或榨汁饮用亦可。

【治反胃】用甘蔗汁7升,生姜汁1升,和匀,日日细咽。

【治小儿口腔溃疡】用甘蔗皮烧研,擦患处。

## 虫部

李时珍说:虫是生物中的微者,其类甚繁。而圣人之于微琐,却不能致慎。学者不可不察其良毒。于是集小虫之有功、有害者为虫部。

# 卵生类

## 蟾蜍

### 本草纲要

**【释义】**又名癞蛤蟆。原生长在江湖池泽中,现在到处都有。有人认为蟾蜍与蛤蟆是同一动物,这是错误的。蟾蜍多在房屋下潮湿的地方,形体大,背上有层层叠叠痱子似的东西,行动迟缓,不能跳跃,也不能鸣叫;蛤蟆多生活在水中,体态小,皮肤上多黑斑点,善跳跃,行动敏捷。二者虽然是同一类的,但功用小有差别。

**【异名】**苦蠪、蟾、虾蟆、蚵蚾、癞虾蟆、石蚌、癞格宝、癞巴子、癞蛤蟆、癞蛤蚆、蚧蛤蟆、蚧巴子。

**【性味】**味辛,性凉,微毒。

**【功效主治】**《名医别录》记载:疗阴蚀,疽疠,恶疮,猘犬疮伤,与玉石相合。甄权说:杀疳虫,治鼠漏恶疮。烧灰敷一切有虫恶痒滋胤疮。陶弘景曰:主温病生斑者,取一枚,生捣绞取汁服之,效果好。《日华诸家本草》记载:破癥结,治疳气,小儿面黄癖气。李时珍说:治一切五疳八痢,肿毒,破伤风病,脱肛。

### 本草附方

**【治脱肛】**将蟾蜍皮烧烟熏患处,效果很好。

**【治发背肿毒未成者】**活蟾1个,系放疮上半日,蟾必昏愦,再易1个,如前法,其蟾必踉跄;再易1个,其蟾如旧,则毒散矣。若势重者,以活蟾1个,或2、3个,破开连肚乘热合疮上,不久必臭不可闻,再易2、3次即愈。

**【治早期瘰疽】**蟾蜍,将其腹切开1厘米创口,不去内脏,放入少许红糖。将患指伸入其腹内,经2小时后,可另换1只蟾蜍,共用10只左右可愈。治其他炎症也有效。

**【治疔毒】**蟾蜍1个,黑胡椒7粒,鲜姜1片,将上药装入蟾蜍腹内,再放砂锅或瓦罐内,慢火烧焦研细末。每次5厘,日服2次。

**【治气臌】**大蛤蟆1个,砂仁不拘多少,为末,将砂仁装入蟆内令满,缝口,用泥周身封固,炭火煅红,候冷,将蟆研末,作3服,陈皮汤送下。

**【治五疳八痢,面黄肌瘦,好食泥土,不思乳食】**大干蟾蜍1枚(烧存性),皂角(去皮、弦,烧存性)1钱,蛤粉(水飞)3钱,麝香1钱,为束,糊丸粟米大,每空腹米饮下30到40丸,日2服。

### 本草今用

**【药物来源】**为蟾蜍科动物中华大蟾蜍或黑眶蟾蜍等的全体。

**【临床应用】**1.治疗白喉。

2.治疗慢性气管炎。

3.治疗炭疽病。

4.治疗恶性肿瘤。

5.治疗腹水。

6.治疗麻风。

## 蛤蟆

### 本草纲要

**【释义】**蛤蟆生活在池塘泽中,背部有黑点,体小,善跳起吃百虫,发出呷呷的鸣叫声,行动快速。还有蛙蛤、蝼蛔、长肱、石榜、蠼子等,或生活在水田中,或生长在沟渠旁。《周礼》载:蝼蛔能制伏青蛙,而焚烧牡菊(无花菊)的灰洒蝼蛔,即死。蛤蟆、青蛙怕蛇,但能制约蜈蚣。三者能相互制约。

**【性味】**味辛,性寒,有毒。

**【功效主治】**《神农本草经》记载:主祛邪气,破结石瘀血,痈肿阴疮。陈藏器说:蛤蟆肝治毒蛇咬伤,牙入肉中,痛不可忍。将肝捣烂敷患处,立出。李时珍说:蛤蟆胆主治小儿失音不语,取胆汁滴在舌头上,即愈。蛤蟆脑明目,治青光眼。

### 本草附方

**【治蝮蛇咬伤】**取活蛤蟆1只,将其捣烂后敷患处,可拔蛇毒。

**【治喉痹】**用癞蛤蟆的眉酥、草乌尖末、猪牙皂角末等分,制成小豆大的丸,每次研1丸涂患处,神效。

**【治狂犬咬伤】**吃蛤蟆肉,或者将它烤熟食用。不要让患者知道,则病就永不复发。

**【治小儿疳积腹大,体黄消瘦,头生疮结成麦穗状】**将立秋后的大蛤蟆,去掉头、足、肠,用清油涂后,放在阴阳瓦内烤熟食用,连吃5,6只,疳积自下。1个月之后,恢复健康,妙不可言。

**【治小儿泄痢】**将蛤蟆烧存性,研末,每次服1方寸匕。

**【治牙龈溃烂】**用黄泥将蛤蟆裹好煅烧,同黄连各2钱半,青黛1钱研末,加麝香少许,和匀敷用。

## 蛙

### 本草纲要

**【释义】**生活在水泽、沟边。它的肉味像鸡,生性喜坐。苏颂说:蛙到处都有,像蛤蟆而脊部呈青绿色,嘴尖腹细,俗称青蛙;也有脊部长黄路纹的,叫金线蛙。4、5月其肉味最好,5月后的渐老,可采制入药。浙江、福建和四川人将它作为佳肴。《考工记》说:农夫以蛙声来预测收成的丰和欠。

【异名】田鸡、坐鱼、长股、蛤鱼。

【性味】味甘,性寒,无毒。

【功效主治】《名医别录》记载:治小儿热毒,肌肤生疮,脐伤气虚。寇宗奭认为:蛙肉能止痛,解虚劳发热,利水消肿。嘉谟曰:尤其对产妇有补益作用。捣汁服,治蛤蟆瘟病。

**本草附方**

【治诸痔疼痛】用长脚青蛙 1 个,烧存性研末和上雪,制成丸如梧子大。空腹吃两匙饭,再用枳壳汤冲服 15 丸。

**蚯蚓**

**本草纲要**

【释义】蚯蚓因爬行时,先向后伸,垛起一丘再向前行,故名。李时珍说:现在的平原、水泽地、水地中都有。夏天始出,冬月蛰伏。雨前先出,天晴则夜鸣。有人说它盘伏的结果可化为百合。它与螽同穴才有雌雄。故郭璞赞说:蚯蚓是土中的精灵,无心的虫类,同螽交合时,很难分开,就是这个道理。现小儿阴肿,多以为是此物所吹。

【异名】土龙、地龙子、附蚓、歌女、坚蚕。

【性味】味咸,性寒,无毒。

【功效主治】《神农本草经》记载:能杀虫解毒,主治蛇瘕,三虫伏尸,鬼疰蛊毒,杀长虫。《名医别录》称:将它化为水,治疗伤寒、大腹黄疸、温病。陈藏器说:大热狂言,饮汁水皆愈。将它炒成屑,去蛔虫。将它去泥,用盐化成水,主天行诸热,小儿热病癫痫,涂丹毒,敷漆疮。苏恭谓:将它与葱化成汁,治疗耳聋。《日华诸家本草》认为:能治中风、喉痹。甄权说:干的炒研成末,主蛇伤毒。苏颂说:治脚风。李时珍则认为:可解蜘蛛毒。

**本草附方**

【治小便不通】将蚯蚓捣烂浸水,滤取浓汁半碗服食,即通。

【治蜘蛛咬伤】用葱一根去掉尖头,将蚯蚓放入叶中,紧捏两头,令泄气,频频摇动,即化为水,用来点敷咬伤的地方,效果很好。

**本草今用**

【药物来源】蚯蚓为巨蚓科动物缟蚯蚓的干燥全体。

【药理成分】蚯蚓含有次黄嘌呤、琥珀酸、蚯蚓解热碱、蚯蚓素、蚯蚓毒素等,此外尚含磷脂、胆固醇及脂肪酸类。

【药理作用】1.降压作用。

2.镇静、抗惊厥作用。

3.抗组织胺及平喘作用。

4.解热作用。

5.兴奋子宫及肠道平滑肌作用。
6.杀精作用。
7.抗血栓形成作用。
**【临床应用】**1.治疗慢性气管炎、支气管炎、支气管哮喘。
2.治疗烧伤、烫伤。
3.治疗中风。
4.治疗湿疹、带状疱疹、荨麻疹、固定性红斑型药疹。
5.治疗小儿鹅口疮、小儿咳闭症。
6.治疗高血压。
7.治疗膀胱结石。

## 蜗牛

### 本草纲要

**【释义】**蜗牛生在山林和居家的周围。头形像蛞蝓,但有甲壳,形状像小螺,颜色是白的。头有四个黑角,走动时头伸出,受惊时则头尾一起缩进甲壳中。李时珍说:蜗牛身上有唾涎,能制约蜈蚣、蝎子。夏天热时会自悬在叶下,往上升高,直到唾涎完了后自己死亡。

**【异名】**蚹蠃、鼠蝓,蜗蠃、山蜗、瓜牛、蠡牛、土牛儿,负壳蛞蝓。

**【性味】**味咸,性寒,有小毒。

**【功效主治】**《名医别录》记载:主贼风歪僻腕跌,大肠下脱肛,筋急及惊痫。甄权说:生研取服,止消渴。李时珍认为:治小儿脐风撮口,利小便,消喉痹,止鼻衄,通耳聋,治诸种毒痔漏,制蜈蚣蝎虿毒。

### 本草附方

**【治消渴引饮不止】**蜗牛(焙)半两,蛤粉、龙胆草、桑根白皮(炒)各2钱半,研末,每服1钱,楮叶汤下。

**【治血热冲肺,鼻衄不止】**蜗牛(博干)1分,乌贼鱼骨半钱,上2味,捣研为散,含水一口,搐一字入鼻内。

**【治瘰疬未溃】**连壳蜗牛7个,丁香7粒,同烧研,纸花贴之。

**【治眼热生淫肤赤白翳】**生蜗牛1枚,纳少许朱砂末于中,微火上炙令沸,以绵捩取,以敷眦上,数敷。

**【治痔疮】**蜗牛1枚,麝香3分,用小砂合子,盛蜗牛,以麝香糁之,次早取汁,涂痔处。

**【治蜈蚣咬】**蜗牛提取汁,滴入咬处。

**【治耳聋】**蜗牛子1分,石胆1分,钟乳1分,同细研,用一瓷瓶盛之,.以炭火烧令通亦,候冷取出,研入龙脑少许,每用油引药少许入耳。

## 蜜蜂

### 本草纲要

【释义】各地都有。李时珍说：蜜蜂有三种，一种是野蜂；一种是家蜂；一种在山岩高峻处作房的，叫石蜂。三种蜂群都有各自的蜂王。蜂王比众蜂都大，颜色为青苍色。皆一日两衙，应潮上下。按王元之《蜂记》所说：蜂王所在的地方，众蜂不敢螫。如果众蜂失去蜂王，就会众溃而死。

【异名】蜂子、蜡蜂。

【性味】味甘，性平、微寒，无毒。

【功效主治】《神农本草经》记载：主头风，补虚羸伤中。《名医别录》记载：主心腹痛，大人小儿腹中五虫口吐出者，面目黄。陈藏器说：主丹毒，风疹，腹内留热，大小便涩，去浮血，妇人带下，下乳汁。李时珍谓：治大风疠疾。

### 本草附方

【治须眉脱落，皮肉已烂成疮者】用蜜蜂子、胡蜂子、黄蜂子（并炒）各1分，白花蛇、乌蛇（并酒浸、去皮、骨，炙干）、全蝎（去土、炒）、白僵蚕（炒）各1两，地龙（去土，炒）半两，蝎虎（全，炒）、赤足蜈蚣（全，炒）各15枚，丹砂1两，雄黄（醋熬）1分，龙脑半钱，研成末，每次服一钱匕，温蜜汤调下，每天服3、5次。

## 土蜂

### 本草纲要

【释义】土蜂多穴居作房，赤黑色。最大的土蜂，可以蜇死人，也能酿蜜，蜂子大而且很白。土蜂子，江东的人爱吃。又有一种木蜂像土蜂的，人们也吃它的蜂子。大概蜂类同科的缘故，它们的性质和效果都差不多。

【异名】蜚零、马蜂。

【功效主治】《本草拾遗》记载：烧末，油和敷蜘蛛咬疮。《日华诸家本草》记载：利大小便，主治妇人带下。陈藏器说：功同蜜蜂子。李时珍说：土蜂子用酒浸敷面，令人悦白。

### 本草附方

【治疔肿疮毒】用土蜂房1个，蛇蜕1条，用黄泥固济，煅成性，研成末。每服1钱，空腹用酒冲服。轻的1服见效，重的2服即愈。

## 大黄蜂

### 本草纲要

【释义】它的颜色是黄色的，比蜜蜂大得多，在山林间结房，大的如巨钟，其房有数百

层。当地人采取时,用草衣遮蔽身体以防被它毒螯,再用烟火熏散蜂母,才敢攀缘崖木断其房蒂。一房蜂儿有5、6斗到1石左右。拣形状如蚕蛹莹白的,用盐炒爆干,寄到京城和洛阳,那里的人,认为是仙家的物品。

【异名】胡蜂、壶蜂。

【性味】味甘,性凉,有小毒。

【功效主治】《名医别录》记载:主心腹胀满痛,治疗干呕,轻身益气。李时珍认为:治雀卵斑、面疱,余功同蜜蜂子。

### 本草附方

【治雀斑青春痘】露蜂房子,于漆杯中渍取汁重滤绞之,以和胡粉涂。

## 蚕

### 本草纲要

【释义】李时珍说:蚕就是孕丝虫。种类很多,有大、小、白、乌、斑色的差异。蚕属阳性,喜欢干燥,不喜欢潮湿,食叶卵不饮,三眠三起,27天就衰老了。自卵出称为蚕,蚕吐丝成茧,茧里面的是蛹,蛹化为蛾,蛾产卵,卵再变化成蚕;也有胎生的,与母同老,是神虫。凡是用蚕类作药,一定要用食桑叶的蚕。

【异名】白僵蚕。

【性味】味咸、辛,性平,无毒。

【功效主治】《神农本草经》说:主治小儿惊痫夜啼,去三虫,灭黑黯,令人面色好,治男子阴痒病。《名医别录》记载:女子崩中赤白、产后余痛。研成末,封疔肿,拔根极效。大明曰:蚕蛹主治劳瘦。研成末饮服,治小儿疳瘦,长肌退热,除蛔虫。煎汁饮服,止消渴。陈藏器说:茧卤汁即茧中蛹汁。主百虫入肉。用汤淋浴小儿,去疥疮,杀虫。李时珍说:蚕茧烧灰酒服,治痈肿无头,次日即破。又疗诸疳疮,及下血、血淋、血崩。煮汁饮服,止消渴反胃,除蛔虫。《嘉祐补注本草》记载:蚕蜕主血风病,益妇人。《日华诸家本草》记载:蚕连治吐血、鼻出血、肠风泻血、崩中带下、赤白痢。李时珍则认为蚕连治妇人难产及吹乳疼痛。

### 本草附方

【治小儿惊风】白僵蚕、蝎梢等分,天雄尖、附子尖共1钱,微炮制为末,每次服半钱,用姜汤调和服用,效果很好。

【治酒后咳嗽】白僵蚕焙研成末,用茶服1钱。

【治口舌生疮】用5个蚕茧,包蓬砂,在瓦上焙焦成末,涂抹患处。

## 雪蚕

### 本草纲要

【释义】《益部谈资》:"雪蛆产于岷峨深涧中。积雪春夏不消而成者。其形如猬,但

无刺，肥白，长五六寸。腹中惟水，身能伸缩。取而食之，须在旦夕，否则化矣。”旧版《辞源》“雪蛆”条：雪蛆又名冰蛆、雪蚕。出自四川峨眉山，以珍味称。引陆游云，其物出茂州雪山，四时常有积雪，蛆生其中，能蠕动。

**【异名】**冰蛆、雪蛆。

**【性味】**味甘，性寒，无毒。

**【功效主治】**李时珍说：解内热渴疾。

## 化生类

### 青蚨

#### 本草纲要

**【释义】**青蚨生长在南海。形状像蝉，卵附在树上。《搜神记》载：南方有一种叫作嗷蜗的虫，体形大如蝉，味辛美可食。常常雄雌相处，不分离，呈青黄色。有人捕捉到青蚨后以法将其为末，用来涂铜钱，然后用这种铜钱去买东西，晚上这些涂过青蚨的铜钱又会神不知鬼不觉地回来。它又能固精止遗，缩小便，实在是人间难得之物。李时珍说：按《异物志》载，青蚨的形状像蝉但比蝉长。它的卵如虾卵，附在草叶上，得到它的卵，就可以诱捕青蚨。

**【异名】**嗷蜗、鱼父、鱼伯、蚨蜗。

**【性味】**味辛，性温，无毒。

**【功效主治】**陈藏器认为：主补中，壮阳，去冷气，美容。《海药本草》谓：能固摄精液，秘缩小便。

### 蛱蝶

#### 本草纲要

**【释义】**《岭南海异物志》载：有人行船在南海，看见蛱蝶大的像薄帆，小的如薄扇，称肉得 80 斤，味极肥美。

**【异名】**蝴蝶。

**【功效主治】**李时珍说：治小儿脱肛。将它阴干为末，用唾液调半钱，涂于手心，直到病愈为止。

### 蜻蛉

#### 本草纲要

**【释义】**此物生于水中，所以大多在水上飞行。李时珍说：蜻蜓头大露目，短颈长腰

单尾,翼薄如纱。食蚊虻,饮露水。水虿化蜻蜓,蜻蜓仍交于水上,附物散卵,再变生为水虿。蜻蜓有五六种,只有青色大眼者或雄者,可入药。

**【异名】**蜻蜓。

**【性味】**性微寒,无毒。

**【功效主治】**《名医别录》记载:强阴,止精。《日华诸家本草》记载:可壮阳,暖肾。

### 蛗螽

#### 本草纲要

**【释义】**音"负终"。它的形状像蝗虫,大小不一,长角,脚长善跳跃,有青、黑、斑多种颜色,也能损害粮食。5月份开始出来活动,到冬天藏入洞穴中。南部边疆的人喜食。秦邕《月令》载:蛗螽产卵在深土中,每年产卵近百,来年夏天复出。冬天下大雪,它就会藏入土中而死亡。

**【异名】**蠜、蚱蜢。

**【性味】**味辛,有毒。

**【功效主治】**《纲目拾遗》记载:治咳嗽,惊风,破伤(风),疗折损,冻疮,斑疹不出。《随息居饮食谱》记载:暖胃助阳,健脾运食。陈藏器说:5月5日候交时收取,夫妇配之,令相爱媚。

#### 本草附方

**【治三日疟,百药无效者】**端午节收取蛗螽,阴干研末,在病发的当天五更时用酒送服方寸匕。病情严重的,用3次即可痊愈。

**【治小儿惊风】**蚱蜢不拘多少,煅存性,砂糖和服。

**【治痧胀】**蚱蜢5、6个。煎汤温服。

#### 本草今用

**【来源】**为蝗科昆虫稻蝗等的干燥全虫。

## 鳞部

李时珍说:鳞虫有水、陆二类,类虽然不同,却同有鳞甲。龙蛇是灵物,鱼是水属,种族虽有差别,但变化相通。鳞虫都卵生,而蝮蛇胎产;水族都不瞑,而河豚目眨。蓝蛇的尾,能解其头毒;鲨鱼的皮,还能消鲙积。如果不是知道的人,难道还能察觉到它的利弊吗?

## 龙类

### 守宫

#### 本草纲要

【释义】李时珍说:守宫处处人家墙壁有这种动物,形状像蛇,灰黑色,扁头长颈,细鳞四足,长者6、7寸,不咬人。

【异名】壁宫、壁虎、蝎虎、蝘蜓、蠦缠、蝎虎、辟宫子、地塘虫、天龙、爬壁虎。

【性味】味咸,性寒,有小毒。

【功效主治】李时珍说:能治中风瘫痪,手足不举,或压节风痛,小儿疳痢,血积成痞,疗蝎螫。

#### 本草附方

【治疗小儿撮口】用朱砂末安小瓶内,捕活壁虎1个,放入瓶中,食砂末月余,待壁虎体赤后,研干为末。每以薄荷汤服3、4分。

【治血成块】用壁虎1枚,白面和1鸭子大,包裹研烂,作饼烙熟食之,当下血块。不过3、5次即愈。效果很好。

## 蛇类

### 蚺蛇

#### 本草纲要

【释义】它的形状像鳢,头像鼍,尾巴呈圆柱形,身上无鳞,生命力强。人们捕捉到后,切肉作脍,视为珍味。李时珍说:按刘恂《岭表录异》载,有的蚺蛇长达5、6丈,围长有4、5尺;小的也可达3、4丈。身上有斑纹,如旧的丝织品。它常在春夏的山林中伺机捕食野鹿,羸瘦的蛇将鹿消化后才变得肥壮。

【异名】南蛇、埋头蛇、王字蛇。

【性味】肉,味甘,性温,有小毒。胆,味甘、苦,性寒,有小毒。

【功效主治】孟诜说:蛇胆做脍食之除疳疮;小儿脑热,水渍注鼻中;齿根宣露,和麝香末敷之。陈藏器曰:主喉中有物,吞吐不得出者,做脍食之。李时珍曰:蛇胆明目,去翳膜,疗大风。蛇肉除手足风痛,杀三虫,去死肌,皮肤风毒疠风,疥癣恶疮。

#### 本草附方

【治诸风瘫痪,筋挛骨痛,痹木瘙痒,杀虫辟瘴,及疠风疥癣恶疮】蚺蛇肉1斤,羌活1

两(绢袋盛之),用糯米2斗,蒸熟,安曲于缸底,置蛇于曲上,乃下饭,密盖,待热取酒,以蛇焙研和药,其酒每随量温饮数杯,忌风及欲事,亦可袋盛浸酒饮。

**【治狂犬咬人】**将蛇脯为末,用水送服5分,每日3次。

## 白花蛇

### 本草纲要

**【释义】**白花蛇的身上的花纹呈方形,胜似白花,因此得名。它喜欢咬人的脚。贵州人一旦脚被蕲蛇咬了,立即将此脚锯掉,接上木脚。此蛇有烂瓜气味,必须用韧带将它驱逐,以防它伤人。

**【异名】**蕲蛇、褰鼻蛇。

**【性味】**味甘、咸,性温,有毒。

**【功效主治】**《开宝本草》说:主治中风及肢体麻木不仁、筋脉拘急、口眼歪斜、半身不遂、骨节疼痛、脚软不能长久站立、瘙痒及疥癣;又能治肺风鼻塞、瘾疹、身上白癜风、疬疡斑点;破伤风、小儿风热及急慢惊风抽搐。甄权《药性论》说:主治肺风鼻塞,身生白癜风、疬疡、斑点及浮风瘾疹。李时珍说:风善行数变,蛇亦善行数蜕,又食石南藤,所以能透骨搜风,截惊定搐,为风痹惊、瘀癣恶疮之要药。

### 本草附方

**【治风瘫疠,遍身疥癣】**用白花蛇肉四两酒炙,天麻7钱半,薄荷2钱半,研末,放人好酒2升,蜜4两,用瓦器熬成膏,每天服1盏,用温汤送服1日3次。

**【治大风病】**白花蛇、乌梢蛇各取净肉2钱(酒炙),雄黄2钱,大黄5钱,为末,每服2钱,白汤下,3日1服。

**【治破伤风,项颈紧硬,身体强直】**蜈蚣1条(全者),乌蛇(项后取)、白花蛇(项后取)各2寸(先酒浸,去骨并酒炙),上三味为细散,每服2钱至3钱,煎酒小沸调服。

### 本草附方

**【药物来源】**乌蛇为游蛇科动物乌梢蛇的干燥体。

**【药理成分】**主含蛋白质和脂肪。

**【临床应用】**1.治疗瘙痒性皮肤病。

2.治疗湿疹等皮肤疾患。

3.治疗骨结核、骨髓炎。

4.治疗痛痹。

## 乌蛇

### 本草纲要

**【释义】**乌蛇的背部有三条棱线,色黑如漆,性情温和,不乱咬物。还有一种能缠物

至死,也是这一类。

【异名】剑脊乌梢、乌梢蛇、黑花蛇、黑乌梢、三棱子。

【性味】味甘,性平,无毒。

【功效主治】甄权记载:乌蛇肉治热毒风,皮肤生疮,眉须脱落,㾦痒疥等。《开宝本草》记载:乌蛇肉主诸风瘙瘾疹,疥癣,皮肤不仁,顽痹诸风。李时珍认为:功与白花蛇同而性善无毒。

### 本草附方

**【治风痹,手足缓弱,不能伸举】**乌蛇3两(酒浸,炙微黄,去皮骨),天南星1两(炮裂),干蝎1两(微炒),白附子1两(炮裂),羌活1两,白僵蚕1两(微炒),麻黄2两(去根节),防风3分(去芦头),桂心1两,上药,捣细罗为末,炼蜜和捣200~300杵,丸如梧桐子大,每服,不计时候,以热豆淋酒下10丸。

**【治面上疮及皯】**乌蛇2两,烧灰,细研如粉,以腊月猪脂调涂之。

**【治干疥瘙痒久不差】**黄芪二两(锉),乌蛇四两(酒浸,去皮骨,炙令黄),川乌头3两(炮裂去皮脐),附子2两(炮裂去皮脐),茵芋2两,石南1两,秦艽2两(去苗),上七味,捣罗为末,炼蜜和捣200~300杵,丸如梧桐子大,每服30丸,食后以荆芥汤下,以瘥为度。

**【治婴儿撮口,不能乳者】**乌梢蛇(酒浸,去皮骨,炙)半两,麝香1分,为末,每用半分,荆芥煎汤调灌之。

## 水蛇

### 本草纲要

【释义】生活在水中。体大像鳝鱼黄黑色,有花纹,咬人但毒性不大。它能变成黑色。

【异名】公蛎蛇。

【性味】味甘、成,性寒,无毒。

【功效主治】李时珍说:治消渴,烦热,毒痢。

### 本草附方

**【小儿骨疽脓血不止】**烧成灰用油调,敷小儿骨疽脓血不止。

**【治消渴,四肢烦热,口干心躁】**水蛇1条(活者剥皮,炙黄捣末),蜗牛不拘多少(水浸五日,取涎,入腻粉煎令稠),麝香1分(细研),上药,用粟饭和丸,如绿豆大,每服,不计时候,以生姜汤下10丸。

## 黄颔蛇

### 本草纲要

【释义】俗名黄喉蛇。以吞食老鼠及小鸡为生。身上的花纹黄黑相间,喉咙下呈黄色,大

的近丈长。毒性不大,有人喂养它来玩耍,死后即食。它大多生活在人们的房室里。

【异名】黄喉蛇、长虫、慈鳗。

【性味】味甘,性温,有小毒。

【功效主治】李时珍说:酿酒或入丸、散,主风癞,顽癣,恶疮。自死蛇渍汁,涂大疥。煮汁,浸臂腕作痛处。烧灰,同猪脂涂风癣漏疮,妇人妒乳,猘犬咬伤。

### 本草附方

【治疗一切冷漏】自死蛇,取骨为末封之。大痛,以杏仁膏摩之,即止。

【治虾蟆瘘疮】5月5日用5蛇头,及野猪脂同水衣封之,效果好。

## 蝮蛇

### 本草纲要

【释义】黄黑色像土,有白斑,黄颔尖口的,毒最烈。众蛇之中,只有它是胎生的,它咬人着足断足,着手断手,一会儿全身就开始糜烂。7、8月毒盛时,啮树以泄它的毒。树一会儿就死亡;又吐涎沫在草木上,咬人成疮身肿,称为蛇谟疮,最不容易医治。

【异名】反鼻蛇。

【性味】味甘,性平,有毒。

【功效主治】《名医别录》记载:酿作酒,疗癞疾,诸瘘,心腹痛,下结气。甄权说:治五痔,肠风泻血。陈藏器曰:治风痹。

### 本草附方

【治白癞】大蝮蛇1枚,切勿令伤,以酒渍之,大者1斗,小者5升,以糠火温,令下,寻取蛇1寸许,以腊月猪膏和,敷疮。

【治遗溺】蝮蛇1钱,鸡舌香2分,上二味细末,临卧白汤送下。7岁至15岁,每服5分;15岁以上每服1钱。

【治胃痉挛】蝮蛇,酒浸1年以上,每食前饮1杯,1日3次,连续20日有效。

### 本草今用

【药物来源】为蝮蛇科动物蝮蛇除去内脏的全体。

【临床应用】试用蝮蛇酒治疗各型麻风均有一定效果,尤以合并砜类药治疗者疗效更佳。

# 鱼类

## 鲤鱼

### 本草纲要

【释义】鳞有十字纹理,所以名鲤。死后鳞不反白,有从头至尾的胁鳞一道,不论鱼

的大小都有36鳞，每鳞上有小黑点。它味道最佳，现在处处都有生产，人很爱吃。

【性味】味甘，性平，无毒。

【功效主治】李时珍说：煮食，下水气，利小便。烧灰，用米饮调服，治大人小儿暴痢。用童便浸煨，止反胃及恶风入腹。《名医别录》记载：煮食，治咳喘上气，黄疸，止渴。治疗水肿，下气。《日华诸家本草》记载：治疗怀孕身肿，及胎气不安。

### 本草附方

【治痔漏】黑鲤鱼鳞2、3甲，以薄编茧裹如枣柱样纳之。

【治诸鱼骨鲠】鲤脊36鳞，焙研，凉水服之。

【治鼻衄】鲤鱼鳞炒成灰，研为末，冷水调下1、2钱。

【崩漏、痔漏】以皮、鳞烧灰，入崩漏、痔漏药用，取其行滞血之功用。

### 本草今用

【药物来源】鲤鱼为鲤科动物鲤鱼的肉或全体。它的鳞、皮、血、脑、目、齿、胆、肠、脂肪亦供药用。

【药理作用】从鲤鱼组织中可分离出一种具有促进性腺作用的糖蛋白。

【临床应用】1.治疗肝硬化。

2.治疗肾病低蛋白水肿。

## 鲢鱼

### 本草纲要

【释义】它的形态像鳙鱼，鱼头小而形体扁，有细小的鱼鳞和肥大的肚腹。它的色彩最白，现在到处都有。

【异名】鲸鱼、白鱮，白脚鲢。

【性味】味甘，性温，无毒。

【功效主治】李时珍说：能温中益气。但多食，令人热中发渴，又发疮疥。

## 鳙鱼

### 本草纲要

【释义】今俗称皂鲢，又称为皂包头。鳙鱼在所有的江河湖泊中都有，它的形状像鲢鱼，颜色呈黑色，它的头最大，有重40、50斤的，味道不如鲢鱼好。这种鱼的眼睛旁有一种骨头称为“乙”，食鳙鱼时去除乙骨。

【异名】鱃鱼。

【性味】味甘，性温，无毒。

【功效主治】汪颖说：暖胃，益人。《本草求原》记载：可暖胃，去头眩，益脑髓，老人痰

喘宜之。

## 鳟鱼

### 本草纲要

**【释义】**形状似鲩鱼但小些，鱼身圆而长，有一条红色的脉纵贯全骨止于鱼目，鱼鳞细小，颜色为青底赤纹，就是鲩鱼和赤眼鱼。

**【异名】**鲩鱼、赤眼鱼。

**【性味】**味甘，性温，无毒。

**【功效主治】**陈藏器说：喉痹飞尸，水和鱼胆调服。《本草纲目》记载：暖胃和中。多食动风热，发疥癣。

## 鲩鱼

### 本草纲要

**【释义】**形体长而身体圆。肉松厚，形态像青鱼，有青、白两种颜色。白色鲩鱼味道好，它也叫草鱼。

**【异名】**鰀鱼、草鱼。

**【性味】**味甘，性温，无毒。

**【功效主治】**陈藏器说：温暖中焦，不可多食，否则会引发多种疮疡。它的胆汁味道苦，性寒，无毒。腊月将其阴干，可治疗咽喉肿痛及传染病，用水冲服。李时珍说：治一切骨鲠、竹木刺喉，以酒化鱼胆 2 枚，温呷取吐。

## 青鱼

### 本草纲要

**【释义】**是一种颜色青的鱼。

**【异名】**鲭。

**【性味】**味甘，性平，无毒。

**【功效主治】**《食疗本草》记载：和韭白煮食之，治脚气脚弱，烦闷，益心力。《日华诸家本草》记载：益气力。《开宝本草》记载：主脚气湿痹。《滇南本草》记载：和中，养肝明目。

### 本草附方

**【治疗乳蛾喉痹】**用青鱼胆含化咽下。治疗红眼及视物不明：用青鱼胆频频点眼。

**【治疗一切视物不清】**用青鱼胆、鲤鱼胆、羊胆、牛胆各半两，熊胆 2 钱半，石决明 2 两，麝香少许，研为粉末，制成丸如梧桐子大，每次空腹用茶服下 10 丸。

## 竹鱼

### 本草纲要

【释义】竹鱼长得像青鱼,体形大而骨少刺。外观颜色,青翠可爱,鳞下夹杂着红点,味如鳜鱼。为两广珍品。

【性味】味甘,性平,无毒。

【功效主治】李时珍说:食之可以除温气,暖中益胃。

## 鲻鱼

### 本草纲要

【释义】又叫子鱼,体形圆而头扁。有爱食泥习性。它生长在浅水里。栖息于浅海或河口咸淡水交界处;有时亦上溯至淡水的江河中。

【异名】子鱼、白眼、梭鱼。

【性味】味甘,性平,无毒。

【功效主治】《开宝本草》记载:主开胃,通利五脏,久食令人肥健。

## 白鱼

### 本草纲要

【释义】就是乔鱼,生长在江河湖泊中。它白色的,喜昂头,体形大者长6、7尺。它的味道很美。

【异名】鲌鱼、鱎鱼、白扁鱼。

【性味】味甘,性平,无毒。

【功效主治】《开宝本草》记载:食之可开胃健脾,消食行水。《食疗本草》记载:助脾气,能消食,理12经络舒展不相及气。《日华诸家本草》:助血脉,补肝明目,灸疮不发,做脍食之良。

## 石首鱼

### 本草纲要

【释义】此鱼出水能叫,夜间发光,头中有像棋子的石头,所以叫石首鱼。每年的4月,来自海洋,绵延数里长,鱼来时的声音有如雷鸣。渔民用竹筒探到水下,听到它们的声音后就下网捕捞。向鱼的身上泼些淡水,就浑身没有力了。

【异名】黄花鱼、石头鱼、江鱼、黄鱼、海鱼、黄瓜鱼。

【性味】味甘,性平,无毒。

【功效主治】《开宝本草》记载：石首鱼和莼菜做羹，开胃益气。炙食，能消瓜成水，治暴下痢，及卒腹胀，不消。

## 鲚鱼

### 本草纲要

【释义】就是刀鱼。生长在江湖中，常在3月出现。形态狭长。鳞细呈白色。唇边有两根硬须，肋下有像麦芒的长毛，腹下有硬角刺，锋利如刀。腹后近尾端有短毛，肉中多细刺。

【异名】鮆、鱴刀、刀鱼、望鱼、鳢鱼、江鲚、麻鲚、子鱼、凤尾鱼、毛花鱼。

【性味】味甘，性温，无毒。

【功效主治】李时珍曰：鲊，能贴痔瘘。孟诜说：食其肉可补虚劳。

### 本草今用

【药物来源】鲚鱼为鲚科动物鲥鱼的肉或全体。分布于我国南海及东海，亦见于长江、珠江、钱塘江等流域的中、下游。本动物的鳞也可供药用。

## 鲥鱼

### 本草纲要

【释义】鲥鱼这种鱼只在初夏才出现，其他时间不出现，所以叫“鲥鱼”。

【异名】瘟鱼，三黎。

【性味】味甘，性平，无毒。

【功效主治】孟诜曰：常食，补虚劳。

## 嘉鱼

### 本草纲要

【释义】此鱼因常在丙日游出洞穴而得导名。形状像鲤鱼而鳞细如鳟鱼，肉肥而味美。这种鱼四川很多。

【异名】丙穴鱼、拙鱼。

【性味】味甘，性温，无毒。

【功效主治】《开宝本草》记载：食后令人体健容美。陈藏器说：用于治疗肾虚消渴，身体劳瘦虚损。因此鱼食乳水，所以此鱼的营养强于乳汁。

## 鲳鱼

### 本草纲要

【释义】鲳鱼生长在南海。身体呈正圆形,没有硬骨。
【异名】鲐鱼、昌侯龟、昌鼠。
【性味】味甘,性平,无毒。
【功效主治】陈藏器在《本草拾遗》中说:令人肥健,益气力。

## 鲫鱼

### 本草纲要

【释义】头像小鲤鱼,形体黑胖,肚腹中大而脊隆起。大的可达1、2斤重。喜欢藏在柔软的淤泥中,不食杂物,所以能补胃。3、4月它的肉厚而且鱼子多,味道很美。鲫鱼是鱼中上品,它生产在池塘水泽地域。

【异名】鲋鱼。

【性味】味甘,性平,无毒。

【功效主治】陈藏器说:合五味同食其肉,主虚羸。主咳嗽,烧为末服之。《日华诸家本草》记载:温中下气。《唐本草》:头灰,主小儿头疮,口疮,重舌,目翳。李时珍曰:头灰烧研饮服,治下痢;酒服,治脱肛及女人阴脱,仍以油调搽之;酱汁和涂小儿面上黄水疮。

### 本草附方

【治疗男女虚劳消瘦,发热咳嗽病症】取活鲫鱼1尾,刮去鳞肠,将蓖麻子去壳,按病人年龄计算,1岁1粒,纳入鱼腹中,外用湿草纸包几层,放入柴火中煨,煨至极熟后,睡前全部食完。连用3尾疗效甚速。

【治妇女血崩】用鲫鱼1个,长5寸,去肠,放入血竭、乳香在腹内,在炭火中煅烧后,研成粉末,每次用热酒送服3钱。

【治小儿鼻喘】活鲫鱼7个,用器皿装好,用小儿的小便饲养,等到鱼体发红,煨熟吃,疗效极佳。

【治小儿丹毒,阴部红肿出血】用鲫鱼肉5分,赤小豆末2分,捣匀,用水和好,敷于患部。

【治小儿秃疮】用鲫鱼烧成灰,用酱汁和好涂敷局部。

### 本草附方

【药物来源】鲫鱼为鲤科动物鲫鱼的肉或全体。
【药理作用】从鲫鱼组织中可分离出一种对生长具有刺激作用的物质。

## 魴鱼

### 本草纲要

【释义】就是鳊鱼,体形略显方形,它的身体扁平。尤以汉河为多。头小颈短,脊背隆起,腹部宽阔,鳞细,色青白。腹内有脂肪,味道最为肥美。魴鱼生性喜居于水流动的地方。

【异名】鳊鱼,平胸鳊,法罗鱼。

【性味】味甘,性温、无毒。

【功效主治】孟诜谓:常食,调胃气,利五脏。和芥子酱食之,助肺气,去胃家风。消化不良者,作鲙食,助脾气,令人能食。

## 鲈鱼

### 本草纲要

【释义】鲈鱼每年 4、5 月份出现,它的身长不过数寸,形态像鳜鱼,色白,有黑点,口大鳞细,有四个鳃。它生产于江浙一带。

【异名】四鳃鱼。

【性味】味甘,性平,有小毒。

【功效主治】《嘉祐本草》记载:功用是补益五脏,益筋骨,调和肠胃,治疗水气。腌制或晒干更好,能补益肝肾,安胎。寇宗奭说:有益肝肾。孟诜说:安胎补中。

## 鳜鱼

### 本草纲要

【释义】形体扁平,肚腹宽阔,口大而鳞细,首和尾短。体形为黑色的斑彩,颜色鲜明的为雄性,稍微黑一些的为雌性,鱼背上有鳍刺。鱼的皮比较厚,肉很紧,肉中没有细刺。

【异名】水豚、石桂鱼。

【性味】味甘,性平,无毒。

【功效主治】《日华诸家本草》记载:益气,治肠风下血。《开宝本草》记载:主腹内恶血,益气力,令人肥健,去腹内小虫。孟诜说:能补虚劳,益脾胃。

### 本草附方

【治骨鲠竹木刺咽喉】不论深浅用在腊月收获阴干的鳜鱼胆研末冲服。每次用皂荚子大小的鱼胆粉煎后用酒趁热含咽。一则鲠随涎沫流出,不吐再服,以吐出为限度;二则酒随个人的喜好服用,没有不出来的。鲤鱼、鲩鱼、鲫鱼的胆都可以这样使用。

#### 本草今用

【药物来源】鳜鱼为动物鳜鱼。其食物为鱼类和虾类等。分布极广。胆亦供药用。

### 鲨鱼

#### 本草纲要

【释义】生长在南方溪涧中,大的有4、5寸长,它的头尾一般大小。头像鳟鱼,体圆像鳝鱼,肉厚唇重,有细鳞。外观颜色黄白,身上有黑斑,背部有刺特硬,尾部不分开。生活在沙沟中,游时吹沙,咂食细沙。也叫蛇鱼、沙沟鱼、吹鲨鱼。腹内的子,味美。俗称河浪鱼。

【异名】吹沙、沙鰛、沙沟鱼。

【性味】味甘,性平,无毒。

【功效主治】李时珍说:食之,暖中益气。

#### 本草今用

【药物来源】鲨鱼是阔口真鲨或黑印真鲨或乌翅真鲨的全体。

【药理成分】鱼肉含蛋白质、多种无机盐和纤维素,鲨鱼肝油主要含维生素A、维生素D、不饱和脂肪酸、脑甾醇、十九醇、二十一醇及异十八烷等。

【药物功效】1.抗癌作用。

2.抗菌作用。

3.降低血液中胆固醇的作用。

### 鲦鱼

#### 本草纲要

【释义】就是白鲦。很小,形体狭窄扁平,类似柳叶,鳞细整洁,洁白可爱,喜欢群游。浮于水面。

【异名】鮂、白鲦。

【性味】味甘,性温,无毒。

【功效主治】李时珍说:可温暖胃腑,止寒冷引起的腹泻。

### 金鱼

#### 本草纲要

【释义】金鱼有鲤、鲫、鳅、餐鱼数种,金鲫易找,鳅、餐鱼难寻。金鱼的味道鲜美,肉也坚硬。

【异名】朱砂鱼。

【性味】味甘,性平,无毒。

**【功效主治】** 李时珍说：主治久痢。

### 本草附方

**【治疯癫，石臌，水臌，黄疸】** 红色金鱼 1 个（取三尾者），甘蔗大者 1、2 枚。同捣烂，绞汁服，吐出痰涎愈。

**【治百日咳，心脏病，肋膜炎，肺炎】** 金鱼全身烧黑服。

**【治肾脏病】** 金鱼煮食之。

**【解服卤毒】** 金鱼 1、2 枚捣之，灌下，吐出涎水自苏。

## 无鳞鱼类

### 鳢鱼

### 本草纲要

**【释义】** 又叫文鱼。头有七颗星，夜间朝向北斗星，是自然界的规律，所以称为鳢鱼。形体长而圆，头尾相等，鳞细色黑，有斑点花纹，很像腹蛇，有舌、齿及肚，背腹有刺连续到尾部，尾部没有分叉。它生长在北方。

**【异名】** 蠡鱼、鲖鱼、鲡、鳎、黑鳢鱼、玄鳢、文鱼、黑鲤鱼、黑鱼、乌鱼、黑火柴头鱼、蛇皮鱼、乌棒、活头。

**【性味】** 味甘，性平，无毒。

**【功效主治】**《名医别录》称：鳢鱼肉疗五痔，主湿痹，面目浮肿，下大水。鳢鱼肠及肝能冷败疮中生虫。孟诜曰：鳢鱼肉下大小便拥塞气。又作脍与脚气、风气人食之，很有效。苏颂说：鳢鱼肉主妊娠有水气。《日华诸家本草》记载：肠以五味炙香，贴痔漏及蛀疮，引虫尽为度。

### 本草附方

**【疗肿满】** 鳢鱼合小豆白煮食。

**【治十种水气病】** 鳢鱼 1 头，重 1 斤以上，熟取汁，和冬瓜、葱白做羹食之。

**【治水肿腹大】** 活鳢鱼去腹垢，入独颗蒜令满，外涂湿黄泥，炭火炙食，屡效。

**【治肠痔，每大便常有血】** 鳢鱼脍，姜、虀食之。忌冷毒物。

**【治一切风疮顽癣疥癞，年久不愈者】** 黑火柴头鱼 1 个，去肠肚，以苍耳叶填满，外以苍耳安锅底，置鱼于上，少少着水，慢火煨熟，去皮骨淡食，勿入盐、酱，功效甚大。

### 鳗鲡鱼

### 本草纲要

**【释义】** 鳗鲡形态如蛇，背后部生有肉刺一直延续至尾部，没有鳞甲，有舌头，肚腹

白。大的数尺长,油脂特别多。

【异名】白鳝、蛇鱼、风鳗、鳗鱼、白鳗、青鳝。

【性味】味甘,性平,有毒。

【功效主治】《名医别录》记载:主五痔疮瘘,杀诸虫。孟诜曰:患诸疮瘘及疬疡风,长食之甚验。腰肾间湿风痹常如水洗者,可取五味、米煮,空腹食之,甚补益。湿脚气人服之良。张鼎《食疗本草》记载:疗妇人带下百病,一切风瘙如虫行。《日华诸家本草》记载:治劳,补不足,杀虫毒恶疮,暖腰膝,起阳,疗妇人产户疮虫痒。

### 本草附方

【治骨蒸劳瘦及肠风下虫】鳗鲡鱼2斤,治如食法,切作段子,入铛内,以酒2盏煮,入盐、醋中食之。

【治五痔瘘疮,杀虫】鳗鲡鱼1头,治如食法,切作片炙,着椒、盐、酱调和食之。

【治蛔心痛】鳗鲡鱼淡炙令熟,与患人吃1、2枚。

【治疗结核等慢性消耗性疾病】用鳗鲡鱼2斤收拾干净,酒2盏,煮熟,加入陈醋后食用。

## 鳝鱼

### 本草纲要

【释义】就是黄鳝。像蛇,但没有鳞,肤色有青、黄二种,大的有2、3尺长,夏季出来,11、12月藏于洞中。

【异名】䱇、黄䱇、䱇鱼、海蛇。

【性味】味甘,性大温,无毒。

【功效主治】《名医别录》记载:主补中益血,疗沈唇。鳝鱼头烧服,止痢,主消渴,去冷气,食不消。李时珍说:专贴一切冷漏、痔瘘、臁疮引虫。孟诜说:补五藏,逐十二风邪。治风湿。陈藏器说:主湿痹气,补虚损,妇人产后淋沥,血气不调,羸瘦,止血,除腹中冷气肠鸣。鳝鱼血涂癣及瘘。朱震亨说:善补气,妇女产后宜食。

### 本草附方

【治疗臁疮溃烂】取几条鳝鱼,打死,用香抹在腹部,将鳝环绕在疮上并用布带固定,马上就会痛不可忍,然后取下布带,看鱼腹部有针眼,那都是虫。如果虫还没有出完,再做一次,然后用人胫骨灰与油调和后涂搽。

【增力气】熊筋、虎骨、当归、人参等分。为末,酒蒸大鳝鱼,取肉捣烂为丸。每日空腹酒下少许。

【治内痔出血】鳝鱼煮食。

### 本草今用

【药物来源】鳝鱼为鳝科动物黄鳝的肉或全体。本动物的皮、骨、血、头亦供药用。

【临床应用】1.治疗面神经麻痹。

2.治疗化脓性中耳炎。

3.治脚癣。

## 泥鳅

### 本草纲要

【释义】泥鳅生活在湖池,且形体最小,只有3、4寸长。它体形圆身短,没有鳞,颜色青黑,浑身沾满了自身的粘液,因而滑腻难以握住。

【异名】鳛、鳅,鳅鱼,和鳅。

【性味】味甘,性平,无毒。

【功效主治】李时珍认为:食泥鳅可暖中益气,醒酒,解消渴。吴球说:同米粉煮羹食,调中收痔。

### 本草附方

【治疗异物鲠喉】用线捆住活泥鳅的头,将它的尾巴朝里,先放入喉中,然后将泥鳅拉出来即可。

【调中收痔】鳅鱼同米粉煮羹食。

【治阳事不起】泥鳅煮食之。

## 鲵鱼

### 本草纲要

【释义】是一种人鱼,生活在山溪中,像鲇鱼,有四只脚,尾巴长,会爬树。人们捕捉到鲵鱼后将它绑在树上,用鞭抽打,直到身上的白汁流尽,这样才可食用,不然,则有毒,不能食用。

【异名】花鲈、鲈板、花寨、鲈子鱼。

【性味】味甘,有毒。

【功效主治】《山海经》记载:食之使人聪明。

## 河豚

### 本草纲要

【释义】形状如蝌蚪,大的有1尺多长,背部呈青白色,有黄色条纹。没有鳞没有腮没有胆,腹部白但没有光泽。江浙一带很多。

【异名】赤鲑、鯸鮧鱼、鯸鲐、鲑鱼、鹕夷鱼、嗔鱼、规鱼、鳡鱼、吹肚鱼、鰗鮧、河鲀鱼、气泡鱼、胡夷鱼。

【性味】味甘,性温,无毒,肝及子有大毒。

【功效主治】《开宝本草》记载:食其肉,主补虚,去湿气,理腰脚,去痔疾,杀虫。

## 比目鱼

### 本草纲要

【释义】生长在海中。有呈紫白色的细鳞,两片合在一起才能行,它的结合部位半边平整而且没有鳞,口靠近颌下。李时珍说,比是并的意思。每条鱼各一只眼睛,两条相伴而行。

【异名】鞋底鱼、鲽。

【性味】味甘,性平,无毒。

【功效主治】孟诜说:能补虚益气,多吃动气。

## 鲛鱼

### 本草纲要

【释义】就是鲨鱼。形态都像鱼,眼青颊赤,背部有长毛,腹下有翅,味道肥美,南方人喜欢食用。

【异名】蜡鱼、瑰雷鱼、鲨鱼、鳆鱼、溜鱼、鲛鲨。

【性味】味甘,性平,无毒。

【功效主治】孟诜说:经常食用,补五脏。陈藏器曰:将其皮烧灰水服,可解食鱼毒。

## 乌贼鱼

### 本草纲要

【释义】乌贼没有鳞有须,皮黑而肉白,大的像蒲扇。因它爱吃乌鸟,所以叫乌贼鱼。

【异名】墨鱼、缆鱼。

【性味】味酸,性平,无毒。

【功效主治】《名医别录》记载:乌贼肉益气强声。陈藏器说:炙乌贼骨研饮服,治疗妇人血症,大人小儿下痢,杀小虫。《日华诸家本草》记载:乌贼肉益人,通月经。乌贼骨疗血崩,杀虫。《医林本经》说:乌贼骨主治女子赤白带下,经汁血闭,阴肿痛。

### 本草附方

【治骨卡在喉】用海螵蛸、陈年橘红焙干,各等分制成末,再用冷面和饮,做成芡子大小的药丸,每次服用 1 丸,含服。

【治妇人经闭】乌贼鱼合桃仁煮食。

本草今用

【药物来源】乌贼鱼为无针乌贼或金乌贼的肉或全体。它的缠卵腺、墨囊中墨液以及内客均供药用。

【药理成分】乌贼内含水分、蛋白质、脂肪、碳水化合物、灰份、钙、磷、铁、维生素B族,烟酸。乌贼墨中含有乌贼墨黑色素,骨中含有碳酸钙。除此之外,还含有少量氯化钾、磷酸钙、镁盐、胶质等。

【药理作用】1.制酸作用。

2.抗肿瘤作用。

【临床应用】1.乌贼骨治疗胃、十二指肠溃疡。

2.治疗创伤出血。

3.治疗脚丫糜烂。

## 章鱼

本草纲要

【释义】形体都像乌贼,味都比乌贼好得多。形体比乌贼大,脚有8只,肉多,也叫章举。

【异名】章举、䱙、望潮、小八梢鱼、络蹄、蛸。

【性味】味甘、咸,性平,无毒。

【功效主治】李时珍说:食之可养血益气。

## 海鹞鱼

本草纲要

【释义】海鹞鱼,海中多见,江湖里也有,形状如圆盘或荷叶,大的周长约7、8尺。没有鳞没有脚,背部青色腹部白色。口在腹下,目在额上,尾长有节,螫人毒性很大。也叫邵阳鱼。

【异名】蕃蹹鱼、荷鱼、鲼鱼、鯆魮鱼、蒲鱼、锅盖鱼。

【性味】味甘、咸,性平,无毒。

【功效主治】陶弘景说:肉不益人,尾主治齿痛。宁原说:治男子白浊膏淋,玉茎涩痛。陈藏器说:主治瘴气中毒,烧黑研末,酒服2钱匕。

## 文鳐鱼

本草纲要

【释义】文鳐鱼大的长1尺左右,翅膀与尾巴等长。它们常成群地在海上飞翔。它

的形态像鲤鱼,乌翼鱼身,头白嘴红,背部有青色的纹理,它常常夜间飞行。所以叫飞鱼。

【异名】鳐,飞鱼。

【性味】味甘、酸,无毒。

【功效主治】陈藏器曰:令易产,临盆时烧为黑末,酒下1钱匕。李时珍曰:治狂已痔。

## 虾

### 本草纲要

【释义】李时珍说:虾入汤就变成红色如霞。凡是大虾,蒸熟晒干以后去壳,就叫虾米,用姜醋拌吃,是食品中的珍品。

【性味】味甘,温平,有小毒。

【功效主治】孟诜说:主治五野鸡病,小儿赤自游肿疼痛,将虾捣碎后敷贴于患部。李时珍说:虾做汤可治疗包块,托痘疮,下乳汁。煮成汁,治风痰。捣成膏,敷虫疽有效。

### 本草今用

【药物来源】虾为长臂虾科动物青虾等多种淡水虾的全体或肉。

【药理作用】虾角质层的主要成分为甲壳质,像肝素一样,也是聚多糖类物质。其衍生物,特别是硫酸衍生物,具有类似肝素的抗凝作用和激活脂蛋白酶的作用。其在体外使用预计是可行的。如取代肝素软膏、体外抗凝、动物实验中采用等。另外,甲壳质对多种病菌和寄生虫有抑制作用。

## 海虾

### 本草纲要

【释义】海中大红虾长达2尺多。它的头可作茶杯,胡须很硬。

【异名】红虾、鰝。

【性味】味甘,性平,有小毒。

【功效主治】陈藏器说:做成汤可治疗蛔虫、传染病、口腔粘膜糜烂、龋齿、头疮和疥癣病症,有止痒作用。

## 鲍鱼

### 本草纲要

【释义】现称干鱼。用盐腌压成的,称为腌鱼;未加盐者,称淡鱼;石首鱼晒干即称为白鲞。

【异名】萧折鱼、干鱼。

【性味】味辛、臭,性平,无毒。

【功效主治】《名医别录》说:用以治疗骨折、扭伤、瘀血不散、女子阴道流血。煮汤可治疗女子贫血并利肠。李时珍说:鲍鱼肉同麻仁、葱、豉一起煎煮,可以通乳汁。鲍鱼头煮汁,治眼闭;烧成灰,可治疮肿及瘟疫。

**本草附方**

【治疗产后贫血】鱼胶烧存性,用酒和童便调和,每次服用 3~5 钱。
【预避瘟疫】鲍鱼头烧灰方寸匕,合小豆末 7 枚,米饮服之,令瘟疫不相染也。

# 介部

李时珍说:介虫很多,而龟为其长。龟是介虫中的灵长者。介物是圣世供馔之从不废者,更何况还可充为药品。

## 龟鳖类

### 水龟

**本草纲要**

【释义】龟背隆起有花纹与苍穹对应,龟板平坦与大地相合。负阴抱阳,头如蛇头,颈如龙颈,其骨甲包绕里面的筋肉。肩宽腰粗,它属于卵生动物,喜欢蜷缩,且用耳朵呼吸。雄龟与雌龟通过尾巴交配,也能与蛇交配。它于春夏之际苏醒出洞,秋冬之际再回到原先的洞穴休养,所以灵慧而且长寿。
【异名】玄衣督邮。
【性味】肉,味甘、酸,性温,无毒。龟甲味甘,性平,有毒。
【功效主治】苏敬、孟诜认为:用它酿酒,可治中风,四肢拘挛。用水煮后食用,疗风湿痹痛、身肿、骨折。李时珍说:龟肉能治筋骨疼痛、日久寒嗽。还可止泻血、血痢。龟血外涂治脱肛,和酒饮用,治跌打损伤。《神农本草经》记载:龟甲能治漏下赤白、腹内包块、疟疾、外阴溃烂、痔疮、湿痹、四肢痿缩、小儿囟门不合。经常服用,可以轻身不饥。还可压惊解烦,治胸腹痛、不能久立、骨中寒热、伤寒劳役或肌体寒热欲死,用甲作汤饮服,效果良。烧成,治小儿头疮瘙痒、女子阴疮。陶弘景认为,龟甲治久咳、疟疾。炙后研末用酒肿服,疗中风。《日华诸家本草》讲:龟板治血痹。烧灰后可治脱肛。

**本草今用**

【药物来源】水龟为龟科动物乌龟,本动物的肉、血、胆汁、脊甲和腹甲所熬之胶均可入药。

【药理作用】龟板及龟壳高浓度煎剂,对大鼠的离体子宫有一定的收缩作用。

【临床应用】1.治疗慢性肾炎蛋白尿。

2.治疗淋巴结核。

3.治疗小儿脱肛。

4.治疗烧伤。

## 绿毛龟

### 本草纲要

【释义】养殖者从溪涧中捕捉到后,畜养在水缸中,用鱼虾来饲养,冬天将缸中的水倒掉。时间一长,龟就会生毛,长4、5寸,毛中有金线,脊骨上有三条棱,底甲呈象牙色,大如五铢钱的,才是绿毛龟。其他龟饲养的时间长了也长毛,但大而没有金线,底甲颜色也不同,为黄黑色。《南齐书》载"永明中有献青毛神龟",其中青毛神龟就是绿毛龟。

【异名】绿衣使者。

【性味】味甘、酸,性平,无毒。

【功效主治】李时珍认为:主通运任脉,助阳道,补阴血,益精气,治痿弱。嘉谟说:将它捆缚在额上,能禁邪疟。收藏在书篮中,可杀蛀虫。

## 鳖

### 本草纲要

【释义】陆佃说:池中的鱼如果特别多,那么蛟龙就会引鱼而飞,但只要有鳖在,就不会出现这种情况,所以称鳖为神守。李时珍说:鳖就是甲鱼,可在水里和陆地生活,脊背隆起与龟类似,甲壳的边缘有肉裙。所以说:龟的肉在甲壳内;鳖的甲在肉里。鳖没有耳朵,全凭眼睛。鳖只有雌的,它与蛇或鼋交配。鳖在水中时,水面上有鳖吐出的津液,叫鳖津。人们根据此液而捕捉它。

【异名】团鱼、神守。

【性味】鳖甲味咸,性平,无毒。

【功效主治】朱丹溪讲:主补中益气。《神农本草经》记载:治胸腹包块、积滞寒热,去痞块息肉、温疟、腹内积气结块及腰痛、小儿胁下肿胀。隔夜食,治脐腹或胁肋硬条块、冷腹胀气、虚劳羸瘦、除骨热、骨节间劳热、结滞壅塞、下气、妇人漏下杂质。《名医别录》认为:鳖甲治下瘀血,去血气,破结石恶血,堕胎,消疮肿肠痈及跌损瘀血。能滋阴补气,去复发性疟疾、阴毒腹痛,治积劳成病、饮食不当、旧病复发、斑痘烦闷气喘、小儿惊痫、妇人经脉不通、难产、产后阴户开而不闭、男子阴疮石淋。还可收敛疮口。苏颂讲:鳖肉有补虚、去虚热的作用,常食可导致性冷。李时珍说:根据《三元参赞书》载:鳖性冷,吃了能发水病。有冷劳气、腹部包块的人不宜食。

**本草附方**

【**治脐腹或胁肋长硬条块**】用大鳖1个,蚕沙1斗,桑柴灰1斗,淋汁5次,同煮烂后去骨再煮成膏,捣成梧子大的丸。每天服3次,每次服10丸。

【**治寒湿脚气,痛不可忍**】用鳖2只,水2斗,煮取1斗。去鳖留汁,加苍耳、苍术、寻风藤各半斤,煎至7升,去渣,用盆盛好后熏蒸,待水温凉一些再浸洗。

【**治痈疽久不收口**】将鳖甲烧存性,研末掺在疮口上,效果很好。

【**治妇人难产**】取鳖甲烧存性,研末,用酒送服1方寸匕。

【**治阴茎生疮**】将鳖甲烧后研末,用鸡蛋清调匀涂。

【**治小便沙石淋痛**】将九肋鳖甲用醋炙过,研末,用酒送服1方寸匕,每日3次。

【**治产后阴户不闭**】用5枚鳖头烧后研末,每次用井水送服1方寸匕,1日3次,或者加用2两葛根。

## 能鳖

**本草纲要**

【**释义**】阳羡县君山池中能鳖。有人认为"鲧化黄熊"就是它,不正确。《尔雅》载:三足鳖为能。

【**异名**】三足鳖。

【**性味**】性大寒,有毒。

【**功效主治**】李时珍说:误食后可致人性命。只有将其生肉捣烂外敷。苏颂说:可治骨折,活血止痛。道家用它来避邪避秽,或将能鳖画像而止邪。

## 蟹

**本草纲要**

【**释义**】穴居于江、河、湖、泽或水田周围的土岸,昼伏夜出,以动物的尸体或谷物为食。秋季成长丰满,常洄游到近海繁殖。雌蟹所带的卵,至翌年3~5月间孵化,幼体经多次变态,发育成幼蟹,再溯江河而上,在淡水中继续生长。

【**异名**】郭索、蜣、蛹、蛹蛸、螃蟹、毛蟹、稻蟹、拼钳。

【**性味**】味咸,性寒,有小毒。

【**功效主治**】《名医别录》记载:解结散血,愈漆疮,养筋益气。崔禹锡《食经》:主皷鼻恶血,明目醒酒。孟诜说:主散诸热,治胃气,理筋脉,消食。醋食之,利肢节,主五脏中烦闷气。陈藏器说:蟹脚中髓、脚,壳中黄,并能续断绝筋骨,取碎之微熬,纳疮中筋即连也。《日华诸家本草》记载:治产后肚痛血不下,并酒服;筋骨折伤,生捣炒罯良。李时珍说:治疟及黄疸;捣膏涂疥疮癣疮;捣汁滴聋耳。盐蟹汁,治喉风肿痛,满含细咽即消。

### 本草附方

**【治骨折】**将生蟹捣烂,以热酒倒入其中,连喝几碗,将其渣涂于患处,半日内即愈。

**【治胎死腹中,以及双胞胎一死一活,服用它可使死胎下,活胎安然无恙,有效如神】**蟹抓1升,甘草2斤,东流水1斗,用苇做柴煮到2升,然后过滤去滓,加入真阿胶3两,令其溶化,随即服下,或者分两次服。如果患者昏厥不能服用,将药灌入即刻苏醒。

## 鲎鱼

### 本草纲要

**【释义】**生长在南海。不论大小,总是雄雌相随。雌的没有眼睛,只有和雄的在一起才能生存。雄的一死,雌的也就马上死去。李时珍说:鲎即侯意,鲎鱼善于侯风,所以称之为鲎。

**【性味】**味辛、咸,性平,有微毒。

**【功效主治】**孟诜说:鲎鱼肉能治痔疮,且能杀虫。多食可致咳嗽和疥疮。《日华诸家本草》说:鲎鱼尾烧焦后研末,能治便血,妇女崩中带下,白带过多,及产后痢。李时珍说:鲎鱼胆主治大风癞疾,杀虫。鲎鱼壳主治积年呷嗽。

### 本草今用

**【药物来源】**鲎鱼为鲎科动物东方鲎。鲎肉、壳、尾、胆均供药用。

# 蚌蛤类

## 牡蛎

### 本草纲要

**【释义】**又叫蚝。它属于蚌蛤类动物。有胎生和卵生两种形式。只有雄的,没有雌的,绝无仅有,故得此名。名蛎和蚝,是因为它粗大。如今海边都有。尤其以东海、南海为多,都附着在石头上。牡蛎味道鲜美且益人,所以把它当作很珍贵的海味。

**【异名】**蛎蛤、古贲、左顾牡蛎、牡蛤、蛎房、蠔莆、蠔壳、海蛎子壳、海蛎子皮、左壳。

**【性味】**味甘,性温,无毒。

**【功效主治】**《名医别录》记载:除留热在关节荣卫,虚热去来不定,烦满;止汗,心痛气结,止渴,除老血。涩大小肠,止大小便,疗泄精,喉痹,咳嗽,心胁下痞热。甄权说:主治女子崩中。止盗汗,除风热,止痛。治温疟。又和杜仲服止盗汗。病人虚而多热,加用地黄、小草。《本草拾遗》说:捣为粉,粉身,主大人小儿盗汗,和麻黄根、蛇床子、干姜为粉,去阴汗。《海药本草》则说:主男子遗精,虚劳乏损,补肾正气,止盗汗,去烦热,治伤寒

热痰，能补养安神，治孩子惊痫。李时珍说：化痰软坚，清热除湿，止心脾气痛，痢下，赤白浊，消癥瘕积块，瘿疾结核。

**本草附方**

**【治梦遗及大便溏】**用醋将牡蛎粉制成梧子大的丸，每次服用 30 丸。用米汤送下。

**【治疗妇人月经不止】**牡蛎煅烧研末，米醋调成团，再煅烧研末，用米醋调艾叶末熬膏，做成梧子大的丸，每服 40 到 50 丸，醋汤送下。

**【治痈肿未成】**水调牡蛎粉涂在患处，干了再涂，以拔毒根。

**本草今用**

**【药物来源】**牡蛎为蛎科动物长牡蛎、大连湾牡蛎或近江牡蛎的贝壳，各种牡蛎的肉亦供药用。

**【药理成分】**含 80%~85%的碳酸钙、磷酸钙和硫酸钙，并含镁、铝、硅及氧化铁等。牡蛎中牛磺酸的含量较高。另外，牡蛎中含有谷胱甘肽，10 种必须的氨基酸，维生素等。

**【药物功效】**1.降糖作用。

2.抗病毒作用。

3.抗菌、抗癌作用。

**【临床应用】**1.盗汗。

2.治疗神经官能症。

3.治疗胸腔积液。

4.治疗肝硬变腹水。

5.治疗十二指肠溃疡。

## 蚌

**本草纲要**

**【释义】**蚌的品种很多。如今江河湖泊处处都有。其中尤以洞庭湖和江汉平原居多。大的蚌约有 7 寸长，形状如牡蛎；小的像石决明。

**【异名】**河歪、河蛤蜊。

**【性味】**味甘、咸，性冷，无毒。

**【功效主治】**孟诜说：蚌肉主大热，解酒毒，止渴，去眼赤。陈藏器说：蚌肉主妇人劳损下血，明目，除湿，止消渴。诸疳，止痢并呕逆。醋调，涂于痈肿处。《日华诸家本草》记载：蚌肉明目，止消渴，除烦解热毒，补妇人虚劳、下血，并痔瘘、血崩、带下。李时珍说：蚌粉解热燥湿，化痰消积，止白浊带下痢疾，除湿肿水嗽，明目，搽阴疮、湿疮、痱痒。

**本草附方**

**【治痰饮咳嗽】**将蚌粉放入新瓦器中炒红，加入少许青黛，用麻油调匀，每次服用

2钱。

【治反食吐食】将2钱蚌粉,一盏姜汁,用米醋调好,送服,立即见效。

【治痈疽红肿】用米醋和蚌粉调涂。

【治近视,夜晚视物不明】用螺蚌粉3钱,洒上几滴水,剖开雄猪肝一叶,将蚌粉放入扎好,再同第二次的淘米水煮熟。另以蚌粉蘸食,以汁送下,1日1次,功同夜明砂。

【治脚趾湿烂】用蚌粉掺涂即可。

【治鼻疔】活河蛤蜊1个,冰片1分,硼砂2分,将硼砂和冰片研细,放入蛤蜊壳内。待死后,用水溶液滴入鼻内。

## 马刀

### 本草纲要

【释义】原生长在江河湖泊中,今到处都有,是细长的小蚌。长3、4寸,宽5、6分,形状像刀。泥沙中也多见,渔人捕而做食。

【异名】蜌、单姥、齐蛤、马蛤、竹蛏。

【性味】味甘,性寒,无毒。

【功效主治】神农本草经记载:壳炼成粉主妇人漏下赤白,寒热,破石淋。《名医别录》记载:壳可以除五脏间热,肌中鼠鼷,止烦满,补中,去厥痹,利机关。李时珍说:壳还可以消水瘿,气瘿,痰饮。

## 蚬

### 本草纲要

【释义】色黑,体小如蚶。能预测风雨的到来,且能飞动。现在苏州东北的阳城,盛产蚬。渔人捕取后,挖肉弃壳于湖滨,天长日久,堆积如山。

【异名】扁螺。

【性味】味甘、咸,性冷,无毒。

【功效主治】苏恭说:治流行病,开胃,解丹石毒及疔疮,除湿气,通乳汁,糟腌煮食都很好。将生肉浸过取汁,可洗疔疮。《日华诸家本草》记载:能除暴热,明目,利小便,治热气脚气湿毒,解酒毒,目黄。浸汁肥。能治消渴。壳可治阴疮及遗精泄精、反胃。陶弘景说:壳可止痢。陈藏器说:壳烧灰服,治反胃吐食。能化痰止呕,除心胸痰水。李时珍说:壳可治吞酸心胸及暴嗽。烧灰,能除一切湿疮。

## 真珠

### 本草纲要

【释义】出自南海,是石决明所产的。《南越志》所载:珠有九品:以五分至一寸八九

分者为大品,光彩好;一边小平似覆釜的,名珰珠;次则走珠、滑珠等品。凡是蚌听到雷声就痢瘦。它的母珠小而不孕,称为珠胎。中秋没有月亮,蚌就没有珠胎。左思赋说"蚌蛤珠胎,与月全亏",说的就是这个道理。

【异名】蚌珠、珍珠、蠙珠。

【性味】味咸、甘,性寒,无毒。

【功效主治】《开宝本草》记载:主镇心。点目,去翳膜。涂面,让人皮肤光泽颜色美好。涂手足,去皮肤逆胪。绵裹塞耳,主治耳聋。甄权认为:能磨翳坠痰。李珣认为:除面上黑点,止泄。和知母,疗烦热消渴,与忍冬根配伍可以治小儿麸豆疮入眼。寇宗奭说:除小儿惊热。李时珍说:安神定魄,涩精止痛,能解疔疮痘毒,主难产,下死胎衣。

### 本草今用

【药物来源】真珠为珍珠贝科动物马氏珍珠贝、蚌科动物三角帆蚌或褶纹冠蚌等双壳类动物受刺激形成的珍珠。

【药理成分】主要含碳酸钙,珍珠贝的天然珍珠含碳酸钙高达91.72%,有机物5.94%。养殖珍珠的成分相比,碳酸钙含量大,为94%,碳酸镁含量极少。

【药理作用】1.制酸作用。

2.止血作用。

3.促进新陈代谢的作用。

4.修复作用。

5.延缓衰老的作用。

## 蛤蜊

### 本草纲要

【释义】蛤蜊生长在东南沿海。壳色白,嘴唇紫色,约2、3寸大。福建、浙江人用它的肉充海味,也用酱、醋、糟藏后,贩运到各地,被推为佳品。

【异名】吹潮、沙蛤、沙蜊。

【性味】味咸,性冷,无毒。

【功效主治】陶弘景《本草经集注》记载:蛤蜊肉煮之醒酒。《嘉祐本草》记载:蛤蜊肉润五脏,止消渴,开胃,解酒毒,主老癖能为寒热者,及妇人血块,煮食之。李时珍说:蛤蜊粉清热利湿,化痰饮定喘逆,消浮肿,利小便,止遗精白浊,心脾疼痛,化积块,解结气散肿毒,治疗妇人血病。用油调,可涂汤火烫伤。

### 本草附方

【治雀盲夜视不清】蛤粉炒黄为末,用油熔化和成皂子大,放入猪肾中扎定,蒸熟后食用。1日1次。

【治小便白浊遗精】取煅过的蛤粉1斤,在新瓦器中炒过的黄柏1斤,一同研为细末,

和水做成梧桐子大的丸,每次服用100丸,一日2次,用温酒送下。蛤粉味咸能补肾阴,黄柏味苦能降心火。照此服,没有不愈的。

## 车鳌

### 本草纲要

【释义】又叫蜃,生活在东海里,即大蛤。能吐出气体形成楼台。春夏的海岛边,常有此气。它的肉味像蛤蜊,且柔嫩。李时珍说:蜃壳呈紫色,璀璨如玉,有斑点如花。海边的人捕到后用火烤,蜃壳便打开,人们乘机取其肉而食。

【异名】蜃、昌娥。

【性味】味甘、成,性冷,无毒。

【功效主治】陈藏器说:车鳌肉可解酒毒,消渴并痈肿。李时珍说:车鳌壳可消积块,解酒毒,治痈疽发背焮痛。

### 本草附方

【可治发背痈疽,不论深浅大小】用车鳌4个,黄泥包好,煅烧至红赤以出毒,研成末。取灯芯草30茎,栝楼仁1个炒香,再同甘草节2钱炒,合作一服药。然后加酒2碗,煎取半碗,去滓,入蜂蜜1匙,调车鳌末2钱,空腹温服,直到下恶涎毒为止。疗效如神。

【治酒积癖块】车鳌粉,每早用2钱,白汤调服。

## 贝子

### 本草纲要

【释义】李时珍说:贝子就是小白贝。大如拇指尖,约1寸长。背部像龟一样隆起,腹部相向分开,边缘有齿刻如鱼齿。它的肉像蝌蚪一样,有头、尾。

【异名】贝齿、白贝、白海蚆、白贝齿。

【性味】味咸,性平,有毒。

【功效主治】《神农本草经》记载:主目翳,腹痛下血,五癃,利水道。《名医别录》载:除寒热温疰,解肌,散结热。甄权说:能破五淋,利小便,治伤寒狂热。李珣说:主下水气浮肿,小儿疳蚀吐乳。李时珍说:治鼻渊出脓血,下痢,男子阴疮,解毒。

### 本草附方

【治大便不通】用3枚贝子,2铢甘遂,研末,用浆水调服。

【治下疳】用3枚贝子,煅红研末搽用。

【治药、箭毒】将贝子煅过研末,用水送服3钱,1日3次。

## 紫贝

### 本草纲要

**【释义】**又叫文贝，生长在东、南海中。形状像贝子但比它大，约2、3寸，质地洁白如玉且有紫色斑点。李时珍说：按陆玑《诗疏》载：紫贝质地洁白如玉，紫色的斑纹排列有序。大的直径达1尺8寸。交趾紫贝、九真紫贝可以做杯盘。

**【异名】**文贝，砑螺，紫贝齿。

**【性味】**味咸，性平，无毒。

**【功效主治】**《唐本草》记载：明目，去热毒。李时珍说：可治小儿斑疹人目，眼睛生翳。

### 本草附方

**【治小儿斑疹入目】**紫贝1个，生研为细末，再取羊肝1具，用快刀剖开，将紫贝末放在里面，扎好，同淘米水煮熟，装在瓶里露上一夜，然后空腹嚼食。

## 海螺

### 本草纲要

**【释义】**生长在南海。现在两广及福建沿海都产。它有拳头大，色青黄，长4、5寸。它是螺类中肉最肥厚，味最好的，南方人喜食。它的厣叫甲香。

**【异名】**假猪螺、顶头螺、海窝窝。

**【性味】**味甘，性冷，无毒。

**【功效主治】**李珣说：甲香能治心腹热痛、气急，止痢通淋。且能和气清神。陈藏器说：明目。治多年眼痛。李时珍说：合菜煮食，治心痛。

### 本草附方

**【治心痛】**将生螺肉取汁洗，或将黄连末放入眼内，取其汁点。同菜煮食，治心痛。

**【治目痛累年】**取生螺一枚，洗之内燥，抹螺口开，以黄连一枚纳螺口中，令其螺饮黄连汁，以绵注取汁，着眦中。

## 田螺

### 本草纲要

**【释义】**生长在水田里及湖泊岸边。形状呈圆形，大的如梨、橘，小的如桃、李。李时珍说：螺属于蚌类。它的壳上有圆形的纹理。它的肉随着月亮的圆缺而肥瘦，月亮从空中消失，螺便沉于水底。

【异名】黄螺。

【性味】味甘，性大寒，无毒。

【功效主治】陈藏器说：煮食，利大小便。除腹中结热、眼胞黄、脚气向上冲心、小腹拘急、小便短赤、手足浮肿。利湿热，治黄疸，压丹石毒。将它的生肉浸汁饮，止消渴。捣肉，可敷热疮。《名医别录》记载：治眼睛红肿疼痛，解渴。陶弘景说：煮汁能清热醒酒。用珍珠、黄连末放入汁中，隔一会儿，取汁点目，可止目痛。李时珍说：捣烂贴脐，能退热，止痢疾，饮食不进，下水肿淋闭。煮水，可搽痔疮狐臭。不可多食，否则会腹痛。

### 本草附方

【治小便不通，腹胀如鼓】用1个田螺，半匕盐，生捣敷在脐下约1寸3分处即通，熊诚彦曾得此病，一奇人传授此方，用后果然有效。

【治痢疾，饮食不进】将2枚大田螺捣烂，加入3分麝香，制成饼，烘热后贴在肚脐上。过半日，热气下行，人就想吃东西了。

【治酒醉不醒】用螺、蚌和葱、豉煮后饮汁，即醒。

【治大肠脱肛】将3~5枚大田螺用井水养上1、2天，去掉泥沙。将鸡爪、黄连研末放人螺厣内，等到药物化成水后，先用浓茶洗净肛门，再用鸡毛蘸取药水扫，然后用软布托上，即愈。

【治外阴长疮】用大田螺2枚，连壳烧存性，加入轻粉一同研末，外敷，有效。

# 禽部

李时珍说：二只足而有羽毛的叫禽。山禽栖息在岩上，原鸟处在地上，林鸟早晨啼鸣。记曰：天产作阳，羽类同是阳中之阳，对人身大抵都养阳。

## 原禽类

### 乌骨鸡

#### 本草纲要

【释义】李时珍说：按照徐铉的说法，鸡是稽的意思。鸡鸣能报时辰。据《广志》记载，大鸡称蜀，小鸡叫荆，幼鸡叫鷇。乌骨鸡入药最好、男患者宜用雌鸡，女患者宜用雄鸡。妇科方剂中有乌鸡丸，能治疗多种妇科病。用乌骨鸡治病，可将鸡和药一起煎煮，也可将药和鸡连骨一起研细服。

【异名】乌鸡、药鸡、武山鸡、羊毛鸡、绒毛鸡、松毛鸡、黑脚鸡、丛冠鸡、穿裤鸡、竹丝鸡。

【性味】味甘,性平,无毒。

【功效主治】李时珍说:补虚劳羸弱,治消渴,中恶,益产妇,治女人崩中带下虚损诸病,大人小儿下痢噤口;能煮食之,亦可做成药丸。

### 本草附方

【辟除瘟疫】冬至时将红色雄鸡制成干肉,到立春时煮着吃完,不要分给别人吃。

【治疗癫狂】用乌雄鸡 1 只,和五味子一同煮好,食用,或者做成羹粥食用。

【补益虚弱】用 1 只乌雄鸡和五味煮烂食用。

【治疗反胃呕吐】用乌雄鸡 1 只,将腹掏尽后加入胡荽子半斤,烹食 2 只即可治愈。

【治疗胎死腹中】取乌鸡 1 只去毛,用水 3 升煮取 2 升,不要鸡,用布蘸汁摩擦脐下,死胎自然出来。

【治疗小儿眼上生瘤】用鸡肫煮黄皮(鸡内金)外擦。

## 雉

### 本草纲要

【释义】李时珍说:野鸡,全国都产,其大小如鸡一般,毛色五彩斑斓。雄性色彩艳丽,尾巴长;雌的色彩较暗,且尾巴较短。它们喜欢斗架,它的卵是褐色。雌鸡要产卵时,避开雄鸡,否则雄鸡将会吃掉它刚产下的卵。

【异名】野鸡。

【性味】味酸,性微寒,无毒。

【功效主治】《名医别录》记载:野鸡肉能补中益气,止泄痢,除蚁瘘。秋冬季节捕食对人体有益,春夏捕到后食用,则对人的身体无益。患痢疾的人不能食用。

## 鸐雉

### 本草纲要

【释义】即山鸡。它生长在伊洛、江淮等地的大山间,尾巴大,身体小,人们将它养在笼中。

【异名】山雉、翟鸡、山鸡、长尾野鸡。

【性味】味甘,性平,有小毒。

【功效主治】孟诜说:鸐雉主五脏气喘不得息,做羹臛食。《本草纲目》记载:烤好食用,能补中益气。

## 鹧鸪

### 本草纲要

【释义】又叫越雉。生长在江南,外形像母鸡,它常发出“钩咕格磔”的声音。有一种

鸟外形和它相似，但不会这样鸣叫。苏颂称：江西、福建、两广、四川都有。李时珍说：鹧鸪害怕露霜，早晨和晚上很少出来，夜间休息时常用草和树叶覆盖身体。它喜欢洁净，它的肉白且脆，味道比野鸡好。

【异名】越雉、越鸟。

【性味】味甘，性温，无毒。

【功效主治】《唐本草》载：凡因食岭南野葛、菌毒、生金毒，及温瘴久，欲死不可瘥者，合毛熬，酒渍服之；生捣取汁服最良。孟诜：能补五脏，益心力，聪明。《医林纂要》载：补中消痰。《随息居饮食谱》载：利五脏，开胃，益心神。

## 秧鸡

### 本草纲要

【释义】如小鸡大小，颊部为白色，嘴狭长，尾巴短，多生活在水田边和水泽边，夏至后每每整夜鸣叫，秋天来了就停止鸣叫。有一种叫鹤鸡，属于秧鸡之类，它有鸡那么大，脚长冠红，雄性大，为褐色；雌性较小，色彩艳丽，它发出的声音很大，秋天后就听不到了，这类鸡都可食用。

【异名】水鸡，秋鸡。

【性味】味甘，性温，无毒。

【功效主治】汪颖《食物本草》记载：秧鸡主治蚁瘘。

## 鹑

### 本草纲要

【释义】寇宗奭说：鹑分雌雄，常生活在田野里，晚上它们便聚在一起飞翔，白天则伏在草丛中。人们用声音来引诱它、捕捉它。将它养起来，让它们相互斗架。

【异名】罗鹑、鴳、早秋、白唐、

【性味】味甘，性平，无毒。

【功效主治】《嘉祐补注本草》记载：补五脏，补中益气，强筋健骨，耐寒暑，消除热结。和赤小豆、生姜一同煮着吃，可治疗小儿疳积及下痢，天亮时食用有效。酥煎后食用，令人下焦肥健。寇宗奭说：能治小儿疳积，及下利脓血或见多种颜色，每日服食有效。

## 鸽

### 本草纲要

【释义】鸟类绝大多数是雄性骑在雌性上，只有鸽类是雌性骑在雄性身上，所以鸽类的性生活最为频繁。李时珍说：鸽性淫而易于交合。鹁是它发出的声音。张九龄认为鸽能够传递书信，因此又称其为飞奴。许多人家都饲养鸽子，也有野鸽。

【异名】鹁鸽、飞奴。

【性味】味咸，性平，无毒。

【功效主治】《嘉祐补注本草》记载：鸽肉能解药毒。疗疮疥，食用后立愈。孟诜说：能调精益气。炒熟用酒服，治恶疮癖、白癜风等。此物虽对人体有益，但过食恐怕会影响药物的疗效。

本草附方

【治疗阴证腹痛，面色青紫】将鸽子屎大炒，然后研末，用一种加热滚烫的酒和匀，然后澄清，一次服用，即愈。

【治疗鹅掌风】和鸽粪和雄鸡屎炒过研末，然后煎水外洗。

本草今用

【药物来源】鸽为鸠鸽科动物原鸽、家鸽或岩鸽的肉或全体。

【药理成分】鸽子肉含有极为丰富的蛋白，蛋白质含量高达22.4%，脂肪含量很低，约1%，尚有微量元素和维生素等。

【药理作用】本品是一种低热量高蛋白的食物，适合糖尿病、肥胖症、心血管疾病患者食用。

## 雀

本草纲要

【释义】雀到处都有。羽毛呈褐色，且有斑点，下颌、嘴巴都是黑色，头形像独蒜，眼睛像大椒，尾巴长约2寸，脚爪是黄白色，喜爱跳跃，不会走。它的眼睛晚上不能看东西，它产的卵上有斑点。体小的名叫黄雀，8、9月份成群结队地在田间飞动，此时最肥壮，如同披了一层棉衣。肉可以烤吃，也可作鲜食用，味道都很美。《临海异物志》称：南海有一种鱼叫黄雀，它常在6月份变成黄雀，10月份入海变成鱼。如果是家雀则不会变化。

【异名】瓦雀、宾雀。

【性味】味甘，性温，无毒。

【功效主治】陈藏器说：冬天食用，可以壮阳，治疗阳痿，令人有子。《日华诸家本草》谓：能壮阳益气，暖腰膝，缩小便。固崩止带。孟诜认为：可益精髓，滋养五脏六腑。宜于经常吃，不可停缀。

本草方

【补益老人，治疗老人脏腑衰弱羸瘦，阳气衰弱】用5只雀，粟米1合，菊白3根，先将雀炒热，加酒1合，煮1会儿，再加2盏水，最后下米、葱，煮粥食用。

【治疗睾丸湿冷坠胀及疝气】用3只雀，同毛及肠，将茴香3钱，胡椒1钱，缩砂、桂肉各2钱，纳于雀腹中，用湿纸将雀包好，煨热，空腹食用。用酒送下较好。

【**治疗霍乱,腹部胀闷难忍**】用雄雀粪 21 粒,研末,温酒送服。没有效则再服。

【**治疗咽喉堵塞不利**】用雄雀屎研末,温水送服半钱。

【**治疗喉痹乳蛾**】白丁香 20 个,用砂糖合制丸,将 1 丸用布包好含化。病情较重的,不超过 2 丸。

## 燕

### 本草纲要

【**释义**】燕有两种:胸部紫色,形体轻小的,叫越燕;身上有黑斑且声音大的是胡燕。胡燕做的巢很大,可容纳二疋绢。据说它在谁家筑窝,谁家将会大富大贵。如果它筑的窝开口向北,尾巴微曲,毛色白的,那它就有几百岁了。《仙经》称之为"肉芝"。吃它的肉可以延长人的寿命。李时珍说:燕子如雀大,身长,口小而尖,颔大,翅薄且尾有分叉。春天飞走。来时在屋檐下筑巢,飞走后在南方的洞穴中藏身。鹰鹞吃了燕子就会死去,燕能制服海东青鹘,能兴波祈雨,所以有游波之称。

【**异名**】玄鸟、游波、乙鸟、天女。

【**性味**】味酸,性平,有毒。

【**功效主治**】《名医别录》记载:外用治疗痔疮。其肉不能吃,能损伤人体正气。

### 本草附方

【**治疗虫证**】取 2 合燕屎炒好,加去皮的独蒜 10 枚,一起捣烂,制成梧子大的丸子,每次服用 3 丸。

## 石燕

### 本草纲要

【**释义**】石燕生长在溶洞中,冬月捕捉可以食用,并可以治病。形态像蝙蝠,口呈方形,饮石中的乳汁。李时珍说:这不是石部之燕。《广志》称:燕有三种,石燕即指土燕,它生长在岩洞中。

【**异名**】土燕。

【**性味**】味甘,性暖,无毒。

【**功效主治**】《唐本草》记载:以水煮汁饮之,主淋。《本草拾遗》记载:主消渴,取水牛鼻和煮饮之。《日华诸家本草》记载:益肾壮阳,滋养皮肤,缩小便,抵御风寒、疫气。

## 伏翼

### 本草纲要

【**释义**】伏翼生长在山上的石隙里。它色白如雪,头上有冠。大和鸠、鹊差不多。将它阴干研末服用，可以使人身体强健，延长寿命。它的屎为白色，具有较高的药用价值。它白天也能飞，但怕鸷鸟捕捉。它善于调气，所以能长寿。李时珍说：蝙蝠像老鼠，灰黑色，有很薄的肉翅，其翅膀与四支脚、尾巴相连。夏天出来，冬天藏在洞中。白天休息，晚上出来觅食，它喜食蚊蚁，自己能生育。

**【异名】**蝙蝠、服翼、天鼠、飞鼠、老鼠、蛾蠼、仙鼠、夜燕。

**【性味】**味成，性平，无毒。

**【功效主治】**《名医别录》认为：能治五淋，利小便。《神农本草经》记载：能治眼睛痒痛，明目，增强视力，久服可欢畅情志，无忧无虑。苏敬说：治疗妇女产后痛、带下病、不孕症等。李时珍说：治久咳上气，治久疟和颈淋巴结核、疮疡痔瘘及小儿惊风。李当之《药录》：主女子生子余疾，带下病，无子。

**本草附方**

**【治上焦有热，昼夜喜睡】**用五两重的伏翼 1 枚，连同胃肠炙干，云实 5 两，威灵仙 3 两，炒牵牛、苋实各 3 两，丹砂、雄黄、铅丹各 1 两，腻粉半两，研为末，炼蜜丸如绿豆大。每次服 7 丸，饭后木通汤送下，直到起效为止。

**【治久咳气喘】**用除去翅、足的蝙蝠，烧焦后研末，米汤送下。

## 水禽类

### 鹤

**本草纲要**

**【释义】**羽毛有黄、白、黑等色，其中以白毛的最好。李时珍说：鹤比鹄大，长约 3 尺，高也有 3 尺多，喙长约有 4 寸。头顶颊部及眼睛是红色，脚部色青，颈部修长，膝粗指细.躯干部羽毛呈白色，而翅膀和尾部有羽毛为黑色，有的为灰色，它常常半夜鸣叫，声音直达云霄，雄性在上风鸣叫，雌性在下风鸣叫，通过声音寻配并怀孕。

**【异名】**白鹤、仙禽、胎禽。

**【性味】**味咸，性平，无毒。

**【功效主治】**《嘉祐本草》记载：白鹤血益气力，补虚乏，去风补肺，劳弱者宜食之。《医林纂要》：解蛇虫诸毒。李时珍说：白鹤蛋能预解痘毒，每用一枚煮，与小儿食之，多者令少，少者令不出。白鹤骨酥炙，入滋补药。

### 鹳

**本草纲要**

**【释义】**鹳有两种：像鹄而且在树上筑巢的为白鹳，色黑项部屈曲的为乌鹳。白鹳品

种好，鹳身形如鹤，但头部不红，顶部无乌带且不喜欢鸣叫。它喜欢在楼殿上筑巢。李时珍说：鹳像鹤但顶部不红，颈长嘴赤，色灰白，翅膀和尾巴都是黑色。它喜欢在高树上筑巢。起飞时直冲云霄仰天鸣号定会下雨。鹳生三子：一个就是鹤，鹤为阳鸟，故有"巽(即鹳)极成震(震即为鹤)，阴变阳"之说。

【异名】皂君、负釜、黑尻。

【性味】味甘，性大寒。无毒。

【功效主治】《名医别录》记载：鹳骨疗鬼蛊诸毒，五尸心腹痛。陈藏器说：喉痹飞尸，蛇咬伤，及小儿怕人，大腹积满，可将脚骨及嘴煮汁服之，也可烧灰饮服。李时珍说：鹳卵能预解痘毒，水煮一枚，与小儿吃，令不出痘，或出痘也很少。

### 鹈鹕

#### 本草纲要

【释义】颐下有袋，可容物2升，收缩自如，袋内可盛水养鱼。李时珍说：鹈鹕到处都有，它是1种水鸟。像鹗但比它大很多，色灰如苍鹅，嘴长约有一尺多，直并且大，口中红，嘴下呈皮袋状结构。喜欢群体飞行，能捕食小鱼。当地人吃它的肉，用它的油脂入药，取它的翅骨作筒，用于吹药入喉、鼻，很方便。

【异名】淘鹅、逃河、犁鹕。

#### 脂油

【性味】味咸，性温、滑，无毒。

【功效主治】李时珍认为：鹈鹕脂油涂痈肿，治风痹，透经络，通耳聋。鹈鹕舌头可治疔疮。毛皮可治反胃吐食，烧存性，每次用酒服2钱。

#### 本草附方

【治耳聋】淘鹅油半匙，磁石1小豆，麝香少许，和匀，以绵裹成挺子塞耳中，口含生铁少许，用3、5次即有效。

### 鹅

#### 本草纲要

【释义】江淮以南的地方，人们都饲养它。它有青、白两种颜色，眼睛绿，嘴黄脚掌红。夜晚随更声鸣叫。它能吃蛇及蚯蚓，所以养鹅可避免毒蛇侵害。

【异名】舒雁、家雁。

【性味】味甘，性平，无毒。

【功效主治】《名医别录》载：鹅肉利五脏。用白鹅膏灌耳，可治突然性耳聋。《本草拾遗》载：鹅肉主消渴，煮鹅汁饮之。《日华诸家本草》载：白鹅肉，解五脏热，止渴。苍鹅，

发疮脓。白鹅膏可滋润皮肤，制作面脂。李时珍说：用白鹅膏涂面，可使面部白皙。唇红，手足皲裂，解石毒。鹅胆解热毒及痔疮初起，频涂抹之，自消。孟诜说：鹅肉解五脏热，服丹石人用它最好。鹅卵能补中益气，但多吃会致病。《唐本草》记载：鹅毛主小儿惊痫下痢，毛灰主噎。

**本草附方**

【**通气散**】治疗误吞铜钱和钩绳，取鹅毛1钱烧灰，磁石皂子大1枚，煅好，象牙1钱，烧存性，一同研末。每次服用半钱。

【**治疗饮食不下**】将白鹅尾毛烧成灰，每次用米汤送服1钱。

【**治鹅口疮**】将食草白鹅的清粪过滤取汁加沙糖少许，外搽。

## 雁

**本草纲要**

【**释义**】雁为阳性鸟，与燕子往来相反，冬天南飞，夏天到北方去。并且在北方繁殖。雁的生活有四种规律：即信、礼、节、智，但有一愚，即容易被人诱捕。雁儿南飞时肉少不能吃，北飞时肉肥，可以捕食。

【**异名**】鸿。

【**性味**】味甘，性平，无毒。

【**功效主治**】《日华诸家本草》记载：雁肉能治疗中风麻痹，长期食用，能补气，强化筋骨。《名医别录》记载：雁脂能助长毛发、眉毛、胡须。《日华诸家本草》记载：雁脂主治耳聋。和豆黄制成丸用，可以强身美容。李时珍说：雁脂可治疗痈肿耳聋以及热结胸痹呕吐。肉能利五脏，解丹石毒。

## 鹄

**本草纲要**

【**释义**】即天鹅。李时珍说：案师旷《禽经》云“鹄鸣哈哈”，故谓之鹄。吴僧赞宁说：凡物大者，皆以天名。天者，大也。则天鹅名义，大概就在这里了。

【**异名**】天鹅。

【**性味**】味甘、性平、无毒。

【**功效主治**】李时珍说：天鹅肉腌炙食之，能益人气力，利脏腑。天鹅油涂痈肿，能治小儿疳积。汪颖说：天鹅绒毛贴于刀杖金疮，立愈。

## 鸨

**本草纲要**

【**释义**】鸨是一种水鸟，形体像雁且有斑纹，脚无后趾。肉粗味美，鸨只有雌性没有

雄性，与其他鸟交配而繁殖。

【异名】独豹。

【性味】味甘，性平，无毒。

【功效主治】《饮膳正要》记载：补益人。去风痹气。李时珍说：鸨油能长毛发，泽肌肤，涂痈肿。

## 鹜

### 本草纲要

【释义】雄性的鹜头呈绿色，翅膀上有纹理，雌性为黄斑色，但也有纯黑色和纯白色的，雄鸭不会鸣叫，雌鸭则会叫。重阳节过后鸭子肉肥味美。清明后产卵则肉少。鸭蛋可由母鸭孵出，也可用牛粪孵出。这是自然界的规律，一般人不可理解。

【异名】鸭、舒凫、家凫。

【性味】味甘，性冷，微毒。

【功效主治】孟诜说：主补中益气，消食，消虫，平胃气，调中。又身上诸小热疮，多年不愈者，宜多食之。《日华诸家本草》记载：补虚助力，和胃气，消食，治热毒风及恶疮疖，杀腹藏一切虫，大补益病人。又治水气浮肿，和五味作粥啖之。《日用本草》记载：利水，导热毒，去风气疮肿。《医林纂要》记载：补心养阴，行水去热。清心补肺。《本草求原》记载：益肺胃阴气。

## 鸳鸯

### 本草纲要

【释义】生活在南方的湖泊小溪中，栖于土穴中，休息时藏在涧中，如水鸭大小，颜色为杏黄色，有纹理，头红，翅黑，尾巴黑，脚掌红，头部有很长的白毛可垂到尾部，休息时雄雌两只颈部相互接触缠接。

【异名】邓木鸟、匹鸟、黄鸭。

【性味】味咸，性平，有小毒。

【功效主治】孟诜说：清酒炙食，治瘘疮。做羹食之，令人肥丽。夫妇不和者，私与食之，即相爱怜。孙思邈说：其肉炙食，能治相思病。《嘉事占本草》记载：主诸瘘疥癣病，以酒浸炙令热，敷疮上，冷更易。

### 本草附方

【治疗痔疮】取鸳鸯 1 只炙熟切细，用五味、醋调好食用。

【治疗痔疮下血不止】取鸳鸯 1 只，洗净切片，用五味、椒、盐腌后烤熟，空腹食。

## 鹭

### 本草纲要

**【释义】**是一种水鸟,它在树林里栖息,去水中觅食,它成群飞行时排列有序,它的毛白如雪,颈部细长,脚呈青色,身高约有1尺多,它的脚趾分开,尾巴很短,嘴长约有3寸。头顶有十几根长毛,可用来作诱饵捕鱼。生活在海边的称海鸥,生活在江边的称江鸥。又有一种鸥,它随海潮的涨落而来去,人们称为“信鸥”。它们的形色像白鸽或小白鸡,长脚长嘴,成群飞翔,3月份产卵。

**【异名】**鹭鸶、水鸮、江鸥、海鸥。

**【性味】**味咸,性平,无毒。

**【功效主治】**汪颖说:虚瘦者,炙熟食之,能益脾补气。

### 本草附方

**【治破伤风】**将鹭肉和尾巴一起烧灰研末外敷,可治疗破伤风,角弓反张。

## 鸬鹚

### 本草纲要

**【释义】**又叫水老鸦,有水的地方都有。其毛色如乌鸦,喙长微钩曲,擅长于沉入水中捕鱼,白天它停在河堤上,夜间在树中栖息。它的粪有毒,可以腐烂树木,南方渔民往往养上数十只,用来捕鱼。杜甫“家家养乌龟,顿顿食黄鱼”说的就是这种情况。

**【异名】**水老鸦、摸鱼公、鱼鹰。

**【性味】**味酸、咸,性冷,微毒。

**【功效主治】**《雷公炮炙论》原叙注:鸬鹚肉治体寒腹大。鸬鹚烧存性,为末,米饮调服。李时珍说:鸬鹚肉治大腹鼓胀,利尿。陶弘景曰:鸬鹚骨烧灰水服,主下鱼骨鲠。《名医别录》记载:鸬鹚头烧研,酒服,可治哽及噎。《纲目拾遗》记载:鸬鹚涎主治百日咳。

### 本草附方

**【治雀卵面斑】**鸬鹚骨烧研,入白芷末,猪脂和,夜涂旦洗。

**【治鱼骨鲠】**鸬鹚骨(煅灰)蜜调绵裹含咽。

## 鱼狗

### 本草纲要

**【释义】**它以洞穴为窠。形体大的叫翠鸟,小的叫鱼狗,它的羽毛是翠绿色,尾巴可用来做装饰品。也有的毛色斑白。它们都擅长在水中捕鱼。李时珍说:鱼狗到处都有,火如燕子,嘴巴尖长,脚红而短,背部毛色翠绿,翅膀上的毛色呈黑色,可用做女人的装饰品。

**【异名】**鸿、天狗、水狗、鱼虎、鱼师、翠鸟、翠碧、翠碧鸟、鱼翠、钩鱼郎、金鸟仔、翠雀儿。

**【性味】**味咸,性平,无毒。

**【功效主治】**陈藏器说:治疗鱼鲠及鱼骨刺入肉中不能出来,将鱼狗肉烧灰研末服用或煮汁服都很有效。《陆川本草》记载:止喘,治年久哮喘。

### 翡翠

#### 本草纲要

**【释义】**翠鸟科动物白胸翡翠等。《尔雅》称之为鹬,生长在东南沿海。它穴居生子,在树中做巢,体积比鱼狗大。雄性为翡,雌性为翠,雄性毛色红,雌性毛色青。人们往往将其肉做成腊肉食用。

**【异名】**鹬。

**【性味】**味甘,性温,无毒。

**【功效主治】**姚可成《食物本草》记载:治水肿病,利小便。《本草拾遗》记载:补虚嘘,甚暖人。《随息居饮食谱》记载:暖胃,补虚。

## 林禽类

### 斑鸠

#### 本草纲要

**【释义】**斑鸠到处都有。它的体形小,毛呈灰色。斑鸠长大后,其毛色有梨花样斑点的,不会鸣叫,只有项下的斑点像珍珠的,能发出很大的声音。它们性情温和,不善于做巢,它产的卵往往会从巢中落下来。天要下雨时,它会发出“鹁果果”的声音,所以人们相传为鸠唤雨。

**【异名】**斑雏、锦鸠、斑鷦、鹁鸠、祝鸠。

**【性味】**味甘,性平,无毒。

**【功效主治】**崔禹锡《食经》说:主续绝伤,补中坚筋骨,益气力,好令趋走。《嘉祐本草》记载:明目,久吃可益气,助阴阳。寇宗奭说:久病虚损的人食斑鸠肉,具有补益作用。李时珍谓:食之,令人不噎。热饮斑鸠血,可解蛊毒。

## 鸤鸠

### 本草纲要

【释义】尾长,雄雌并飞,且用翅膀互相拍击。李时珍说:布谷鸟如斑鸠大,毛略带黄色,啼叫声相互呼应,它们不聚集成群,不会筑巢,常常居住在树洞和空鹊巢中,哺子时早晨自上而下,晚上自下而上。2月谷雨后开始鸣叫,夏至后停止鸣叫。

【异名】布谷、郭公、获谷。

【性味】味甘,性温,无毒。

【功效主治】汪颖认为:本品能安神定志,使人睡眠减少。

## 伯劳

### 本草纲要

【释义】李时珍说:伯劳就是鶪,它是一种候鸟,夏天啼鸣,冬天静息。本草书上没有描述其形状,所以后人不认识它。《淮南子》中说:用伯劳的血涂金,人们不敢来拿金子。

【异名】伯鹩、博劳、伯赵。

【性味】味甘,性平,有毒。

【功效主治】《本草拾遗》记载:治诸疮阴匿,煮食去热。《嘉祐本草》记载:小儿继病,取毛带之。继病者,母有妊娠儿,儿病如疟痢,他日相继腹大,或瘥或发。他人有娠,相近亦能相继。

## 鸜鹆

### 本草纲要

【释义】它居住在鹊巢、树洞和人家的屋脊中。头身俱黑,两只翅膀下都有白点,它的舌头像人舌头,能模仿人说话。口黄的为小的八哥,口白的为老的八哥。有的头上长着像缠着头巾一样的毛,有些没有。

【异名】鸲鹆、八哥、寒皋、花鸲、唰唰鸟。

【性味】味甘,性平,无毒。

【功效主治】《唐本草》记载:主五痔、止血,炙食或为散饮服之。《食疗本草》说:腊日采之,五味炙之,治老嗽;或做羹食之亦得;或捣为散,白蜜和丸并得。《本草拾遗》说:主吃,取炙食之。《日华诸家本草》说:治吃噫,下气。

## 百舌

### 本草纲要

【释义】百舌到处都有,居住在树孔和洞穴中。体形像鸲鹆但比它小,身体略长,羽毛呈灰黑色，有斑点，嘴尖色黑，它行动时头部向下，喜食蚯蚓。立春后鸣叫不已，夏至后停止鸣叫，10月过后就冬眠了，有的人喂养它，但到冬月它就死了。

**【异名】**反舌、反舌鸟、交啄、牛屎八哥、牛屎了、乌鸫、乌鵲、牛屎八。

**【功效主治】**陈藏器说：百舌窠及粪主虫咬，研末涂之；百舌肉炙食之，亦主小儿久不语。《日用本草》记载：主胃中作痛。

## 莺

### 本草纲要

**【释义】**这种鸟到处都有，它比鸜鹆大，往往雄雌一起飞翔。体部的毛呈黄色，翅膀上和尾部有黑毛，眉毛黑，嘴尖，脚部色青。立春后它就开始鸣叫，在小麦黄桑葚熟了的季节叫得最欢，它的声音圆滑，如织布机的声音。冬天则冬眠，藏于田塘中，用泥自裹如卵状，至春天才出来。

**【异名】**黄鸟、黄鹂、仓庚、黄伯劳、商庚、青鸟。

**【性味】**味甘，性温，无毒。

**【功效主治】**汪颖谓：补益阳气，助脾。李时珍认为：据《山海经》说：食黄鸟肉可使人不生妒忌。

## 啄木鸟

### 本草纲要

**【释义】**啄木鸟有大，有小，雌性的毛为褐色，雄性的毛上面有斑点。它啄木食虫，它的嘴锋利如锥，有几寸长，其舌头比嘴长。它的爪也很坚硬，用嘴啄得虫后，用舌头钩出吃掉。

**【异名】**斫木、山啄木、火老鸦。

**【性味】**味甘、酸，性平，无毒。

**【功效主治】**《嘉祐本草》记载：啄木鸟肉主痔瘘及牙齿疳匿、蛀牙。烧存性，研末，纳孔中，不过三次。李时珍说：啄木鸟肉追劳虫，治风痫。

### 本草附方

**【去劳虫】**取啄木鸟1只，瘦肉4两，朱砂4两，让患者饿一昼夜，将药物调匀，一次喂光。

**【治瘘有头，出脓血不止】**啄木(鸟)1只，烧灰，酒下2钱匕。

**【治虫蛀牙齿疼痛】**啄木鸟烧灰存性为末，纳蛀孔中。

**【治男女痨病】**啄木鸟1个，装密闭容器内封固，用火烧透，取出研成细末，分3次，黄酒冲服。

## 慈乌

### 本草纲要

**【释义】**北方较多,它体形像乌鸦但较小,经常群体飞行并发出鸦鸦的声音,李时珍说:乌有四种,其中体形小且毛色纯黑嘴小反哺的,是慈乌;像慈乌但嘴大,腹部白,不反哺的,叫雅乌;像雅乌但体大,白项的是燕乌;像雅乌但体小,嘴红居住在穴中的,叫小乌。

**【异名】**慈鸦、孝乌、寒鸦。

**【性味】**味　酸、咸,性平,无毒。

**【功效主治】**《嘉祐本草》记载:治疗虚劳消瘦,助气止咳。骨蒸羸弱者,和五味淹炙食之。

## 乌鸦

### 本草纲要

**【释义】**乌鸦嘴大喜欢鸣叫,会躲避绳套,并且性情凶猛。古有《鸦经》用乌鸦来占卜吉凶。只是北方人喜欢乌鸦不喜欢喜鹊,南方人喜欢喜鹊不喜欢乌鸦。只有师旷认为乌鸦项部有白色的为不祥之物。

**【异名】**巨喙乌、大嘴乌、黑老鸦、老鸦。

**【性味】**味酸、涩,性平,无毒。

**【功效主治】**《嘉祐本草》记载:乌鸦肉治瘦、咳嗽,骨蒸劳,小儿痫。《本草图经》记载:乌鸦治急风。李时珍说:乌鸦肉,治暗风痫疾及五劳七伤,吐血咳嗽,杀虫。

### 本草附方

**【治老人头风,头晕目黑】**乌鸦肉、天麻,炖汤服。

**【治小儿疯狂】**乌鸦肉、猪胆汁、钩藤、全蝎、黄连,同煎服。

**【治虚劳瘵疾】**乌鸦 1 只,绞死去毛肠,入人参片,花椒各五钱,缝合,水煮熟食,以汤下;鸦骨、参、椒焙研,枣肉丸服。

**【治五劳七伤,吐血咳嗽】**用 1 只乌鸦,枯蒌瓤 1 枚,白矾少许,纳入鸦肚中,扎好,放入瓷罐中煮熟,分 4 次服用。

## 鹊

### 本草纲要

**【释义】**体积如乌鸦大小,尾巴长。嘴尖爪黑,背部有绿毛,腹部毛色白,尾巴上的毛色黑白相间,它们上下飞舞,善于鸣叫,通过声音感受来受孕,通过对视来代替拥抱,冬季开始筑巢,巢口向太乙,背面向太岁。能预测来年风多少,如果风多,它就将巢筑得低些。

【异名】喜鹊、干鹊、神女、飞驳鸟。

【性味】味甘，性寒，无毒。

【功效主治】《名医别录》记载：治疗石淋，消除热结。将鹊烧成灰，将石投入灰中，灰散的，是雄鹊的肉。陈藏器说：鹊肉可烧灰淋汁饮服，令淋石自下。苏颂说：它能治疗消渴，祛风，利大小便，并除四肢烦热，胸膈痞结。妇人不宜食用。李时珍认为：根据《肘后方》记载，冬天将喜鹊埋在厕所旁，能祛除流行病邪及瘟疫。

### 杜鹃

#### 本草纲要

【释义】杜鹃初次啼叫时，先听到声音的人会有别离；模仿它声音的人会出现吐血，上厕所时闻到其叫声也会不吉利。要驱赶它则模仿狗的叫声。李时珍说：杜鹃生长在四川，现在南方也有，它的形态像雀、鹞，但其色很黑，嘴红，头顶有小冠。暮春鸣叫，通宵达旦，每次鸣叫总是朝向北方，夏天其鸣叫声更甚，昼夜不止，发出的声音极其哀切。

【异名】杜宇、子规、催归、鹈鴂、巂周、子巂鸟、周燕、鶗鴂、谢豹、怨鸟、阳雀。

【性味】味甘，性平，无毒。

【功效主治】李时珍说：治疗疮疡，将杜鹃肉切细烤热外贴。

### 鹦鹉

#### 本草纲要

【释义】体长约 30 厘米。嘴强大，甚钩曲，上嘴与头骨连接处能随意动作，下嘴较短小；上嘴珊瑚红色，下嘴黑褐色。常在山林中结群活动，觅食各种果实、嫩芽以及谷物等。舌肉质而柔软，能效人言。甚易驯养。

【异名】鹦鹖、干皋、鹦哥。

【性味】味甘、咸，性温，无毒。

【功效主治】汪颖《食物本草》记载：食之，能治疗久咳。

## 山禽类

### 孔雀

#### 本草纲要

【释义】孔雀生长在交趾、雷州、罗州的高山乔木中。像雁子那么大，有 3、4 尺高，颈部细，背部隆起，头部有 3 根毛，约 1 寸长，常常几十只聚在一起飞翔，早晨鸣叫声此起彼伏。雌性尾巴短且没有灿烂的羽毛，存活 3 年以内的雄孔雀尾巴还小，等到它活 5 年后，尾巴可以长到 2、3 尺长。雄性很喜欢它的尾巴，因此寻找住处时必须考虑到有地方容纳

它的尾巴。

【异名】越鸟。

【性味】味咸,性凉,微毒。

【功效主治】《日华诸家本草》说:孔雀肉能解药物和虫蛇毒。孔雀血生饮解蛊的作用较好。孔雀屎主治崩中带下,可敷恶疮。《名医别录》记载:孔雀屎主治女子带下,小便不利。

## 鸵鸟

### 本草纲要

【释义】其状如驼。高宗永徽年间,吐火罗进献它。它高约6、7尺,常常扇动着翅膀行走,每天可行300里路,以铜、铁等为食物。李时珍说:这种鸟能吃别的鸟类所不能吃的食物。它形体比鹤大,有3、4尺长,颈、足像鹤,嘴尖冠红且软,毛色如青羊,脚有两指,爪甲锋利,能伤人致死,也能吞食火炭。

【异名】食火鸡、骨托禽。

【性味】无毒。

【功效主治】陈藏器说:鸵鸟粪软坚消积,能消化人们误吞入腹的铁石等硬物。

## 鹰

### 本草纲要

【释义】李时珍说,鹰能用膺部攻击别的鸟类,所以叫鹰。它生长在东北及北方,北方人更喜欢饲养它。它有雄、雌之分。雌性的鹰体积较大,雄性较小。它的羽毛上有斑点,或者白如雪花,或者黑如点漆;大的花纹如锦纹,细小的斑点如丝织品。它身重如金,爪如钢铁,非常锋利。它的毛常常脱落,再生出来的毛颜色往往不同。将窝建在洞穴中的,喜欢睡觉;将窝建在树上的,喜欢站立。双膝长的行动迟缓;翅膀短的飞动急速。

【异名】角鹰、鷞鸠。

【功效主治】陈藏器说:吃肉,可治疗神情恍惚、精神错乱。李时珍说:治痔疮,烧灰,入麝香少许,酥酒服之。能治疗头风眩晕,一枚烧灰,酒服。甄权说:鹰头治痔瘘,头目眩晕。《本草汇》记载:鹰眼主明眼目,退翳障。

### 本草附方

【治五痔】鹰头烧灰和米饮服之。

【治头风眩晕】鹰头1枚,烧灰酒服。

## 雕

### 本草纲要

【释义】像鹰一样,体形比鹰大,翅膀短,尾巴长,羽毛呈土黄色。它强健有力,在空

中盘旋，能看见地上的任何东西。它有几个品种：生长在北方，色黑的，称皂雕；生长在东北，色青的，称青雕；生长在西部，头部黄，眼睛红，羽毛颜色多样的，称羌鹫。雕类能捕捉鸿鹄、獐、鹿、猪、犬。

【异名】鹫、鹜、洁白雕、红头雕、鹫雕、大山鵰。

【功效主治】《本草纲目》记载：雕骨能治折伤断骨。（雕骨）烧灰，每服 2 钱，酒下，伤在上食后服，伤在下食前服。雕屎烧灰，酒服，能治疗诸鸟兽骨哽。

## 鸱

### 本草纲要

【释义】体形像鹰，但比鹰小，它的尾巴如船上的舵一样，它特别擅长于高空飞行，以鸡、雀为主食。鸱类有几种，如鹗、雕、鹘等，鹘生三子：鸱、笼脱、晨风。《月令》称：2 月份鹰变成鸠，7 月鸠化为鹰。《庄子》讲：鹞变成鹯，鹯鸟变布谷，布谷再变为鹞。隼鹘虽然凶猛，但很讲义气，所以说：鹰不击伏，储不击胎。鹘握鸠以保暖，至天亮就放开，这都说明杀中有仁义。

【异名】鸢、隼、鹞。

【性味】味咸，性平，无毒。

【功效主治】孟诜说：本品食之治癫痫疾。李时珍说：食之，消鸡肉、鹌鹑成积。老鸱翅关大骨，将其微微烤后研末吹鼻，治疗鼻出血不止。《名医别录》记载：鸱头主治头风目眩颠倒，癫痫。

## 鸱鸺

### 本草纲要

【释义】它是一种怪鸟，体形像鸱，头上有角，晚上出来觅食，白天躲在洞中。它有很大的破坏性，入城城空，入室室空。它呆在一处，则对人无害，如果听到它的鸣叫像笑声，必须立即离开。

【异名】猫头鹰、怪鸱、钩鵅、大头鹰、角鸱、轱辘鹰、鵋鵙、呼哼鹰、夜食鹰、猫头鹰鬼鸠、夜猫子、横虎、恨狐、老兔。

【性味】味酸，性微咸，小毒。

【功效主治】李时珍说：治疟疾。《本经逢原》记载：治劳瘵。

### 本草附方

【治风虚眩晕】大头鹰闭杀去毛，煮食；以骨烧存性，酒服。

【治羊痫风】猫头鹰 1 只，用泥糊厚，放灶坑内烟熏 100 天，取出研末。每次 3 钱，日服 2 次。

【治淋巴结结核（鼠疮）】猫头鹰 1 只，烧吃。

**【治噎食】**未生毛的小猫头鹰2只。用黄泥包上,煅存性,研细末。温酒冲服,每次2钱,日服2次。

**【治疟疾】**鸱鸺1只。去毛、肠,油炸食之。

**【治劳瘵】**鸱鸺酒煮焙干,同大鳗鲡7条,摊薄荷上蒸烂,和薯蓣1斤,捣焙细末为丸,空腹酒下3钱。

# 兽部

李时珍说:兽,四足而有毛,产于地。周朝厨师供六畜、六兽,辨其死生鲜陈。山獭之异,狗宝之功,物之性理万殊,人之用舍宜慎,盖不但多误解其名而已。于是集诸兽之可供膳食、药物、服器者为兽类。

## 畜类

### 豕

#### 本草纲要

**【释义】**大凡猪都骨细、少筋、多油,大的有百多斤重。猪食物单一,食量少,很易于畜养、生息。李时珍说:天下畜养的猪,各不相同。生在青兖、徐淮的,耳大;生在燕冀的,皮厚;生在梁雍的,四肢短;生在辽东的,头毛很白;生在豫州的,味道短少;生在江南的耳小,叫江猪;生在岭南的,皮已纯白而且很肥。

**【异名】**一名猪,一名豚,雄性叫豭,雌性叫彘,阉割后的叫豮。

**【性味】**味酸,性冷,无毒。

**【功效主治】**《名医别录》记载:豕可治疗伤寒发热口渴症。苏颂说:可主虚劳骨蒸潮热、消渴、小儿五疳,杀虫。陈藏器说:猪胆能救治小儿的头疮。治疗大便不通,用芦苇管插入肛门三寸处,将猪胆汁从中灌入,大便马上可畅通。李时珍说,用猪胆能通利小便,敷治恶疮,除疳湿,治疗目赤视物不清。能明目降火气。加入温水中洗头发,还能去油垢使头发有光泽。

#### 本草附方

**【治小儿刮肠痢疾,禁口闭目】**精猪肉1两,切薄烤香,用腻粉末半钱,铺在上面吃,或放在鼻头闻香味,便自然有食欲了。

**【治疯狂歌笑,行走不休】**用公猪肉1斤,煮熟切块,和酱醋吃,或煮做羹、粥,或炒食。

**【治禁口痢疾】**用腊肉干煨熟食,很好。

【治胀满不食】取生猪肉用浆水洗净，压干后切成细块，加蒜、薤啖食，一日2次。下气去风，此乃外国奇方。

【解丹石毒，发热沉困】用肥猪肉5斤，葱、薤半斤，同煮食。必然会腹鸣毒下，用水洗淘，砂石尽即愈。

【治伤损不食】凡被人打，或从高处跌伤严重，3、5日水食不进口。用生猪肉2钱，打烂，以温水洗去血水，再擂烂，用阴阳汤调和，取半钱和鸡毛送人咽内，并以阴阳汤灌下，胸中自然开解。

【治颈下淋巴结核】用猪膏浸泡生地黄，煎沸6、7次，涂抹。

【治杂物入目】猪脂煮，取水面如油的部分，去枕仰卧于床，点鼻中，不过数次，杂物即出。

【治交接引起的阴毒而腹痛欲死】公猪血乘热和酒饮。

【治女人阴中作痒】猪肝火烤后纳入，当有虫出。

【治梦中遗尿】取猪尿胞洗净，用火炙熟后食。

【治男女阴部溃疡】用母猪粪黄泥包，煅存性，为末。以淘米水洗净搽涂，立效。

【治妇人无乳】用母猪蹄1具，水2斗，煮至5、6升饮喝，或加通草6分。

### 本草附方

【药物来源】豕为猪科动物猪。

【药理成分】猪肉含蛋白质、脂肪、水分、碳水化合物、各种维生素及氨基酸等。

【药理作用】猪胆汁制咳平喘、消炎抗过敏、抑菌作用。猪蹄有抗凝血、抗炎、防衰抗癌作用。

【临床应用】1.治疗盗汗。

2.治疗耳聋、耳鸣。

3.治疗皮肤溃疡。

4.治疗腹股沟疝。

## 狗

### 本草纲要

【释义】李时珍说：狗的品类很多，但就其功用可分为三类：田犬长嘴，善于狩猎；吠犬短嘴，善于看地；食犬体肥，可用来馔。凡是本草中所用的，都是食犬。

【异名】犬、黄耳、地羊。

【性味】味咸、酸，性温，无毒。

【功效主治】《名医别录》记载：可以安五脏，补绝伤，轻身益气。蹄肉能下乳汁。白狗血主治癫痫症发作。黑狗血主治难产横生。《日华诸家本草》记载：宜养肾、补胃气、壮阳、暖腰膝、益气力。狗血补安五脏。孟诜说：可补五劳七伤，益养阳事，补血脉，增加肠胃运化能力和肾、膀胱的功能，填补精髓。《本经逢原》记载：治败疮稀水不敛。陈藏器

说：妇人产后肾虚，体热用猪肾，体冷用犬肾。李时珍说：狗骨头烧灰，米饮日服，治久痢；猪脂调，敷鼻中疮。狗脑主治头风，鼻息肉，下部生疮。狗胆止消渴，杀虫除积，能破血。《神农本草经》记载：公狗阴茎能治阳痿，能使阴茎强热硬大。治疗女子带下等十二种疾病。

### 本草附方

**【治脾胃冷弱，肠中积冷，胀满刺痛】**肥狗肉半斤，以米、盐、豉等煮粥，频吃 1、2 顿。

**【治气水鼓胀浮肿】**狗肉 1 斤，细切，和米煮粥，空腹吃，做羹臛吃亦佳。

**【治虚寒疟疾】**黄狗肉煮臛，入五味食之。

**【治痔漏】**熟狗肉蘸蓝汁，空腹食。

**【治产后烦闷不食】**白犬骨烧之，捣筛，以水和服。

## 羊

### 本草纲要

**【释义】**公羊叫羖，母羊叫羘，阉后叫羯。李时珍说：生长在江南的叫吴羊，头、身等长，而且毛短；生于秦晋的叫夏羊，头小身大，而且毛很长。当地人在它 2 岁时则剪其毛，作为毡物，所以又叫它为绵羊；有一种乳羊，日常吃仙茅，很肥，几乎不存在血肉之分，食用它很补人。无论南北出产的羊，都受孕 4 个月后出生。羊的双目无神，其肠薄而回曲，宜于繁殖而且性热。其性格外柔内刚，厌恶潮湿而喜欢干燥。

**【异名】**羯、羖。

**【性味】**味苦、甘性大热，无毒。

**【功效主治】**《名医别录》记载：羊胆主青盲明目。羊心止忧恚膈气。甄权说：用羊胆点眼，能治疗赤障、白翳、风泪眼，解蛊毒。孙思邈说：羊胆可疗疳湿时行热疮，和醋服用，效果好。治各种疮，还能激活全身血脉。朱震亨说：用羊胆同蜜一道蒸九次后，点赤风眼，有效。羊骨补肾，强筋骨。治虚劳羸瘦，腰膝无力，筋骨挛痛，白浊，淋痛，久泻，久痢。李时珍说：羊脊骨：补肾虚，通督脉，治腰痛下痢。羊胫骨：主脾弱，肾虚不能摄精，白浊。除湿热，健腰脚，固牙齿，去皯䵟，治误吞铜钱。羊脑润皮肤，去皯䵟。涂损伤、丹瘤、肉刺。

### 本草附方

**【治虚劳腰膝无力】**羊骨 1 副（全者，槌碎），陈皮 2 钱（去白），良姜 2 钱，草果 2 个，生姜 1 两，盐少许。水 3 斗，慢火熬成汁，滤出澄清，如常作粥，或做羹汤亦可。

**【治肾脏虚冷，腰脊转动不得】**羊脊骨 1 具，嫩者，捶碎，烂煮，和蒜、韭空腹食之，兼饮酒少许妙。

**【治虚损羸瘦乏力，益精气】**羊连尾脊骨 1 握，肉苁蓉 1 两（酒浸 1 宿），菟丝子 1 分（酒浸 3 日，曝干，别捣末），葱白 3 茎（去须，切），粳米 3 合。上锉碎脊骨，水 9 大盏，煎取

3盏,去滓,将骨汁入米并苁蓉等煮粥,欲熟,入葱、五味调和,候熟,即入菟丝子末及酒2合,搅转,空腹食之。

**【治筋骨挛痛】**羊胫骨,酒浸服之。

**【治小儿丹瘤】**绵羊脑子(生用),朴硝,调匀,贴于瘤上。

**【治足指肉刺】**刺破,以新酒酢和羊脑涂之。

**【治四肢骨碎,筋伤蹉跌】**羊脑1两,胡桃脂、发灰、胡粉各半两,捣和,调如膏敷。

**【治产后寒劳虚羸,心腹疝痛】**用肥羊肉1斤,水1斗,煮汤8升,加当归5两,黄芪8两,生姜6两,煮至2升,分四次服。此为张仲景方。

**【治女子虚怯不孕,带来赤白】**取羊肉6斤,香豉、大蒜各3两,水1斗,煮至5升,加酥一两,再煮至2升服用。

**【治五劳七伤虚冷之症】**用肥羊肉1腿,密盖煮烂,取汤服,并食肉。

**【治肾虚精竭】**羊肾2合,切碎,加在豉汁中,以五味同白粱米糅,做成羹、粥食。

**【治五劳七伤,阳虚无力】**羊肾1对,去脂切碎;肉苁蓉1两,酒浸1夜去皮后做羹,下葱、盐、五味后食。又方:治阳气衰败,腰脚疼痛。用羊腰子3对,羊肉半斤,葱白1茎,枸杞1斤,同五味煮成汤。再下米做粥,食用。

**【治青盲内障】**羊肝1个,黄连1两,熟地黄2两,同捣合作丸,如梧子大小。每天服3次,每次服70丸,饭前或饭后用茶服下。崔承元双目内障失明,有人惠此方报德,服用后很快就复明了。

## 黄羊

### 本草纲要

**【释义】**黄羊出产在关西、西番和桂林等地,共有四种。黄羊的形状与羊相同,但四肢短小而肋骨很细,腹下夹带着黄色的毛,角像公羊,性喜卧伏于沙地。生在沙漠,能跑善卧,独居而尾黑的,名叫黑尾黄羊;生在野草丛中,成群结队达数十头的,名叫黄羊;生在临洮等地,个头很大而尾巴像獐尾、鹿尾的名叫洮羊。黄羊的皮都可以作被褥,也有产于南方桂林的,则色深褐,脊毛斑白,与鹿子相近。

**【异名】**羳羊、茧耳羊、蒙古瞪羚、蒙古原羚。

**【性味】**味甘,性温,无毒。

**【功效主治】**李时珍说:黄羊肉能补中益气,治劳伤虚寒。

## 牛

### 本草纲要

**【释义】**李时珍说:牛有黄牛、水牛二种。秦牛体小,水牛体大。牛有黄、黑、赤、白、驳杂等色。水牛为青苍色,腹大头尖锐,其形状有点类似于猪,角像战矛,能与虎搏斗,也有白色的,其牙齿有上而没有下,观察它的牙齿的情况可以知道经的年龄,2颗牙齿的3

岁,4 颗牙齿的 4 岁,另外,6 颗牙齿的 5 岁,6 岁以下的,每年脊骨增加一节。牛耳聋,均用鼻子听闻。

【异名】黄牛、水牛。

【性味】味甘,性温,无毒。

【功用主治】《名医别录》记载:水牛肉主消渴,止泄,安中益气,养脾胃。牛胆能除心腹中由热邪所致的口渴,能止下痢和口中焦躁症,还有益目养精的作用。将牛角烧灰服用,可治疗外感寒热、头痛。水牛髓安五脏,平三焦,续绝伤,益气力,止泄利,去消渴,皆以清酒暖服之。李时珍说:牛角可用来治疗因淋证所致的尿道出血症。水牛血可解毒利肠,治疗金疮折伤垂死,又下水蛭。煮拌醋食,治血痢便血。苏敬说:牛阴茎可治疗妇人漏下赤白,不孕症。陈藏器说:牛肉消水肿,除湿气,补虚,令人强筋骨、壮健。水牛鼻消渴,同石燕煮汁服。孟诜说:水牛肉,能下热风。《神农本草经》记载:牛胆可做成丸药使用。

### 本草附方

【治癖积】用黄牛肉 1 斤,恒山 3 钱,一同煮熟。食肉饮汤,癖必自消,立效。

【治肉人怪病】人头顶生疮,五色如樱桃状,破则自头顶分裂,连皮剥脱至足,名曰肉人。常饮黄牛乳即可自消。

【治误吞水蛭,肠痛黄瘦】牛血热饮 1、2 升,次早化猪脂 1 升饮服,即从下面而出。

【治小腿两侧的臁疮不敛】牛胞衣 1 具,烧存性,研末搽涂。

【治损目破睛】牛口涎,日点 2 次,注意避风。黑睛破者也会愈。

【补诸虚百损】黄犍牛肉(去筋膜,切片,河水洗数遍,仍浸 1 夜,次日再洗 3 遍,水清为度,用无灰好酒同入坛内,重泥封固,桑柴文武火煮一昼夜,取出如黄沙为佳,焦黑无用,焙干为末,听用);山药(盐炒过),莲肉(去心,盐炒过,并去盐)、白茯苓、小茴香(炒)各四两,为末。每牛肉半斤,入药末 1 斤,以红枣蒸熟去皮,和捣丸,梧子大。每空腹酒下 50 丸,日 3 服。

## 兽类

### 牦牛

### 本草纲要

【释义】李时珍说:牦牛出自甘肃临洮及西南边地,当地人多畜养它。形状如水牛,体长多力,能载重迅速行走如飞,性情粗梗。髀、膝、尾、背、胡下都有黑毛,长 1 尺左右。它的尾巴最长,大如斗,自己也很爱护,用草木钩它,则停止不动。古人取之做成旌旄,现在的人做成缨帽。毛杂有白色的,用茜染成红色。

【异名】犏牛、㹈牛、毛犀、猫牛、竹牛、牦牛。

【性味】味酸、咸,凉,无毒。

【功用主治】李时珍说:能治惊痫,热毒,诸血病。

本草附方

【治大脖子病】用牦牛喉脆骨2寸许一节,连两边扇动脆骨取出,或煮或烧,仰卧顿服。仍取巧舌,嚼烂,含在嘴里,咬一儿会咽下。病人容貌必然瘦减,而甲状腺肿大也自内消失。不超过2服即痊愈。

野马

本草纲要

【释义】像马,但形体比马小,出自塞外。现西夏、甘肃及辽东山中都有。取其皮可做成裘衣,吃它的肉如同食家马肉,但野马肉落地不沾灰。

【性味】味甘,性平,有小毒。

【功用主治】《千金·食治》记载:治疗人病马痫,筋脉不能收缩自如,周身麻痹肌肉不仁。《饮膳正要》记载:壮筋骨。

本草附方

【治疗人病马痫,筋脉不能收缩自如,周身麻痹肌肉不仁】用肉1斤,豆豉汁煮熟,可调以五味,加葱白,做成腌腊及羹粥,不断地吃。

野猪

本草纲要

【释义】处处山林都有。野猪形体像家猪,但腹小脚长,毛褐色,牙长出口外如象牙,它的肉有的重到二三百斤。它能与虎搏斗,常结队而走。猎人只敢射猎最后的。如果射中前面的,野猪则跑散并伤害人。又能掠松脂,滚泥沙涂遍全身用以抵御箭矢。野猪最是破坏禾苗,也吃蛇虺。它的肉如马肉,是红色的,它的肉味胜过家猪,母的肉味更美。

【异名】野彘。

【性味】味甘,性平,无毒。

【功效主活】孟诜说:野猪肉主癫痫,补养肌肤,让人肥健,肉色赤者,补脏,不发风虚气也。野猪油炼净和酒日3服,令妇人多乳,10日后,可供3、4儿。素无乳者亦下。野猪胆恶热毒气。《日华诸家本草》记载:野猪肉烤来吃,治疗肠道出血。野猪油悦色,除风肿毒,治疥癣。《医林纂要》记载,野猪肉补养虚羸,祛风解毒。《医林纂要》:野猪蹄祛风治痹。李时珍说:野猪皮烧灰,涂鼠瘘恶疮。野猪头治邪疟。

本草附方

【治久痔,下血不止,肛边痛】野猪肉2斤,切,着五味炙,空腹食,做羹亦得。

**【治积年下血】**野猪头1枚,桑枝1握,附子1枚。同入瓶内煅过为末,每服2钱,粥饮空腹服。

## 豪猪

### 本草纲要

**【释义】**陕、洛、江东各地的山中都有。髦中间有长而尖锐如箭的毛,能刺人。李时珍说:豪猪深山老林中有,多成群结队,破坏庄稼。形状如猪但项上、背脊上有棘鬣,长达尺余,粗如箸子,其形状像簪了和帽刺,白色的底部而黑顶。发怒时直立起,像箭一样刺人。羌人穿它的皮做成靴子。此兽也自体雄雌交配而孕。

**【异名】**豪彘、狙猪、鸾猪、蒿猪、山猪、璧水貐、貆输、箭猪、刺猪、响铃猪。

**【性味】**味甘,性大寒,有毒。

**【功用主治】**苏颂说:豪猪多肥肉,主通利大肠。苏恭说:豪猪肚干烧服之,治黄疸。孟诜说:豪猪肚理热风水胀。李时珍说:烧研,酒服,治水肿,脚气,奔豚。

### 本草附方

**【治水病臌胀】**取豪猪肚烧干,捣末细罗。每朝空腹,温酒服2钱匕。

## 熊

本草纲要

**【释义】**形状类似大猪,而性情轻捷,好攀缘,上高木,见人就颠倒自投落地上。冬伏入洞穴,春季才出洞。它的脚叫蹯,为八珍之一,古人很器重它,但很难煮熟。熊生性厌恶盐巴,吃了即死。李时珍说:熊如大猪而眼睛竖起长,像人脚但是黑色。春夏二季膘肥肘,皮厚筋驽,常爬树引气,或堕地自己取乐,俗称跌膘。冬月蛰伏时不吃东西,饥饿则舐它的脚掌,所以它的美味在掌。它性情厌恶脏物及伤残之物。

**【异名】**猪熊、狗熊、黑瞎子、登仓、狗驼子。

**【性味】**味甘,性温,无毒。

**【功用主治】**孙思邈说:熊肉主风痹不仁,筋急五缓。孟诜说:熊肉补虚羸。熊骨作汤,浴历节风,及小儿客忤。《日华诸家本草》:熊肉可御风寒,补虚损、杀劳虫,益气力。熊胆治疳疮,耳鼻疮,及诸疳疾。熊掌食之可御风寒益气力。李时珍说:熊胆退热,清心,平肝,明目去翳,杀蛔、蛲虫。

### 本草附方

**【治中风心肺风热,手足不随及风痹不仁,筋脉五缓,恍惚烦躁】**熊肉1斤,切,如常法调和作腌腊,空腹食之。

**【疗脚气风痹不仁,五缓筋急】**熊肉半斤,于豉汁中和姜、椒、葱白、盐、酱作腌腊,空腹食之。

【治白内障】用熊胆，加冰片少许滴眼。

【治毛发焦黄】熊脂、蔓荆子末等分和匀，醋调和好，涂在毛发上。还有一配方，用熊脂涂发，梳散，入床底伏地一会，即出，头发便变黑如漆。

【治年久痔疾】用熊胆涂在伤口上有神效之功力。一切配方皆不及此。

【台肠风痔漏】熊胆半两，加龙脑少量，细磨后和猪胆汁涂在伤口处。

【治小儿疳膨积食，日晡发热，肚大骨立】熊胆、使君子末各等分，磨细调匀，用瓷器蒸溶，蒸饼丸如麻子大小，每日用米汤饮用 20 丸即可。

### 本草今用

【药物来源】熊为熊科动物黑熊或棕熊。其干燥胆囊、足掌、肉、筋、骨、脂肪均供药用。

【药理成分】熊胆主要含有胆汁酸类的碱金属盐，又含胆甾醇及胆色素。从黑熊胆中可获得约 20%的牛磺熊脱氧胆酸，为熊胆主要成分，水解后产生牛磺酸与熊脱氧胆酸。熊胆又含少量鹅脱氧胆酸。熊脱氧胆酸为鹅脱氧胆酸的立体异构物，及熊胆的特殊成分。

【药理作用】1.解痉作用。

2.抗惊厥作用。

3.消除角膜白斑的作用。

【临床应用】1.治疗百日咳。

2.治疗急性肾炎、高血压。

3.治疗慢性化脓性耳炎。

4.治疗胆囊炎。

## 山羊

### 本草纲要

【释义】又名野羊，出自西夏。像羚羊但角大，角下弯的，能登高峻的大坂。大的如牛，好斗，常因此至死。闽、广等地的山中有一种野羊，皮硬厚，不堪烤食，它的肉很肥。李时珍说：山羊有两种，一种大角盘环，肉重百多斤；一种角细。大的如驴而成群行走，其角很大，有时是堕角，暑天尘露于角上，角上长草。所以代都赋说：山羊以盘桓而养草。

【异名】野羊、斑羚。

【性味】味甘，性热，无毒。

【功用主治】苏颂《本草图经》说：山羊肉益人，兼主冷劳，山岚疟痢，妇人赤白带下。《日用本草》记载：山羊肉疗筋骨急强，虚劳。益气，利产妇。

### 本草附方

【治跌打损伤】山羊血 1 钱，三七 3 钱，为末，黑糖五钱，童便 1 合，酒 1 碗，调匀饮之，

不必大醉。

【**活血散瘀,续筋接骨**】山羊血、脆蛇、三七共为末,兑酒服。

【**治软组织损伤**】青羊血、卫矛皮、赤芍、铁棒七研末,冲酒服。

【**治急心痛**】山羊血 1 分,烧酒化下。

## 鹿

### 本草纲要

【**释义**】李时珍说,鹿字篆文,像其头、角、身、足的形态。各大山林都有。形体象马,尾像羊,头窄小而长,腿高而跑步迅速,雄鹿长有头角,夏至时节分开,体毛如小马皮,毛呈黄色,夹杂白斑,俗称马鹿。雌鹿无角,体小无斑纹,皮毛黄白杂色,俗称唐鹿。殷仲堪认为,鹿呈白色为正品。鹿茸是珍贵的药品。李时珍说:《济生方》等使用鹿茸,有用酥炙的、酒蒸焙干的,当各随本方。麋茸功在补阳,鹿茸功在补阴,同时要与其他药物辅佐。鹿角在骨骼中最坚硬,故用它来补骨生血,潜藏阳气,补益精髓。

【**异名**】斑龙。

【**性味**】味甘,性温,无毒。

【**功效主治**】《名医别录》记载:鹿肉补中,强五藏,益气力。生者疗口僻,割,薄之。《食疗本草》记载:鹿肉补虚羸瘦弱,利五藏,调血脉。李时珍说:鹿肉养血,治产后风虚邪僻。鹿茸能够生精补髓,养血潜阳,强筋健骨,治疗一切虚损、耳聋目暗、眩晕、因气血虚所致痢疾。《医林纂要》:鹿肉补脾胃,益气血,补助命火,壮阳益精,暖腰脊。《神农本草经》记载:主治崩漏、惊痫,能够益气强志,生长新齿,抗衰老。甄权说:鹿茸主治男子肾气不足所致腰部冷痛,脚膝无力,夜梦性交,遗精。女子崩漏,带下病。用鹿茸烤干研成细末,空腹用酒送服可愈。《日华诸家本草》记载:鹿茸可强筋骨。

### 本草附方

【**治产后无乳汁**】鹿肉 4 两,洗,切,用水 3 碗煮,人五味作腥,任意食之。

【**治中风口僻不正**】生鹿肉和生椒捣薄之,正则急去之。

【**治头旋目眩,人如站在车船上,更有甚者屋转眼黑,或见一为二**】用鹿茸半两,无灰酒 3 盏,煎 1 盏,加麝香少许,温服。功效神奇。

【**治胞衣不下**】鹿角刮成屑,取 3 分,用姜汤送服。

【**治‘肾虚耳聋**】用鹿腰从作成羹吃。

### 本草附方

【**药物来源**】鹿为鹿科动物梅花鹿或马鹿。其老角、皮、骨、肉、头肉、蹄肉、血、齿、尾、鹿鞭、甲状腺体、胎盘、鹿胆、脂肪油均可供药用。

【**药理成分**】鹿茸含雌二醇、雌酮、胆固醇、卵磷脂、脑磷脂、神经磷脂、糖脂以及氨基酸,以甘氨酸含量最高。

【药理作用】1.强壮作用。

2.对心血管系统作用。随岁鹿茸精量大小而显示出不同作用。

3.性激素样作用。

4.对长期不愈合和愈合不良的创口、溃疡,能增强再生过程,并能促进骨折的愈合,影响氮素和碳水化合物代谢。

【临床应用】1.治疗再生障碍性贫血。

2.治疗阳痿。

3.治疗足跟痛。

4.治疗肾虚泄泻。

### 麋

#### 本草纲要

【释义】李时珍说:陆佃说麋喜欢音乐。班固说麋生性淫荡迷恋。故麋之名的含义就在这里。《尔雅》称麋鹿为麔,雌麋为麎。

【异名】麋鹿、麋茸、四不象。

【性味】味甘,性温,无毒。

【功用主治】孟诜说:麋肉益气补中,治腰脚。《嘉祐本草》记载:麋肉主益气,补五脏不足,治腰、脚气。《名医别录》记载:麋角主治风痹,止血,益气力。《日华诸家本草》记载:麋角酒服,补虚劳,添精益髓,益血脉,暖腰膝,壮阳悦色,疗风气,偏治丈夫。《唐本草》:服麋茸功力胜过鹿茸。李时珍说:麋茸主治阴虚劳损,一切血病,筋骨腰膝酸痛,滋阴益肾。

#### 本草附方

【治肾经虚,腰不能转侧】麋茸1两(酥炙黄,燎去毛),茴香半两(炒香),菟丝子(酒浸曝干,用纸条子同碾取末)1两,上为末,以羊肾1对,清酒煮烂去膜,研如泥,和丸如梧子大,阴干,如肾膏少,入酒糊佐之,每服30~50丸,温酒、盐汤下。

【治老人骨髓虚竭,补益】麋茸5两(去毛,涂酥炙微黄,为末),以清酒2升,于银锅中慢火熬成胶,盛瓷器中。每服半匙,温水调下,空腹食前服。

【补养气血,令人有子】熟干地黄(洗,焙)、当归(洗,焙)、麋茸(酥炙,为末)各等分为细末,炼蜜为丸,如梧桐子大,每服50丸,米饮或温酒下,空腹食前服。

### 獐

#### 本草纲要

【释义】山坡沼泽的浅草之中有。秋冬二季居住在山上,春夏居住在沼泽。像鹿却小些,无角,黄黑色,大的不超过二三十斤。雄性有牙露出口外。其皮细软,胜过鹿皮,夏

月毛新生整齐而皮厚,冬天毛多而皮薄。又有银獐,白色。李时珍说:猎人挥舞彩带,獐、麋就会驻足注视。獐喜欢花纹,故獐字从章。陆佃说:獐生性疑惑、惊慌、紧张,故称之为獐。獐又善于集合散乱之众。本动物的骨(獐骨)、骨髓或脊髓(獐髓)亦供药用。

【异名】麕、麇、麏、河麂。

【性味】味甘,性温,无毒。

【功效主治】《名医别录》记载:獐肉主补五脏。孙思邈说:獐髓脑益气力,悦泽人面。宁原说:骨可制作成酒,补肾,有祛风之功。《日华诸家本草》记载:獐骨益精髓,悦颜色。李时珍说:獐髓治虚风。

**本草附方**

【治妇人无乳】獐肉做成羹食,不要让妇人知道是獐肉。

【消瘤】用獐肉切成厚片,烤热贴上,出脓血便愈。

**麝**

**本草纲要**

【释义】麝的香气远射,所以得此名。麝形似獐但要稍小,黑色,喜食柏叶,偶尔也会吃蛇。其香房在脐内,以自出的香为佳。

【异名】射父、香獐。

【性味】味甘,性温,无毒。

【功效主治】《神农本草经》记载:麝脐香主辟恶气,杀鬼精物,除三虫蛊毒和温疟惊痫。长期服用可除邪,无噩梦。《名医别录》记载:麝脐香还可治各种凶邪鬼气,中恶,心腹暴痛,胸腹间气阻不舒,有胀满感,风毒,去面黑色、白内障,妇人难产堕胎。《日华诸家本草》记载:麝脐香主治毒蛇、蚕咬伤,能够解毒,杀虫,治疗疟疾及一切虚损重症。能够回纳子宫,温阳补肾,治疗带下病。王好古说:能通诸窍,治鼻窒闻不到香臭。李时珍说:可疏通经络,透肌骨,解酒毒,消化瓜果食积,治中风、中气、中恶,痰厥积聚癥瘕。

**本草附方**

【中风不省】用麝香 2 钱,研为末,加清油 2 两,和匀灌下,自苏。

【瓜果食积】用麝香 1 钱,生桂朱 1 两,加饭和成丸子,如绿豆大。大人服 15 丸,小儿服 7 丸,开水送下。

【偏正头痛】和麝香 5 分、皂角末 1 钱,包在薄纸中,放头痛部位正中,外用布包炒盐乘热熨帖。盐冷则换。如此几次,不再发病。

【催生易产】用麝香 1 钱,水研服,立下。又方:用麝香盐豉 1 两,烧红为末,以秤锤淬过一酒送服 2 钱即下,此方名"胜金散"。

【山岗瘴气】用水送服麝香 3 分即解。

### 本草今用

**【药物来源】**麝香为鹿科动物林麝、马麝或原麝成熟雄体香囊中的干燥分泌物。这些动物的肉、和香腺囊的外皮均供药用。

**【药理成分】**麝香含麝香酮,胆甾-4烯-3酮、胆甾醇和其酯类、雄烷衍生物、蛋白质、多肽及其他含氮化合物、无机盐。麝香酮为重要的有效成分。

**【药理作用】**1.对中枢神经系统的作用:天然麝香或人工麝香小剂量对大白鼠运动性条件反射无显著影响;中等剂量可使阳性条件反射潜伏期延长或反应消失,分化相改善,个别动物分化相受到抑制;大剂量时则使大多数动物呈中毒现象。

2.抗炎、抗菌作用。

3.强心作用。

4.抗早孕作用。

**【临床应用】**1.治疗支气管哮喘。

2.治疗慢性肝炎和肝硬化。

3.治疗急性肠梗阻。

4.治疗急性扁桃腺炎。

## 灵猫

### 本草纲要

**【释义】**灵猫生于南海山谷,形状如狐狸,雄雌同体。南方人将它切成细肉,如北方人切狐肉一般,气味很香,其中稍稍带有麝气味。其阴也如麝,功用大约相同。杨慎《丹铅录》说:我在大理府,见香猫如狐狸,它的花纹像金钱豹。这就是《楚辞》中说的:"乘赤豹兮载文狸。"

**【异名】**文狸、灵狸、香狸、香猫、山狸、九节狸、麝香猫、九江狸。

**【性味】**味甘,性温,无毒。

**【功用主治】**《本草求原》记载:灵猫肉暖胃。灵猫阴辟秽,行气,止痛。治心腹卒痛,疝痛。《本草拾遗》记载:灵猫阴主中恶,心腹卒痛,疟,疫气,镇心安神。

## 狸

### 本草纲要

**【释义】**狸处处都有。其种类很多,形体很像猫。其花纹有二种:一如连线,一如虎纹。肉味与狐狸肉不相上下。江南有一种牛尾狸,尾巴如牛,人多把它用酒糟腌制后食用。《宋史》载:安陆州贡野猫、花猫,就是此两种。有花纹如豹,而且散发出麝香气味的,是香狸,即灵猫。南方有面白而尾像牛的,是牛尾狸,也叫玉面狸,专门上树吃百果,冬天极肥,人多腌制成珍品,很能醒酒。人们豢养它,老鼠都驯服地伏着,不敢出动。

【异名】豹猫、貄狸、野猫、狸猫。

【性味】味甘,性平,无毒。

【功效主治】孙思邈说:补中益气,去除游风。苏颂曰:狸肉疗鼠瘘。《日华诸家本草》记载:狸肉治游风。苏颂说:做成肉羹,治痔疮和颈淋巴结核瘘管,食用不过三顿,效果已很好。《名医别录》记载:狸阴茎可治疗女子月经不通,男子阴颓,烧灰,东流水服。

本草附方

【治大肠风冷,下血不止,脱肛疼痛】野狸 1 头,以大瓷瓶 1 所,可容得者,纳于瓶中,以厚泥固济,候瓶干,以大火烧之,柴及烟尽,住火,候冷取出,入麝香末半两,研匀,于瓷器中收之。每于食前,以温粥饮调,下 2 钱。

【治痔症发疼痛】以狸肉做羹食之,或作脯食之。

【治淋巴结结核久不愈】用狸头、蹄骨涂酥后,炙黄,研成末,每天空腹用米汤饮下 1 钱匕。如果是淋巴结结核穿破、臭烂,可用狸骨烧成灰后敷搽。

## 貉

本草纲要

【释义】生长在山野间。形状如狸,头锐而鼻尖,斑色。它的毛深厚温滑,可做成裘服。与獾同穴而居却各在一处,白天伏睡夜晚出来,捕吃虫物,并且总与獾随行。它生性好睡觉,人们如果饲养它,则用竹叩醒它,但一会儿又睡了。所以好睡的人,称之为貉睡。

【异名】金毛獾。

【性味】味甘,性温,无毒。

【功用主治】苏颂说:主治五脏虚劳,及女子虚弱。《医林纂要》记载:杀虫治疳。

## 貒

本草纲要

【释义】又叫猪獾。山野间处处都有。穴居。形状像小猪,形体肥且行动迟钝,它的耳聋,见人便跑。短脚短尾,尖嘴而褐毛,能打洞人地,吃虫、蚂蚁和瓜果。它的肉微带些土味,皮毛也不如狗獾的好。猪獾与獾各是一种。

【异名】土猪、貒猪、獾、猪獾、獾豚、地猪、沙獾。

【性味】味甘、酸,性平,无毒。

【功用主治】苏恭说:貒肉主久水胀不瘥垂死者,做羹臛食之,能下水。孟诜谓:貒肉主患赤白痢多时不瘥者,可煮肉经宿露中,明日空腹和酱食之。又瘦人可和五味煮食,令人长脂肉,肥白。貒膏主上气,乏气,咳逆,酒和 3 合服之,每日 2 次。吴瑞说:貒肉治上气虚乏,咳逆劳热,和五味煮食。

本草附方

【治十种水病】貒猪肉半斤细切，上用粳米3合，水3升，入葱、豉、椒、姜作粥，每日空腹食之。

【治肺痿上气气急】煎成貒猪膏1合，和暖酒服。

【治头生白秃及牛皮癣】大枫子、木鳖子、牛耳大黄、木槿皮、花椒，共为末，调土猪油涂。

## 獾

本草纲要

【释义】獾在山野间皆有，居住在土洞里，形状如家狗而脚短，吃果实。它的肉味很香美，皮可制成裘衣。李时珍说：猪獾与狗獾，二者相似而略有不同。狗獾像小狗而更肥，尖嘴短足，短尾长毛，褐色，皮可做裘领，也吃虫蚁瓜果，另外，辽东女真地面有海獾，皮可制作裘衣，也同此类。

【异名】天狗、山獭、山狗、狗獾。

【性味】味甘、酸，性平，无毒。

【功用主治】苏颂说：獾肉治小儿疳瘦，啖之杀蛔虫。汪颖谓：獾肉补中益气，宜人。李时珍说：其他功用与猪獾相同。《纲目拾遗》说：獾油治头止白秃。

本草附方

【治子宫脱垂】獾子油3钱，鸡蛋7个。将油熬开后加适量水，打入鸡蛋，趁热服下，1日1次，连续服用。

【治半身不遂】獾油1斤，豆腐10块。将豆腐用獾子油炸熟，食量不限，日服2至3次。

【治疥癣】獾子油涂患处，微火烤之，每日2次。

【治白秃】獾油，火烤，擦3、4次。如年久者，恐不生发，以枸杞子煎汤饮。

## 豺

本草纲要

【释义】体形似犬，身长1米左右，尾长约30厘米，体重约10余公斤。头宽，颜面部较钝，额低，耳直立，较短而圆，吻部较狼短。毛色随季节、产地而异，一般通身皆呈赤棕色，或棕褐色，背中部毛尖黑色，故在背中部出现棕褐色，在体后更深些。头上暗棕色，吻部浅褐色。腹部棕色或黄白色。四肢同于背色。尾略粗，末端全黑色。栖于山陵、森林中。群居，性凶猛，多在晨昏活动。

【异名】豺狗、红狼。

【性味】味酸,性热,有毒。

【功用主治】李时珍说:豺皮治小儿夜啼,百法不效,同狼屎中骨烧灰等分,水服少许,即定。孟诜说:豺皮主诸疳痢,腹中诸疮,煮汁饮之,或烧灰和酒服之;治冷痹脚软,刨制好后缠裹病处,即可好。煮汁饮,或烧成灰用酒冲服,疗各种疳积泻痢,也可敷齿疮。

### 狼

#### 本草纲要

【释义】李时珍说:狼,属豺类,到处都有,北方尤其多,人们喜欢吃它。它居住在洞穴中,形体大如狗,却锐头尖嘴,白颊而两肋相连,身体前高后宽,脚不很高,能吃鸡、鸭、鼠类。其色黄黑相杂,也有苍灰色的。它的声音能大能小,能装小儿啼哭来魅人,在偏僻的荒野它的啼叫尤其令人厌恶。它的肠直,所以鸣叫时后窍都会开动。把它的粪便点成烽烟,烽烟直上而不斜,即使狂风也吹不散,所以军情紧急时烧它,则援兵四集。它的性情善于张望而且吃相凶暴搞得遍地都是。

【异名】毛狗。

【性味】味咸,性热,无毒。

【功用主治】李时珍说:狼肉主补益五脏,厚肠胃,填精髓,腹有冷积者宜食之。

### 兔

#### 本草纲要

【释义】又叫明视,这是取其眼不瞬而明之意。梵书上把兔叫舍迦。苏颂讲:兔到处都有,是食品中的上味。李时珍说:兔大如狸而毛为褐色,形体如鼠而尾短,耳大而尖。上唇缺而无脾,长胡须,前脚短。屁股有九个孔,靠脚背坐,能跳善跑。

【功用主治】李时珍说:兔毛灰治小便不利。兔肉能清热解毒凉血,清利大肠。兔血凉血活血,解胎中热毒,催生难产。兔骨煮汁服,止霍乱吐利。《名医别录》说:兔肉补中益气。兔脑涂冻疮。兔骨热中,消渴,煮汁服。《日华诸家本草》称:主治湿热痹症,能够止渴健脾。生吃兔肉可以解丹石毒。《药性本草》说:腊月取兔肉,同酱汁煮食,祛除小儿豌豆疮。

#### 本草纲要

【治火烧已破】兔腹下白毛,烧胶,以涂毛上贴疮,待毛落即瘥。

【治妇人带下】兔皮,烧令烟断,为末,酒服方寸匕。

【治劳瘵,驱虫】用兔屎 49 粒,如兔屎大小的硇砂 49 粒,研成末,做成梧子大小的丸。望月前,用水浸泡甘草一夜,五更初时取汁送下 7 丸。有虫下,急捉到油锅内煎杀。不然,此虫极可恶,恐怕延入他人耳鼻中成隐患。三天内不下,再服用。

## 水獭

### 本草纲要

【**释义**】江湖溪泽中多有它。四脚都短，头、身和尾都狭小，毛色如旧紫帛。大的身至尾长 3 尺多。吃鱼，居住在水中，也在树木上休息。置于大小瓮中，獭在内旋转如风，水皆成旋涡。西戎的人用它的皮装饰毳服裾袖，说不染污垢。如风霾眯眼，拭它，马上离去。

【**异名**】水狗、獭、獭猫、水毛子。

【**性味**】味甘、咸，性寒、无毒。

【**功效主治**】《名医别录》记载：水獭肉煮汁饮，治疫气温病，以及牛马时季流行病。水獭肝止久嗽，除鱼鲠，并烧灰酒服之。《日华诸家本草》说：主治水肿，能够清热解毒。苏颂说：主治骨蒸热劳，血脉不行，劳卫虚满，及女子经络不通，血热，大小肠秘。消耗男子的阳气，不宜多吃，不可与兔肉合吃。水獭肾益男子。李时珍说：水獭髓去瘢痕。陶弘景说：水獭足主治手足皴裂。

### 本草附方

【**治手足跌打折伤**】水獭 1 只，肢解后置罐内，用盐泥固济，煅炼存性，做成末。用黄米煮粥摊在患处，掺獭末在粥上，川布裹上，立即止痛，伤处也自然平复。

【**治大便下血不止**】用一副獭肝，煮熟后调五味服下。

【**治月经不通**】獭肝丸：用干獭胆 1 枚，干狗胆、硇砂、川椒（上目，炒去汗）各 1 分，水蛭（炒黄）10 个，研成末，作成绿豆大的醋糊丸。每日服 5 丸，用当归酒冲下，每日服 1 次，以见效为尺度。

【**治痔血**】獭肝烧成末，用水服 1 钱。

## 腽肭兽

### 本草纲要

【**释义**】腽肭兽生于西番突厥国，胡人叫之为阿慈勃他你。其形状像狐而大，长尾，脐似麝香。《临海志》记载：出没东海水中。形状像鹿，头似狗，长尾。每天出来，即浮在水面，人们用弓箭射它，取它的外肾阴干，100 天后味甘香美。李时珍讲：按《唐书》记载：海狗出于辽西、营州及结骨国。海狗有水陆二种。海狗肾为海狗科动物海狗的雄性外生殖器。

【**异名**】海狗、肭兽、斑海豹。

【**性味**】味咸，性热、无毒。

【**功用主治**】甄权说：海狗肾治男子宿癥、气块、积冷，劳气羸瘦，肾精衰损，瘦悴。《日华诸家本草》记载：海狗肾补中，益肾气，暖腰膝；助阳气，破癥结，疗惊狂痫疾，及心腹

疼,破宿血。《纲目拾遗》记载:海狗油善消利,治三焦浊逆之气,能清水脏积寒、停饮。涂皲瘃。

**本草附方**

**【治五劳七伤,真阳衰惫,脐腹冷痛,肢体酸疼,腰背拘急,脚膝缓弱,面色黧黑,肌肉消瘦,目眩耳鸣,口苦舌干,饮食无味,腹中虚鸣,胁下刺痛,夜多异梦,昼少精神,小便滑数,大肠溏泄,时有遗沥,但是风虚痼冷,皆宜服之】**腽肭脐1对(酒蒸熟,打和后药),天雄(炮,去皮)、附子(炮,去皮、脐)、川乌(炮,去皮、尖)、阳起石(煅)、钟乳粉各2两,鹿茸(酒蒸)1两,独体朱砂(研极细)、人参、沉香(不见火,别研),上为细末,用腽肭脐膏入少酒,臼内杵,和为丸,如桐子大。每服70丸,空腹盐酒、盐汤任下。

**【治下元久冷,虚气攻刺心脾小肠,冷痛不可忍】**腽肭脐(焙,切)、吴茱萸(汤洗,焙炒)、甘松(洗,焙)、陈橘皮(汤浸去白,焙)、高良姜各1分,上五味捣罗为末,先用猪白腰1个,去脂膏,入葱白3茎,椒14粒,盐1捻,同细锉银石器中,炒,入无灰酒3盏,煮令熟,去滓。每服7分盏,调药2钱匕,日三。

## 鼠类

### 鼠

**本草纲要**

**【释义】**李时珍说:鼠就是居家常见的老鼠,由于它尖嘴锐牙,善于掘洞,俗语称为老鼠。鼠像兔而小,青黑色。有四齿而无牙,长须露眼。前脚有四爪,后脚有五爪。尾纹如织布而没有毛,尾的长短与身长相等:它生性多疑而不果断,故称首鼠。岭南人以食鼠为避讳,称它为家鹿。

**【异名】**家鹿、首鼠

**【性味】**味甘,性热,无毒。

**【功用主治】**《名医别录》称:鼠可以续筋骨,治疗跌打损伤。用生雄鼠捣末敷搽。剪成膏,治疮瘘。《日华诸家本草》记载:主治小儿惊痫。孟诜说:腊月用猪油煎炸雄鼠至枯,去渣熬制膏藏备用,治疗跌打损伤、冻疮、烫火伤。李时珍说:5月5日将鼠同石灰捣如泥,外敷患处,治疗金疮,疗效显著。

**本草附方**

**【治鼠瘘溃烂】**用鼠1个,乱发1鸡蛋大小,用已3年的腌猪油油煎,会消尽。用一半涂搽,用一半以酒服送,是不传的秘方。

**【治产后子宫脱垂】**温水洗净,用两头尖烧烟熏阴部,即愈。

## 鼹鼠

### 本草纲要

【释义】鼹鼠终生在地下生活,地下掘有很长隧道,将土推出地面,形成一个个小土堆,很少爬出地面。食物以地下昆虫、蠕虫为主,也食野生植物。

【异名】隐鼠、田鼠。

【性味】味咸,性寒。

【功用主治】《名医别录》记载:主痈疽,诸瘘,蚀恶疮,阴匿烂疮。陈藏器说:鼹鼠肉主风,久食主疮疥痔瘘。鼹鼠膏主摩诸疮。《本草图经》记载:风热久积,血脉不行,结成疮疽,食之可消去;小儿食之,亦杀蛔虫。

### 本草附方

【治疗肿恶疮】鼹鼠 1 只。烧焦研面,取醋 2 两煎至 1 两,再加入适量的鼹鼠粉末,搅成膏状贴患处,用香油调涂亦可。

【治胃癌】鼹鼠 1 只。用瓦焙成焦黄色,研成粉末。每次 5 分,黄酒冲服,日服 1 次。

## 鼫鼠

### 本草纲要

【释义】李时珍说:鼫鼠到处都有,在土洞、树洞中住。形体比鼠大,头似兔子,尾长有毛,青色。善于叫,能像人一样直立。交配前两脚舞动。爱吃粟、豆,与鼹鼠都是田害,鼹鼠小,在田里居住,而鼫鼠大,居住在山中。范成大讲:宾州鼫鼠爱吃山豆根,所以吃它可治咽喉热症。

【异名】硕鼠、雀鼠。

【性味】味甘,性寒,无毒。

【功用主治】李时珍说:治咽喉痹痛,一切热气,含在口中咽汁,神效。

## 土拨鼠

### 本草纲要

【释义】生长在西番的山泽间,打土洞而居。形体如獭,当地人掘取而食之。《魏志》写道:大秦国出产辟毒鼠,近似于土拨鼠。李时珍讲:皮可做成裘,很暖和,湿寒不能穿透它。

【性味】味甘,性平,无毒。

【功用主治】陈藏器讲:土拨鼠肉煮来吃,味很肥美,治野鸡瘘疮。按《饮膳正要》一书讲:多吃难消化,微动风。李时珍说:土拨鼠头骨主治小儿夜卧不宁,悬之于枕边,

即安。

### 黄鼠

#### 本草纲要

**【释义】** 李时珍讲:太原出产黄鼠,大同、延、绥及沙漠各地都有。辽人尤其视为珍贵之物。形状类似大鼠,黄色而短脚。善跑,极肥。它所居的洞穴有土窖如床榻的形状,那是雄雌共居之处。晴暖时则出来坐在洞口,见人就交叉前脚,拱起如作揖,窜入洞内。味极肥美,如豚子而且脆。皮可以做成裘领。

**【异名】** 礼鼠、拱鼠、䶂狸、地松鼠、大眼贼、蒙古黄鼠。

**【性味】** 味甘,性平,无毒。

**【功用主治】** 李时珍说:主治润肺生津。多吃会发疮,可煎成膏贴疮。解毒止痛。

#### 本草附方

**【治诸疮肿毒,止痛退热】** 用大黄鼠 1 只,打死,再用清油 1 斤,慢火煎熬,水上拭油不散,于是滤去滓澄清冉煎,再加紫黄丹 5 两炒,不停地用杨柳枝搅匀,滴水成珠时,下黄腊 1 两,熬黑即成。去火毒三日,如常摊贴。

### 鼬鼠

#### 本草纲要

**【释义】** 形状像鼠而身子长,头如小狗,尾大,黄色带红。气味极臊臭。习性好偷吃鸡鸭,村野人家最受其害。怕狗,被追逐时便撒屁几十个,满室恶臭不可闻。其毫和尾可做成笔,严冬时不会变硬,世上称鼠须、栗尾的就是。

**【异名】** 黄鼬、黄鼠狼、鼪鼠、地猴。

**【性味】** 味甘、臭,性温,有小毒。

**【功用主治】** 李时珍说:鼬鼠肉煎油涂疮疥,杀虫。鼬鼠心肝主治心腹痛,杀虫。《东医宝鉴》记载:作末,疗疮瘘久不合。

#### 本草附方

**【治淋病】** 鼬鼠全身黑烧粉末,与等量之梓白皮细末混合,每次约服一匙许,开水送。

### 猬

#### 本草纲要

**【释义】** 吴人称之为偷瓜贼,因它常藏在瓜畦中,爱吃瓜。陶弘景讲:猬处处都有,见人便藏起头脚,它的毛尖利,中间空如骨,捕它卒不可得。能跳入虎耳中,而见到鹊便自己仰起腹让啄,动物相互制约而如此。它的脂溶化在铁中,再加入少量水,铁则柔软如铅锡。李时珍说:猬的头、嘴似鼠,刺毛如豪猪,蜷则形体如芡房和栗房,攒毛外刺,尿马上放出。

【异名】猬、毛刺、白刺猬、猬鼠、偷瓜蝛、刺鼠、偷瓜獾、刺血儿、刺球子、刺鱼。

【性味】味甘,性平,无毒。

【功用主治】《神农本草经》说:刺猬皮主五痔阴蚀下血,赤白五色血汁不止,阴肿痛引腰背,酒煮杀之。《名医别录》记载:猬皮疗腹痛疝积,烧为灰,酒服之。《药性论》:猬皮主肠风泻血,痔病有头,多年不瘥者,炙末白饮下方寸匕;烧末吹主鼻衄。陈藏器说:猬肉烧灰酒服治胃逆,又煮汁服止反胃。猬脂溶滴耳中,治耳聋。孟诜说:炙食肥下焦,理胃气,令人能食。李时珍说:猬脂涂秃疮疥癣,杀虫。猬心肝主治蜂瘘蚁瘘,瘰疬恶疮,烧灰,酒服一钱。

**本草附方**

【治眼睫倒刺】猬刺、枣刺、白芷、青黛,各等分成末,随左右吸于鼻中,口含冷水。

【治虎爪伤人】用刺猬脂天天敷在伤口上,同时内服香油。

【治脱肛】猬皮1斤(烧),磁石5钱(煅),桂心5钱,捣成末。每次服2钱,用米汤饮下。

## 寓类

### 猕猴

**本草纲要**

【释义】又叫胡孙、沐猴、马留、狙,梵书中叫它为摩斯咤。李时珍说:按班固《白虎通》记载,猴即是候。见人在煮饭时便伏机凭高四望,确是善于等候机会的动物。猴爱拭面如同沐浴,所以又称它为"沐"。后来人错误地说沐为"母",又错误地说母是"猕",愈错愈远了。猴长相像土族人,所以叫胡孙。

【异名】狙、沐猴、胡孙、期猕、马留、黄猴。

【性味】味酸,性平,无毒。

【功用主治】《慎微本草》记载:猕猴肉主诸风劳,酿酒弥佳。为脯,主久疟。猕猴头骨,主瘴疟。祛风湿,通经络。治风寒湿痹,四肢麻木,关节疼痛。

**本草附方**

【治疟疾进退不定】猢狲头骨1枚(烧灰),细研为散,空腹以温酒调1钱服,临发时再服。

### 猩猩

**本草纲要**

【释义】李时珍说:猩猩出产于哀牢边境及交趾封溪的野山谷中。形状如狗和猕猴,其毛如猿，白耳如猪，人面人脚，长发，头颜端正。叫声如小儿啼哭，也如狗叫。成队结群而行。猩猩能够言语，并且能够预测未来，像很清醒、聪明的样子。

**【性味】**味咸，性温，无毒。

**【功效主治】**李时珍说：吃了猩猩肉使人不知味不知饥疲，可以进入一种长期可以不食水谷而不知饥饿、疲劳的境界，让人善于奔跑，荒年无厌，可以辟谷。

### 狒狒

#### 本草纲要

**【释义】**出产在西南少数民族地区。它的形状像人，被发现后迅速逃跑，能食人。《山海经》说：枭羊，人面，长唇黑身，有毛而脚跟上翻，见人则笑，笑时上唇会掩住眼睛。《方舆图志》记载：狒狒，西蜀及处州山中有，叫作人熊。人也吃它的掌，剥它的皮。闽中沙县幼山也有，长有1丈多，逢人就笑，叫为山大人。

**【异名】**枭羊，人熊。

**【性味】**味甘，性平，无毒。

**【功效主治】**陈藏器说：做肉干吃，补五脏，不饥，延年。连同脂肪薄割炙热，贴人的癣疥，能引虫出，不断换贴，直至取愈。

## 人部

李时珍说：《神农本草经》所载人部，只有发髲一种可以入药，这是人有别于物的地方。

### 爪甲

#### 本草纲要

**【释义】**李时珍说：指甲为筋之余，是胆的外候。《灵枢经说》：胆与爪甲相应，指甲直而白色没有纹的胆直；指甲形状不正常而黑色多纹者胆结。

**【异名】**筋退。

**【性味】**味甘、咸，性平，无毒。

**【功效主治】**寇宗奭说：主治鼻出血，把指甲刮细吸入鼻内，出血即停止。李时珍说：主催生，下胞衣，利小便。治血尿，及阴阳易病，破伤中风，去翳膜。陈藏器说：取孕妇人爪甲，点目，可去翳障。

#### 本草附方

**【消除脚气】**每到寅日剪手脚指甲，同时贴紧肉剪可除脚气。

【破伤中风】用手足十指甲，香油炒研，热酒调制，呷服，汗出便好。

【阴阳易病】用手足趾甲20片，中裤裆一片，烧为灰，温酒分3次服下。但男病用女的指甲，女的则反之。

【小儿腹胀】用父母指甲，烧为灰，敷于母亲乳房上，小儿吃母乳而服，则病愈。

【小便尿血】人指甲半钱，头发2钱半，烧研为末，每次空腹和温酒服1钱。

【妊娠尿血】取自己丈夫的指甲烧灰用酒服。

## 牙齿

### 本草纲要

【释义】李时珍说：口两旁的叫牙，当中的称齿。肾主骨，齿为骨之余。女子出生后7个月开始生牙齿，7岁换牙，到21岁肾气便充盈了，真牙也生出了，到49岁，肾气便开始衰竭，齿开始枯落。男子出生后8个月生齿，8岁换牙，24岁时肾气才充盈，真牙也就长成了。

【性味】味甘、咸，性热，有毒。

【功效主治】陈藏器说：能除劳治疟，解蛊毒气，入药烧用。李时珍说：治乳房痈肿、痘疮。

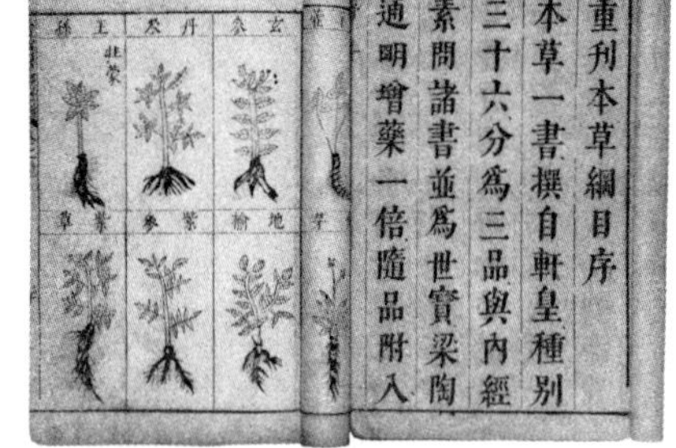
重刊本草綱目序
本草一書撰自軒皇種別
三十六分爲三品與內經
素問諸書並爲世實梁陶
通明增藥一倍隨品附入

《本草纲目》书影

### 本草附方

【乳痈未溃】人牙齿烧灰研末，用油调后敷于患处。

## 乳汁

### 本草纲要

【释义】李时珍说：乳是阴血所造，生于脾胃，摄于冲任。未受孕则成月经，受孕后则留而养胎，产后则由红变为白色，成为乳汁。

【异名】奶汁、仙人酒。

【性味】味甘、咸，性平，无毒。

【功效主治】《名医别录》记载：主治补五脏，令人肥白润泽。治疗眼红肿流泪，用它和豆豉汁服用，有神效。它益气，治瘦弱，润肌肤，生毛发。大明说：益气，治瘦悴、悦皮肤、润毛发，点眼止泪。苏恭说：和雀屎，去目中弩肉。

### 本草附方

【治虚损劳疾】用没有病的妇女乳汁3酒杯，将瓷碟晒极热，置乳于其中，再加入少许麝香末、木香末2分，调匀服用，然后饮浓茶1杯。第二天服接命丹（用人乳3酒杯，如前晒碟盛人乳，加入胞末1个调制），服后面红耳赤，如醉思睡，吃少许白稀饭以调养。

## 人胞

### 本草纲要

**【释义】**李时珍说:人胞是因为包人如衣,所以得名。胞衣,生第一胎的最佳,其次是健壮没有病的妇女的。取来后用淘米水洗净,盛于竹器内,在溪流中洗去筋膜,再用乳香酒洗过,于篾笼内烘干研末。

**【异名】**胞衣、胎衣、紫河车、仙人衣、佛袈裟、混沌衣、混元母、黄河车。

**【性味】**味甘、咸,性温,无毒。

**【功效主治】**陈藏器说:主治气血不足,妇女劳损,面干皮黑,腹病瘦弱,则治净,用五味和后,给妇女吃,但不要让她知道。吴球说:治男女一切虚损劳极、癫痫失志恍惚,安神养血,益气补精。

### 本草附方

**【治妇女痨疾咳嗽、发热等症】**用初生男孩的胞衣,于溪流中洗净,煮熟切细,烘干研末,加山药 2 两,人参 1 两,折茯苓半两,研为末,用酒糊为梧子大小的丸,与麝香同放 7 日。每次温服 30 到 50 丸,用盐汤下。

**【补阴功,久服耳聪目明,须发乌黑,延年益寿】**用胎衣 1 具(男用妇,妇用男。淘米水洗净,在新瓦上焙干研末,或用淡酒蒸熟,捣晒研末);年久的童便浸过 3 日,用酥烤黄的败龟板 2 两;去皮、盐酒浸后炒过的黄檗 1 两半,去皮后酥烤过的杜仲 1 两半;去苗、酒浸后晒过的牛膝 1 两 2 钱同研为末,夏月加五味子 7 钱,研为末(但不接触铁器),用地黄膏入酒。米糊如小豆大的丸。每次空腹服 80 到 90 丸,盐汤下。11、12 月则酒下。女人服用则去龟板,加当归 2 两,用乳煮糊丸。男子液精,女子带下,都加牡蛎粉 1 两。

**【治五劳七伤,吐血虚瘦】**用初生胞衣,洗净后以酒煮烂,捣如泥,加白茯苓末,做成梧子大小的丸,每次服百丸。

**【治久癫失志,气虚血弱】**胎衣洗净,煮烂食用。

## 胞衣水

### 草纲要

**【释义】**就是把胞衣埋在地下,7、8 年后化为水,澄澈如冰,南方人以甘草、升麻和诸药,用瓶盛装而埋,3、5 年后取出。

**【性味】**味辣,性凉,无毒。

**【功效主治】**陈藏器说:主治小儿丹毒,各种热毒,发寒热不止,狂言乱语,饮后立效。李时珍说:反胃久病,饮 1 盅当有虫出。

# 伤寒论

【导语】

《伤寒论》是一部阐述外感热病治疗规律的专著。全书10卷，东汉张仲景撰于公元3世纪初。张仲景原著《伤寒杂病论》，在流传的过程中，经后人整理编纂将其中外感热病内容结集为《伤寒论》，另一部分主要论述内科杂病，名为《金匮要略方论》。《伤寒论》本书按宋·赵开美本条文排列顺序逐条加以评注，其编写体例是继每条原文后，分列【原文】、【校勘】、【词解】和【句解】等项，对附有方剂的条文每方之后复列【方解】、【验案】、【评述】等项目。条文及方剂的【评述】部分多能集中反映作者的学习研究心得，而【验案】一项则选择前贤应用经方佳案予以评析，以期理论联系实际，为临床服务。

张仲景像

## 辨太阳病脉证并治上

【原文】 **太阳之为病，脉浮，头项强痛[1]而恶寒。**

【词解】 头项强痛：即头痛项强。项，颈之后部。强，音降。项强为颈项牵强不舒感。

【原文】 **太阳病[1]，发热，汗出，恶风[2]，脉缓[3]者，名为中风[4]。**

【校勘】 《金匮玉函经》《千金翼方》："汗出"下有"而"字。"脉缓者"句作"其脉缓"。"为中风"句上无"名"字。

【词解】 ①太阳病：指上条太阳病的基本脉证。

②恶风：即恶风寒也，不独为恶风解。

③脉缓：即脉浮缓之意。缓为缓和，浮缓是浮脉有缓和之象，相对于浮紧而言。与素称之"缓脉"意义不同。

④中风：中，音众。此处指外感之中风，即《难经》所说"伤寒有五"之中的狭义中风。

【句解】发热、汗出、恶风、脉缓：当人体初受风寒侵袭，阳气外浮与邪相争则发热，玄府失守则汗出，汗出则肌疏不胜风袭故恶风；更以汗液外出，故脉象松弛而呈缓象。凡此多与汗出有关。此示中风与伤寒之别。从症状上讲，有汗与无汗是关键之处。

【原文】 **太阳病或已发热，或未发热，必恶寒。髅痛，呕逆，脉阴俱紧[1]者，名为伤寒[2]。**

【校勘】 成无己本："逆"作"噎"。

《金匮玉函经》:"脉"字前均有"其"字,"俱紧"后无"者"字,"为伤寒"前无"名"字。

康平本、成无己本:"名为伤寒"均作"名曰伤寒"。

【词解】 ①脉阴阳俱紧:对脉之阴阳有两种解释:一种认为指脉的部位,寸为阳,尺为阴。如方有执说:"阴为关后,阳为关前,俱紧,三关通度而急疾,寒性强劲而然也。"另一种认为指脉的浮沉,浮取为阳,沉取为阴。如柯韵伯说:"阴阳指浮沉而言,不专指尺寸也。"两说各有所取,临床当脉证合参,不必拘泥。紧,指脉象紧张,如切绳状。与弦脉相似,但弦脉端直以长,紧脉则转索有力。②名为伤寒:伤寒分广义和狭义两种。广义伤寒,包括多种外感热病。《难经》说:"伤寒有五:有中风,有伤寒,有湿温,有热病,有温病。""伤寒有五",即为广义伤寒。五种之中的伤寒,即为狭义伤寒。本条系指麻黄汤证的狭义伤寒而言。

【原文】 **伤寒[①]一日,太阳受之,脉若静[②]者。为不传[③];颇欲吐。若躁烦。脉數急[④]者,为传也。**

【校勘】 《金匮玉函经》:"躁烦"上无"若"字,"为传也"作"乃为传"。

成无己本:"躁"作"燥"。

【词解】 ①伤寒:指广义伤寒,包括中风在内,与上条"名为伤寒"有广狭之分。②脉若静:指脉与证符(伤寒脉紧,中风脉缓),无数急现象。③传:《辞源》转也,授也,谓以此之所受,转受之于彼也。④脉数急:与脉静相对而言。张令韶:数急,对静而言。

【原文】 **伤寒二三日[①],阳明、少阳证[②]不见者,为不传也。**

【校勘】 《金匮玉函经》《千金翼方》:均作"伤寒其二阳证不见,此为不传"。

【词解】 ①二三日:根据《素问・热论》的说法,传经是有规律的,每天传一经。一日太阳,二日阳明,三日少阳,四日少阴,五日太阴,六日厥阴。但临床实际所见并不尽然,当以脉证为凭。②阳明、少阳证:阳明的不恶寒,反恶热,身热,心烦,口渴,不眠等证;少阳的寒热往来,胸胁苦满,善呕,口苦,咽干,目眩,耳聋等证。

【原文】 **太阳病,发热而渴,不恶寒者,为温病。若发汗已,身灼热者,名风温。风温为病,脉阴阳俱浮[①],自汗出,身重[②],多眠睡[③],鼻息必鼾[④],语言难出。若被下者,小便不利,直视[⑤]失溲[⑥]。若被火[⑦]者,微发黄色,剧则如惊痫,时瘛疭[⑧]。若火熏之,一逆[⑨]尚引[⑩]日,再逆促命期[⑪]。**

【校勘】 《金匮玉函经》:"伤寒"下无"者"字。"被下者"作"下之","被火"下无"者"字,"发黄"下无"色"字,"瘛疭"作"掣纵发作"。"若火熏之"句,作"后以火熏之"。

成无己本:"名风温"句作"名曰风温","息"字上无"鼻"字。

【词解】 ①脉阴阳俱浮:《内经》对脉象的诊察分为两种情况。一种是三部九候的遍身诊察法,一般不用阴阳来分;另一种是在诊察胃气脉中分阴脉和阳脉。《素问・太阴阳明论》说:"足太阴者三阴也,其脉贯胃,属脾络嗌,故太阴为之行气于三阴。阳明者表也,五脏六腑之海也,亦为之行气于三阳。"说明阴阳脉的胃气均是从太阴脉和阳明脉而来,故可用此六脉来推测胃气之多少。太阴脉测在寸口,阳明脉测在人迎,故脉阴阳俱浮,可理解为此二处的脉浮。②身重:身体沉重酸软乏力。③多眠睡:神志昏迷,多昏睡的状态。④鼾:音酣,即昏睡时的呼吸声。⑤直视:眼球转动不灵,目光呆滞无神。⑥失溲:注家多释为大小便自遗,当包括无尿的情况。⑦被火:即用火热方法治疗,是古代的治疗方法,如火熏、烧艾、烧针等。⑧瘛疭:音掣纵。指手足抽搐。⑨逆:指治疗的错误。

⑩引:延长的意见。⑪促命期:促即迫近之意,命期即死期。意为加速死期的到来。

【句解】①太阳病发热而渴,不恶寒者为温病:指出温病的主要特征是发热而渴、不恶寒。②若发汗已,身灼热者,名风温:这里的风温指太阳温病误治的变证,与后世温病学中所讲的风温概念不尽相同。尤在泾说:“伤寒,寒伤在表,汗之则邪去而热已。风温,温与风得,汗之则风去而温胜,故身灼热也。”③风温为病……语言难出:此段具体说明了风温的临床表现。其症状主要是因津液缺乏,热度高而致。其中,脉阴阳俱浮说明内外一片热象;自汗出说明表邪已有转向气分里热之势;身重说明津液缺乏,经脉不得濡养;多眠睡说明气分之热已扰心神;鼻息必鼾、语言难出说明热邪充斥肺胃,以致气机紊乱。④若被汗者……剧则如惊痫,时瘛疯:说明再一次误治而发生的又一次变证。因为风温已属误治,使津液缺乏,热邪加重。若再用汗、下、被火之法,则更进一步损伤津液,出现小便不利;若更严重则有无尿之危,或出现筋脉失养而抽搐动风;若热邪进一步加重,以致血液受损,则可能出现身微黄;若热扰心神则惊痫。⑤若火薰之……再逆促命期:说明误治一次,虽使病情加重,尚不至立即危害生命。但一再误治,就会危及生命。以此告诫医生临证之时必须及时总结经验,随时纠正错误。

【原文】 **病有发热恶寒者,发于阳也;无热恶寒者,发于阴也。发于阳,七日愈;发于阴,六日愈;以阳数七,阴数六故也。**

【校勘】 《金匮玉函经》《千金翼方》:“病”字上均有“夫”字,两“热”字下都有“而”字,“无热”均作“下热”。“阳”字下都有“者”字,成无己本亦有。

【原文】 **太阳病,头痛至七日以上自愈[①]者,以行其经[②]尽故也。若欲作再经[③]者,针足阳明,使经不传则愈。**

【校勘】 《金匮玉函经》《诸病源候论》《千金翼方》:均无“以行”二字,“尽”作“竟”。《医宗金鉴》、成无己本:“以上”作“已上”。

【句解】①七日以上自愈:即前条病发于阳七日愈之义。《内经》及后世医家,多以五行生成数以测病期,借以说明疾病轻重、愈之时日。此不过示人凡病其自愈,皆有大概时日而已。②行其经尽:即在太阳一经行尽。③欲作再经:即传于他经。

【原文】 **太阳病,欲解时,从巳至未上。**

【校勘】 《金匮玉函经》《千金翼方》:“至”均作“尽”,均无“上”字。

【句解】从巳至未上:古时用十二地支计时,把一日分为十二个时辰。巳、未,都是时辰名。从巳至未上,相当于上午10时至下午2时。

【原文】 **风家[①],表解而不了了[②]者,十二日愈。**

【词解】 ①风家:指常病伤风感冒者。②不了了:病未彻底痊愈,尚有不舒服的感觉。

【原文】 **病人身大热,反欲得衣者,热在皮肤[①],寒在骨髓[②]也。身大寒,反不欲近衣者,寒在皮肤,热在骨髓也。**

【校勘】 《金匮玉函经》:“病人”作“夫病”。

成无己本:“得”下有“近”字。

【词解】 ①皮肤:言浅,指外表而言。②骨髓:言深,指内里而言。

【原文】 **太阳中风,阳浮而阴弱[①],阳浮者热自发,阴弱者汗自出,啬啬[②]恶寒,淅淅[③]恶风,翕翕[④]发热,鼻鸣[⑤]干呕[⑥]者,桂枝汤主之。**

【校勘】《金匮玉函经》《脉经》《千金翼方》:“阴弱”均作“阴濡弱”。

《千金翼方》:“啬啬”作“涩涩”,“翕翕”作“噏噏”。

【词解】①阳浮而阴弱:阴阳指脉象之沉浮而言,也有以尺、寸分阴阳者。参见第3条。②啬啬:音色。形容怕冷的样子。③淅淅:音西。微风之音响,比喻微风洒袭肌肤的畏风感觉。④翕翕:音西。发热轻浅,如羽毛披覆在身上的感觉。⑤鼻鸣:鼻塞不通、气息不利而发出的呼吸音。⑥干呕:呕而无物也。

**【方剂】桂枝汤方**

**桂枝三两(去皮)　芍药三两　甘草二两(炙)　生姜三两(切)　大枣十二枚(擘)**

**上五味,㕮咀[1]三味,以水七升,微火煮取三升,去滓,適寒温。服一升。服已。须臾。啜[2]热稀粥一升余,以助药力,温覆令一睛静,遍身漐漐[3]微似有汗者益佳,不可令如水流离。病必不除。若一服汗出病瘥,停后服,不必尽剂。若不汗,更服依前法;又不汗,后服小促其间,半日静,令三服尽。若病重者。一日一夜服。周时观之。服一剂尽。病症犹在者。更作服,若汗不出,乃服至二三剂。禁生冷黏滑、肉面五辛[4]、酒酪[5]、臭恶等物。**

【校勘】《金匮玉函经》:“擘”作“劈”。

成无己本:无“三味”二字,“离”作“漓”。“小促”下有“役”字,“不出”下有“者”字。

《金匮·下利篇》:“流漓”作“淋漓”。

《仲景全书》:“遍身”作“通身”,“小促”上有“当字”。《金匮玉函经》亦有“当字”,“周”作“啐”,没有“禁生冷”以下十五字。

《千金方》:“若病重”以下为“重病者,一日一夜乃差,当晬时观之,服一剂汤,病症犹在,当复作服之,至有不汗出,当服三剂乃解”。

《外台秘要》:则为“若病重者,昼夜服,特须避风,若服一剂,晬时不解,病症不变者,当更服之”。

王宇泰云:“小促宋版作少从容。”但赵复宋本并不如此,是王氏所见另一宋本。

【词解】①㕮咀:音府举,即把药切碎,系古代制剂法。因古无铁器,破碎药物时,用口咬如豆块状,相当于现代刀刃切饮片法。②啜:音戳。意即急饮。③漐漐:音折,汗出极微的样子。④五辛:《本草纲目》以小蒜、大蒜、韭、芸苔、胡荽为五辛。各家解释不一,一般均指有刺激性之食物而言。⑤酪:动物乳类制品。

【方解】《金鉴》:名曰桂枝汤者,君以桂枝也。桂枝辛温,辛能发散温通卫阳;芍药酸寒,酸能收敛,寒走阴营。桂枝君芍药,是于发汗中寓敛汗之旨;芍药臣桂枝是于和营中有调卫之功。生姜之辛,佐桂枝以解表;大枣之甘,佐芍药以和中。甘草甘平,有安内攘外之能,用以和中气,既以调和表里,且以调和诸药。以桂芍之相须,姜枣之相得,籍甘草之调和,阳表阴里,气卫血营,并行而不悖,是则刚柔相济,以相和也。而精义在服后须臾啜稀粥,以助药力,盖谷气内充不但易为酿汗,更使已入之邪,不能少留,将来之邪,不得复入也。又妙在温覆令一时许。漐漐微似有汗,是授人以微汗之法也。不可令如水流漓,病必不除,是禁人以不可过汗之意也。此方为仲景群方之冠,乃解肌发汗、调和营卫之第一方也。凡中风伤寒,脉浮弱,汗自出,而表不解者,皆得而生之。其他但见一二证即是,不必悉具也。此汤倍芍药、生姜,加人参名“桂枝新加汤”,用以治营表虚寒,肢体疼痛。倍芍药加饴糖,名“小建中汤”,用以治里虚心悸。腹中急痛再加黄芪,名“黄芪建中

汤”,用以治虚损、虚热、自汗、盗汗。因知仲景之方,可通治百病也。若一服汗出病差,谓病轻者,初服一升病即解也。停后服不必尽剂,谓不可再服第二升,恐其过也。若不汗更服依前法,谓初服不汗出未解,再服一升,依前法也。又不汗后服,谓病仍不解,后服第三升也。小促其间,半日许令三服尽,谓服此将三升,当小促其服亦不可太缓,以半日三时许为度,令三服尽始适中,其服之宜也。若病重者,初服一剂三升尽,病不解,再服一剂,病犹不解,乃更服三剂,以一日一夜周十二时为度,务期汗出病解而后已。后凡有日依桂枝汤法者,即此之谓也。

方有执:微火者,取和缓不猛,而无沸溢之患也。滓,淀垽也,古人药大剂,釜铛中煮,绵绞漉汤,澄泸取清,故曰去滓。啜,大饮也。漐漐,和润而欲汗之貌。微似二字,最为要紧,有影无形之谓也,不可禁止之词也。如水流漓,言过当也,病必不除,决言不遵节制,则不效验也。

柯韵伯:此为仲景群方之魁,乃滋阴和阳,调和营卫,解肌发汗之总方也。凡头痛发热,恶风恶寒,其脉浮而弱,汗自出者,不拘何经,不论中风、伤寒、杂病,咸得用此发汗。

曹颖甫:方用桂枝以通肌理达四肢,芍药以泄孙络,生姜、甘草、大枣以助脾阳。又恐脾阳之不动也,更饮热粥以助之,而营阴之弱者振矣。营阴之弱者振,然后汗液由脾而泄于肌腠者,乃能直出皮毛,与卫气相接,卫始无独强之弊,所谓阴阳自和自愈者也。

【验案】　乡人吴德甫伤寒、身热、自汗、恶风、鼻出涕,关以上浮,关以下热,予曰:此桂枝证也,仲景法中第一方,而世人不究耳。便出服之。一啜而微汗解,翌日诸苦顿除。(《伤寒论著三种》)

里间张太医家一妇,病伤寒,发热恶风,自汗,脉浮而弱。予曰:当服桂枝。彼云:家有自合者。予令三啜之,而病不除。予询其药中用肉桂耳。予曰:肉桂与桂枝不同。予自治以桂枝汤,一啜而解。(《许叔微伤寒论著三种》)

**【原文】　太阳病,头痛,发热,汗出,恶风,桂枝汤主之。**

【校勘】　《脉经》:“风”字下有“若恶寒”三字,成无己本有“者”字。

**【原文】　太阳病,项背强几几,及汗出恶风者,桂枝加葛根汤主之。**

【校勘】　《金匮玉函经》:“反”上有“而”字,末句为“桂枝汤主之,论云,桂枝加葛根汤主之”十五字,《千金方》同。

《千金方》:“论云”作“本论云”。

【句解】①项背强几几:几几,音殊。项背强几几即项背牵强、拘急不舒的感觉。因太阳经行于背,风邪侵入,经气不舒,津液不能上达,经脉失于濡养所致。《素问·刺腰痛论》“腰痛挟背而痛至头,几几然”,与此义近。②反汗出恶风:太阳病,项背强几几,本当无汗恶风,为太阳伤寒表实之证,今有项背强几几之感,而见汗出,故曰“反”。

**【方剂】桂枝加葛根汤方**

**葛根四两　麻黄三两(去节)　芍药二两　生姜三两(切)　甘草二两(炙)　大枣十二枚擘桂　枝二雨(去皮)**

**上七味,以水一斗,先煮麻黄,葛根减二升,去上沫,内①诸药,煮取三升,去滓,温服一升。后取微似汗,不须啜粥,余如桂枝法将息②及禁忌。**

【校勘】　《金匮玉函经》:无“麻黄”,“一斗”作“九升”,并无“将息及禁忌”五字。林亿等认为:“太阳中风自汗用桂枝,伤寒无汗用麻黄,今证云汗出恶风,而方中有麻

黄,恐非本意也。第三卷有葛根汤本证,云无汗恶风,正与此方同,是合用麻黄也。此云桂枝加葛根汤,恐是桂枝汤中但加葛根耳。"

【词解】 ①内:同纳。②将息:调养之意。

【方解】 张隐庵:用桂枝汤以解太阳肌中之邪,加葛根宣经络之气,而治太阳经脉之邪。

陈修园:此即桂枝证渐深,将及阳明,故加葛根以断其前路,仍用桂枝以截其后路。尚书云"去疾莫如尽",此方得之。

阎德闰:总其方观之,主要发汗,以去项强。若桂枝与葛根,一则健胃,一则滋养,以助理其健康也。

【验案】 寅戌,建康徐南强,得伤寒,背强,汗出,恶风。予曰:"桂枝加葛根汤证。"病家曰:"他医用此方,尽二剂而病如旧,汗出愈加。"予曰:"得非仲景三方乎?"曰:"然"。予曰:"误矣。是方有麻黄,服则愈见汗多。林亿谓止于桂枝加葛根也。"令生而服之,微汗而解。(《许叔微伤寒论著三种》)

【原文】 **太阳病,下之后,其气上冲者,可与桂枝汤,方用前法;若不上冲者,不可与之。**

【校勘】 《金匮玉函经》《千金翼方》:没有"后"和"方用前法","得"作"可"。成无己本同。

【原文】 **太阳病三日,已发汗,若吐、若下、若温针[①],仍不解者,此为坏病[②],桂枝不中与也。观其脉证,知犯何逆,随证治之。桂枝汤本为解肌,若其人脉浮紧,发热,汗不出者,不可与之也。常须识[③]此,勿令误也。**

【词解】 ①温针:用针刺穴内,以艾裹针体而烧的一种治疗方法。②坏病:由于误治使病情恶化的各种变证之概称。③识:通志,记住。如苏轼《石钟山记》:"因笑谓迈曰:'汝识之乎?'"

【原文】 **若酒客病,不可与桂枝汤。得之则呕,以酒客不喜甘故也。**

【校勘】 《金匮玉函经》《千金翼方》:均无"若""病""以"三字。《注解伤寒论》:"得之"作"得汤"。

【词解】 酒客:平素嗜酒的人。

【原文】 **喘家[①]作桂枝汤,加厚朴杏子佳。**

【校勘】 《金匮玉函经》《千金翼方》:"杏子"均作"杏仁"。

【词解】 ①喘家:指素患喘病的人。

【方剂】**桂枝加厚朴杏子汤方**

**桂枝三两(去皮)　甘草(炙)二两　生姜三两(切)　芍药三两　大枣十(擘)二枚　厚朴二两(炙,去皮)　杏仁五十枚(去皮尖)**

**上七味,以水七升,微火煮取三升,去滓,温服一升,复取微似汗。**

【方解】 任应秋:喘家作桂枝汤,犹言有喘病的人又感受了太阳中风证,应服桂枝汤的时候,要注意他的喘病。厚朴、杏仁都有降气定喘的作用,可以适当加进汤方里。这说明治病要灵活兼顾。

【验案】 初某,男,3个月,因发热4天,咳嗽、气促,抽风2次,于1961年2月24日住某医院。

住院检查摘要：患儿于2月21日突然发热、咳嗽，有少量痰，伴有腹泻，日四五次，为黄色溏便，精神萎顿，吃奶少，2天后咳嗽气喘加重。连续在某门诊治疗，用退热消炎止咳等西药未效。2月24日突然抽风2次，每次持续三四秒钟，两次间隔时间较短，当即住院。症见高热无汗、烦躁哭闹、时有惊惕不安等。先用土、红霉素等西药，并服大剂麻杏石甘汤，复以银翘散加味，寒凉撤热，症状未见改善，即停用红霉素。于27日请蒲老会诊，当时高烧40℃，仍无汗，面色青黄而喘满，膈动足凉，口周围色青，唇淡，脉浮滑，指纹青，直透气关以上，舌质淡、苔灰白，胸腹满。此属感受风寒，始宜辛温疏解，反用辛凉苦寒，以致表郁邪陷，肺卫不宣。治拟调和营卫，透邪出表。苦温合辛温法，用桂枝加厚朴杏子汤加味。

处方：桂枝五分　白芍六分　炙草五分　生姜二片　大枣二枚　厚朴五分　杏仁十粒　僵蚕一钱　前胡五分　一剂。

药后有微汗出，体温渐退，精神好转，喉间有水鸡声，腹仍满，膈动微减，吃奶已好转，仍便溏一日5次，口周围青色稍退。脉滑不数，指纹青色亦稍退，舌淡苔秽白。营卫虽和，但肺气仍闭，湿痰阻滞。宜温宣降逆化痰为治，用射干麻黄汤加减，

处方：射干五分　麻黄五分　细辛三分　法半夏一钱　紫菀五分　五味子七粒　炙草五分　生姜二片　前胡五分　炒苏子一钱　大枣二枚一剂。

药后体温降至36.4℃，精神好转。全身潮润，足欠温，腹满已减，二便如前，面色青白，右肺水泡音较多，左肺较少，脉沉滑，舌淡苔退。乃表邪已解，肺胃未和。宜调和肺胃，益气化痰为治。仿厚朴生姜半夏甘草人参汤加味。

处方：西洋参五分　川朴七分　法半夏一钱　炙草五分　生姜二片　橘红五分二剂。

药后仅有微咳，呼吸正常，食欲增进，大便日一两次成形，小便多，两肺呼吸音粗糙，少许干啰音。脉沉细而滑，舌正常无苔。用二陈汤加白前、苏子、枇杷叶、生姜调肝胃、化湿痰以善其后。3月8日病愈出院。（《蒲辅周医案》）

**【原文】　凡服桂枝汤吐者，其后必吐脓血也。**

**【校勘】**　《金匮玉函经》《千金翼方》：均无“凡”“也”二字。

**【原文】　太阳病，发汗，遂漏[①]不止，其人恶风，小便难[②]，四肢微急[③]，难以屈伸者，桂枝加附子汤主之。**

**【校勘】**　《金匮玉函经》《脉经》《千金翼方》：“汗”字上均有“其”字，下有“而”字。

**【词解】**　①漏：渗泄不止的意思，在这里是形容汗多。②难：不通畅的意思。③急：拘急，即屈伸运动不自如。

**【方剂】桂枝加附子汤方**

**桂枝三两（去皮）　芍药三两　甘草二两（炙）　生姜三两（切）　大枣十二枚（擘）　附子一枚（炮去皮，破八片）**

**上六味，以水七升煮，取三升，去滓，温服一升。本云桂枝汤，今加附子，将息如法。**

**【校勘】**　《金匮玉函经》：甘草作二两，“味”字下有“㕮咀三物”四字，“本云”作“本方”。

成无已本：不载本方，只于卷第十云：“于桂枝汤方内加附子一枚，炮去皮，破八片，余以前法。”

【方解】 张璐:用桂枝汤者,和在表之营卫;加附子者,壮在表之元阳。本非阳虚,故不用四逆。

柯韵伯:是方以附子加入桂枝汤,大补表阳也。表阳密,则漏汗自止,恶风自罢矣;汗止津回,则小便自调,四肢自柔矣。

周禹载:仲景何遽用附子?观本文云遂漏不止,知其漏正未有止期也。人身津液有几,堪漏而无已耶?故以附子入桂枝汤中,即为固表回阳上剂。

【验案】 有一士人,得太阳证,因发汗,汗不止,恶风,小便涩,足挛曲而不伸,予诊其脉浮而大,浮为风,大为虚。予曰:在仲景方中有两症大同而小异。一则小便难,一则小便数,用药稍差,有千里之失。仲景第七证(即指本证)云:太阳病发汗,遂漏不止,其人恶风,小便难,四肢微急,难以屈伸者,桂枝加附子汤。第十六证(即指29条)云:伤寒脉浮,自汗出,小便数,心烦微恶寒,脚挛急,反与桂枝汤,欲攻其表,此误也,得之便厥,咽中干,烦躁,吐逆。一则漏风小便难,一则自汗小便数,或恶风或恶寒,病各不同也。予用第七证桂枝加附子汤,三啜而汗止,复佐以甘草芍药汤,足便得伸。(《普济本事方》)

【原文】 **太阳病,下之后,脉促[①]胸满者,桂枝去芍药汤主之。**

【校勘】 《金匮玉函经》《脉经》《千金翼方》:"后"字均作"其"字,并连下句读。赵开美本:"促"字后注有"一作纵"三字。

【词解】 ①脉促:脉数而不规则的间歇。此条脉促是胸中阳气受损所致。

【原文】 **若微寒者,桂枝去芍药加附子汤主之。**

【校勘】 《金匮玉函经》、成无己本:"微"字后均有"恶"字。

【方剂】桂枝去芍药汤方

**桂枝三两(去皮) 甘草二两(炙) 生姜三两(切) 大枣十二枚(擘)**

**上四味,以水七升。煮取三升,去滓,温服一升。本云桂枝汤,今去芍药,将息如前法。**

桂枝去芍药加附子汤方

**桂枝三两(去皮) 甘草二两(炙) 生姜三两(切) 大枣十二枚(擘) 附子一枚(炮,去皮,破八片)**

**上五味,以水七升,煮取三升,去滓,温服一升。本云桂枝汤,今去芍药加附子,将息如前法。**

【校勘】 《金匮玉函经》:"味"下有"㕮咀"二字,"云"字作"方"字。

【方解】 陈恭溥:桂枝去芍药汤,保胸阳、宣卫阳之方也。凡下利虚其胃阳,而致胸满者用之,夫下之则虚其中胃矣。中胃虚不能制下焦浊阴之气,以致浊阴干上,而胸为之满,太阳之气格于外,而不能入,故脉见促。桂枝、甘草能保心阳,以开胸阳,则太阳之气,出入无乖而脉平;生姜、大枣宣补胃阳,以制浊阴之气,则胸满愈。去芍药者,为其阴药,恐益阴而桂枝无力也。

柯韵伯:桂枝汤阳中有阴,去芍药之酸寒,则阴气流行,而邪自不结,即扶阳之剂矣。若微恶寒,则阴气凝聚,恐姜桂之力不能散,必加附子之辛热,仲景于桂枝汤一加一减,遂成三法。

方有执:凡下而证变者,皆误下也。胸满者,阳邪乘虚入里而上搏于膈也。用桂枝者,散胸满之阳邪也;去芍药者,恶其走阴而酸收也,微恶寒,阳虚也。加附子,回阳也。

吴鞠通：此证脉促，用桂枝去芍，微恶寒加附子，讵不与脉经相反乎？不知脉经所云促脉，系指未经误下之阳盛实热而言，仲景所云是指已经误下之阳虚欲脱者而论。是阳盛之脉促，不因误下或汗出淋漓，此其常也；而阳虚之脉促，则因下后，毫不汗出者，此其变也。观此则阳盛脉促，当用凉；阳虚脉促，当用温可知矣。况上文言脉促胸满，系寒邪内结，下文言微恶寒者加附子，系阴气凝聚乎。

左季云：桂枝汤阳中有阴，去芍药之酸寒，则阴气流行，邪目不结，即扶阳之剂矣。若微见恶寒，则阴气凝聚，恐姜、桂之力薄不能散邪，加附子之辛热为纯阳之剂矣。仲景于桂枝汤一加一减，皆成温剂，而更有扶阳纯阳浅深之区别如此。

**【验案】** 刘渡舟氏治一患者，男，成人，建筑公司工人。多年来，胸中发闷，甚或疼痛，遇寒则更甚，并伴有咳嗽、气短等症。切其脉沉弦而缓，握其手甚凉，询其小便清长且多，舌质淡嫩苔白略滑。辨为心胸阳虚，寒邪凝滞为痹。为疏桂枝三钱，炙草二钱，附子三钱，生姜三钱，大枣七枚。患者见方除姜枣外仅三味药，流露不满之色。一周后欣然来告，称连服六付，多年之胸中闷痛得以解除。

**【原文】 太阳病，得之八九日，如疟状[①]，发热恶寒，热多寒少[②]，其人不呕[③]，清便欲自可[④]，一日二三度发。脉微缓者，为欲愈也；脉微而恶寒者，此阴阳俱虚[⑤]，不可更发汗、更下，更吐也；面色反有热色[⑥]者，未欲解也，以其不能得小汗出，身必痒，宜桂枝麻黄各半汤。**

**【校勘】** 《金匮玉函经》《千金翼方》："发热"后均有"而"字，"热多"后亦均有"而"字，"欲自可"作"自调"。不可发汗篇"欲自可"作"续自可"，《脉经》同。"此"字后有"为"字，《千金翼方》同。

**【词解】** ①如疟状：疟疾寒热往来，休作有定时，但不是一日发作二三次，所以说"如疟"而不是疟疾。②发热恶寒，热多寒少：发热恶寒，表示表证未解，热多寒少是正复邪衰的征象。③其人不呕：呕为少阳病的主症之一，在此提示非少阳证。④清便欲自可：清，同圊，即厕所。古代称人厕为"行清"。清便欲自可，指大小便正常，在此提示非阳明证。⑤阴阳俱虚：这里的阴阳指表里言，谓表里都虚。⑥热色：就是红色。

**【方剂】桂枝麻黄各半汤方**

**桂枝一両十六铢[①]（去皮） 芍药 生姜（切） 甘草（炙） 麻黄各一两（去节） 大枣四枚（擘） 杏仁二十四枚（汤浸去皮尖及两仁者）**

**上七味，以水五升药[②]，先煮麻黄一二沸，去上沫，内诸药，煮取一升八合，去滓，温服六合。本云桂枝汤三合、麻黄汤三合，并为六合，顿服，将息如上法。**

**【校勘】** 《千金翼方》：杏仁下无"汤浸"二字。

《金匮玉函经》："上七味"后有"㕮咀"二字，"本云"作"本方"，"顿服"后加有"今裁为一方"五字。

成无己本：无"本云"后二十三字。

赵开美本："将息如上法"后，有林亿的一段按语："臣亿等谨按：桂枝汤方，桂枝、芍药、生姜各三两，甘草二两，大枣十二枚。麻黄汤方，麻黄三两，桂枝二两，甘草一两，杏仁七十个。今以算法约之，二汤各取三分之一，即得桂枝一两十六铢，芍药、生姜、甘草各一两，大枣四枚，杏仁二十三个零三分枚之一，收之得二十四个，合方。详此方乃三分之一，非各半也，宜云合半汤。"

【词解】 ①铢：音朱，古代重量单位。汉、晋制十黍为一累，十累为一铢，六铢为一分，四分为一两，一两等于二十四铢。东汉之一两约合今之市两0.45两，13.92g。②升：容量单位。东汉十合（音阁）为一升。一升约合今之市升0.1981升，合198.1ml。

【方解】 尤在泾：桂枝麻黄各半汤，助正之力，侔于散邪……桂枝汤不特发散邪气，亦能补助正气。以其方甘酸辛合用，具生阳化阴之妙。与麻黄合剂，则能尽麻黄之力，而并去其悍。

徐灵胎：微邪已在肤中，故自出不得故身痒，以此汤取其小汗足矣。阳明篇日，身痒如虫行皮中状者，以此久虚故也。此方分量甚轻，计共约六两，合今之释仅一两三四钱，分三服，衹服四钱零。乃治邪退后至轻之剂，犹勿药也。

柯韵伯：此因未经发汗，而病已日久，故于二汤各取三合，并为六合，顿服而急汗之。两汤相合，泾渭分明，见仲景用偶方轻剂，其中更有缓急大小反佐之不同矣。原法两汤各煎而合服，犹水陆之师，各有节制，两单相为表里，异道夹攻之义也。后人算其分两合为一方，与葛根青龙辈何异。

【验案】 顾左 住斜方路 十月二十一日

寒热交作，一日十数度发，此非疟疾，乃太阳病，宜桂枝麻黄各半汤。

桂枝三钱 甘草钱半 杏仁五钱 麻黄钱半 白芍钱半 生姜二片 大枣四枚（《经方实验录》）

**【原文】 太阳病，初服桂枝汤，反烦不解者，先刺风池[①]、风府[②]，却与桂枝汤则愈。**

【校勘】 《金匮玉函经》《千金翼方》：“先”字上均有“当”字。

《脉经》：“先”字上为“法当”二字。

【词解】 ①风池：穴名，在脑后发际陷中，是足少阳胆经穴，可治偏正头痛、目眩、热病汗不出等。②风府：穴名，项后正中人发际一寸大筋中是，为督脉经穴，可治头痛项强、目眩等。

**【原文】 服桂枝汤，大汗出，脉洪大者，与桂枝汤如前法。若形如疟，一日再发者，汗出必解，宜桂枝二麻黄一汤。**

【校勘】 成无己本、《金匮玉函经》《脉经》“似”字均作“如”。

《金匮玉函经》：“脉洪大者”作“若脉但洪大者”。

《脉经》：“再”字下有“三”字。

**【方剂】桂枝二麻黄一汤方**

**桂枝一两十七铢（去皮） 芍药一雨六铢 麻黄十六铢（去节） 生姜一两六铢（切） 杏仁十六倜（去皮尖） 甘草一两 二铢（炙） 大枣五枚（擘）**

**上七味，以水五升，先煮麻黄一二沸，去上沫，内诸药，煮取二升，去滓，温服一升，日再服。本云桂枝汤二分[①]，麻黄汤一分，合为二升，分再服。今合为一方，将息如前法[②]。**

【校勘】 《千金翼方》：杏仁“去皮尖”下有“两仁者”三字。

成无己本：没有“本云”下二十九字。

《金匮玉函经》：“本云”作“本方”。

【词解】 ①分：即份。指桂枝汤与麻黄汤的比例。②将息如前法：指用桂枝汤的将息法。

【方解】 林亿等：谨按桂枝汤方，桂枝、芍药、生姜各三两，甘草二两，大枣十二枚。

麻黄汤方，麻黄三两，桂枝二两，甘草一两，杏仁七十个。今以算法约之，桂枝取十二分之五，即得桂枝、芍药、生姜各一两六铢，甘草二十铢，大枣五枚。麻黄汤取九分之二，即得麻黄十六铢，桂枝十铢三分铢之二，收之得十一铢，甘草五铢三分铢之一，收之得六铢，杏仁十五个九分枚之四，收之得十六个。二汤所取相合，即共得桂枝一两十七铢，麻黄十六铢，生姜、芍药各一两六铢，甘草一两二铢，大枣五枚，杏仁十六个，合方。

张璐：详此方药品与各半不殊，惟铢分稍异，而证治攸分，可见仲景于差多差少之间，分毫不苟也。

江苏省中医学校《伤寒论释义》：本方虽同样由麻桂二方组成，但其中麻黄和杏仁的分量，却较各半汤为轻，而芍药、甘草、生姜又较各半汤为重，因此所主证候，亦就不尽相同。本方适用于大汗出后表邪稽留太阳，出现如疟的症状，使再得微汗而解。由剂量上可以看出，其发汗的力量较各半汤为小。

**【验案】** 头痛恶寒，脉紧，言謇，肢冷，舌色淡，太阳中风，虽系春季，天气早间阴晦，雨气甚寒，以桂枝二麻黄一法。

去节麻黄三钱　桂枝六钱　炙甘草三钱　杏仁五钱　生姜六片　大枣二枚

煮三杯，得微汗，再服，不汗促投其间。（《吴鞠通医案》）

**【原文】** **服桂枝汤后，大汗出后，大烦渴不解，脉洪大者，白虎加人参汤主之。**

**【校勘】** 《金匮玉函经》《脉经》："脉"字上均有"若"字。

《脉经》《千金方》：均作白虎汤。

**【方剂】白虎加入参汤方**

**知母六两　石膏一斤（碎，绵裹）　甘草二两（炙）　粳米六合人参三两**

**上五味，以水一斗，煮米熟汤成，去滓，温服一升，日三服。**

**【校勘】** 《外台秘要》：作"上五味切，以水一斗二升煮米熟，去米，内诸药，煮取六升，去滓，温服一升，日三服"。

成无己本：云"于白虎汤内加人参三两，余以白虎法"。

**【方解】** 柯韵伯：邪人阳明，故反恶热，热越故汗出，因邪热灼其津液，故渴欲饮水。邪盛而实，故脉洪大。半犹在经，故兼浮滑。然火炎土燥，终非苦寒之品所能治。经曰，甘先入脾。又曰，以甘缓之。是以知甘寒之品，乃泻胃火生津液之上剂也。石膏甘寒，寒胜热，甘人脾，又质刚而主降，备中土生金之体，色白通肺，质重而含脂，具金能生水之用，故以为君。知母气寒主降，苦以泻肺火，辛以润肾燥，故为臣。甘草为中宫舟楫，能土中泻火，寒药得之缓其寒，使沉降之性皆得留连于胃。粳米气味温和，禀容平之德，作甘稼穑，得二味为佐，阴寒之物庶无伤脾胃之虑也。煮汤入胃，输脾归肺，水精四布，大烦大渴可除矣。白虎为西方金精，取以名汤，秋金得令，而炎暑自解矣。更加人参，以补中益气而生津，协和甘草、粳米之补，承制石膏、知母之寒，泻火而土不伤，乃操万全之术者。

曹颖甫：方用石膏、知母以除烦，生甘草、粳米加人参以止渴，此白虎加人参汤之旨也。

**【验案】** 江应宿治岳母年六十余，六月中旬，劳倦中暑，身热如火，口渴饮冷，头痛如破，脉虚豁，二三至一止，投人参白虎汤，日进三服，渴止热退，头痛用白萝卜汁吹入鼻中良愈。（《名医类案》）

**【原文】** **太阳病，发热恶寒，热多寒少，脉微弱者，此无阳[①]也，不可发汗。宜桂枝二**

**越婢[2]一汤方。**

【校勘】 《千金翼方》:“者”字作“则”。

《金匮玉函经》:“发汗”上有“复”字。

《仲景全书》:“发汗”作“更汗”。

【词解】 ①无阳:指阳虚。无,少的意思;阳,阳气。②越婢:婢与脾古字通用。《金匮玉函经》方后煎法,二“婢”字均作“脾”可证。成无己云“胃为十二经之主,脾治水谷,为卑藏,若婢。”《内经》曰“脾主为胃行其津液,是汤所以谓之越婢者,以发越脾气,通行津液”。《外台》方一名起脾汤,即此意也。

【句解】①宜桂枝二越婢一汤:应接在“热多寒少”句下读。②脉微弱者,此无阳也,不可发汗:是古文的自注笔法。

**【方剂】桂枝二越婢一汤**

**桂枝(去皮) 芍药 麻黄 甘草各十八铢(炙) 大姜四枚(擘) 生姜一两三铢(切) 石膏二十四铢(碎,绵裹)**

**上七味,以水五升,煮麻黄一二沸,去上沫,内赭药,煮取二升,去滓,温服一升。本云当裁[1]为越婢汤桂枝汤,合之饮一升,今合为一方,桂枝汤二分,越婢汤一分。**

【校勘】 《金匮玉函经》《千金翼方》:“煮麻黄”上均有“先”字。

《金匮玉函经》、成无己本:“本云”均作“本方”。

《金匮玉函经》:煎法里两个“婢”字都作“脾”。

【词解】 ①本云当裁:即本来应该分开之意。

【方解】 林亿等:谨按桂枝汤方,桂枝、芍药、生姜各三两,甘草二两,大枣十二枚。越婢汤方,麻黄二两,生姜三两,甘草二两,石膏半斤,大枣十五枚。今以算法约之,桂枝汤取四分之一,即得桂枝、芍药、生姜各十八铢,甘草十二铢,大枣三枚。越婢汤取八分之一,即得麻黄十八铢,生姜九铢,甘草六铢,石膏二十四铢,大枣一枚八分之七,弃之。二汤所取相合,即共得桂枝、芍药、甘草、麻黄各十八铢,生姜一两三铢,石膏二十四铢,大枣四枚,合方。旧云桂枝三,今取四分之一,即当云桂枝二也,越婢汤方见仲景杂方中,《外台秘要》一云起脾汤。

柯韵伯:考越婢汤,比大青龙无桂枝、杏仁,与麻黄杏子石膏汤同为凉解表里之剂,此不用杏仁之苦,而用姜枣之辛甘,可以治太阳阳明合病,热多寒少而无汗者,犹白虎汤背微恶寒之类,而不可以治脉弱无阳之证也。

吴人驹:发散表邪,皆以石膏同用者,盖石膏其寒性,寒能胜热,其味薄,薄能走表,非若芩连之辈,性寒味苦而厚,不能升达也。

《金鉴》:桂枝二麻黄一汤,治形如疟,日再发者,汗出必解,而无热多寒少,故不用石膏之凉也。桂枝麻黄各半汤,治如疟状,热多寒少,而不用石膏,更倍麻黄者,以其面有怫热郁色,身有皮肤作痒,是知热不向里而向表,令得小汗以顺其势,故亦不用石膏之凉里也。桂枝二越婢一汤,治发热恶寒,热多寒少,而用石膏者,从其表邪寒少,肌里热多,故用石膏之凉,佐麻黄以和营卫,非发营卫也。

【验案】 韩某 寒热往来,一日二三度,头眩项强,身痛腰疼,口苦微干,苔白微燥,脉浮。用桂枝二麻黄一汤一剂治愈。(江西中医学院《函授通讯》)

**【原文】 服桂枝汤,或下之,仍头项强痛,翕翕发热,无汗,心下[1]满微痛,小便不利**

**者，桂枝去桂加茯苓白术汤主之。**

**【校勘】** 《脉经》《千金翼方》：均无“或”字、“仍”字。

《金匮玉函经》：“满”字下有“而”字。

《脉经》：无“白”字。

**【词解】** ①心下：胸脘之间，即心窝部。

**【方剂】桂枝去桂加茯苓白术汤方**

**芍药三两 甘草二两(炙) 生姜(切) 白术茯苓各三两 大枣十二枚(擘)**

**上六味，以水八升，煮取三升，去滓，温服一升，小便利则愈。本云桂枝汤，今去桂枝加茯苓白术。**

**【校勘】** 《金匮玉函经》：“六味”下有“㕮咀”二字，“八升”作“七升”，“云”作“方”。

《注解伤寒论》：不载本方，仅于第十卷云于桂枝汤内，去桂枝加茯苓、白术各三两，余仿前法煎服，小便利则愈。

**【方解】** 陈修园：此治太阳里证，俾膀胱水利而表里之邪悉除。五苓散末云，多服暖水出汗愈，意重在发汗，故用桂枝；本方末云，小便利则愈，重在利水，故去桂枝。但既去桂枝，仍以桂枝名汤者，以头痛发热桂枝证仍在，但不在太阳之经，而在太阳之腑，因变其解肌之法而为利水，利水则满减热除，而头项强痛亦愈矣。仲景以心下满加白术，今人谓白术壅满，大悖圣训矣。

徐灵胎：凡方中有加减法，皆佐使之药，若去其君药，则另立方名，今去桂枝，而仍以桂枝为名，所不可解也。

**【验案】** 北京中医学院已故名老中医陈慎吾老先生曾治一小儿，一年前染感冒后，发热始终不退，因诣陈老处就诊，见其前诊，已用过桂枝汤、大柴胡汤并调胃承气汤等汗下方药，均未取效，热仍未退。因思汗下而热不退，常见两端：一者瘀血不去、阴血耗伤，祛瘀则热退；二者水饮内停而风寒不解，利水则热退。诊此患儿全无瘀血证可寻，却有小便不利、无汗、心下痛而腹鸣等症状，显系水饮停蓄，舍利小便何能收功！然久病岂可峻攻，须是既能健脾助运，又能疏利膀胱者堪任，故茯苓、白术当为首选之药；病久胃气无有不伤，用药所当兼顾，调补脾胃，无如则甘草、大枣；腹鸣有水，散水消饮，正需生姜之力。而老人每易伤阳，阳多亏虚；小儿每易伤阴，阴常不足。本例系小儿，发热逾年不退，且又几经汗下，伤阴可知，芍药益阴又且止痛，用之甚宜。故为疏方：茯苓 10g，白术 10g，芍药 10g，甘草 6g，生姜 10g，大枣十二枚。患者服头煎则热退，二煎则心下痛、腹鸣等症状消失，饮食二便皆趋正常，病告痊愈。陈老复顾所用疗药，恰桂枝去桂加茯苓白术汤，叹服仲景之法，若非经而验之，弗知其微旨妙用。(本案系根据听陈老讲课者的课堂笔记整理)

**【原文】 伤寒脉浮，自汗出，小便数，心烦，微恶寒，脚挛急[①]，反与桂枝欲攻其表，此误也。得之便厥[②]，咽中干，烦燥，吐逆者，作甘草干姜汤与之，以复其阳；若厥愈足温者，更作芍药甘草汤与之，其脚即伸；若胃气不和，谵语[③]者，少与调胃承气汤；若重发汗，复加烧针者，四逆汤主之。**

**【校勘】** 《注解伤寒论》：“反与桂枝”下有“汤”字。

**【词解】** ①脚挛急：腿脚拘急，屈伸不利。②厥：手足厥冷。③谵语：说胡话。

**【方剂】甘草干姜汤方**

**甘草四两(炙)　干姜二两**

**上二味,以水三升,煮取一升五盒,去滓,分温再服。**

**【校勘】**　《金匮玉函经》:甘草作二两。

《注解伤寒论》:干姜下有"炮"字。

《金匮玉函经》《注解伤寒论》:"味"字下均有"㕮咀"二字。

**【方解】**　《类聚方广义》:甘草干姜汤之厥,只是因误治,一时激动急迫之厥耳,不比四逆汤之下利清谷、四肢拘急、脉微大汗厥冷也。甘草倍干姜者,所以缓其急迫也,观咽干、烦躁、吐逆之证,可以知其病情矣。

柯韵伯:仲景回阳,每用附子,此用干姜、甘草者,正以见阳明之治法。夫太阳少阴所谓亡阳者,先天之元阳也,故必用附子之下行者回之,从阴引阳也。阳明所谓亡阳者,后天胃脘之阳也,取甘草、干姜以回之,从乎亡也。盖桂枝之性辛散,走而不守,即佐以芍药,尚能亡阳;干姜之味苦辛,守而不走,故君以甘草,便能回阳。

**【验案】**　史某,男,1岁,1963年4月12日会诊。病程已越一月,初起由发热十天,始出麻疹,但出之不顺,出迟而没速,因而低热久稽不退,咳嗽微喘,咽间有痰,不思饮食,大便日行二三次,稀水而色绿,面色黯而颧红,肌肉消瘦,皮肤枯燥,脉沉迟无力,舌淡唇淡,无苔,奄奄一息,甚属危殆。此由先天不足,后天营养失调,本体素弱,正不足以胜邪,所以疹出不透,出迟而没速。余毒内陷肺胃,又因苦寒过剂,以致脾胃阳衰,虚阳外浮。救治之法,以急扶胃阳为主,若得胃阳回复则生。

处方:炙甘草二钱　干姜(炮老黄色)一钱　党参一钱　粳米(炒黄)三钱　大枣(擘)　二枚　二剂,每剂煎取120毫升,分6次服,4小时1次。

服第一剂,稍有转机,开始少思饮食,脉稍有力,舌苔亦渐生;服第二剂,手足见润汗,仍咳喘有痰,脉沉迟,舌淡苔薄白。此胃阳渐复,正气尚虚,后以益气温阳、调理脾胃而愈。

按:本例中医诊为疹后伤阳,虚阳外浮,尤以胃阳为重点,故取甘草干姜汤急复胃阳。(《蒲辅周医案》)

**【方剂】芍药甘草汤方**

**白芍药　甘草各四両(炙)**

**上二味,以水三升,煮取一升五合,去滓,分温再服。**

**【校勘】**　《金匮玉函经》:"芍药"上无"白"字。"味"字下有"㕮咀"二字,成无己本同。

**【方解】**　柯韵伯:盖脾主四肢,胃主津液,阳盛阴虚,脾不能为胃行津液,以灌四旁,故足挛急。用甘草以生阳明之津,芍药以和太阴之液,其脚即伸,此亦用阴和阳法也。

吴遵程:芍药甘草汤,即桂枝汤去桂枝姜枣也。甘酸合用,专治营中之虚热,其阴虚阳乘,至夜发热,血虚筋挛,头面赤热,过汗伤阴,发热不至,或误用辛热,扰其营血,不受补益者,并宜用之,真血虚挟热之神方也。

**【验案】**　一翁,五十余岁,闲居则安静,聊劳动则身体痛不可忍,家事坐废殆三十年,医药一无验,来请予。予诊之,周身青筋,放之,进出毒血甚多,即与芍药甘草汤,约十次而复常,任耕稼矣。(《生生堂医谈》)

**【原文】**　**问曰:证象阳旦[①],按法治之而增剧,厥逆,咽中干,两胫拘急而谵语。师曰**

言夜半手足当温，两脚当伸，后如师言，何以知此？答曰：寸口脉浮而大，浮为风，大为虚，风则生微热，虚则两胫挛，病形象桂枝，因加附子参其间，增桂令汗出，附子温经，亡阳故也。厥逆咽中干，烦躁，阳明内结，谵语烦乱，更饮甘草干姜汤；夜半阳气还，两足当热，胫尚微拘急，重与芍药甘草汤，尔乃胫伸；以承气汤微溏，则止其谵语，故知病可愈。

【校勘】 《金匮玉函经》：无"师曰"的"曰"字，"知此"作"知之"，两"为"字上都有"即"字，"参"字作"于"字，没有"重"字。

成无己本：两"为"字上都有"则"字，"病形"作"病证"，"躁"作"燥"。

【词解】 ①阳旦：即桂枝汤。《金匮要略》产后门阳旦汤原注云："即桂枝汤。"《千金要方》《外台秘要》别有阳旦汤，乃桂枝汤加黄芩，名同而实异。

【句解】以承气汤微溏：用承气汤使大便变稀软。有缓泻之意。

## 辨太阳病脉证并治中

【原文】 太阳病，项背强几几，无汗恶风，葛根汤主之。

【校勘】 《外台秘要》："无汗"作"反汗不出"。《外台秘要》《金匮玉函经》："风"字下都有"者"字。

【方剂】葛根汤方

葛根四两　麻黄三两（去节）　桂枝二两（去皮）　芍药二两　生姜三两（切）　甘草二两（炙）　大枣十二枚（擘）

上七味，以水一斗，先煮麻黄、葛根，减二升，去白沫内诸药，煮取三升，去滓，微服一升，覆取微似汗，余如桂枝法将息及禁忌，诸汤皆仿此。

【校勘】 《外台秘要》：麻黄作"四两"，桂枝作"桂心"。

成无己本："芍药"下有"切"字。

《金匮玉函经》、成无己本："味"字下有"㕮咀"二字。《外台秘要》有"切"字。

《金匮玉函经》、成无己本、《千金翼方》："似汗"句下均有"不须啜粥"四字。

《外台秘要》："似汗"句下有"出，不须喫热粥助药发"九字。

成无己本：没有"诸汤皆仿此"五字。

【方解】 柯韵伯：葛根味甘气凉，能起阴气而生津液，滋筋脉而舒其牵引，故以为君；麻黄生姜，能开玄府腠理之闭塞，祛风而出汗，故以为臣；寒热俱轻，故少佐桂芍，同甘枣以和里。此于麻桂二汤之间，衡其轻重，而为调和表里之剂也。葛根与桂枝，同为解肌和里之剂，故有汗无汗，下利不下利皆可用，与麻黄专于治表者不同。

王晋三：葛根汤即桂枝汤加麻黄倍葛根以去营实，小变麻桂之法也。独是葛根麻黄治营卫实，芍药桂枝治营卫虚，方中虚实重复者，其微妙在法先煮麻黄，葛根减二升，后纳诸药，则是发营卫之汗为先，而固表收阴袭于后，不使热邪传人阳明也。故仲景治太阳病未人阳明者，用以驱邪，断入阳明之路。若阳明正病中，未尝有葛根之方。东垣易老，谓葛根是阳明主药，误矣。

徐灵胎：前桂枝加葛根汤一条，其现证亦同。但彼反汗出，故无麻黄；此云无汗，故加麻黄也。按葛根：《本草》治身大热，大热乃阳明之证也。以太阳将入阳明之经，故加

此药。

《伤寒论译释》：葛根汤即桂枝汤加葛根麻黄而成，有解肌发汗、生津舒筋的作用，治疗太阳病津不上润，筋脉失养，而有项背部强急牵引之证。然本方主治有二：一即本条之太阳病，项背强几几，无汗恶风者是；一即下文之太阳与阳明合病，必自下利者是。惟已离太阳而传之阳明之经，或阳明之府者，即不是葛根汤所主。此仲景心法所当知者。

**【验案】** 封姓缝匠，病恶寒，遍身无汗，循背脊之筋骨疼痛不能转侧，脉浮紧。余诊之曰：此外邪袭于皮毛，故恶寒无汗，沉脉浮紧，证属麻黄，而项背强痛，因邪气已侵及背输经络，比之麻黄更进一层，宜治以葛根汤。

葛根五钱　麻黄三钱　桂枝二钱　白芍三钱　甘草二钱　生姜四片　红枣四枚。

方义系借葛根之升提，达水液至皮肤，更佐麻黄之力，推运至毛孔之外，两解肌表，虽与桂枝二麻黄一同意，而用却不同。服后顷刻觉背内微热，再服背汗遂出，次及周身，安睡一宵，病遂告瘥。(《经方实验录》)

**【原文】　太阳与阳明合病①者，必自下利②，葛根汤主之。**

**【校勘】** 《金匮玉函经》：无“者”字、“下”字。

《脉经》：作“太阳与阳明合病，而自利不呕者，属葛根汤证”。

《千金翼方》：注云：“一云用后葛根黄芩黄连汤”。

**【词解】** ①合病：二经同时受邪，同时出现症状，谓之合病。②下利：即腹泻。

**【句解】** 必自下利：太阳、阳明合病，表热无汗，表邪不得外泄，内迫阳明，下走大肠而下利。所谓自利，指出这不是医生误治后的下利，亦非三阴病里虚不足的下利。

**【原文】　太阳与阳明合病，不下利，但呕者，葛根加半夏汤主之。**

**【校勘】** 《金匮玉函经》：无第一句，与32条合成一条。

**【句解】** 不下利，但呕者：本条文与上条文同样是太阳与阳明合病，但不同的是，上条是邪内迫于肠故见下利；本条是邪迫于胃，故见呕逆。所以治疗仍以葛根汤解表为主，加半夏一味，降逆止呕。

**【方剂】葛根加半夏汤方**

**葛根四两　麻黄三两(去节)　甘草二两(炙)　芍药二两　桂枝二两(去皮)生姜二两(切)　半夏半斤(洗)　大枣十二枚(擘)**

**上八味，以水一斗，先煮葛根、麻黄，减二升，去白沫，内诸药，煮取三升，去滓，温服一升，覆取微似汗。**

**【校勘】** 《金匮玉函经》：“麻黄”作“二两”。“白沫”作“上沫”。

成无己本：“麻黄”下有“汤泡去黄汁焙干称”八个字。《可发汗篇》、成无己本：“生姜”都作“三两”。

**【方解】** 周禹载：中风伤寒，自有定则，今虽呕而无汗出证，所以不用桂枝加葛根汤，而仍用葛根汤加半夏者，正以麻黄葛根祛两经之寒邪，半夏主上气呕逆，消心膈痰饮也。可见同一邪也，呕者上逆，则不下走；上条下利，则不上逆。倘有兼之者，其势已盛，恐又非此汤可以治之也。

徐灵胎：此条乃太阳阳明合病，故用葛根汤全方，因其但呕加半夏一味止呕，随病立方，各有法度。

《伤寒论译释》：葛根半夏汤证，乃太阳阳明二经同感寒邪，故以麻葛达表解肌，以半

夏镇逆止呕,表解呕止,而病自愈。此亦因势利导,宣通逆气之方也。

【原文】 **太阳病,桂枝证,医反下之,利遂[1]不止,脉促者,表未解也;喘而汗出者,葛根黄芩黄连汤主之。**

【校勘】 《金匮玉函经》《脉经》《千金翼方》:"遂"字均在"利"字上,"脉"字上均有"其"字。

赵开美本:注"促,一作纵"。

【词解】 ①遂:音,作"于是"讲。

【句解】医反下之:本不应使用下法而下之,故曰"反下之"。

【方剂】**葛根黄芩黄连汤方**

**葛根半斤　甘草二两(炙)　黄芩三两　黄连三两**

**上四味,以水八升,先煮葛根,减二升,内诸药,煮取二升,去滓,分温再服。**

【校勘】 《千金方》《外台秘要》:方名均作"葛根黄连汤"。

《外台秘要》:葛根"半斤"作"八两"。"黄芩"下有"切"字,成无己本作"二两"。"黄连"下有"金色者"三字。

《金匮玉函经》:"味"字下有"㕮咀"二字。有"切"字。"二升"下有"掠去沫"三字。

【方解】 柯韵伯:君气轻而质重之葛根,以解肌而止利;佐苦寒清肃之芩连,以止汗而除喘;用甘草以和中。先煮葛根后内诸药,解肌之力优,而清中之气锐,又与补中逐邪之法迥殊矣。

陆渊雷:凡有里热,而病势仍宜外解者,皆葛根芩连所主,利与喘汗,皆非必俱之证。黄芩、黄连俱为苦寒药,寒能泄热。所谓热者,充血及炎性机转是也。

左季云:此误下虚其肠胃,为热所乘,为制解表清里之清方也。又云本方兼治:①外感发热恶寒之下利;②病疹;③不恶寒之温热病;④病疫。

【验案】 徐某,壮热,腹痛,下利日十余次,色黄气臭,肛门灼热,口渴,心烦,苔黄燥,脉滑数,用大剂葛根芩连汤加白芍,一剂热退利减,再剂其病如失。(《江西中医学院函授通讯》)

姜佐景,伤寒愈后,目赤不退,多眵,自投葛根芩连汤一剂而愈。(《经方实验录》)

惠甫表弟目赤,身大热,神昏谵语,头剧痛,惠甫用葛根芩连汤一剂而热退神清痛止,再剂而目赤尽退。(《经方实验录》)

【原文】 **太阳病,头痛发热,身疼腰痛,骨节疼痛,恶风无汗而喘者,麻黄汤主之。**

【校勘】 《金匮玉函经》《脉经》《千金翼方》:"身疼"均作"身体疼"。

《千金方》:"恶风"作"恶寒"。

《外台秘要》:作"伤寒头疼腰痛,身体骨节疼,发热恶风,汗不出而喘"。

【方剂】**麻黄汤方**

**麻黄三两(去节)　桂枝二两(去皮)　甘草一两(炙)　杏仁七十佃(去皮尖)**

**上四味,以水九升,先煮麻黄,减二升,去上沫,内诸药,煮取二升半,去滓温服八合,覆取微似汗,不须啜粥,余如桂枝法将息。**

【校勘】 《千金翼方》:"甘草一两"作"二两"。

《金匮玉函经》《千金翼方》:"杏仁七十个"均作"七十枚"。

成无己本:"去皮尖"前有"汤"字,"尖"字后有"味辛温"三字。《千金翼方》有"两仁

者”三字。《外台秘要》作“去皮尖两人碎”六字。《千金方》云:“喘不甚,用五十枚。”

《金匮玉函经》:“味”字后有“㕮咀”二字。《外台秘要》有“切”字。《金匮玉函经》:“覆取微似汗”作“温复出汗。”

**【方解】** 张隐庵:麻黄空细如毛,气味苦温,宣通阳气达于肤表,又肺主皮毛,配杏仁以利肺气而通毛窍,甘草和中而发散,桂枝解肌以达表。复取微似汗者,膀胱之津液,随太阳之气运行肤表,由阳气之宣发,而后薰肤充身泽毛,若雾露之溉,如大汗出则津液漏泄矣。不须啜粥者,此在表之津液,化而为汗,非水谷之精也。

柯韵伯:此为开表逐邪发汗之峻剂也。古人用药,用法象之义。麻黄中空外直,宛如毛窍骨节,故能去骨节之风寒,从毛窍而出,为卫分发散风寒之品。桂枝之条纵横,宛如经脉系络,能入心化液,通经络而出汗,为营分散解风寒之品。杏仁为心果,温能助心散寒,苦能清肺下气,为上焦逐邪定喘之品。甘草甘平,外拒风寒,内和气血,为中宫安内攘外之品。此汤入胃,行气于玄府,输精于皮毛,斯毛脉合精而溱溱汗出。在表之邪,其尽去而不留,痛止喘平,寒热顿解,不烦啜粥而藉汗于谷也。

李时珍:仲景治伤寒,无汗用麻黄,有汗用桂枝,未有究其精微者。津液为汗,汗即血也。在荣则为血,在卫则为汗。夫寒伤荣,荣血内涩不能外通于卫,卫气闭固,津液不行,故无汗、发热而憎寒。夫风伤卫,卫气受邪不能内护于荣,荣气虚弱,津液不固,故有汗、发热而恶风。然风寒之邪皆由皮毛而入,皮毛者,肺之合也。肺主卫气,包罗一身,天之象也。证虽属乎太阳,而肺实受邪气。其证时兼面赤,怫郁,咳嗽,痰喘,胸满诸证者,非肺病乎?盖皮毛外闭,则邪热内攻,而肺气愤郁,故用麻黄甘草同桂枝引出荣分之邪,达之肌表,佐以杏仁泄肺而利气。是则麻黄汤虽太阳发汗重剂,实为发散肺经火郁之药也。

钱潢:濒湖此论,诚千古未发之秘。惟桂枝为卫分解肌之药,而能与麻黄同发营分之汗者,以卫居营外,寒邪由卫入营,故脉阴阳俱紧。阳脉紧,则卫分受邪;阴脉紧,则邪伤营分。所以欲发营内之寒邪,先开卫间之出路,方能引邪由营达卫,汗出而解也。

章虚谷:因此方纯乎发表,故先煮麻黄;又用甘草以缓其性,使阳气周遍,以取微似有汗。若发散迅速,大汗淋漓,阳气不及周行而外奔,其邪反未能出也,故甘草止用一两,不同桂枝汤之甘草重用,取其守中,为调营卫之法,此为治寒伤营之主方也。

张锡纯:麻黄发汗,力甚猛烈,先煮之去其浮沫,因其沫中含有发表之猛力,去之所以缓麻黄发表之性也。

**【验案】** 黄汉栋,夜行风雪中,冒寒,因而恶寒、时欲呕、脉浮紧,宜麻黄汤。生麻黄三钱,川桂枝三钱,光杏仁三钱,生甘草钱半。汉栋服后,汗出,继以桔梗五钱,生草三钱,泡汤饮之,愈。(《经方实验录》)

**【原文】** **太阳与阳明合病,喘而胸满者,不可下,宜麻黄汤。**

**【校勘】** 成无己本、《金匮玉函经》:“汤”字后均有“主之”二字。

**【原文】** **太阳病,十日以去,脉浮细而嗜卧①者,外已解也;设胸满胁痛者,与小柴胡汤;脉但浮②者,与麻黄汤。**

**【校勘】** 《金匮玉函经》《千金翼方》:“以去”作“已去”,“脉”字前有“其”字。

《金匮玉函经》《脉经》《千金翼方》:“外已解也”均作“此为外解。”

**【词解】** ①嗜卧:安静喜卧而无恶寒发热等不适,为病将痊愈的表现。②脉但浮:脉只现浮象。此处当兼见恶寒、头痛、无汗等麻黄汤证。

**【原文】** **太阳中风，脉浮紧、发热、恶寒、身疼痛、不汗出而烦躁者，大青龙汤主之。若脉微弱，汗出恶风者，不可服之，服之则厥逆[1]、筋惕肉瞤[2]，此为逆[3]也。**

**【校勘】** 《千金方》："太阳中风"作"中风伤寒"。

《金匮玉函经》《脉经》《千金翼》："身"字下均有"体"字。

《千金方》《外台》："不汗出"均作"汗不出"。

《千金方》：无"躁"字。

《金匮玉函经》《脉经》："烦躁"下有"头痛"二字，无厥逆之"逆"字。

成无已本："不可服"下无"之"字，"逆也"下有"大青龙汤主之"六字，方氏依黄仲理，改为"以真武汤救之"六字，喻、程、张等皆同，明王济川校成本无此六字。

**【词解】** ①厥逆：四肢厥冷。②筋惕肉瞤：因大汗出后，阳亡液脱，筋肉不得煦濡而出现的筋肉跳动之症。③此为逆：这里指治疗上的错误，造成疾病向坏的方面发展。

**【原文】** **大青龙汤方**

**麻黄六两(去节)　桂枝二两(去皮)　甘草二两(炙)　杏仁四十枚(去皮尖)生姜三两(切)　大枣十枚(擘)　石膏如鸡子大(碎)**

**上七味，以水九升，先煮麻黄，减二升，去上沫，内诸药，煮取三升，去滓，温服一升，取微似汗。汗出多者，温粉粉之。一服汗者，停后服；若复服，汗多亡阳遂虚，恶风烦躁，不得眠也。**

**【校勘】** 《千金翼方》："石膏如鸡子大，碎"下有"绵裹"二字。

《金匮玉函经》"取微似汗"作"复令汗"，《外台》作"厚覆取微似汗"。

**【方解】** 柯韵伯：此麻黄证之剧者，故加味以治之也。诸证全是麻黄，有喘与烦躁之别。喘者是寒郁其气，升降不得自如，故多用杏仁之苦以降气；烦躁者是热伤其气，无津不能作汗，故特加石膏之甘以生津，然其性沉而大寒，恐内热顿除，而表寒不解，变为寒中而协热下利，是引贼破家矣，故必倍麻黄以发表，又倍加甘草以和中，更用姜枣以调营卫.一汗而表里双解，风热两除，此大青龙清内攘外之功，所以佐麻、桂二方之不及也。

曹颖甫：惟其风寒两感，故合麻黄、桂枝二方，以期肌表两解；惟其里热为表寒所压，故泄不得，因而烦躁不安，故加鸡子大之石膏一枚，如是则汗液外泄，里热乘机进出，乃不复内郁而生烦躁矣。

**【验案】** 一人冬日得伤寒证，胸中异常烦躁，医者不识为大青龙汤证，竟投以麻黄汤，服后分毫无汗，胸中烦躁益甚，自觉屋隘莫能容，诊其脉洪滑而浮，治以大青龙汤，为加花粉八钱，服后五分钟，周身汗出如洗，病若失。(《医学衷中参西录》)

何某得伤寒，脉浮紧，许叔微曰：若头痛、发热、恶风、无汗，则麻黄证也；烦躁，则大青龙证也。何曰：今烦躁甚。遂以大青龙汤汗解而愈。(《名医类案》)

**【原文】** **伤寒，脉浮缓，身不疼，但重，乍[1]有轻时，无少阴证[2]者，大青龙汤发之[3]。**

**【校勘】** 《金匮玉函经》："身"字上有"其"字。

《千金翼方》："者"字下有"可与"二字。

**【词解】** ①乍：忽然。②无少阴证：指没有少阴病阴盛阳虚的证候。③发之：发表解散。

**【原文】** **伤寒，表不解[1]，心下有水气，干呕，发热而咳，或渴，或利，或噎[2]，或小便不利，少腹满，或喘者，小青龙汤主之。**

【校勘】 《金匮玉函经》《脉经》《千金方》:“少腹”均作“小腹”,“喘”上均有“微”字。“噎”,后条均作“噫”。

【词解】 ①表不解:指恶寒、发热等太阳表证仍在。②噎:由于水气上逆而致饮食时梗塞不舒。

【原文】 小青龙汤方

麻黄(去节) 芍药 细辛 干姜 甘草(炙) 桂枝(去皮) 各三两 五味子半升 半夏半升(洗)

上八味,以水一斗,先煮麻黄减二升,去上沫,内诸药。煮取三升,去滓,温服一升。若渴,去半夏,加栝楼根三两;若微利,去麻黄,加荛花如一鸡子,熬令赤色;若噎者,去麻黄,加附子一枚,炮;若小便不利、少腹满者,去麻黄,加茯苓四两;若喘,去麻黄,加杏仁半升,去皮尖。且荛花不治利,麻黄主喘,今此语反之,疑非仲景意。林亿等按小青龙汤,大要治水。又按本草。荛花下十二水。若水去,利则止也。又按千金,形肿者,应内麻黄。乃内杏仁者,以麻黄发其阳故也。以此证之,岂非仲景意也。

【校勘】 《千金方》:“荛花”作“芫花”。

《外台秘要》:“若噎者”作“食饮噎者”。《伤寒总病论》“噎”作“咽”。

成无己本:无“且荛花”以下二十字。屠俊夫曰:荛花即芫花类也,以之攻水其力甚峻,五分可令人下利数十次,岂有治停饮之微利而用鸡子大之荛花乎,似当改加茯苓四两。

【方解】 《金鉴》:太阳停饮有二:一中风有汗为表虚,五苓散证也;一伤寒无汗为表实,小青龙汤证也。表实无汗,故合麻桂二方以解外;去大枣者,以其性滞也;去杏仁者,以其无喘也;有喘者仍加之;去生姜者,以有干姜也,若呕者仍用之;佐干姜细辛,极温极散,使寒与水俱得从汗而解;佐半夏逐痰饮,以清不尽之饮;佐五味敛肺气,以敛耗伤之气;若渴者去半夏加花粉,避燥以生津也;若微利与噎,小便不利,少腹满,俱去麻黄,远表而就里也;加附子以散寒则噎可止,加茯苓以利水则微利止,少腹满可除矣。

《伤寒论译释》:本方以麻黄、桂枝、芍药行荣卫而散表邪,以干姜、细辛、半夏行水气而止咳呕,以五味子之酸而敛肺之逆气,以甘草之甘而和诸药,即《内经》所谓“以辛散之,以甘缓之,以酸收之”之意。

陈修园:干姜以司肺之辟,五味以司肺之阖,细辛以发动其阖辟活动之机。小青龙汤中当以此三味为主,故他药皆可加减,此三味则缺一不可。

【验案】 张志明,夏天多水浴,因而致咳,诸药无效,遇寒则增剧,此为心下有水气,小青龙汤主之。净麻黄钱半,川桂枝钱半,干姜钱半,姜半夏三钱,北细辛钱半,五味子钱半,大白芍二钱,生甘草一钱。

二诊:咳已痊愈,但觉微喘耳,宜三拗汤轻剂。净麻黄六分,光杏仁三钱,甘草八分。(《经方实验录》)

某氏,内饮招外风为病,既喘且咳,议小青龙汤。桂枝三钱,茯苓三钱,炒白芍一钱五分,干姜三钱,麻黄(蜜炙)一钱,制五味一钱,生苡仁五钱,细辛八分,半夏三钱,炙甘草一钱五分。煮三杯,分三次服。

二诊:痰饮喘咳,前用小青龙业已见效,但非常服之品。脉迟缓,议外饮治脾法。茯苓六钱,桂枝五钱,生于术三钱,益智仁一钱五分,制茅术四钱,半夏六钱,生苡仁五钱,炙

甘草二钱，生姜五片。煮三杯，分三次服，四帖。（《吴鞠通医案》）

**【原文】 伤寒，心下有水气，咳而微喘，发热不渴。服汤已。渴者，此寒去欲解也，小青龙汤主之。**

【校勘】 《金匮玉函经》《脉经》《千金翼方》："已"字下均有"而"字。

**【原文】 太阳病，外证[1]未解，脉浮弱者，当以汗解，宜桂枝汤。**

【校勘】 《金匮玉函经》："浮"字上有"其"字，"汤"字下有"主之"二字。

【词解】 ①外证：指表证。也有人认为表证与外证涵义略有不同，表证所指者狭，外证所指者广。

**【原文】 太阳病下之，微喘者，表未解故也，桂枝加厚朴杏子汤主之。**

【校勘】 成无己本、《金匮玉函经》《千金方》："杏子"均作"杏仁"。

《千金翼方》：作"桂枝汤"，并有"一云麻黄汤"五字小注。

**【原文】 太阳病，外证未解，不可下也，下之为逆。欲解外者，宜桂枝汤。**

【校勘】 成无己本、《金匮玉函经》："解"字下均有"者"字，"汤"字下均有"主之"二字。

《金匮玉函经》《千金翼方》：均没有"欲"字。

【句解】①下之为逆：逆指违反治疗原则。如果太阳病外证仍在，宜以汗解。若反之下，伤人正气，引邪内陷，加重病情，故为逆。②欲解外者，宜桂枝汤：想要解除太阳表证，适宜用桂枝汤以汗解。"宜"有斟酌、商榷之意，桂枝汤只是举例而言。如果是太阳表实证，宜麻黄汤，或用麻桂各半汤、桂枝二麻黄一汤等。总之，应当根据太阳表证的具体脉证表现，选用适当的方剂。

**【原文】 太阳病，先发汗不解，而复下之，脉浮者不愈。浮为在外，而反下之，故令不愈。今脉浮，故知在外，当须解外则愈，宜桂技汤。**

【校勘】 成无己本、《金匮玉函经》："故在外"均作"故云在外"。

《金匮玉函经》《脉经》《千金翼方》："当"字下均没有"须"字，"解外则愈"作"解其外则愈"。

成无己本："汤"字下有"主之"二字。

**【原文】 太阳病，脉浮紧，无汗，发热，身疼痛，八九日不解，表证仍在，此当发其汗。服药已，微除，其人发烦，目瞑[1]，剧者必衄，衄乃解。所以然者，阳气重[2]故也，麻黄汤主之。**

【校勘】 《金匮玉函经》《脉经》："证"均作"候"。

《脉经》"仍"作"续"。

【词解】 ①目瞑：《集韵》："瞑，目不明也。"即目合不欲开的意思。②阳气重：指表热重。热重而表闭不得开泄，故迫血妄行而流鼻血，热从衄解而愈。

**【原文】 太阳病，脉浮紧，发热身无汗，自衄者愈。**

**【原文】 二阳并病[1]，太阳初得病时，发其汗，汗先出不彻，因转属阳明，续向微汗出，不恶寒。若太阳病证不罢者，不可下，下之为逆，如此可小发汗。设面色缘缘[2]正赤者，阳气怫郁[3]在表，当解之、薰之[4]；若发汗不彻，不足言阳气怫郁不得越，当汗不汗，其人躁烦[5]，不知痛处，乍在腹中，乍在四肢，按之不可得，其人短气，但坐，以汗出不彻故也，更发汗则愈。何以知汗山不彻？以脉涩故知也。**

【校勘】《金匮玉函经》:"在表"二字作"不得越",没有"若发汗不彻,不足言,阳气怫郁不得越"两句;"故知也"作"故知之"。

《脉经》:"若发汗不彻,不足言,阳气怫郁不得越"十五字作"若发汗不大彻"。"故知也"三字同《金匮玉函经》。

【词解】①二阳并病:"二阳"指太阳与阳明;"并病"指一经病症未罢,而一经病症复起。此之"二阳并病"是太阳病未罢而阳明病又起。②缘缘:连绵不断之谓。③怫郁:《说文》:"怫,郁也。"怫郁,即郁遏之意。④薰之:以薰法治之。薰法是一种外治法,以热气熏蒸人体,达到发汗解表的目的。⑤躁烦:烦为心胸烦闷,躁为躁扰不安。本论中烦、躁二字概念各别,如成无己所言"烦也,躁也,有阴阳之别焉。烦,阳也;躁,阴也。烦为热之轻者,躁为热之甚者"。故一般认为"躁烦"重而"烦躁"轻,但本条之"躁烦"仍当烦躁释为妥。

【原文】**脉浮数者,法当汗出而愈,若下之,身重心悸者,不可发汗,当自汗出乃解。所以然者,尺中脉微,此里虚,须[①]表里实,津液自和,便自汗出愈。**

【校勘】《金匮玉函经》:"乃"字作"而"字。

【词解】①须:在此处作等待讲。

【原文】**脉浮紧者,法当身疼痛,宜以汗解之;假令尺中迟[①]者,不可发汗。何以知然?以荣气不足,血少故也。**

【校勘】《金匮玉函经》:"身疼"下有"头"字,"血少"作"血气微少"。

【词解】①尺中迟:指尺部之脉出现迟象。主营血衰少。

【原文】**脉浮者,病在表,可发汗,宜麻黄汤。**

【校勘】《金匮玉函经》:"麻黄汤"作"一云桂枝汤";《脉经》作"桂枝汤"。

《千金方》:作"夫脉浮者,病在外,可发汗,宜桂枝汤。"

【原文】**脉浮而数者,可发汗,宜麻黄汤。**

【校勘】《脉经》:作"太阳病,脉浮而数者,发其汗,属桂枝汤证"。

《千金方》:作"夫阳脉浮大而数者,亦可发汗,宜桂枝汤"。

【原文】**病常自汗出者,此为荣气和,荣气和者,外不谐[①],以卫气不共荣气谐和故尔。以荣行脉中,卫行脉外,复发其汗,荣卫和则愈,宜桂枝汤。**

【校勘】《金匮玉函经》《千金翼方》:作"病常自汗出者,此为荣气和,卫气不和故也。荣行脉中,为阴主内;卫行脉外,为阳主外。复发其汗,卫和则愈,宜桂枝汤"。

《脉经》《千金方》:"荣气和者"以下十八字作"荣气和而外不解,此卫不和也"二十字。

【词解】①谐:协调和合之意。

【句解】复发其汗:病本常自汗出,再以桂枝汤发汗,故称复发其汗。

【原文】**病人藏无他病,时发热,自汗出而不愈者,此卫气不和也,先其时发汗则愈,宜桂枝汤。**

【校勘】《千金方》:"时发热"作"时时发热"。

《注解伤寒论》:"桂枝汤"下有"主之"二字。

【句解】藏无他病:藏,为脏,同里。藏无他病系指里和能食、二便正常。除"时发热,自汗出"之外并无其他不适。

【原文】 **伤寒脉浮紧,不发汗,因致衄者,麻黄汤主之。**

【原文】 **伤寒不大便六七日,头痛有热者,与承气汤。其小便清者,知不在里,仍在表也,当须发汗;若头痛者必衄,宜桂枝汤。**

【校勘】 王肯堂校本《千金翼方》:"有热"作"身热","热"字下且有"小便赤"三字。

赵开美本:"其小便清者"一云"大便青"。

《金鉴》:"若头痛"之"若"字当是"苦"字。

尤在泾:"宜桂枝汤"四字疑在"当须发汗"句下。

【词解】 小便清:小便清利如常

【原文】 **伤寒发汗已解,半日许复烦,脉浮数者,可更发汗,宜桂枝汤。**

【校勘】 《金匮玉函经》《脉经》《千金翼方》:"脉"字上均有"其"字。

《金匮玉函经》:"可更发汗"作"与复发汗"。《脉经》《千金翼方》作"可复发其汗"。

成无已本:无"已"字,"汤"字下有"主之"二字。

【原文】 **凡病,若发许,若吐,若下,若亡血,亡津液,阴阳自和①者,必自愈。**

【校勘】 成无已本:无"亡血"二字。

《金匮玉函经》《脉经》:"亡津液"作"无津液","阴阳"上有"而"字。

【词解】 ①阴阳自和:不见阴阳偏盛偏衰之病脉病症,阴阳自趋调和。

【原文】 **大下之后,复发汗,小便不利者,亡津液故也,勿治之,得小便利,必自愈。**

【校勘】 《金匮玉函经》《脉经》《千金翼方》:"汗"字下均有"其人"二字,"得"均作"其"字。

【原文】 **下之后,复发汗,必振寒①,脉微细,所以然者,以内外俱虚故也。**

【校勘】 《金匮玉函经》《脉经》《千金翼方》:"汗"字上均有"其"字。

【词解】 ①振寒:怕冷而颤抖,即寒战。

【原文】 **下之后,复发汗,昼日烦躁不得眠,夜而安静,不呕,不渴,无表证,脉沉微,身无大热者,干姜附子汤主之。**

【校勘】 《金匮玉函经》《脉经》《千金翼方》:"汗"字上均有"其"字,"渴"字下均有"而"字,"脉"字上均有"其"字。

【方剂】 **干姜附子汤方**

**干姜一两　附子一枚生用(去皮,切八片)**

**上二味,以水三升,煮取一升,去滓,顿服①。**

【校勘】 《千金翼方》:"服"下有"即安"二字。

【词解】 ①顿服:一次服完。

【方解】 徐忠可:脉微无大热,是外感邪袭,而更烦躁,非阳虚发躁之渐乎,故以生附干姜急温其经。比四逆,不用甘草者,彼重在厥,故以甘草先调其中,而壮四肢之本;此重在虚阳上泛,寒极发躁,故用直捣之师,而无取扶中之治。

柯韵伯:茯苓四逆,固阴以收阳;干姜附子,固阳以配阴。二方皆从四逆加减,而有救阳救阴之异。茯苓四逆较四逆为缓,固里宜缓也;姜附者,阳中之阳也,用生附而去甘草,比四逆为峻,回阳当急也。一去甘草,一加茯苓,而缓急自别,加减之妙,见用方之神乎。

【验案】 一妇人,伤寒数日,咽干烦渴,脉弦细,医者汗之,身冷衄血,续而脐中出

血，许叔微谓，此乃少阴病强汗动血所致，投以姜附汤，数服血止，后得微汗解。

一人伤寒，病起即厥逆，脉八九至，窦材与姜附汤，至夜半汗出愈。(《续名医类案》)

**【原文】　发汗后，身疼痛，脉沉迟者，桂枝加芍药生姜各一两人参三两新加汤主之。**

**【校勘】**　《金匮玉函经》《脉经》《千金翼方》："身"字下均有"体"子，"脉"子上均有"其"字，又无"各一两"及"三两新加"七字，为"桂枝加芍药生姜人参汤"。

**【方剂】桂枝加芍药生姜各一两人参三两新加汤方**

**桂枝三两(去皮)　芍药四两　甘草二两(炙)　人参三两　大枣十二枚(擘)生姜四两**

**上六味，以水一斗二升，煮取三升，去滓，温服一升。本云桂枝汤，今加芍药生姜人参。**

**【校勘】**　《注解伤寒论》：不载此方，惟于卷十云："于第二卷桂枝汤方内更加芍药生姜各一两，人参三两，全依桂枝汤法服。"

《千金翼方》："生姜"下有"切"字。

《金匮玉函经》："味"字下有"㕮咀四味"四字，"本云"作"本方"。

**【方解】**　《金鉴》：是方即桂枝汤倍芍药生姜加人参也。汗后身疼痛，是营卫虚而不和也，故以桂枝汤调和其营卫。倍生姜者，以脉沉迟，营中寒也；倍芍药者，以营不足，血少故也；加人参者，补诸虚也。桂枝得人参，大气周流，气血足而百骸理，人参得桂枝通行内外，补营阴而益卫阳，表虚身痛，未有不愈者也。

陈蔚：方用桂枝汤，取其专行营分，加人参以滋补血脉生始之源，加生姜以通血脉循行之滞，加芍药之苦欲敛姜桂之辛，不走肌腠而作汗，潜行于经脉而定痛也。

**【原文】　发汗后，不可更行桂枝汤，汗出而喘，无大热者，可与麻黄杏仁甘草石膏汤。**

**【校勘】**　《金匮玉函经》《脉经》："杏仁"均作"杏子"。

《注解伤寒论》：末句作"可与麻黄杏仁甘草石膏汤主之"。

**【方剂】麻黄杏仁甘草石膏汤方**

**麻黄四两(去节)　杏仁五十个(去皮尖)　甘草二两(炙)　石膏半斤(碎，绵裹)**

**上四味，以水七升，煮麻黄，减二升，去上沫，内诸药，煮取二升，去滓，温服一升。本云黄耳柸[①]。**

**【校勘】**　《千金方》：本方名"四物甘草汤"。

《金匮玉函经》："杏仁五十个"作"杏仁五十枚"，无"本云黄耳柸"五字。

《金匮玉函经》《千金翼方》《注解伤寒论》："煮麻黄"上均有"先"字。

**【词解】**　①黄耳柸：162条作"黄耳杯"。汪琥《伤寒辨注》云："想系置水器也。"

**【方解】**　尤在泾：发汗后，汗出而喘，无大热者，其邪不在肌腠，而入肺中……故以麻黄、杏仁之辛入肺者，利肺气，散邪气；甘草之甘平、石膏之甘辛而寒者，益肺气，除热气，而桂枝不可更行矣。盖肺中之邪，非麻黄、杏仁不能发；而寒热之郁，非石膏不能除。甘草不特救肺气之困，拟以缓石膏之悍也。

喻嘉言：此证太阳之邪虽汗解出，然肺中之热邪未尽，所以少虽少止.喘仍不止，故用麻黄发肺邪，杏仁下肺气，甘草缓肺急，石膏清肺热，即以治足太阳之药，通治于少阴经也。

【验案】 肖翁三郎心成兄,幼时出麻,冒风隐闭,喘促烦躁,鼻扇目阖,肌肤枯涩,不啼不食。只麻杏石甘汤一服,肤润,麻渐发出。再服,周身麻出如痱,神爽躁安,目开喘定。(《经方应用》)

**【原文】 发汗过多,其人叉手自冒心[①],心下悸欲得按者,桂枝甘草汤主之。**

【词解】 ①叉手自冒心:叉手,两手交叉。冒,覆盖。形容病人两手覆盖在自己的心胸部。

**【方剂】桂枝甘草汤方**

**桂枝四两(去皮) 甘草二两(炙)**

**上二味,以水三升,煮取一升,去滓顿服。**

【方解】 柯韵伯:汗多则心液虚,心气馁故悸……桂枝为君,独任甘草为佐。去姜之辛散,枣之泥滞,并不用芍药,不籍其酸收,且不欲其苦泄。甘温相得,气血和而悸自平。

《伤寒论译释》:本方作用侧重于补益心阳,药味少而见效快,所以煎好后一次服下。方中用桂枝非为发表,乃取其人心而益阳,配以甘草补虚益气。桂枝配甘草,则桂枝温而不热,所以能益阳而不致发汗。辛甘合用,阳气乃生,心阳得复而悸动就及痊愈。

【验案】 沈康生夫人,病经一月,两脉虚浮,自汗恶风,此卫虚而阳弱也,与黄芪建中汤一剂汗遂止。夫人身之表,卫气主之,所以温分肉,实腠理,司开合者,皆此卫气之用。故《内经》曰:"阳者卫外而为固也。"今卫气一虚而分肉不温,腠理不密,周身毛窍有开无合,由是风之补人,汗之内外其孰从而拒之,故用黄芪建中汤以建立中气,而温卫实表也。越一日病者叉手自冒心间,脉之虚濡特甚,此汗出过而心阳受伤也。仲景云:"发汗过多,病人叉手自冒心,心下悸者,桂枝甘草汤主之。"与一剂具已。(马元仪医案)

**【原文】 发汗后,其人脐下悸者[①],欲作奔豚,茯苓桂枝甘草大枣汤主之。**

【校勘】 《金匮玉函经》《脉经》:"奔"均作"贲"。

【词解】 ①奔豚:《诸病源候论》云"奔豚者,气上下游走,如豚之奔,故曰奔豚"可供参考。这里形容病人脐下悸动,有水气上冲之感。

**【方剂】茯苓桂枝甘草大枣汤方**

**茯苓半斤 桂枝四两(去皮) 甘草二两(炙) 大枣十五枚(擘)**

**上四味,以甘澜水一斗,先煮茯苓,减二升,内诸药,煮取三升,去滓,温服一升,日三服。作甘澜水[①]法,取水二斗,置大盆内,以杓扬之,水上有珠子五六千颗相逐,取用之。**

【校勘】 《金匮玉函经》:"甘澜水"作"甘烂水"。《千金方》无"甘澜"二字,仅是"用水一斗"。

【词解】 ①甘澜水:又名劳水。其做法乃取水扬之,意在增强轻灵流动之性。正如钱潢所云:"动则其性属阳,扬则其势下走。"

【方解】 尤在泾:茯苓能泄水气,故以为君;桂枝能伐肾邪,故以为臣;然欲治其水,必防其土,故取甘草、大枣补益土气为使。甘澜水者,扬之令轻,使水气去不益肾邪也。

章虚谷:茯苓取其味淡以泄水邪,既重用为君,而又先煮,则更淡而力胜也。肾为寒水之脏,肾气上逆,欲作奔豚,故佐甘草、大枣培土以制水。桂枝通太阳经府之气,则水寒之邪,随茯苓从膀胱而泄矣。



柯韵伯:茯苓以伐肾邪,桂枝以保心气,甘草、大枣培土以制水。甘澜水状似奔豚,而

性柔弱，故名劳水，用以先煮茯苓，取其下伐肾邪，一惟下趋也。本方取味皆下，以畏其泛耳。

【原文】 **发汗后，腹胀满者，厚朴生姜半夏甘草人参汤主之。**

【校勘】 《金匮玉函经》：无“者”字。

【方剂】**厚朴生姜半夏甘草人参汤方**

**厚朴半斤（炙，去皮） 生姜半斤（切） 半夏半升（洗） 甘草二两 人参一两**

**上五味，以水一斗，煮取三升，去滓，温服一升，日三服。**

【校勘】 《金匮玉函经》、成无己本：“半升”作“半斤”。

《金匮玉函经》《千金翼方》：“味”字下有“㕮咀”二字。

《千金翼方》、成无己本：“甘草”下有“炙”字。

【方解】 钱潢：厚朴味苦辛，性温，下气开滞，豁痰泄实，故能平胃气而除腹满，张元素之治寒胀而与热药同用，乃结者散之之神药也。此虽阳气已伤，因未经误下，故虚中有实，以胃气未平，故以之为君。生姜宣通阳气，半夏蠲饮利膈，故以之为臣。参、甘补中和胃，所以益汗后之虚耳，然非胀满之要药，所以分量独轻。由此推之，若胃气不甚虚亏，而邪气反觉实者，当消息而去取之，未可泥为定法也。观《金匮》之腹痛胀满，仲景以厚朴三物、七物二汤治之，皆与枳实、大黄同用，则虚实之分可见矣。

柯韵伯：此太阴调胃承气之方也……夫汗为阳气，而腰以上为阳，发汗只可散上焦营卫之寒，不能治下焦脏腑之湿。若病在太阴，寒湿在肠胃而不在营卫，故阴不得有汗，妄发其汗，则胃脘之微阳随而达于表，肠胃之寒湿入经络，而留于腹中，下利或止，而清谷不消，所以汗出必胀满也。凡太阳汗后胀满，是阳实于里，将转属阳明；太阴汗后而腹满，是寒实于里，而阳虚于内也。邪气盛则实，故用厚朴、姜、夏，散邪而除胀满；正气夺则虚，故用人参、甘草，补中而益元气，此亦理中之剂欤。若用之于太阳汗后，是抱薪救火，如此证而妄作太阳治之，如水益深矣。

王晋三：太阴病，当腹满，是伤中也。与吐下后邪气人里腹胀，治法不同。厚朴宽胀下气，生姜散满生津，半夏利窍通阴阳，三者有升降调中之理，佐甘草和阳，人参培阳，补之泄之，则阴结散、虚满消。

成无己：《内经》曰：“脾欲缓，急食甘以缓之，用苦泄之。”厚朴之苦，以泄腹满；人参、甘草之甘，以益脾胃；半夏、生姜之辛，以散滞气。

【验案】 尹某，男性，患腹胀证，自述心下胀满，日夜有不适感，按之不痛，是属虚胀证，投以厚朴生姜半夏甘草人参汤，经复诊一次，未易方而愈。（《岳美中医案集》）

【原文】 **伤寒若吐、若下后，心下逆满[①]，气上冲胸，起则头眩[②]，脉沉紧，发汗则动经[③]，身为振振摇者，茯苓桂枝白术甘草汤主之。**

【校勘】 《金匮玉函经》：“若下”下有“若发汗”三字，“脉”字上有“其”字。

《脉经》《千金翼方》：作“伤寒吐下发汗后”，少一“振”和“白”字。

《脉经》：上二“则”字皆作“即”字。

【词解】 ①心下逆满：心下，即胃脘部。逆满，气逆胀满。②起则头眩：起，由卧而起。可理解为动则眩晕也。③动经：扰动经脉之气。

【方剂】**茯苓桂枝白术甘草汤方**

**茯苓四两 桂枝三两（去皮） 白术甘草各二两（炙）**

**上四味，以水六升，煮取三升，去滓，分温三服。**

【校勘】 《金匮要略》《金匮玉函经》：白术均作三两。

《金匮玉函经》："分温三服"句下有"小便即利"四字。

【方解】 程郊倩：此颇同真武汤之制，彼多汗出身热，阳已亡于外；此只冲逆振摇，阳不安于中，故去芍、附而易桂枝也。

成无已：阳不足者，补之以甘，茯苓、白术，生津液而益阳也；里气逆者，散之以辛，桂枝、甘草行阳散气。

陈修园：术、草和脾胃，以运津液；苓、桂利膀胱，以布气化。

【验案】 痰饮聚于胸中，咳而短气，心悸，用四君补气，二陈化痰，款冬止咳，加减成方，仍不越苓桂术甘之制，若舍仲景，别求良法，是犹废规矩，而为方圆也，讵可得哉。桂枝、茯苓、白术、甘草、半夏、陈皮、党参、款冬花。（《王旭高医案》）

【原文】 **发汗病不解，反恶寒者，虚故也，芍药甘草附子汤主之。**

【校勘】 《金匮玉函经》《脉经》《千金翼方》："发汗病不解"句均作"发汗不解"，"反"字上均有"而"字。

【句解】发汗病不解：指发汗后，表证虽去而病仍未解：

【方剂】芍药甘草附子汤方

**芍药　甘草（炙）　各三两　附子一枚（炮，去皮，破八片）**

**上三味，以水五升，煮取一升五合，去滓，分温三服。疑非仲景方。**

【校勘】 《金匮玉函经》："各三两"作"各一两"。

《金匮玉函经》《千金翼方》："五升"作"三升"，无"疑非仲景方"五字。

《金匮玉函经》："五合"作"三合"，《千金翼方》作"二合"。

成无已本："分温三服"无"三"字，"方"作"意"字。

【方解】 方有执：营者，阴也，阴气衰微，故用芍药之酸以收之；卫者，阳也，阳气疏漫，故用附子之辛以固之。甘草甘平，合营卫和而谐之，乃国老之所长也。

周禹载：汗多为阳虚，而阴则素弱，补阴当用芍药，回阳当用附子，势不得不芍、附兼资。然又惧一阴一阳，两不相合也，于是以甘草和之，庶几阴阳谐而能事毕矣。

程郊倩：芍药得桂枝则发表，得附子则补表，甘草和中从阴分敛戢其阳，阳回而虚者不虚矣。

柯韵伯：芍药止汗收肌表之余津，甘草和中除咽痛而止吐利，附子固少阴而招失散之阳，温经脉而缓脉中之紧，此又仲景隐而未发之旨欤。作芍药、甘草而治脚挛急，因其阴虚，此阴阳俱虚，故加附子，皆治里不治表之义。

【原文】 **发汗，若下之，病仍不解，烦躁①者，茯苓四逆汤主之。**

【校勘】 《脉经》《千金翼方》：均为"发汗、吐、下后不解，烦躁"。

【词解】 ①烦躁：胸中热郁不安为烦，手足扰动不宁为躁。烦与躁常并见、并称。本证可见于内伤、外感多种疾病，有虚实寒热之分。外感病中，一般凡不经汗下而烦躁者多实，汗下后烦躁者多虚。内伤杂证，烦多于躁，常见于阴虚火旺证候。

【方剂】茯苓四逆汤方

**茯苓四两　人参一两　附子一枚（生用，去皮，破八片）　甘草二两（炙）　干姜一两半**

**上五味，以水五升，煮取三升，去滓，温服七合，日二服。**

【校勘】 《金匮玉函经》："味"字下有"㕮咀"二字，"三升"作"一升二合"，"去滓"以下作"分温再服，日三服"。

《千金翼方》："三升"作"二升"。

成无己本：茯苓为"六两"，"日二服"作"日三服"。

【方解】 成无己：四逆汤以补阳，加茯苓人参以益阴。

柯韵伯：茯苓四逆，固阴以收阳，茯苓感天地太和之气化，不假根而成，能补先天无形之气，安虚阳外脱之烦，故以为君；人参配茯苓补下焦之元气；干姜配生附，回下焦之元阳；调以甘草之甘，比四逆为缓，回里宜缓也。

《金鉴》：汗下俱过，表里两虚，阴盛格阳，故昼夜见此扰乱之象也。当以四逆汤壮阳胜阴，更加茯苓以抑阴邪，佐人参以扶正气，庶阳长阴消，正回邪退，病自解而烦躁安矣。

【验案】 士州侯臣，尾池治平女，患疫八九日，汗大漏，烦躁不得眠，脉虚数，四肢微冷，众医束手。时藩医员黑岩诚道者，在余塾，其父尚谦，延余诊之，投以茯苓四逆汤，服之一二日，汗止，烦闷去，足微温矣。

又云：汤岛明神下，谷口佐兵卫妻，年四十许，经水漏下，一日，下血块数个，精神昏瞶，四肢厥冷，脉沉微，冷汗如流，众医束手，余与茯苓四逆汤，厥愈，精神复常。（《橘窗书影》）

【原文】 **发汗后，恶寒者，虚故也；不恶寒但热者，实也，当和胃气，与调胃承气汤。**

【校勘】 《金匮玉函经》《脉经》《千金翼方》："虚故也"后均有"芍药甘草附子汤主之，几字。

《金匮玉函经》："与调胃承气汤"作"与小承气汤"，《千金翼方》作"与，一云调胃承气汤。"

【原文】 **太阳病，发汗后，大汗出，胃中干，烦躁不得眠，欲得饮水者，少少与饮之，令胃气和则愈。若脉浮，小便不利，微热，消渴[①]者，五苓散主之。**

【校勘】 《脉经》："后"字作"若"字，"干"字作"燥"字。

《金匮玉函经》："欲得饮水"句作"其人欲饮水"。

《金匮玉函经》《脉经》："少少与"三字作"当稍"两字，"胃气"作"胃中"。

成无己本、《金匮玉函经》："五苓散"上都有"与"字。

【词解】 ①消渴：形容渴饮不止。与《金匮要略》之"消渴病"不同。

【方剂】五苓散方

**猪苓十八铢(去皮)　泽泻一两六铢　白术十八铢　茯苓十八铢　桂枝半两(去皮)**

**上五味，捣为散，以白饮[①]和服方寸匕[②]，日三服，多饮暖水，汗出愈，如法将息。**

【校勘】 成无己本：泽泻"铢"字下有"半"字。

成无己本、《金匮玉函经》："桂"字下均无"枝"字。

《金匮要略》、成无己本、《金匮玉函经》："捣为散"句均作"为末"二字，《千金翼方》作"各为散，更于臼中治之"；《外台秘要·天行病门》作"为散水服"；《千金方》亦作"水服"。

《千金方》："多饮暖水"无"暖"字。《外台秘要》作"多饮暖水，以助药势"。

成无己本：没有"如法将息"四字。

【词解】 ①白饮：即米汤。②方寸匕：古代食具之一，曲柄浅斗，状如今之羹匙。《名医别录》云："方寸匕者，作匕正方一寸，抄散不落为度。"

【方解】 柯韵伯：猪苓色黑入肾，泽泻味咸入肾，具水之体。茯苓味甘入脾，色白入肺，清水之源。桂枝色赤入心，通经发汗，为水之用。合而为散，散于胸中则水精四布，上滋心肺，外溢皮毛，通调水道，一汗而解矣。本方治汗后表里俱热，燥渴、烦躁不眠等症全同白虎，所异者，在表热未解及水逆与饮水多之变证耳。若谓此方是利水而设，不识仲景之旨矣。若谓用此以生津液，则非渗泄之味所长也。

【验案】 江应宿治友人王晓寓中一仆十九岁，患伤寒发热，饮食下咽，少顷尽吐，喜饮凉水，入咽亦吐，号叫不定，脉洪大浮滑，此水逆证，投五苓散而愈。(《名医类案》)

【原文】 **发汗已，脉浮数，烦渴[①]者，五苓散主之。**

【校勘】 《金匮玉函经》："已"字作"后"字，"脉浮"下有"而"字。

《脉经》《千金翼方》："烦"字上均有"后"字。

【词解】 ①烦渴：形容口渴不止的程度。

【原文】 **伤寒汗出而渴者，五苓散主之；不渴者，茯苓甘草汤主之。**

【校勘】 长沙古本："汗出而渴"之下有"小便不利"四字。

【方剂】 **茯苓甘草汤方**

**茯苓二两　桂枝二两(去皮)　甘草一两(炙)　生姜三两(切)**

**上四味，以水四升，煮取二升，去滓，分温三服。**

【校勘】 《金匮玉函经》："茯苓二两"作三两。

【方解】 王晋三：茯苓甘草汤，治汗出不渴，其义行阳以统阴，而有调和营卫之妙。甘草佐茯苓，渗里缓中并用，是留津液以安营；生姜佐桂枝，散外固表并施，是行阳气而实卫，自无汗出亡阳之虞矣。

【原文】 **中风发热，六七日不解而烦，有表里证，渴欲饮水，水入则吐者，名曰水逆[①]，五苓散主之。**

【校勘】 《金匮玉函经》《千金翼方》《外台秘要》："名曰"二字均为"此为"。

【词解】 ①水逆：胃有停水，水气不化，渴欲饮水，水入即叶之证。

【原文】 **未持脉[①]时，病人手叉自冒心，师因教试令咳而不咳者，此必两耳聋无闻也，所以然者，以重发汗虚故如此。发汗后饮水多必喘，以水灌[②]之亦喘。**

【校勘】 《脉经》："手叉"作"叉手"。

《金匮玉函经》《脉经》《千金翼方》："不咳"均作"不即咳"，"重发汗"作"重发其汗"，"如此"两字均作"也"字。

《金匮玉函经》、成无己本："发汗后"以下十四字，另为一条。

《金匮玉函经》《脉经》《千金翼方》："多"字下，均有"者"字。

【词解】 ①持脉：即诊脉。②灌：洗，以水洗浴的意思。

【句解】 所以然者，以重发汗虚故如此：所以这样，是因为发汗太过，病人虚弱的缘故。

【原文】 **发汗后，水药不得入口为逆，若更发汗，必吐下不止。发汗、吐、下后，虚烦不得眠，若剧者，必反复颠倒，心中懊侬[①]，栀子豉汤主之；若少气[②]者，栀子甘草豉汤主之；若呕者，栀子生姜豉汤主之。**

【校勘】 《脉经》:“发汗吐下后”句“汗”字下有“其”字。

《金匮玉函经》:自“若更”以下九字无。

《注解伤寒论》:“发汗吐下”开始又另列一条。

《千金翼方》:没有“若剧”的“若”字和“必”字。

《外台秘要》:“者必”两字作一“则”字,“心中懊憹”作“心内若痛懊侬”。

【词解】 ①懊憹:自觉心中烦乱不宁。②少气:指言语无力,呼吸微弱短促。《景岳全书》:“少气者,气少不足以言也。”

【方剂】栀子豉汤方

**栀子十四个(擘)[1] 香豉四合(绵裹)[2]**

**上二味,以水四升,先煮栀子,得二升半,内[3]豉,煮取一升半,去滓,分福二服,温进一服,得吐者,止后服。**

【校勘】 《脉经》《千金翼方》:汤名均无“豉”字。

《注解伤寒论》:“十四个”作“十四枚”。

《外台秘要》:“二升半”下有“去滓”两字,“取”字上有“更”字。

《金匮玉函经》《千金翼方》:“吐”字上均有“快”字。

【词解】 ①擘:同掰,把东西分成两半。②绵裹:把药装在布袋里。③内:通纳,放入之意。

【方解】 栀子苦寒清心除烦;豆豉具轻清升散之性,宣泄胸中郁热。两药合用共奏清热除烦之功。

【验案】 江应宿治都事靳相庄,患伤寒十余日,身热无汗,怫郁不得卧,非躁非烦,非寒非痛,时发一声,如叹息之状,医者不知何证,迎予诊视曰,懊侬怫郁证也。投以栀子豉汤一剂,十减二三,再以大柴胡汤下燥屎,怫郁除而安卧,调理数日而起。(《名医类案》)

【校勘】 《外台秘要》:“二升半”下有“去滓”两字。

《金匮玉函经》:“吐”字上有“快”字。

《注解伤寒论》:不载本方,但于卷第十云:“栀子豉汤方内加生姜五两,余依前法,得吐止后服。”

【方解】 本方是栀子豉汤加入生姜,乃治栀子豉汤证兼有呕者。

【验案】 叶天士治张五,切脉小弦,纳谷脘中哽噎,自述因平素悒郁强饮,则知木火犯土,胃气不得下行,议苦辛泄降法。栀子、香淡豆豉、生姜汁炒黄连、郁金、竹茹、半夏、丹皮。(《伤寒类方汇参》)

【原文】 **发汗若下之,而烦热胸中窒[1]者,栀子豉汤主之。**

【校勘】 《脉经》:“窒”作“塞”。

《千金方》:“窒”字下有“气逆抢心”四字。

【词解】 ①胸中窒,胸中痞塞不舒,似有窒息之感。

【原文】 **伤寒五六日,大下之后,身热不去,心中结痛[1]者,未欲解也,栀子豉汤主之。**

【校勘】 《金匮玉函经》:“未欲解也”句作“此为未解”。

【词解】 ①结痛:结,郁结;痛,疼痛。较之“胸中窒”为甚。

【原文】 **伤寒下后,心烦腹满,卧起不安者,栀子厚朴汤主之。**

【校勘】 《金匮玉函经》《脉经》:"心烦"作"烦而"二字。

【方剂】**栀子厚朴汤方**

**栀子十四个(擘) 厚朴四两(炙,去皮) 枳实四枚(水浸,炙令黄)**

**上三味,以水三升半,煮取一升半,去滓,分二服,温进一服,得吐者,止后服。**

【校勘】 《金匮玉函经》:"枳实"下无"水浸"二字,"炙令黄"作"去穰炒"。"三升"下无"半"字。

《千金翼方》:"吐"字上有"快"字。

【方解】 本证为栀子豉汤证增腹满一症,为邪壅胸腹之间,故以栀子泄热除烦,枳实、厚朴宽中去满,三药相协对烦而腹满有良效。

【原文】 **伤寒,医以丸药大下之,身热不去,微烦者,栀子干姜汤主之。**

【校勘】 《会匮玉函经》:"丸"作"圆"。

【方剂】**栀子干姜汤方**

**栀子十四个(擘) 干姜二两**

**上二味,以水三升半,煮服一升半,去滓,分二服,温进一服,得吐者,止后服。**

【校勘】 《金匮玉函经》:"三升"下无"半"字,"吐"字上有"快"字。

【方解】 本方以栀子泄热除烦,是为身热不去而微烦设。用干姜是为中寒而设,寒热并投,以除上热中寒。

【原文】 **凡用栀子汤,病人旧微溏[1]者,不可与服之。**

【校勘】 《金匮玉函经》:"汤"字下有"证"字,"病"字作"其"字,没有"旧"字。

【词解】 ①旧微溏:平日大便偏溏。

【原文】 **太阳病发汗,汗出不解,其人仍发热,心下悸,头眩,身瞤[1]动振振欲擗[2]地者,真武汤主之。**

【校勘】 《金匮玉函经》:"发汗,汗出不解"作"发其汗而不解"。"瞤"字下有"而"字。"擗",《脉经》作"仆"。

《千金方》《千金翼方》:"真武"均作"玄武"。

【词解】 ①瞤:音运,掣动也。《素问·气交变大论》有"肌肉瞤酸"。"身瞤动"指肢体不能自制,抽掣动作。②擗:音辟,同"噼""僻",倒也。

【句解】振振欲擗地:意指身体震颤.欲倒于地。

【原文】 **咽喉干燥者,不可发汗。**

【校勘】 《脉经》:无"喉"字。

《千金翼方》:"不可发汗"作"忌发汗"。

《金匮玉函经》:"汗"上有"其"字。

【原文】 **淋家,不可发汗,汗出必便血。**

【校勘】 《金匮玉函经》:"发"下有"其"字。成无己本:"汗出"作"发汗"。

【词解】 淋家:指平素患小便淋沥不尽、尿频、尿急、尿痛的人。

【原文】 **疮家[1]虽身疼痛,不可发汗,发汗则痉[2]。**

【校勘】 《金匮玉函经》《脉经》《千金翼》:"发汗"作"攻其表"。

成无己本:"汗出"作"发汗"。

【词解】 ①疮家:指久患疮疡的病人。②痓:音厕。筋脉强急,甚至角弓反张一类表现。

【原文】 **衄家[1]不可发汗,汗出必额上陷,脉急紧,直视不能眴[2],不得眠。**

【校勘】 《金匮玉函经》:"发汗"作"攻其表","必额上陷"句作"必额上促急而紧"。《诸病源候论》同,惟"促"字作"菹"字。《外台秘要》引《诸病源候论》"促"作"脉",都没有"陷"字。《脉经》作"必额陷,脉上促急而紧。"

【词解】 ①衄家:指经常鼻出血的人。②不能眴:眴,音顺,眼球转动为眴。"不能眴"即眼睛转动不灵活。

【句解】汗出必额上陷,脉急紧:本句断句恐有误,"陷脉"二字不应分读。《灵枢·九针十二原》云:"针陷脉则邪气出"。"陷脉"为深陷于肌肉中之经脉。故本句应读为:"汗出必额上陷脉急紧"。

【原文】 **亡血家,不可发汗,发汗则寒栗而振。**

【校勘】 《金匮玉函经》《脉经》《千金翼》:"不可发汗"作"不可攻其表","发汗则"作"汗出则"。

【原文】 **汗家[1]重发汗,必恍惚心乱,小便已,阴疼[2],与禹余粮丸。**

【校勘】 《金匮玉函经》:"发"字有"其"字。

【词解】 ①汗家:指平素体虚容易出汗的人。②小便已,阴疼:小便之后尿道作痛。

【原文】 **病人有寒,复发汗,胃中冷,必吐蚘[1]。一作逆。**

【校勘】 《金匮玉函经》:"发"下有"其"字。

【词解】 蚘:音回,蛔的异体字,即蛔虫。

【原文】 **本发汗,而复下之,此为逆也;若先发汗,治不为逆。本先下之而反汗之,为逆;若先下之,治不为逆。**

【校勘】 《金匮玉函经》:无"若"字,"先发汗""先下之"下并有"者"字,无"此为"二字。

【原文】 **伤寒,医下之,继得下利,清谷[1]不止,身疼痛者,急当救里;后身疼痛,清便自调者,急当救表。救里宜四逆汤,救表宜桂枝汤。**

【校勘】 《金匮玉函经》:"身疼痛者"作"身体疼痛者"。

【词解】 清谷:泄下不消化之食物。

【原文】 **病发热头痛,脉反沉,若不差[1],身体疼痛,当救其里,四逆汤方。**

【校勘】 《金匮玉函经》:"疼痛"上有"更"字。

成无己本:"四逆汤方"作"宜四逆汤"。

【词解】 ①不差:不愈的意思。

【句解】①脉反沉:发热头痛,身体疼痛,皆是太阳表证,当见浮脉,今脉不见浮而见沉,沉是里脉,表证见里脉,是脉证不相应,也就是说不应出现而出现,所以称之曰"反"。②当救其里:沉脉主里主虚,是少阴之脉,说明肾阳已虚,虽然有表证,也不可从太阳论治而妄投汗法,以免造成亡阳的不良后果。此时,应当用温阳祛寒的四逆汤,先救其里。

【原文】 **太阳病,先下而不愈,因复发汗。以此表里俱虚,其人因致冒,冒[1]家汗出自愈。所以然者,汗出表和故也。里未和,然后复下之。**

【校勘】 成无己本:"先下"后有"之"字。

《金匮玉函经》《脉经》:均无"以此"二字,"冒家"下均有"当"字。

《脉经》:"里未和"作"表和",成无己本作"得里未和"。

【词解】 ①冒:头目如物蒙蔽。

【原文】 **太阳病,未解,脉阴阳俱停,必先振栗,汗出而解。但阳脉微者[1],先汗出而解;但阴脉微者[2],下之而解。若欲下之,宜调胃承气汤。**

【校勘】 《金匮玉函经》:"脉阴阳俱停"句下作"必先振汗而解,但阳微者,先汗之而解;阴微者,先下之而解。汗之宜桂枝汤。下之宜承气汤",《千金翼方》同。

《脉经》:"调胃承气汤"作"大柴胡汤","阴""阳"下无两"脉"字,"汗出"作"汗之"。林亿等校本"停"后有"一作微"原注。

【词解】 ①阳脉微:寸部脉微见搏动。②阴脉微:尺部脉微见搏动。

【句解】①脉阴阳俱停:阴阳作尺寸解。"停"历代注家有三种解释:一作停止,脉阴阳俱停是尺寸的脉搏均隐伏而诊之不得;一作脉象平和均匀解释;一作原注脉微解。②振栗,汗出而解:《世医得效方》亦称"战汗"。在外感热病过程中,邪盛正弱,人体既弱之阳气,与邪相争,先经振栗,继而汗出,热退病解,这是正气胜邪的表现。

【原文】 **太阳病,发热汗出者,此为荣弱卫强,故使汗出。欲救[1]邪风[2]者,宜桂枝汤。**

【校勘】 《金匮玉函经》:"救"字作"解"字。

【词解】 ①救:解除的意思。②邪风:此处作风邪解。

【原文】 **伤寒五六日,中风,往来寒热[1],胸胁苦满[2],嘿嘿[3]不欲饮食,心烦喜呕[4],或胸中烦而不呕,或渴,或腹中痛,或胁下痞硬,或心下悸,小便不利,或不渴身有微热,或咳者,小柴胡汤主之。**

【校勘】 《金匮玉函经》:作"中风五六日,伤寒往来寒热"。《脉经》作"中风往来寒热,伤寒五六日以后"。《仲景全书》作"伤寒、中风五六日"。

《脉经》:"心烦"作"烦心"。

《金匮玉函经》《脉经》:"硬"作"坚","心下悸"作"心中悸"。

《外台秘要》:"心下悸"作"心下卒悸"。

《金匮玉函经》:"身"作"外"。

成无己本:"嘿嘿"作"默默","小柴胡"句上有"与"字。

【词解】 ①往来寒热:是发热的一种表现形式,寒热来去交替,恶寒后发热,发热后恶寒。②胸胁苦满:谓胸部连及胁部,有苦闷胀满的感觉。③嘿嘿:嘿,音末,与默同,不出声。"嘿嘿",心中不爽快,默不作声的意思。④喜呕:有呕意而不吐,总以一吐为快,但不一定有吐的情况。

【方剂】小柴胡汤方

柴胡半斤　黄芩三两　人参三两　半夏半斤(洗)　甘草三两(炙)　生姜三两(切)　大枣十二枚(擘)

上七味,以水一斗二升,煮取六升,去滓,再煎取三升,温服一升,日三服。若胸中烦而不呕者,去半夏、人参,加瓜蒌实一枚;若渴去半夏,加入参合前成四两半,栝楼根四两;若腹中痛者,去黄芩,加芍药三两;若胁下痞鞕,去大枣,加牡蛎四两;若心下悸,小便不利者,去黄芩,加茯苓四两;若不渴。外有微熟者,去人参。加桂枝三两,温覆微汗愈;若咳

**者,去人参、大枣、生姜,加五味子半升,干姜二两。**

**【校勘】** 《金匮玉函经》:"七味"下有"㕮咀"二字,"再煎"作"再煮",没有"三服"的"服"字,"若渴"下有"者"字,成无己本亦有。

《千金翼方》:无"瓜蒌四两"句。

《金匮玉函经》《千金翼方》:"硬"作"坚",下有"者"字。

《千金翼方》《外台秘要》:"牡蛎四两"作"六两"。

成无己本、《金匮玉函经》《千金翼方》:缺桂枝的"枝"字。

《仲景全书》:大枣作"十二枚"。

《千金翼方》:柴胡作"八两"。

**【方解】** 程郊倩:柴胡疏木,使半表之邪得从外宣;黄芩清火,使半里之邪得从内彻;半夏豁痰饮,降里气之逆;人参补内虚,助生发之气;甘草佐柴胡,调和内外;姜枣助参夏通达荣卫。相须相济,使邪无内向而外解也。

章虚谷:小柴胡汤升清降浊,通调经腑,是和其表里,以转枢机,故为少阳之主方。

尤在泾:胸中烦而不呕者,邪聚于膈而不上逆也,热聚则不得以甘补,不逆则不必以辛散,故去人参、半夏,而加瓜蒌实之寒,以除热而荡实也。渴者,木火内烦而津虚气燥也,故去半夏之温燥,而加人参之甘润、栝楼根之凉苦,以彻热而生津也。腹中痛者,木邪伤土也,黄芩苦寒,不利脾阳;芍药酸寒,能于土中泻木,去邪气止腹痛也。胁下痞硬者,邪聚少阳之募;大枣甘能增满,牡蛎咸能软坚。好古云"牡蛎以柴胡引之,能去胁下痞也"。心下悸,小便不利者,水饮蓄而不行也,水饮得冷则停,得淡则利,故去黄芩加茯苓。不渴,外有微热者,里和而表未解也,故不取人参的补里,而用桂枝之解外也。咳者,肺寒而气逆也,经日"肺苦气上逆,急食酸以收之"。又曰"形寒饮冷则伤肺",故加五味之酸以收逆气;干姜之温以祛肺寒;参枣甘壅,不利于逆;生姜之辛,亦恶其散耳。

柯韵伯:先辈论此汤,转旋在柴、芩二味,以柴胡清表热,黄芩清里热也。卢氏以柴胡半夏得二至之气而生,为半表半里之主治,俱似有理。然本方七味中,半夏黄芩俱在可去之例,惟不去柴胡、甘草,当知寒热往来,全赖柴胡解外,甘草和中。

《金鉴》:邪正在两界之间,各无进退而相持,故立和解一法,既以柴胡解少阳在经之表寒,黄芩解少阳在府之里热;犹恐在里之太阴,正气一虚,在经之少阳,邪气乘之,故又以姜、枣、人参和中而预壮里气,使里不受邪而和,还表以作解也。

**【验案】** 齐秉慧以小柴胡汤治张太来妻之寒热间作,口苦咽干,头痛两侧,默不欲食,.眼中时见红影动,其家以为雷号,来寓备述,予曰非也。少阳胆热溢于肝经,目为肝窍,热乘肝胆,而目昏花,予用小柴胡汤和解少阳,加当归、香附宣通血分,羚羊角泻肝热而廓清目中,不数剂而愈。

治予八女,六岁,寒热往来,每予梦中惊叫而醒,爬人身上,且哭且怕,至十余夜,不能瞑目,将合眼就大叫大哭,维时予南罢外回,归家妇语如故。余曰:此胆虚热乘,用小柴胡汤去黄芩(未见口苦咽干,不用黄芩),加白茯苓、远志宁心安神,竹茹开郁,真琥珀定惊,一剂而全。(《齐氏医案》)

小柴胡汤加减治疗产后发热8例。8例发热均由产后感染而致,体温38℃~39.6℃,持续发热天数3~6天,白细胞$(1.2\sim3.2)\times10^9$,常见头晕头痛,发热以午后为甚,胸闷,口苦或泛恶。诊前均已用西药如抗生素、安乃近、冬眠灵等治疗,因疗效不显,或热退而其

他症状仍存在，用中药治疗，基本处方为小柴胡汤加减（软柴胡、炒黄芩、党参、姜半夏、甘草、当归、川芎、炒白芍、丹参、益母草、生姜）。如恶露未净，腹痛拒按者去白芍、生姜，合生化汤；发热微恶寒，肢节烦疼，自汗出者，加桂枝；兼血压高者，柴胡用醋炒；有形寒、肌肉疼痛者，用柴胡加桂枝汤。疗效：服3~5剂后均痊愈。（上海中医药杂志，1965年第10期）

小柴胡汤去党参加防风、葛根治疗疟疾4例，其中2例为恶性疟，2例为间日疟，均经血涂片检查证实。一般症状为寒热往来，头痛，颈痛，腹痛，食欲不振，口渴。服法：每日一剂，分两次服。第一次在发作前2小时服，4小时后服第二次。症状消除后，改用补中益气汤加减善后。疗效：4例均于1~4日内退热，其中1例恶性疟于8日后涂片检查仍为阳性。（《中医中药治疗经验汇编》，广西北海，1959年第一辑）

**【原文】** **血弱气尽[①]，腠理[②]开，邪气因入，与正气相搏，结于胁下。正邪分争，往来寒热，休作有时，嘿嘿不欲饮食，藏府相连，其痛必下，邪高痛下[③]，故使呕也，小柴胡汤主之。服柴胡汤已，渴者，属阳明，以法治之。**

**【校勘】** 《金匮玉函经》《千金翼方》：“饮食”均作“食饮”。“结”字作“在”字，“故使”下有“其”字。“服柴胡汤已”句下《金匮玉函经》、成无己本另列为一条。

《千金翼方》：“已”作“而”。

《金匮玉函经》：“属”字上有“此”字。

成无己本：“阳明”下有“也”字。

**【词解】** ①血弱气尽：气血不足、正气衰弱的意思。②腠理：皮肤、肌肉之纹理。③邪高痛下：邪高指邪在上焦，痛（一作病）下是指病邪渐传入下部。

**【原文】** **得病六七日，脉迟浮弱，恶风寒，手足温，医二三下之，不能食，而胁下满痛，面目及身黄，颈项强，小便难者，与柴胡汤，后必下重[①]；本渴饮水而呕者，柴胡不中[②]与也，食谷者哕[③]。**

**【校勘】** 《金匮玉函经》《脉经》：“而胁下满痛”均作“其人胁下满痛”。

成无己本：“本渴饮水而呕者”作“本渴而饮水呕者”。

《金匮玉函经》：“不中与之”作“不复中与之”。

**【词解】** ①后必下重：大便时有肛门下坠感。②中：适合，当。③哕：音约，呃逆。

**【原文】** **伤寒四五日，身热恶风，颈项强，胁下满，手足温而渴者，小柴胡汤主之。**

**【校勘】** 《脉经》《千金翼方》：“身热恶风”均作“身体热”。

**【原文】** **伤寒，阳脉涩，阴脉弦，法当腹中急痛，先与小建中汤。不差者，小柴胡汤主之。**

**【校勘】** 成无己本：“急痛”下有“者”字，“小柴胡”上有“与”字。

《金匮玉函经》：“者”字作“即与”二字。

**【方剂】小建中汤方**

**桂枝三两（去皮）　甘草三两（炙）　大枣十二枚（擘）　芍药六两　生姜三两（切）　胶饴一升**

**上六味，以水七升，煮取三升，去滓，内饴，更上微火消解，温服一升，日三服。呕家不可用建中汤，以甜故也。**

**【校勘】** 《金匮玉函经》、成无己本：“内饴”作“内胶饴”。

《外台秘要》：作“先煮五味，取三升，去滓，内饴，更上火微煮，令消解”，“用”字作“服”字，《金匮玉函经》《千金翼方》没有“建中汤”三字。

《金匮玉函经》、成无己本、《金匮要略》：甘草均作“三两”。

《千金翼方》：大枣作“十一枚”。

**【方解】** 成无己：建中者，建脾也。《内经》曰：“脾欲缓，急食甘以缓之。”胶饴、大枣、甘草之甘，以缓中也。辛，润散也，荣卫不足，润而散之，桂枝、生姜之辛以行荣卫。酸，收也、泄也，正气虚弱，收而行之，芍药之酸以收正气。

方有执：小建中者，桂枝汤倍芍药而加胶饴也。桂枝汤扶阳而固卫，卫固则营和；倍芍药者，酸以收阴，阴收则阳归附也；加胶饴者，甘以润土，土润则万物生也。

《金鉴》：是方也，即桂枝汤倍芍药加胶饴也。名曰小建中者，谓小小建立中气也。盖中气虽虚，表尚未和，不敢大补，故仍以桂枝和营卫，倍芍药和饴糖，调建中州，而不啜稀粥，温覆令汗者，其意重在心悸中虚，而不在伤寒之表也。中州建立，营卫自和，津液可生，汗出乃解，悸烦可除矣。呕家不可用，谓凡病呕者不可用，恐甜助呕也。

**【验案】** 王右，腹痛喜按，痛时自觉有寒气自上下迫，脉虚弦，微恶寒，此为肝乘脾，小建中汤主之。（《经方实验录》）

脉双弦，有寒饮在胃也；脘痛吐酸，木克土也；得食则痛缓，病属中虚，当和中泄木祛寒，小建中汤加减主之。白芍、桂枝、干姜、炙草、半夏、橘饼、川椒、党参、白术。（《柳选四家医案》）

**【原文】** **伤寒中风，有柴胡证，但见一证便是，不必悉具。凡柴胡汤证而下之，若柴胡汤证不罢者，复与柴胡汤，必蒸蒸而振①，却发热汗出而解。**

**【校勘】** 《金匮玉函经》：“有柴胡”作“小柴胡”。

《金匮玉函经》《千金翼方》：“病”字、“若”字、“却复”的“复”字都没有，成无己本亦无“复”字。

**【词解】** ①蒸蒸而振：蒸蒸，内热貌。气从内达，邪从外出，则发生振栗之状，是形容战汗的现象。

**【句解】** 但见一证便是：一证是指柴胡主证之一而言，如往来寒热、胸胁苦满、默默不欲饮食、心烦喜呕是。而其他或然证，如或渴、或呕、或腹中痛等，自不必悉具。

**【原文】** **伤寒二三日，心中悸而烦者，小建中汤主之。**

**【校勘】** 《外台秘要》：作“伤寒一二日”。

**【原文】** **太阳病，过经①十余日，反二三下之，后四五日，柴胡证仍在者，先与小柴胡。呕不止，心下急②，郁郁③微烦者，为未解也，与大柴胡汤下之则愈。**

**【校勘】** 《金匮玉函经》《外台秘要》：“反”字作“及”字。

《脉经》《千金翼方》：“仍”字作“续”字。

成无己本、《脉经》《外台秘要》《千金翼方》：“小柴胡”下均有“汤”字。

《金匮玉函经》《千金翼方》：“呕不止，心下急”均作“呕止小安”，“郁郁”上有“其人”二字。

成无己本：“大柴胡”下无“汤”字。

**【词解】** ①过经：病传他经。②心下急：指胃脘部窘迫不舒感。③郁郁：郁闷心烦之意。

【方剂】大柴胡汤方

柴胡半斤　黄芩三两　芍药三两　半夏半斤(洗)　生姜五两(切)　枳实四枚(炙)　大枣十二枚(擘)

上七味,以水一斗二升,煮取六升,去滓再煎,温服一升,日三服。一方加大黄二两,若不加恐不为大柴胡汤。

【校勘】《千金翼方》:柴胡作"八两"。

《金匮玉函经》:生姜作"三两"。

《外台秘要》:半夏作"水洗",大枣作"十二枚"。

《金匮玉函经》《外台秘要》:"再煎"下有"取三升"三字,依照小柴胡汤的煎服法,当属脱文。

成无已本、《金匮玉函经》:方中原有大黄二两;《本事方》方中也有大黄,注云"伊尹汤液论,大柴胡汤同枣、姜共八味,今监本无,脱之也"。

【方解】吴遵程:表证未除,故柴胡以解表;里证又急,故用大黄、枳实以攻里,芍药安脾敛阴,黄芩退热解渴,半夏和胃止呕,姜辛散而枣甘缓,以调荣卫而行津液,此表里交治,下剂之缓者也。

周禹载:大柴胡总以少阳为法,而复有里者也。外邪未解,既不可治内,而里证已具,复不可专外,故于和之之中,加下药微利之。

【验案】羽流蒋尊病,其初心烦喜呕,往来寒热,医初以小柴胡汤与之,不除。予诊之日,脉洪大而实,热结在里,小柴胡安能除也。仲景云伤寒十余日,热结在里,复往来寒热者,与大柴胡汤,二服而病除。(《伤寒九十论》)

【原文】伤寒十三日不解,胸胁满而呕,日晡所[①]发潮热,已而微利,此本柴胡证,下之以不得利,今反利者,知医以丸药下之,此非其治也。潮热者实也,先宜服小柴胡汤以解外,后以柴胡加芒硝汤主之。

【校勘】《金匮玉函经》:"日晡"下无"所"字。无"此非"之"此"字。"先宜"的"宜"字作"先再服",并无"以解外"的"以"字。

《脉经》《金匮玉函经》《千金翼方》无"已"字。

《外台秘要》:作"热毕而微利"。

《脉经》《千金翼方》:"本"字下有"当"字。

《外台秘要》:"以不得利"无"以"字。成无已本作"而不得利",

【词解】①日晡所:指申酉之时。

【方剂】柴胡加芒硝汤方

柴胡二两十六铢　黄芩一两　人参一两　甘草一两(炙)　生姜一两(切)　半夏二十铢(本云五枚,洗)　大枣四枚(擘)　芒硝二两

上八味,以水四升,煮取二升,去滓,内芒硝,更煮微沸,分温再服,不解更作。

林亿等按:《金匮玉函经》方中无芒硝。别一方云,以水七升,下芒硝二合,大黄四两,桑螵蛸五枚,煮取一升半,服五合,微下即愈。本云柴胡再服以解其外,余二升加芒硝、大黄、桑蛸螵也。

【校勘】《金匮玉函经》《外台秘要》:半夏作"五枚",《千金翼方》为"一合洗"。

《外台秘要》:芒硝作"二合","煮取二升"作"煮七味取二升","煮微沸"作"上火煎

一二沸”。

《金匮玉函经》:在“再服”下有“以解为差”四字,《千金翼方》有“以解其外”四字。

成无己本:不载此方。

【方解】 汪琥:小柴胡加芒硝汤,用人参、甘草以扶胃气,且微利之后,溏者既去,燥者自留,加芒硝者,能胜热攻坚,又其性速下而无碍胃气,乃一举而两得也。

章虚谷:按此方以小柴胡三分之一,而重加芒硝者,因其少阳之证,误用丸药下之,余热留于阳明而发潮热,故仍用小柴胡和少阳,而加芒硝咸寒润下,以清阳明之热,不取苦重之药峻攻也……其用芒硝者,取其咸寒而不峻利,以清阳明无形之热,非为攻泻而设也,用者审之。

**【原文】 伤寒十三日,过经谵语者,以有热也,当以汤下之。若小便利者,大便当硬,而反下利,脉调和[1]者,知医以丸药[2]下之,非其治也。若自下利者,脉当微厥[3];今反和者,此为内实也,调胃承气汤主之。**

【校勘】 成无己本:“十三日”下有“不解”二字。

《脉经》《金匮玉函经》《千金翼方》:“谵语”有“而”字,“以有热也”句作“内有热也”。

《千金翼方》:没有“调胃”二字。

【词解】 ①脉调和:与下文“脉当微厥”相对而言。若为虚寒自利,脉当微厥,今不微厥,故谓调和。②丸药:指汉代民间常用的泻下成药,多为几种小量烈性的药配制而成。③脉当微厥:《伤寒论·辨不可下病脉证并治》云“厥者,脉初来大,渐渐小,更来渐渐大,是其候也”可供参考。

**【原文】 太阳病不解,热结膀胱[1],其人如狂[2],血自下,下者愈。其外不解者,尚未可攻,当先解其外,外解已,但少腹急结者,乃可攻之,宜桃核承气汤。**

【校勘】 《金匮玉函经》:“血自下”作“血必自下”,“下者愈”作“下者即愈”,“少腹”作“小腹”。

成无己本:“解其外”作“解外”。

《脉经》《千金翼方》:“其外”下均有“属桂枝汤证”五字。

【词解】 ①热结膀胱:实指邪热结于小腹部位。②如狂:形容烦躁不安,如同发狂一样。

**【方剂】桃核承气汤方**

**桃仁五十个(去皮尖) 大黄四两 桂枝二两(去皮) 甘草二两(炙) 芒硝二两**

**上五味,以水七升,煮取二升半,去滓,内芒硝,更上火微沸,下火,先食温服[1]五合,日三服,当微利。**

【校勘】 《金匮玉函经》:作“桃仁承气汤”。

《千金翼方》:芒硝作“一两”。作“更煮一沸,分温三服”。

《金匮玉函经》:作“先煮四味,取二升半,去滓,内硝,更煮微沸,温服”。

【词解】 ①先食温服:即饭前服药的意思。

【方解】 钱潢:神农本经桃仁主瘀血血闭,洁古云主治血结血秘,通润大肠,破蓄血;大黄下瘀血积聚,荡涤肠胃,推陈致新;芒硝走血软坚,热淫于内,治以咸寒之义也;桂之为用,通血脉,消瘀血,尤其所长也;甘草所以保脾胃和大黄芒硝之寒峻耳。

尤在泾:此即调胃承气汤加桃仁、桂枝,为破瘀逐血之剂。缘此证热与血结,故以大

黄之苦寒，荡实除热为君；芒硝之咸寒，入血软坚为臣；桂枝之辛温，桃仁之辛润，擅逐血散邪之长为使；甘草之甘，缓诸药之势，俾去邪而不伤正为佐也。

陈蔚：桂枝用至二两者，注家认为兼解外邪，而不知辛能行气，气行而血乃行也。

**【验案】** 李某，年二十余，先患外感，诸医杂治，证屡变，医者却走。其父不远数十里踵门求诊。审视面色微黄，少腹满胀，身无寒热，坐片刻即怒目注人，手拳紧握，伸张如欲击人状，有顷即止，嗣复如初。脉沉涩，舌苔黄暗，底面露绛红色。诊毕主人促疏方，并询病因。答曰，病已入血分，前医但知用气分药，宜其不效。《内经》言："血在上善忌，血在下如狂。"此证即《伤寒论》热结膀胱，其人如狂也，当用桃核承气汤，即疏方授之。一剂知，二剂已，嗣以逍遥散加丹、栀、生地调理而妥。(《豚园医案》)

赵某，女，25岁，包钢职工家属，1971年8月27日初诊。由爱人代诉：患者自今年5月结婚后，月经即未来潮，自认为怀孕，后经某医院妇产科检查，并非怀孕，即用调经药医治十余天，月仍不来潮而停药。后三日，于夜间陡然烦躁不安，时哭时笑，骂詈奔走，经中西医调治，疗效不显。诊见少腹硬满，小便通利，苔黄，舌质红，尖端有紫点，脉象沉弱而结。据此脉证，乃肝气郁结，气滞血阻，冲任失调，血瘀阻滞于子宫，经闭如狂，遂先用桃仁承气汤加味。处方：桃仁三钱，大黄三钱，桂枝二钱，炙甘草二钱，赤芍三钱，丹皮四钱，茯苓三钱，玄明粉二钱(冲服)。两剂，水煎饭前服。8月29日二诊，患者服药后，大便数次，睡眠好转，其他症状也减轻，已不骂人和奔走，脉渐有缓象，两尺尤显。又按前方予二剂，服法同前。9月4日三诊，自诉服第四剂药的第一次煎药后，于9月3日夜间9时左右，少腹疼痛，又大便一次，遂即月经来潮，内有黑紫色血块。现诸症消失。再诊其脉，结脉消失，脉象和缓。遂嘱其停药一周再诊。9月12日四诊，脉象缓和，经尽病愈。从此停药，膳食静养。[新中医，1975，(2)：32]

**【原文】 伤寒八九日，下之，胸满烦惊，小便不利，谵语，一身尽重，不可转侧者，柴胡加龙骨牡蛎汤主之。**

**【校勘】** 《外台秘要》："下之"下有"后"字。

《脉经》《千金翼方》：均无"尽重"二字。

**【方剂】柴胡加龙骨牡蛎汤方**

**柴胡四两　龙骨　黄芩　生姜(切)　铅丹　人参　桂枝(去皮)　茯苓各一两半　半夏二盒半(洗)　大黄二两　牡蛎一两半(熬)　大枣六枚(擘)**

**上十二味，以水八升，煮取四升，内大黄，切如棋子，更煮一二沸，去滓，温服一升。本云柴胡汤今加龙骨等。**

**【校勘】** 《金匮玉函经》："铅丹"作"黄丹"。"服一升"作"分再服"。

成无己本：无"黄芩"。半夏作"二合"。"十二味"作"十一味"。

《千金翼方》：半夏作"一合"。

《仲景全书》："牡蛎一两半"下有"煅"字。

《外台秘要》："棋"字上有"博"字。无"切如棋子"四字。

《金匮玉函经》《外台秘要》："一两沸"作"取二升"。

"本云"以下作"本方柴胡汤内加龙骨、牡蛎、黄丹、桂枝、茯苓、大黄也，今分作半剂"二十四字。



**【方解】** 尤在泾：伤寒下后，其邪有并归一处者，如结胸、下利诸候是也；有散漫一

身者，如此条所云诸证是也。胸满者，邪痹于上；小便不利者，邪痹于下；烦惊者，邪动于心；谵语者，邪结于胃，此病之在里者也。一身尽重，不可转侧者，筋脉骨肉，并受其邪，此病之在表者也。夫合表里上下而为病者，必兼阴阳合散以为治。方用柴胡、桂枝，以解其外而除身重；龙牡、铅丹，以镇其内而止烦惊；大黄以和胃气，止谵语；茯苓以泄膀胱，利小便；人参、姜、枣，益气养营卫，以为驱除邪气之本也。如是表里虚实，泛应曲当，而错杂之邪，庶几尽解耳。

柯韵伯：此方取柴胡汤之半，以除胸满心烦之半里，加铅丹、龙牡以镇心惊，茯苓以利小便，大黄以止谵语。桂枝者，甘草之误也，身无热无表证，不得用桂枝，去甘草则不成和剂矣。心烦谵语而不去人参者，以惊故也。

成无已：与柴胡以除胸满而烦，加龙骨、牡蛎、铅丹，收敛神气而镇惊；加茯苓以行津液，利小便；加大黄以逐胃热、止谵语；加桂枝以行阳气而解身重。错杂之邪，斯悉愈矣。

【验案】 张意田治一人，戊寅三月间，发热，胸闷不食，大便不通，小便不利，身重汗少，心悸而惊。予疏消食药，证不减，更加谵语叫喊，脉弦缓，乃时行外感，值少阳司天之令，少阳证虽少，其机显然。脉弦发热者，少阳本象也；胸闷不食者，逆于少阳之枢分也。少阳三焦，内合心包，不解则烦而惊，甚则阳明胃气不和而谵语；少阳循身之侧，枢机不利，则身重不能转侧；三焦失职，则小便不利；津液不下，则大便不通。此证宜以伤寒八九日下之，胸满烦惊，小便不利，谵语，一身尽重，不能转侧者，柴胡加龙骨牡蛎汤主之，果愈。（《名医类案》）

【原文】 **伤寒，腹满谵语，寸口脉浮而紧，此肝乘脾也，名曰纵[1]，刺期门[2]。**

【校勘】 《金匮玉函经》《脉经》："腹满"下均有"而"字。

【词解】 ①纵：五行顺次相克的形式。《平脉法》："水行乘火，金行乘木，名曰纵。"又，纵，恣也，放也，恣纵无度之意。②期门：为肝经募穴，第六肋间隙、距正中线三寸半，刺之可泻肝经邪气。

【原文】 **伤寒发热，啬啬恶寒，大渴欲饮水，其腹必满，自汗出，小便利，其病欲解，此肝乘肺也，名曰横[1]，刺期门。**

【校勘】 《金匮玉函经》《脉经》："饮水"均作"饮酢浆"。

【词解】 ①横：五行反克的形式。如《平脉法》曰："火行乘水，木行乘金，名日横。"

【句解】自汗出，小便利，其病欲解：此句按条文之意，应在"刺期门"之后来理解。

【原文】 **太阳病二日，反躁，反熨[1]其背而大汗出，火热入胃，胃中水竭，躁烦[2]，必发谵语；十余日，振栗[3]，自下利者，此为欲解也。故其汗从腰以下不得汗，欲小便不得，反呕欲失溲[4]，足下恶风，大便硬，小便当数而反不数及不多；大便已，头卓然而痛，其人足心必热，谷气下流[5]故也。**

【校勘】 《金匮玉函经》："反躁"至"大热入胃"句作"而反烧瓦熨其背，而大汗出，火热人胃"。"振栗"后无"自下利者"四字。

【词解】 ①熨：为火热疗法之一种。其方法有二：一曰药熨，即用药物捣筛，醋拌绵裹，微火炙令暖，平贴于患部。如《千金方·熨背散》和现今市场所售之《坎离砂》均属此种熨法。一曰熨帖，指将膏药加热摊开，并乘热贴于患部，从上至下按之。此外，民间亦有用砖烧热或麦麸炒热，外以布包放置体外以取暖、发汗、止痛的，也属熨法。②躁烦：手足扰动不宁为躁；胸中热郁不安为烦。《伤寒明理论》说："所谓躁烦者，谓先发躁而迤逦

(按:指牵连不断)复烦者也。”③振栗:指颤抖。④失溲:遗尿。⑤谷气下流:谷气,指饮食入胃以后所产生的精气。下流,指精气向下流动。

【句解】头卓然而痛:卓,《辞源》:“高也。”这里引申为“剧烈”“厉害”。头卓然而痛,是说头部剧烈的疼痛。

**【原文】 太阳病中风,以火劫发汗[①],邪风被火热,血气流溢,失其常度,两阳[②]相薰灼,其身发黄。阳盛[③]则欲衄,阴虚[④]小便难,阴阳俱虚竭[⑤],身体则枯燥,但头汗出,剂颈而还,腹满微喘,口干咽烂;或不大便,久则谵语;甚者至哕,手足躁扰,捻衣摸床[⑥],小便利者,其人可治。**

【校勘】 《金匮玉函经》:无“病”字,“发”下有“其”字。

《脉经》:“溢”作“决”,“剂”作“齐”。

《金匮玉函》:“捻”作“寻”,《脉经》作“循”。

成无己本:“阴虚”下有“则”字。

【词解】 ①火劫发汗:是古人用火取热,以助发汗的治疗方法,如熨背、烧针、灸、薰,以及用桃叶烧地坑,去火后卧热坑中取汗等。②两阳:风为阳邪,火亦属阳,既中风,而又用火劫,所以称为两阳。③阳盛:指热邪炽盛。④阴虚:内热炽盛,津液内枯,故小便难。⑤阴阳俱虚竭:指内外气血俱耗竭而言。⑥捻衣摸床:神志迷乱时,用手摸弄衣被或床。

【句解】①但头汗出,剂颈而还:阳热薰灼,津液内枯,不能遍身作汗,但火性炎上,故阴液随之上越,所以只头部有汗,剂颈而还。喻嘉言:“剂,剂限之谓;而还,犹谓以还,言剂限颈以还,而头汗出也。”②或不大便,久则谵语,甚者至哕,手足躁扰,循衣摸床:以上症状为热壅胃肠所致,也是病情危重的表现。热结于胃肠,消津耗液,则大便硬;热邪上扰神明,则神昏谵语;四肢为诸阳之本,阳盛则四肢实而不能自主,故而手足躁扰、循衣摸床;阴阳俱虚,邪热炽盛,正气逆乱,胃气败绝,故而见哕,即《内经》所说“病深者,其声哕”。③小便利者,其人可治:小便利是津液未竭,所以可治。

**【原文】 伤寒脉浮,医者以火迫劫之,亡阳必惊狂,卧起不安者,桂枝去芍药加蜀漆牡蛎龙骨救逆汤主之。**

【校勘】 《脉经》《千金翼方》:“医”上均有“而”字,无“必”字。

《注解伤寒论》:“卧起不安者”作“起卧不安者”。

**【方剂】桂枝去芍药加蜀漆蛎牡龙骨救逆汤方**

**桂枝三两 去皮甘草二两(炙) 生姜三两(切) 大枣十二枚(擘) 牡蛎五两(熬) 蜀漆三两(洗去腥) 龙骨四两**

**上七味,以水一斗二升,先煮蜀漆,减二升,内诸药,煮取三升,去滓,温服一升。本云桂枝汤,今去芍药加蜀漆、牡蛎、龙骨。**

【校勘】 《仲景全书》:“去腥”作“去脚”。

《注解伤寒论》:“上七味”作“上为末”。无“本云”以下十六字。

《金匮玉函经》《千金翼方》:“七味”下有“㕮咀”两字,“水一斗二升”作“水八升”,“本云”作“本方”,方后云“一法,以水一斗二升煮取五升”。

【方解】 张令韶:桂枝色赤人心。取之以保心气,佐以龙牡者,取水族之物,以制火邪,取重镇之物,以治浮越也。芍药苦平,非亡阳所宜,故去之。蜀漆取通泄阳热,故先煮

之。神气生于中焦水谷之精，故用甘草、大枣、生姜，以资助中焦之气也。病在阳，复以火劫，此为逆也，故曰救逆。

王晋三：火迫心经之阳，非酸收可安，故去芍药而用龙牡镇摄，借桂枝、蜀漆疾趋阳位，以救卒阳散乱之神明，故先煮蜀漆，使其飞腾，劫去阳分之痰，并赖其急性，引领龙牡，从阳镇惊固脱，方寸无主，难缓须臾，故曰救逆。

祝味菊：本方是桂枝去芍汤加蜀漆、龙骨、牡蛎三味所组成，去芍汤本用以治"脉促胸满"。《别录》说蜀漆能"疗胸中邪结气"，李时珍说蜀漆能"驱逐痰水"。可见本方所主必有胸满痰多症。龙骨、牡蛎有镇静作用，殆为"惊狂、卧起不安"设，卧起不安是胸满烦惊的具体表现，其病情殆较桂甘龙牡汤重，但较柴胡加龙牡汤为轻。

章虚谷：伤寒脉浮，其邪在表，应以麻黄发汗。妄用火迫劫之其阳津，外既不解，火邪内攻，肝风动则惊，心火乱则狂。肝藏魂，心藏神，神魂不宁则起卧不安也。故以桂枝汤去芍药之酸敛，加蜀漆清膈上痰涎，龙骨、牡蛎镇摄心肝之气以止惊狂，而龙骨、牡蛎皆钝滞，仍借桂枝之轻扬、色赤人心者为使佐。甘草、姜枣和中，调营卫，合桂枝以去余邪。其阴阳之气乘逆，故名救逆汤。

徐灵胎：此与少阴汗出亡阳迥别。盖少阴之亡阳乃亡阴中之阳，故用四逆辈回其阳于肾中。今乃以火逼汗，亡其阳中之阳，故用安神之品镇其阳于心中，各有至理，不可易也。去芍药，因阳虚不复助阴也。蜀漆去心腹邪积，龙骨、牡蛎治惊痫热气。

**【验案】** 梁某，男，36岁，病因大惊而起，日夜恐惧不安，晚上不敢独宿，即使有人陪伴，也难安寐而时惊醒；白天不敢独行，即使有人陪伴，也触目多惊而畏不前，每逢可怕之事，即自发呆，而身寒、肢厥、拘急并引入阴筋，手足心出汗，发作过后，则矢气、尿多，饮食减少，舌淡苔白，脉弦。1964年6月1日初诊，我即投以桂枝汤去芍药加龙骨牡蛎等（桂枝四钱，炙甘草八钱，生姜三钱，大枣六枚，生龙骨一两，远志三钱，桂圆肉二两，小麦二两）连服三剂，夜寐渐安，恐惧感明显减退，发呆次数大减，可以独自出外行走，不再需人陪伴。（万友生讲稿《桂枝汤及其加减法的理论探讨和临床运用》）

按：本案虽为桂枝去芍药加蜀漆牡蛎龙骨救逆汤的加减运用，但也可看出，本方对心肝阳虚，神魂不宁之证，疗效是较好的，确有温心阳、益心气、镇静安神之功效。

**【原文】 形作伤寒，其脉不弦紧而弱，弱者必渴，被火必谵语；弱者发热，脉浮解之当汗出愈。**

**【校勘】** 《金匮玉函经》《脉经》：均无"形作"二字。

《注解伤寒论》："被火"下有"者"字。

**【句解】** 形作伤寒：是指病的症状，好像伤寒。

**【原文】 太阳病，以火熏[①]之，不得汗，其人必躁。到经不解，必清血[②]，名为火邪[③]。**

**【校勘】** 《金匮玉函经》："汗"字下有"者"字。

《注解伤寒论》：无"经"字。

**【词解】** ①火薰：《医宗金鉴》："火薰，古劫汗法也，即今火炕温覆取汗之法。"方有执："薰，亦劫汗法，盖当时庸俗用之。烧炕铺陈，洒水取气，卧病人以薰蒸之类。"②清血：即便血。③火邪：这里是指因火薰而发生的变证，与六淫之一的"火邪"不同。

**【原文】 脉浮，热甚，而反灸[①]之，此为实。实以虚治，因火而动，必咽燥吐血。**

**【校勘】** 《金匮玉函经》："甚"作"盛"，无"必"字。《注解伤寒论》"甚"下无"而"

字。《脉经》《千金翼方》:“吐”作“唾”。

【词解】 ①灸:即是以艾炷燃火置于一定部位的治疗方法

**【原文】 微数之脉,镇不可灸,因火为邪,则为烦逆,追虚逐实[1],血散脉中[2],火气虽微,内攻有力,焦骨伤筋[3],血难复也。脉浮宜以汗解,用火灸之,邪无从出[4],因火而盛[5],病从腰以下必重而痹,名火逆[6]也。欲自解者,必当先烦,烦乃有汗而解,何以知之?脉浮,故知汗出解。**

【校勘】 《金匮玉函经》:“脉浮宜以汗解”以下至“名火逆也”,另是一条;“欲自解者”以下,又另是一条。

《金匮玉函经》《脉经》《千金翼方》:“宜以汗解,用火灸之”句作“当以汗解,反而灸之”;“名火逆也”句作“此为火逆”;“乃”字上无“烦”字,“乃有汗”独立为一句;“而解”上有“随汗”两字。

成无己本:“汗出解”下有“也”字,《金匮玉函经》作“汗出而解”。

【词解】 ①追虚逐实:血本虚而更加火法,劫伤阴分,是为追虚;热本实,而更用火法,增加里热,是为逐实。②血散脉中:火毒内攻,血液流溢,失其常度。③焦骨伤筋:形容火毒危害之烈。由于血为火灼,筋骨失去濡养故曰焦骨伤筋。④邪无从出:误治后表邪不能从汗而出。⑤因火而盛:误用灸法,邪热愈加炽盛。⑥火逆:误用火法治疗,形成变证。

**【原文】 烧针[1]令其汗,针处被寒,核起而赤者,必发奔豚,气从少腹上冲心者,灸其核上各一壮[2],与桂枝加桂汤,更加桂二两也。**

【校勘】 《金匮玉函经》《脉经》:“奔”作“贲”。

《千金翼方》:“气从少腹上冲心者”无“心”字。

《脉经》《千金翼方》:无“各”字。

《金匮玉函经》《千金翼方》:无“更加桂二两也”句。

【词解】 ①烧针:用针裹以绵,胡麻油润湿之,燃烧待红时,医者左手固定患者穴位两边皮肤,去绵速刺,旋即抽出,按住针孔。一名温针、火针、燔针,是古人取汗的一种方法。今之疡医,于关节深处不能施刀者,间有以烧针以决脓。②灸其核上各一壮:就是说在针刺部位的红色核状肿物上各用艾火烧灼一次,一壮就是灸完一个艾炷。

**【方剂】桂枝加桂汤方**

**桂枝五两(去皮) 芍药三两 生姜三两(切) 甘草二两(炙) 大枣十二枚(擘)**

**上五味,以水七升,煮取三升,去滓,温服一升。本云桂枝汤,今加桂满五両,所以加桂者,以能泄奔豚氣也。**

【校勘】 《注解伤寒论》不载本方。《金匮玉函经》无满以下十五字。

【方解】 方有执:与桂枝汤者,解其欲自解之肌也;加桂者,桂走阴而能伐肾邪,故用之以泄奔豚之气也。然则所加者,桂也,非枝也,方出增补,故有成五两云耳。

徐灵胎:所加桂枝,不特御寒,且制肾气,又药味重则能达下,凡奔豚之证,此方可增减用之。

陈蔚:少阴上火而下水,太阳病以烧针令其汗,汗多伤心,火衰而水乘之,故发奔豚,故用桂枝加桂,使桂枝得尽其量,能上保少阴之火脏,下能温少阴之水脏,一物而两扼其要也。

章虚谷：相传方中或加桂枝，或加肉桂。若于肾邪，宜加肉桂；如解太阳之邪，宜加桂枝也。

柯韵伯：仍用桂枝以解外，更加桂者，益火之阳，而阴自平也。桂枝更加桂，治阴邪上攻，只在一味中加分两，不于本方外求他味，不即不离之妙如此。茯苓桂枝甘草大枣汤，证已在里，而奔豚未发；此证尚在表而发，故治有不同。

山田正珍：按方有执云，所加者桂也。果尔，惟当称加，不可云更加也。

《金鉴》：徐彬曰，此乃太阳风邪，因烧针令汗，复感于寒，邪从太阳之腑膀胱袭入相合之肾脏，而作奔豚，故仍从太阳之例，用桂枝全方。倍加桂者，以内泻阴气，兼驱外邪也。

**【验案】** 湖北张某，为书店帮伙，一日延诊，云近日得异疾，时有气痛，自脐下少腹起，暂冲痛到心，顷之止，已而复作，夜间尤甚，请医不能治，已一月有奇。审视舌苔白滑，脉沉迟，即与桂枝加桂汤，一剂知，二剂愈。（《豚园医案》）

**【原文】** **火逆下之，因烧针烦躁者，桂枝甘草龙骨牡蛎汤主之。**

**【校勘】** "烦躁"原本作"烦燥"。

**【方剂】桂枝甘草龙骨牡蛎汤方**

**桂枝一两（去皮）　甘草二两（炙）　牡蛎二两（熬）　龙骨二两**

**上四味，以水五升，煮取二升半，去滓，温服八合，日三服。**

**【校勘】** 《金匮玉函经》：甘草、牡蛎、龙骨均作"三两"。

成无已本："四味"作"为末"，无"半"字。

**【方解】** 成无已：辛甘发散，桂枝、甘草之辛甘，以发散经中之火邪；涩可去脱，龙骨、牡蛎之涩，以收敛浮越之正气。

柯韵伯：火逆下之，因烧针而烦躁，即惊狂之渐也，急用桂枝、甘草以安神，龙骨、牡蛎以救逆。

汤本求真：以桂枝、甘草和表缓解，以龙骨、牡蛎镇惊狂之动气，烦躁自治之意。

**【原文】** **太阳伤寒者，加温针[①]必惊[②]也。**

**【校勘】** 《金匮玉函经》：无"者"字。

《脉经》《千金翼方》：无"太阳"二字。

《千金翼方》："温针"作"火针"。

**【词解】** ①温针：即是烧针，可参117条"烧针"解。②惊：这里是指惊恐不安。

**【原文】** **太阳病，当恶寒发热，今自汗出，反不恶寒发热，关上脉细数者，以医吐之过也。一二日吐之者，腹中饥，口不能食；三四日吐之者，不喜糜粥，饮食冷食，朝食暮吐，以医吐之所致也，此为小逆[①]。**

**【校勘】** 《金匮玉函经》：两个"恶寒"下都有"而"字，"过"字作"故"字。

成无已本：没有"反"字。

《脉经》："一二日"上有"若得病"三字。

**【词解】** ①小逆：虽属误治而引起的病变，但尚不十分严重的意思。

**【原文】** **太阳病吐之，但太阳病当恶寒，今反不恶寒，不欲近衣，此为吐之内烦[①]也。**

**【词解】** ①内烦：心中烦之意。

**【原文】** **病人脉数，数为热，当消谷[①]引食[②]，而反吐者，此以发汗，令阳气微，膈气[③]虚，脉乃数也。数为客热[④]，不能消谷，以胃中虚冷，故吐也。**

【校勘】《金匮玉函经》："以发汗"作"以医发汗"，"脉乃数也"作"脉则为数"。

【词解】①消谷：消化饮食。②引食：能食的意思③膈气：膈问正气。④客热：即虚热。

**【原文】太阳病，过经十余日，心下温温[1]欲吐，而胸中痛，大便反溏，腹微满，郁郁微烦，先此时自极吐下[2]者，与调胃承气汤。若不尔[3]者，不可与。但欲呕，胸中痛，微溏者，此非柴胡汤征，以呕故知极吐下也。**

【校勘】《金匮玉函经》："温温"作"嗢嗢"，"而"字下有"又"字，"但"作"反"，"此非柴胡汤证"作"此非汤证"。

《脉经》：无"调胃"二字。

成无己本："柴胡"下无"汤"字。

《千金翼方》：自"若不尔"下三十字无。

【词解】①温温：温同愠，胃脘烦满不舒之感。②极吐下：大吐大下。③若不尔：尔，如此、这样。若不尔即如果不是这样。

**【原文】太阳病，六七日，表证仍在，脉微而沉，反不结胸[1]，其人发狂者，以热在下焦，少腹当硬满，小便自利者，下血乃愈。所以然者，以太阳随经，瘀热在里故也，抵当汤主之。**

【校勘】《金匮玉函经》："六七日"作"七八日"。

《脉经》《千金翼方》："仍"作"续"，"硬"作"坚"。

【词解】①结胸：病症名。指邪气结于胸中，而出现心下痛、按之硬满的病症

**【方剂】抵当汤[1]方**

**水蛭三十个（熬）　虻虫三十个（熬，去翅足）　桃仁二十个（去皮尖）　大黄三两（酒洗）**

**上四味，以水五升，煮取三升，去滓，温服一升，不下，更服。**

【校勘】《千金翼方》：桃仁作"二十二个"。"三两"作"二两，破六片"。

《金匮玉函经》、成无己本："酒洗"均作"酒浸"。"四味"下均有"为末"二字。

【词解】①抵当汤：《名医别录》曰："水蛭亦名至掌，渐后讹抵当，方用水蛭为君，故名为抵当汤。"喻昌曰："抵者至也，乃至当不易之良法也。"柯琴曰："名之日抵当者，直抵其当攻之处也。"

【方解】柯韵伯：蛭，昆虫之饮血者也而利于水；虻，飞虫之吮血者也而利于陆。以水蛭之善取血者，用以攻膀胱蓄血，使出乎前阴，佐桃仁之苦甘而推陈致新，大黄之苦寒而荡涤邪热。

王晋三：蓄血者，在阴之属，真气运行而不入者也，故草木不能独治其邪，必以灵活嗜血之虫为之向导。飞者走阳络，潜者走阴络，引领桃仁攻血，大黄下热，破无情之血结，诚为至当不易之方，毋惧乎药之险也。

【验案】张意田治角口焦姓人，七月间患壮热舌赤，少腹闷满，小便自利，目赤发狂，已三十余日。初服解散，继则攻下，但得微汗而病终不解。诊之脉至沉微，重按疾急。夫表证仍在，脉反沉微者，邪陷于阴也。重按疾急者，阴不胜真阳，则脉流搏疾，并乃狂矣。此随经血瘀血，结于少腹也，宜服抵当汤。乃自制虻虫、水蛭，加桃仁、大黄煎服，服后下血无算，随用熟地一味捣烂煎汁，时时饮之，以救阴液，候其通畅，用人参、附子、炙

草，渐渐服之，以固真元，共服熟地二斤余，人参半斤，附子四两，渐得平复。(《续名医类案》)

【原文】 **太阳病身黄，脉沉结[1]，少腹硬。小便不利者。为无血也；小便自利，其人如狂者，血证谛[2]也，抵当汤主之。**

【校勘】 《千金方》："身黄"作"身重"，"少腹硬"下有"满"字。

【词解】 ①脉沉结：沉主里，结为脉来动而中止，表示气血凝滞。②谛：音帝，审也。证据确凿的意思。

【验案】 仇景莫子仪病伤寒七八日，脉微而沉，身黄发狂，少腹胀满，脐下如冰，小便反利。医见发狂，以为热毒蓄伏心经，以铁粉牛黄等药欲止其狂躁，予诊之曰："非其治也，此瘀血证尔。仲景云太阳病身黄脉沉结，少腹硬，小便不利为无血；小便自利，其人如狂者，血证也，可用抵当汤。"再投，而下血几数升，狂止，得汗而解。经云血在下则狂，在上则忘。太阳，膀胱经也，随经而蓄于膀胱，故脐下胀，自阑门会渗入大肠，若大便黑者此其验也(《伤寒九十论》。

【原文】 **伤寒有热，少腹满，应小便不利，今反利者，为有血也，当下之，不可余药[1]，宜抵当丸。**

【校勘】 《金匮玉函经》《脉经》《外台秘要》："有热"下均有"而"字。

【句解】①不可余药：是倒装笔法，应在"宜抵当丸"下。此句有两种解释：一为不可用其他的药，一为连药渣一并服下。因为本条煎法用水一升，煎取七合，并未注明去滓，是连滓而服可知，两者都可做参考。

【方剂】**抵当丸方**

**水蛭二十个(熬)　虻虫二十个(去翅足，熬)　桃仁二十五个(去皮尖)　大黄三两**

**上四味，擣[1]分四丸，以水一升，煮一丸，取七合服之。晬时[2]当下血，若不下者更服。**

【校勘】 《金匮玉函经》、成无已本、《外台秘要》：桃仁作"三十个"，《千金方》作"二十二个"，《千金翼方》桃仁下有"熬"字。

《金匮玉函经》：虻虫作"二十五个"。

《千金方》：作"上四味为末，分为四丸"。

【词解】 ①擣：捣的异体字。②晬时：晬，音最。晬时，即二十四小时。

【方解】 吕榛村：同一抵当而变汤为丸，另有精义：盖病从伤寒而得，寒主凝泣，血结必不易散，故煮而连滓服之，俾有形质相著，得以逗留血所，并而逐之，以视汤之末取荡涤者不同也及。

尤在泾：抵当丸中水蛭、虻虫减汤方三分之一，而所服之数，又居汤方十分之六，是缓急之分，不特在汤丸之故矣。此人必有不可不攻而又有不可峻攻之势，如身不发黄或脉不沉结之类，仲景特未明言耳。

【验案】 有人病伤寒七八日，脉微而沉，身黄，发狂，少腹胀满，脐下冷，小便不利，予投以抵当丸，下黑血数升，狂止，得汗解。(《本事方》)

【原文】 **太阳病，小便利者，以饮水多，必心下悸；小便少者，必苦里急[1]也。**

【校勘】 《诸病源候论》：作"太阳病，小便不利者，为多饮水，心下必悸"。

【词解】 ①苦里急：苦，苦于。里急，这里指少腹部有急迫感。

# 辨太阳病脉证并治下

**【原文】 问曰：病有脏有，结结胸[1]，其状何如？答曰：按之痛，寸脉浮，关脉沉，名曰结胸也。**

【校勘】 《金匮玉函经》："寸脉浮，关脉沉"作"寸口浮，关上自沉"。

【词解】 ①脏结：病名。由阴寒之邪凝结于脏所致。

**【原文】 何谓藏结？答曰：如结胸状，饮食如故，时时下利，寸脉浮，关脉小细沉紧，名曰藏结，舌上白胎滑者，难治。**

【校勘】 《金匮玉函经》："时时下利，寸脉浮，关脉小细沉紧"句作"时小便不利，阳脉浮，关上细沉而紧"。

【句解】舌上白胎滑者：指舌上有白色的滑苔。古字"胎"同"苔"。

**【原文】 藏结无阳证，不往来寒热，其人反静，舌上胎滑者，不可攻也。**

【校勘】 《脉经》："不往来寒热"句作"寒而不热"。

《诸病源候论》："胎滑"作"不苔"。

【词解】 阳证：指发热头痛、身痛、口渴、脉数有力等阳性症状。"无阳证"则示脏结属纯阴无阳。

**【原文】 病发于阳，而反下之，热入，因作结胸；病发于阴，而反下之，因作痞[1]也。所以成结胸者，以下之太早故也。结胸者，项亦强，如柔痓[2]状。下之则和，宜大陷胸丸。**

【校勘】 《金匮玉函经》："病"字之前有"夫"字。

《金匮玉函经》、成无己本："痞"字下均无"也"字。

《千金翼方》："病发于阴而反下之"作"病发于阴而反汗之"。

《金匮玉函经》《千金翼方》："项"字上均有"其"字。

《金匮玉函经》《脉经》："痓"作"痉"。

【词解】 ①痞：指心下痞。自觉胃脘部胀满，按之软而不痛的一种病候。②柔痓：痓，一作痉，病名。其症为颈项强直，甚则角弓反强，有汗者为柔痉，无汗者为刚痉。

**【方剂】大陷胸丸方**

**大黄半斤　葶苈半升（熬）　芒硝半升　杏仁（半升，去皮尖，熬黑）**

**上四味，捣筛二味，内杏仁、芒硝，合研如脂，和散，取如弹丸[1]一枚，别捣甘遂末一钱匕，白蜜二合，水二升，煮取一升，温顿服之，一宿乃下。如不下，更服，取下为效，禁如药法。**

【校勘】 成无己本："葶苈"后无"子"字，"杏仁"作"杏人"。

《金匮玉函经》《千金方》《千金翼方》《外台秘要》：白蜜均为一两。

【词解】 ①弹丸：古代弹弓之弹子，约三钱左右。

【方解】 程知：项强如柔痓者，胸中邪气紧实，项势常昂，有似柔痓之状。然痓病身手俱强，此但项强，原非痓也。借此以验胸邪十分紧逼耳。

尤在泾：痓病之状，颈项强直，结胸之甚者。热与饮结，胸膈紧贯，上连于项，但能仰而不能俯，亦如痓病之状也。曰柔而不曰刚者，以阳气内陷者，必不能外闭，而汗常自出

耳。是宜下其胸中结聚之实,则强者得和而愈。然胸中盛满之邪,固非小陷胸汤所能去;而水热互结之实,亦非承气汤所可治。故与葶苈之苦、甘遂之辛,以破结饮而泄气闭;杏仁之辛、白蜜之甘,以缓下趋之势,而去上膈之邪;其芒硝、大黄,则资其软坚荡实之能。汤者荡也,荡涤邪秽,欲使其净尽也。丸者缓也,和理藏府,不欲其速下也。大陷胸丸以荡涤之体,为和缓之用。盖其邪结在胸,而致如柔痉状,则非峻药不能逐之,而又不可急剂,一下而尽,故变汤为丸,煮而并渣服之,乃峻药缓用之法。峻则能胜破坚荡实之任,缓则能尽际上迄下之邪也。

钱潢:大黄、芒硝、甘遂即大陷胸汤;白蜜一合,亦即十枣汤中之大枣十枚也;增入葶苈、杏仁者,盖以胸为肺之所处,膻中为气之海,上通于肺而为呼吸,邪结胸膈,硬满而痛,气道阻塞,则有少气、躁烦、水结胸胁之害,故用葶苈、甘遂,以逐水泻肺,杏仁以利肺下气也。所用不过一弹丸,剂虽大而用实小也;和之以白蜜,药虽峻而佐则缓也。岂如承气、陷胸汤之人行十里、二十里之迅速哉。

《伤寒总病论》:虚弱家不耐大陷胸汤,即以大陷胸丸下之。

丹波元简:《千金方》秘涩门,本方不用甘遂,蜜丸如梧子大,服七丸,名练中丸,主宿食不消,大便难。《肘后方》名承气丸。

《金鉴》:大陷胸丸治水肿、肠澼初起,形气俱实者。

《类聚方广义》:大陷胸丸治痰饮疝瘕,心胸痞塞结痛,痛连项臂膊者。

**【原文】 结胸证,其脉浮大者,不可下,下之则死。**

**【原文】 结胸证悉具,烦躁者亦死。**

**【校勘】** 《金匮玉函经》:"烦"作"而"。

**【词解】** ①悉具:全部具备。

**【原文】 太阳病,脉浮而动[①]数,浮则为风,数则为热,动则为痛,数则为虚[②],头痛发热,微盗汗出,而反恶寒者,表未解也。医反下之,动数变迟,膈内拒痛,胃中空虚,客气[③]动膈,短气躁烦,心中懊憹,阳气内陷,心下因硬,则为结胸,大陷胸汤主之;若不结胸,但头汗出,余处无汗,剂颈而还[④],小便不利,身必发黄。**

**【校勘】** 《金匮玉函经》《脉经》《千金翼方》:"膈内拒痛"均作"头痛即眩"。

《金匮玉函经》《脉经》:"余处"均作"其余"。

《脉经》《千金翼方》:"剂"均作"齐"。

《外台秘要》:"客气"作"客热"。

成无己本:"身必发黄"句后有"也"字。

**【词解】** ①动·动脉,见于关上,其脉数而形如豆,主疼痛。②数则为虚:《金鉴》"数则为虚"句疑是衍文,其说可从。③客气:指外来之邪气。④剂颈而还:"剂"与"齐"同。指但头汗出,颈部以下即无汗。

**【方剂】大陷胸汤方**

**大黄六两(去皮)　芒硝一升　甘遂一钱匕**

**上三味,以水六升,先煮大黄取二升,去滓,内芒硝,煮一二沸,内甘遂末,温服一升,得快利,止后服。**

**【校勘】** 《千金方金翼方》:"大黄"后均无"去皮"二字。

《千金方》《千金翼方》《外台秘要》:"甘遂"下均有"末"字。

成无己本："一钱"后无"匕"字。

**【方解】** 成无己：高者陷之，以平为正，结胸为高邪，陷下以平之，故治结胸曰陷胸汤。

尤在泾：按大陷胸与大承气，其用有心下与胃中之分。以愚观之，仲景所云心下者，正胃之谓；所云胃中者，正大小肠之谓也。胃为都会，水谷并居，清浊未分，邪气入之，挟痰杂食，相结不解，则成结胸。大小肠者，精华已去，糟粕独居，邪气人之，但与秽物结成燥粪而已。大承气专主肠中燥粪，大陷胸并主心下水食；燥粪在肠，必借推逐之力，故须枳、朴；水食在胃，必兼破饮之长，故用甘遂。且大承气先煮枳、朴，而后内大黄；大陷胸先煮大黄，而后内诸药。夫治上者，制宜缓；治下者，制宜急。而大黄生则行速，熟则行迟，盖即一物，而其用又有如此不同。

柯韵伯：以上二方（指大陷胸汤、丸）比大承气更峻，治水肿、痢疾之初起者甚捷，然必观其人之壮实者施之，如平素虚弱，或病后不任攻伐者，当念虚虚之祸。

《方函口诀》：此方为热实结胸之主药，其他胸痛剧者有特效。因留饮而肩背凝者，有速效。小儿龟背可用此方，其轻者宜大陷胸丸，又小儿欲作龟背，早用此方则能收效。（摘自《伤寒论方解》）

**【验案】** 维扬李寅，始病，头痛，发热，恶风，医者下之，忽而心下坚硬，项强短气，宛然结胸中证也。予曰，幸尔脉不浮，心不烦躁，非陷胸汤不可。投入，一宿乃下。（《伤寒九十论》）

沈家湾陈姓孩，年十四……忽得病，脉洪大，大热，口干，自汗，右足不得伸屈，病属阳明，然口虽渴，终日不欲饮水，胸部如塞，按之似痛，不胀不硬，又类悬饮内痛，大便五日未通，上湿下燥与此可见。且太阳之湿，内入胸膈，与阳明内热同病，不攻其痰湿，燥热焉除，于是遂书大陷胸汤与之……服后，大便通畅，燥屎与痰涎俱下，诸恙均各霍然，乃复书一清热之方，以肃余邪。（《经方实验录》）

**【按】** 许叔微之案，正是仲景所说"病发于阳而反下之，热入因作结胸""所以成结胸者，下之太早故也"，其证虽由误下而来，然而因其病机属水热实结，故必仍应下之，病方能解，这就体现了中医临床辨证论治的重要意义。医者用大陷胸汤，不愧胆识具备，所以收到良好的疗效。然细玩案中"项强短气"句，邪居高位，华盖壅塞可知，似拟大陷胸丸，更为贴切。

曹氏案为患儿，上见湿热结胸，下见阳明燥实，与 137 条恰相吻合，为大结胸兼阳明内热证，以大陷胸汤，大刀阔斧，直趋病所，使燥屎与痰涎俱下而获安。若念其为孩童娇嫩之体而临证优柔，决不能建此奇功。

以上两案用大陷胸汤有一个共同特点，就是及时、果断。凡结胸可下之证在，当机立断，必速与大陷胸汤下之，若有拖延，当下不下，邪实益盛，正气愈虚，就会形成 133 条所述的结胸烦躁证，此时虽邪气仍盛，但正气已散乱，下亦死，不下亦死矣。

目前在中西医结合治疗急腹症的研究中，大陷胸汤被广泛地运用于临床。如北京市第六医院，用甘遂黄硝散（即大陷胸汤改为散剂）治疗现代医学之上腹局限性腹膜炎或弥漫性腹膜炎，以及表现为痞、满、燥、实、坚证之急性肠梗阻，收到了满意的效果。据报道对腹膜炎的治愈率为 96.7%，肠梗阻治愈率为 91.8%。南开医院用于重型肠梗阻、肠腔积液较多者的"甘遂通结汤"即为大陷胸汤的加减变方。

**【原文】　伤寒六七日，结胸热实[1]，脉沉而紧，心下痛，按之石硬者，大陷胸汤主之。**

【校勘】　《金匮玉函经》："脉沉而紧"作"其脉浮紧"。

《金匮玉函经》《脉经》《千金翼方》："石硬者"作"其脉坚"。

【词解】　①结胸热实：与141条"寒实结胸"相对而言，明确本条所指结胸属热、属实。

**【原文】　伤寒十余日，热结在里，复往来寒热者，与大柴胡汤；但结胸无大热者，此为水结在胸胁也，但头微汗出者，大陷胸汤主之。**

【校勘】　《金匮玉函经》：无"也"字和"但"字。

**【原文】　太阳病，重发汗而复下之，不大便五六日，舌上燥而渴，日晡[1]所小有潮热，从心下至少腹硬满而痛不可近者，大陷胸汤主之。**

【校勘】　《金匮玉函经》：无"所"字。

《千金翼方》："日晡所小有潮热"作"日晡如小有潮热"。《千金方》作"日晡小有潮热，心胸大烦"。

【词解】　①日晡：指申、酉两个时辰，约相当于下午3时至7时。日晡潮热，即每到日晡就发热，有如潮水按时而至。

**【原文】　小结胸病，正在心下[1]，按之则痛，脉浮滑者，小陷胸汤主之。**

【校勘】　《金匮玉函经》："病"字作"者"字，"脉浮滑"下无"者"字。

【词解】　①心下：指胃脘部位。

【句解】脉浮滑：浮为阳热，滑主有痰，本症为痰热互结，所以脉象浮滑。

**【方剂】小陷胸汤方**

**黄连一两　半夏半升，洗　瓜蒌实大者一枚**

**上三味，以水六升，先煮瓜姜，取三升，去滓，内诸药，煮取二升，去滓，分温三服。**

【校勘】　《金匮玉函经》：黄连作"二两"。

成无已本：瓜蒌实作"一斤"。

【方解】　成无已：苦以泄之，辛以散之，黄连、瓜蒌实苦寒以泄热，半夏之辛以散结。

钱潢：夫邪结虽小，同是热结，故以黄连之苦寒主之，寒以解其热，苦以开其结，非比大黄之苦寒荡涤也。邪结胸中则胃气不行，痰饮留聚，故以半夏之辛温滑利，化痰蠲饮，而散其滞结也。瓜蒌实李时珍谓其甘寒不犯胃气，能降下焦之火，使痰气下降也。此方之制，病小则制方亦小，即《内经》所云"有毒无毒，所至为主，适大小为制也"。

【验案】　工部郎中郑君患伤寒，胸腹满，面色黄如金，诸翰林医官商议略不定，皆日胸满可下，然脉浮虚，召孙至，曰诸公虽疑，不用下药，郑之福也，下之必死，某有一二服药，服之必瘥。遂下小陷胸汤，寻利，其病良愈。明日，面色改白，语曰，孙尚药乃孙真人后身耶。或问日，伤寒至于发黄，病亦甚矣，小陷胸汤何效速也。瓘曰，湿热甚者则发黄，内热已甚，复被火者，亦发黄也，邪风被火热，两阳两薰灼，其身必发黄，此太阳标与少阳经所传者，正在心下，故胸满、结之浅也，是为小结胸；且脉浮，阳脉也，虚阳在上，不可下，宜小陷胸汤和之。黄连瓜蒌苦寒而泻热散结，半夏辛温又以之散而燥湿理逆，病虽甚而结之浅，故以缓轻之剂除之。(《名医类案》)

缪仲醇治姚平子伤寒，头疼身热，舌上黄苔，胸膈饱闷，三四日热不解，奄奄气似不续者，亟以大黄一两，瓜蒌二枚(连子切片)，黄连、枳实下之，主人惊疑，不得已，减大黄之

半，二剂便通，热立解，遂愈。（《续名医类案》）

【原文】 太阳病二三日，不能卧，但欲起，心下必结，脉微弱者，此本有寒分也[1]。反下之，若利止，必作结胸；未止者，四日复下之，此作协热利[2]也。

【校勘】 《金匮玉函经》《脉经》《千金翼方》："但欲起"下均有"者"字，"此本有寒分也"均作"此本寒也"，"反"字上均有"而"字，"四日"均作"四五日"，"复"字下均有"重"字，"协热"均作"挟热"。

《脉经》："不"字上有"终"字。

《外台》："寒分"作"久寒"。

【词解】 ①寒分：汪氏曰"痰饮也"，以痰饮本寒，故曰寒分。即指寒饮也。②协热利：挟表热而下利。就是里寒挟有表热的下利。

【原文】 太阳病，下之，其脉促，不结胸者，此为欲解也。脉浮者，必结胸也；脉紧者，必咽痛；脉弦者，必两胁拘急；脉细数者，头痛未止；脉沉紧者，必欲呕；脉沉滑者，协热利；脉浮滑者，必下血。

【校勘】 《金匮玉函经》《脉经》："脉"字前都有"其"字，"协"作"挟"。

【原文】 病在阳，应以汗解之，反以冷潠之[1]，若灌之[2]，其热被劫不得去，弥[3]更益烦，肉上粟起[4]，意欲饮水，反不渴者，服文蛤散；若不差者，与五苓散；寒实结胸，无热证者，与三物小陷胸汤，白散亦可服。

【校勘】 《金匮玉函经》《脉经》：均无"冷"字。

《脉经》《外台秘要》：均无"被"字，"劫"均作"却"。

《金匮玉函经》《脉经》《外台秘要》：均无"弥更"二字，"肉"作"皮"。"寒实结胸"句以下坊本另作一条。

《金匮玉函经》《千金翼方》："与三物小陷胸汤，白散亦可服"句作"与三物小白散"，无"陷胸汤"和"亦可服"六字。

【词解】 ①潠：音顺，喷出。潠之，即含水喷在病人身上，是古代的一种退热疗法。②灌：即用水洗，也是古代一种退热疗法。③弥：音迷，更加之意。④肉上粟起：皮肤上起如粟米样的小丘疹。

【方剂】文蛤散方

文蛤五两

上一味，为散，以沸得和一方寸匕服，汤用五合。

【校勘】 成无己本："一方寸匕"作"一钱匕"。

《金匮玉函经》："和"字下有"服"字，没有"服汤用五合"五字。

【方解】 王晋三：蛤禀天一之刚气而生，故能独用建功，味咸性燥，成寒足以胜热，寒燥足以渗湿，只需热胜湿渗，功斯毕矣。取紫斑纹者，得阴阳之气，若黯色无纹者，饵之令人狂走赴水。

【方剂】白散方

桔梗三分　巴豆一分（去皮尖，熬黑、研如脂）贝母三分

上三味，为散，内巴豆，更于臼中杵之[1]，以白饮和服，强人半钱匕。羸者减之。病在膈上必吐，在膈下必利，不利，进热粥一杯；利过不止，进冷粥一杯。身热皮粟不解，欲引衣自覆。若以水潠之洗之，益令热劫不得出，当汗而不汗则烦。假令汗出已。腹中痛，与

芍药三两如上法。

【校勘】 《金匮玉函经》《外台秘要》：自"身热"至"与芍药三两如上法"一段都没有。

《千金翼方》："冷粥一杯"注云"一云冷水一杯"。

《外台秘要》：方名叫做"桔梗白散"，《金鉴》称"三物白散"。

《金匮玉函经》：桔梗、贝母各为"十八铢"，巴豆"六铢"，无"如脂"二字。

【词解】 ①臼中杵之：臼，为古代常用捣药之容器；杵之，有捣匀为细末的意思。

【方解】 《金鉴》：是方也，治寒实水结胸证，极峻之药也。君以巴豆，极辛极烈，攻寒逐水，斩关夺门，所到之处，无不破也；佐以贝母，开胸之结；使以桔梗，为之舟楫，载巴豆搜逐胸邪，悉尽无余。然惟知任毒以攻邪，不量强羸，鲜能善其后也，故羸者减之。

《伤寒论译释》：桔梗色白味辛，能开提肺气，《本经》谓能主治胸痛；贝母色白入肺，能消郁结之痰，二味为治疗胸咽上焦之药。巴豆辛热有毒，主破坚积，开胸痹，且能催吐，有斩关夺门之力，为寒实结胸之主药。三药并用，水寒之邪结于上可吐之而出，结于下者可导之以去。但药性猛烈，如果身体羸弱之人，或属于热实证候的，慎勿轻用。因三物其色皆白，故取名三物白散。巴豆生用性毒力猛，炒熟则性较缓，以白饮和服，取其留恋于胃，不致速下过伤胃气。

【验案】 一男子咽喉肿痛，不能言语，汤水不下，有痰咳，痛不可忍，余饮以"白散"一撮，吐稠痰数杯，痛遂减，后用"排脓汤"而痊愈。（《古方便览》）

【原文】 **太阳与少阳并病，头项强痛，或眩冒，时如结胸，心下痞硬者，当刺大椎第一间[①]、肺俞[②]、肝俞[③]，慎不可发汗，发汗则谵语，脉弦，五日谵语不止，当刺期门[④]。**

【校勘】 《金匮玉函经》、成无已本："五日"作"五六日"。

【词解】 ①大椎第一间：在第七颈椎和第一胸椎棘突之间，即指大椎穴，属督脉，是足三阳交会，刺之泻太少并病之邪。主治头项强痛、寒热、肺胀、胁痛、疟疾、咳嗽、背膊拘急等病证。②肺俞：在第三、第四胸椎棘突间旁开一寸五分。主治胸满、喘咳上气等病证，属足太阳膀胱经。③肝俞：在第九、第十胸椎棘突间旁开一寸五分。主治昏眩、积聚、胁痛、黄疸等病证，属太阳膀胱经。④期门：乳直下二肋间，属肝经穴位。主治胸胁疼痛、呕吐、热入血室，及伤寒过经不解，胸胁痛、呕吐等病证。

【原文】 **妇人中风，发热恶寒，经水[①]适来，得之七八日，热除而脉迟身凉，胸胁下满，如结胸状，谵语者，此为热入血室[②]也，当刺期门，随其实而取之。**

【校勘】 《金匮玉函经》《脉经》："其实"均作"其虚实"。

《注解伤寒论》："取"作"泻"。

【词解】 ①经水：即月经。②血室：指胞宫而言。对血室的含义，历代医家看法不一，大致有以下三种：①方有执、成无已认为血室是营血停留之所，经血集会之处，也就是冲脉；②柯韵伯认为肝为藏血之脏，故称血室；③张景岳认为"子户者，即子宫也，假名子肠，医家以冲任之脉盛于此，则月事以时下，故名曰血室"。我们认为，张景岳的说法较为中肯，且仲景在原文中一再强调"妇人中风""妇人伤寒""经水适来""经水适断"，可见热入血室为妇人独有之病，与其生理特点密切相关，故今从景岳之说。

【句解】①热除而脉迟身凉，胸胁下满，如结胸状，谵语者，此为热入血室：风邪乘虚而入于血室，外邪已尽，所以见脉迟身凉；血室之热循肝经而上结于胸部，故胸胁下满如

结胸状；心主血，血热上干神明，则发为谵语。这些都是热入血室的见证。②当刺期门，随其实而取之：期门穴在乳中线上，乳头下二肋，巨阙旁开三寸半取之。本穴为肝经之募穴，是足厥阴肝经经气汇集之处，故刺之可泻肝经血中之实热，因肝经与血室相通，所以泻肝经之实热，也就是泻血室之实热。这里的"实"，就是指血室中的实热而言。

**【原文】 妇人中风，七八日续得寒热，发作有时，经水适断者，此为热入血室，其血必结，故使如疟状，发作有时，小柴胡汤主之。**

**【验案】** 吴茭山治一妇经来适断，寒热往来，以小柴胡二服，寒热即止，继以四物汤，数服而安。(《名医类案》)

**【原文】 妇人伤寒，发热，经水适来，昼日明了，暮则谵语，如见鬼状[1]者，此为热入血室。无犯胃气及上二焦[2]，必自愈。**

**【校勘】** 《脉经》："明了"作"了了"。并有注云"二字疑"。

《金匮玉函经》："必自愈"作"必当自愈"。

**【词解】** ①如见鬼状：是精神错乱的幻觉，即精神错乱。

②上二焦：指上、中二焦，即胸膈脾胃等。

**【验案】** 辛亥中寓居毗陵，学官王仲礼，其妹病伤寒发寒热，遇夜则剧，谵语妄见，六七日忽昏塞，涎响如引锯，牙关紧急，瞑目不知人，病势极危。召予视，予曰："得病之初，曾值月经来否？"其家曰："月经方来，病作而经遂止，得一二日，发寒热，昼虽静，夜颇不安宁，从昨日来，涎生不省人事。"予曰："此热入血室证也。"仲景云"妇人中风，发热恶寒，经水适来，昼则明了，暮则谵语，如有所见，发作有时，此名热入血室"。医者不晓，以刚剂与之，遂致胸膈不利，涎潮上脘，喘急息高，昏冒不知人。当先化其涎，后除其热。予急以一呷散投之，两时顷，涎下得睡，即省人事；次授以小柴胡加地黄汤，三服而热除，不汗而自解矣。(《本事方·伤寒时疫上》)

薛立斋治一妇人，经行感冒风寒，日间安静，至夜谵语，用小柴胡加生地，治之顿安。但内热头晕，用补中益气加蔓荆子而愈。(《名医类案》)

**【原文】 伤寒六七日，发热微恶寒，支节烦疼[1]，微呕，心下支结[2]，外证未去者，柴胡加桂枝汤主之。**

**【校勘】** 《金匮玉函经》："支节"作"肢节"。

成无己本："柴胡"下有"加"字。

**【词解】** ①支节烦疼：支节，谓四肢骨节；烦疼，疼痛之甚意。②心下支结：心下满闷如有物支撑。

**【方剂】柴胡桂枝汤方**

**桂枝(去皮)　黄芩一两半　人参一两半　甘草一两(炙)　半夏二盒半(洗)芍药一两半　大枣六枚(擘)　生姜一两半(切)　柴胡四两**

**上九味，以水七升，煮取三升，去滓，温服一升。本云人参汤作如桂枝法，加半夏、柴胡、黄芩，复如柴胡法，今用人参作半剂[1]。**

**【校勘】** 成无己本："温服"下无"一升"二字。

成本、《金匮玉函经》：均无"本云"以下二十九字，桂枝作"一两半"。

**【词解】** ①作半剂：即作一半剂量。

**【方解】** 柯韵伯：仲景书中最重柴、桂二方，以桂枝解太阳肌表，又可以调诸经之肌

表;小柴胡解少阳半表,亦可以和三阳之半表。故于六经病外,独有桂枝证、柴胡证之称,见二方之任重不拘于经也。此条为伤寒六七日,正寒热当退之时,反见发热恶寒诸表证,更见心下支结诸里证,表里不解,法当表里双解之。然恶寒微,发热亦微,可知肢节烦疼,则一身骨节不疼,可知微呕,心上亦微结,故谓之支结。表证虽不去而已轻,里证虽已见而未甚,故取桂枝之半,以散太阳未尽之邪;取柴胡之半,以解少阳微结之证。口不渴,身有微热者,法当去人参,以六七日来,邪虽未解,而正已虚,故仍用之。

**【验案】** 市人周姓者,表里俱病,头痛发热,耳聋目赤,胸中满闷,医中见外证胸满,遂吐之,既吐后病宛然在;又见其目赤发热,复利之,病不除,惴惴然恂傈。予诊视之,日少阳误吐下之过也。仲景少阳中风,两耳无闻,目赤胸满而烦者,不可吐下,吐下则惊而悸,此当用小柴胡汤。今误吐下遂成坏证矣,乃以牡蛎四逆汤调于前,继之以柴胡桂枝各半汤,旬日瘥。(《伤寒九十论》)

**【原文】 伤寒五六日,已发汗而复下之,胸胁满微结,小便不利,渴而不呕,但头汗出,往来寒热,心烦者,此为未解也,柴胡桂枝干姜汤主之。**

**【方剂】柴胡桂枝干姜汤方**

**柴胡半斤　桂枝三两(去皮)　干姜二两　栝楼根四两　黄芩三两　牡蛎二两(熬)　甘草二两(炙)**

**上七味,以水一斗二升,煮取六升,去滓,再煎,取三升,温服一升,日三服。初服微烦,后服汗出便愈。**

**【校勘】** 《外台秘要》、成无已本:干姜、牡蛎俱作“三两”。

**【方解】** 柯韵伯:此方全是柴胡加减法,心烦不呕而渴,故去参、夏加栝楼根;胸胁满而微结,故去枣加牡蛎;小便虽不利,而心下不悸,故不去黄芩,不加茯苓;虽渴而表未解,故不用参而加桂;以干姜易生姜,散胸胁之满结也。初服微烦,烦即微者,黄芩、栝楼之效;继服汗出周身而愈者,姜、桂之功也。

唐容川:用柴胡以透达膜腠,用以散撤寒水;又用瓜蒌、黄芩,以清内郁之火。夫散寒必先助其火,本证心烦已是火郁于内,初服桂、姜,反助其火,故仍见微烦;复服则桂、姜之性已得升达而火外发矣,是以汗出而愈。

《金鉴》:少阳表里未解,故以柴胡桂枝合剂而主之,即小柴胡汤之变法也。去人参者,因其正气不虚;减半夏者,以其不呕,恐助燥也;加栝楼根,以其能止渴,兼生津液也;倍柴胡加桂枝,以主少阳之表;加牡蛎,以软少阳之结;干姜佐桂枝,以散往来之寒;黄芩佐柴胡,以除往来之热,且可制干姜不益心烦也。诸药寒温不一,必须甘草以和之。复服汗出即愈者,可知此证非汗出不解也。

**【验案】** 一妇人外感不解,日日发有定时,恶寒发热如类疟,汗出不止,众医治之,月余无效,或谓风劳,或谓血热,议论不一。余诊曰:脉沉弦,且心下微结,有蓄饮,有动悸,恐系邪热水饮并郁之证,与柴胡姜桂加鳖甲、茯苓后,因时时气郁干呕,兼用三黄泻心汤加香附、槟榔、红花,作泡剂服之,二三日,诸证减半,不数旬而痊愈。(《皇汉医学》)

**【原文】 伤寒五六日,头汗出,微恶寒,手足冷,心下满,口不欲食,大便硬,脉细者,此为阳微结[①],必有表,复有里也。脉沉,亦在里也,汗出为阳微。假令纯阴结[②],不得复有外证,悉入在里。此为半在里半在外也,脉虽沉紧,不得为少阴病,所以然者,阴不得有汗,今头汗出,故知非少阴也,可与小柴胡汤。设不了了者,得屎而解。**

【校勘】 《金匮玉函经》:"在里也"作"病在里"。

【词解】 ①阳微结:热在里而大便硬,叫作阳结。本条有大便硬,但又有头部出汗和微恶寒的表证,说明热结尚浅,故称"阳微结"。②纯阴结:大便硬而没有表证,表现为身体重、不能食、脉象沉迟等。

【句解】①必有表,复有里也:是说"阳微结"有表证也有里证。伤寒五六日,微恶寒(应尚有发热,不言发热是省文),是表证尚在;心下满,口不欲食,大便硬,是热结于里而不外达;头汗出是郁热上越;脉细者,缘里热伤及阴津也。以上症状,有表证也有里证,故曰"必有表,复有里也"。②脉沉,亦在里也,汗出为阳微:上文说的细脉,是里证的脉象,而这里是说如果出现沉脉,也说明病邪在里。而头汗出加之发热、微恶寒等症状,却是尚有轻微表证的表现。③脉虽沉紧,不得为少阴病:是说"阳微结"虽有手足冷等疑似少阴病的症状,但还有发热、微恶寒、头汗出的表证存在,此时即使出现类似少阴病的沉紧脉,也不可误认为少阴病。④阴不得有汗,今头汗出,故知非少阴也:少阴病阴寒内盛,不应有汗出之症。本证则见阳上越的头汗出,可知并非少阴病(按:少阴病亦有头汗出之时,但与本证有虚实之别)。⑤设不了了者,得屎而解:是说"阳微结"证服小柴胡汤后应表邪得解,胃气因和,津液得下,大便遂通。若服药后还感到身体不爽,这是里热未除,设法使大便通畅就好了。

【原文】 **伤寒五六日,呕而发热者,柴胡汤证具,而以他药下之,柴胡证仍在者,复与柴胡汤,此虽已下之,不为逆,必蒸蒸而振,却发热汗出而解。若心下满而硬痛者,此为结胸也,大陷胸汤主之。但满而不痛者,此为痞,柴胡不中与之,宜半夏泻心汤。**

【校勘】 《外台秘要》:本条作"太阳病下之,其脉促不结胸者,此为欲解也,若心下满硬痛者,此为结胸也,大陷胸汤主之。但满而不痛者,此为痞,柴胡不中与也,宜半夏泻心汤主之"。

《金匮玉函经》:"发热"下无"者"字,"已"作"以","但"作"若","不中与之"作"不中复与之也"。

【句解】①此虽已下之,不为逆:虽然经过误下,但因柴胡汤证仍在,说明邪未内陷,所以不能算是坏病。②必蒸蒸而振,却发热汗出而解:蒸蒸,是形容体内热势外达,犹如蒸笼中热气上腾之状;振,是振战的意思。蒸蒸而振是正邪交争的现象,正能胜邪,则发热汗出而解,一般称为战汗,大多发生在正气较虚,难以抗邪的情况下,这也是方药对证,药后瞑眩的一种类型。但也有战汗后,正不胜邪,气脱而亡的情况。③柴胡不中与之:结胸与柴胡证差别大,显而易见,故不言柴胡不中与之;痞证与柴胡证差异小,容易误认,所以仲景特别提出,以示注意。

【方剂】半夏泻心汤方

半夏半斤(洗) 黄芩 干姜 人参 甘草(炙) 各三两 黄连一两 大枣十二枚(擘)

上七味,以水一斗,煮取六升,去渣,再煎取三升,温服一升,日三服。须大陷胸汤者,方用前第二法。一方用半夏一升。

【校勘】

《外台秘要》:半夏下注有"一方五两"四字。

《金匮玉函经》:大枣作"十六枚"。

成无己本、《金匮玉函经》:“再煎”作“再煮”。自“须”字以下十二字,成无己本无。

【词解】 方用前第二法:指前面134条大陷胸汤的煎服法而言。

【方解】 柯韵伯:即小柴胡去柴胡加黄连干姜汤也。不往来寒热,是无半表证,故不用柴胡,痞因寒热之气互结而成,用黄连、干姜大寒大热者,为之两解,且取苦先入心,辛以散邪耳。此痞本于呕,故君以半夏。

尤在泾:痞者,满而不实之谓,夫客邪内陷,即不可从汗泄,而满而不实,又不可从下夺,故惟半夏、干姜之辛能散其结,黄连、黄芩之苦能泄其满,而其所以泄与散者,虽药之能,而实胃气之使也。用参、草、枣者,以下后中虚,故以之益气而助其药之能也。

吴昆:伤寒下之早,以既伤之中气,而邪乘之,则不能升清降浊,痞塞于中,如天地不交而成否,故曰痞。泻心者,泻心下之邪也。姜夏之辛,所以散痞气;芩、连之苦,所以泻痞热;已下之后,脾气必虚,人参、甘草、大枣所以补脾之虚。

程郊倩:泻心虽同,而证中且呕,则切专涤饮,故以半夏名汤耳。曰泻心者,言满在心下清阳之位,热邪挟饮,尚未成实,故清热涤饮,使心下之气得过,上下自无阻留,阴阳自然交互矣。然枢机全在于胃,故复补胃家之虚,以为之斡旋。

【验案】 张璐治内兄顾九玉,大暑中患胸痞颅胀,脉浮虚大而濡,气口独显滑象,此湿热泛滥于膈上也。与清暑益气二剂,颅胀止而胸痞不除,与半夏泻心汤减炮姜去大枣加枳实,一服而愈。(《续名医类案》)

【原文】 **太阳少阳并病[①],而反下之,成结胸,心下硬,下利不止,水浆不下,其人心烦。**

【校勘】 《金匮玉函经》《脉经》:“利”字下均有“后”字,“不下”均作“不肯下均”,“其人”下有“必”字。

【词解】 ①并病:指一经的病症未解,另一经的病症又起。

【原文】 **脉浮而紧,而复[①]下之,紧反入里,则作痞,按之自濡[②],但气痞[③]耳。**

【校勘】 《金匮玉函经》:“复”作“反”。

【词解】 ①复:据《金匮玉函经》当作“反”为妥。②濡:音如,与“软”同,柔软的意思。③气痞:指邪阻于里,气不宣通而成痞。

【句解】 紧反入里:原为脉浮紧,系太阳表证的脉象,经误下后脉转沉紧,表示表邪因误下而入里。

【原文】 **太阳中风,下利呕逆,表解者,乃可攻之。其人漐漐汗出,发作有时,头痛,心下痞硬满,引胁下痛,干呕短气,汗出不恶寒者,此表解里未和也,十枣汤主之。**

【校勘】 《金匮玉函经》:“干呕短气”作“呕即短气”,没有“汗出不恶寒者”六字。《金匮玉函经》《脉经》《千金翼方》:“此”字下都有“为”字。

【方剂】 十枣汤方

**芫花(熬)　甘遂　大戟**

**上三味等分,分别捣为散,以水一升[①]半,先煮大枣肥者十枚,取八合[②],去滓,内药末,强人服一钱匕,羸羸[③]人服半钱,温服之,平旦服[④];若下少,病不除者,明日更服,加半钱,得快下利后,糜粥自养[⑤]。**

【词解】 ①升:是量水的容器。后汉时的一升约相当于现代的198.1毫升。②合:音葛,容量单位,即一升的十分之一。③羸:音雷,瘦弱。④平旦服:即早晨空腹服。⑤糜

粥：稠粥。方有执云，取糜澜过熟，易化而有能补之意。

**【方解】** 王晋三：芫花之辛，轻清人肺，直从至高之分，去郁陈莝，以甘遂、大戟之苦，佐大枣甘而泄者缓攻之，则从心及胁之饮邪，皆由二便出矣。

陈蔚：三味皆辛苦寒毒之品，直决水邪，大伤元气。柯韵伯谓参术所不能君，甘草又与之相反，故选十枣以君之，一以顾其脾胃，一以缓其峻毒。得快利后，糜粥自养，一以使谷气内充，一以使邪不复作，此仲景用毒攻病之法，尽美又尽善也。

尤在泾：按《金匮》云，饮后水流在胁下，咳吐引痛，谓之悬饮。又云，病悬饮者，十枣汤主之。此心下痞硬，满引胁下痛，所以知其为悬饮也。悬饮非攻不去，芫花、甘遂、大戟并逐饮之峻药；而欲攻其饮，必顾其正，大枣甘温以益中气，使不受药毒也。

柯韵伯：头痛短气，心腹胁下，皆痞硬满痛，是水邪尚留结于中，三焦升降之气，拒隔而难通也。表邪已罢，非汗散所宜；里邪充斥，又非渗泄之品所能治。非选利水之至锐者，以直折之，中气不支，亡可立待矣。甘遂、芫花、大戟皆辛苦气寒，而秉性最毒，并举而任之，气同味合，相须相济，决渎而大下，一举而水患可平矣。然邪之所凑，其气已虚，而毒药攻邪，脾胃必弱，使无健脾调胃之品主宰其间，邪气尽而元气亦随之尽。故选枣之大肥者为君，预培脾土之虚，且制水势之横，又和诸药之毒，既不使邪气之盛而不制，又不使元气之虚而不支，此仲景立方之尽善也。

成无己：辛以散之，芫花之辛以散饮；苦以泄之，甘遂、大戟之苦以泄水。水者，肾所主也；甘者，脾之味也。大枣之甘者，益土而胜水。

**【应用范围按】** ①《金匮要略》：病悬饮者，此汤主之。又咳家，其脉弦，为有水，此汤主之。又有支饮家，咳烦、胸中痛者，不猝死，至一百日或一岁，宜此汤。②《外台秘要》：深师朱雀汤，疗久病癖饮，停痰不消，在胸膈上液液，时头眩痛，苦挛，眼暗，身体、手足十指甲尽黄，亦疗胁下支满，饮辄引胁下痛。（按：朱雀汤即本方，用甘遂、芫花各一分，大戟三分，大枣十二枚）。③《圣济总录》：三圣散，治久病饮癖停痰，及胁满支饮，辄引胸下痛。（按：三圣散即本方）④《三因方》：以十枣汤药为末，因枣肉和丸，以治水气四肢浮肿，上气喘急，大小便不通，盖善变通者也。

**【验案】** 张任夫：水气心凌则悸，积于胁下则胁下痛，冒于上膈，则胸中胀，脉来双弦，证属饮家，兼之干呕、短气，其为十枣汤证无疑。炙芫花五分，制甘遂五分，大戟五分。研细末，分作两服，先用黑枣十枚煎烂，去渣，入药末，略煎和服。

按语：病者服上药后，即感到喉中辛辣，甚于胡椒，并有口干、心烦、发热、声哑等现象，服后两小时，即泻下臭水，病者即感到两胁舒适，能够自由转侧。（《经方实验录》）

《成绩录》云：一妇人，心胸下硬满而痛不可忍，干呕短气，颠转反侧，手足微冷，其背强急如入板状，先生与之十枣汤，一服而痛顿止，下利五六行，诸证悉愈。（《伤寒论今释》）

一人饮茶过度，且多愤懑，腹中常辘辘有声，秋来发寒热似疟，以十枣汤料黑豆煮，晒干研末，枣肉和丸芥子大，而以枣汤下之，初服五分，不动，又治五分，无何，腹痛甚，以大枣汤饮，大便五六行，皆溏粪无水，时盖晡时也。夜半，乃大下数斗积水，而疾平。当其下时，瞑眩特甚，手足厥冷，绝而复苏，举家号泣，咸咎药峻。嗟乎，药可轻与哉！（《医学六要》）

**【原文】 太阳病，医发汗，遂发热恶寒，因复下之，心下痞，表里俱虚，阴阳气并竭①，**

**无阳则阴独[2]，复加烧针，因胸烦，面色青黄，肤瞤[3]者，难治。今色微黄，手足温者，易愈。**

【校勘】 《脉经》："烧针"作"火针"。

【词解】 ①阴阳气并竭：表里俱虚。发汗使表虚而阳气竭，攻下使里虚而阴气竭。②无阳则阴独：谓表邪内陷成痞，表证罢而里证独具。③肤瞤：肌肤颤动。

【原文】 **心下痞，按之濡，其脉关上浮者，大黄黄连泻心汤主之。**

【校勘】 《千金翼方》："濡"字上有"自"字。

《金匮玉函经》："浮"字上有"自"字。

【方剂】**大黄黄连泻心汤方**

**大黄二两　黄连一两**

**上二味，以麻沸汤[1]二升渍之，须臾[2]绞去滓，分温再服。**

【校勘】 林亿等认为：大黄黄连泻心汤，诸本皆二味。又后附子泻心汤，用大黄、黄连、黄芩、附子，恐是前方中亦有黄芩，后但加附子也，故后云附子泻心汤，本云加附子也。《千金翼》云："此方必有黄芩。"《伤寒总病论》中本方有黄芩。

【词解】 ①麻沸汤：即沸水。汪琥曰："麻沸汤者，熟汤也=汤将熟时，其面沸泡如麻，以故云麻。"此说可从。②须臾：片刻，形容时间短。

【方解】 徐灵胎：此又法之最奇者，不取煎而取泡，欲其轻扬清淡，以涤上焦之邪。又日，凡治下焦之补剂，当多煎以熟为主；治上焦之泻剂，当不煎以生为主。此亦治至高之热邪，故亦用生药。

王晋三：痞有不因下而成者，君火亢盛，不得下复于阴，而为痞。按之濡者，非有形之痞，独用苦寒，便可泄之，如大黄泻营分之热，黄连泄气分之热，且大黄有攻坚破结之能，其泄痞之功，即寓于泄热之内，故以名其汤。以汤渍，须臾绞去滓，取其气，不取其味，治虚痞，不伤正气也。

成无己：《内经》曰"大热受邪，心病生焉"。苦人心，寒除热，大黄、黄连之苦寒，以导泻心下之虚热。但以麻沸汤渍服者，取其气薄而泄虚热。

【验案】 甘肃高寨贫农孙某，女，60岁，鼻衄如注，心烦不眠，心下痞满，小便发黄，大便不爽，舌质红而苔薄黄，脉数。此心胃火炎，动乱气血之候。为疏生大黄三钱，黄连二钱，黄芩二钱，用沸汤渍药，饮一大碗，衄、痞皆愈。（《中医学选读案》）

【原文】 **心下痞，而复恶寒汗出者，附子泻心汤主之。**

【校勘】 《金匮玉函经》："心"字上有"若"字。

【方剂】**附子泻心汤方**

**大黄二两　黄连一两　黄芩一两　附子一枚（炮，去皮，破，别煮取汁）**

**上四味，切三味，以麻沸汤二升清之，须臾绞去滓，内附子汁，分温再服。**

【校勘】 《金匮玉函经》《千金翼方》、成无己本：附子均作"切"，《金匮玉函经》作"㕮咀"。

【方解】 舒驰远：此汤治上热下寒之证，确乎有理。三黄略浸即绞去滓，但取轻清之气，以去上焦之热；附子煮取浓汁，以治下焦之寒。是上用凉而下用温，上行泻而下行补，泻取轻而补取重，制度之妙，全在神明运用之中。是必阳热结于上，阴寒结于下用之，乃为的对。若阴气上逆之痞证，不可用也。

尤在泾：此证邪热有余，而正阳不足。设治邪而遗正，则恶寒益甚；或补阳而遗热，则

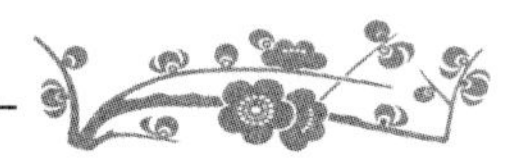



痞满愈增。此方寒热补泻，并投互治，诚不得已之苦心，然使无法以制之，鲜不混而无功矣。方以麻沸汤渍寒药，别煮附子取汁，合和与服，则寒热异其气，生熟异其性，药虽同行，而功则各奏，乃先圣之妙用也。

【验案】 郑某，男，36岁，因操劳过度，忽然口吐鲜血，吐血后畏寒，胸中痞闷，足胫冷，面色赤，脉浮芤，显系心火上炎，形成上热自热、下寒自寒现象。现吐血未止，急则治标，拟釜底抽薪法，但病者尚有畏寒感觉，虑及阳虚，遂决定先以附子泻心汤，以三黄泻心火，使热下行，附子固护阳气。处方：大黄三钱，黄芩二钱，黄连二钱，附子三钱。次日复诊，血止，胸痞解除。(《伤寒论汇要分析》)

**【原文】 本以下之，故心下痞，与泻心汤，痞不解，其人渴而口燥烦，小便不利者，五苓散主之。一方云，忽之一日乃愈。**

【校勘】 成无己本：原文下无"一方云.忍之一日乃愈"九字。

《脉经》：无"烦"字。

**【原文】 伤寒汗出解之后，胃中不和，心下痞硬，干噫食臭[1]，胁下有水气，腹中雷鸣，下利者，生姜泻心汤主之。**

【校勘】 《金匮玉函经》："下利"作"而利"。

【词解】 ①干噫食臭：噫，音医。噫气就是胃中胃气。干噫食臭，是胃气带有食臭味但无他物。②腹中雷鸣：是肠间响声的形容词。

**【方剂】生姜泻心汤方**

**生姜四两(切) 甘草三两(炙) 人参三两 干姜一两 黄芩三两 半夏半斤 黄连一两 大枣十二枚(擘)**

**上八味，以水一斗，煮取六升，去渣再煎，取三升，温服一升，日三服。附子泻心汤，本云加附子。半夏泻心汤、甘草泻心得，同体别名耳。生姜泻心汤，本云理中人参黄芩汤去桂枝、术，加黄连并泻肝法。**

【校勘】 《金匮玉函经》、成无己本："附子泻心汤"句以下均无。

【方解】 《金鉴》：名生姜泻心汤者，其义重在散水气之痞也。生姜、半夏散胁下之水气，人参、大枣补中州之虚，干姜、甘草以温里寒，黄芩、黄连以泻痞热，备乎虚水寒热之治，胃中不和下利之痞，焉有不愈者乎。

【验案】 潘某初患头痛，往来寒热，余以小柴胡汤愈之，已逾旬矣。后复得疾，诸医杂治益剧。延诊时云，胸中痞满，欲呕不呕，大便溏泄，腹中水奔作响，脉之紧而数。疏生姜泻心汤，一剂知，二剂愈。(《逐园医案》)

一男子年三十余，心下痞塞，左胁下凝结，腹中雷鸣，过食则必下利，如此者六年，先生用"生姜泻心汤"而愈。(《古方临床之运用》)

**【原文】 伤寒中风，医反下之，其人下利，日数十行，谷不化，腹中雷鸣，心下痞硬而满，干呕，心烦不得安。医见心下痞，谓病不尽，复下之，其痞益甚，此非结热，但以胃中虚，客气上逆[1]，故使硬也，甘草泻心汤主之。**

【校勘】 《外台秘要》："谷"字上有"水"字。"不得安"作"不能得安"。

《金匮玉函经》《脉经》："心烦"均作"而烦"。

《脉经》《千金翼方》："谓"均作"为"，"复"字下均有"重"字，"使硬也"均作"使之坚"。《外台秘要》同。

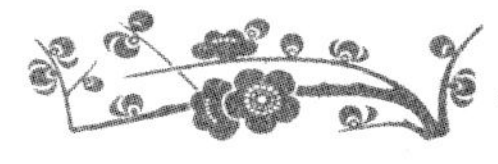



《金匮玉函经》:亦有“之”字。

【词解】 ①客气上逆:指误下中虚,邪气上冲逆而言。

【方剂】甘草泻心汤方

**甘草四两(炙) 黄芩三两 干姜三两 半夏半斤(洗) 大枣十二枚(擘) 黄连一两**

**上六味,以水一斗,煮取六升,去渣,再煎取三升,温服一升,日三服。**

【校勘】 林亿等按:上生姜泻心汤法,本云理中人参黄芩汤,今详泻心以疗痞,痞气因发阴而生,是半夏、生姜、甘草泻心三方,皆本于理中也,其方必各有人参,今甘草泻心中无者,脱落之也。又按《千金》并《外台秘要》,治伤寒䘌食用此方,皆有人参,知脱落无疑。

《外台秘要》:干姜作“二两”,半夏“洗”字下有“去滑”二字,又云一方有人参三两。《金匮要略》狐惑病中,本方有人参三两。

【方解】 陈平伯:心下痞,本非可下之实热,但以妄下胃虚,客热内陷,上逆心下耳,是以胃气愈虚,痞结愈甚。夫虚则宜补,故用甘温以补虚;客者宜除,必借苦寒以泄热。方中倍用甘草者,下利不止,完谷不化,此非亲九土之精者,不能和胃而缓中。方名甘草泻心,可见泄热之品得补中之力,而其用始神也。

《金鉴》:方以甘草命名者,取和缓之意也。用甘草、大枣之甘,补中土之虚,缓中之急;半夏之辛,降逆止呕;芩、连之寒,泻阳陷之痞热;干姜之热,散阴凝之痞寒。缓中降逆,泻痞除烦,寒热并用也。

【验案】 福地佐兵卫妻,年二十五六,产后数月,下利不止,心下痞硬,饮食不进,口糜烂,目赤肿,脉虚数,羸瘦甚,乃与甘草泻心汤服之,数十日下利止,诸症痊愈。

【原文】 **伤寒服汤药[①],下利不止,心下痞硬,服泻心汤已,复以他药下之,利不止,医以理中与之,利益甚。理中者,理中焦,此利在下焦,赤石脂禹余粮汤主之;复利不止者,当利其小便。**

【校勘】 《脉经》《千金方》:“汤药”下均有“而”字。

《千金方》:“心下痞”作“心下痞坚”。“服泻心汤已”作“服泻心汤竟”。

《脉经》《金匮玉函经》:“复不止”均作“若不止”。《千金方》无“复不止者,当利其小便”等九字。

【词解】 ①汤药:尤在泾曰“汤药,亦下药也”,可参考。

【方剂】赤石脂禹馀粮汤方

**赤石脂一斤(碎) 太乙禹馀粮一斤(碎)**

**上二味,以水六升,煮取二升,去滓,分温三服。**

【校勘】 《金匮玉函经》《注解伤寒论》:均无“太乙”二字。

《注解伤寒论》:“上”字之前有“已”字,无“分温”二字。

【方解】 成无己:《本草》云“涩可去脱”。石脂涩以收敛之,重可去怯,余粮之重以镇固之。

柯韵伯:利在下焦,水气为患也,惟土能制水。石者,土之刚也,石脂、禹粮皆土之精气所结。石脂色赤入丙,助火以生土;余粮色黄人戊,实胃而涩肠,虽理下焦,实中宫之剂也。且二味皆甘,甘先人脾,能坚固堤防而平水气之亢,故功胜于甘、术耳。(注:“丙”指

小肠,“戊”指胃)

【原文】 **伤寒吐下后,发汗,虚烦,脉甚微,八九日心下痞硬,胁下痛,气上冲咽喉,眩冒,经脉动惕者,久而成痿①。**

【校勘】 《脉经》:“吐下”后无“后”字。

《千金方》:“硬”作“坚”,“咽喉”作“喉咽”。

【词解】 ①痿:病名,主要症状是两足软弱不能行动。

【原文】 **伤寒发汗,若吐若下,解后心下痞硬,噫气不除者,旋覆代赭汤主之。**

【校勘】 《金匮玉函经》《脉经》:“发汗”作“汗出”。成无已本、《金匮玉函经》:“赭”字下均有“石”字。

【词解】 ①噫气:方有执云“噫,饱食息也”,即嗳气。

【方剂】旋覆代赭汤方

**旋覆花三两　人参二两　生姜五两　代赭一两　甘草三两(炙)　半夏半斤(洗)大枣十二枚(擘)**

**上七味,以水一斗,煮取六升,去滓,再煎取三升,温服一升,日三服。**

【校勘】 成无已本:“生姜五两”下有“切”字。“上”字下有“作”字。

《金匮玉函经》、成无已本:“代赭”下均有“石”字。

【方解】 罗谦甫:方中以人参、甘草,养正补虚;姜、枣和脾养胃,所以安定中州者至矣;更以代赭之重,使之敛浮镇逆;旋覆花之辛,用以宣气涤饮;佐人参以归气于下,佐半夏以蠲痰饮于上。浊降则痞硬可消,清升则噫气可除。

周禹载:旋覆花能消痰结,软痞,治噫气;代赭石止反胃,除五脏血脉中热,健脾,乃痞而噫气者用之,谁曰不宜。于是佐以生姜之辛可以开结也,半夏逐饮也,人参补正也,甘草、大枣益胃也。予每借以治反胃噎食、气逆不降者,靡不神效。

【验案】 治一人膈气,粒食不入,始吐清水,次吐绿水,次吐黑水,次吐臭水,呼吸将绝。一昼夜,先服理中汤六剂,不令其绝,来早转方,一剂而安。《金匮》有云“噫气不除者,旋覆代赭石汤主之”。吾于此病,分别用之者有二道:一者以黑水为胃底之水,此水且出,则胃中之津久已不存,不敢用半夏以燥其胃也;一者以将绝之气,止存一丝,以代赭石坠之,恐其立断,必先以理中分理阴阳,使气易于降下,然后以代赭得以建奇奏绩,乃用旋覆花一味煎汤调代赭末二匙与之,才入口即觉其转入丹田矣。困倦之极,服补药二十剂,将息二月而愈。(《寓意草》)

【原文】 **下后,不可更行桂枝汤,若汗出而喘,无大热者,可与麻黄杏子甘草石膏汤。**

【校勘】 《金匮玉函经》:“下后”作“大下以后”,“杏子”作“杏仁”。

【原文】 **太阳病,外证未除,而数下之,遂协热而利,利下不止,心下痞硬,表里不解者,桂枝人参汤主之。**

【校勘】 《金匮玉函经》《脉经》《千金翼方》:“协”均作“挟”。

【方剂】桂枝人参汤方

**桂枝四两(别切)　甘草四两(炙)　白术三两　干参三两　生姜三两**

**上五味,以水九升,先煎四味,取五升,内桂,更煮取三升,去滓,温服一升,日再、夜一服。**

**【方解】** 王晋三：理中加桂枝，不曰理中，而曰桂枝人参汤者，言桂枝与理中表里分头建功也，故桂枝加一两，甘草加二两。其治外发热而里虚寒，则所重仍在理中，故先煮四味，后纳桂枝，非但人参不佐桂枝实表，并不与桂枝相忤，故直名桂枝人参汤。

**【验案】** 刘君痢病复作，投当归银花汤，另送伊家制痢疾散茶二包，病虽愈，惟便后白色未减，心下痞硬，身热不退。愚思仲景曰"太阳病，外证未除，而数下之，遂协热而利，利下不止，心下痞硬，表里不解者，桂枝人参汤主之"。遂书此以服，大效。后因至衡州取账目，途中饮食不洁，寒暑失宜，病复大作，遂于衡邑将原方续服三剂乃愈。（《中医杂志》总第二十期谢安之医案）

**【原文】** **伤寒大下后，复发汗，心下痞，恶寒者，表未解也，不可攻痞，当先解表，表解乃可攻痞，解表宜桂枝汤，攻痞宜大黄黄连泻心汤。**

**【校勘】** 《金匮玉函经》《脉经》："发"字下均有"其"字。

**【原文】** **伤寒发热，汗出不解，心下痞硬，呕吐而下利者，大柴胡汤主之。**

**【校勘】** 《金匮玉函经》：无"而"字

《金匮玉函经》、成无己本："心中"均作"心下"。《脉经》："硬"作"坚"，无"叶"字，古本"下利"作"不利"。

**【原文】** **病如桂枝证，头不痛，项不强，寸脉微浮，胸中痞硬，气上冲咽喉不得息者，此为胸有寒[①]也。当吐之，宜瓜蒂散。**

**【校勘】** 《千金方》："此为胸有寒"作"此以内有久痰"。

《千金翼方》："寸脉微浮"作"脉微浮"，"胸中痞硬"作"胸中痞坚"，"气上冲咽喉不得息者"作"气上冲咽喉不得息"，"此为胸有寒也"少一"也"字。

**【词解】** ①胸有寒：这里的"寒"作"邪"字解。具体来说，是指痰食，正如《金匮要略》所说"宿食在上脘，当吐之"。喻嘉言也说："寒者，痰也。"胸有寒，是泛指胸脘部痰食之实邪阻滞。

**【句解】** 气上冲咽喉不得息者：指气机因痰食等实邪阻隔，与邪气相拒，向上冲逆至咽喉部，产生呼吸困难。

**【方剂】** **瓜蒂散方**

**瓜蒂一分（熬黄）　赤小豆一分**

**上二味，分别捣筛为散已，合治[①]之，取一钱匕，以香豉一合，用熟汤七合，煮作稀糜，去滓，取汁和散，温顿服之。不吐者，少少加，得快吐乃止。**

**诸亡血虚家，不可与瓜蒂散。**

**【校勘】** 《千金翼方》：煎服法为"上二味，捣为散，取半钱匕，豉一合，汤七合渍之，须臾去滓，内散汤中和，顿服之。若不吐稍加之，得快吐止"。

《注解伤寒论》："分别捣筛"作"各别捣筛"。

**【词解】** ①合治：将各种药物混合在一起，做治疗之剂使用。②稀糜：糜，《辞源》"粥也""烂也"。稀糜，就是煮烂的稀粥。

**【方解】** 柯韵伯：瓜为甘果，而熟于长夏，清胃热者也。其蒂，瓜之生气所系也，色青味苦，象东方甲木之化，得春升生发之机，故能提胃中之气，除胸中实邪，为吐剂中第一品药，故必用谷气以和之。小赤豆，甘酸下行而止吐，取为反佐，制其太过也。香豉，本性沉重，糜熟而使轻浮，苦甘相济，引阳气以上升，驱阴邪而外出，作为稀糜，调二散，虽快吐而不伤神。仲景制方之精义，赤豆为心谷而主降，香豉为肾谷而反升，既济之理也。

曹颖甫：用瓜蒂之苦泄以涌其寒痰，香豉以散寒，赤小豆以泄湿，一吐而冲逆止矣。

【验案】 秦景明素有痰饮，每岁必四五发，发即呕吐不能食。此病久结成窠囊，非大涌之，弗愈也。须先进补中益气，十日后，以瓜蒂散频投。涌如赤豆沙者数升，已而复得水晶色者升许。如是者七补之，七涌之，百日而窠囊始尽。专服六君子、八味丸，经年不辍。（《古今医案按·李士材案》）

井筒屋喜兵卫之妻，发狂痫，发则把刀欲自杀，或欲投井，终夜狂躁不眠，间则脱然勤厚，勤于女红。先生与瓜蒂散一钱二分，涌吐二三升，更服白虎加人参汤，遂不再发。

又云，一男子，胸膈痞满，恶闻食气，动作甚懒，好坐卧暗所，百方不验者半岁。先生诊之，心下石硬，脉沉而数，即以瓜蒂散吐二升余，乃痊。

又云，北野屋太兵卫之妻，年五十，胸痛引小腹，跪卧支持，犹不堪其苦。初，一医与药，反呕逆，遂药食不下。又以为脾虚，与归脾汤及参附之类，疾愈笃。师即与瓜蒂散五分吐之。翌日，与栀子豉加茯苓汤，数旬而痊。（《伤寒今释》引《生生堂治验》）

【原文】 **病胁下素有痞，连在脐旁，痛引少腹，入阴筋[①]者，此名藏结，死。**

【校勘】 《金匮玉函经》《脉经》："病"字下有"者若"二字，"入阴筋"作"入阴侠阴筋。"

【词解】

①入阴筋：阴筋，指外生殖器。人阴筋，谓疼痛牵引阴筋；或认为阴茎缩入，也通。

【原文】 **伤寒若吐、若下后，七八日不解，热结在里，表里俱热，时时恶风，大渴，舌上干而燥，欲饮水数升者，白虎加人参汤主之。**

【校勘】 《脉经》《千金方》《千金翼方》：均作"白虎汤"。

成无己本："伤寒"下有"病"字，《金鉴》有"若汗"二字。

【方剂】白虎加人参汤方

**知母六两　石膏一斤（碎）　甘草二两（炙）　人参二两　粳米六合**

**上五味，以水一斗，煮米熟汤成，去滓，温服一升，日三服。此方立夏后、立秋前乃可服，立秋后不可服，正月、二月、三月尚凛冷，亦不可与服之，与之则呕利而腹痛；诸亡血虚家，亦不可与，得之则腹痛利者，但可温之，当愈。**

【校勘】 《金匮玉函经》：人参作"三两"，26条同。"正月"句作"春三月病常里冷"，26条并无此方以下六十二字。

【方解】 见26条。

【原文】 **伤寒无大热，口燥渴，心烦，背微恶寒者，白虎加人参汤主之。**

【校勘】 《金匮玉函经》："心"作"而"。

《千金方》《千金翼方》《外台秘要》：均作"白虎汤"。

【原文】 **伤寒脉浮，发热无汗，其表不解，不可与白虎汤；渴欲饮水，无表证者，白虎加人参汤主之。**

【校勘】 《金匮玉函经》《外台秘要》《注解伤寒论》、成无己本："解"字下均有"者"字。

《千金方》《千金翼方》《外台秘要》：均作"白虎汤"。



【原文】 **太阳少阳并病，心下硬，颈项强而眩者，当刺大椎、肺俞、肝俞，慎勿下之。**

【校勘】 《金匮玉函经》:“太阳”下有“与”字,“硬”字作“痞坚”二字,“大椎”下有“一间”二字。

【原文】 **太阳与少阳合病,自下利者,与黄芩汤;若呕者,黄芩加半夏生姜汤主之。**

【方剂】**黄芩汤方**

**黄芩三两　芍药二两　甘草二两(炙)　大枣十二枚(擘)**

**上四味,以水一斗,煮取三升,去滓,温服一升,日再、夜一服。**

【校勘】 《金匮玉函经》:“黄芩”作“二两”。

成无己本:“一服”下有“若呕者,加半夏半升,生姜三两”十二字,而无黄芩加半夏生姜汤方。

黄芩加半夏生姜汤方

黄芩三两　芍药二两　甘草二两(炙)　大枣十二枚(擘)　半夏半升(洗)　生姜一两　半(一方三两,切)

上六味,以水一斗,煮取三升,去滓,温服一升,日再、夜一服。

【方解】 汪昂:按二经合病,何以不用二经之药?盖合病而兼下利,是阳邪人里,则所重在里,故用黄芩以彻其热,而以甘、芍、大枣和其太阴,使里气和则外证自解。和解之法,非一端也。仲景之书,一字不苟,此证单言下利,故此方亦单治下利。《机要》用之治热痢腹痛,更名黄芩芍药汤。洁古因之加木香、槟榔、大黄、黄连、归尾、官桂,更名芍药汤,治下痢。仲景此方遂为万世治痢之祖矣。

【验案】 钱海亭,滞下脓血,日数十行,里急后重,发热恶寒,粒米不进,脉沉滑数,陈作仁用黄芩汤加减治愈。(《伤寒医案资料》)

【原文】 **伤寒胸中有热,胃中有邪气,腹中痛,欲呕吐者,黄连汤主之。**

【句解】胃中有邪气:指胃中有寒邪。

【方剂】**黄连汤方**

**黄连三两　甘草三两(炙)　干姜三两　桂枝三两(去皮)　人参二两　半夏半升(洗)　大枣十二枚(擘)**

**上七味,以水一斗,煮取六升,去滓,温服,昼三夜二。疑非仲景方。**

【校勘】 《金匮玉函经》:黄连作“二两”,甘草作“一两”,干姜作“一两”,桂枝作“二两”,半夏作“五合”。

《千金翼方》:人参作“三两”。

成无己本:服法作“温服一升,日三服,夜二服”,没有“疑非仲景方”五字,《金匮玉函经》亦无。

【方解】 柯韵伯:此亦柴胡加减方也。表无热,腹中痛,故不用柴、芩。君黄连以泻胸中积热,姜、桂以驱胃中寒邪,佐甘草以缓腹痛,半夏除呕,人参补虚。虽无寒热往来于外,而有寒热相持于中,仍不离少阳之治法耳。

王旭高:伤寒分表里中三治,表里之邪俱盛,则从中而和之,故有小柴胡汤之和法。至于丹田胸中之邪,则在上下而不在表里,即变柴胡汤为黄连汤,以桂枝易柴胡,以黄连易黄芩,以干姜易生姜,亦从中而和之法。

《金鉴》:君黄连以清胸中之热,臣干姜以温胃中之寒,半夏降逆,佐黄连呕吐可止,人参补中,佐干姜腹痛可除,桂枝所以安中,大枣所以培中也。然此汤寒温不一,甘苦并投,

故必加甘草协和诸药,此为阴阳相格,寒热并施之治法也。

【验案】 黄某,宁乡人,先患外感,医药杂投,方厚一寸,后更腹痛而呕,脉象弦数,舌色红而苔黄,口苦。余曰"此甚易事,服药一剂可愈,多则二剂,何延久乃尔"。与黄连汤,果瘳。(《遁园医案》)

【原文】 **伤寒八九日,风湿相搏,身体疼烦,不能自转侧,不呕、不渴,脉浮虚而涩者,桂枝附子汤主之。若其人大便硬,小便自利者,去桂枝加白术汤主之。**

【校勘】 成无己本:"疼烦"作"烦疼"。

《千金翼方》"不渴"下有"下已"二字。

《金匮玉函经》《千金翼方》:"去桂加白术汤"均为"术附汤"。

成无己本:"桂"下有"枝"字。

《金匮玉函经》:"其人大便硬"作"大便坚",无"其人"二字。

《外台秘要》:"不渴"下有"下之"二字。

【句解】风湿相搏:风湿侵入人体肌表筋骨,与正气相搏击,就会引起一系列如身体骨节疼痛、酸重等症状。

【方剂】**桂枝附子汤方**

**桂枝四两(去皮) 附子三枚(炮,去皮,破) 生姜三两(切) 大枣十二枚(擘) 甘草二两(炙)**

**上五味,以水六升,煮取二升,去滓,分温三服。**

**去桂加白术汤方**

**附子三枚(炮、去皮、破) 白术四两 生姜三两(切) 甘草二两(炙) 大枣十二枚(擘)**

**上五味,以水六升,煮取二升,去滓,分温三服。初一服,其人身如痹,半日静复服之,三服都尽,其人如冒①状,勿怪,此以附子、术并走皮内,逐水气未得除,故使之耳。法当加桂四两,此本一方二法。以大便硬,小便自利,去桂也;以大便不硬,小便不利,当加桂。附子三枚恐多也,虚弱家及产妇宜减服之。**

【校勘】 成无己本:桂附汤"破"下有"八片"二字。

《金匮要略》:去桂加术汤名"白术附子汤"。白术附子汤用"附子一枚,白术二两,生姜、甘草各一两,大枣六枚","水六升"作"水三升","煮取二升"作"煮取一升。""法当"以下五十二字均无。

《金匮玉函经》:去桂加术汤名"术附汤",生姜作"二两",甘草作"三两",大枣作"十五枚"。

《外台秘要》:引仲景《伤寒论》云:"本云附子一枚,今加之二枚,名附子。"又云:"此二方,但治风湿,非治伤寒也。"

【词解】 ①冒:眩晕。

【方解】 桂枝辛温,驱在表之风邪;附子辛热,逐在经之湿邪;甘草、生姜、大枣,辛甘化阳,配合以和荣卫。五味成方,具有祛风温经、助阳散湿的作用,为风湿盛于肌表的主方。诚如成无已说:"风在表者,散以桂枝、甘草之辛甘;湿在经者,遂以附子之辛热;姜、枣辛甘行荣卫,通津液,以和表也。"



【验案】 病者瑞林,年三十七岁,业商,地址:绍兴城。

病名：风湿。

原因：素体阳虚，肥胖多湿，春夏之交，淫雨缠绵，适感冷风而发病。

证候：头痛恶风，寒热身重，肌肉烦疼，肢冷溺清。

诊断：脉弦而迟，舌苔白腻兼黑，此风湿相搏之候。其湿胜于风者，盖阳虚则湿胜矣。

疗法：汗利兼行以和解之，用桂枝附子汤，辛甘发散为君，五苓散辛淡渗泄为佐，仿仲景徐徐微汗例，则风湿俱去，骤则风去湿不去耳。

处方：川桂枝一钱，云茯苓六钱，苍术一钱，炙甘草四分，淡附片八分，福泽泻一钱五分，炒秦艽一钱五分，鲜生姜一钱，红枣二枚。

效果：一剂微微汗出而痛除，再剂服后不恶风，寒热亦住，继用平胃散、木瓜、香砂仁，温调中气而痊。

按：阳虚之体，复受风湿之邪，湿重于风，故身重肌肉烦疼，桂枝附子汤颇为契合病机。至于加秦艽以温散肌表风湿，加苍术、茯苓、泽泻培脾利水，使湿从小便而去，乃制方内外兼顾，加减化裁，变通灵活，存乎一心也。(《全国名医验案类编》)

**【原文】　风湿相搏，骨节烦疼，掣痛[①]不得屈伸，近之则痛剧，汗出短气，小便不利，恶风不欲去衣，或身微肿者，甘草附子汤主之。**

**【校勘】**　成无己本："疼烦"作"烦疼"。

**【词解】**　①掣痛：痛有牵引感觉。

**【方剂】甘草附子汤方**

**甘草二两(炙)　附子二枚(炮，去皮，破)　白术二两　桂枝四两(去皮)**

**上四味，以水六升，煮取三升，去滓，温服一升，日三服。初服得微汗则解，能食、汗止、复烦者，将服五合，恐一升多者，宜服六七合为始。**

**【校勘】**　《金匮玉函经》：白术、甘草作"三两"。"二升"作"三升"。

《外台秘要》：甘草作"三两"。风湿门引《古今录验》附子汤即本方。

《金匮要略》、成无己本："汗止"作"汗出"，无"将"字，"始"作"妙"。

《千金翼方》："则"作"愈"。

**【方解】**　王晋三：甘草附子汤，两表两里之偶药。风淫于表，湿流关节，治宜两顾。白术、附子，顾里胜湿；桂枝、甘草，顾表胜风。独以甘草冠其名者，病在关节，意在缓而行之。若驱之太急，风去而湿乃留，反遗后患矣。

周禹载：此证较前条更重，且里已受伤，曷为反减去附子耶？前条风湿尚在外，在外者利其速去；此条风湿半入里，人里者妙在缓攻。仲景正恐附子多则性猛且急，筋节之窍未必骤开，风湿之邪岂能托出，徒使汗大出而邪不尽耳。君甘草者，欲其缓也，和中之力短，恋药之用长也。此仲景所以前条"用附子三枚者分三服"，此条止二枚者"初服五合，恐一升为多，宜服六七合"，全是不欲尽剂之意。学者于仲景书有未解，即于本文中求之自得矣。

《徐氏方论》：此与桂枝附子汤证同是风湿相搏，然而彼以病浅寒多，故肢体为风湿所困，而患止躯壳之中。此则风湿两胜，挟身中之阳气，而奔逸为灾，故骨节间风人增劲，不能屈伸；大伤其卫，而汗出、短气、恶风；水亦乘风作势，而身微肿。其病势方欲扰乱于肌表，与静而困者不侔矣。此方附子除湿温经，桂枝祛风和营，术去湿实卫，甘草补诸药，而成敛散之功也。

【评述】 本方主治风湿蓄于关节，用附子温经散寒定痛，白术健脾胜湿，桂枝、甘草散风邪而助心阳，因病邪已深入关节，意在缓行，故以甘草为君。

治风湿之"桂枝附子汤""桂枝附子去桂加术汤""甘草附子汤"，简称风湿三方。桂枝附子汤祛风胜湿，治身体疼烦，不能自转侧，不呕不渴，脉浮虚而涩，治风湿偏于表者；去桂加术汤功能崇土化湿，治前证更有大便硬、小便自利，风湿之邪偏重肌肉者；甘草附子汤乃缓祛风湿之方，治骨节疼烦，掣痛不得屈伸，近之则痛剧，汗出短气，小便不利，其病变重点在关节者。临证使用时需加以分别。

【原文】 **伤寒脉浮滑，此以表有热，里有寒，白虎汤主之。**

【校勘】 《金匮玉函经》：作"伤寒脉浮滑，而表热里寒者，白通汤主之。旧云白通汤，一云白虎者恐非"，并有注"旧云以下出叔和"七字。

《千金翼方》：仍作"白虎"。

成无已本、《仲景全书》：无"以"字。

【方剂】白虎汤方

知母六两　石膏一斤（碎）　甘草二两（炙）　粳米六合

上四味，以水一斗，煮米熟汤成，去滓，温服一升，日三服。

林亿等按：前篇云热结在里，表里俱热者，白虎汤主之。又云其表不解，不可与白虎汤。此云脉浮滑，表有热，里有寒者，必表里字差矣。又阳明一证云脉浮迟，表热里寒，四逆汤主之。又少阴一证云，里寒外热，通脉四逆汤主之，以此表里自差明矣，《千金翼方》云白通汤非也。

【校勘】 《外台秘要》：作"水一斗二升，煮取米熟，去米内药，煮取六升，去滓分六服"。原注云"《千金翼方》云白通汤"，但《千金翼方》并无此语：

【方解】 柯韵伯：石膏辛寒，辛能解肌热，寒能胜胃火，寒能沉内，辛能走外，此味两擅内外之能，故以为君；知母能润，苦以泻火，润以滋燥，故用为臣；甘草、粳米调和中宫，且能补土泻火，稼穑作甘，寒剂得之缓其寒，苦剂得之平其苦，使二味为佐，庶大苦大寒之品，无伤损脾胃之虑也。

【验案】 有市人李九妻患腹痛，身体重不能转侧，小便遗矢。或作湿治，予曰："非是也，三阳合病证。"仲景云"见阳明篇第十证，三阳合病，腹满身重难转侧，口不仁面垢、谵语、遗尿，不可汗，汗则谵语，下则额上汗出，手足逆冷。"乃三投白虎汤而愈。（《伤寒论著三种》）

【原文】 **伤寒脉结代[①]，心动悸[②]，炙甘草汤主之。**

【校勘】 《金匮玉函经》："心动悸"作"心中惊悸"。

【词解】 ①脉结代：是结脉和代脉之并称。②心动悸：自觉心中悸动不安。

【方剂】炙甘草汤方

甘草四两（炙）　生姜三两（切）　人参二两　生地一斤　桂枝三两（去皮）　阿胶二两　麦门冬半升（去心）　麻仁半升　大枣三十枚（擘）

上九味，以清酒[①]七升，水八升，先煮八味，取三升，去滓，内胶烊消盎，温服一升，日三服，一名复脉汤。

【校勘】 《金匮玉函经》、成无已本：大枣均作"十二枚"。

【词解】 ①清酒：洁净无杂质的黄酒或甜米酒。

**【方解】** 吕榛村：君以炙甘草，坐镇中州；而生地、麦冬、麻仁、大枣、人参、阿胶之属，一派甘寒之药，滋阴复液。但阴无阳则不能化气，故复以桂枝、生姜宣阳化阴，更以清酒通经隧，则脉复而悸自安矣。

柯韵伯：仲景凡于不足之脉，阴弱者用芍药以益阴，阳虚者用桂枝以通阳，甚则加人参以生脉，未有用麦冬者，岂以伤寒之法，义重扶阳乎？抑阴无骤补之法，与此以中虚脉结代，用生地黄为君，麦冬为臣，峻补真阴者，是已开后学滋阴之路矣。

成无已：补可以去弱，人参、甘草、大枣之甘，以补不足之气；桂枝、生姜之辛，以益正气。《圣济经》曰“津耗散为枯，五脏痿弱，荣卫涸流，温剂所以润之”。麻仁、阿胶、麦门冬、地黄之甘，润经益血，复脉通心也。

岳美中：炙甘草通经脉、利血气（《名医别录》）为主，辅以大量生地黄、大枣（《神农本草经》补少气少津液），合胶、麦共生阴津，佐以参、桂、姜、酒以升提阳气，用麻仁为使以通之，俾阳得行于阴中，则脉自复。且取阴药而大其量，用阳药不及阴药之半的措施，推测其理，认为是阴药非用重量，则仓促间无能生血补血，但血本主静，不能自动，须凭借主动之阳药，以推之、挽之而激荡之，才能人于心，催动血行，使结代之脉去，动悸之证止，假令阴阳之药等量使用，则濡润不足而燥烈有余。煮服法中以水、酒久煎，亦浓煎补剂，取汁多气少，是与药味配伍用量多少一致的。

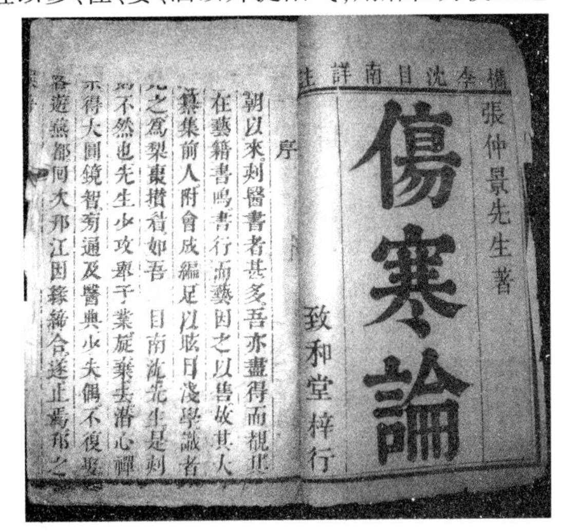


《伤寒论》书影

**【验案】** 律师姚建，现住小西门外大兴街，尝来请诊，眠食无恙，按其脉结代，约十余至一停，或二十、三十至一停不等。又以事烦，心常跳跃不宁，此仲师所谓心动悸、脉结代，炙甘草汤主之之证是也。因书方与之，服十余剂而瘥。

昔与章次公诊广益医院庖丁某，病下利，脉结代，次公疏炙甘草汤去麻仁方与之。当时郑璞容会计之戚陈某适在旁，见曰“此古方也，安能疗今病？”公忿与之争，仅服一剂，即利止脉和。盖病起已四十余日，庸工延误，遂至于此，此次设无次公之明眼，则病者所受痛苦，不知伊于胡底也。

**【原文】** **脉按之来缓，时一止复来者，名曰结；又脉来动而中止，更来小数，中有还者反动，名曰结，阴也；脉来动而中止，不能自还，因而复动者，名曰代，阴也。得此脉者，必难治。**

**【校勘】** 《金匮玉函经》：无此条文。